高等院校精品课程系列教材

经济思想史

History of Economic Thought

魏丽莉 编著

机械工业出版社
China Machine Press

图书在版编目（CIP）数据

经济思想史 / 魏丽莉编著 . —北京：机械工业出版社，2019.1（2024.6 重印）
（高等院校精品课程系列教材）

ISBN 978-7-111-61479-1

I. 经⋯ II. 魏⋯ III. 经济思想史 – 西方国家 – 高等学校 – 教材 IV. F091

中国版本图书馆 CIP 数据核字（2018）第 266078 号

本书依次对前古典经济学、古典经济学、边际主义经济学、马克思主义经济学、新古典经济学、制度经济学以及当代经济学的演变和发展进行了简要的介绍与评述。本书的特色是从经济学范式与范式转换的角度对西方经济思想的发展进行阐释解读，揭示了西方经济思想为何会在不同的历史时期表现为不同的形态和流派。通过本书的学习，学生不仅能掌握西方经济思想发展的基本脉络和知识，还能对西方经济思想发展中所反映出的认识论和方法论有所了解，以增强其经济学理论的素养和创新能力。

本书可作为高等院校财经类专业的教材，也可作为经济理论研究者和经济部门工作者系统了解西方经济理论的参考读物。

出版发行：机械工业出版社（北京市西城区百万庄大街 22 号 邮政编码：100037）
责任编辑：袁 银　　　　　　　　　　　　责任校对：李秋荣
印　　刷：北京建宏印刷有限公司　　　　版　　次：2024 年 6 月第 1 版第 8 次印刷
开　　本：185mm×260mm 1/16　　　　　印　　张：24
书　　号：ISBN 978-7-111-61479-1　　　　定　　价：49.00 元

客服电话：(010) 88361066　68326294

版权所有·侵权必究
封底无防伪标均为盗版

前 言
PREFACE

  2000年9月,刚刚硕士毕业的我开始给本科生讲授"经济学说史"课程。当时,在向一位前辈请教时,她的一句话让我终生难忘:"这门课学生最不爱听,太枯燥了。"带着不解和好奇,无知无畏的我开始了教学生涯,从此就和经济思想的历史结下了不解之缘。18年来,除了休产假的半年外,每学期我都要给经济学专业的学生讲授"经济学说史"。2005年,我又开始给经济学基地班的学生讲授"西方经济学主要流派"。我对这两门课程每年春秋两季学期的交替讲授已十年有余。

  18年来,我最大的成就就是让学生喜欢上了这两门课。在浏览、选择、学习、比较、借鉴了许多国内外相关教材和专著后,在一次次讲授之后的总结思考中,如何让课程清晰、有深度而又不失趣味成为我编写这本教材所追求的首要目标。考虑到与国际接轨和系统的学习需求,这本教材还是命名为《经济思想史》更为妥当和专业。

一、本书的结构与内容

  本书除了前言和导论之外,主要分为四个部分(篇)。

  前言介绍了全书的结构特点以及使用说明。**导论**是本书的指南与攻略,抽丝剥茧出几千年经济思想的演化主线,浓缩提炼出经济思想关注的核心主题,用两张图将以上线索与内容直观而清晰地给予展示和体现,从而引申出本书的基本结构和主要内容。导论还包括我从自己教学的体会和与学生的交流中总结出的学习经济思想史的意义。

  第一篇前古典时期(1776年以前,第一章至第三章):包括古代及中世纪的经济思想（古希腊、古罗马和欧洲中世纪的经济思想）、重商主义和重农学派，纵横数千年，各路人马难分伯仲，这既是经济学大厦的奠基时期，也是经济思想的童年时光。

第二篇古典时期（1776年至1871年，第四章至第十章）：包括古典学派的先驱者、构建者、分化者、综合者和挑战者，各路英雄纷纷现身江湖，指点江山，亚当·斯密统领三军，构建了整座经济学大厦，真正意义上的经济学就此诞生。

第三篇新古典时期（1871年至1936年，第十一章至第十七章）：以马歇尔为中心的承前（第十一章至第十三章）启后（第十五章至第十七章）标志着经济学开始进入一个计量革命和方法创新的时代，开拓者、创新者、批判者蜂拥而入，经济学大厦在不断加固和装修中走向精确、理性和科学。

第四篇现代经济学时期（1936年至今，第十八章至第二十三章）：各路经济学英豪在新的实践困境和现实危机中开疆拓土、坚守捍卫。凯恩斯对经济学大厦的扩建引来了众多的追随者，他们力图翻修这座古老的大厦，加强政府干预；凯恩斯的反对者和斯密传统的回归者也不甘示弱，他们在抨击凯恩斯主义和捍卫新古典主义的过程中将新自由主义发扬光大，经济学大厦在政府干预主义与自由主义势均力敌的较量中不断完善。与此同时，经济思想演化（第二十三章）的新领域、新方向、新思潮引发了人类对未来经济学使命和责任的无尽猜想。

经济思想的演化历史也是经济学研究方法的演化历史。经济学方法的演进与经济思想的成长不可分割，为此本书安排了**第二十四章"经济学方法论的演进与发展"**。

结束语在盘点全书经济思想的演化历史后，分享了一些对经济学发展方向的看法。

附录中我挑选了多年教学生涯中与学生的交流互动以及期末考试样题。就这门课程而言，在我和学生的心目中，期末考试才是最后一课。犹豫再三，我还是披沙拣金附上一封学生的来信与一封我的解答，以示纪念与激励。

二、本书的特点

1. 图表引导，结构清晰

经济思想史横跨几千年，思想流派纵横交织，学术英豪纷繁众多，理论演化盘根错节且环环相扣，如果没有一个清晰的线索和主题引领贯穿，势必陷入云山雾海。本书结构分为篇—章—派—家（经济学家）四个层次，导论中的两张图（线索图和架构图）是统领全书的必备攻略和思想地图。各篇、章首页均附有"思维导图"，简约清晰地展示本篇、本章的基本内容与演化逻辑；每一章开头都附有"本章大纲"，对本章基本内容做一个简要的预览。

对本书中出现的大部分经济学家本书都附上其"主要著作列表"，便于学生查阅和延伸学习；在具体章节中，本书也尽量用图示表现人物关系、流派传承与思想精华。

2. 主题明确，四位一体

围绕着经济思想的演化脉络，本书从核心主题、江湖（学科）地位、研究者、解决之道四个方面对不同时期经济思想和经济学流派的发展进行了介绍与总结。各篇和各章的思维导图在表现思想、流派、人物、理论的发展、继承或纷争的承前启后时，也尽力体现和细化了以上主线与研究领域。结束语用20个字对经济思想的演化进行总结，同时对未来经济思想的发展做出勾勒和预测，力图体现出经济思想演化的整体逻辑。

3. 内容丰富，繁简适当

国外一些教材往往对公元1500年以前的经济思想略而不谈，而国内传统的经济思想史教材则大多仅止步于20世纪30年代（马歇尔经济学）。我认为这两种做法都需要调整和改进。虽然公元1500年前的经济思想琐碎零散，没有形成完整的经济理论和经济学流派，但是"万丈高楼平地起"，经济思想的根基在本书中是值得占有一席之地的。20世纪30年代至今虽然时间周期尚短，在人类历史上不足为谈，但是对于经济学的发展而言，却是突飞猛进、一路高歌的时代。正是在这段时间，人类的经济实践和理论发展进入到了一个全新而复杂的时代。虽然很多经济思想和流派观点现在还难以理出清晰的演化趋势，尚未形成经济学领域普遍公认的信条与结论，但是至少我们可以勾勒出不同观点和思想轨迹。基于以上考虑，本书涵盖的内容将从古代一直扩展到21世纪的今天。

这样的安排并非意味着本书与其他相关课程（西方经济学、政治经济学等）会有高度的重合性和替代性。本书试图在内容完整丰富与清晰简约之间寻找到均衡点，因此会更加注重思想与理论的梳理凝练，而非工具与方法的传授展示；更加注重整体系统的思想演化，而非局部阶段的流派人物；更加注重经济思想的渐进通达，而非前仆后继的否弃替代。

4. 注重趣味，引发思考

全书穿插了包括人物故事和经典案例资料在内的"背景链接"作为拓展学习的资料，这种安排极大地增强了学习的趣味性，有助于学生理解经济理论的解释力和生命力。其中最引人注目的是每篇、每章都分别选取经典贴切的古诗词、现代诗歌、歌词、评论、台词等引出本篇、本章的内容或人物思想，既增强了趣味性，又能提高学生的人文素养，引发进一步的深入思考。

虽然教材的编写侧重普遍原理和主流观点，但是这并不妨碍在本书中体现作者多年的教学实践与学习体会，例如，部分章节出现的与同时期的中国及中国的经济思想进行比较的"背景链接"就体现了本书的创新。每章后面的"问题讨论"更侧重于培养学生对经济理论的思辨性而不是机械的重复性。

三、使用说明

本书融思想性、科学性、趣味性、创新性、引导性于一体，清晰、有趣是首要目标，对本书的使用程度和阅读深度取决于各类学习者不同的需求与目标。

（1）**如果你仅仅是对经济学感兴趣**，那么在阅读此书时，可以更多地关注书中的背景链接，这样你既能开阔视野、增加谈资，也能从经济学家的成长故事中获益匪浅。

（2）**如果你是其他学科及专业的本科生**，那么只需总体了解一下西方经济思想演化的历史，前言、导论（尤其是两张图），以及每篇和每章的引言、思维导图、本章大纲是你需要仔细阅读的部分，同时你需要格外留意每章的"本章推荐"（经济思想的经典读物浩如烟海，学生在有限的学涯与生命中难以全部涉猎，每章的该部分均为作者精心选取的内容，力求精准与权威）。

（3）**如果你是经管类专业的本科生**，那么建议你尽量全面而深入地学习。这门课程是经济学的专业必修课，你要应付的不仅是考试，更应练好经管类本科生专业学习的"基本功"。对于日后要攻读经济思想史及相关专业研究生的学生更是如此。

（4）**如果你是经济学的硕士或博士研究生**，而且以前没有学习过这门课程，那就赶紧"恶补还债"吧。如果你了解经济学，就应该知道这本书对于你的价值，何况在你阅读文献和写作论文时，手头往往需要有一本这样的书便于查询和确认。

（5）**如果你正在学习"经济学说史"这门课程**，而且在毕业前不会再安排"西方经济学主要流派"课程，那么本书的内容你需要全部了解和掌握。如果毕业前会安排"西方经济学主要流派"或类似课程，那么在梳理了主要脉络及核心内容之后，你可以重点学习前三篇（第一章至第十七章）。

（6）**如果你正在学习"西方经济学主要流派"这门课程**，而且以前没有安排过"经济学说史"或类似课程，那么本书的内容可以帮助你全面了解经济学流派。如果你以前学习过"经济学说史"，那么在梳理了主要脉络及核心内容之后，可重点学习第三篇的后三章（第十五章至第十七章）和第四篇（第十八章至第二十四章）。

（7）**如果你曾经或现在是我的学生**，那么就赶快收藏一本吧！

致 谢
ACKNOWLEDGEMENTS

我最想感谢的是我的学生。在18年的教学生涯中，正是每一次的讲授、讨论、分享才让我愿意在课前课后花上大量的时间完善讲义、寻找案例、琢磨效果、研习用语、批阅作业……累并快乐着！学生给我的鼓励、期望、纠错、提醒也让我深深地爱上了经济思想史。目前世界各国大学大多都将讲授经济思想（理论、学说、人物、流派）演化历史的课程统称为经济思想史（History of Economic Thought），时间跨度从古代的经济思想直至当代的主要流派，体系、章节基本涵盖了中国高校目前开设的"经济学说史"和"西方经济学主要流派"这两门课程的主要内容。惶恐于误人子弟，热爱与惶恐最终促成了此书的完成。

我还要感谢我的博士导师。在我10年前萌生编写教材之意时，他并没有给我太多的惯性鼓励，而是暗示我想法虽好，但功力未到，尚需积淀。现在回想，正是他的直言让我静心练功，明白了一本好的教材绝不是仅凭热情和喜欢就能写出来的，更无须为了早日出版而匆匆编写付梓，也不是前人教材的简单堆砌与合成，它更需要作者思想与灵魂的全身心注入。

我更想感谢我的家人和朋友。在我抱怨高校科研与教学之间的冲突时，是他们坚定地支持我静心编织自己的教学梦想，从而让我逐渐深切地体会到教学与科研之间的互补效应远远大于替代效应。同样是他们及时提醒我，不要太沉溺于完美情结和理想主义，该出手时就出手，编写《经济思想史》教材本身就是一个自身不断完善学习的过程。如果没有他们的提醒和鼓励，恐怕我还陷在不满意和不自信的"情网"之中。

我必须要感谢所有参与教材编写的研究生和本科生。他们或者出于对经济思想史的浓厚兴趣，或者碍于我的严格要求，见证了本书诞生的部分或全部过程，参与了教材编写的问卷调查设计、教材编写规划讨论、资料收集、部分章节的初稿撰写、统稿、校对等大量繁杂而又细致的工作。没有他们的辛勤付出，就没有此书的最终出版。我尤其要感谢的是封小海、张虎平、胡羽珊、周若蒙、陈阳等同学，特别要感谢孙淑彬和王馨雅同学，她们细心负责的校对和修订工作带给了我太多的惊喜和信任。

感谢机械工业出版社的编辑，正是她们给予的信任和认可才让我多年的教学结晶得以付印，与更多人分享；正是她们的严谨、负责，才让此书更好地呈现于世。

"莫问收获，但问耕耘"，感谢养育我的这片土地，感谢能让我安心上课、静心工作的兰州大学！

当地球有限的资源面对人类无限的欲望时,争夺和冲突无可避免地贯穿了整个历史。

——纪录片《公司的力量》

一、经济思想的演化脉络与研究主题

尽管人类的出现最早可追溯到300多万年前,但是人类进入文明社会的历史不足6 000年,而严格意义上的经济学从诞生至今也不过近300年而已。[○]

1776年以前,人类的生存体验、散落的财富感悟、大量的经济实践、零星的经济思想如涓涓细流穿越了历史长河,代代相传,层层积淀,经过岁月年轮的冲刷、筛选、打磨之后,形成一颗颗散落四处而又难掩光泽的经济学珍珠,经亚当·斯密之手将它们一一捡拾、加工,串联成一串美丽的思想项链。自此,经济学才开始自立门户,形成完整的理论体系,成为一门独立的学科。从这个意义上说,正是亚当·斯密构建了经济学大厦。

1776年至今,经济学流派纷纷登台、此起彼伏,各派经济学家对这座经济学大厦进行了补建(李嘉图)、拆除(马克思)、重建(德国历史学派)、装修(边际学派)、加固(马歇尔)、攻击(制度经济学)、扩建(凯恩斯);或者说1776年之后,这串经济学项链被一个个思想的巨人进行了再加工、深加工,所有的努力和打磨都是为了让它更加光芒四射、熠熠生辉。在这个思想的战场上,各路英雄豪杰也曾口诛笔伐、鼓角争鸣,也曾惺惺相惜、握手言和。时至今日,这座经济学大厦虽历经沧桑、饱受风雨,但是依然基础牢固、

○ 经济学界普遍公认经济学家亚当·斯密于1776年出版的《国民财富的性质和原因的研究》(简称《国富论》)是经济学作为一门独立学科和系统理论形成的标志。

完整坚实，巍然屹立于科学之林。

纵观几千年，虽然经济思想在成长的不同时期所关注和涉猎的领域、重点与主题有所不同，但是经济学本质上是一门研究财富的学问。各个时期的经济思想，无论是零碎散落或者系统成形，不管是个人观点还是流派主张，其研究的核心主题都是财富。

这种对财富的关注和研究不仅仅是源于解决人类的基本生存和现实需求，也是对人类天然逐利性的正视和认可。这意味着在经济思想的演化进程中，人性必将成为经济学研究的一个不可或缺的前提。经济学将财富（界定财富、创造财富、生产财富、实现财富、分配财富、使用财富、超越财富）与人性（利己、算计、理性）结合起来，**试图解决这样一个简单而永恒的问题：如何将有限稀缺的资源（财富或供给）有效公平地配置给人类（欲望或需求）**，最终使得各方（生产者、消费者、个人、组织、企业、市场、政府等）和各领域（经济、政治、社会、文化、生态等）以及彼此之间达到均衡，从而长期、稳定、协调地实现财富增长与经济发展。

希望图0-1能尽量直观清晰地呈现出经济思想史的研究核心和经济学的研究主题，经济学的研究从未脱离政治制度、社会伦理、文化差异、生态文明、宗教信仰等领域而独立存在。围绕着这些核心、主题、领域，经济思想在不同时期又各自呈现出看似散乱无关实则井然有序的次主题或分主题。

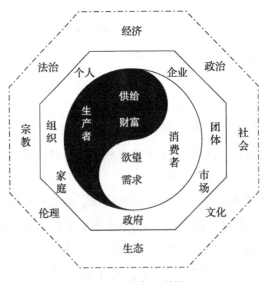

图0-1 财富八卦图

在漫漫历史长河中，每一个经济思想的火花、种子、主题被发现、提出、质疑、补充、发展、完善的过程，如同一颗颗经济学珍珠不断地被孕育、发现、打磨、雕琢的过程，经过成百上千年的沉积浸润，经济思想的发展线索和演化脉络如同穿引珍珠的绳索一样渐渐得以清晰和呈现，主题与脉络结合成一体，最终打造出一条精美无比的财富项链，构建起一座屹立不倒的经济学大厦。

二、经济思想的两张演化图和本书概览

(一) 时间线与架构图

经济思想史涵盖了从古希腊一直到20世纪及至今天3 000多年的经济思想演化的历程，图0-2以时间为主线展示了经济思想的发展线索和历史脉络，力求简明清晰地呈现出经济思想的基本历程以及不同时期主流经济学流派之间承前启后的关系。为了重点展示经济思想演化的纵向发展和流派传承，图中除了马克思的经济学出现了明显的分化之外，对其他学派之间的纷争、分化、赞同、反对、批判未做详尽呈现。

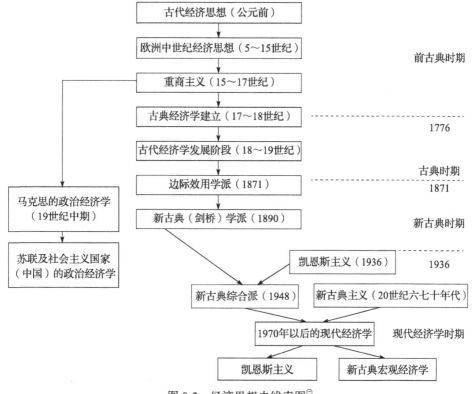

图0-2 经济思想史线索图⊖

为了展现几千年来各经济学流派及其代表人物之间纷繁复杂、互相渗透的思想战场，图0-3更加侧重经济思想演化过程中的横向对比，不仅使经济思想的四个发展阶段一览无余，而且让每个阶段的主要经济学流派和经典人物尽收眼底。不同时期、各个流派、各路人物之间的一脉相承或理一分殊、继承发展或针锋相对或兼而有之都跃然纸上。图0-3的设计便于读者对经济思想的发展脉络、基本框架以及演化逻辑有一个完整性的了解，但为了兼顾清晰与全面，一些筛选与查漏补缺工作是必要的。

⊖ 图中的1871、1890、1936、1948分别为边际学派代表人物、马歇尔、凯恩斯、萨缪尔森的代表作出版的年份。

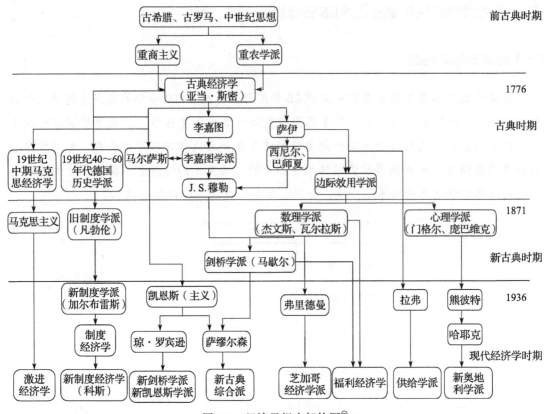

图 0-3 经济思想史架构图①

(二) 本书的主要内容和基本结构

以上两幅演化图将本书的内容分为四大部分，分别为前古典时期、古典时期、新古典时期和现代经济学时期。

第一篇前古典时期（1776 年以前）：包括古代经济思想（古希腊、古罗马等）、欧洲中世纪经济思想、重商主义和重农学派。虽然公元 1500 年之前的经济思想是零碎而模糊的，但是出于对思想完整性的考虑，本书认为对古代及欧洲中世纪的经济思想的介绍和讲述是非常有必要的。

第二篇古典时期（1776 年至 1871 年）：伴随着古典经济学的形成、发展、分化、融合以及走向完美巅峰，马克思、德国历史学派和边际学派三方各自为政，对居于主流的古典学派发起挑战，边际学派的关注重点和研究方法被主流接纳，其余两方也各有斩获，颇有建树。

第三篇新古典时期（1871 年至 1936 年）：19 世纪 70 年代，杰文斯、门格尔、瓦尔拉斯几乎同时分别提出了边际理论，掀起了一场"边际革命"。马歇尔是 19 世纪上半叶至 19 世纪末经济思想的集大成者，以他为代表的经济学家将强调生产成本（供给）的古

---

① 图中的 1776、1871、1936 分别为亚当·斯密、边际学派三位代表人物、凯恩斯的代表著作成书时间。

典学派与注重需求的边际学派完美地结合起来，从而成为现代经济学中微观经济学的构建者。这一时期马克思的经济理论及思想得到了进一步的发展和认可，马克思主义对后世产生了深远的影响。源于19世纪后期的美国制度学派（旧制度学派）深受德国历史学派的影响，凡勃伦是其创始人和主要代表人物。

第四篇现代经济学时期（1936年至今）：凯恩斯将1929年经济大萧条之前就出现的各类关注总量经济和宏观经济的思想整合成了一个完整的分析框架，构建了宏观经济学，并引发了经济学中的"凯恩斯革命"。凯恩斯的继承者主要分化为两支：以琼·罗宾逊为代表的后凯恩斯主义者（新剑桥学派）和以萨缪尔森为代表的新古典综合派。19世纪70年代"滞胀"的出现标志着凯恩斯主义的失灵，随之产生了与凯恩斯主义相抗衡的各种新自由主义流派（包括以弗里德曼为代表的货币主义、以卢卡斯为代表的理性预期学派、以拉弗为代表的供给学派、以哈耶克为代表的新自由主义体系、以科斯等人为代表的新制度经济学等）。近几十年来，流派林立、群雄纷争的现代经济学丛林围绕着凯恩斯主义的形成与发展，在以下三个领域和方向上演化、延伸、交叉：以凯恩斯的追随者为代表的国家干预主义；与凯恩斯主义相对立的、以各种新自由主义流派为代表的经济自由主义；其他较为独立、难以划分或介于二者之间的流派与思潮。

这一时期至今虽不足百年，但经济学思想和经济学流派的发展却是前所未有的活跃与丰富。本书从经济思想演化的角度对这一时期的经济学流派进行了筛选和取舍，不仅是为了避免第四篇成为《现代西方经济学流派》教材的雏形或再现，还源于这些经济思想与流派理论距离我们如此之近，以至于它们真正的价值和影响力尚需历史与时间的检验及鉴定。

除了以上篇章和内容之外，围绕着经济思想的演化脉络和研究主题，结束语对以上四个时期的经济思想和经济学流派关注的主题进行了总结与浓缩，各篇和各章的思维导图也尽力体现与细化以上主线及研究领域。

三、学习经济思想史的价值和意义

学习任何一门学科，了解其历史是极其必要的。学习经济学，同样也需要了解经济学的历史。我们现在所知晓、接受、学习、传授的经济学体系和经济学理论范式，并非我们当下发现的东西，它是过去几千年来，众多的哲学家、思想家、经济学家的观察、发现、洞见、偏见、误解甚至错误的沉淀与精华。经济思想史是关于经济思想的历史，历史就是经济思想的天然实验室，正是历史证明了学习经济思想史的价值和意义。

（一）避免盲人摸象

通过学习经济思想史，我们能够对经济思想的演化有一个完整而清晰的了解。经济思想的发展脉络包含或孕育了所有的经济学理论和经济学的主要学科,现代大学开设的主要经济学专业课程,都能从经济思想史中找到痕迹、发现出处、寻到根基。有些课程(如中国称之为"西方经济学",西方称之为"经济学"或"微观经济学""宏观经济学")是经济思想史直接的演化成果;有些课程是源于它的一个部分、一个阶段(如西方经济学主要流派)、一个流派(如制度经济学、发展经济学)或者一名经济学家(如中国开设的讲授马克思经济理论的"政治经济学");有些课程(如"演化经济学""信息经济学""行为经济学")就是经济思想史这棵大树上的新枝丫,揭示出了经济思想演化的未来趋势。对于经济学的研究者来说,不论其钻研和主攻的是哪一个研究领域和方向,都需要从经济学思想演变的历史中寻找理论依据、获取经验证据、验证研究结果、借鉴分析方法。了解、掌握了经济思想的历史线路和基本攻略,再根据需要、兴趣、专业、领域深入钻研经济学森林,就能够减少和弥补"不识庐山真面目,只缘身在此山中"的遗憾。

(二) 走出误解和极端

每一支经济学流派都是一路披荆斩棘、融合斗争,终至万涓成河,每一位经济学家都是经济学理论大陆的尝试者、探险者、洞察者、发现者,正是他们各自理论的挑战与互补、丰富与完善、博弈与制衡等合力齐发,才造就了今天经济学的参天大树。这棵树根基深厚、枝叶相连,任何经济理论和经济模型都有可取之处,没有绝对的高低对错,它们之间的互补效应大于替代效应。每一位经济学家既不是完美的,也不是没有价值的;他们既不是魔鬼,也不是天使;他们的作品和理论既不是圣经,也不是诅咒,盲目崇拜与不屑一顾都不是明智和理性的态度。正如马克·布劳格所言:"以傲慢的态度对待过去的经济学家是极其危险的,但是崇拜他们同样也是危险的。"从这个意义来说,只有翻越了经济学历史大山的人,才能感叹"一览众山小"。

(三) 回归经济学的本质

现代经济学发展到今天,伴随着研究范式的强化和实证方法的兴起,经济学的工具化、数学化、功利化、演示化倾向愈发明显。经济学的教学离传统和本质也越来越远,人们过分热衷于各种实务课程和数学课程。"数学把严谨带入经济学,但历史让经济学免于被数学的僵硬压垮"。[1] 经济思想的演化历程让我们明白经济学从它诞生之日起,生命中就流淌着道德哲学的血液,它是血肉之躯,它有着跳动的心脏和不老的灵魂,经济学所有的跋涉、所有的努力、所有的变形都是为了一个人类的终极目标:关注人的快乐与痛苦,追求公平正义,实现大众的福利。经济学的人文性和现实性决定了经济学不能离开真实世界而自编自导,它最终面对的必须是自由公正这些人类最基本却又最崇高的

---

[1] 赖建诚.经济思想史的趣味[M].杭州:浙江大学出版社,2011:89.

发展目标。数学虽是研究经济学的有效利器，但是，"在人类文明中，数学如果脱离了其丰富的文化基础，就会被简化成一系列的技巧，它的形象也就被完全歪曲了"。[一]

背景链接：区分这几门课程

对于经济学专业的学生而言，了解"经济思想史"与"经济史""经济学说史""西方经济学主要流派""政治经济学""西方经济学"这几门课程的关系，有助于他们清晰而有效率地选择、评价自己的大学课程。

（1）经济思想史与经济史：角度不同。前者是对经济思想的思考与凝练（精神、思想层面），后者是对经济实践的观察与思考（物质、实践层面）。

（2）经济思想史与经济学说史和西方经济学主要流派：从时间跨度上看，经济思想史＝经济学说史（凯恩斯以前）＋西方经济学主要流派（凯恩斯及其以后）。

（3）经济思想史与政治经济学：树与枝。在中国，"政治经济学"这门课程讲授的是马克思的经济学，而马克思是"经济思想史"这棵经济学大树上的一个重要分支的代表人物。

（4）经济思想史与西方经济学：苹果树与苹果。"经济思想史"告诉我们苹果树是如何长成的，苹果是如何成熟的。"西方经济学"是这棵树上一个已经成熟的最大的苹果，它给我们展示这个苹果的色、形、味，它解剖这个苹果，告诉我们它的结构、成分和组成。若将这个苹果一切两半，则微观经济学和宏观经济学各占半壁江山。

（5）经济思想史与中国经济思想史：主流与国别。除了经济思想的系统性和主流经济学的认可度之外，从空间地域层面考察，"经济思想史"主要是指西方世界的经济思想的演化历史。若要研究某一国别和地区的经济思想历史，则可以限定具体区域范围，如"中国经济思想史"。

[一] M 克莱因.西方文化中的数学[M].张祖贵,译.上海：复旦大学出版社,2004.

前言

致谢

导论

第一篇 前古典时期（1776年以前）

第一章 古代及中世纪的经济思想 …………………………………… 2
第二章 重商主义 …………………………………………………… 17
第三章 重农学派 …………………………………………………… 28

第二篇 古典时期（1776年至1871年）

第四章 古典学派概览及其先驱者 ………………………………… 45
第五章 亚当·斯密 ………………………………………………… 58
第六章 托马斯·罗伯特·马尔萨斯和大卫·李嘉图 ……………… 76
第七章 边沁、萨伊、西尼尔和巴斯夏 …………………………… 92
第八章 约翰·斯图亚特·穆勒 …………………………………… 111
第九章 卡尔·马克思 ……………………………………………… 121
第十章 德国历史学派 ……………………………………………… 130

第三篇 新古典时期（1871年至1936年）

第十一章 边际学派及其先驱者 …………………………………… 145

第十二章	边际学派第一代	157
第十三章	边际学派第二代	170
第十四章	新古典学派：阿尔弗雷德·马歇尔	179
第十五章	新古典学派：福利经济学的兴起	189
第十六章	新古典学派：货币经济学	198
第十七章	制度学派	206

第四篇　现代经济学时期（1936年至今）

第十八章	约翰·梅纳德·凯恩斯	229
第十九章	凯恩斯主义的继承与发展	242
第二十章	芝加哥经济学派	266
第二十一章	奥地利学派	283
第二十二章	新制度经济学	301
第二十三章	当代经济学流派概况与进展	317
第二十四章	经济学方法论的演进与发展	331

结束语　摩天大楼与主题公园的故事

附录

附录A	《经济思想史》期末考试题	358
附录B	学生来信	360
附录C	学习经济思想史有什么用	361

前言

致谢

导论

第一篇　前古典时期（1776 年以前）

第一章　古代及中世纪的经济思想 …… 2

本章大纲 …… 2

主要著作列表 …… 2

思维导图 …… 3

第一节　古希腊：播下经济思想的种子 …… 3

第二节　古罗马人：注重管理实践 …… 9

第三节　千年中古时期：高高在上的经院哲学 …… 12

问题讨论 …… 16

本章推荐 …… 16

参考文献 …… 16

第二章　重商主义 …… 17

本章大纲 …… 17

主要著作列表 …… 17

思维导图 …… 18

第一节　海洋时代的财富角斗场 …… 18

第二节　重商主义的基本主张 …… 19

第三节　重商主义的代表人物 …… 21

问题讨论 …… 26

本章推荐 …… 26

参考文献 …… 27

第三章　重农学派 …… 28

本章大纲 …… 28

主要著作列表 …… 28

思维导图 …… 29

第一节　困境中新思想的探寻 …… 29

第二节　重农学派的主要思想 …… 31

第三节　重农学派的影响力 …… 39

问题讨论 …… 42

本章推荐 …… 42

参考文献 …… 42

第二篇 古典时期（1776 年至 1871 年）

第四章 古典学派概览及其先驱者 … 45
本章大纲 … 45
主要著作列表 … 45
思维导图 … 45
第一节 古典学派概览 … 46
第二节 古典学派的三位先驱者 … 48
问题讨论 … 56
本章推荐 … 56
参考文献 … 57

第五章 亚当·斯密 … 58
本章大纲 … 58
主要著作列表 … 58
思维导图 … 59
第一节 亚当·斯密的生平细节 … 60
第二节 影响亚当·斯密的重要人物 … 60
第三节 亚当·斯密的核心理论 … 62
第四节 两个"斯密之谜" … 73
问题讨论 … 75
本章推荐 … 75
参考文献 … 75

第六章 托马斯·罗伯特·马尔萨斯和大卫·李嘉图 … 76
本章大纲 … 76
主要著作列表 … 76
思维导图 … 77
第一节 时代背景 … 77
第二节 托马斯·罗伯特·马尔萨斯 … 78
第三节 大卫·李嘉图 … 83
问题讨论 … 91
本章推荐 … 91
参考文献 … 91

第七章 边沁、萨伊、西尼尔和巴斯夏 … 92
本章大纲 … 92
主要著作列表 … 93
思维导图 … 93
第一节 杰里米·边沁——功利主义之父 … 94
第二节 让·巴蒂斯特·萨伊——法国的"亚当·斯密" … 98
第三节 纳索·威廉·西尼尔——知行难以合一的辩护士 … 102
第四节 弗雷德里克·巴斯夏——最坚定的自由贸易倡导者 … 105
问题讨论 … 109
本章推荐 … 109
参考文献 … 109

第八章 约翰·斯图亚特·穆勒 … 111
本章大纲 … 111
主要著作列表 … 111
思维导图 … 112
第一节 子承父业的小穆勒 … 112
第二节 穆勒的经济学贡献 … 113
问题讨论 … 119
本章推荐 … 120
参考文献 … 120

第九章 卡尔·马克思 … 121
本章大纲 … 121
主要著作列表 … 121
思维导图 … 122
第一节 马克思——资本主义的掘墓人 … 122
第二节 影响马克思的各种学术思想 … 123
第三节 马克思对经济学的贡献 … 125
问题讨论 … 128

本章推荐	128
参考文献	128

第十章 德国历史学派 … 130

本章大纲	130
主要著作列表	130
思维导图	131
第一节 德国历史学派概览	131
第二节 弗里德里希·李斯特	133
第三节 旧历史学派	135
第四节 新历史学派	137
问题讨论	140
本章推荐	140
参考文献	141

第三篇 新古典时期（1871年至1936年）

第十一章 边际学派及其先驱者 … 145

本章大纲	145
主要著作列表	146
思维导图	146
第一节 边际学派概览	146
第二节 安东尼·奥古斯丁·古诺	148
第三节 朱尔斯·度比	151
第四节 约翰·海因里希·冯·屠能	152
第五节 赫尔曼·海因里希·戈森	154
问题讨论	155
本章推荐	155
参考文献	156

第十二章 边际学派第一代 … 157

本章大纲	157
主要著作列表	157
思维导图	158

第一节 威廉姆·斯坦利·杰文斯	158
第二节 卡尔·门格尔	162
第三节 里昂·瓦尔拉斯	166
问题讨论	169
本章推荐	169
参考文献	169

第十三章 边际学派第二代 … 170

本章大纲	170
主要著作列表	170
思维导图	171
第一节 弗里德里希·冯·维塞尔	171
第二节 欧根·冯·庞巴维克	173
第三节 弗朗西斯 Y. 埃奇沃思	176
问题讨论	178
本章推荐	178
参考文献	178

第十四章 新古典学派：阿尔弗雷德·马歇尔 … 179

本章大纲	179
主要著作列表	179
思维导图	180
第一节 "统领三军"的马歇尔	180
第二节 均衡价格理论	182
问题讨论	187
本章推荐	187
参考文献	188

第十五章 新古典学派：福利经济学的兴起 … 189

本章大纲	189
主要著作列表	189
思维导图	190
第一节 维尔弗雷多·帕累托	190

| 第二节 阿瑟·赛西尔·庇古 …… 193
| 问题讨论 …… 196
| 本章推荐 …… 196
| 参考文献 …… 197

第十六章　新古典学派：货币经济学 …… 198

本章大纲 …… 198
主要著作列表 …… 198
思维导图 …… 199
第一节　约翰·古斯塔夫·克努特·维克塞尔 …… 200
第二节　欧文·费雪 …… 203
问题讨论 …… 205
本章推荐 …… 205
参考文献 …… 205

第十七章　制度学派 …… 206

本章大纲 …… 206
主要著作列表 …… 207
思维导图 …… 207
第一节　制度学派概览 …… 208
第二节　托斯丹·邦德·凡勃伦 …… 211
第三节　韦斯利·克莱尔·米切尔 …… 216
第四节　约翰·罗杰斯·康芒斯 …… 218
第五节　约翰·肯尼斯·加尔布雷思 …… 221
问题讨论 …… 224
本章推荐 …… 224
参考文献 …… 225

第四篇　现代经济学时期（1936年至今）

第十八章　约翰·梅纳德·凯恩斯 …… 229

本章大纲 …… 229

主要著作列表 …… 229
思维导图 …… 230
第一节　凯恩斯经济学产生的背景 …… 231
第二节　凯恩斯的人生故事和学术渊源 …… 232
第三节　凯恩斯革命 …… 234
第四节　凯恩斯经济学体系 …… 237
问题讨论 …… 241
本章推荐 …… 241
参考文献 …… 241

第十九章　凯恩斯主义的继承与发展 …… 242

本章大纲 …… 242
主要著作列表 …… 243
思维导图 …… 244
第一节　新古典综合派 …… 245
第二节　新剑桥学派 …… 250
第三节　凯恩斯主义非均衡学派 …… 255
第四节　新凯恩斯主义经济学 …… 258
问题讨论 …… 264
本章推荐 …… 265
参考文献 …… 265

第二十章　芝加哥经济学派 …… 266

本章大纲 …… 266
主要著作列表 …… 267
思维导图 …… 267
第一节　芝加哥经济学派概述 …… 269
第二节　米尔顿·弗里德曼 …… 271
第三节　加里·贝克尔 …… 274
第四节　小罗伯特·卢卡斯 …… 277
问题讨论 …… 281
本章推荐 …… 281
参考文献 …… 282

第二十一章　奥地利学派 ········· **283**

- 本章大纲 ········· 283
- 主要著作列表 ········· 283
- 思维导图 ········· 284
- 第一节　奥地利学派概览 ········· 285
- 第二节　约瑟夫·熊彼特 ········· 287
- 第三节　路德维希·冯·米塞斯和弗里德里希·奥古斯特·冯·哈耶克 ········· 291
- 问题讨论 ········· 299
- 本章推荐 ········· 299
- 参考文献 ········· 300

第二十二章　新制度经济学 ········· **301**

- 本章大纲 ········· 301
- 主要著作列表 ········· 302
- 思维导图 ········· 302
- 第一节　新制度经济学概览 ········· 303
- 第二节　罗纳德·哈里·科斯 ········· 305
- 第三节　道格拉斯·诺斯 ········· 308
- 第四节　阿曼·阿尔钦与哈罗德·德姆塞茨 ········· 312
- 第五节　奥利弗·伊顿·威廉姆森 ········· 313
- 问题讨论 ········· 316
- 本章推荐 ········· 316
- 参考文献 ········· 316

第二十三章　当代经济学流派概况与进展 ········· **317**

- 本章大纲 ········· 317
- 主要著作列表 ········· 318
- 思维导图 ········· 318
- 第一节　当代经济学的多元化演变 ········· 319
- 第二节　新经济史学：历史介入经济学撞出的新火花 ········· 321
- 第三节　实验经济学：实验室里能出经济学吗 ········· 324
- 第四节　新经济地理学：经济学家对空间的思考 ········· 326
- 问题讨论 ········· 329
- 本章推荐 ········· 329
- 参考文献 ········· 330

第二十四章　经济学方法论的演进与发展 ········· **331**

- 本章大纲 ········· 331
- 思维导图 ········· 332
- 第一节　经济思想史是一部经济学方法史 ········· 332
- 第二节　经济学方法论的演变历程 ········· 333
- 第三节　经济学方法论的争论 ········· 342
- 第四节　经济学方法论的演化趋势与展望 ········· 349
- 问题讨论 ········· 351
- 本章推荐 ········· 351
- 参考文献 ········· 352

结束语　摩天大楼与主题公园的故事 ········· **353**

附　录

- 附录 A　《经济思想史》期末考试题 ········· 358
- 附录 B　学生来信 ········· 360
- 附录 C　学习经济思想史有什么用 ········· 361

第一篇

前古典时期（1776年以前）

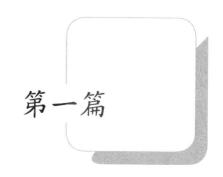

> 盼望着，盼望着，东风来了，春天的脚步近了。一切都像刚睡醒的样子，欣欣然张开了眼。
>
> ——朱自清《春》

本书第一篇回顾经济学正式形成（1776年）之前长达3 000年的经济思想，其余三篇主要介绍经济思想近300年的演化与发展。本篇显然是以最短的篇幅来论述经济思想演化过程中最漫长的阶段。尽管近代科学体系的形成主要是在18世纪以后，但是这并不是说，我们就可以因此而忽视1776年以前经济思想的萌芽和火花，低估那些年代经济实践和理论探寻的意义。

本篇内容主要包括古代经济思想（古希腊、古罗马等）、欧洲中世纪经济思想、重商主义和重农学派四个部分。在这3 000年中，人类从最基本的生存约束转向对财富的大胆追求，经济思想也从哲学著作的道德规范延伸到追逐财富梦想的实践之中。

思维导图

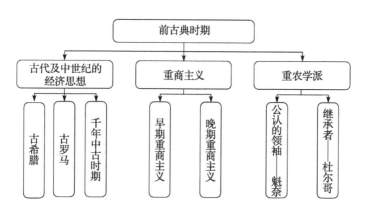

第一章

古代及中世纪的经济思想

"我们从哪里出发?"红皇后问。
"从开始出发。"渡渡鸟答道。

——刘易斯·卡罗尔《爱丽丝梦游仙境》

本章大纲

第一节 古希腊:播下经济思想的种子
一、古希腊
二、古希腊的经济学家就是哲学家
第二节 古罗马人:注重管理实践
一、古罗马
二、奴隶主兼农学家
三、罗马人智慧的结晶:罗马法学
第三节 千年中古时期:高高在上的经院哲学
一、基督教世界的兴衰
二、教会僧侣是唯一受过教育的群体
三、经院学派的集大成者:阿奎纳

主要著作列表

姓名	著作	成书时间
荷马	《伊利亚特》(Iliad)、《奥德赛》(Odyssey)	公元前9世纪~前8世纪
色诺芬	《经济论》(Oeconomicus or Economics)、《居鲁士的教育》(Cyropadia)	约公元前4世纪
柏拉图	《理想国》(The Republic)《法律篇》(The Laws)	约公元前386年 公元前360~前347年

（续）

姓名	著作	成书时间
亚里士多德	《尼各马可伦理学》(The Nicomachean Ethics)	公元前 335～前 323 年
加图	《农业志》(De Agri Cultura)	公元前 234～前 149 年
瓦罗	《论农业》(Rerum Rusticarum)	约公元前 37 年
奥古斯丁	《忏悔录》(Confessions) 《论自由意志》(De Libero Arbitrio) 《上帝之城》(The City of God)	394～400 年 391～395 年 412～427 年
阿奎纳	《神学大全》(Summa Theologica)	约 1237 年

思维导图

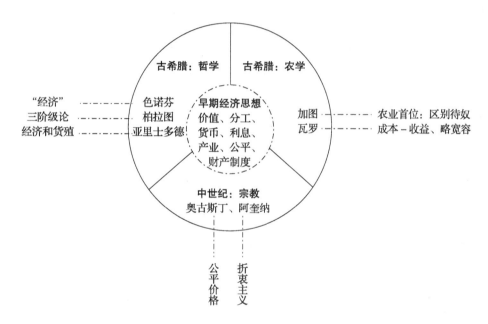

西方古代和中世纪的经济思想是经济学的渊源与先声。古希腊的哲学家在其哲学著作中播下了经济思想的种子；古罗马在刀光剑影和农业活动中体会到了技术与实践的重要性，经济管理与法律法学就此埋下了伏笔；漫长的欧洲中世纪则在圣经哲学中留下了经济思想的影子。哲学家、农学家、神学家开始崇尚农业，提出"经济"，谈论财富与分工，触及价格与货币。经济学尚未诞生，但经济学思想已开始在农学和神学的子宫中孕育。

第一节 古希腊：播下经济思想的种子

一、古希腊

古希腊是西方文明的发源地，其历史可追溯至欧洲最早的文明即爱琴文明时代。爱琴文明起始于约公元前20世纪，结束于约公元前12世纪，先后以克里特岛和迈锡尼城为中心形成了米诺斯文明和迈锡尼文明。

公元前12世纪至公元前8世纪属于黑暗时代（又称"荷马时代"），有关希腊的记载主要来自荷马的两部史诗：《伊利亚特》和《奥德赛》，而《荷马史诗》中已经显示出一些早期的经济思想。

公元前8世纪至公元前6世纪，希腊进入了奴隶制城邦国家时期，史称"古风时代"。其中最大的两个城邦为斯巴达和雅典，不同的城邦之间形成了各具特色的国家制度和社会风尚。斯巴达实行奴隶主寡头制，权力掌握在由贵族组成的长老会议手中，并且极度重武轻文，走上了一条社会生活军事化的道路；雅典最初也实行贵族政治，但后来经过梭伦、克里斯提尼、伯里克利等人的改革，民主制度逐步建立且日趋完善，民主的思想观念深入人心。

两个古希腊城邦之间的巨大差异，加上雅典的对外扩张，引起了斯巴达的强烈不满，最终引发了两个同盟之间长达30年的具有城邦争霸性质的伯罗奔尼撒战争（公元前431～前404年）。这场战争虽然表面上以雅典的失败告终，但实际上却使整个希腊陷入了困境，从此走向衰落。公元前338年，位处希腊北部的马其顿国王腓力二世结束了希腊衰落的现状，此后他的儿子亚历山大大帝远征并建立了地跨欧亚非三洲的大帝国，开创了一个希腊古典文明广泛传播的"希腊化时代"。直到公元前1世纪罗马人的征服才宣告了希腊化时代的结束。

希腊文明自始至终以小国林立的城邦政体为特色，但当时城邦的含义却与今天所指不同。它首先指的是人，是高于家庭、村落和部落之上的特定人群的联合体，即公民团体，而在物质层面上的含义只是前者自然外延的结果。⊖

古希腊历经数百年时间才最终完成了向奴隶主所有制的转化。希腊独特的地形特点和地理位置（开放的海洋地理环境、内部山岭阻隔、海陆交错）不但造就了古希腊人善于探索、独立思考、追求自由、勇敢冒险的民族性格，而且使他们充分利用当地经济作物和矿产资源发展商业和手工业，建立了城邦制度。古希腊的非凡成就除了有令人目不暇接的艺术、文学、语言、哲学、宗教、竞技、天文、数学等科学之外，还包括自由探究的精神、民主政体的理论和实践、对个人自由和责任心的强调等。"在这个世界上，除了自然界盲目的力量之外，没有什么活动的根源不在希腊。"一位名为亨利·缅因的法官在1875年的一次演讲中做出了这样的论断。

二、古希腊的经济学家就是哲学家

在古希腊的哲学思想中可以发现部分现代经济学的来源与影子，如享乐主义、主观价值、边际效用递减理论、效率和资源配置等。这些思想散见于古希腊哲学家的著述之中，直至今天依旧影响着我们。由此可见，无论是色诺芬、柏拉图还是亚里士多德，在古代经济思想中都应占有一席之地。

（一）色诺芬

色诺芬（Xenophon，前440左右—前355）出生于雅典的一个贵族家庭，受过良好的教

⊖ 齐世荣，杨共乐，彭小瑜．世界史（古代卷）[M]．北京：高等教育出版社，2006：133．

育，是希腊著名哲学家苏格拉底的学生。他曾经多次卷入战争，亲眼看着雅典遭遇惨痛的失败。他在战争时期随部队东征西战，看到了广阔的世界。这些经历使得色诺芬学多识广，拥有十分丰富的政治阅历和军事冒险经历，从而成为一位多产的史学家和哲学家。但他一生都没有改变阶级信仰，在率领万人雇佣大军成功大撤退回到希腊之后没几年，就站在斯巴达一方与雅典为敌，这也导致他被雅典宣布为流放者。色诺芬在斯巴达给他的一块风景优美的地产上生活了许多年，在此期间多有著述，如《希腊史》《远征史》《回忆苏格拉底》等，与经济有关的主要是《经济论》和《雅典的收入》。

1. 最早使用"经济"一词

《经济论》是一部语录体的经济专著。色诺芬根据自己管理庄园的经验，在书中主要阐述了关于农业和财富的观点。这本著作最早提出了"经济"一词，其原意为"家庭管理"，他认为奴隶主应该管理好自己的财产和奴隶，使家庭财产不断增加。

2. 主观价值的财富观

在色诺芬看来，一件物品是不是财富因人而异，它取决于物品是否对人们有用以及使用者能否利用它。货币也一样，如果不能利用货币给自己带来好处，它就不是财富甚至是有害的。两个著名的例子是"吹笛子"和"买老婆"。"一支笛子对于会吹它的人是财富，而对于不会吹它的人，则无异于毫无用处的石头……对于不会使用笛子的人来说，一支笛子只有在他卖掉它时是财富。"同样的逻辑，"如果一个人用他的钱去买个老婆，而这个老婆使他的身体、精神和财产都受到了损失，那么，他的钱怎能对他有好处呢？"⊖

3. 提出分工和专业

色诺芬从使用价值的角度出发，肯定了分工的作用，指出分工可以提高产品的质量与数量。在其著作《居鲁士的教育》中，他对此进行了详细的解释和论述。在波斯国王的餐桌上享用食物不仅是一种荣誉，而且这些食物也的确比一般的菜肴美味可口。因为国王的厨房里聚集了手艺最好的厨师，并且分工精细，每位厨师只做一两种食品，做出来的食物当然十分精美。色诺芬认为一个人不可能精通一切技艺，所以分工是必要的，但分工程度则取决于市场范围的大小。在小城镇中，因为主顾少，一个人单靠一种技艺难以维持生活；而在大城市中，一个人只要从事某项手艺，甚至一项手艺的一个特定部分，就足以维持生活。

4. 视农业为最重要的经济部门

在《经济论》中，色诺芬认为农业是最愉快和最有益健康的经济部门。"最富足的人也不能离开农业，因为从事农业在某种意义上是一种享乐，也是一个自由民所能做的增加财产和锻炼身体的手段。"㊁色诺芬将农业看作一切经济部门的基础，因为当农业繁荣之时，其他技艺也都兴旺；而当土地荒废之时，其他技艺将处于垂危的境地。手工业是"所谓粗俗的技艺，会伤害公民的身体和精神"㊂，应该由奴隶和外邦人从事。从另一方面来看，色诺芬又觉得发展城邦的工商业是必要的。商人、手工工匠的存在是城邦发展的必然产物，也是社会分

⊖ 色诺芬. 经济论 雅典的收入 [M]. 张伯健，陆大年，译. 北京：商务印书馆，1961：3.
㊁ 色诺芬. 经济论 雅典的收入 [M]. 张伯健，陆大年，译. 北京：商务印书馆，1961：16.
㊂ 色诺芬. 经济论 雅典的收入 [M]. 张伯健，陆大年，译. 北京：商务印书馆，1961：2.

工自然发展的结果，工商业的发展可以使经济更加繁荣。但色诺芬仅将工商业作为城邦生活中的辅助因素，他力图将工商业的发展控制在既能繁荣城邦经济，又不危害城邦现存秩序的限度内。

5. 触及货币的职能

在《雅典的收入》中，色诺芬从国家的角度研究了增加收入的问题。他主张雅典应当利用得天独厚的经济发展条件，制定各种优惠条件吸引外国人，这样不仅能增加雅典的收入，还有利于对外国人的统治。他认为商业使人们获得具有使用价值的东西，主张维护商人的利益，授予商人专有的特权，并完善商事法院制度，大力发展对外贸易。他特别强调一个和平的环境对国家征集到充分的收入和保持繁荣的必要性。

在讲述开发、管理银矿时，色诺芬还阐述了对货币的一些见解，他注意到货币有着不同的作用。货币首先是一种购买手段。平时，男人用它购买武器、马匹和房屋，女人用它购买服装和饰品；战时，国家则用货币购买粮食、补充军备。同时，货币还是一种贮藏手段。人们对白银是不厌其多的，喜欢储藏白银的程度不亚于喜欢使用白银的程度，因为利用白银可以随时买到想要的物品。⊖

另外，依据市场上出现的现象和生活经验，色诺芬还认识到商品价格的波动依存于供给和需求的变化，而由供求变动产生的价格变动又会影响社会劳动的分配。

(二) 柏拉图

柏拉图（Plato，希腊语为 Πλάτων，前 427—前 347）是古希腊最著名的唯心主义哲学家，年轻时师从苏格拉底。据传柏拉图原名阿里斯托勒斯（Arestolus），他自幼身体强壮、肩宽胸阔，因此体育老师就替他取名"柏拉图"（在希腊语中，Πλάτων 意为"平坦、宽阔"）。后来，柏拉图这个名字被沿用下来，流传至今。在苏格拉底被雅典当局处死以后，他逃离雅典，先后在埃及、西西里等地进行反对雅典民主制度的活动，后来又回到雅典，建立了一所哲学学校，从事教学与研究工作。这所"柏拉图学园"延续 900 多年，一直是唯心主义哲学的传播中心，直到公元 529 年被东罗马帝国封禁。柏拉图继承了以往诸家的唯心学说，创立了客观唯心主义的哲学体系，其核心思想为"理念"论。他认为，"理念"的精神世界高于现实世界，并先于现实世界而存在。柏拉图的著述有很多，其中与经济学有关的两本著作是《理想国》和《法律篇》。

《理想国》大约成书于公元前 386 年，以探讨正义开始，提出了解决当时社会危机的途径。柏拉图认为，在雅典的民主制度下，商品经济发展引起了阶级分化，造成了贫穷、腐化、堕落与不安定。财富和穷困成为社会上的两大罪恶，由富人和穷人组成的国家不再是一个国家，而是富人的国家和穷人的国家两个国家，两者放在一起，永无太平之日。柏拉图排除了当时流行的对正义的四种观念，证明了"各做各的事"无论对于国家还是个人，都是对正义的合适定义，并由此提出了"理想国"的设计。

1. 劳动分工

柏拉图的理想国是以其分工学说为理论基础的。在《理想国》提纲的引言部分，柏拉图叙述了城邦（即国家）的起源。他认为人们有各种需要，为了解决个人需要和个人能力之间

⊖ 色诺芬. 经济论 雅典的收入 [M]. 张伯健, 陆大年, 译. 北京: 商务印书馆, 1961: 70-72.

的冲突，人们相互之间开始实行分工和互助，形成了国家。农业是一国经济的基础，但除了农业之外，市场上还需要有手工业者、商人和店员等。没有这些人，农民和艺术家就不得不在市场上耗费大量时间，为自己的产品寻找买主。分工使每个人专精一业，产量可以增加，物品也更精美。在社会分工中，每个人从事的职业和担任的职务取决于他的先天禀赋。

2. 三阶级论

柏拉图根据上述分工思想勾画了他的理想国。在这个理想国中，自由民分为三个等级。最低等级由手工业者、商人和农民构成，他们没有思考和参与政治的能力，只是为其他阶层提供生活资料。第二个等级是战士，他们不从事任何经济活动，平时习武强身，战时保家卫国。最高等级是哲学家，他们有理智、有思想、有美德，富有知识，能够管理和统治国家。○一个人的所属等级很难改变，因为等级的归属取决于个人的天赋，由此决定了应有的分工。

3. 倡导财产公有

在柏拉图看来，财富将导致奢侈与闲散，贫困则造成举止与工作态度标准的下降。因此，他主张一种奴隶主的"共产主义"，即上等阶层的哲学家和战士在公共食堂就餐，不拥有私有财产、住宅和家庭，儿童由国家抚养和教育。这样他们就可以免于私有财产与家庭的负担，也无诉讼之苦以及作为家长的种种烦恼，以便全身心地投入到习武和统治之中——这才是自然赋予他们的最适合的职业。他还提出，统治阶级如果嗜好金钱与财产，必将导致腐败。对理想国的统治者剥夺私人财产，正是为了防止这种社会隐患。在《法律篇》中，柏拉图甚至更加极端地指出，最好的政治共同体是一个由分享一切（包括女人、儿童和所有财产）的朋友们组成的共同体。在这个共同体中，人们所要做的一切，就是抛弃所有权。

4. 产业思想

柏拉图视农业为理想国的经济基础。国家应该从农业中取得收入，因为只有从农业中取得收入，人们才不至于为了获利而把财产的本来目的（即公有共享）抛弃掉。在理想国中手工业和商业是必要的，但这种不体面的行业应交由外邦人和奴隶去做。柏拉图主张制定法律使商人只能得到适当的利润。他意识到，在商品交换中必须由货币充当流通手段，货币是为交换服务的。但他反对把货币作为储藏手段，更反对放款和抵押放债，其目的在于，防止商业资本和高利贷资本侵吞奴隶主阶级的剩余产品和侵蚀奴隶制自然经济。

（三）亚里士多德

亚里士多德（Aristotle，前384—前332）是古希腊伟大的思想家、哲学家，出生于希腊殖民地色雷斯○。他的父亲曾任马其顿国王腓力二世的外科医生。亚里士多德曾经受教于柏拉图，还曾受聘为腓力二世之子——亚历山大王子的老师，因此在学术经费与资料搜集方面得到了亚历山大的大力支持。公元前335年，他赴雅典创办了克里昂学校。据说，他很喜欢在校园里一边散步，一边同朋友和学生交谈，故其哲学学派就以逍遥派的名称载入史册。亚里

○ 奴隶处于三个等级之外，他们只是会说话的工具。
○ 古风时代的希腊殖民与近代资本主义殖民的本质不同。母邦与子邦的关系是平等的，不存在隶属与统治关系，两者之间主要是一种宗教、文化和种族上的传承关系。

士多德是一位百科全书式的学者，他的学术领域涉猎广泛，包括逻辑学、修辞学、物理学、生物学、政治学、社会学、心理学等。他写下了大量的著作，现存47部。作为柏拉图的学生，他一方面继承、发展了老师的思想，另一方面又能够青出于蓝而胜于蓝。亚里士多德关于经济的论述，主要见于《政治论》和《尼各马可伦理学》两本著作。

1. 价值概念

亚里士多德最先意识到商品具有两种用途。他指出，一种是物品本身所固有的，另一种是用来交换的。他的这一概念日后被亚当·斯密发展成为"使用价值"和"交换价值"，从此成为经济学中的固定范畴。亚里士多德还考虑到了稀缺性，他指出："稀少的东西比丰裕的东西具有更大的好处。这样，黄金是比铁更好的东西，虽然它的用途较少，但它难以得到，因此得到它更有所值。"[○]这个观点暗合了2 000年后斯密的"价值之谜"，并揭示解谜的钥匙即是稀缺性。

2. "经济"和"货殖"

亚里士多德区分了两种财富，作为有用物的财富和作为货币积累的财富。与此相对应，他提出了两个概念："经济"和"货殖"。他认为，"经济"是生产生活的必需品，即强调它的使用价值，因而经济是自然的活动。它虽然也包括交换，但仍只限于满足个人消费需要的范围。这种活动的界限也是自然的，就是满足人合理的个人消费。"货殖"是他从"财产占有"一词推演而来的，是为了赚取利润、积攒财富（尤其是货币财富）而进行的活动，它具有反自然的性质。在这类活动中，高利贷尤其可恶，它不是对金钱的自然使用，而是从金钱本身获取利益，在一切生财方式中是最不合乎自然的。通过对以上两个概念的划分，可以说亚里士多德在科学史上做了分析资本的第一次尝试。但他也承认，想保持纯而又纯的"经济"是不可能的，"货殖"不断在经济中出现，这很遗憾。

3. 货币和利息

在对交换的分析中，亚里士多德指出，没有公度性便没有相等，没有相等便没有交换，没有交换则一切联系、结合就无从谈起，而货币的发明解决了能成为交换对象的事物之间的公度性，其作为一种媒介或中介来衡量万事万物。亚里士多德还处理了价格背后的基本理论：交换变成正规化的手段所需要的"一种单一的、普遍的度量标准"，实际上就是"对互惠互济的需求"。这样，亚里士多德可以放心地下结论："货币就像是可以使事物彼此等价的一把尺子，它使一切事物可以用同一标准来衡量。"[○]亚里士多德还指出了货币的价值储藏手段。在《尼各马可伦理学》中，他说："我们应当拥有货币，即使我们不需要它，因为它是我们的保证，因为我们能够通过握有货币使我们取得我们想要的东西。"[○]

亚里士多德虽然承认交换可以满足个人和集体的自然需要，但他并不赞同把交换仅仅作为积累财富的手段来应用，因为这种积累是没有自然限制的。基于以上思想，他反对高利贷，认为通过这种手段增加货币是非自然的，是没有道理的。不过，在哲学家泰勒斯因预见到橄榄丰收而事先租下所有的榨油机获利的例子中，对通过供方垄断赚取的钱，亚里士多德

○ 亚里士多德.尼各马可伦理学［M］.廖申白，译.北京：商务印书馆，2003：155.
○ 罗伯特·海尔布罗纳.改变世界的经济学家［M］.陈小白，译.北京：华夏出版社，2016：8.
○ 亚里士多德.尼各马可伦理学［M］.廖申白，译.北京：商务印书馆，2003：155.

没有特意加以任何道德指责。

4. 私有财产

亚里士多德虽然反对"货殖"和以"货殖"为目的的交换，但与柏拉图不同的是，他赞成拥有私人财产。他比较了财产公有和财产私有，认为后者在五个方面优于前者。第一，私有财产比公有财产的效率更高，因此倾向于进步。人们对自己的财产总是精心照料，在使用时会给予更大的关注和兴趣。第二，公有财产下的劳动分配容易引起纷争。人们总是认为自己做得多，得到的少；别人做得少，得到的多。第三，私有财产给所有者带来满足。人们热爱自己的东西，占有财产本身就是一种满足，而公有财产没有这种作用。第四，从实践来看，如果公有财产优于私有财产，社会应普遍实行公有制，但事实并非如此。第五，财产私有能使人们从事慈善事业，并且使他们培养节制和慷慨的品德。

亚里士多德还反对对私人财产的最大数额进行限制，并且描述了这种限制可能面临的问题。他认为"限制人口比限制财产更有必要"。贫困是革命和犯罪之源，但不是唯一原因，职位和特权的不平等更为重要，后者往往激起精英的革命。为了更好地使用财产，他提议通过教育和适宜的制度限制人们的欲望。

背景链接 1-1 民主的故事

古希腊历史中有这样一个关于雅典民主的故事：一个政治家正面临公民投票，以决定是否将他流放。在走向会场的路上，他碰到一个不识字的人，正找人帮忙把自己想流放的人写在选票上。政治家发现对方想流放的竟是自己，于是就问："你为什么不喜欢他？"对方说："没有原因，我就是不喜欢听这个名字。"于是，他诚实地把自己的名字写在了对方的选票上，尽管对方根本不知道他写的是谁。最后，他果真被流放了。

民主就是这样，能让一个看起来最没有"发音器官"的人发出自己的声音。正如伏尔泰所言："我反对你的观点，但我誓死捍卫你说话的权利。"

第二节 古罗马人：注重管理实践

一、古罗马

从西方文明的进程看，罗马文明是希腊文明的继承与发展。但由于两者在酝酿环境与演进路径方面存在着某些差异，因此罗马文明具有自己的鲜明特色。大约在公元前8世纪中叶，罗马文明发祥于意大利半岛。公元前753年到公元前509年是罗马的王政时期，随后进入了共和时期。公元前27年，屋大维在内战中取得胜利，建立了罗马帝国，被誉为"奥古斯都"。他实行的一系列措施确保罗马帝国统治下的和平维持了200年之久。公元395年，罗马帝国分裂为东西两部分，公元476年，西罗马帝国灭亡，约1 000年后，东罗马帝国陷落。

古罗马依靠武力侵略古希腊等国家，逐渐建立起奴隶制帝国。在罗马对外征战的过程中，罗马的奴隶制度有了明显的发展，不仅奴隶数量庞大，使用范围扩大，而且奴隶制的发展由家长制的以生产直接生活资料为主的阶段，过渡为以生产剩余价值为主的阶段。在这一进程中,罗马对奴隶的剥削也达到了前所未有的程度。共和国后期接连爆发的奴隶起义事件就是对奴隶制度的惊人发展做出的最好说明。为维护奴隶主统治阶级的利益,古罗马在政治和法律研究领域做出了重大贡献,在经济方面虽然没有直接建树,但在一批奴隶主阶级思想家论述农业的著作中,还是表露了一些当时的经济思想。

二、奴隶主兼农学家

古罗马比古希腊更广泛、更大规模地使用奴隶劳动,建立了许多规模巨大的奴隶制大田庄、各种手工作坊和矿场。随着古罗马奴隶主生产方式的发展,出现了一批论述农业的思想家。他们大多生活于罗马共和国和罗马帝国时期,主要代表人物有加图和瓦罗。

(一) 加图

马尔库斯·波尔基乌斯·加图(Marcus Porcius Cato,前234—前149)是古罗马政治活动家和大奴隶主。他当过罗马的元老,历任执政官、监察官等职。加图生活在罗马奴隶制兴盛时代,当时大量战俘和被征服国的居民作为奴隶源源不断地输送到罗马,奴隶主力图巩固和扩大奴隶主经济,获取更多的剩余产品。加图的著作《农业志》反映了这种经济要求。

1. 农庄的经营

在加图生活的时代,商品交换和商业已开始发展,因此一方面,他主张奴隶主庄园应自给自足,奴隶所需的一切东西尽量在庄园中生产;另一方面,他也看到了在规模较大的庄园中,有大量剩余产品可以出售,所以主张把庄园的地址选在交通便利和利于产品销售的地方。他还认为在从事商业时,应遵循少买多卖的原则。在庄园经济中,他重视发展商品率较高的用于酿酒的葡萄和用于交换的牲畜。

2. 将农业放在首位

加图认为农业是一国最重要的产业,奴隶主应精心经营农庄以增加财富。为此,奴隶主应尽量减少开支,在生产上只购买最必需的生产资料。在所有的经济部门中,农业是罗马人最适宜从事的职业。

3. 奴隶的管理

加图认为如何使用奴隶并提高奴隶的生产积极性是奴隶主面临的一项重要经济任务,并就如何管理奴隶提出了一系列方法:对奴隶应分而治之,不让他们集居一处,以免他们共同策划来反对主人;对奴隶要严加管教,并让其不停地工作,避免他们去做其他坏事;应将奴隶区别对待,奴隶的衣食住行应随其工作情形和平日行为而有所不同(例如,给管家和牧羊的奴隶的粮食应比干重活的少,冬天给奴隶的粮食要比夏天少,生病的奴隶应卖掉等)。

(二) 瓦罗

瓦罗(Varro,前116年—前27)是古罗马政治家和著名学者,出生于萨宾地区的一个小乡村雷亚特，在罗马和雅典接受教育，之后进入政界，担任过财务官与市政官，又称雷亚提努斯（Rratinus）。瓦罗是罗马最博学的人之一，也是诗人、讽刺作家、博古学者、法学家、地理学家、文法家及科学家，精通语言学、历史学、诗歌、农学、数学等，他还著有关于教育和哲学的作品。除奥利金（Origen）⊖外，他是古代最多产的作家，著有约620部作品，78岁时已写出了490多篇论文和专著，主题广泛。他力图掌握全部希腊文化并用罗马的精神加以改造。他的著作《论农业》（共三卷）一书资料丰富，利用和引用了前人的大量论述，成为后人论述农业问题时必须参考的一本权威性著作。

1. 在农业中引入成本－收益观念

同先前的思想家一样，瓦罗认为农业是一种技艺，既必需又重要。但他不再无条件地推崇农业，而是注重将商品经济中的成本－收益观念引进到行业或工程的选择中。他认为意大利人是否经营农业，主要取决于两点："他们付出的劳力和费用能不能得到相应的报偿？土地的地点是否有益于健康？如果对这两点的回答都是否定的，而一个人仍然想经营农业的话，那么这个人就一定是脑子有毛病，最好是把他交给他的法定监护人看管起来。"⊜

2. 更先进的奴隶管理

作为奴隶主，瓦罗把奴隶看成工具。按照当时的普遍观点，他也把农具分为三种：①能讲话的农具；②只能发声的农具；③无声的农具。奴隶属于第一种。在管理奴隶的方法上，瓦罗比加图更进一步。在他看来，"不能容许一个监督者用鞭子，而不是用言语来执行自己的命令，如果用言语他可以同样很好地达到自己的目的的话"。⊜他还提出了一些提高奴隶劳动热情的主张，如刺激监督人（也是奴隶）执行管理其他奴隶的工作，允许奴隶管理者与女奴隶同居并生儿育女，与最能干的奴隶商议要干的农活等。他还提醒，在庄园中不要使用太多同一个部落的奴隶，以防发生争端。这些管理形式上的变化在一定程度上反映了当时奴隶起义对奴隶主的震动和冲击。

背景链接 1-2 瓦罗的良苦用心

谁能想到，瓦罗书写《论农业》一书时已年逾八十，这本书是他的众多著作中留给我们的唯一一部比较完整的著述。2 000多年前，它是一部农业科技读物和实用手册；今天，它成为我们了解古罗马奴隶制庄园经济的重要资料。但是瓦罗写这本书的初衷，仅仅是为了自己最放心不下的年轻妻子，意在指导她日后应该如何经营、管理刚刚购置的一处庄园。他年事已高，自知时间紧迫，便马不停蹄、加班加点地写作，终于得以及时完成。但是这本"仓促"之作内容详尽，极其实用，从农业总体的经营管理到各类家畜、家禽的饲养方法，都一一做了交代和论述，真可谓"一片苦心在书中"。全书的开篇引言第一段如下：

"我亲爱的丰达妮亚，如果我有闲暇，我是会把这篇论文写得更漂亮些的，可是既然没

⊖ 古代基督教希腊教会神学家，一生致力于校勘希腊文《旧约》和注释《圣经》，著有《论原理》《反赛尔索》等。
⊜ 瓦罗. 论农业［M］. 王家绶，译. 北京：商务印书馆，1961：23.
⊜ 瓦罗. 论农业［M］. 王家绶，译. 北京：商务印书馆，1961：49.

有闲暇，我就只能像个时间紧迫的人那样去做了。人们说，一个人就像个气泡一样；如果真是这样，这个说法对老人必然更如此了。我已经八十岁了，这就提醒我，必须打好行装，随时准备离开这个世界。"

三、罗马人智慧的结晶：罗马法学

罗马法学涉及政治统治、价值观念和经济贸易等领域的思想创新，被视为罗马人智慧财富的核心，其主旨思想可以概括为以下三个方面。

（一）自然法学说的创立

受许多雅典思想家的影响，罗马法学家将法律划分为人法和自然法两种。人法以人们的习惯和传统制度为依据，主要在罗马居民中实行，如《公民法》和针对罗马统治下外邦人的《外邦人法》。自然法则从人的理性出发，对任何一国居民都适用。自然法学说认为自然法是一切规则的总和，出自万物的本性，支配万物的行为。现代许多西方国家法律都来源于罗马人法与自然法的不断演变。

（二）确立私有财产权

罗马法学家将人分为自由民和奴隶两类，认为奴隶属于物品的范畴，并且确认债权者有役使债务者的权利。罗马法学家还通过研究各种商品经济之间的关系，如买卖、借贷、债务、契约等，强调个人的私有财产不可侵犯。

（三）关于货币和利息的看法

罗马法律认为货币是由法律创造的，货币之所以可以流通是源于国家的认可，但货币作为具备价值的交换物品，和一般的财物存在区别。罗马法律总体上对利息是不支持的。古罗马初期禁止借贷取利，后来利息被人们逐渐接受，并以法律的形式加以规定。罗马法学家把利息与高利贷区别开来，认为借贷允许适当取利。

第三节　千年中古时期：高高在上的经院哲学

一、基督教世界的兴衰

以希腊、罗马文明为主的西方古典文明，到了罗马帝国统治后期逐渐衰弱。基督教的兴起及迅速传播、北方日耳曼"蛮族"的大迁移及其对罗马帝国的征服，标志着西方从古典奴隶制世界向中古封建社会的历史过渡。

基督教大约产生于公元 1 世纪罗马帝国东部的小亚细亚和巴勒斯坦一带，传说为"上帝的独生子"耶稣所创，系原犹太教的一个教派演化而来。最初的基督教是下层劳动人民的宗教，它在吸纳信徒时不分阶级、种族、性别，实行财产公有、共同消费、彼此平等互助，因而受到广大民众的欢迎。公元 2 世纪以后，一些富有的奴隶主和工商业者乃至贵族官僚源源不断地入教，使基督教成为有产者与剥削者把持的教会。自此基督教开始更多地宣扬忍耐服从、爱人如己等说教。

由于基督教的信仰与罗马的国教存在矛盾，罗马帝国一开始采取镇压政策。公元 313 年，罗马君士坦丁颁布了"米兰敕令"，承认基督教的合法地位，赐予其种种特权。从此，基督教演变为罗马帝国的国教，开始支配社会成员的思想观念与行为方式。在罗马皇帝的支持下，各地原有的神庙被改建成教堂，基督教享有了种种政治、经济特权，并且聚起大量的土地财富，众多的教区纷纷建立起来，教阶制度也逐渐形成。

公元 3 世纪时，被罗马人称为"蛮族"的日耳曼人开始对罗马进行大规模入侵。起初，大多数部落进入罗马帝国后继续信仰自己的原始部落神，但西欧大陆"蛮族"国王和贵族为了巩固统治，需要基督教的支持。同时，失去罗马帝国保护的基督教会为求得生存，也得托庇于"蛮族"统治者，这样就为基督教的广泛传播创造了有利环境。

基督教的进一步传播则是在加洛林王朝时期。从 772 年到 804 年，查理曼大帝为征服异教徒，用暴力迫使欧洲中部的撒克逊人皈依基督教。查理曼大帝还颁布规定，在萨克森地区普遍建立教堂，凡不受洗礼、不守斋戒、按"异教"习俗火葬、侵犯教堂和教士、反对教会者，都处以死刑。各地都必须给教堂提供土地、财产、仆役。在以后的 3 个世纪中，欧洲大部分地区都相继信奉了基督教。基督教在"蛮族"王国传播的过程中，不仅设立了许多教区，而且建立了许多修道院，受到教皇、国王和贵族的大力支持。

背景链接 1-3　浪子回头的神学家——奥古斯丁

奥勒留·奥古斯丁（Aurelius Augustinus，354—430）是古罗马时期天主教著名的思想家、中世纪基督教神学和教父哲学的重要代表人物，生平创作多达 113 册。其中《忏悔录》《论三位一体》《上帝之城》《论自由意志》《论美与适合》等，对基督教神学有极大的贡献。

公元 354 年，奥古斯丁生于北非的塔加斯特城（Thagaste），少年时代曾在罗马接受教育。在相信基督以前，奥古斯丁爱好世俗文艺，曾担任文学、修辞学教师。但成为基督教徒之后，他痛悔被世俗文艺引入歧途，极力攻击世俗文艺（如《荷马史诗》）。奥古斯丁把哲学和神学调和起来，以新柏拉图主义论证基督教教义。在《忏悔录》中，他描述了自己在内心挣扎到极点时，突然受到上帝的感召，这促使他坚定了基督教信仰。他的神学思想后来成为基督教教义的基础，影响了整个东西方教会。

奥古斯丁的经济思想符合当时统治阶级的经济利益和要求。他提出上帝需要人们从事劳动，即便是体力劳动也值得人们尊敬，奴隶制度由上帝建立用以惩罚罪恶；他将农业视为最高尚的行业，对商业则采取非难态度；同时奥古斯丁还指出公平价格的概念：公平价格在一定时期内不受市场变动的影响，大多数从事交换的人按这个价格进行买卖。

二、教会僧侣是唯一受过教育的群体

从公元 5 世纪西罗马帝国灭亡到 15 世纪，是西欧封建社会形成、发展和繁荣的时期，史称"中世纪"。基督教在整个中世纪占有特殊的地位，在传播的过程中，基督教逐渐积淀出它的神权政治文化传统。教会的宗教权威和君主的世俗权威都被视为由上帝所授,教会因承担拯救灵魂的神圣职责而高于王权。

在中世纪,广大农民和手工业者普遍处于愚昧无知的境地,即便是社会上层的统治阶级也没有什么文化。当时社会上唯一受过教育的阶级就是教会僧侣。他们不仅是大封建主,而且是文化教育领域里的垄断者。当时,整个意识形态领域都由宗教思想、神学观点所支配,哲学、政治学、经济学以及文学艺术都带上了神学的色彩,这些学说均出自"经院学派",由教会垄断。

"经院"一词源于拉丁文,意为"学校""学院"。公元 8 世纪,查理曼大帝在其宫廷中创立学校,招揽一批教士学者用脱离实际、空洞烦琐的逻辑推理,来论证基督教的正统神学信条,并使它系统化和理论化,这批人被称为经院学者。此后,神学家们沿着这条道路发展出的学说被称为经院哲学,而这些人被称为经院学派。经院学者所论述的对象,是创造一切、支配一切的上帝和其他神灵事物。论证的方法是从《圣经》或教会著作中引经据典,然后再运用一些空洞概念和形式逻辑来分析、证明。他们将《圣经》与教会的信条作为绝对真理,长年累月地在学院、寺院里谈经论道,既不研究自然界中的各种事物与现象,也不接触社会实际生活。

三、经院学派的集大成者:阿奎纳

托马斯·阿奎纳(Thomas Aquinas,约 1225—1274)出身于意大利的一个贵族家庭,自幼加入教会,青年时赴巴黎学习,获神学学士学位。1257 年他被任命为巴黎大学神学教授,后又被召入罗马,担当官方神学家。阿奎纳成功地将基督教的神学思想和亚里士多德的哲学融合在一起,建立起了庞大的经院哲学体系,一共著有 18 部巨著,其中包括集基督教思想之大成的《神学大全》《哲学大全》和《论存在与本质》等。《神学大全》是阿奎纳最主要的著作,这本著作被誉为中世纪的百科全书,阿奎纳也因此被誉为中世纪的"神学泰斗",成为中世纪经院学说的集大成者。他的学说代表了封建教会和封建领主的利益。他的经济思想在《神学大全》一书中得到了充分的体现,涉及公平价格、货币和利息、私有财产和等级差别等内容。在这里,值得指出的是阿奎纳的论证方式:引经据典 + 折衷主义。

(一) 公平价格

"公平价格"学说是中世纪教会学者对于价值和交换法则的一种解释,最早是由奥古斯丁提出的。阿奎纳从宗教伦理的角度,强调在买卖中支付的价格必须是公平的,无论是把一件物品卖得贵于它的价格,还是隐瞒所出售的物品的缺点,都属于欺骗行为。基于现实经验(即当时商品交换多在生产者之间进行,他们清楚彼此的劳动耗费,交换比例据此决定)和维护封建主在与商人交换中的利益,阿奎纳对公平价格做出了多元的解释。一方面,阿奎纳同意其老师马格努的观点,承认公平价格是与劳动耗费量相符合的价格,将商品交换平等的基础归结为交换双方耗费了相等的劳动。这可以看作是劳动价值论在历史上的思想渊源之一。另一方面,他又把公平价格看作一种主观范畴,认为取决于人们从物品中所获得的利益大小,即取决于人们对物品效用的某种评价。这种效用决定价格的观点是后来效用价值论的先声。这样,阿奎纳在反对商人通过贱买贵卖的方式损害封建主利益的同时,又为封建主通过同样的方式谋利做了辩护，即公平价格是能使卖主获得"相当于他的等级地位的生活条件"的价格。另外，值得指出的是，在阿奎纳的学说中价格与价值是混淆的。

（二）货币和利息

在货币问题上，一方面，阿奎纳基本沿袭了亚里士多德的观点，认为货币是便利交换的工具，为人所发明，用以衡量一切物品的价值。阿奎纳继续认为货币的价值可以由人的主观意志决定，货币的购买力由统治者规定。但另一方面，阿奎纳又不得不承认货币是种商品，任意贬损货币价值无异于伪造货币的重量和长度，以此劝告统治者对铸币权的"利用"（即铸造不足值货币）要适可而止。

在利息问题上，一方面，阿奎纳肯定放债取息是一种不公正的行为，以罗马法将物品分为消费品和代替品为出发点进行了论证。前者的使用权与所有权不可分离，如小麦、酒等；后者的使用权与所有权可以分离，如房子、土地等。对消费品收取利息无异于重复出卖同一件物品，有违正义；对代替品收取利息则是允许的。阿奎纳视货币为消费品，所以认为借出货币时收取利息是不合法的。他强烈谴责高利贷，并反驳了利息是对时间的支付的观点，因为时间是上帝公平地赐给众人的，对时间索取报酬属于欺诈。但另一方面，阿奎纳又认为在两种情况下收取利息是可以的：①贷款人借出货币而蒙受了损失；②贷款人以合伙人身份将货币委托给商人和手工业者，担负了损失本金的风险。

一些经院学者提出，让渡货币造成资金短缺是索取利息的正当理由，阿奎纳对此虽未完全否认，但指出应该严格加以限制。同时，他进一步指出，为贷款索取利息是不公正的，而对投资要求利润则合情合理，开始将利润与利息进行区分。

（三）私有财产

早期柏拉图一直在谴责私有财产，亚里士多德则极力为私有财产辩护，阿奎纳的观点正好介于两者之间。在他看来，许多东西是人类理性创造的，但自然对此并未加以反对，因而也属于自然规律。私有财产符合自然规律，但应将财产的所有权与使用权加以区分。财产的所有权属于个人，使用权则属于众人。财产所有者起财产监护人的作用，有责任通过慈善等途径将财产交给他人使用。同时，阿奎纳主张国家根据社会利益对私有财产进行管制。

（四）等级差别

阿奎纳用"自然法"的观念来论证封建等级制、封建自然经济的合理性。他认为"自然法"是由神支配的不变规律，人类的行为和社会都要服从它。上帝安排了世界上的自然秩序，上帝创造的万物本来就有高低优劣之分，低级的东西应服从高级的，就如同肉体应服从灵魂，情欲应服从理智，下等人应服从上等人一样；人的劳动与蜜蜂的分工一样，劳动也有贵贱之分，脑力劳动是高尚的，体力劳动是低贱的，人们只能从事与自己等级相符合的劳动。

本章对古希腊、古罗马和中世纪的经济思想做了梳理，用最短的篇幅叙述了最长的历史。我们可以看出，经济学作为一门独立和系统的科学，其起源是比较晚的。古希腊时期，经济思想主要出现在哲学著作中;在古罗马时期,经济思想散见于农学家、法学家、哲学家的著作中;在中世纪时期,经济思想的影子则出现在神学著作中。公元1500年以后,经济思想在不断发展、演进的过程之中逐渐成熟,呈现出一定的系统性和规范性,开始具备经济学独特的学科特征。

问题讨论

1. 罗马帝国的兴衰对我们有何启示?
2. 大学的兴起与中世纪的修会的出现有何关系?
3. 你是如何理解"认识你自己"这句刻在古希腊德尔菲神庙门楣上的希腊名言的?

本章推荐

[1] 荷马. 荷马史诗 [M]. 王焕生,译. 北京:人民文学出版社,1997.
[2] 柏拉图. 理想国 [M]. 郭斌和,张竹明,译. 北京:商务印书馆,1986.
[3] 色诺芬. 经济论:雅典的收入 [M]. 张伯健,陆大年,译. 北京:商务印书馆,1961.
[4] 瓦罗. 论农业 [M]. 王家绶,译. 北京:商务印书馆,1961.
[5] 盐野七生. 罗马人的故事 [M]. 计丽屏,刘锐,徐越,等译. 北京:中信出版社,2013.
[6] 约翰·赫斯特. 你一定爱读的极简欧洲史 [M]. 席玉苹,译. 桂林:广西师范大学出版社,2011.
[7] 马可·奥勒留. 沉思录 [M]. 何宏怀,译. 北京:中央编译出版社,2011.
[8] 爱德华·吉本. 罗马帝国衰亡史 [M]. 黄宜思,黄雨石,译. 北京:商务印书馆,2008.
[9] 耶鲁大学开放课程:古希腊历史简介、世纪早期史.
[10] BBC纪录片:《古罗马:一个帝国的兴起和衰亡》《亚里士多德》《古希腊人揭秘》。
[11] 电影:《凯撒大帝》《女巫季节》《天使与魔鬼》。

参考文献

[1] 色诺芬. 经济论 雅典的收入 [M]. 张伯健,陆大年,译. 北京:商务印书馆,1961.
[2] 陈孟熙,郭建青. 经济学说史教程 [M]. 北京:中国人民大学出版社,1992.
[3] 李世安. 世界文明史 [M]. 北京:中国发展出版社,2000.

重商主义

"我们阿姆斯特丹人扬帆远航……利润指引我们跨海越洋。为了爱财之心,我们走遍世界上所有的海港。"

——荷兰诗人冯德尔(1656年)

本章大纲

第一节 海洋时代的财富角斗场
第二节 重商主义的基本主张
一、重商主义的主要信条
二、早、晚期重商主义的比较
第三节 重商主义的代表人物
一、重商主义的早期代表
二、重商主义的晚期代表

主要著作列表

姓名	著作	成书时间
孟克列钦	《献给国王和王后的政治经济学》(Traite'de l'économie potitique dē-die à Mon Seignem le zoi et à sa mére reine)	1615年
托马斯·孟	《英国得自对外贸易的财富》(England's Treasure by Forraign Trade)	1664年
曼德维尔	《蜜蜂的寓言:私人的恶德,公众的利益》(The Fable of the Bees: or, Private Vices, Public Benefits)	1705年
配第	《赋税论》(A Treatise of Taxes and Contributions) 《政治算术》(Political Arithmetick)	1662年 1672年

思维导图

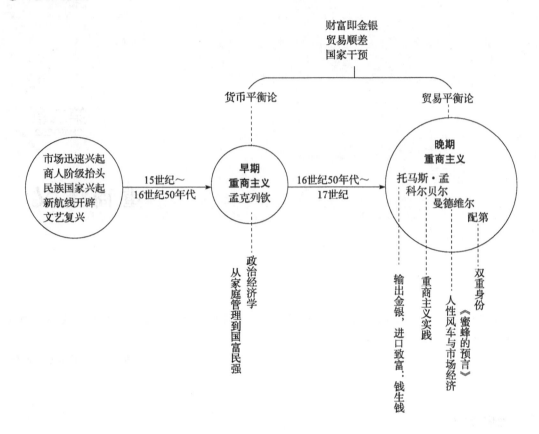

公元 1500 年前后是人类历史的一个重要分水岭。在此之前,人类生活在相互隔绝而又各自独立的几块陆地上;公元 1500 年后,人类开启了一个新时代。在欧洲,地理大发现将人类的目光和野心带向陌生的大陆,文艺复兴重新发现了人的自我意识和独立精神。一个个民族国家开始形成,各民族国家之间的财富和国力竞争也就此展开。

第一节 海洋时代的财富角斗场

公元 1500～1776 年间欧洲的经济思想与经济实践被称为重商主义,这一时期在欧洲各国和地区的存在时间不一。虽然西欧各国的所有民族国家都产生过重商主义的文献和著作,但是英国人与法国人独占鳌头。与中世纪出自神学家的经院哲学不同,重商主义的思想大都来自商人们的杰作。在西欧各国财富竞争的过程中,商人阶级处于财富的前沿,通过贸易和流通,他们对财富有着直接的体验。

历史从以下几个方面促成了重商主义的产生和发展。

第一,市场的迅速兴起。15 世纪末,西欧社会进入封建社会的瓦解时期,资本主义生产关系开始萌芽和成长。商业资本发挥着突出的作用,促进了各国国内市场的统一,推动了对外贸易的发展,世界市场形成并不断扩张。西欧的一些国家建立起封建专制的中央集权,运用国家力量支持商业资本的发展。随着商业资本的发展和国家支持商业资本政策的实施，社会上产生了从理论上阐述这些经济政策的要求，逐渐形成了重商主义的理论。

第二，商人阶级的抬头。伴随着市场的扩大和商业资本的扩充，能够强有力地推动当时经济发展的商人阶级不断成长并迅速扩大，影响力不断增强。虽然当时的贸易规模较小，但有越来越多的商人周旋于生产者和消费者之间。尽管在"拥有土地的贵族"眼中商业资本家是"可鄙的商人"，但他们在商业活动中却扮演着越来越重要的角色。[1]

第三，民族国家的兴起。当时的西欧民族国家逐渐产生并不断成长，其中实力强大的国家热衷于攫取殖民地，并不断扩大自己的势力范围，从而稳定本国的地位。国与国之间的竞争愈演愈烈，其中起作用的商业因素是不容忽视的。商人为自身谋利的需求与国家富强的要求不谋而合，因此，这些民族国家开始赋予商人尊敬和重要的地位，利用商人为本国经济和军事的发展谋取利益。

第四，新航线的开辟。15世纪到17世纪，欧洲的船队出现在世界各处的海洋上，寻找着新的贸易路线与伙伴，以发展欧洲新生的资本主义，这种新航路的开辟被称为"地理大发现"。"地理大发现"拓宽了贸易的范围，促进了贸易量的增长，激发了关于贵金属理论的产生，为这一时期的商业发展做出了突出贡献，促进了重商主义的形成。

第五，文艺复兴的发展。"文艺复兴"一词原意是指对古希腊、古罗马的古典文化的再生和复活，它是新兴资产阶级反神权、反封建要求的一次划时代的思想文化启蒙运动。文艺复兴运动冲破了封建制度和宗教神学思想对人类的束缚，促进了人们思想的解放，推动了欧洲文化思想领域的繁荣，为欧洲资本主义社会的产生奠定了思想文化基础。

在上述历史条件下，商业资本不断发展和积累，推动了新生产方式的兴起，而在这个特定时期起着重大作用的商业资本的意识形态，就是资产阶级最早的经济学说——重商主义。

第二节 重商主义的基本主张

一、重商主义的主要信条

重商主义的发展经历了两个阶段，即早期重商主义和晚期重商主义，这是根据重商主义者对财富的认识水平来划分的。两个阶段的基本思想是一致的，都把金银货币等同于财富，都以增加货币为一国经济活动的目的，但是对于采取何种手段来达到这个目的却有不同看法。总体而言，重商主义的基本思想可以归纳如下。

（一）金银才是真正的财富

金银即货币是财富的最佳形式，重商主义者倾向于将一国的财富等同于其所拥有的贵金属的数量。一切经济活动的目的就是为了获取金银。只有在商品交换中贱买贵卖才能获得利润，即更多的金银。因此，除了开采金银矿以外，只有流通领域是财富的唯一源泉。

---

[1] 斯坦利 L 布鲁，兰迪 R 格兰特. 经济思想史（原书第7版）[M]. 邸晓燕，等译. 北京：北京大学出版社，2010：11.

(二) 保持贸易顺差

由于国内一部分人的所得,就是另一部分人的所失,国家的财富没有增加,所以对外贸易才是国家富裕的根本途径。在对外贸易中,一方面要坚持少买多卖的原则,保持贸易顺差;另一方面可以通过贱买贵卖的转手贸易赚得利润。重商主义者认为,利润是商品在转手时贱买贵卖的结果,是让渡商品时所带来的,这种观点被称为"让渡利润论"。

为了保持出口低价以使得本国产品在国际市场上占有优势,就要对进出口对象"区别对待",即对本国没有的原材料免征关税,对本国能够生产的制成品和原材料实行保护,并严格限制原材料出口。另外,较低的工资水平也可以降低出口商品价格,所以重商主义者强调数量众多且努力工作的人口的重要性。此外,大规模勤奋的人口还可以提供充足的水手和战士,为国家的荣誉和财富而战。

(三) 主张国家干预

要通过保持贸易顺差来增加货币财富,一个中央集权的国家对经济活动的积极干预是必不可少的。重商主义者强调政府的重要作用,主张政府授予外贸公司垄断特许权,控制国内商业活动的自由进入以限制竞争;政府还应对农业、采矿业和工业提供津贴,并对进口产品征收关税以保护本国产品,等等。

封建割据的国家不利于商业资本的充分发展,重商主义者要求建立统一的民族国家,从而采取各种强有力的措施干预经济生活。不可能所有国家同时出口大于进口,一国所得即邻国所失。只有强大的国家才能控制和攫取殖民地,赢得战争,从而在国际贸易中获得优势。重商主义的这种民族主义很自然地导致了军事主义:强大的海军与商人舰队是必需的。同时,商业资本家赞成殖民地化,对殖民地进行贸易垄断,使其成为低成本原材料的供应者和宗主国制成品的出口地。这些目标的实现全部仰赖于一个强有力的政府实行全国统一的管制措施。

二、早、晚期重商主义的比较

对于如何达到增加一国的金银货币的目的,早期和晚期重商主义者有不同的看法与主张。早、晚期重商主义思想的异同如表 2-1 所示。

表 2-1 早、晚期重商主义思想的异同

重商主义		早期重商主义	晚期重商主义
时间		15 世纪到 16 世纪中叶	16 世纪下半叶到 17 世纪下半叶
代表人物		约翰·海尔斯、马林斯、博丹、孟克列钦	托马斯·孟、柯尔贝尔、伯纳德·曼德维尔、配第
代表著作		《货币讨论》(1582)、《英吉利王国公共福利对话集》(1581)、《献给国王和王后的政治经济学》(1615)、《改铸币的批判》(1609)	《商业的循环》(1623)、《论英国与东印度公司的贸易》(1621)、《英国得自对外贸易的财富》(1664)
共同主张		保护本国贸易,增加财富积累,防止财富外流,国际贸易是零和博弈	
不同主张	主张的手段	用行政手段控制商品进出口	国家干预贸易
	财富的积累	追求绝对的、短期的贸易顺差(每一笔交易都保持顺差)	追求总体的、长期的贸易顺差
	货币的流动	禁止货币输出,静态保存货币	奖出限入,把货币作为资本进行投资,钱可生钱

背景链接 2-1　亚当·斯密对于重商主义的批判

约瑟夫·熊彼特（Joseph Alois Schumpeter, 1883—1950）认为，由于某一权威的谬误立说，常常在科学中造成积非成是的谬见。结果"在科学方面同在其他方面一样，我们所拥护和反对的并不是人和事的本来面目，而是我们为其所作的漫画。经济学史上突出的例子是斯密对重商主义的批判"。○

英国经济学家亚当·斯密（Adam Smith, 1723—1790）在其名著《国富论》中，批判了重商主义的经济主张，强调和提倡市场自由，为自由竞争资本主义的新型思想理论奠定了基础。深受亚当·斯密对于重商主义彻底性批判的思想影响，长期以来，许多经济学家普遍将重商主义看作一种过时甚至幼稚的早期经济理论。

熊彼特在其著作《经济分析史》中指出："19 世纪的绝大多数作家，不仅不赞同而且很轻蔑'重商主义'——他们看到的只是这些见解的错误，而且在论述其前辈时，养成了一种作风，即只要认为某一种著作具有一丁点'重商主义'气味，就几乎足以判处这部著作的死刑。"◎

斯密的绝对成本说就是基于对重商主义经济学说的批判。他对重商主义主要存在三个方面的批判。首先，他认为金银并非财富的唯一形态；其次，他反对国家管制经济，认为政府必须减少其经济作用，国家的作用在于防御外敌和保护公民私有财产；最后，他批判重商主义持续积累金银财富的政策。斯密根据货币流量调整机制证明了，重商主义试图通过保持贸易顺差来增进本国的金银，是枉费心机的。因此他反对政府实行保护贸易政策，主张以自由贸易政策来扩大对外贸易。

第三节　重商主义的代表人物

一、重商主义的早期代表

安图安·孟克列钦（Montchretien, 1575—1621）在年轻时受过良好的教育，当过诗人和戏剧作家。1605 年他因为决斗纠纷逃往英国，4 年后返回法国，创办了小五金货物作坊，成为一个金属器具的制造主。他同时又是一个新教徒，曾积极支持日内瓦的宗教改革运动，是法国新教反对国王和天主教会的起义领导人之一。

孟克列钦是法国早期重商主义的重要代表。他在 1615 年发表的《献给国王和王后的政治经济学》一书中，在历史上首次使用了"政治经济学"这一术语，但他并没有想到把这本著作视为一门新科学的命名。在孟克列钦之后的 150 年间，"政治经济学"多半被看成是关于国家经济、民族经济的科学。直到斯密之后，其性质才发生变化，成为关于一般经济规律特别是关于各阶级的经济关系的科学。

孟克列钦在其著作中明确阐述了自己的重商主义思想。他特别推崇商业，认为商业是国家活动，工业也应为商业服务，还提出了要保护法国自然资源的主张。他建议政府应保

○　约瑟夫·熊彼特. 经济分析史（第一卷）[M]. 朱泱，孙鸿敞，李宏，等译. 北京：商务印书馆，1991：142.
◎　约瑟夫·熊彼特. 经济分析史（第一卷）[M]. 朱泱，孙鸿敞，李宏，等译. 北京：商务印书馆，1991：501.

护法国的制造业和手工业，主张政府应该实行有利于法国商人的政策，并要积极发展法国工商业，扩大本国的对外贸易，限制外国商人的活动。孟克列钦重视货币，把货币和财富混为一谈。他从商业资本的运动出发，把金银即货币看成是国民财富的唯一形态，并且认为除了金银矿藏开采以外，对外贸易获得财富的主要源泉在于制造业产品和手工业产品的出口。

二、重商主义的晚期代表

（一）托马斯·孟：全才商人

托马斯·孟（Thomas Mun，1571—1641）是英国晚期重商主义的代表，曾就职于东印度公司。他是当时英国的一个大商业资本家，也是英国东印度公司的董事和政府贸易委员，是英国商业界的重要领袖之一。其代表作是 1621 年出版的《论英国与东印度公司的贸易》和 1664 年出版的《英国得自对外贸易的财富》。作为晚期重商主义的代表人物之一，孟论述了贸易差额论的原则，概括地提出了贸易差额论。

1. 主张发展对外贸易

孟认为，对外贸易才是国家致富的手段。在贸易关系中，重要的不是把货币保存起来，而是将其投入到有利可图的流通中去，输出货币应成为流入更多货币的手段。国内贸易只是财富的互相转让，对外贸易才有助于财富的增加。"对外贸易是增加我们财富和现金的通常手段，在这一点上我们必须时时谨守这一原则：在价值上，每年卖给外国人的货物，必须比我们消费他们的多。"⊖

2. 采取措施保证贸易顺差

一个国家如果想保证对外贸易顺差，就应该采取各种途径和手段，其中包括：增加商品出口，减少本国消费外国商品，发展航运、渔业、保险、旅游等无形贸易，限制商品价格，提高商品的出口竞争力以及利用关税政策奖出限进等。孟提倡发展殖民地，尤其是亚洲国家贸易，不否认英国就是靠掠夺亚洲人民而发财致富的。

3. 提出货币输出主张

孟指出应该准许货币输出，不能仅仅单独分析英国与其他每个国家的贸易情况，而要注重英国对所有国家的贸易均衡。他嘲讽坚持早期重商主义原则的人，反对早期重商主义禁止输出货币的政策，认为输出货币也是增加货币财富的一种手段，这与输出商品换回货币是一样有利的。"我们倘使只看到农夫在下种时候的行为，只看到他将许多很好的谷粒抛在地上，我们就会说他是一个疯子而不是一个农夫了。但是当我们按照他的收获，也就是他的努力的最终结果，来估值他的劳动的时候，我们就会知道他的行动的价值及其丰富的收获了。"⊜

⊖ 托马斯·孟. 英国得自对外贸易的财富［M］. 袁南宇，译. 北京：商务印书馆，2009：5.
⊜ 托马斯·孟. 英国得自对外贸易的财富［M］. 袁南宇，译. 北京：商务印书馆，2009：22.

4. 看重商业

孟将商业看作高贵的职业，认为商人在国家经济中具有重要地位，并对国际贸易商人提出必须具备的全能性的要求：①应该擅长书法、算术、会计，了解通行的单据、保险单等的规则和形状；②知道外国的各种度量衡和货币；③知道各种商品在对外贸易中输出、输入应交纳的关税和其他费用；④知道各国市场的供应情况；⑤了解汇率；⑥知道某些国家进出口的规定和禁令；⑦知道运输以及和运输有关的国内外保险的规章和惯例；⑧知道建造和修理船舶材料的质量、价格、船上各种人员的工资等；⑨对一切商品具备相当的知识；⑩学会航海技巧；⑪能说几种语言，知道各国经济、军事以及法律、风俗等情况，并随时向国家提出报告；⑫学会拉丁语等。

（二）柯尔贝尔：重商主义的实践家

让－巴普蒂斯特·柯尔贝尔（Jean-Baptiste Colbert，1619—1683）是法国晚期重商主义的代表人物。他出生于一个商人家庭，曾任法国国王路易十四的财政大臣，是一个重商主义的实践家。他的重商主义倾向主要体现在他所实施的一系列经济政策上，法国这一时期的重商主义也被称为柯尔贝尔主义。

1. 金银货币体现国力

柯尔贝尔认为货币即金银是国家的重要财富，一国拥有的货币数量决定着一个国家的政治、军事实力。他认为一国的国力取决于财力，财力又取决于国家的税收能力，而货币充足时，税收收入最多。因此他赞成增加出口、减少进口以及限制金银流出本国的各项法令措施。

2. 发展工业保证本国商品出口

为了鼓励发展工业柯尔贝尔采取了许多措施，发布了许多政策法令，包括：①给从事工业生产的资本家发放补助金和贷款。②在1661～1683年的执政期间，他创办了许多"手工工场"，这些工业的发展保证了当时贵族的奢侈生活以及军队的各种需要，也为17世纪以后法国成为欧洲一些国家的高级豪华奢侈品供应者打下了基础。③由于重视工业技术，他非常注意产品质量的改善和提高，颁布了保证产品质量的规章制度。④采取了增加技术工匠和工人的措施，在禁止法国技术工人外流的同时，还实施了鼓励外国技术工人移居法国的政策。比如当时法国招聘了威尼斯的玻璃匠、制镜匠，英国、荷兰的呢绒匠、制袜匠，并以优越的条件和有力的措施，使瑞典、捷克和德国的矿工、熬油工等自愿移居到法国。所有以上措施，对法国工业的发展都起到了一定的促进作用，但这些措施却是以牺牲农业为代价的。

3. 重视国家在经济发展中的作用

作为法国的财政大臣，柯尔贝尔严令取消了国内林立的关卡和名目繁多的地方关税，采取措施扩大了税区，统一了税率，由国家拨出大量经费改良公路和开凿运河；同时也实行了保护关税政策，从而限制了外国工业品的输入。

4. 推行殖民扩张的政策

柯尔贝尔是一个著名的民族主义者和军国主义者。他认为"农业、贸易、国内战争和国外战争"有利于实现伟大的目标。他提出一个国家只有以另一个国家的利益为代价才能变得更富有，一个国家的海军永远同对外贸易呈正比，因此建立了庞大的舰队和大型的商船队，加强装备，改善法国各港口的设施。法国在此基础上，先后取得了加拿大、路易斯安那和马达加斯加等大片殖民地。

在法国，柯尔贝尔的重商主义政策实践得比较彻底，但他并没有把这种实践理论化。这也是法国晚期重商主义的明显特点。

（三）配第：双重身份的经济学家

威廉·配第（William Petty，1623—1687）是英国经济学家、科学家和哲学家，既是重商主义的典型代表，又被誉为"古典经济学的奠基人"。他最早提出劳动价值论，将政治经济学的研究由流通引向生产，其研究领域涉及国民收入核算、人口、劳动分工、国际贸易等方面。

威廉·配第

重商主义和古典经济学被视为两种对立的思想体系。重商主义将对外贸易视为财富最基本的来源，强调国家应干预对外贸易及国内经济活动，增加人口及鼓励人们努力工作；古典经济学则认为财富来源于生产，分工和制度改进能够使国家生产更多的物质产品。同时古典经济学以价值理论为核心，强调个人利益是社会利益的基础，提倡市场的自发作用。威廉·配第是古典经济学的重要奠基人，但是从其著作《政治算术》及《赋税论》中可以看出，配第的思想同时具有浓厚的重商主义色彩，主要表现在以下几个方面。

1. 财富观念

配第虽然没有明确否定一般物质产品的财富性质，但他在《政治算术》中认为金银不易损毁，从事各项产业所得的最终成果体现在金银的丰富程度上，显示出鲜明的重商主义特点。至于财富的来源，同其他重商主义者一样，配第认为各国的财富积累主要来自同各国进出口贸易所得，主张大力扩张航运事业发展贸易。

2. 人口与劳动观念

同其他重商主义者一样，配第主张增加人口。但不同的是，配第的出发点是人口众多可以增加政府税收，从而减少政府统治更多人口的单位成本。配第还反对绞死小偷，不是出于人道主义，而是认为应将其变为奴隶，多做工作同时少拿工资，这样会增加国家的财富，比直接将其绞死更有利可图。在他看来，荷兰强大的原因之一在于，几乎所有的公民都投身于艰苦的劳动之中，仔细研究各项技艺，勤俭地生活并供养孤儿和没有劳动能力的人。这些观点无不反映了其劳动致富的认识。

3. 国家控制与干预的观念

配第强调税收可以帮助国家调节经济活动，合理征税能使资源达到有效利用，增加国家的财富。在配第的观念里，国家须在生产和流通、分配和消费、国内贸易及国际贸易等诸多方面，充分发挥其调节、干预和控制的职能。他主张国家控制海上运输、垄断渔业，建议控制牧师、医生、官员的数量，控制进出口以及商船收费等。在《赋税论》中，他还主张国家利用部分财政收入将贫民集中起来修筑公路、疏浚河道、修建桥梁、植树造林。

从以上几个方面可以看出，配第的经济思想存在着明显的重商主义痕迹，将其理解为重商主义的反对者或者单纯的古典主义者并不合适。从经济思想史的角度看，在配第所处的时代背景下，国与国之间的竞争非常激烈，作为国策制定者的思想家们通常将研究视角放在国家及民族利益之上。当时市场机制并未发挥配置资源的作用，配第并未从市场的角度来思考所遇到的经济问题，认为经济问题在很大程度上还必须诉诸国家的权威。

当然，将配第理解为一个单纯的重商主义者也不合适。配第是重商主义和古典学派之间的一座桥梁。他的理论和学说体现着思想的继承，也体现着思想的革新。就政策观念而言，配第的思想中还蕴含着若干自由主义的因素。在《赋税论》中，配第一再强调"事物的发展是不应该被人为破坏的"，他反对国家限制利息和制定违反自然法则的民事法律，主张宗教信仰自由。他既不是一个完全的重商主义者，也不是一个完全的古典主义者。在第四章介绍古典学派时，配第还会再次与我们见面。

背景链接 2-2　伯纳德·曼德维尔：鲜为人知的先驱者

伯纳德·曼德维尔（B. Mandeville, 1670—1733）生于荷兰鹿特丹的一个世家。1685年，于埃拉斯米安学校毕业后，曼德维尔进入莱顿大学修医学和哲学，并于1691年获医学博士学位。他在毕业后开始行医，之后在伦敦成为一名神经、肠胃病及精神病专家，在1711年发表了论文"论忧郁情绪和歇斯底里情绪"。

曼德维尔的经济思想主要体现在其著作《蜜蜂的寓言：私人的恶德，公众的利益》中。他认为追求私利是人类的天性，肯定了贪婪、挥霍、奢侈和虚荣对于经济繁荣与发展的作用。这在当时曾被一些人视为一种邪说，但它确实对西方经济学的发展产生了巨大的影响。例如托马斯·罗伯特·马尔萨斯（Thomas Robert Malthus, 1766—1834）从中吸取了关于消费不足有害于经济的观点，约翰·梅纳德·凯恩斯（John Maynard Keynes, 1883—1946）则承袭了他节俭有害的思想，主张刺激消费，扩大非生产性开支，维持经济繁荣。

曼德维尔指出社会公益可以从私人追求自利的行为中萌生。《蜜蜂的寓言：私人的恶德，公众的利益》试图证明这样一个思想：如果每个人自由地做着利己的活动，其结果会增进社会全体的繁荣，其利益比做非利己活动还要大。他强调政府的管理，认为"私人的恶德若经过老练政治家的妥善管理，可能被转变为公众的利益"。

关于货币，他以西班牙的衰落为例，说明一国流通货币的数量要适应国内就业者的数量。他一方面正确地指出了货币的重要意义，另一方面也反对一味追求货币即金银，这种观点表明，他已经摆脱了重商主义的货币财富观。曼德维尔认为贸易并非使一个国家致富的唯一手段，政府需要促进就业，保护产权，推动制造业、农业和渔业的发展。此外，曼德维尔还肯定分工的作用，认为分工将有利于技艺的改进。这种观点影响了后来亚当·斯密关于分工的看法。

然而 18 世纪的西欧思想界却充斥着对他的各种批判。从曼德维尔的《蜜蜂的寓言：私人的恶德，公众的利益》一书中，他深刻揭示了人的一系列本性，基本上摆脱了重商主义财富观的束缚，他对于人性的深刻分析，为后来的经济自由主义奠定了基础。

从中世纪末期起，西欧许多国家通过拓展贸易市场和建立海外殖民地，来进行商业资本全球化拓展。重商主义提供了资本原始积累时期的理论支撑，是近代经济学的起点和经济民族主义的代表，也是国家干预主义的前驱，成为西方资产阶级政治经济学的前身。重商主义者的研究具备进步性，开始探讨现代生产方式，将经济现象从宗教、哲学和法律等领域中独立出来。重商主义围绕着商业资本的流通过程进行研究，早期重商主义反映了资本主义初期发展阶段的要求，主张国家应该以积累货币的形式增加财富。晚期重商主义认识到了货币可以作为资本不断增值，允许一国在短期对外贸易中货币入不敷出，追求对外贸易总额保持顺差。

重商主义为经济学理论的发展做出了突出贡献。重商主义者首先提出"政治经济学"的概念，推动了资产阶级政治经济学的诞生。重商主义有关国家干预经济的理念，被后来的许多宏观经济学家所借鉴。另外，重商主义的许多政策主张对资本主义的发展产生了深远影响。重商主义是资本主义生产方式最终确立的必要前提，依靠刺激贸易、强调民族主义来推行重商主义政策，增加了资本积累，促进资本主义生产关系的不断发展。

由于历史条件的限制，重商主义经济思想存在着很多缺陷甚至错误。首先，重商主义仅仅将货币视为财富，并且混淆金银与货币的概念。其次，重商主义者的研究视角局限于流通领域，依靠鼓励出口、限制进口的方式以追求贸易优势。在时代背景限制下，重商主义没有意识到财富和利润的真正源泉，未能挖掘到资本主义经济关系的本质。重商主义并没有形成规范化的理论体系，是产业资本统治前特定时期内商业资本的意识形态，但重商主义经济学为近代经济学的准备做出了积极贡献。

问题讨论

1. 比较重商主义的早晚期基本观点。
2. 你如何理解在当今国际贸易中，一些国家采取的"新重商主义"贸易保护措施？

本章推荐

[1] 斯塔夫里阿诺斯. 全球通史：从史前史到 21 世纪 [M]. 吴象婴，等译. 北京：北京大学出版社，2007.
[2] 伯纳德·曼德维尔. 蜜蜂的寓言：私人的恶德，公众的利益 [M]. 肖聿，译. 北京：中国社会科学出版社，2002.
[3] 丹尼尔·笛福. 鲁滨孙漂流记 [M]. 萧羽，译. 沈阳：万卷出版公司，1719.
[4] 戴维 S 兰德斯. 国富国穷 [M]. 北京：新华出版社，2010.
[5] 费尔南·布罗代尔. 十五至十八世纪的物质文明、经济和资本主义 [M]. 顾良，施康强，译. 北京：商务印书馆，2005.

[6] 纪录片:《大国崛起》(第1集海洋时代,第2集小国大业)、《贸易战争》
[7] 电影:《勇敢的心》。

参考文献

[1] 斯坦利L布鲁,兰迪R格兰特.经济思想史(原书第7版)[M].邸晓燕,等译.北京:北京大学出版社,2010.
[2] 约瑟夫·熊彼特.经济分析史(第一卷)[M].朱泱,孙鸿敞,李宏,等译.北京:商务印书馆,1991.
[3] 威廉·配第.政治算术[M].马妍,译.北京,中国社会科学出版社,2010.
[4] 伯纳德·曼德维尔.蜜蜂的寓言:私人的恶德,公众的利益[M].肖聿,译.北京:中国社会科学出版社,2002.
[5] 理查德·坎蒂隆.商业性质概论[M].余永定,徐寿冠,译.北京:商务印书馆,1986.

第三章 重农学派

> 唯劝农业，无夺农时；唯薄赋敛，无尽民财。
>
> ——三国·蜀·诸葛亮《便宜十六策·治人》

本章大纲

- 第一节　困境中新思想的探寻
- 第二节　重农学派的主要思想
  - 一、重农学派的共同主张
  - 二、重农学派的先驱者
  - 三、公认的领袖：弗朗斯瓦·魁奈
  - 四、与众不同的继承者：杜尔哥
- 第三节　重农学派的影响力
  - 一、重农学派的推崇与失败
  - 二、对经济思想的深远影响

主要著作列表

姓名	著　作	成书时间
约翰·劳	《论货币和贸易：兼向国家供应货币的建议》(Money and Trade Considered: A Proposal for Supplying the Nation with Money)	1705 年
布阿吉尔贝尔	《论财富、货币和赋税的性质》(On the Wealth、the Nature of Money and Taxes)	1705 年
坎蒂隆	《商业性质概论》(Essai sur la Nature du Commerce en Général)	1755 年
魁奈	《经济表》(Tableau Ecollomique)	1758 年
杜尔哥	《关于财富的形成和分配的考察》(Reflections on Formation and Distribution of Wealth)	1766 年

思维导图

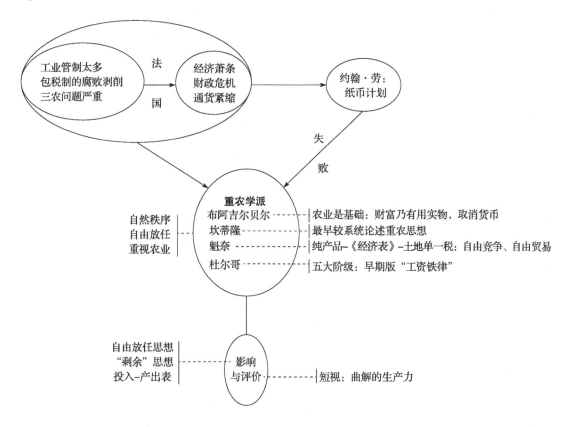

重农学派最早出现于重商主义时代的法国，它是盛行于 18 世纪 50～70 年代的经济思想，虽然只有短暂的 20 年，但是重农学派的意义和影响力跨越了时代，在经济思想的历史长卷中留下了浓墨重彩的一章。

第一节 困境中新思想的探寻

18 世纪中期的法国正处于法国大革命的前夜，社会政治经济矛盾日益突出，内外交困。受中世纪重商主义观念的影响，欧洲各国政府对生产和贸易进行着严格的管制，向工商业收取各种类型的费用，阻碍了货物的流通。政府对商品的严格规定虽然曾在一定程度上保证了商品的质量，但同时也抑制了生产方式的试验和创新；加之腐败奢靡的政府无法保障其管制措施公正地实施，因此这些管制反而束缚了工商业的发展，形成的阻碍日益严重，逐渐导致社会经济出现衰退。

赋税过重，三农问题日益严峻。18 世纪中叶法国的工商业已有了相当程度的发展，但占据生产领域统治地位的依旧是封建生产关系。当时法国实行包税制，即将某一区域的收税权卖给私人即包税商，后者只需向法国政府交纳固定数额的税收，剩余则归私人所有，这就导致了地方"苛政"。由于在封建制度下，拥有土地的贵族和神职人员无须纳税，自由耕作的农民就成了繁重的苛捐杂税的承担者。法国政府和市镇行政部门禁止法国谷物出口，而且对谷物在本国内的流通严加限制，甚至出现了甲地仓库里谷物霉烂，乙地却有饥民饿死的矛盾现象。封建苛捐杂税以及牺牲农业以发展工商业的重商主义政策不但严重损害了农业的发展，造成农业衰败和农民破产，进而也阻碍了城市工商业的进一步发展。

经济乏力，财政危机。产生于中世纪的行会制度，起初适应了不断加强的专业化分工的要求，对保护城市手工业的发展具有积极意义。但随着市场的不断扩大，行会反对劳动力自由进出很多行业、实行商品固定价格、排斥来自其他城镇或国家的竞争等种种做法抑制了创新，生产越来越不能满足市场需求，反过来阻碍了本国经济发展：工商业渐渐缺乏活力，国民收入增长乏力，税收减少使得国库空虚，国家财政陷入危机。

与此同时，在政治上，法国正处于资产阶级大革命的准备时期，社会矛盾十分尖锐。为了挽救社会经济危机，法国统治者采取了英国重商主义者约翰·劳的建议，开设国家银行并大量发行纸币来清偿债务，结果导致了严重的通货膨胀，使得法国的经济雪上加霜。为此，一些新兴的资产阶级代表提出从农业寻找出路，通过恢复和振兴农业来挽救法国面临的经济危机，发展资本主义。

至此，重农学派的思想就如同一缕清风，吹过当时法国萧条、腐朽的社会，在极大程度上推动了1789年法国大革命的爆发，形成了18世纪50～70年代的法国资产阶级古典经济学学派，促进了法国古典经济学的进一步发展和系统化。

背景链接3-1 约翰·劳：点纸成金的冒险家

约翰·劳（John Law, 1671—1729）出身于苏格兰首府爱丁堡的一个银行家兼金匠家族。独特的家庭氛围、及时的学徒经历、过人的天赋再加上勤奋机敏，年轻的约翰·劳在会计师行当里做得顺风顺水。1688年，约翰·劳的父亲去世，他带着遗产来到了伦敦。相貌英俊、生性浪荡的约翰·劳将大部分金钱与时间花费在赌场和情场，凭借其高超的算术技巧成为赌场上的常胜将军，在情场上也如鱼得水，并同时保持着对金融财务知识的兴趣。1694年，约翰·劳在与情敌的决斗中致对方死亡而被捕入狱。后来，约翰·劳瞅准时机成功越狱，逃亡到了荷兰。

流亡期间，约翰·劳白天伏案研习货币金融问题，晚上去赌场凭赌技做营生。1705年，他的苦心经营终于有了结果。流窜回爱丁堡的约翰·劳出版了一份名为《论货币和贸易：兼向国家供应货币的建议》的小册子，主张用纸币刺激经济活动，提高商业效率。34岁的约翰·劳扬言要点纸成金。然而，苏格兰议会拒绝考虑他的建议，并驳回了他司法赦免的请求，约翰·劳不得不重返欧洲大陆，靠赌术混日子。

但是，时间终于给了约翰·劳实现梦想的机会。1715年，追求奢侈、穷兵黩武的"太阳王"路易十四（Louis XIV）在留给法国一个濒临崩溃的财政烂摊子后驾崩了。摄政王奥尔良公爵正为法国经济困境（国库空虚、经济萧条、通货紧缩）而坐卧不安。在这种背景下，凭借与摄政王的交情，以及提出的纸币计划，约翰·劳被任命为财政大臣。从成立法国第一家私人银行发行纸币到密西西比计划，约翰·劳坚信，金属货币供给一直受其有形形式的制约，而信用可以是无形的，观念也可以创造货币，即金钱不一定是某种物质，它可以是一种观念。如果人们对纸币的信心不亚于对金属的信心，就可以运用轻便的纸币推动生产、贸易和各项消费活动。在经济萧条、就业不足的情况下，增发纸币可以繁荣法国经济，增加就业；等到法国经济恢复、海外贸易得到发展，就自然会形成对货币的更大需求，从而形成一个良性循环。

成也萧何，败也萧何。约翰·劳从赌场经验中得到的观念——信用创造财富，成就了他也摧毁了他。1718年12月，约翰·劳的银行被收归国有，更名为"法兰西皇家银行"，约翰·劳依旧担任银行主管，并获得了印钞权。摄政王不顾议会的警告，迷恋于印发钞票来解决法国的财政危机；与此同时，密西西比泡沫开始膨胀，为了购买该公司股票，整个法兰西陷入了疯狂。增发股票与印刷钞票双管齐下，股价一路飙升，直至1720年公司拒绝兑付纸币、密西西比没有发现金矿的事实动摇了公众对纸币的信心，新一轮的资本外逃浪潮汹涌而至。法国的金融市场失去了控制，公司股价在短期内变得一文不值，纸币泛滥、物价飞涨。纸币变成了废纸，皇家银行被迫关门大吉。一切手段都已无力回天，约翰·劳意识到情况不妙，畏罪潜逃了。据说老年的约翰·劳"晚景凄凉"，尽管赌技营生使他依旧过着相当体面的生活。

1729年，约翰·劳在威尼斯去世。当法国人得知这一消息时，立即为他编撰了一篇墓志铭：

> 一位苏格兰名宿安息于此，
> 这位天才的数学家，
> 用神奇的数学法则，
> 让法兰西倾家荡产。

约翰·劳的信用货币制度破产了。除了被法国人咒骂之外，约翰·劳的实践和失败在一定程度上还促成了重农学派思想的产生与发展。重农学派人士注意到，在约翰·劳造成的这场金融证券投机狂潮中，整个法国都陷入混乱状态，而只有土地这种不动产似乎并没有受到损害，再加上一些其他因素的促进，此后重农学派的思想得以广泛传播。

第二节　重农学派的主要思想

一、重农学派的共同主张

重农学派的哲学基础源于平等、民族的启蒙思想，它以自然秩序为最高信条，视农业为财富的唯一来源和社会一切收入的基础，认为保障财产权利和个人经济自由是社会繁荣的必要因素。

（一）崇尚"自然秩序"

"自然秩序"是重农学派思想体系的理论基础，"重农学派"（Physiocrat）一词本身就有"自然规律"之意。重农学派认为，客观世界存在一种永恒的、不以人的意志为转移的规律，这种规律是可以被人发现和理解的。对于人类社会而言，也存在这样的自然规律，它们如同牛顿发现的那些自然规律统治着物理世界一样，统治着人类社会。在经济学范畴内，自然规律赋予个人享受自己的劳动果实的自然权利，只要这种享受与他人的利益相协调。也就是说，人身自由和私有财产是自然秩序所规定的人类的基本权利（即"天赋人权"），而自然秩序的实质是个人利益和公众利益的统一。这一自然秩序学说第一次确认了在人类社会中存在着客观规律，从而为传统政治经济学创立了把社会经济看作一个可以测定的制度的概念。

（二）主张自由放任

自由放任（Laissez-faire）最早是由温森特·德·古尔内（Vincent de Gournay，1712—1759）提出来的，其实际含义是"不要政府干涉，让人们做他们喜欢做的事情"。除了保证最低的、绝对必需的基本保障，如保护生命、产权和保障订立合约的自由等，政府不要对经济生活施加任何干预。在经济政策上，重农学派几乎反对一切封建主义、重商主义和各种类型的政府管制，注重顺应自然规律，不能过度地人为干预经济。如布阿吉尔贝尔就大力主张经济自由，反对国家干预经济生活，和重商主义理论划清了界限。"自由放任"理念作为重农学派思想的精髓，为资本主义农业的发展开辟了道路。

（三）重视农业

重农学派明确提出，农业是社会财富的来源，认为只有农业才是一个国家繁荣富强的根本。农业的繁荣昌盛是一切其他物质财富的必要基础，农业衰落则一切工艺凋零。任何国家必须是农业产品增加，才能养活律师、医生、演员和各行各业的工作者，一切工业产品的生产随农产品的增降而增降。因此，只有农业（也许还包括采矿业）①才是生产性的，能生产超过所耗费资源价值的净产品。其理论贡献是，把研究的重心放到生产领域，把理论研究从流通领域转入了生产领域。

二、重农学派的先驱者

（一）长袍贵族：布阿吉尔贝尔

布阿吉尔贝尔（P Pierre Le Pesant，sieur de Boisguillebert，1646—1714）生于法国经济严重衰败的时期，他的家庭属于诺曼底省的"长袍贵族"，从事传统的司法工作。布阿吉尔贝尔在担任地方总监时，走遍了全国各省，了解到农民绝望的处境后，他提出了一系列改革方案，其中包括改革税收制度，提出按照财产的多少公平征税；同时他要求建立谷物的自由贸易制度，取消对谷物出口的限制。

布阿吉尔贝尔的著述有《法国详情》《论财富、货币和赋税的性质》《谷物论》等，贯穿这些作品的基本思想是，阐述法国贫困的现状和原因，试图找出增加财富的措施。布阿吉尔贝尔的理论主要包括三个方面。

1. 强调农业是社会的基础

针对货币即财富以及商业是财富源泉的重商主义观点，布阿吉尔贝尔指出，真正的财

---

① 斯坦利 L 布鲁，兰迪 R 格兰特. 经济思想史（原书第 7 版）[M]. 邸晓燕，等译. 北京：北京大学出版社，2010：29.

富是对人们生活有用的物品，即构成一国国力和财富基础的是生产这些必需品的农业。农业发达则百业兴旺，农业衰落则百业将废，农业一定程度的发展是其他职业和行业之形成所必需的。

虽然这种观点有片面性，但他视农业为唯一生产财富的部门的观点使其经济分析从流通领域转移到了生产领域，从而为法国古典经济学的建立奠定了基础。

2. 劳动价值论

和配第不同，布阿吉尔贝尔从另一个角度论述了劳动价值论。他首先区分了市场价格和交换价值，他认为一个商品的真正价值就是它所能交换到的另一个耗费同样劳动时间的商品。另外，他认为在自由竞争的过程中，社会上每单位个人劳动都会按某种正确的比例分配于各个产业部门。

3. 财富和货币

布阿吉尔贝尔批判了重商主义把财富等同于货币的观点，提出农业是财富的源泉，财富是一切用于消费的东西，货币的数量与一国的富裕程度无关，只有保持各个部门之间的平衡才能增加财富。

对于货币，布阿吉尔贝尔认为货币及其积累是人民贫困和社会罪恶的根源。因为统治者视货币为财富而追逐，于是就加重了以货币形式交纳的赋税，用今天的话来说，布阿吉尔贝尔认为货币属于名义变量，会掩盖实际变量的变化，方便统治者利用这种欺骗性对农民课以超过农民实际产品的税。同时，用货币充当交换手段，由于人们对货币的追逐而导致买卖双方尔虞我诈，从而破坏了商品按照"真正价值"进行的交换，导致各行业生产萎缩。因而他主张取消货币，或者以纸币来代替金属货币，使其履行"只是作为交易和相互让渡的保证的唯一职能"。[⊖]

（二）两个学派的先驱者：理查德·坎蒂隆

理查德·坎蒂隆（Richard Cantillon，1680—1734）出身于爱尔兰的一个贵族家庭，曾在巴黎从事银行和贸易业务。对于他的生平，我们所知不多，除了他唯一的著作《商业性质概论》似乎是由他本人翻译为法文以外，如果我们还了解点什么，那大概就是1734年他的悲惨死亡：在伦敦，他被自己于一周前解雇的一个为他工作了11年的法国厨师蓄意谋财而纵火杀害。他可能是世界上唯一死于非命的经济学家。

《商业性质概论》在坎蒂隆惨死21年之后才得以出版。这本被誉为继威廉·配第之后，到亚当·斯密之前最重要、杰出的经济学著作，除了没有讨论税收这一课题之外，在后来经济学所涉及的所有内容（实物经济、货币经济和国际贸易）上都体现了坎蒂隆敏锐的分析能力。坎蒂隆的经济研究大都以法国社会为对象，其书开篇第一句话就是"土地是所有财富由以产生的源泉或资料"，并较为系统地论述了他重视农业的思想，而且其对财富等相关主题的分析理论对重农学派也产生了很大影响，坎蒂隆因此成为法国重农学派的先驱；魁奈和米拉波都曾宣称他们的某些思想直接得益于坎蒂隆。与此同时，他是第一个尝试着把一个由市

⊖ 布阿吉尔贝尔．布阿吉尔贝尔选集［M］．伍纯武，梁守锵，译．北京：商务印书馆，1984：59．

场驱动的社会的运行,表述为一个"系统"的人,这个系统具有自发的自调机制,其货币供给与社会整体的繁荣之间存在着明确而连贯的关系。[①]这种关于市场的远见,也对法国古典经济学和英国的经济学家产生了重大影响。因此,坎蒂隆还被公认为古典经济学的先驱人物。

作为重农学派的先驱者,坎蒂隆从自然物质观出发,强调土地耕种是致富的源泉。一个国家的所有阶级和居民的消费最终都来源于农业劳动的产品,所有其他阶级不论是业主还是受雇者,都必须依靠土地所有者来维持生活和致富。坎蒂隆系统地考察了农业产品经过流通而在社会各阶级之间进行分配的过程,初步分析了土地所有者的支出与国民生活的关系,这为后来魁奈的《经济表》提供了极有价值的启发。除此之外,坎蒂隆还把农业的重要性同一国的人口问题联系起来一同考察,提出了一些有价值的人口思想。他认为一个国家的居民人数正是取决于分配给他们的用来维持生活的资料,一国人口的数量必然要以土地所能提供的年产品数量为限度。坎蒂隆认为人口的增长必然受到生活资料的限制,这实际上已经包含了后来马尔萨斯的人口论的一些基本思想。

三、公认的领袖:弗朗斯瓦·魁奈

(一) 经验丰富的宫廷御医

弗朗斯瓦·魁奈(Francois Quesnay,1694—1774)是法国重农学派的重要代表人物,也是资产阶级古典经济学的奠基人之一。他出生于巴黎附近的一个农民家庭,他一生研究过多种学科,如化学、植物学、数学和哲学等,曾获得医学博士学位,发表过一些医学和生理学方面的著作。魁奈医术高明,最为擅长的是拔牙、接生和放血三种手术。1749 年魁奈被任命为宫廷御医,住进了凡尔赛宫,并得到了路易十五的情妇庞巴杜夫人的庇护。由于庞巴杜夫人非常爱好研究中国的文物,因此魁奈也对中国文化产生了浓厚的兴趣。他提倡中国哲学,视《论语》为圣经,他本人因而也被誉为"欧洲的孔子"。

弗朗斯瓦·魁奈

魁奈在凡尔赛宫居住期间得以有更多的机会同当时法国上流社会的思想家和哲学家交谈,借以熟悉了法国的社会和经济状况。当时法国因柯尔贝尔主义而产生了十分严重的经济问题,财政困难,人民贫苦,这一最大现实自然成为人们谈论的中心。在这样的背景下,魁奈将研究对象转向哲学,并进一步地转向经济学。1753 年他开始研究经济问题,其主要著作有《农民论》《谷物论》《人类论》《赋税论》,影响最大的经济著述为 1758 年发表的《经济表》和 1766 年发表的《经济表的分析》。在魁奈之后涌现了一批追随者,他们对其思想加以宣传、研究和系统化,最终形成一个见解基本一致的学派。

[①] 海尔布罗纳. 改变世界的经济学家[M]. 陈小白,译. 北京:华夏出版社,2016:26.

(二)魁奈的思想精华

1."纯产品"学说

"纯产品"学说是重农学派理论的基石。魁奈从等价交换的原则出发,展开了对"纯产品"问题的论述。①他认为既然交换是等价的,流通领域不可能有财富增加,那就只有从生产领域去寻找财富增加的起源。②在农业中,如果没有意外情况发生,劳动者的耕作收入总是大于为之消耗掉的财富,因为农业生产有自然的参与,所以在社会各生产部门中只有农业才能生产纯产品。③纯产品是农业中每年生产出来的农产品扣除生产过程中所耗费的生产资料和农业生产者的生活资料后所剩余的农产品。实际上就是农业总产品超过生产费用的余额,也就是劳动者生产的剩余产品。④只有纯产品增加,一国财富才能增加。

2.大器晚成的《经济表》

魁奈的《经济表》描述了在一个理想的、自由竞争的环境中,商品和货币的循环流动。这是对财富流动第一次系统的分析,是经济学家对资本主义宏观经济的一次有意义的探索。

这个富有创见的卓越尝试呈现如图3-1所示。魁奈假设土地为地主所有,但由租地农场主经营生产,因此视租地农场主为生产阶级。农场主生产的产品不仅要供自己使用,还要满足土地所有者(包括国王、教会、公职人员和其他依赖土地所有者收入的人)的需要。同时,其生产的产品还要满足不生产阶级(即工商业者)的需要。需要注意的是,在魁奈的三个阶级中,生产阶级和不生产阶级并不是实际的社会阶层,因为他们既包括雇主也包括劳动者。因此,最好把图中的三列看作三个"部门"。⊖

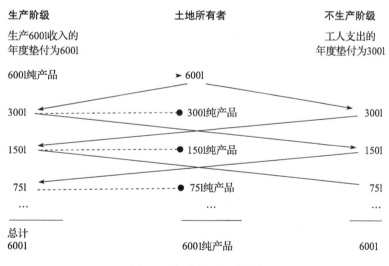

图3-1 魁奈的《经济表》

在分析这幅"让人困惑之处和它所澄清的一样多"⊜的Z形图之前,有两点需要强调。首先是人口在三个部门中的分布情况。《经济表》暗示了生产阶级占总人口的一半,土地所有者和不生产阶级则各占四分之一。其次尤其要强调的是关于"自然赐予"规模的假定。魁

⊖ 海尔布罗纳.改变世界的经济学家[M].陈小白,译.北京:华夏出版社,2016:33.
⊜ 海尔布罗纳.改变世界的经济学家[M].陈小白,译.北京:华夏出版社,2016:34.

奈在《经济表的说明》一书中假定农业报酬为百分之百，即如果农业一年的报酬为100l，则所生产的农作物价值为200l。

现在让我们来分析这个图。在图的左上角，生产阶级将600l的纯产品让渡给土地所有者，用于支付年度地租。土地所有者将600l一分为二，300l用于购买生产阶级的产出，满足其食物需求；300l花在不生产阶级上，购买土地无法长出的各种产出。做完这一切后，土地所有者就不再起进一步的作用，轮到生产阶级和不生产阶级开展活动了。

同土地所有者一样，生产阶级和不生产阶级各自将得自土地所有者的300l收入一分为二：150l用于支付本部门劳动者的工资——然而并没有表现在图中；150l用于交换——生产阶级从不生产阶级那里购买衣服、家用杂物和工具等，不生产阶级从生产阶级那里购买生活资料、产品的必要原料以及用于对外贸易。但两个300l支出的结果迥然不同。请注意，流向生产阶级的每一项支出都会产生一条水平虚线，但不生产阶级则没有。这就是魁奈对自然馈赠的描述。让我们进一步阐明。

生产阶级的300l支出的构成为：300l支出＝150l工资＋150l对不生产阶级的购买，这300l的总投入因为自然的赐予而产生价值600l的产出（农业报酬为100%），从而得到价值300l的纯产品。㊀同样，不生产阶级的支出构成为：300l支出＝150l工资＋150l对生产阶级的购买，其中第二部分用于维持和偿还这一阶级的预付。

生产阶级和不生产阶级之间这种一分为二的循环呈Z字形地持续进行，"这种相互的流通㊁和分配，以相同的顺序和相同的比例继续进行，一直从一个阶级向另一个阶级转移到最后一分钱为止"。㊂在每一次交换中，生产阶级都会得到一份自然赐予，这份自然赐予将作为地租被支付出去。最后，地租总额合计为600l，交付给土地所有者，于是展开又一轮的循环。为避免不必要的疑惑，可以再多说一句：共计价值600l的总的纯产品被两个部门的劳动者购买（工资总额600l＝生产阶级劳动者工资300l＋不生产阶级劳动者工资300l；其中，两个300l分别为两个部门在整个循环中总收入的一半），从而以货币形式支付给土地所有者。

就这样，支出和收入在三个阶级之间的流动清晰地呈现在我们面前：首先，土地所有者用一半收入购买生产阶级土地上的产出，换得粮食；另有300l用于购买不生产阶级生产的土地所不能生产的各种产出。接着，生产阶级和不生产阶级各自将所得的300l货币的一半支付给对方，换得本阶级所不能生产的产出。于是，每个阶级还是拥有300l货币。但由于两个阶级都要进行生产，需要用150l支付劳动者的工资，所以就还各余150l货币（同时还各有价值150l的实物资料）。两份150l货币将被继续一分为二，用于支付购买的资料和劳动者的工资。如此循环往复，两个阶级所拥有的货币不停地用于交换并逐渐减少。在每一次交换后的生产中，生产阶级由于自然的赐予，会获得二倍于总投入的产出或与总投入等值的纯产品，而不生产阶级只是刚好收支相抵，故最终反复交换结束即不再拥有货币时，生产阶级会总共生产出600l的纯产品。于是，整个社会增加了600l的财富。这600l会交付给土地所有者阶级作为年度预付，换得来年进行农业生产所需的条件，经过同样的循环，来年又会产生600l的财富，从而整个社会获得了一个稳定的产出流。

㊀ 这里之所以是"价值600l的产出"和"价值300l的纯产品"，是因为土地直接生产出来的产品是实物形态的，加以标明以方便分清产品的不同形态。这种区分的好处在接下来的分析中会很快看到。

㊁ 这里的"流通"是指"所有各阶级的人们用分配到的收入向原生产者进行购买，而没有把商业考虑在内"（同下，228页）。

㊂ 魁奈. 魁奈经济著作选集[M]. 吴斐丹, 译. 北京：商务印书馆, 1997：226.

《经济表》抽象掉了考察和探索中不必要的因素，只对本质的问题进行科学和集中的分析研究，使得所要阐述主题的结论变得明晰、清楚，这正是魁奈为使人们清楚地了解并长久地铭记而特意使用的一个技巧。结果影响比他的初衷还要多：通过描述支出和收入在三个阶级之间的流动，《经济表》明确地暗示了实物层面的商品和服务的反向流动，从而成为经济循环流向图的先驱。它还是国民收入分析的思想源泉，为分析一个经济体的统计工作奠定了基础。

3. 推崇自由贸易

魁奈认为虽然商业是不生产的，但商业自由却是符合自然秩序要求的，因此他主张自由竞争和自由贸易政策。也因此，魁奈反对重商主义保护关税的政策，提出发展自由贸易的具体措施和主张，要求在国内取消各州之间和各州的地区之间商品流通的限制，允许工业品自由进出口，等等。自由贸易会导致外国廉价的工业品的输入，从而导致国内市场上工业品价格的降低。魁奈尤其重视谷物输出自由，认为英国开展谷物自由贸易之所以能使其从小麦匮乏国蜕变为小麦输出国，是因为自由贸易会使国内的农产品价格提高到和国外市场一致的水平，促使耕种大为增加。魁奈还认为不但商业上要自由，生产上也要自由，并将自由和垄断加以对立。

4. 整顿税收

因为只有农业能生产出"纯产品"，所有的赋税都由此来支付，所以魁奈主张废除其他赋税，只对土地的收入即纯产品征税。《经济表》已经很清晰地表明了应该对哪一个阶级征税：不是生产阶级，它是财富增长的源泉；不是不生产阶级，它只是刚好收支平衡。那么由土地所有者承担一切赋税就是唯一无害的了。这种单一税可以简化赋税的征收机构，节省征税费用，从而可以减轻土地所有者的负担，使土地私有制得以保持。

5. 维护私有制

魁奈强调私有制是符合"自然秩序"的，私有制的安全是社会经济秩序的基础。国家政权的职能是保护私有制，而不是干预经济生活。此外，他鼓励增加生产性开支和限制奢侈支出，提高一般民众的消费水平。

魁奈的经济政策主张鲜明地体现了法国当时发展资本主义的时代要求，其政策主张的核心是限制或消除重商主义措施的有害后果，鼓励和大力支持新兴农业资本主义的发展，减少封建国家对经济生活的干预，提倡生产（主要是耕作）和贸易领域的自由竞争。

卡尔·马克思（Karl Marx，1818—1883）对《经济表》给予了很高的评价，认为这个尝试是在18世纪30～60年代政治经济学的幼年时期做出的，这是一个极有天才的思想，毫无疑问是政治经济学至今所提出的一切思想中最有天才的思想。米拉波将它誉为人类继文字和货币之后的第三大发明，认为其在经济学说史上所占的地位不亚于血液循环的发现在生物学史上所占的地位（这可能有些言过其实，毕竟后来杰文斯将坎蒂隆关于财富循环的分析置于了这样的优先等级）。但是在今天看来，《经济表》在形式上的缺陷是明显的，它简单

㊀ 魁奈. 魁奈经济著作选集 [M]. 吴斐丹, 译. 北京：商务印书馆, 1997：222.
㊁ 马克思, 恩格斯. 马克思恩格斯全集（第二十六卷）[M]. 中共中央马克思恩格斯列宁斯大林著作编译局, 译. 北京：人民出版社, 2007：368.

地假定不生产阶级占有固定资本但不能提供资本的重置,并假定竞争使得该部门的工资总额与其产出价值刚好相等,但是不曾提供任何对竞争原因的说明。另外,魁奈也没有寻求地租不为零的答案。在说明制造业是不生产的或证明农业必然产生"纯产品"上,魁奈都是不成功的。[一]

四、与众不同的继承者:杜尔哥

(一) 杜尔哥:思想家和行动者

安·罗伯特·雅克·杜尔哥(Anne Robert Jacques Turgot,1727—1781)出身于诺曼底的一个贵族世家,其家族连续几代为法国培养了有才能的政府官员。杜尔哥是这个家庭的幼子,受到了教会教育。在获得神学学位后,他决定进入司法行政部门。杜尔哥在法国政府的职位不断升高,到1774年成为法国的财政部长。他与魁奈交往颇多,并同意重农学派的理论观点,最重要的著作是《关于财富的形成和分配的考察》。杜尔哥不仅是思想家,还是行动者兼实践家。在担任财政大臣期间,他针对各种经济流弊展开了大刀阔斧的改革:实行国内自由贸易,取消行会特权;结束农民的强制性无偿劳动,对土地所有者征收地租税;削减政府开支,提高政府信用;提倡择业自由、宗教自由、全民教育;等等。但是,这些改革严重触犯了神职人员、贵族等各类人乃至皇室的利益。于是,任职不到两年,杜尔哥被迫下台,改革也立刻被取消。

(二) 对大师思想的发展

1. 阶级结构理论

杜尔哥把魁奈的三个阶级进一步划分为五个阶级,即把生产阶级和不生产阶级进一步分别划分为两个对立的阶级:生产阶级被划分为农业工人和农业资本家,不生产阶级被划分为工业工人和工业资本家。这样就比较真实地反映了资本主义的阶级关系。但他没能把工、农业两大部门中的资本家和工人分别合并为资本家阶级和工人阶级,这说明他还没有跳出魁奈按人们对纯产品的关系和所在生产部门划分阶级的局限。亚当·斯密做到了这一点,杜尔哥的划分充当了从魁奈到斯密的过渡。

杜尔哥还对资本家阶级和工人阶级下了比较明确的定义:所谓资本家阶级就是企业家、制造业主、雇主阶层,他们拥有大量资本并依靠资本使别人从事劳动,通过垫支而赚取利润;所谓工人阶级就是只有一双手,除了靠出卖自己的劳动以外就一无所有的阶级,他们的垫支只是他们每日的劳动,他们得不到利润,只能挣取工资。这一解释指出了两者之间的根本区别在于,是占有资本还是一无所有。这一见解在经济学说史上尚无前例。他进一步指出,生产者与生产资料的分离是阶级形成的根本原因。

2. 工资和资本理论

杜尔哥认为雇主和劳动者之间进行的劳动买卖完全是自由的,工资的多少由双方的协

[一] 马克·布劳格. 经济理论的回顾[M]. 姚开建,译. 北京:中国人民大学出版社,2009:16.

议决定，由于劳动者的数量总是大大多于雇主的需求，因此劳动者内部为取得就业机会的竞争必然加剧，结果导致工资下降到最低界限。这被认为是关于后来"工资铁律"的最早表述。

在重农学派中，杜尔哥首次研究了"利润"这种收入，视其为一个独立的经济范畴。魁奈混同工资和利润，认为工资是生产上的支出，不是收入。利润也是工资，是支出。杜尔哥则把两者区分开来，认为企业家有获得利润的可能性。他认为既然出租土地可以取得地租，那么借出货币就可以得到利息，因而投资开办企业就应该得到利润，从而说明了利润的合理性。

杜尔哥还探讨了资本本身，详细描述了资本运用的各个方面。他认为资本有五种用途，即购买土地、租地经营农业、投入工业、经营商业、放债取息。同一资本投入不同的部门，得到的收入不同，分别得到地租、利润、利息，而且由于风险不同，三种收入的数量也不等，地租最少，利息需要承担一定风险而为次，利润收入最多。农业、工业和商业资本家都可以通过垫付资本得到收入，比魁奈只把资本局限在农业部门的理论大有进步。然而，已经如此接近于察觉到资本作为储存起来的劳动这一核心要义，这个学派却在最后关头与之擦肩而过，把资本归结为土地的"礼物"。㊀杜尔哥对资本的讨论最终以浓厚的重农学派思想终结。

3. 对纯产品学说的发展

魁奈一方面把"纯产品"归结为农业剩余劳动的产物，另一方面又认为"纯产品"是"自然对土地的恩赐"，而杜尔哥则认为"纯产品"是自然对于农业劳动的赐予，是农业劳动利用了特殊的自然生产力的结果，而土地如果离开劳动，便不能生产任何东西。只是由于农民的劳动才使自然生产力得以发挥，形成了"纯产品"。他进一步指出，农业劳动者是"唯一的这样一种人，他的劳动生产出来的产品超过了他的劳动工资"。

从学术观点上看，杜尔哥仍然是重农学派，杜尔哥在经济理论上集中地研究了财富问题，着重考察了财富的形成和收入的分配。他对社会阶级的划分、对"纯产品"的深入分析，以及对各阶级的收入的论述，都是为了促进法国资本主义经济特别是农业经济的发展，增加新兴资产阶级和整个社会的财富。可以说，在杜尔哥这里重农学派学说得到了进一步的发展。

第三节 重农学派的影响力

一、重农学派的推崇与失败

重农学派在当时法国的宫廷中获得了极高的声誉，甚至在巴黎很多名流的社交场合中，人们谈论农业改革，并将穿着带有农家色彩的装束视为时尚。欧洲其他若干国家的统治阶级也对重农学派学说产生了浓厚的兴趣。重农学派认为当时法国经济萧条的原因在于社会法规违反了自然规律，他们强调只有人们认识自然秩序并按其准则办事，人类社会才能协调有序地发展。重农学派的自然秩序学说作为古典经济学的起源，第一次承认了人类社会存在着

㊀ 海尔布罗纳. 改变世界的经济学家 [M]. 陈小白，译. 北京：华夏出版社，2016：45.

客观规律。之后古典经济学创立的理论的政策建议，在很多方面都是重农学派思想的延续和创新。

重农学派前后仅仅存续了约 20 年，但在这 20 年中却引导着世界的经济思想。[1]这种辉煌如此短暂的原因在于，重农学派的理论本身存在着矛盾。重农学派需要来自法国社会各种达官显贵的支持，这些政治盟友的自身利益与当时的封建制度紧密相连。但由于时代背景的限制，重农学派没有意识到，他们的征税主张与他们依靠的对象的利益是相冲突的。他们思想的狭隘之处在于，未能建立一个与封建社会对立的新资本主义制度，而企图对旧制度改良，巩固现存的制度。重农学派最为致命的一点在于，其分析建立在一个曲解的生产力概念之上，[2]这种谬误随着工业革命的推进与法国工商业的发展而越发偏离实际，从而注定了其宿命。

二、对经济思想的深远影响

（一）亚当·斯密的自由放任思想

亚当·斯密提倡每个人追求自己的私利，在市场制度自发力量的作用下国家会逐渐繁荣。西方很多经济学家认为，斯密的经济学说受重农学派的影响很大。马克思在评价重农学派时，就肯定了亚当·斯密深受重农学派的影响。熊彼特也指出：“《国富论》中所包括的分析思想、分析原则或分析方法，没有一个在 1776 年是全新的。”[3]重农学派最早提出"自由竞争""自由贸易"和"限制政府干预"等思想，斯密在《国富论》中提到的很多分析原则和方法，在一定程度上都渗透着重农学派的传统观念。

（二）"剩余"思想的启发

马克思曾高度赞扬重农学派的理论贡献，对魁奈的《经济表》做出过一个极高的评价，指出它是政治经济学至今所提出的一切思想中最有天才的思想。[4]在政治经济学历史上，重农学派最早将剩余价值起源从流通领域转到了直接生产领域，认为社会财富由农业生产部门创造。马克思受到重农学派"纯产品学说"的启发，认识到剩余价值不可能是在纯粹的流通领域内产生的，而只能是在资本的生产过程中产生的。通过分析资本主义生产过程，马克思提出了著名的"剩余价值学说"。

重农学派用农业资本主义经营来概括资本主义生产，混淆了使用价值和价值的概念，并错误地认为剩余价值是由自然即土地提供的。马克思挖掘到剩余价值的一般形式，即剩余价值本身，将其归结为剩余劳动时间所创造的价值，在继承重农学派思想的同时做出了更正和发展。

---

[1] 斯坦利 L 布鲁，兰迪 R 格兰特. 经济思想史（原书第 7 版）[M]. 邸晓燕，等译. 北京：北京大学出版社，2010：27.
[2] 海尔布罗纳. 改变世界的经济学家[M]. 陈小白，译. 北京：华夏出版社，2016：36.
[3] 约瑟夫·熊彼特. 经济分析史（第一卷）[M]. 朱泱，孙鸿敞，李宏，等译. 北京：商务印书馆，1991：280.
[4] 马克思，恩格斯. 马克思恩格斯全集（第二十六卷）[M]. 中共中央马克思恩格斯列宁斯大林著作编译局，译. 北京：人民出版社，2007：368.

(三) 里昂惕夫的投入 – 产出分析

魁奈的《经济表》清晰地表达了经济中的均衡概念：图中各个变量相互依存，只要一个发生变动，其余变量也会随之变化。给定人口在各部门间的分布状况，那么土地所有者在生产阶级和不生产阶级两个部门间的支出比例就至关重要了。如果对生产阶级产出的支出超过一半，那么自然赐予将扩大农业总产出——按照重农学派的观点，也就是社会总产出；反之，若这一比例小于一半，社会总产出就会降低。"由此可见，过度的奢侈能使一个非常富裕的国家很快地破产"。⊖《经济表》就这样使商业社会里收入与支出的关系得到了首次展示。⊜这种展示使其与瓦尔拉斯的一般均衡理论和马克思的社会再生产理论一道成为里昂惕夫在20世纪30年代提出的投入 – 产出分析的先驱理论。

背景链接 3-2　重农学派的中国渊源

中国传统的重农抑商、重本抑末的经济思想对重农学派的产生也有重大影响。魁奈是中国文化的坚定拥护者，他所在的时代正是中国的清朝乾隆时期。他看到中国封建王朝的繁荣和兴盛，受到了很大震撼，为推崇中国开明的封建统治而积极游说。实际上，重农学派就是企图在封建社会的框架里开辟新兴资本主义的道路。

17～18世纪出现遍布欧洲的"中国热"，许多思想家都十分迷恋中国文化。莱布尼茨发表过《中国新论》，伏尔泰（Voltaire）根据中国的《赵氏孤儿》写成剧本《中国孤儿》在法国上演，孟德斯鸠（Montesquieu）在其著作《论法的精神》中把中国作为秩序良好的榜样，狄德罗亲自在《百科全书》中撰写了"中国"和"中国哲学"两个条目。

从重农学派提出自然秩序概念的各项基本内涵来看，此类含义在西方传统的自然法观念中固然有其渊源，但中国古代所习见的"天地之道""天行有常""天理"或"万物之理"一类观点，同样蕴含着崇信普遍法则的文化传统。这些中国思想经过西方来华传教士的大力传播，在当时欧洲思想界产生了相当大的影响。重农学派便是积极接受这种影响的一个典型。

重农学派倡导"自由放任"，把"自然秩序"理念引入到经济思想之中，认为人类的活动应该与自然规律保持一致。自然秩序的提法来自中国"道法自然"的观念，"道"被中国古代思想家看作是自然界客观存在的规律，它是人类行为的准则。重农学派代表人物魁奈认为，当时的中国崇尚农业，经济发展遵循内在的自然秩序，因此能够克服包括财政支出在内的各种混乱现象，始终保持经济稳定。魁奈推崇孔子的学说，宣扬孔子的《论语》"胜过于希腊七圣之语"，他自己也被称为"欧洲的孔子"。通过对中国传统理论进行研究，魁奈写成了《中华帝国的专制制度》一书，第一次系统地说明了重农学派的政治和经济理论。

用马克思的话来说，杜尔哥是重农学派体系发展到最高峰的代表，他对中国传统的重农思想非常感兴趣。当两名来自中国的留法学生完成学业准备回国时，杜尔哥向政府提议，让他们再留一年，并且专门为这两位中国留法青年撰写中国问题集及其"序论"，即其著名的《关于财富的形成和分配的考察》。

所以，重农学派提出自然秩序思想，与中国古代传统学说之间有着很深的渊源，不亚于这一思想同西方传统自然法观念之间的继承关系。

⊖ 魁奈.魁奈经济著作选集［M］.吴斐丹，译.北京：商务印书馆，1997：226.
⊜ 海尔布罗纳.改变世界的经济学家［M］.陈小白，译.北京：华夏出版社，2016：35.

经过 3 000 年的历史积淀，经济思想逐渐从宗教、法律、哲学等学科中分离出来，在满足人性利己需求的呼声和实践中，经济学开始成为一门独立的社会科学。经济思想也从简单的个人、家庭和生产者的观念，向国家政策和社会经济活动转变。虽然重商主义和重农学派的经济理论存在一定的缺陷，也并未形成完整的思想体系，但是这些最原始的经济思想为经济学的成长提供了丰富的养分，所有的积淀都是为了经济学未来的绽放。

问题讨论

1. 比较重农学派的"自然秩序"和中国"道法自然"概念的异同。
2. 有人说改革开放 40 年的中国，无论是其经济增长模式还是目前所处的经济发展阶段都和重商主义时期非常相像，你的看法如何？请给出赞同或反对的理由。
3. 根据你的理解，谈谈法国重农学派的思想对解决中国三农问题的启示。

本章推荐

[1] 费正清.伟大的中国革命[M].刘尊棋，译.北京：世界知识出版社，2000.
[2] 费正清.费正清中国回忆录[M].闫亚婷，熊文霞，译.北京：中信出版社，2013.
[3] 戴维 S 兰德斯.国富国穷[M].北京：新华出版社，2010.
[4] 道格拉斯·诺斯，罗伯特·托马斯.西方世界的兴起[M].厉以平，蔡磊，译.北京：华夏出版社，2017.
[5] 王军.郑和的遗憾[J].经济学家茶座，2012（4）：110-114.
[6] 辛西亚·克罗森.财富千年[M].赵恒，译.北京：中信出版社，2004.
[7] 复旦公开课：马涛《外国经济思想史》（第一讲古典经济学中的中国渊源）.
[8] 电影：《John Law and the Mississippi Bubble》（一套由 Richard Condie 制作的风趣幽默短动画）.

参考文献

[1] 弗朗索瓦·魁奈.魁奈《经济表》及著作选[M].晏智杰，译.北京：华夏出版社，2017.
[2] 马克思，恩格斯.马克思恩格斯全集[M].中共中央马克思恩格斯列宁斯大林著作编译局，译.北京：人民出版社，2007.
[3] 马克思.马克思恩格斯《资本论》书信集[M].中共中央马克思恩格斯列宁斯大林著作编译局，译.北京：人民出版社，1976.
[4] 约瑟夫·熊彼特.经济分析史（第一卷）[M].朱泱，孙鸿敞，李宏，等译.北京：商务印书馆，1991.
[5] 辛西娅·克罗森.财富千年[M].赵恒，译.北京：中信出版社，2004.
[6] 道格拉斯·诺斯，罗伯特·托马斯.西方世界的兴起[M]厉以平，蔡磊，译.北京：华夏出版社，2017.
[7] 鲁友章，李宗正.经济学说史[M].北京：人民出版社，2003.

第二篇

古典时期
（1776年至1871年）

天下熙熙，皆为利来；天下攘攘，皆为利往。

——司马迁

第二篇古典时期涵盖了从1776年（亚当·斯密出版《国富论》）到1871年（边际学派的三位先驱者：杰文斯、门格尔、瓦尔拉斯几乎同时出版了阐述新古典理论的相关著作）近百年的经济思想和理论流派。本篇的主要内容可用"一个中心，三方挑战"概括：在重农学派和古典学派先驱者的研究基础之上，斯密（"一个中心"）构建了完整的经济学大厦，也正式开启了古典经济学的时代。伴随着古典经济学的形成、发展、分化、融合以及走向完美与终结，古典学派也开始遭到来自马克思、德国历史学派、边际学派（"三方挑战"）的质疑与挑战，最终边际学派的关注重点和研究方法被新古典经济学所接纳，成为主流经济学和微观经济学的一部分（边际学派的介绍安排在第三篇新古典时期）。其余两方虽然当时遭遇劲敌，未成主角，但也各有发展，尤其是对后来经济学的发展和世界格局的影响深远而巨大。根据结构安排，本篇第四章介绍古典学派的概况与先驱者，第五章为古典学派的构建者——亚当·斯密，第六章为古典学派的悲观者——托马斯·罗伯特·马尔萨斯和大卫·李嘉图，第七章为古典学派的分化者，第八章为古典学派的综合者，第九章和第十章分别介绍了古典学派的挑战者：马克思和德国历史学派。

思维导图

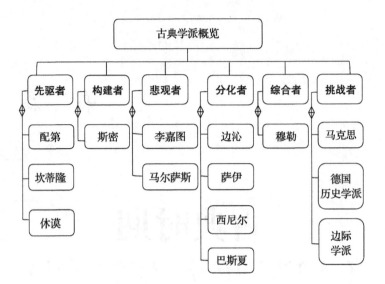

古典学派概览及其先驱者

"朝来新火起新烟,湖色春光净客船。"

——杜甫《清明二首》

本章大纲

第一节 古典学派概览
一、古典学派的催化剂——"三次革命"
二、古典学派的基本信条
第二节 古典学派的三位先驱者
一、威廉·配第
二、理查德·坎蒂隆
三、大卫·休谟

主要著作列表

姓名	著　作	成书时间
威廉·配第	《赋税论》(*A Treatise of Taxes and Contributions*) 《政治算术》(*Political Arithmetick*)	1662年 1672年
理查德·坎蒂隆	《商业性质概论》(*Essai sur la Nature du Commerce en Général*)	1755年
大卫·休谟	《人性论》(*A Treatise of Human Nature*)	1736年

思维导图

第一节 古典学派概览

一、古典学派的催化剂——"三次革命"

17世纪到18世纪末,欧洲的"三次革命"(思想革命、科技革命、工业革命)促进了古典学派的产生。在这段时间内,欧洲思想革命和科技革命相对成熟,一些杰出的思想家和科学家的出现带给了社会革命性的思想和方法;工业革命刚刚开始,资本主义的大发展对古典学派的经济思想产生了极其重要的影响。

(一)思想革命

17世纪到18世纪末是欧洲启蒙运动的盛行时期。欧洲启蒙运动时期是一个新思维不断涌现的思想、文化运动时代,其思想涵盖了自然科学、哲学、伦理学、政治学、文学等众多领域,主要代表人物有弗朗西斯·培根(Francis Bacon)、伏尔泰、孟德斯鸠、卢梭(Rousseau)等,其中影响力最大的当属培根和伏尔泰。

培根留给世界的不仅仅是"知识就是力量"这一伟大至理名言,他还最早表达了近代科学观,阐述了科学的目的、性质和发展科学的正确途径,并首次总结出科学实验的归纳法;他还是唯物主义者,主张运动是物质固有特性,运动是有规律的。培根对待科学的态度对欧洲新生知识分子的影响是深刻的,尤其是在科技领域和思想领域。被誉为"欧洲的良心"的伏尔泰主张开明的君主政治,反对封建君主专制,强调资产阶级自由和平等。虽然他的观点主要体现在政治体制领域,但是他自由平等的思想和不畏专制的态度影响了欧洲新生资产阶级的各个方面。

(二)科技革命

受欧洲文艺复兴的影响,早在16世纪就涌现了尼古拉·哥白尼(Nicolaus Copernicus)、乔尔丹诺·布鲁诺(Giordano Bruno)、约翰尼斯·开普勒(Johannes Kepler)、伽利略·伽利雷(Galileo Galilei)等一大批科学家。17世纪,艾萨克·牛顿(Isaac Newton)提出了万有引力定律,欧洲科技革命最终达到顶峰。

哥白尼用毕生的精力去研究天文学,并在其伟大著作《天体运行论》中提出了"日心说",沉重地打击了教会的宇宙观,这是自然科学和封建教会斗争的第一次伟大胜利。被誉为"近代力学之父""现代科学之父"的伽利略,从实验中总结出自由落体定律、惯性原理和伽利略相对性原理等,奠定了经典力学的基础。他以系统的实验和观察推翻了纯属思辨传统的自然观,开创了以实验事实为根据并具有严密逻辑体系的近代科学。

科技革命中影响最大的当属牛顿了,在《自然哲学的数学原理》一书中,牛顿提出了万有引力定律⊖,这一定律解释了包括行星运动在内的物体运动的规律。作为物理学家、数学家,牛顿在经济学上还提出过金本位制度,姑且不论牛顿在经济学上的贡献有多大,他在自然科学领域的领袖地位是毋庸置疑的。

⊖ 万有引力定律:宇宙中任何两个物体间的引力与它们的质量呈正比,与它们的距离呈反比。

（三）工业革命[一]

18世纪末期，虽然第一次工业革命已经在英国取得成功，但是对于整个欧洲来说，工业革命只是刚刚开始。工业革命在后来古典学派经济学家（马尔萨斯、李嘉图、边沁、巴斯夏等）所处的时代中得以兴盛。

工业革命开创了机器代替手工劳动的时代，极大地提高了社会生产力，工业的发展促使了劳动分工、自由经营、自由竞争和自由贸易的出现；工业革命引起了社会的重大变革，使社会日益分裂成为两大对抗阶级，即工业资产阶级和工业无产阶级；工业革命还促进了近代城市化的兴起。在工业革命后，政府重商主义的举措与商人要求自由贸易、自由竞争之间的矛盾愈演愈烈，越来越多的商人、工厂主要求自由放任的政策。同时，圈地运动解放了大量劳动力，一方面促进了工业的快速发展，另一方面促使劳动分工取得实质性进展。

三次革命诱发形成了新的世界观和宇宙观。哥白尼的天文学揭示了地球不是宇宙的中心；达尔文主义废黜了人类在地球历史上的中心地位；牛顿的物理学分析被扩展应用于人类社会；培根的观察与实验的研究方法宣布了偶然和兴趣的低效……秩序（自然法则）、理性与进步这一系列新概念开始大行其道，科学精神与理性的旗帜被高高举起。古典经济学由此也深受启发，主要集中在以下几个方面。

第一，重视观察和科学的实验方法。一切推理或经验没有经过观察和科学的方法验证，都是不可取的，经济学是严谨的科学，仅靠推理或经验来研究经济学的方法是错误的。

第二，锲而不舍和理性的科学精神。经济学研究是从经验性认识上升为理论性认识的研究，需要经济学研究者坚持理性的原则；同时，经济学研究是在已有的经验和基础上进行探索的过程，需要锲而不舍的科学精神。

第三，质疑传统、敢于批评的精神。三次革命带给我们新的世界观、宇宙观，而这一切的来源皆是科学家、思想家敢于质疑和反对传统观点的批判精神。在经济学研究中，经济学家敢于批判和质疑权威并不是盲目的，这需要建立在一定的理论研究基础和科学的实验方法之上。

第四，善于寻找和验证规律。科技革命告知人类，自然界和宇宙都是有规律的，不同物质之间都存在一定的联系；而古典经济学中倡导经济规律规范人类的各种活动。这就要求经济学研究者在科学的实验方法前提下，发挥锲而不舍和敢于质疑的科学精神，秉持理性原则，寻找和验证规律。

二、古典学派的基本信条

古典经济学最早可追溯到威廉·配第，经亚当·斯密到大卫·李嘉图，算是形成了古典学派。在这一历史时期内，古典学派倡导的核心观点便是经济自由主义。经济自由主义这一术语的出现在封建教会与重商主义管制下的17世纪是革命性的。古典学派的其他观点还包括经济自由、私人财产权、个人的主动权、私人企业以及最低程度的政府干预等。[二]综上所述，古典学派的主要信条可以归纳为如下几点。

[一] 本书中所述的工业革命是第一次工业革命，在英国取得巨大成功后，工业革命的步伐迈向整个欧洲。
[二] 斯坦利 L 布鲁，兰迪 R 格兰特. 经济思想史（原书第7版）[M]. 邱晓燕，等译. 北京：北京大学出版社，2010：38.

第一，崇尚个人自由。个人自由是古典学派经济思想的基本前提。劳动力可以在现有的市场条件下，自由地决定自己是否接受一份工作。无论是个人还是企业，在经济活动中都是自由的，自由的市场将引导经济活动中的各个环节。

第二，提出利己假设。自利是古典学派的基本假设，即古典学派经济学家假设自利行为是人的本性，无论是生产者还是劳动者，无论是商人还是工人，都是出于对自身利益的考虑而进入市场从事经济活动的。生产者和商人为了获取经济利润而提供商品与服务，劳动者和工人为获得工资或商品而出卖自己的劳动力，消费者购买商品也是为了满足各自的需要。

第三，主张最小政府干预。古典学派认为经济活动中的生产、交换和分配等环节，在市场的力量下可以自由进行。在政府干预经济的情况下，市场不能充分地自我调节，从而一国就不会达到充分就业的水平。所以政府在经济活动中的参与程度要足够低，以至于其对经济的干预范围仅限于界定公民财产所有权、提供公共教育以及提供国家安全防御职能。

第四，追求个人利益与社会利益相一致。古典学派经济学家除了李嘉图以外，其余学者都认为，所有经济活动参与者在追求他们自身利益的同时，也为社会利益最大化做出了贡献。这就是古典学派强调的市场经济中利益的自然和谐。

第五，经济规律。古典学派认为经济规律是普遍的和不可改变的。古典学派通过对经济活动的验证方法进行集中和分析来得出经济规律，如比较优势理论、收益递减理论、马尔萨斯的人口理论、萨伊定律、李嘉图的地租理论、货币数量论以及劳动价值理论等。古典学派通过对经济规律的发现和追寻才得以对经济学研究做出了巨大的贡献。[一]

相对于重商主义和重农学派，古典学派具有先进性和革命性。古典学派将重商主义对经济活动过时的、毫无用处的限制予以废除，并扩展了重农学派的财富观点，主张经济规律规范着人类的各种活动。古典学派将经济学由流通领域扩展到生产领域，把资本主义经济学发展成为一个较为完整的体系，并且他们"自由放任"的经济理念影响了后期众多的学派和经济学家，比如边际学派中的门格尔和屠能、新古典学派中的马歇尔和帕累托等。

那么，古典学派究竟是什么样的呢？其中有哪些著名的经济理论，又有哪些著名的经济学家？为了探究这些问题，让我们先从三位先驱者开始吧。

第二节 古典学派的三位先驱者

从17世纪中叶到18世纪末这100多年的时间里，英国古典经济学经历了从萌芽到发展为完整体系的过程，其中出现了许多杰出的经济学家。这些古典学派的先驱者包括威廉·配第、理查德·坎蒂隆、约翰·洛克（John Locke）、达德利·诺思（Dudley North）、伯纳德·曼德维尔、雅各布·范德林特[二]（Jacob Vanderlint）、约瑟夫·马西（Joseph Massie）、大卫·休谟（David Hume，1711—1776）和詹姆斯·斯图亚特（James Steuart）等。他们主张自由放任主义，抨击对经济严格控制的重商主义，提倡规律引导经济体系以及人们的各种活动。其中，配第、坎蒂隆和休谟是古典学派先驱者中杰出的代表。

[一] 斯坦利 L 布鲁，兰迪 R 格兰特. 经济思想史（原书第7版）[M]. 邸晓燕，等译. 北京：北京大学出版社，2010：39.

[二] 雅各布·范德林特（？—1740）是英国经济学家，也被看作重农学派的先驱和货币数量论的早期代表。著有《货币万能》(1734年)。他主张自由贸易并强调土地是财富与税收的来源；提出物价随金银量增减而变动。

一、威廉·配第

在经济思想史中,威廉·配第的学派属性是极具争议的,从其著作《政治算术》及《赋税论》中可以看出,配第的思想保留有浓厚的重商主义色彩(见本书第二章第三节),可以称得上是一位地地道道的重商主义者;然而,他最早提出劳动价值论,将政治经济学的研究由流通领域引入生产领域,这一点又极具古典学派的特点。姑且不论其究竟属于何派,配第在劳动分工、分配、资本与生产以及劳动价值等领域的研究不负"古典经济学的奠基人"称号。

(一)自学成才的经济学家

威廉·配第是英国经济学家、科学家、哲学家,重商主义的典型代表兼古典经济学创始人。他生于英国汉普郡一个毛纺织手工业者家庭,少年时代的配第家境比较贫苦,但他天资聪颖,16岁之前就掌握了拉丁语、希腊语、法语等,并且精通数学、天文学和航海知识。1644~1645年他在荷兰莱顿大学攻读医学,后又到法、英行医和研究,而后获得牛津大学医学博士学位,成为医生并兼任皇家医学院教授。1658年他被选为英国议会议员,斯图亚特王朝复辟时期他投靠国王查理二世(1630—1685),被封为男爵,并被任命为爱尔兰土地测量总监。身为爵士的配第于1662年当选为英国皇家学会会员。配第敢于冒险、善于投机,晚年成为拥有10.9万公顷土地的大地主,还先后创办了渔场、冶铁和铝矿企业,获得了极大的财富。

从水手到大资本家的威廉·配第,从事经济学研究是在英国1640年资产阶级革命以后。这时英国资本主义经济发展极为迅速,工场手工业日趋兴盛,产业资本逐渐代替商业资本在社会经济中占据主要地位。所以,配第在劳动分工、资本与生产、劳动价值领域的观点,深受资产阶级革命的影响。马克思对他的经济思想给予了极高的评价,称他为"政治经济学之父,在某种程度上也可以说是统计学的创始人"。[○]本小节将着重介绍威廉·配第具有古典学派特点的理论。

(二)配第古典经济学理论

配第一生著述颇丰,涉及内容广泛,他的经济思想分散于各书之中,没有形成统一的、严整的理论体系。作为一位提出许多新观点的重商主义者,配第的理论主要体现在国际贸易理论方面。配第极力主张自由的国际贸易,一方面,国际贸易是一国财富的来源;另一方面,关税可以保护国内相关产品的生产和满足对相关原材料的需求。作为古典学派的先驱者,配第的古典学派特点主要体现在其对劳动分工、劳动价值理论以及分配等方面的零碎研究中,而这些零碎的研究却为亚当·斯密等古典学派经济学家提供了思想来源。

1. 劳动分工

劳动分工是威廉·配第在其劳动价值理论中提出的一个案例,虽然并没有被发展成为系

○ 配第是统计学的先驱,他在《政治算术》一书中采用数字、重量和尺度来表达自己的观点与问题,虽然他的许多计算都基于假设,但是,这并不能抹杀配第是统计学奠基人的事实。

统的思想或理论,但是他已经意识到劳动分工与生产效率之间的关系。在阐述商品的价值量与劳动生产率之间存在着反比关系时,他意识到劳动分工能促进劳动生产率的提高:"如果一个人梳毛、另一个人纺纱、再一个人织布,这样生产出来的布料,一定比上述操作都由一双手笨拙地完成所生产出来的布料便宜。"①后来这一点由亚当·斯密进一步发展,形成了系统的分工体系思想,他将财富的来源归结为劳动生产率的提高,而分工则是提高劳动生产率的有效手段,从而有利于增加财富。

2. 劳动价值理论

配第的劳动价值理论缘起于他在生产方面的研究兴趣和对决定价格的价值理论的探索。配第在政治经济学上的最重要贡献,就是提出了劳动决定商品价值的基本命题,从而奠定了劳动价值理论的基础。配第的劳动价值理论除了定义"三个价格"②以外,最重要的是阐述了商品的价值量与劳动生产率的关系。

配第分析了商品价值量同劳动生产率之间的关系,他说:"如果发现了新的更丰富的银矿,因而获得 2 盎司白银和以前获得 1 盎司白银同样容易,那么,在其他条件相等的情况下,现在谷物 1 蒲式耳售价 10 先令,和以前 1 蒲式耳售价 5 先令,同样低廉。"③他明确地指出了商品价值量同劳动时间呈正比,同劳动生产率呈反比的事实。

3. 分配理论

在其所提出的劳动价值理论的基础上,配第探讨了资本主义的分配关系,初步研究了工资、地租和利息。

(1)**工资理论**。配第认为,工人的工资是劳动者为了生存所必需的,工资就是维持工人所必需的生活资料的价值。配第说:"法律应该使劳动者只能得到适当的生活资料。因为如果你使劳动者有双倍的工资,那么劳动者实际所做的工作,就只等于他实际所能做和在工资不加倍时所做的一半。这对社会来说,就损失了同等数量的劳动所创造的产品。"④因此他反对提高工资,因为这会使资本主义社会受损失。

事实上,配第对生产关系已有较深刻的理解,他已意识到资本家占有了工人创造的剩余价值,并把工人的劳动时间区分为必要劳动时间和剩余劳动时间。但他并未揭示这一现象,这一点后来被古典学派挑战者卡尔·马克思发挥到极致。

(2)**地租理论**。地租理论是配第研究的中心问题,也是配第政策建议部分的基础。配第认为,地租是收获的农产品扣除生产费用⑤后的剩余。为了精确起见,他用谷物和货币中所包括的劳动比较量来确定谷物地租的价值。他说,谷物地租值多少英国货币,"就看另一个在同一时间内专门从事货币生产与铸造的人,除去自己的费用之外还能剩下多少货币"。⑥

---

① 威廉·配第.政治算术[M].马妍,译.北京:中国社会科学出版社,2010.
② 三个价格:"自然价格""政治价格"和"实际的市场价格"。在配第看来,自然价格是用货币表示的自然价值,它由生产商品时所耗费的劳动时间决定,这一点后来被马克思引用;而受供求影响、在市场上直接实现的交换价值即实际的政治价格;将政治价格以货币衡量,所得到的即为实际的市场价格。
③ 配第.配第经济著作选集[M].陈冬野,等译.北京:商务印书馆,2009:48.
   先令:英国的旧辅币单位,1 英镑等于 20 先令,1 先令等于 12 便士。1 盎司 = 28.350 克。
④ 配第.配第经济著作选集[M].陈冬野,等译.北京:商务印书馆,2009:85.
⑤ 生产费用包括种子和生产者的维持费(工资)。
⑥ 威廉·配第.赋税论、献给英明人士、货币略论[M].陈冬野,等译.北京:商务印书馆,1978:43.

根据配第的观点，地租就是产品价值除去生产资料的价值和劳动力价值之后的余额。事实上，配第的地租理论已经触及剩余价值问题，但在他的经济理论中还没有利润这个范畴，他只是在地租形态上来理解剩余价值。配第还首次分析了级差地租。他指出，因土地距离市场的远近不同、土地的丰度不同，会产生不同数量的地租。马克思曾高度赞扬配第的级差地租理论，认为其比斯密更好地阐明了级差地租理论。

（3）**利息理论**。配第认为利息是货币的租金，是对其所有者使用不便的报酬。货币所有者可以用货币购买土地并取得地租，如同出借货币也应取得租金。与地租一样，利息是合法的正当收入。配第反对用法律限制利息率，主张经济自由。他提出，利息量在安全没有问题的情况下，至少应该等于借到的货币所能购买的土地产生的地租；他把地租高低看作利息高低的基础，同时还指出利息水平由货币的供求决定。当货币供不应求时，利息就高；当货币供过于求时，利息就下降，两者呈反比。

配第的利息理论反映了当时产业资本发展的要求，在理论上论证了利息的合理性，反对政府干预，要求利率的波动符合商品经济的客观规律。同时，这一理论为资产阶级要求与地主阶级瓜分剩余价值提供了理论依据，是资本对土地所有权实行顽强反抗的最早形态。

另外，配第在资本和生产、货币、赋税等方面也有深入的研究，在资本和生产理论中，他论述了资本的重要性；在货币理论中，他意识到了货币作为一般等价物的作用，并且认识到了货币的职能，尤其是价值尺度和流通手段职能；在赋税理论中，他对税收的原则和重要性做了界定，并提出关税、什一税[⊖]、人头税等观点。

虽然，配第的理论观点非常零碎、不系统，但是他初步介入了分工和生产领域，他的一些新思想影响了后来的古典学派经济学家，尤其是亚当·斯密和卡尔·马克思，他们在配第的基础上，对配第的思想进行了扩充和改进。

二、理查德·坎蒂隆

与配第一样，理查德·坎蒂隆也具有双重学派属性，但与配第不同的是，他不存在学派争议，因为他是公认的重农学派和古典学派的先驱。他的《商业性质概论》预示了重农学派的核心观点，比如他认为土地耕种是致富的源泉，农业年产品决定一国人口的规模和变化等；他在人口、货币和价值等研究领域也预见了古典经济学的思想，比如他推断如果人们的生存环境不存在限制，那么人口将会像谷仓的老鼠一样繁殖众多，这一点与古典学派的悲观者马尔萨斯的观点如出一辙，另外他还强调了土地与劳动力的作用，强调价格围绕价值上下波动，并发展了价值理论。

（一）成功的投机商

理查德·坎蒂隆是 17 世纪末 18 世纪初资产阶级古典经济学产生时期的经济学家，出身于爱尔兰的一个贵族家庭，起初在伦敦经商，1716 年移居法国，在巴黎从事银行和贸易业务。由于他精通金融业务，又十分勤勉，在很短的时间里所经营的业务发展得很快。坎蒂隆还是

⊖ 什一税：由欧洲基督教教会向居民征收的一种主要用于神职人员薪俸、教堂日常经费以及赈济的宗教捐税。

一个成功的投机商，他曾预见"约翰·劳体系"的破产，但仍大量购买其股票，并及时将股票出售，获得了巨额的利润。此后，他放弃了在他看来比较危险的金融业务，与人合办了一家普通的贸易公司。之后他移居荷兰，后定居伦敦。由于业务上的需要，他曾游历过欧洲大陆的许多国家，如荷兰、意大利等。这段时间，他一直致力于其唯一的著作《商业性质概论》的写作，但是这本书直到 1755 年才在法国出版。

坎蒂隆虽然出生于爱尔兰，又是英国公民，但是他的大部分生涯是在法国度过的，他的经济研究也大都以法国社会为对象，更重要的是，他的经济思想不仅预见了法国重农学派的核心理念，而且对法国古典经济学产生了重大影响。因此，正是在这个意义上，我们把他同时归于重农学派和古典学派的先驱人物。

(二) 坎蒂隆的古典经济学理论

与配第不同，坎蒂隆没有丰硕的著述，一生唯有《商业性质概论》一本书，但其理论思想涉及了各个方面，除了肯定农业耕种、重视农业产品等重农学派观点外，他在商业、土地、国际贸易、货币与价值等领域的研究使他成为古典学派的先驱人物。关于商业，坎蒂隆提到了商人与竞争，强调商人这个角色在经济生活中的重要作用，因为商人总是能够以固定的成本预期换回不确定的收益，并且，竞争会使企业家的服务价值降低到正常利润的水平；⊖关于土地，他强调土地与劳动力的作用，强调供给与需求；关于国际贸易，坎蒂隆指出出口盈余对商业是有益的，他强调的是基于国内商品的生产并销往国外，所以，坎蒂隆关于国际贸易的观点带有浓重的古典主义色彩；关于货币与价值，他发展了价值与价格理论，并提出了商品价格围绕其内在价值上下波动这一开创性观点，他还认为一国的出口盈余会带来货币量的增加，这不仅会促使商业繁荣，还会导致物价和消费的上升，最终会缩小出口盈余；另外，坎蒂隆还对国家的人口、资源生产力、矿产开采等方面有所研究。纵观其理论体系，最重要的、对古典学派影响最大的莫过于价值、货币和分配理论。

1. 价值理论

坎蒂隆在讨论财富时涉及了价值问题，他继承了配第关于土地和劳动共同创造财富的观点，同时又明确采用了布阿吉尔贝尔关于财富就是使用价值的观点。他说："土地是所有财富由以产生的源泉或资料，人的劳动是生产它的形式；财富自身不是别的，只是维持生活、方便生活和使生活富裕的资料。"⊖坎蒂隆在关于财富的定义上把研究目光从流通领域转到了生产领域。

在此基础上，坎蒂隆讨论了商品的价值，他提出"内在价值"和"市场价格"两个概念。"内在价值"即生产商品所耗费的土地和劳动的数量，而"市场价格"则是市场上商品的实际价格。在价值探讨上，他力图在"市场价格"背后找出商品的"内在价值"。

坎蒂隆还对市场和市场价格进行了详尽的考察，并进行了初步的描述和分析。他认为市场以消费品市场为代表，市场的主体是买者和卖者，客体是商品与货币，交换在买卖者之间完成。最重要的是，坎蒂隆认为，商品的内在价值和市场价格是不相等的，市场上供求关系的变动会使价格高于或低于商品的内在价值，但市场价格总是要围绕内在价值变动。他清楚

⊖ 斯坦利 L 布鲁, 兰迪 R 格兰特. 经济思想史 (原书第 7 版) [M]. 邱晓燕, 等译. 北京: 北京大学出版社, 2010: 42.

⊖ 理查德·坎蒂隆. 商业性质概论 [M]. 余永定, 徐寿冠, 译. 北京: 商务印书馆, 1986: 3.

地看到并指出，商品的供给和需求比例，或者说商品的生产和居民的消费之间的比例，是在自发调节的过程中达到的。

2. 货币理论

这说明他能够接近正确地理解货币的商品本质。坎蒂隆进而定义货币并研究货币的作用，他把货币看作商品交换过程中的一种尺度。坎蒂隆指出，在交换过程中，人们需要寻找一种共同尺度，以衡量他们所希望交换的商品的比例和价值，这种共同尺度就是货币。他还确信只有黄金和白银具有体积小、易于运输、可分割、便于保管等特性，从而出色地论证了金银成为货币的必然性。

坎蒂隆把货币看成同其他商品一样具有内在价值（这里的内在价值由劳动和土地共同衡量），他说："像其他任何东西一样，金属的真实价值或内在价值同在金属生产中所使用的土地和劳动呈比例。"

坎蒂隆还是早期货币数量论的完整表达者之一。他的货币数量论的特点在于：以独特的方式论述了流通货币量增加引起商品价格上涨的机制。他认为："一国中货币的充裕与稀缺永远会提高或降低交易之中的一切东西的价格。一国流通中的货币量的增加可以由下述原因引起：在该国发现的贵金属矿藏的开发，外国提供的补贴，外国个人和家庭的移居，外国使节和旅游者的驻留，最重要的是经常性的年度贸易顺差。"[①] 这些原因造成的货币量增加，都会引起商品价格的上涨。不过他也指出，流通货币量增加与物价水平上涨间并不存在严格的比例关系，流通中货币量增加所引起的物价上涨程度，取决于增加的货币量所造成的消费和流通状况的变化，而这一变化对于不同的商品来说，情况是不一样的。

3. 分配理论

坎蒂隆继承了配第关于工资应等于最低生活资料价值的观点，并做了具体的说明。他指出："一个最不熟练的普通劳动者的劳动价值，至少应等于庄园主用于给他提供食物和生活必需品的土地数量加上为把一个孩子抚养到能够劳动的年龄所需的土地数量的两倍。"[②] 手工业者的劳动收入在价值上也是由土地产品的数量决定的，即等于他们所消费的土地产品的两倍。他也指出，手工业者的收入通常高于农业劳动者的收入。

坎蒂隆已经认识到利润是利息的基础，他提出，货币所有者把钱借给借钱的人，是因为他预测借钱的人将有一笔较高的利润，这一利润必然同借款者的需要和放款者的担心与贪欲呈比例，他认为这就是利息的来源。不过，坎蒂隆反对国家人为地规定利息率。他指出，如果君主希望通过法律来调节利息率，这一调节必须以最高等级或大致相当于此的现行市场利息率为基础，否则，法律就不会有效力。

三、大卫·休谟

（一）作为哲学家的大卫·休谟

大卫·休谟是苏格兰著名的哲学家、历史学家、经济学家，被视为苏格兰启蒙运动以及

---

① 理查德·坎蒂隆. 商业性质概论［M］. 余永定，徐寿冠，译. 北京：商务印书馆，1986：85.
② 理查德·坎蒂隆. 商业性质概论［M］. 余永定，徐寿冠，译. 北京：商务印书馆，1986：17-18.

西方哲学史中最重要的人物之一。

1711年休谟出生于苏格兰爱丁堡，父亲是一名律师，母亲也出自名门望族，家境比较富裕。少年时的休谟勤勉、好学，家人以为他适合学习法律，于是12岁的休谟就进入了爱丁堡大学（当时正常的入学年龄是14岁）。休谟15岁时，在没获得学位的情况下离开了爱丁堡大学，原因是他接触了西塞罗和维吉尔等人的哲学著作，开始痴迷哲学，对其他东西包括法律产生了厌烦情绪，在他的极力争取下，家人终于同意他去学习自己喜欢的学问。休谟非常开心，并曾在一封信中透露自己的欣喜之情："我生活得像一位君王那样自由自在。"18岁时，休谟的哲学研究取得了一些突破，这使他下定决心"抛弃其他所有快乐和事业，完全奉献在这个领域上"。

1734年，休谟来到了法国，开始研究哲学，并从事著述活动。1736年休谟完成了《人性论》一书，当时他仅仅25岁。虽然现代学者视《人性论》为休谟一生中最重要的著作，也是哲学史上最出名的著作之一，但或许因为休谟多疑的性格和非正统的思想，这部作品在当时并未得到大众的重视，就连家乡的爱丁堡大学也因为前述原因而两次拒绝聘其为哲学教授，古典学派构建者亚当·斯密也曾因为寝室放有休谟的《人性论》而险些被牛津大学开除，撰写《人性论》的艰辛过程曾使年轻的休谟近乎精神错乱。

1745年作为一名家庭教师的休谟开始了《英格兰历史》一书的编写，这本书写了15年才得以完成，而他作为历史学家的声望也是源于这本书。休谟在40岁的时候结识了亚当·斯密，但两人见面不多，主要通过频繁的书信往来。休谟把斯密当作自己最重要的朋友，他曾在自己的遗嘱中指定斯密作为自己遗稿的管理人。1776年，休谟逝于家乡爱丁堡。

虽然现代学者对休谟著作的研究聚焦于其历史与哲学思想方面，但是休谟在经济学领域同样具有很大的影响力。他没有出版过经济学专著，但发表了许多经济学论文，包括"论商业""论货币""论利息""论贸易平衡"等，这些论著被收集在1752年出版的《政治论丛》中。1955年，后人将其经济方面的著述编为《经济学文集》。休谟的经济理论事实上是以其《人性论》为基础的，他认为在一定程度上一切科学都是研究人的科学，各门科学都只研究人性的某一部分，经济理论也不例外。

背景链接4-1　休谟与斯密的友谊

休谟进入爱丁堡大学学习那年，斯密在苏格兰出生，休谟比他年长12岁。当斯密在牛津大学读书时，休谟的《人性论》一书已经出版。在所有的古典经济学先驱中，只有休谟与斯密的观点最为接近。二人经常以信件交流，与休谟的信件来往和交谈都对斯密的经济思想及理论构成具有重要影响（详见本书第五章对斯密的经济思想和理论的解读）。在以后的岁月中，两位思想家在精神上相互交流，在思想上互相砥砺，两个人的友谊堪称经济学界的佳话。

有趣的是，在斯密的《道德情操论》（The Theory of Moral Sentiments）出版之后，休谟曾以讽刺幽默的口吻来赞扬斯密，信中写道："我想告诉你不太好的消息，你的书非常不幸……米勒（出版商）非常高兴并夸耀这一版书的2/3已售出……你可以看到世俗的人们仅仅用书能带给他的利润来衡量书的价值。从那个角度看，我相信这可能会被证明是一本非常好的书。"

事实上，斯密体弱多病，在《国富论》完成之前本就确定休谟作为他的遗著管理人，谁料休谟先他而去，斯密反过来成了好友遗著的被委托人。

（二）休谟的经济理论

以《人性论》为基础，休谟认为人们的欲望是一切经济活动的出发点和动机，因为自私和贪欲是人的自然本性。休谟的这种观点是他经济理论的基础，也是18世纪经济学界研究的焦点。

休谟的经济论文涉及诸多方面，但是贯穿这些论文始终的是货币数量论，这也是出于反对重商主义的时代需要。休谟认为："一切东西的价格取决于商品与货币之间的比例，任何一方的重大变化都能引起同样的结果——价格的起伏……商品增加，价钱就便宜；货币增加，商品就涨价。反之，商品减少或货币减少也都具有相反的倾向。"㊀他认为商品价格上升或下降的原因在于商品或货币绝对数量的变动。实际上，休谟货币数量论的主要着眼点在于货币数量的变动对商品价格的影响，或者说货币数量对商品价格的决定作用。他强调："严格地说，货币并不是一个商业方面的问题，而只是人们约定用于便利商品交换的一种工具……如果单就一个国家自身来考察，那么货币量的多寡无关紧要，因为商品的价格总是与货币的数量呈比例的。"㊁

在货币数量论中，休谟还提出了"价格-铸币流动机制"。其主要观点可以概括为以下几点：①货币是贸易机器上使齿轮转动更平滑的润滑油。②金银作为货币是依靠某项社会职能才取得的一种虚构价值。具体而言，就是在货币流通过程中被当作商品代表而取得了一种虚构的价值。③商品价格是在流通过程中用商品除货币数量所得，商品增加，价格就便宜，货币增加，商品就涨价。商品价格随着货币数量的增加逐渐升高，而不是立即上涨。反之，商品或货币减少也都具有相反的倾向。

休谟还揭示了货币数量与对外贸易的关系，他认为，一国货币数量的多少，与一国财富的多少无关，但流通中货币数量的多少会影响商品价格，从而影响对外贸易。货币数量与对外贸易有重要关系：货币数量少，商品价格低，竞争力强，有利于出口，对外贸易就能出超，反过来又使输入货币增多；反之亦然。所以在对外贸易中，不需要政府的干预。

虽然在现在看来，休谟的货币数量论中有一些内容是不科学的，比如他认为货币数量对商品价格的影响是绝对的，但是这一理论在一定程度上揭示了货币数量与商品价格的关系，并且在当时的实践上具有反对重商主义的进步意义。重要的是，休谟的货币数量论影响了后期古典学派的经济学家，给他们的理论提供了借鉴。

休谟在经济学领域还有其他贡献。他论述了利息与利润之间的关系，认为利息率的高低在利润的限度内取决于借贷货币的供求状况，所以利息与利润有联系。但他认为没有必要去确定二者之间谁是原因谁是结果。他说："在可以得到高利息的地方，没有人会以低利润为满足，而在可以得到高利润的地方，也没有人会以低利息而满足。"㊂因此他认为利润和利息都是从不断扩展的商业中产生的，并且彼此促进。休谟较为清楚地看到了利息和利润之间相互影响的关系。

休谟还主张发展自由贸易。他认为，通过国际贸易和自由竞争，各国的经济利益可以协

㊀ 休谟.休谟经济论文选[M]陈玮，译.北京：商务印书馆，1984：36.
㊁ 休谟.休谟经济论文选[M]陈玮，译.北京：商务印书馆，1984：29.
㊂ 休谟.休谟经济论文选[M]陈玮，译.北京：商务印书馆，1984：42.

调发展。在"论贸易平衡"一文中,他说:"一般地说,任何一个国家的商业发展和财富增长,非但无损于,而且有助于所有邻国的商业发展和财富增长。"㊀

在赋税问题上,休谟完全站在了土地所有者和富人的一边,支持间接税制度㊁。他认为这种间接税制度可以促使人们养成节俭、勤劳的习惯,并使穷人的生产积极性得到提高。在当时的背景下,休谟作为寡头统治的拥护者和新兴资产阶级的维护者,他维护这种赋税制度也的确是理所应当的。

作为哲学家,休谟在哲学领域的影响是划时代的。他的怀疑论终结了英国古典经验论的发展,此后的实证主义、实用主义和分析哲学都可以在休谟那里找到影子;作为古典学派先驱者,虽然其影响力比不上他在哲学上的贡献,但他在政治经济学领域仍是一位值得尊重的人物。他的货币数量论深刻地影响了马克思,后者在其著作《政治经济学批判》中,对休谟的货币数量论做了高度评价,恩格斯也肯定休谟在政治经济学中的地位;休谟的人性论、货币数量论、论贸易平衡等理论直接影响了古典学派构建者亚当·斯密,斯密的许多经济理论包括其哲学论著《道德情操论》中都有休谟的影子,而坎南在整理出版斯密在格拉斯哥大学的讲稿时,发现斯密的这些讲稿大量利用了休谟的经济理论。㊂因此,无论是从了解和深入学习古典学派理论的角度,还是从了解西方经济思想史发展历程的角度,认真研究休谟的经济理论都是具有重要意义的。

本章首先介绍了古典学派的概况,包括古典学派产生的背景及主要信条,然后介绍了三位古典学派先驱者的生平及重要理论贡献。虽然配第与坎蒂隆分别也是重商主义和重农学派的代表人物,但是他们的部分经济观点具有浓重的古典主义色彩。比如配第在分工、劳动价值与分配领域的观点已经涉及生产领域,尤其提及了分工对劳动生产率的影响,对亚当·斯密可谓影响至深;坎蒂隆的价值理论以及休谟的货币数量论都体现了古典经济学的特点。为深入学习古典学派的理论和发展概况以及探究先驱者对古典学派的影响力,第五章将详细描述古典学派构建者亚当·斯密的理论和思想。

问题讨论

1. 简要说明经济自由主义对经济思想演化的重要性。
2. 讨论古典学派的主要信条与重农学派的主要信条的异同。
3. 古典经济学家认为经济规律是不可改变的,你是如何理解的?

本章推荐

[1] 大卫·休谟.人性论[M].石碧球,译.北京:中国社会科学出版社,2009.
[2] 尹伯成.西方经济学说史[M].3版.上海:复旦大学出版社,2017.
[3] 威廉·配第.政治算术[M].马妍,译.北京,中国社会科学出版社,2010.
[4] 斯坦利 L 布鲁,兰迪 R 格兰特.经济思想史(原书第 7 版)[M].邸晓燕,等译.北京:北京大学出版社,2010.

㊀ 休谟.休谟经济论文选[M]陈玮,译.北京:商务印书馆,1984:69.
㊁ 间接税制度是 18 世纪罗伯特·沃尔波尔在英国推行的赋税制度,这种间接税制度是有利于土地所有者和富人的,对于普通百姓来说是沉重的负担。
㊂ 休谟.休谟经济论文选[M].陈玮,译.北京:商务印书馆,1984:16.

参考文献

[1] 马克思,恩格斯.马克思恩格斯全集[M].中共中央马克思恩格斯列宁斯大林著作编译局,译.北京:人民出版社,1975.
[2] 威廉·配第.爱尔兰的政治解剖[M].周锦如,译.北京:商务印书馆,1964.
[3] 威廉·配第.赋税论、献给英明人士、货币略论[M].陈冬野,等译.北京:商务印书馆,1978.
[4] 理查德·坎蒂隆.商业性质概论[M].余永定,徐寿冠,译.北京:商务印书馆,1986.
[5] 大卫·休谟.休谟经济论文选[M]陈玮,译.北京:商务印书馆,1984.
[6] 姚开建.经济学说史[M].北京:中国人民大学出版社,2003.
[7] 卫志民.经济学史话[M].北京:商务印书馆,2012.
[8] 斯坦利L布鲁,兰迪R格兰特.经济思想史(原书第7版)[M].邸晓燕,等译.北京:北京大学出版社,2010.

亚当·斯密

"如果说,牛顿为工业革命创造了一把科学的钥匙,瓦特拿着这把钥匙开启了工业革命的大门,那么,亚当·斯密则是挥动一只看不见的手,为工业革命的推进缔造了一个新的经济秩序。"

——纪录片《大国崛起》

本章大纲

第一节 亚当·斯密的生平细节
第二节 影响亚当·斯密的重要人物
第三节 亚当·斯密的核心理论
一、《道德情操论》
二、《国富论》
第四节 两个"斯密之谜"
一、"价值之谜":钻石与水
二、"两论之谜":《道德情操论》与《国富论》

主要著作列表

姓名	著 作	成书时间
亚当·斯密	《道德情操论》(*The Theory of Moral Sentiments*)	1759 年
	《国民财富的性质和原因的研究》(*An Inquiry into the Nature and Causes of the Wealth of Nations*)	1776 年

思维导图

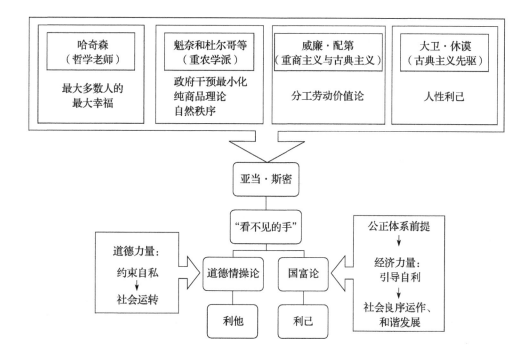

纪录片《大国崛起》里面有这样的一个场景:《国富论》出版 12 年后的一天,伦敦刚刚下过一场阵雨,雾都的空气霎时变得新鲜而清爽。这天晚上,职务仅仅是一个海关官员的亚当·斯密应邀去一位公爵家里做客。客厅里的王公贵族和商界巨贾,几乎掌握了英国经济的全部命脉。英国当时的政府首相皮特先生也在其中,当斯密下了马车步入客厅时,原本散坐四处、谈笑风生的绅士们立刻停止了正在谈论的话题,大家把眼光都投向了斯密,并纷纷站起向他致意。斯密不好意思地说,先生们,请坐。这时候,已经站在斯密身边的首相皮特认真地说道,博士,您不坐,我们是不会坐下的,哪里有学生不为老师让座的呢……亚当·斯密由于其在经济学方面的重要成就,成为当时备受敬仰的经济学家。诺贝尔经济学奖获得者保罗·萨缪尔森(Paul A. Samuelson,1915—2009)说过:"第一个人是亚当,第一个经济学家是亚当·斯密。"㊀

在之前章节的学习中,我们了解的经济学一直是一门观点分散、未成体系的学科,而到了亚当·斯密时代,他集当时一切经济科学知识之大成,将经济学建成了一门独立、系统的学科。斯密在创立自己的经济理论体系时,汲取了前人所建立的知识成就,包括他的老师弗兰西斯·哈奇森(Francis Hutcheson,1694—1746)、重农学派的好友魁奈和杜尔哥等、重商主义的配第以及古典学派先驱休谟,其伟大之处,正在于把分散的经济思想观点,综合成一个适合于时代发展要求的经济理论体系。㊁其毕生理论集中于《道德情操论》和《国富论》两本巨著中,尤其《国富论》被称为市场经济的圣经。本章在介绍斯密的生平细节之后,着重介绍其理论体系。

㊀ Paul A Samuelson. Collected Scientific Papers of Paul A. Samuelson[M]. Cambridge: MIT Press,1976:1408.
㊁ 张旭昆. 西方经济思想史 18 讲[M]. 上海:上海人民出版社,2007:84.

第一节 亚当·斯密的生平细节

亚当·斯密（Adam Smith, 1723—1790）是伟大的经济学家，古典学派公认的创建者。斯密出生于苏格兰的制造业城镇柯卡尔迪，他的父亲是律师，也是海关的审计员，不过在斯密出生前就已过世。斯密一直与母亲玛格丽特（Margaret）生活在一起，直到母亲90岁时去世。

斯密自幼聪慧，14岁进入格拉斯哥大学学习，17岁时获得了一笔每年40英镑、为期11年的奖学金，并因此进入牛津大学继续学习。斯密于1746年离开牛津大学重新回到了苏格兰，并开始在爱丁堡大学讲授修辞学和英国文学。1750年起斯密开始执教于格拉斯哥大学，讲授逻辑学和道德哲学（包括神学、伦理学、法学和政治学）。

斯密于1759年出版《道德情操论》。这本著作在当时一举奠定了斯密作为一名有影响力的苏格兰思想家的地位。这本书不仅反映了斯密早期的思想，还对斯密之后的经济学研究，包括经济政策和政治经济学的许多问题提供了帮助。1764年，英国财政部长查尔斯·汤森德以丰厚的报酬和终身养老金聘请斯密做其子的私人教师。在优厚待遇的激励下，斯密辞去其大学的教授职务接受了这份工作，并随年轻的布克莱希公爵游历欧洲。

亚当·斯密

依靠高年薪所提供的保障，斯密在1767年回到了自己的家乡，开始专门从事政治经济学的研究和著述。1776年3月9日，出版商斯特拉汉出版的这部经济学说史上最重要的著作——《国民财富的性质和原因的研究》，立刻受到了公众的欢迎（当时这本书的定价是36先令，到了1989年，这部上下册的图书在拍卖会上已经能够拍到4.5万美元了）。

和那个时代的许多学者一样，斯密在学术上非常严谨，他在去世前的几周烧掉了几乎所有未出版和未发表的书稿、笔记与信件。他认为只有《道德情操论》和《国富论》这两本著作能够留给后世阅读，其他文字都是他不满意的。

第二节 影响亚当·斯密的重要人物

回顾亚当·斯密的一生，他之所以能取得光辉成就，除了自身的才智和努力，也与几个重要因素有关。首先便是启蒙恩师弗兰西斯·哈奇森的影响。弗兰西斯·哈奇森是格拉斯哥大学一位著名的道德哲学教授，18世纪苏格兰启蒙运动的奠基人，苏格兰哲学之父，其著作涉及伦理学、形而上学、逻辑学和美学。哈奇森教授是斯密在格拉斯哥大学时期的哲学老师，哈奇森教授的《道德哲学体系》对斯密的启示作用体现在斯密的理论中：哈奇森教授最早提出了"最大多数人的最大幸福"口号，斯密在《道德情操论》和《国富论》中提到的利他促进社会幸福与"看不见的手"都体现了哈奇森教授的这一思想。斯密的自由主义政策也深受哈奇森自由思想的影响，他在50年后任格拉斯哥大学校长时，对这位老师的教诲仍牢记不忘，可以说哈奇森教授是斯密的启蒙老师。

其次是重农学派的影响。1764年，斯密陪同布克莱希公爵到欧洲大陆游历，曾在法国停留三年，并结识了法国启蒙学派的著名学者伏尔泰、重农学派的创始人魁奈、重农学派的著名代表人物杜尔哥等人。斯密非常赞同重农学派对重商主义的批判和抨击，并且赞美重农学派是关于政治经济这一主题最接近真理的理论体系。斯密的"看不见的手"和有关生产的理论都是受重农学派的自然秩序理论与纯产品理论的影响。提到重农学派对斯密的影响，就不得不提魁奈。斯密在法国期间曾多次倾听魁奈等人的阁楼研讨会，他总是对魁奈充满敬意，并认为魁奈是当时最伟大的经济学家，斯密甚至想到，他将来成书的《国富论》要献给魁奈（只是因为魁奈在《国富论》出版之前的1774年去世，斯密的这个想法才作罢）。

再次是配第的分工和劳动价值论的影响。配第在自己的著作中提出分工能够提高劳动生产率，斯密发展了该观点，并认为财富来源于产出的增加，而产出的增加源自劳动生产效率的提高，分工可以提高劳动生产率，所以分工是财富积累的最重要环节。斯密还汲取了配第的劳动价值论，并将焦点投向交换价值，提出生产成本决定了商品的交换价值，劳动是衡量所有交换价值的尺度。

最后是挚友大卫·休谟的影响。斯密受休谟《人性论》的启发，提出了人性利己的观点，认为每个人首要和主要关心的是自己。斯密引入了"看不见的手"这一理论，即一种从利己出发的经济活动调节，从而使私利与公益相协调的力量。斯密经济学的自由主义政策也可能受到休谟的自由主义经济学论文集《政治论丛》的影响。此外，休谟还将斯密引荐给法国当时最有影响的启蒙思想家霍尔巴赫、爱尔维修等人，经由这些启蒙思想家，斯密结识了魁奈。可以说休谟是斯密一生的挚友，也是影响斯密经济思想理论的重要人物。

事实上，斯密的成功还有一个非常重要的客观因素，那就是18世纪欧洲的学术氛围。斯密所处的时代是欧洲思想启蒙运动时代，科技革命、思想革命使得科学观念深入当时社会的各个角落，秩序和规律塑造了自然界，人类通过科学分析不仅能找到自然发展规律，还能发现人类社会的规律。斯密对经济秩序和经济规律的探寻与这一客观因素密不可分。

背景链接 5-1　斯密与书籍

除了结识一些重要人物以外，对斯密一生重要的影响因素还有读书。斯密在大学期间就读了很多书籍，他自学拉丁语和希腊语，致力于钻研古典著作。斯密读书不受学校和外界压力的限制。当时休谟的《人性论》一书出版后，因其偏激的思想而深受外界非议，但是斯密还是在学校宿舍私藏了一本《人性论》副本进行研究。后来斯密还接触到了一些欧洲思想启蒙运动思想家，也阅读了许多关于自由、人权等政治和哲学方面的书籍，这为斯密理论思想的形成奠定了基础。

除了看书，斯密还是一位爱书成癖的藏书家。据各种资料所载，斯密的藏书约为2 800卷。1790年斯密去世以后，这些藏书由其表弟道格拉斯继承，之后分别流散到爱丁堡大学、卡柯尔迪博物馆、爱尔兰女皇学院、东京大学以及私人手中。斯密曾经说过"我只是我书籍的情人"，或许，这也是他终身未娶的原因吧。

第三节 亚当·斯密的核心理论

如果只知道《国富论》造就了亚当·斯密在经济学界神一样的地位，就不算真的了解一个完整的亚当·斯密。了解一个完整的亚当·斯密必须同时从《道德情操论》和《国富论》入手，二者缺一不可。

一、《道德情操论》

《道德情操论》消耗斯密的时间和精力不亚于《国富论》，遗憾的是，《国富论》受到后人的高度重视，而《道德情操论》却不被人经常提及。在《道德情操论》中，斯密从人的同情心入手，论述了利他主义的哲学观点。

斯密认为，人类只能存在于社会生活之中，他们需要别人的帮助，当人们出于同情而互相提供帮助时，社会就会繁荣和幸福；如果人们都没有同情心，随时准备着伤害别人，那么社会将不复存在。因此，一个司法体系是必要的。

所以，对社会的存在来说，仁慈不像正义那么根本重要。没有仁慈，社会仍可存在，虽然不是存在于最舒服的状态；但是，普遍失去正义，肯定会彻底摧毁社会。⊖

斯密还研究了人类的自私本性和如何控制自私等问题。他认为，人类的道德力量有很多规则来约束我们的自私自利行为，这种约束可看作是神或者法律的命令。如果我们违反神的意志，我们内心会受到内在耻辱和自责的惩罚；如果违反了法律，我们会受到法律的严惩。倘若我们遵循这些规则，就会享受到幸福和自我满足。

同样地，对人性中原始自私的热情来说，我们自己的一个极其微小的利益得失，其重要性会显得大大超过某个与我们没有特殊关系的他人至感关切的利益……那难以数计的一大群人的毁灭，显然好像是一件比他自己的这个微不足道的不幸更不会引起他注意的事情……说我们太过重视我们自己而太过轻视别人，说我们这么做会使我们自己变成我们的同胞们蔑视与愤慨的适当对象。⊖

事实上，斯密在论证人类具有同情心并且能够支配自己行为的过程中，仍然肯定了利己对社会的作用。在这一点上，斯密深受其师哈奇森的影响。他认为人既是自私的又是仁慈的，人拥有的财富不一定越多就越幸福，人们大多是为了得到他人的赞赏这一虚荣心而愈加追求财富。斯密在《道德情操论》中第一次提到"看不见的手"，这只"看不见的手"被看作是对财富追求的欲望，因为追求私利、获取财富可以满足自身被赞美和羡慕的虚荣之心。

在《道德情操论》出版后，斯密在讲述哲学的同时开始着手研究经济学，他试图研究人性与财富之间的关系。

二、《国富论》

《国富论》是斯密在对人性研究的基础上创作的，包含了斯密全部的经济理论。该著作一共有五篇，主要围绕两个目标：一是富民，另一个是富国。实际上研究财富如何增加这个问题，不仅涉及了经济的各个学科，也反映了斯密试图建立一个完整理论体系的意图。斯

⊖ 亚当·斯密.道德情操论[M].谢宗林，译.北京：中央编译出版社，2008：103.
⊖ 亚当·斯密.道德情操论[M].谢宗林，译.北京：中央编译出版社，2008：162-164.

密的经济理论包括分工、交换、货币、资本积累、收入分配、价值与价格等众多领域（见图 5-1）。

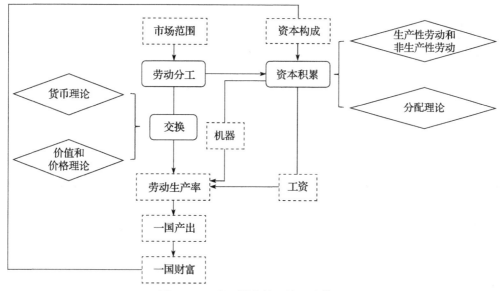

图 5-1 亚当·斯密的经济理论体系

在斯密看来，分工是关键。财富的增长起源于分工，分工使劳动生产率得以提高，从而使产出增加，这就必须有交换，而交换又必须有交换的工具和交换原则，从而引出了货币、价值和价格。财富增加，一方面促使资本积累便于分工再生产，另一方面涉及收入分配问题，这就产生了工资、利润和地租。事实上，斯密建立了一个较为完整的经济理论体系。

在展开经济研究前，必须要了解斯密提出的两个假设。一是利己主义：人都是利己的，人们相互之间的帮助也建立在互利前提下，人们互相帮助的方法就是交换。二是"经济人"假设，实际上斯密的"经济人"代指社会企业家和商人，或者代指企业或工厂，他们都是以追求利润为目的的。

（一）劳动分工和交换理论

作为工场手工业时期的经济学家，斯密的经济理论是从分工开始的。他指出，劳动生产率的增加是劳动分工的结果。他以微小的制造业——制针业的分工为例说明了分工对劳动生产率的作用。

"一个劳动者，如果对于这种职业（分工的结果，使扣针的制造成为一种专门职业）没有受过相当训练，又不知怎样使用这种职业上的机械（使这种机械有发明的可能的，恐怕也是分工的结果），那么纵使竭力工作，也许一天也制造不出一枚扣针，要做二十枚，当然是绝不可能了。但按照现在经营的方法……一个人抽铁线，一个人拉直，一个人切截，一个人削尖线的一端，一个人磨另一端，以便装上圆头……这十个工人每日就可成针四万八千枚，即一人一日可成针四千八百枚。如果他们各自独立工作，不专习一种特殊业务，那么，他们不论是谁，绝对不能一日制造二十枚针，说不定一天连一枚针也制造不出来。"㊀

㊀ 亚当·斯密.国民财富的性质和原因的研究（上卷）[M].郭大力，王亚南，译.北京：商务印书馆，2008：6.

显然，制针业的分工大大提高了劳动生产率。斯密总结，这种分工之所以能够提高劳动生产率，归因于三种不同的情况，也就是分工提高劳动生产率的原因。

"有了分工，同数劳动者就能完成比过去多得多的工作量，其原因有三：第一，劳动者的技巧因业专而日进；第二，由一种工作转到另一种工作，通常须损失不少时间，有了分工，就可以免除这种损失；第三，许多简化劳动和缩减劳动的机械的发明，使一个人能够做许多人的工作。"㊀

斯密论及市场范围对分工的限制，他指出分工程度的高低，受市场范围大小的限制，如果市场范围过小，就不能鼓励人们终生从事某一专业的工作，因而会阻碍分工的发展，而人口众多的大城市促进了分工。市场范围的大小又与交通运输状况有关，水陆交通运输的发达可开辟更广大的市场，也可促进分工。

斯密在分析了分工之后，对分工与交换的关系也进行了论证，他指出分工产生的原因是交换。这是因为分工源于人类的"交换倾向"。"它是不以这广大效用为目标的一种人类倾向所缓慢而逐渐造成的结果，这种倾向就是互通有无，物物交换，互相交易。"㊁斯密认为，交换倾向是人类普遍都有的倾向，而且只有人才拥有。

斯密也论证了分工对交换的促进作用。"分工一经完全确立，一个人自己劳动的生产物，便只能满足自己欲望的极小部分。他的大部分欲望，须用自己消费不了的剩余劳动生产物，交换自己所需要的别人劳动生产物的剩余部分来满足。于是，一切人都要依赖交换而生活，或者说，在一定程度上，一切人都成为商人，而社会本身，严格地说，也成为商业社会。"㊂

虽然分工和交换理论最早不是起源于斯密，但是他进行了系统的扩展。他指出分工和交换都因为人自利天性的驱使，也论证了分工和交换的关系，他的这些思想无疑是应该充分肯定的。斯密在分工和交换的研究基础上，开始对交换工具和交换原则进行研究，即货币理论和价值与价格理论。

（二）货币理论

斯密在论货币的起源和货币的使用时认为，在分工确立之后，社会中的每个人就会通过交换来维持生活，最初的物物交换往往发生困难，因为一个人拥有的商品不一定是另一个人需要的，这样，他们之间的交易就无法进行，为了避免这种不方便，人们就选用某种商品作为交换的等价物，作为商品交换的工具，货币最终诞生。货币一开始采用牲畜、盐、贝壳等物作为交换媒介，但是最终采用了金属，因为金属具有耐久性和可分性。经过逐步的改进和铸造，金属货币最终作为满足交换的工具而诞生。

斯密力图对货币职能做较全面的研究，他着重强调了货币的交换、价值尺度和流通职能。他认为货币首先是交换的媒介，好比车轮，帮助流通的进行。他说："货币是商业上的大工具，有了它，社会上的生活必需品、便利品、娱乐品，才得以以适当的比例，经常地分配给社会上的各个人……货币只是货物借以流通的轮毂。"㊃货币是劳动的产物，要以一定的

㊀ 亚当·斯密.国民财富的性质和原因的研究（上卷）[M].郭大力，王亚南，译.北京：商务印书馆，2008：8.
㊁ 亚当·斯密.国民财富的性质和原因的研究（上卷）[M].郭大力，王亚南，译.北京：商务印书馆，2008：12.
㊂ 亚当·斯密.国民财富的性质和原因的研究（上卷）[M].郭大力，王亚南，译.北京：商务印书馆，2008：20.
㊃ 亚当·斯密.国民财富的性质和原因的研究（上卷）[M].郭大力，王亚南，译.北京：商务印书馆，2008：265.

价格购买，它也能用来表示其他商品的价格，所以货币具有价值尺度的职能。他指出如果一国的年生产物增加，则每年在国内流通的消费品增加，于是就需要更多的货币进行流通。另外，流通中所需要的货币量又取决于货币流通速度的快慢，如果货币数量超过商品流通所需要的数额，其多余部分就会退出流通领域。

斯密也注意到了纸币，他认为用纸币来代替金属货币流通，会带来节省和方便。纸币的发行量必须符合流通中所需要的金属货币量，因为它只是代替金银的价值，纸币只能在国内流通。如果纸币发行过量，会造成挤兑，从而使社会混乱。

斯密的货币理论指出，货币的产生具有一定的客观性。斯密对货币的职能及流通规律都做了较正确的分析。然而，受时代局限及其自身对货币的本质认识并不全面和科学，他未能对金属货币和纸币做出本质的区别。在研究交换的工具之后，斯密又考察了交换的规则，即价值和价格理论。

（三）价值和价格理论

在货币理论中，斯密就提到过价值和价格，他将价值分为使用价值和交换价值，并且在探讨交换价值原则时提出的三个问题中，就提到了真实价格、市场价格和实际价格。

"为要探讨支配商品交换价值的原则，我将努力阐明以下三点：

第一，什么是交换价值的真实尺度，换言之，构成一切商品真实价格的究竟是什么？

第二，构成真实价格的各部分，究竟是什么？

第三，什么情况使上述价格的某些部分或全部，有时高于其自然价格或普通价格，有时又低于其自然价格或普通价格？换言之，使商品市场价格或实际价格，有时不能与其自然价格恰相一致的原因何在？"⊖

斯密的价值和价格理论其实研究了三个问题，一是区分了使用价值和交换价值；二是界定了交换价值的真实尺度和商品的真实价格；三是研究了自然价格和市场价格。

1. 区分使用价值和交换价值

斯密在论货币的起源和使用时，通过"钻石和水"对比的例子，对交换价值和使用价值的定义与关系做了界定。他说："应当注意，价值一词有两个不同的意义。它有时表示特定物品的效用，有时又表示由于占有某物而取得的对他种货物的购买力。前者可叫作使用价值，后者可叫作交换价值。使用价值很大的东西，往往具有极小的交换价值，甚或没有；反之，交换价值很大的东西，往往具有极小的使用价值，甚或没有。例如，水的用途最大，但我们不能以水购买任何物品，也不会拿任何物品与水交换。反之，金刚钻虽几乎无使用价值可言，但须有大量其他货物才能与之交换。"⊜

斯密认为，使用价值是指物品的效用，交换价值是指人们由于占有某物而取得的对其他货物的购买能力。他认为，一些使用价值很大的东西，往往只有很小的交换价值，甚至没有价值，而一些交换价值很大的东西，常常只有很小的使用价值。遗憾的是，斯密并未对"钻石－水悖论"做出解释，本章将在第四节中详细介绍。

⊖⊜　亚当·斯密. 国民财富的性质和原因的研究（上卷）[M]. 郭大力，王亚南，译. 北京：商务印书馆，2008：25.

2. 交换价值的真实尺度和商品的真实价格

关于交换价值的真实尺度，斯密认为："一个人占有某货物，但不愿自己消费，而愿用以交换他物，对他说来，这货物的价值，等于使他能够购买或能支配的劳动量。因此，劳动是衡量一切商品交换价值的真实尺度。"①他指出，劳动是对一切东西最初付出的价格，并且，财富是购买劳动的力量，所以国民财富的源泉是劳动。斯密在进一步考察是什么劳动决定价值时，对两种不同价格进行了解释。决定商品价值的劳动，是生产商品时所耗费的劳动，即获得一个物品的"辛苦和麻烦"。②但价值通常不是用劳动来衡量的，因为劳动本身就很难衡量，所以，作为交换工具的货币就用来衡量价值。但是身为货币的金银的价值是波动的，有时低廉，有时昂贵，金银购买或支配劳动的数量受金银矿藏的丰富程度或稀有程度的影响。斯密将劳动与其他商品一样看待，提出了劳动的真实价格和劳动的名义价格，并区分了二者的特点。

"所谓真实价格，就是报酬劳动的一定数量的生活必需品和便利品。所谓名义价格，就是报酬劳动的一定数量的货币。劳动者是贫是富，其劳动报酬是坏是好，不与其劳动的名义价格呈比例，而与其劳动的真实价格呈比例。"③

所以，当商品具有相同的真实价格时，它们具有相同的价值；但由于货币价值的变化，具有相同的名义价格的商品有时具有非常不同的价值。

3. 市场价格与自然价格

斯密讨论了市场上商品价格的波动并提出了市场价格和自然价格的概念。市场价格就是指市场上实际出卖的价格。自然价格就是指与工资、利润、地租的自然率或平均率相一致的价格。斯密认为，市场价格总是围绕自然价格变动，并且市场价格决定于商品数量和有效需求的比例。

"每一个商品的市场价格，都受支配于它的实际供售量，和愿支付它的自然价格（或者说愿支付它出售前所必须支付的地租、劳动工资和利润的全部价值）的人的需要量，这二者的比例……市场上任何一个商品的供售量，如果不够满足这商品的有效需求，那些愿支付这商品出售前所必须支付的地租、劳动工资和利润的全部价值的人，就不能得到他们所需要的数量的供给。他们当中有些人，不愿得不到这种商品，宁愿支付较大的价格……反之，如果市场上这种商品的供售量超过了它的有效需求，这商品就不能全部卖给那些愿支付这商品出售前所必须支付的地租、劳动工资和利润的全部价值的人，其中一部分必须售给出价较低的人。这一部分价格的低落，必使全体价格随着低落……如果市场上这种商品量不多不少，恰够供给它的有效需求，市场价格便和自然价格完全相同，或大致相同。"④

也就是说，由于供求关系的变动，市场价格可能会高于、低于或等于自然价格，但总是以自然价格为波动中心，并不断趋向于自然价格。只有当一种商品的供应量与其有效需求

---

① 亚当·斯密.国民财富的性质和原因的研究（上卷）[M].郭大力，王亚南，译.北京：商务印书馆，2008：26.
② 亚当·斯密.国民财富的性质和原因的研究（上卷）[M].郭大力，王亚南，译.北京：商务印书馆，2008：26.
③ 亚当·斯密.国民财富的性质和原因的研究（上卷）[M].郭大力，王亚南，译.北京：商务印书馆，2008：29.
④ 亚当·斯密.国民财富的性质和原因的研究（上卷）[M].郭大力，王亚南，译.北京：商务印书馆，2008：50-51.

一致时，该商品的市场价格才与自然价格相等。斯密关于市场价格和自然价格的论述，已经把市场价格围绕自然价格波动看作一种规律性现象，强调了在这种波动下商品生产者的调节作用。

斯密的价值和价格理论在他的理论体系中占有重要地位，他的资本积累理论中的收入分配理论也是建立在价值和价格理论基础上的。斯密在论商品价格的组成部分时说："在进步社会，这三者都或多或少地成为绝大部分商品价格的组成部分。"[1]这样，就由劳动价值论转移到收入决定价值论。

(四) 资本积累理论

通过分工发展生产的基本条件便是资本积累。关于资本，斯密认为它是用来创造收入的资产，即资本是为投资者创造利润或收入的资产。他认为，资本是能够提供收入的积累，又是为了继续生产而积累起来的储存品。斯密将资本划分为两类：一类是流动资本，即必须用交换或流动才能为投资者带来利润的资本，包括货币、原材料和未售出的商品；另一类是固定资本，即不必经过流动就可提供收入和利润的资本，主要包括厂房的不动产、机器工具、土地改良费用及资本家的才能等。资本的增加来源于节俭和储蓄的增加，资本减少的原因是奢侈与妄为，一个人从收入中储蓄了多少，就增加了多少资本；反之，一个人从储蓄中消耗了多少，就减少了多少资本。斯密还对资本的用途进行了分析，他强调资本的效益，重视发挥资本的最大效益，这也是对重农学派（如杜尔哥）研究的发展。

斯密的资本积累理论主要包括了两个方面：一方面是对生产性劳动和非生产性劳动学说的研究；另一方面是收入分配理论，它主要包含了工资、利润和地租三个部分。

1. 生产性劳动与非生产性劳动

"有一种劳动，加在物上，能增加物的价值；另一种劳动，却不能够。前者因可生产价值，可称为生产性劳动，后者可称为非生产性劳动。"[2]

将劳动划分为生产性劳动和非生产性劳动，是斯密具有重大意义的学说之一。斯密对这一学说研究的目的是促进资本积累，发展资本生产和再生产。他以制造业工人和家仆为例，进一步说明了生产性劳动和非生产性劳动的区别。斯密认为，是否增加价值是区分两者的关键。由于当时生产性劳动还局限于物质的有形商品领域，增加价值和生产商品是一致的。

斯密指出，资本用于生产性劳动和非生产性劳动的比例，决定了下一年的产品多寡。因为这两部分资本直接决定了二者的劳动者人数，从而也决定了资本和收入的比例。"用以维持非生产性人手的部分愈大，用以维持生产性人手的部分必愈小，从而次年生产物亦必愈少。反之，用以维持非生产性人手的部分愈小，用以维持生产性人手的部分必愈大，从而次年生产物亦必愈多。除了土地上天然生产的物品，一切年产物都是生产性劳动的结果。"[3]因

---

[1] 亚当·斯密.国民财富的性质和原因的研究（上卷）[M].郭大力，王亚南，译.北京：商务印书馆，2008：45.

[2] 亚当·斯密.国民财富的性质和原因的研究（上卷）[M].郭大力，王亚南，译.北京：商务印书馆，2008：303.

[3] 亚当·斯密.国民财富的性质和原因的研究（上卷）[M].郭大力，王亚南，译.北京：商务印书馆，2008：305.

此，一国资本的增加或减少会使它的年产品也相应地增加或减少。由于非生产性劳动者和不劳动者都是靠收入来维持的，所以，生产性劳动与非生产性劳动两种资金的比例，也决定了一国居民是勤劳还是懒惰。

斯密在此研究的基础上，还提出生产性劳动者的比例取决于利润和地租与偿还资本的产物之间的比例，而且，这比例在穷国和富国之间极不相同。在增加一国产出的研究中，斯密指出，要增加一国的产物必须增加其资本，如果产物增加了，我们可以肯定，资本也增加了。

关于社会再生产的问题，斯密没有系统地阐述，只提出一些思想和分析。斯密在分析资本时认为，投资者的资产分别用于生产和消费两部分，用于生产的部分称为资本，而资本又分为固定资本和流动资本。所以，社会总资产就等于消费资料、固定资本和流动资本三个部分。这三个部分是如何得到补偿或再生产的呢？斯密指出，固定资本是由流动资本转化来的，而且要不断地由流动资本来补充。流动资本也需要不断的补充，这来源于土地生产物、矿山产物和渔业产物，即来源于原生产物；而原生产物都需要由固定资本和流动资本来经营。

所以原生产物不仅要补偿投在该部门的资本并支付利润，还要补偿社会上的一切其他资本并支付利润。他还指出，工人每年消费的食品和材料，由农民年年为之补充；农民每年消费的工业品，由工人年年为之补充。二者之间的交换是通过货币来实现的。

2. 收入分配理论

"构成一国全部劳动年产物的一切商品价格，必然由那三个部分构成，而且作为劳动工资、土地地租或资本利润，在国内不同居民间分配……不论是谁，只要自己的收入来自自己的资源，他的收入就一定来自他的劳动、资本或土地。来自劳动的收入称为工资。来自运用资本的收入称为利润。有资本不自用，而转借他人，借以取得收入，这种收入，称为货币的利息或利益。"①

斯密在论述商品价格时，提出将全部年产品的价格分解为工资、利润、地租，而这三者也是唯一的原始收入来源。

（1）**工资理论**。斯密从劳动决定价值的观点出发，认为工资是劳动的收入，"劳动生产物构成劳动的自然报酬或自然工资"，②而这种情况适用于土地尚未私有、资本尚未积累的原始社会的状态下，这时劳动的全部生产物都属于劳动者，其数量由劳动生产率决定。斯密还指出，劳动者的工资受供求关系影响，围绕工人和雇用者的合同中所规定的数字上下波动，工资是不确定的，但工资下降总有一定的限度，不能下降到影响工人及其家属生活的维持。

斯密揭示了工资与国民财富的关系，他认为高工资是由国民财富的增长而不是由它的实际大小引起的。"使劳动工资增高的，不是庞大的现有国民财富，而是不断增加的国民财富。因此最高的劳动工资不在最富的国家出现，却在最繁荣，即最快变得富裕的国家出现。"③

在以上研究的基础上，斯密考察了工资与人口、工资与生产、工资与物价之间的关系。

他指出："丰厚的劳动报酬，由于使劳动者能够改善他们儿童的给养，从而使他们能够养大较多的儿童，势必会放宽和扩大上述限度。应该指出，上述限度扩大的程度，也必然尽

---

① 亚当·斯密.国民财富的性质和原因的研究（上卷）[M].郭大力，王亚南，译.北京：商务印书馆，2008：46-47.

② 亚当·斯密.国民财富的性质和原因的研究（上卷）[M].郭大力，王亚南，译.北京：商务印书馆，2008：58.

③ 亚当·斯密.国民财富的性质和原因的研究（上卷）[M].郭大力，王亚南，译.北京：商务印书馆，2008：63.

可能和劳动需求所需要的程度相称……所以，充足的劳动报酬，既是财富增加的结果，又是人口增加的原因。"㊀这说明丰厚的劳动工资能够促进人口的增长，即高工资增加人口。

在社会进步的状态下，绝大多数人的生活是快乐和舒适的；而在社会衰败停滞的状态下，人们的生活是艰苦的。社会进步的状态是绝大多数人的最佳状态，并且，劳动的丰厚报酬鼓励人们更加勤劳地工作，促进生产。因为"丰富的生活资料，使劳动者体力增进，而生活改善和晚景优裕的愉快希望，使他们益加努力。所以高工资地方的劳动者，总是比低工资地方的劳动者活泼、勤勉和敏捷"。㊁

有人认为，在物价低廉的年份，工人们都比平时更加懒惰，斯密指出这种观点是错误的，物价低廉的年份一般工资都较高。因为物价低廉，雇主希望获得更多的利润，对雇工的需求就增加了，而可以供给这种需求的人数减少了，因此，往往在物价低廉的年份工资较高。相反，物价贵的年份工资较低。在此基础上，斯密探究了物资状况与劳动需求的联系。他指出："在物资丰厚的年度，佣工往往离开主人，靠自己劳动生活。但食品价格的低廉，由于增加用来维持佣工的资金，也鼓励雇主，尤其是农业家，雇用更多的佣工。因为在这一时期，农业家与其以低廉市价出卖谷物，倒不如以谷物维持较多的佣工，以期得到较大的利润。对佣工的需求增加，而供应者需求的人数却减少。所以劳动价格往往在物价低廉时上升。相反，在物质突然极为匮乏的年份里，物价昂贵而佣工和帮工的工资往往低落。"㊂

最后，斯密还指出工资的增长提高了许多商品的价格，这是因为这种商品价格中包含的工资部分提高了，从而商品在国内和国外的消费减少。然而，作为提高工资的原因，资本的增加往往会提高劳动生产率，使较小的劳动生产较大量的产品，因而，工资增长会影响商品的价格。

（2）**利润理论**。在经济学说史上，斯密首次把利润作为一个独立的经济范畴来研究。他从劳动决定价值这一观点出发，提出利润是劳动创造的价值中扣除工资后的余额。他说，投资者会为了取得利益而把资本投放在劳动者的身上，向他们提供原材料和生活资料来促进其劳动。这时劳动者对原材料所增加的价值就分为两个部分，一部分支付给劳动者工资，一部分给投资者，而给投资者的部分就是利润。

斯密从这种利润观出发，提出了利润率难以确定的观点，但是，利润率可以从利息率中推算出来，因为通过货币使用能赚取更多钱的行业，通常对货币支付的利息也很多，所以可以肯定利润会随利息变动：利息下降，利润一般也下降，利息上升，利润也上升。基于以上观点，斯密考察了利润率的变动趋势，他认为城市的利润率比乡村的利润率低，因为城市资本多，每一个行业所需的成本高，而拥有的资本竞争者人数多，致使城市利润率低于农村利润率。他对利润率下降持乐观态度，将其看作是国民财富、社会福利及一国经济发展的标志。

在资本与利润二者的关系方面，斯密认为，资本存量的减少在降低劳动工资的同时会提高利润，并且会提高货币的利息。因为"由于劳动工资低落，社会上剩有的资本的所有者，以货品提供市场所需的费用，比以前少；由于他们以货品提供市场所用的资本比从前少，他们能够以比从前高的价格出售货物。所费较少，所得较多，他们的利润从两方面增加，因此

㊀ 亚当·斯密.国民财富的性质和原因的研究（上卷）[M].郭大力，王亚南，译.北京：商务印书馆，2008：73-74.

㊁ 亚当·斯密.国民财富的性质和原因的研究（上卷）[M].郭大力，王亚南，译.北京：商务印书馆，2008：75.

㊂ 亚当·斯密.国民财富的性质和原因的研究（上卷）[M].郭大力，王亚南，译.北京：商务印书馆，2008：76-77.

能够出高的利息"。○

斯密论述了利息问题。认为利息是资本非自己利用而转让给他人使用所得到的收入；利息是派生的收入，是利润的一部分。因为借用资本的人在经营获得利润后，以其中一部分作为利息付给借贷资本家。利息率是随着利润率变动而呈正比例变动的，所以随着资本积累与国民财富增长，利息率会不断下降。

（3）**地租理论**。斯密认为，地租是必须支付农民一般利润之后的那部分产品，是农民在土地实际情况下所能支付的最高价格。在具体分析地租的来源时，他提出了四种不同的解释。

第一，地租是劳动生产物或其价值的一部分。这和他耗费劳动决定商品价值的观点一致。他指出，在土地私有制出现以后，劳动生产物必须有一部分作为地租支付给土地所有者。根据这种分析，地租是由工人剩余劳动创造出来的，是地主对工人剩余劳动价值的剥削。

第二，地租是使用地主土地的自然报酬。作为使用土地代价的地租，是租地人按照土地实际情况支付给地主的最高价格。从这种分析出发，斯密批评了"地租是改良土地资本的合理利润或利息"的观点，他指出，地租不同于利润，它仅是使用此土地所支付的价格，即使是使用未经改良的土地，只要它已经被地主占有，就得支付地租。这种看法无疑是正确的。

第三，地租是一种垄断价格。斯密认为，地租是"普通价格"超过"足够补还产物上市所需要垫付的资本，并提供普通利润"○的价格的余额。也就是说，地租是农产品市场价格高于自然价格的差额。由于有些农产品经常供不应求，市场价格也就经常高于自然价格。所以他认为，同样作为商品价格的构成部分，地租与工资和利润不同，"工资和利润的高低，是价格高低的原因，而地租的高低，却是价格高低的结果"。○根据这种分析，我们得出地租来源于流通领域这一结论。

第四，地租是自然力的产物。斯密认为，在农业上自然也和人一起劳动，自然的劳动虽然没有代价，但是它的生产物和工人产物一样，有它的价值。地主占有了土地的自然力，地租是地主借给农业家使用自然力的产物。这个观点带有浓厚的重农学派色彩。此外，斯密注意到由于耕地的丰度不同和与城市的距离不同，会引起地租量的不等，丰度及位置有利的土地会得到更多的地租。

斯密的地租理论试图在价值论的基础上说明：①劳动是财富的源泉，地租来源于劳动；②一年中劳动创造的产品如何在三大阶级间分配；③农业中存在土地私有权，这种垄断的存在和地租的关系如何；④农业中存在自然力的作用，它所创造的价值怎样转化为地租。由于理论上的局限，斯密虽未能将这些问题说清楚，但为后人研究地租理论提供了不少启示。

（五）斯密的其他理论

除了前面所阐述的经济理论，斯密还在国际贸易、政府职责、赋税、教育等方面有所研究。在国际贸易领域，他通过讨论殖民地问题，反对殖民地国家在殖民地造成的经济垄断，反对重商主义，并主张自由贸易政策；在论政府职责部分，他强调最小政府干预，并主张"自由放任"；在赋税方面，斯密提出了赋税四原则；在教育方面，斯密重视教育的作用，认

○ 亚当·斯密.国民财富的性质和原因的研究（上卷）[M].郭大力,王亚南,译.北京：商务印书馆,2008：86.
○ 亚当·斯密.国民财富的性质和原因的研究（上卷）[M].郭大力,王亚南,译.北京：商务印书馆,2008：138.
○ 亚当·斯密.国民财富的性质和原因的研究（上卷）[M].郭大力,王亚南,译.北京：商务印书馆,2008：138.

为一国民众受教育水平越高，国家和社会的公正判断能力就越强。本书着重介绍斯密关于自由主义的理论和政策以及讨论其关于政府职责及赋税部分的观点。

1. 自由放任

斯密认为，个人利益与社会利益是一致的。每个人各自追求个人利益的结果是会自然而然地产生相互的共同利益，必然会引起全社会利益的增长。这是受"一只看不见的手"的指导，会促使他"去尽力达到一个并非他本意想要达到的目的"。①"看不见的手"实际上是指价值规律的自发调节作用。

从"看不见的手"出发，斯密提出了经济自由的主张。他认为，自然秩序是"一切都听其自由，各个人都能自由选择自己认为适当的职业，并能随时自由改业的社会"②。他还认为，只有实现经济自由，才能使国民财富增长。促进财富增长的因素是分工与资本。他主张在不违反正义的法律条件下，应该让每个人的经济活动达到完全自由，以促进社会经济发展。因此，斯密反对限制经济自由主义的封建主义制度和重商主义政策，反对国家干预经济。认为国家最好的经济政策，就是废除一切特惠和限制制度，使经济自由放任。斯密不仅主张国内经济自由放任，而且主张对外经济活动也实现经济自由。他认为，各国自由地进行贸易，可以扩大商品市场，使每个行业的分工日益完善，促进生产力的提高。

斯密的自由放任体现在经济活动的各个方面，如果说分工和资本积累是斯密经济理论体系的躯体，那么，自由放任便是斯密经济理论体系的灵魂。

2. 论国家的职责

斯密强调，经济自由放任并不是排斥国家，国家对资本主义经济活动的职责，好比"守夜人"的作用，即国家对经济的干预是有限的。他考察了国家的职能，并提出国家应有三项职能：第一，维护国家安全，抵御外来侵犯；第二，维护社会治安；第三，维持社会需要的公共事业和公共设施的正常运行。国家执行这三项职能需要一定的费用，即需支出国防、司法行政、公共工程以及维持君主尊严的费用。

斯密一再抨击重商主义制度及其衍生的复杂的国家管制制度。他反对政府对经济的干预，并认为政府的干预是不必要的和不受欢迎的。按照斯密的观点，社会垄断就是政府干预经济导致的，政府代表着浪费、腐败和无效。

"政府的浪费，虽无疑曾阻碍英格兰在财富与改良方面的自然发展，但不能使它停止发展……英格兰从来没有过很节俭的政府……英格兰王公大臣不自反省，而颁布节俭法令，甚至禁止外国奢侈品输入，倡言要监督私人经济，节制铺张浪费，实是最放肆、最专横的行为。"③

3. 论赋税

斯密认为，政府支付履行职能费用的主要来源是赋税，他提出了赋税的四项原则：第一，公平，即每个人负担的税额应当按照各人在国家保护下取得的收入按比例分担；第二，确定，

---

① 亚当·斯密.国民财富的性质和原因的研究（下卷）[M].郭大力，王亚南，译.北京：商务印书馆，2008：27.

② 亚当·斯密.国民财富的性质和原因的研究（下卷）[M].郭大力，王亚南，译.北京：商务印书馆，2008：91.

③ 亚当·斯密.国民财富的性质和原因的研究（上卷）[M].郭大力，王亚南，译.北京：商务印书馆，2008：318.

即纳税的时间、方法、税额必须确定，让纳税人明白，不随便变动；第三，便利，即各种赋税缴纳的日期及方法要给予纳税人以最大的方便；第四，经济，即一切赋税的征收要尽可能做到全部纳入国库。这四项原则的重点是经济原则。

与此同时，斯密还提到了公债。在遇到战争等情况时，政府为了弥补财政赤字，必须举借公债。斯密认为，公债是向资本募集的，公债的增加，意味着可维持生产性劳动的资本数额减少，因而从增加国民财富角度出发，称公债制度是有害的举债制度。

纵观斯密的理论，无论哲学还是经济，斯密都是从人的本性出发来进行研究的。他在《国富论》中考察经济活动时，首次提出了"经济人"的思想，并指出其活动的动机，是追求自身物质利益的所谓人类"利己主义"的本性，继而对货币、价值、工资、利润、利息、地租等经济范畴进行研究。然而，他在《道德情操论》中考察道德方面时，却从人的同情心出发，提出了"利他主义"的伦理观。这样看似自相矛盾的理论，斯密对此却没有相关解释，这被后人称为"两论之谜"。再加上斯密未加解释的"钻石与水"这一悖论，留给世人的两个谜团，引起了后世学者们的讨论甚至激辩。那么，斯密的"两论之谜"最终是否矛盾，"钻石与水"悖论究竟是什么原因？本章第四节将详细介绍。

背景链接 5-2　经济运行的三面旗帜：利己、自由、竞争

18世纪中叶，英国第一次工业革命已经基本完成，手工工场得到了广泛的发展，资本主义大农场逐渐增加。在对外贸易上，英国也取代了西班牙成为海上霸主。但是，自英国资产阶级革命取得成功以来，封建体制依然没有彻底瓦解，英国地主和贵族的势力依然强大，重商主义和重农学派依然是经济的主导，英国资产阶级政府颁布的政策也都是根据重商主义者和重农学派的政策主张加以施行的。所以，许多法令政策都是约束产业资本发展的。一些资产阶级企业家本着自身利益，迫切要求改变这一局面。资本主义想要进一步发展，对内必须要经济自由，减少国家对经济的干预；对外必须进行自由贸易和自由竞争，取缔重商主义的贸易政策。在以上背景之下，斯密经济理论应运而生。

斯密的经济运行理论归纳起来就是三面旗帜：利己、自由和竞争。它是在当时社会背景下，针对重商主义和重农学派部分理论产生的。重商主义强调国家对经济的干预，而斯密强调自由放任的经济理论：国家对经济的干预只能导致经济发展迟缓、政府腐败等问题，最后危及的是资产阶级手工业主的利益。这就引出了斯密经济理论的利己旗帜。斯密强调，人们都是根据自身的利益从事社会生产活动的，倘若每个人都这样做，社会的利益也会实现。斯密主张国际自由贸易，反对重商主义的限制，让市场在"看不见的手"的指引下自由竞争。为了证明自由竞争的重要性，他还提出了国际分工理论，也就是后人所称的"绝对利益说"。斯密的自由竞争理论还定义了政府的角色。政府在经济发展中充当"守夜人"角色，无论是社会分工、资本积累还是价格调节、工资走向，都是在经济自由状态下通过利己的方式自然促成的，不用政府干预。

如果政治家企图指导私人应如何运用他们的资本，那不仅是自寻烦恼地去注意最不需要注意的问题，而且几乎毫不例外必定是无用的或者有害的。[○]

当然，斯密的这些主张并不是无政府主义，他只是反对政府对经济的不必要干预，这会

○ 亚当·斯密.国民财富的性质和原因的研究（上卷）[M].郭大力，王亚南，译.北京：商务印书馆，2008：27-28.

阻碍市场的自由竞争，最终阻碍经济社会的发展。政府只要将国防、行政和公共事业方面的职能做好即可。这实质上是要求国家保证一个自由竞争的经济活动环境。

斯密的经济理论和政策主张，不仅推动了英国资本主义的发展，还带动了整个欧洲的经济发展，并且对后来的经济思想产生了莫大的影响，他的三面"旗帜"在经济学领域更是无人能超越。

第四节　两个"斯密之谜"

伟大的思想家总会给后人留下未解之谜。斯密在价值论中提出了"钻石与水"的价值悖论，但却没有对此提出解决方法。他的《国富论》和《道德情操论》也引起了后人的猜测，因为两论分别以"利己"和"利他"为出发点的观点看似是矛盾的。这就是"价值之谜"和"两论之谜"。

一、"价值之谜"：钻石与水

斯密在探讨商品价值时提到，一些使用价值很大的东西，往往只有很小的交换价值，甚至没有价值，如空气、水等；而一些交换价值很大的东西，常常只有很小的使用价值，如钻石等。"水的用途最大，但我们不能以水购买任何物品，也不会拿任何物品与水交换。反之，金刚钻虽几乎无使用价值可言，但须有大量其他货物才能与之交换。"㊀这成为后来许多学者所争论的话题：为什么生活中如此必不可少的水几乎没有价值，而只能用作装饰的钻石却要索取高昂的价格？

事实上，亚当·斯密指出"钻石与水"这一悖论是为了区分交换价值和使用价值，所以，解释该悖论并不是他的主要研究任务。

但是今天我们已经可以替斯密做出解释。从供给和需求的角度来看，水的供给和需求曲线相交于很低的价格水平，而钻石的供给和需求曲线决定了它的均衡价格十分昂贵。这是因为钻石十分稀缺，因此得到钻石的成本很高；而水相对丰裕，在世界上许多地区都几乎可以不花什么成本就能得到。

从边际效用角度来看，水在整体上的效用并不决定它的价格或需求，相反，水的价格取决于它的边际效用，取决于最后一滴水的有用性。地球上有如此之多的水，所以，最后一杯水只能以很低的价格出售，即使最初的几滴水相当于生命自身的价值，但最后的一些水仅仅用于浇草坪或洗汽车。因此我们发现，像水那样非常有用的商品只能以几乎接近于零的价格出售，因为最后的一滴水几乎一文不值。㊁

二、"两论之谜"：《道德情操论》与《国富论》

"两论之谜"来源于19世纪中叶的德国历史学派，他们提出了所谓的"亚当·斯密问题"㊂，即斯密的两部著作《道德情操论》和《国富论》之间存在着矛盾。因为斯密在《道德情

㊀ 亚当·斯密.国民财富的性质和原因的研究（上卷）[M].郭大力，王亚南，译.北京：商务印书馆，2008：28.
㊁ 参考于萨缪尔森《经济学》（16版中译本）相关内容。
㊂ "亚当·斯密问题"（das Adam Smith Problem）这个称呼是熊彼特用德语首先给出的。

操论》中提出的同情原理与在《国富论》中提出的利己原理相互矛盾。斯密在创作两部巨著后既未提及两种理论思想是否存有矛盾之处,也未给出二者之间的相关介绍和说明,以致后来经济学者认为前期理论(《道德情操论》)与后期理论(《国富论》)相违背,这就是"两论之谜"。

从斯密分别阐述的理论来看,一个利他,一个利己,显然是自相矛盾的。然而,从以下几点来看待斯密的两论,就会发现实则不然。

首先,从人性角度分析。众所周知斯密是伟大的经济学家、古典学派开山鼻祖,而实际上斯密首先是一位哲学家,他把人性论作为他所有理论研究的出发点,从实际来看,他所有的研究都力图以人性为基础,构建一个符合人性的新的社会秩序。[一]斯密对人性的考究是全面而深刻的,一个完整的人性只有从利己和利他两个对立的方面研究才算是完整的。所以,在伦理哲学中,斯密强调利他,而在经济学中,斯密强调利己的本性。两者并不矛盾,只有从两个方面考究才是对人性的完整理解,才是对亚当·斯密的完整理解。

其次,从二者研究内容来看。《道德情操论》的总体思想体现的是"利他",事实上,这也是斯密更深层次的"利己"体现。他曾在《道德情操论》中提到过"看不见的手",他说:"每个人生来首先和主要的是关心自己。"[二]在《国富论》中他说过,人们的行为都是"出于他们自利的打算"[三]。在《国富论》中,斯密认为在现有体制里,个人依照他们自己的利益行动时也会提升共同体的利益,应该建立一个符合自然的秩序,即符合客观规律发展的社会秩序,这就需要排除不当的人为干涉而实行自由竞争和自由放任。这种经济自由是由人的本性决定的,是从人的利己主义本性产生而又符合人的本性的合理的制度。人的利己本性在自由竞争的市场条件下,最终能使社会利益得到扩大。从这点看,《国富论》也体现了一些"利他"的观点。

再次,两本著作论述的侧重点不同,但本质是一致的,精神是统一的。这两本书只是研究的对象有所区别,在阐述人的活动和行为时对人的自利行为的侧重点不同。米尔顿·弗里德曼[四]曾说:不读《国富论》不知道应该怎样才是"利己",读了《道德情操论》才知道"利他"是问心无愧的"利己"。阿马蒂亚·森[五]也曾提到:在经济学的发展历程中,人们由于只看到斯密在《国富论》中论述资本主义生产关系,重视经济人的谋利心理和行为,强调"自利",却相对忽略了其在《道德情操论》中所重视的社会人的伦理、心理、法律和道德情操,从而曲解、误读了亚当·斯密学说。

最后,从两本著作交替写作和修订来看。1759 年《道德情操论》第 1 版问世,虽然比《国富论》首版早了近 17 年,但是,斯密从 1764 年起就已经开始酝酿《国富论》的创作了,并且他在 1767 年左右就完成了初稿。1761~1776 年期间,《道德情操论》修订再版三次,而在这期间,斯密完成了对《国富论》的修改,并于 1776 年出版了《国富论》。1776~1790 年期间,《国富论》再版和修订了三次,《道德情操论》再版和修订了两次。从两本书修订和再版的时间来看,两者是交替写作完成的,在相同时期完成的两部著作在思想上是不可能完全相悖的。即便从人格角度来看,一个人也不可能在相同时期做完全矛盾和相反的两件事,并且历时很长时间。

[一] 亚当·斯密.国富论[M].唐日松,等译.北京:华夏出版社,2005:4.
[二] 亚当·斯密.道德情操论[M].蒋自强,等译.北京:商务印书馆,1997:101-102.
[三] 亚当·斯密.国民财富的性质和原因的研究(上卷)[M].郭大力,王亚南,译.北京:商务印书馆,2008:14.
[四] 米尔顿·弗里德曼(Milton Friedman,1912—2006)是美国经济学家,1976 年诺贝尔经济学奖得主。
[五] 英国经济学家,1998 年诺贝尔经济学奖得主。

总之,《道德情操论》中的道德人也是个首先"利己"的经济人;《国富论》中的经济人则也是在"看不见的手"的支配下"利他"的道德人。无论是《道德情操论》还是《国富论》,斯密都承认了人首先是自利的,其次才有同情心。并且,我们可以将《道德情操论》看作人的精神层面,而《国富论》显然就是物质层面,物质和精神是统一的,二者缺一不可。因此,这两本著作之间并不存在矛盾。

本章内容主要分为四部分,分别讲述了斯密的生平、成功之道、核心理论以及为后人所关注的两个"斯密之谜"。作为古典经济学发展过程中的重要人物,斯密的经济学体系成为西方现代经济学后来发展的重要基础和出发点。马克思指出:"在亚当·斯密那里,政治经济学已发展为某种整体,它所包含的范围在一定程度上已经形成。"①如果说,斯密时代的古典经济学呈现出一幅自助宴式的各取所需、皆大欢喜的乐观场景,那么,李嘉图和他的对手兼好友马尔萨斯的经济理论则流露出一丝悲观情绪。

问题讨论

1. 你怎么理解斯密提出的交换价值和使用价值的关系?这与马克思政治经济学有何区别?
2. 你怎么理解斯密的"看不见的手"这一基本思想?
3. 在自由竞争下,斯密是怎么给政府功能定位的?
4. 你如何理解最小政府干预?请结合中国现实情况讨论。
5. 如果你是亚当·斯密,你会为"价值悖论"提供解释吗?为什么?
6. 结合斯密的"两论",谈谈你对一个国家长期、协调、稳定发展的看法?

本章推荐

[1] 苏东斌.我讲国富论[M].北京:中国经济出版社,2007.
[2] 约翰·雷.亚当·斯密传[M].胡企林,陈应年,译.北京:商务印书馆,1983.
[3] 斯坦利 L 布鲁,兰迪 R 格兰特.经济思想史[M].邸晓燕,等译.7版.北京:北京大学出版社,2010.
[4] 赵敦华.西方哲学简史[M].北京:北京大学出版社,2012.

参考文献

[1] Paul A Samuelson. Collected Scientific Papers of Paul A. Samuelson [M]. Cambridge: MIT Press, 1967: 1408.
[2] 亚当·斯密.国民财富的性质和原因的研究(下卷)[M].郭大力,王亚南,译.北京:商务印书馆,2008.
[3] 亚当·斯密.国民财富的性质和原因的研究(上卷)[M].郭大力,王亚南,译.北京:商务印书馆,2008.
[4] 亚当·斯密.道德情操论[M].蒋自强,等译.北京:商务印书馆,1997.
[5] 尹伯成.西方经济学说史[M].3版,上海:复旦大学出版社,2017.

---

① 马克思,恩格斯.马克思恩格斯全集(第二十六卷)[M].中共中央马克思恩格斯列宁斯大林著作编译局,译.北京:人民出版社,1973:181.

第六章 托马斯·罗伯特·马尔萨斯和大卫·李嘉图

> 要继承才能创造发展，继承是创造发展的基础。最能创造发展的人，也是最会继承的人。
>
> ——徐特立

本章大纲

第一节　时代背景
第二节　托马斯·罗伯特·马尔萨斯
一、被人误解的经济学家
二、知识背景
三、马尔萨斯的理论
第三节　大卫·李嘉图
一、最富有的经济学奇才
二、李嘉图的主要经济思想

主要著作列表

姓名	著作	成书时间
托马斯·罗伯特·马尔萨斯	《人口论》(An Essay on the Principle of Population)	1798年
	《政治经济学原理》(The Principles of Political Economy)	1802年
大卫·李嘉图	《政治经济学及赋税原理》(On the Principles of Political Economy and Taxation)	1817年

思维导图

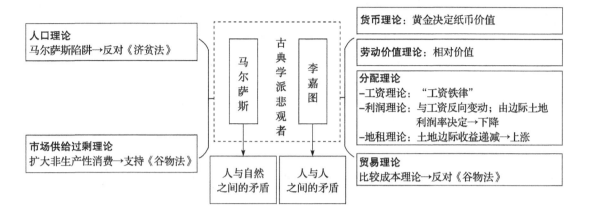

在古典经济学时代，自斯密强调市场经济中对个人利益的追求会自然促进社会利益的最大化以来，众多经济学者纷纷赞同并支持该观点，但却有两位经济学家例外。他们没有那么乐观，而是分别指出了伴随着经济增长不和谐的一面，他们就是托马斯·罗伯特·马尔萨斯和大卫·李嘉图。这两位经济学家无论是家庭背景、成长经历、性格爱好、社会名声还是理论主张及政策立场，都相差甚远，但是两人却彼此交往密切，演绎了一段不亚于斯密与休谟的伟大友谊。

马尔萨斯对人口问题、收入核算、价值理论、地租理论等方面的研究有别于其他古典学派成员，尤其是他的人口论和有效需求不足理论，而他在人口问题上极度悲观的看法更是让他饱受争议。相比于马尔萨斯，李嘉图似乎没那么悲观，他继承和发展了斯密的经济思想，在此基础上扩展了他自己的理论，比如对货币问题（黄金价格的问题）的看法、分配理论以及最著名的比较成本理论。

正如前文所述，马尔萨斯和李嘉图有着不同的知识背景，但是他们的时代背景是一致的。

第一节 时代背景

18世纪末期，在马尔萨斯将要创作《人口论》、李嘉图还未读斯密的《国富论》的时候，整个英国的"两次论战"成为二者接触并研究经济学的时代大背景。

第一次是关于《济贫法》㊀的论战。随着斯密古典经济学的创建，社会对利润和利益的正当追求促使商人和产业资本家不断汲取资本去扩大生产，导致许多人丧失了维持基本生活的资料，加之工业革命的一些负面效应开始逐步显现，社会上乞讨、犯罪、偷盗等众多不安因素急剧增加，出现了诸如失业和贫困等令人瞩目的问题。为了解决类似问题，英国推行了一系列的《济贫法》，即取消之前的法律限制，对穷人提供最低的收入保障，救济这些贫困民众。这一举措引起了有产阶层的不满和反对，他们认为，政府的济贫救助举措，实际上是让

㊀ 英格兰的《济贫法》可以追溯到伊丽莎白一世统治时期（1601年），通过征收济贫税以帮助贫困之人。

有产阶层承担了这部分费用,而政府没有权利让他们承担这种责任。

第二次是关于《谷物法》的论战。早在 18 世纪末,就有英国学者认为人口的增长率正逐渐赶超食物供给的增长比率,也就是说,不断增长的人口将对英国的食物供给施加巨大的压力。许多学者提出进口粮食的举措。然而,英法战争后,英国进口粮食的数量相对减少,结果造成了国内极为高昂的粮食价格和地租价格。19 世纪初期,英国推行《谷物法》,规定对进口谷物征收关税,并对进口的谷物提高其原先设定的最低价。《谷物法》得到了英国地主的拥护,却遭到了商业集团的反对——他们要求全面废除《谷物法》。

正是在"两次论战"的时代背景下,马尔萨斯和李嘉图踏上经济研究之路。

第二节　托马斯·罗伯特·马尔萨斯

一、被人误解的经济学家

托马斯·罗伯特·马尔萨斯(Thomas Robert Malthus,1766—1834)出生于伦敦的一个贵族家庭,他的父亲丹尼尔是个哲学家,同时也是著名哲学家和经济学家大卫·休谟与法国启蒙运动思想家让·卢梭的朋友。马尔萨斯后来在剑桥大学学习,于 1798 年加入英国教会僧籍,担任牧师。从 1805 年起,马尔萨斯担任东印度学院的历史学和政治经济学教授,直至逝世。

事实上,马尔萨斯患有唇腭裂,所以他一生拒绝别人给他画肖像。虽然他后来通过手术治愈了唇腭裂,也被认为是英俊潇洒之人,但是,每每提及肖像,他都是拒绝的。

马尔萨斯生于 18 世纪的社会经济大变动时期,出身贵族的他和他的理论,也就像这变动的时期一样,饱受外界的批评和误解。这些都要源于 1798 年马尔萨斯发表的《人口论》一书。马尔萨斯悲观地认定人口以几何级数增加,生活资料以算术级数增加,因而造成人口过剩,于是不可避免地出现饥饿、贫困和失业等现象。这种悲观的人口论引起了众多经济学家的抨击和反对,他们认为马尔萨斯对人口的增长水平过于夸大,对生活资料的增长水平过于悲观。客观来看,马尔萨斯的人口论的确忽视了人类社会发展的潜力,但是,其理论的出发点却是结合了当时人口过快增长会给国家和地区带来贫困的现实。从这点来看,马尔萨斯是被人误解的。

另外,马尔萨斯对《济贫法》的看法,也成为他备受指责的关键所在。批判马尔萨斯的经济学者认为他对穷人的观点过于苛刻,认为他没有同情心。因为马尔萨斯反对《济贫法》,反对给穷人盖房子。在他看来,穷人对生育是没有计划的,《济贫法》只会增加穷人的生育能力,而社会不会有任何改善。他的理论从短期来看,对穷人来说是不利;但是就长期而言,这种观点对社会确实是有利的。所以,从整体和长期来看,马尔萨斯对《济贫法》的观点是有利于穷人的。然而,当时许多经济学家认定他仇视穷人、仇视人类。马尔萨斯再次遭到误解。

二、知识背景

如前所述,马尔萨斯出身不凡,父亲丹尼尔的影响和优越的家境使马尔萨斯得以经历上等教育的培养,接受前沿思想的熏陶。

马尔萨斯在很小的时候就经常被父亲带出去与朋友休谟、卢梭等人接触，这极大地拓展了马尔萨斯的眼界。后经父亲的朋友韦科菲尔德推荐，马尔萨斯进入剑桥大学耶稣学院进修。他在大学里接触的有关宗教和政治方面的异端思想，与父亲秉持的乐观思想有所矛盾，这使得少年时期的马尔萨斯思想极为活跃，并促使他涉猎了各方面的知识。在此过程中，父亲及其朋友们对马尔萨斯产生了巨大影响，思想活跃的马尔萨斯开始对原有思想产生怀疑，并提出挑战。

后来，马尔萨斯认识了主张无政府主义和无神论的政治哲学家威廉·戈德温（William Godwin，1756—1836）。戈德温实际上是一位见解较为极端的乐观主义者，他反对政府的强制性措施，并认为人类通过对理性和福利的不断探索，是可以实现自我完善的，而人类在迈向理性的过程中，最大的障碍是强制性政府和政治经济的不平等。对于人口问题，戈德温比较乐观，他坚信人口增长不是问题，因为人口增长到一个极限就不会继续增长了。不过，马尔萨斯后来提出的人口论让戈德温大跌眼镜，也许戈德温永远都不明白，他的乐观主义是怎么将马尔萨斯引向悲观主义的。

另一位对马尔萨斯影响颇深的便是法国数学家孔多塞（Condorcet, 1743—1794）侯爵了。孔多塞身为数学家，也是一位宗教怀疑论者，他在政治上信奉民主，在经济上倒向重农，他将毕生倾注在法国大革命中，并死于革命迫害。与戈德温一样，孔多塞认为人性是可完善的，并且他还有些在当时看来比较异端的思想，比如他主张男女都应该拥有选举权。孔多塞的社会进步思想还包括平等，即国家之间的相互平等和国内人与人之间的平等。如果国家之间平等，就可以消除战争，维持和平；如果国内人与人之间平等，那么无论男女、无论贫贱，人人皆可享有社会保障、教育等权利。但社会的各种制度导致了各种不平等，所以人们的苦难应归咎于社会制度。显然，孔多塞的乐观思想并没有得到马尔萨斯的支持。马尔萨斯在人口论中，将社会的罪恶和不平等归结于人口极强的增长能力。并且，他认为孔多塞的平等思想会让大众得到更多的权利和优惠，从而导致人口更快地增长。

为什么马尔萨斯知识背景的乐观依然没有阻止他思想的悲观？或许，马尔萨斯接触的这些乐观的思想背景在当时也都属于极端一类吧，也或许是马尔萨斯思想活跃，善于怀疑和否定。不管怎样，我们先重点了解一下马尔萨斯的人口理论和有效需求不足理论。

三、马尔萨斯的理论

马尔萨斯的人口理论与有效需求不足理论对后世的经济思想发展产生了巨大影响。但他同时也是经济思想史上最不受欢迎和最不走运的经济学家。自《人口论》问世以来，无论是在他生前还是死后，马尔萨斯都因其极端悲观的思想观点而饱受争议：就有效需求不足理论而言，他是最早讨论失业问题的经济学家之一，同时他还指出经济体系并非能够完全地自我调节，但由于他的理论与经济理论权威（李嘉图、萨伊等人）的观点相左，加之当时英国经济正处于扩张时期，经济发展趋势较为平稳，故其理论未受到重视。直到20世纪30年代，严重的经济萧条席卷了整个资本主义世界，他的理论才受到关注。

（一）人口理论

1798年，在萨兰州奥尔堡当牧师的马尔萨斯匿名发表了一本名为《人口论》的小册子(全名为《论影响于社会将来进步的人口原理,反对戈德温、孔多塞和其他作家思想的评价》),此书随即在社会各个阶层中引起轰动。1803年他又用真名出版了《人口论》第2版(全名为《论人口原理,或人口对人类将来和现在幸福影响的观点》)。

其实人口问题一直在经济学中具有举足轻重的地位。尤其是社会经济方面的焦点问题,如福利问题、就业问题、经济增长问题等,都无不与人口问题息息相关。在马尔萨斯之前,虽然已经有不少的经济学家、社会学家和牧师对人口问题进行过研究,但是直到马尔萨斯于1798年发表了《人口论》一书之后,人口理论才正式成为经济学的一门分支学科。

在《人口论》一书中,马尔萨斯首先提出了两条他认同成立的公理,接着又提出了一个著名的假定——"两个增长级数"的假定,紧接着他还提出了对人口增长的"两个抑制",即预防性抑制和积极抑制。最后,马尔萨斯对《济贫法》提出自己独到的看法。

1. "两条公理"和"一个假定"

马尔萨斯的《人口论》是基于两条公理完成的:"第一,食物为人类生存所必需。第二,两性间的情欲是必然的,且几乎会保持现状。"○从这两条公理出发,马尔萨斯又提出了著名的"两个增长级数"的假定,他认为,"生活资料只以算术级数率增加",◯而"人口,在无妨碍时,以几何级数率增加"。⊜这两个级数增加,构成了马尔萨斯人口理论的核心内容。由于人口和生活资料的增长率不同,所以它们之间的平衡就无法维持,而按照人类生存必须有食物的自然法则,它们之间又必须保持平衡。因为生活资料的增长受到土地有限性的限制,所以要保持平衡,就必须抑制人口的增长。

2. 对人口的抑制

对人口的抑制,马尔萨斯首先提到了最后抑制和直接抑制。"对人口增长的最后抑制似乎是食物的短缺,这是因人口与食物增长率的不同而必然产生的。但除非发生实际的饥荒,否则,这个最后的抑制永远都不是直接的抑制。直接抑制可以说是包括一切因食物的短缺而发生的各种风俗习惯和疾病,以及那些不是由食物的短缺引起的所有因素,不论这些直接抑制是精神的还是物质的,似乎都会使人体未老先衰。"⑳

马尔萨斯随后对人口的这些抑制进行分类概括,大致分为预防性抑制和积极抑制。他认为预防性抑制是人类所特有的,是人类为了后代的将来,为了自身行为能够考虑长远的后果所必需的。比如一个多子女的家庭在分配食物或余额时,户主需要考虑和计算他是否有能力抚养那么多子女。积极抑制因素实在是太多了,比如战争、瘟疫、流行病、荒灾等。马尔萨斯在对抑制人口增长的障碍进行考察时,将它们全部归纳为道德抑制、恶习以及贫困。㊄

马尔萨斯把他不赞成的预防性措施称为罪恶,包括卖淫和避孕,这些都会降低人口的出生率;至于积极的抑制,如果在某种程度上其占据上风,那么人们就会遭受饥饿,因为快速的人口增长将超过增长相对缓慢的食物供给。

最后,马尔萨斯提出了三个命题:

○ 马尔萨斯. 人口论[M]. 郭大力,译. 北京:北京大学出版社,2008:28.
◯ 马尔萨斯. 人口论[M]. 郭大力,译. 北京:北京大学出版社,2008:6.
⊜ 马尔萨斯. 人口论[M]. 郭大力,译. 北京:北京大学出版社,2008:16.
⑳ 马尔萨斯. 人口论[M]. 陈祖洲,等译. 西安:陕西人民出版社,2013:7.
㊄ 马尔萨斯. 人口论[M]. 陈祖洲,等译. 西安:陕西人民出版社,2013:8.

（1）人口必然要受到生活资料的抑制。

（2）只要生活资料增长，人口也一定在不断增长，除非它受到一些强有力的、明显的抑制因素的影响。

（3）上述抑制因素以及压制人口的超强增长使之与生活资料保持同一水平的抑制因素，都可归在道德抑制、恶习和贫困名下。①

他认为，第一个命题不需要用证明来阐述，第二个和第三个只要回顾一下过去与现在的社会对人口的直接抑制就足以确定下来。②

3. 济贫法

"为了救助经常陷入困苦的穷人，英国制定了《济贫法》……尽管《济贫法》可能会减轻个人的一丝不幸，但这种罪恶恐怕传播得更广了……英国仍然每年筹集300万英镑税款来救济那些穷人，但他们的苦难并没有得到解决，这个事实让人们一直惊讶不已。"③

开门见山，马尔萨斯直接认定英国制定的《济贫法》是一种罪恶，尽管它可能会减轻个人的一丝不幸。

正如在前文中世人对马尔萨斯关于《济贫法》的看法的误解所述，马尔萨斯反对《济贫法》，反对给穷人盖房子等一系列救助行动。因为在他看来，穷人一则教育水平低，二则对生活的预期以及对生育是没有计划的，《济贫法》救助的只是穷人的生育能力，并不会改善穷人的社会状况。事实上，马尔萨斯站在了更长远的角度来看待《济贫法》。

马尔萨斯认为《济贫法》是对穷人的欺骗，因为它宣扬和许诺的事情并没有实现。而且，《济贫法》毁灭了的人远远超过它所保护的人。④因为，对有产阶层征收的济贫税实际上是转嫁了政府的职责。有产阶层显然不愿意承担这种不属于自己的责任，他们必然反对《济贫法》，反对收入的重新分配。再者，《济贫法》会影响有产阶层生产的积极性，最终会影响社会财富的积累。

总体而言，马尔萨斯人口理论的提出具有一定的进步意义和前瞻性。在局部地区马尔萨斯的人口理论得到了验证，它为非洲等一些发展中国家有关贫困等问题的研究提供了借鉴。在认识到这一点的同时，我们还必须肯定马尔萨斯人口理论与当今世界仍息息相关。70%的世界人口生活在发展中国家，在2000～2010年间，世界上每出生的10个人中就有9个将生活在发展中国家。世界上20%的人口每天的生活费用还不足1美元。对于世界上许多贫困的居民来说，马尔萨斯关于饥荒、营养不良和疾病的预测都是非常真实的。⑤

但是马尔萨斯的人口理论本身也存在着诸多漏洞，因此受到一些经济学家的批评。他的"两个增长级数"假定并不科学，它忽视了技术进步及其对生产资料发展的作用。

马尔萨斯以土地收益递减率为依据，来说明生活资料的生产增长速度低于人口增长速度，但是土地收益递减是以劳动生产力和科学技术不变为前提的，它并不是普遍规律，所以以之为论据并不充分。另外，道德规范观念的变化和科学技术的发展使得人们乐于并能够采取必要的节育措施，从而改变人口增长模式。而马尔萨斯却视节育为一种罪恶，反而把战

---

① 马尔萨斯.人口论[M].陈祖洲，等译.西安：陕西人民出版社，2013：12.
② 马尔萨斯.人口论[M].陈祖洲，等译.西安：陕西人民出版社，2013：12.
③ 马尔萨斯.人口论[M].陈祖洲，等译.西安：陕西人民出版社，2013：57.
④ 马尔萨斯.人口论[M].陈祖洲，等译.西安：陕西人民出版社，2013：69.
⑤ 斯坦利 L 布鲁，兰迪 R 格兰特.经济思想史（原书第7版）[M].邸晓燕，等译.北京：北京大学出版社，2010：77.

争、瘟疫、贫困作为抑制人口的手段，这种武断的处理不仅使其人口预测在今天的大部分社会失真，而且带上了非人道主义的色彩。

若是马尔萨斯获知，在他去世 150 多年以后，世界仍然运转得不错，不知他会做何反应。然而，要界定马尔萨斯人口理论的贡献，标准不在于其理论的正确性（显然未经得起检验），而在于他提出了人口增长与物质条件之间的关系这一命题。某些论点的错误并不能掩盖其思想本身的光芒。

背景链接 6-1 新人口论

马尔萨斯的人口理论对于我国这样的人口大国而言更具有借鉴意义。在我国的学者中，较早对我国的人口问题进行研究的是著名经济学家和教育学家马寅初先生。马寅初先生在其《新人口论》中比较系统地论述了中国的人口问题，得出我国人口增长过快的论断。马寅初先生的新人口论被称作"新马尔萨斯人口论"。

《新人口论》指出我国人口问题的重要矛盾，即我国人口增殖太多而资金少。马寅初先生论证了人口增长太快必将引起一系列的矛盾。人口增长太快，势必与资金积累、机械化、日常生活、科学研究、人口数量和质量等方面不和谐。

为此，马寅初先生得出结论：人口太多就是我们的致命伤。人口过快繁殖的状况不能再继续下去了，应该实行计划生育。他建议国家进行人口普查，制定人口政策；要节制生育，控制人口增长；提高人民的科学知识水平；提倡晚婚、晚育、避孕，实行计划生育；政府可以设立具体措施干涉生育。

（二）有效需求不足理论

什么是有效需求？马尔萨斯认为，有效需求就是人们在有购买愿望的基础上，还需具有实现这一愿望的购买能力。

马尔萨斯的有效需求不足理论认为，工人的工资和资本家所得的利润不足以实现社会总产品的全部价值。商品的价格由工人的工资和资本家的利润两部分组成。工人的工资只能实现社会产品价格的一部分，这一部分和工人所得的工资基本相等。利润部分不可能通过资本家之间的买卖来实现，因为马尔萨斯认为利润是在流通过程中实现的，即在资本家卖的时候实现，但是利润却在买的时候又失去了。

在有效需求不足理论的基础上，马尔萨斯分析了资本主义经济危机的问题。马尔萨斯认为如果有一个充分的有效需求，那么资本家就能以平均利润的价格，购买社会上生产出来的全部产品；若有效需求不足，生产出来的商品就不能全部售出，这样就会出现社会生产普遍过剩，从而引发经济危机。

马尔萨斯指出，经济危机是由土地边际生产力递减规律和社会有效需求不足这对矛盾导致的。在他看来，正是土地的边际生产力递减导致了整个社会的平均利润率降低，而有效需求不足则恰恰导致了社会总产品无法足额实现，此时经济危机才会出现。虽然土地的边际生产力递减规律无法阻止，但是可以通过维持谷物高价来缓解这一趋势，则有效需求不足的问题可以通过土地所有者和政府官员的消费进行弥补。

马尔萨斯的有效需求不足理论实际上反映了西方国家经济发展的一个内在缺陷，但是他的理论在当时并未得到世人的关注和赞誉，一个原因可能是在当时的社会条件下，有效需求不足理论无法用现实事例来验证。直到凯恩斯时期，有效需求不足理论才得以誉满天下。

此外，马尔萨斯在收入分配、资本积累方面也都有所成就，比如，他在资本积累理论中将资本积累作为总供给的决定因素，将劳动人口作为总需求的决定因素，从而论证了普遍过剩危机的必然性。总而言之，在学习马尔萨斯理论的过程中，有一点是客观的，即马尔萨斯的断言和说教并非全是错误的。那么，同时代的李嘉图又如何呢？

第三节　大卫·李嘉图

一、最富有的经济学奇才

大卫·李嘉图（David Ricardo，1772—1823）出生于犹太族资产阶级家庭，父亲是富有的伦敦交易所经纪人。李嘉图只受过初等教育，14岁即随父亲参与交易所工作。后来因娶新教徒女子为妻并改变信仰而与家庭决裂，于是离开家独立生活。李嘉图熟悉业务，善于钻研和把握时机，25岁时已相当富有。○后来，李嘉图得以有时间专门从事进修和科学研究。他兴趣广泛，曾钻研数学、化学、物理、矿物学和地质学等，还是英国地质学会的创始人之一。

1799年，27岁的李嘉图出于一次"偶然的机会"阅读了斯密的《国富论》，从此开始了对政治经济学的研究。1809年，李嘉图作为一个经济学家崭露头角。发表了许多报纸文章和小册子，就货币和通货膨胀的问题进行评说。在政治经济学家和哲学家约翰·穆勒的父亲詹姆斯·穆勒的鼓励下，李嘉图踏进了伦敦知识分子的社交圈，之后他成为马尔萨斯政治经济学俱乐部和国王俱乐部（一个社交俱乐部）的成员。1818年，李嘉图当选为格洛斯特郡郡长，后又当选为代表爱尔兰波塔林顿的下院议员，成为主张社会改革的激进派，开始为政治自由和贸易自由摇旗呐喊。

李嘉图是英国古典经济学的完成者，在他手中英国古典经济学达到顶峰。李嘉图从事学术活动的时间比亚当·斯密晚了约40年，当时英国工业革命正在如火如荼地进行中。

李嘉图是从参与当时经济问题的论战而开始其理论的。在英国"金价论战时期"（1808～1811年），他率先投入有关论战，1809年发表了第一篇文章"论黄金的价格"，此后发表了许多有关的论文和著作，并被邀请参加议会金块委员会的工作。他的观点是：币值下降的原因是纸币发行过多，要求恢复银行券兑换金币的制度，以稳定通货。1815年他又投入了有关《谷物法》废存的论战，反对以马尔萨斯为代表的限制谷物进口的观点，主张废除《谷物法》。1817年，李嘉图的代表著作《政治经济学及赋税原理》出版，标志着英国古典经济学最终完成。该书自出版以来，一直作为古典经济学的经典著作被加以研究。

背景链接 6-2　李嘉图恶习

李嘉图恶习最初是由熊彼特提出来的，主要针对的是李嘉图在经济研究中抽象理论的演

○　李嘉图去世时，其财产已经价值77万英镑，相当于今天的2亿英镑，这使其成为经济学说史上最富有的经济学家。

绎方法。李嘉图在建立理论分析的框架时并没有相关历史资料或者经验数据，论证的过程也没有从局部到整体、从事实到理论，相反，他会利用一些事实来论证所阐述的规律。他从基础的前提假设开始，用逻辑的方法推演出一般性的结论，这种做法被称为"李嘉图恶习"。

从熊彼特的角度来看，李嘉图貌似是在玩逻辑游戏，然而事实并非如此。当时许多经济学家学而优则商，做学问成功后就去从事商业；李嘉图恰好相反，他是商而优则学，在商业领域取得了成功之后才从事经济学研究。所以，他对如何用经济理论解决现实存在的问题做了很多研究，而对理论推导验证方面不感兴趣。

另外，抽象理论的演绎方法本身也是经济学研究方法之一，只不过李嘉图将其发挥到了极致而已。理论与历史、演绎法与归纳法、结论与经验的事实统统分离了。如果理论与现实不符，错的不一定是理论，而可能是现实不具备典型意义。这种倾向于用严格的假设进行研究的方法，对日后西方经济学的发展产生了重大影响。

二、李嘉图的主要经济思想

李嘉图在对黄金价格的研究中形成了他的货币理论。他深受斯密的影响，在斯密劳动价值理论的基础上拓展了价值理论。在价值理论的基础上，李嘉图对工资、利润、货币、税收等方面进行了深入研究，形成分配理论，其中工资理论和地租理论影响力最大。作为致力于研究解决经济问题的经济学家，李嘉图在处理对外贸易方面，依据比较优势理论创建了国际贸易理论，从而诞生了比较成本学说，即比较优势理论。李嘉图的经济理论体系如图6-1所示。

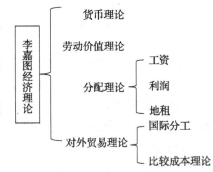

图6-1 李嘉图的经济理论体系

（一）货币理论

李嘉图货币理论起源于其对黄金价格的研究。他发表的"论黄金的价格"一文，引起了一场关于黄金的"价格论战"，使得学者们在货币流通方面分为银行学派和通货学派。① 作为通货学派的代表人物，李嘉图展开了货币理论的考究。

1. 一般货币理论

李嘉图的一般货币理论是建立在他的劳动价值论基础上的。他接受了斯密的观点：货币是商品，具有价值。他把劳动时间决定价值量的原理应用到货币价值的决定上，他说："黄金和白银像其他商品一样，其价值只与其生产以及运上市场所需的劳动量呈正比。"② 从这个原理出发，李嘉图说明了金银价值差异的原因："金价约比银价贵十五倍，这不是由于黄金的需求大，也不是因为白银的供给比黄金的供给大十五倍，而只是因为获取一定量的黄金必须花费十五倍的劳动量。"③

李嘉图进一步阐述了货币流通量的问题。他认为，商品价格就是商品价值的货币表现。

---

① 张旭昆.西方经济思想史18讲[M].上海：上海人民出版社，2007：122-123.
② 大卫·李嘉图.政治经济学及赋税原理[M].郭大力，王亚南，译.北京：商务印书馆，1983：301.
③ 大卫·李嘉图.政治经济学及赋税原理[M].郭大力，王亚南，译.北京：商务印书馆，1983：301.

撇开供求变化所引起的波动，商品价格变动是由商品价值和货币价值决定的。当商品价值不变时，商品价格与商品价值成呈比例变化。李嘉图得出了货币流通量一般规律的重要结论：在商品总量和商品价值不变或在流通中的商品总价值不变的情形下，一国流通所需要的货币量必然取决于货币的价值。他同时认为，作为流通手段的金、银货币，可以用纸币来代替，这是用最廉价的媒介代替最昂贵的媒介。但是，不是纸币规定作为商品的金银的价值，而是黄金规定纸币的价值。㊀纸币仅代表黄金的价值。

上述的分析无疑是正确的。但是李嘉图对货币的研究只限于量的关系，不理解"商品是怎样、为什么、通过什么成为货币的"㊁。所以，当他进一步研究货币流通量和货币价值时，走向了货币数量论。

2. 货币数量论

货币数量论是一种用流通中货币数量的变动来说明商品价格变动的理论。该理论认为，在流通中商品的价值已定的条件下，货币的价值取决于货币的数量，两者呈反比例变化；商品价格也取决于货币的数量，两者呈正比例的变化。

李嘉图错误地认为，金银货币作为商品，作为流通手段，永远是处于流通之中的，这样，数量较小的货币可以同数量较大的货币一样执行其作为流通媒介的职能。一千万和一万万可以有效地达到这一目的。㊂至于处于流通中的货币数量和实际所需要的货币数量是否会一致，李嘉图认为，与其他商品在市场上经常出现的供求不一致一样，作为商品的黄金和白银供求也会不一致，也就是处于流通中的货币数量与实际流通所需要的货币数量会不一致。当黄金的数量超过流通所需的货币数量时，它的相对价值会低于其内在价值，即低于生产它所耗费的劳动量所决定的价值。如黄金的数量低于流通所需的货币数量时，它的相对价值会高于其内在价值。在这里，李嘉图实际上提出了这样的命题：流通中的货币数量决定货币的相对价值。

当处于流通中的货币数量与实际流通所需要的货币数量不一致时，将会怎样影响商品的价格呢？李嘉图认为，扩大或减少流通中的货币量仍代表原有的货币量。所以在商品价值总额不变的条件下，当流通中的货币量多于正常需要的水平，商品的价值就会以多量的货币来表现，即引起商品价格的上涨；反之，当流通中的货币量少于正常水平，商品的价值就以少量的货币来表现，即商品价格下跌。这样，商品价格的变动就取决于货币数量的多少。

(二) 劳动价值理论

李嘉图接受斯密关于使用价值与交换价值的区分，但却对两者的关系提出不同的看法。他认为，使用价值当然不能成为交换价值的尺度，但对交换价值来说却是不可缺少的，交换价值必须以使用价值为前提。他指出："效用不是交换价值的尺度，但为交换价值所不可少。若某商品全无效用，换言之，全然不能满足我们的欲望，那无论它怎样稀少，无论生产所必

㊀ 大卫·李嘉图. 政治经济学及赋税原理 [M]. 郭大力，王亚南，译. 北京：商务印书馆，1983：143.
㊁ 马克思，恩格斯. 马克思恩格斯全集（第二十三卷）[M]. 中共中央马克思恩格斯列宁斯大林著作编译局，译. 北京：人民出版社，2006：110.
㊂ 大卫·李嘉图. 李嘉图著作和通信集（第三卷）[M]. 陈福生，林纪熹，译. 北京：商务印书馆，1977：57.

要的劳动量若干，它都不能有交换价值。效用对于交换价值来说虽是绝对不可缺少的，但却不能成为交换价值的尺度。一种商品如果全然没有用处，或者说，如果无论从哪一方面说都无益于我们欲望的满足，那就无论怎样稀少，也无论获得时需要费多少劳动，总不会具有交换价值。"① 如果一种商品是完全没有用处的，或者说，如果无论从哪一方面都无法满足我们的欲望，那它无论怎样稀少，也无论获得时需要多少劳动，都不会有交换价值。这个看法比亚当·斯密前进了一大步。

李嘉图还在分析商品交换价值的决定问题时指出，商品的交换价值是由生产时所耗费的劳动量来决定的。所费劳动量大的商品，其交换价值也大；所费的劳动量小的商品，其交换价值也小。他把这个观点称为政治经济学一个极端重要的学说。

在价值量的决定上，李嘉图注意到劳动的不同性质，区别了复杂劳动和简单劳动。他指出，掌握各种劳动技能，所需要的技术时间是不相同的，所以在相同的时间内，复杂劳动创造的价值大于简单劳动创造的价值。比如，宝石匠一天的劳动比普通劳动者一天的劳动价值更大。李嘉图区分了直接劳动和间接劳动，他认为，决定商品价值的劳动有直接投在商品生产上的劳动和间接劳动（投在劳动器具、工具、工场和建筑物上的劳动）。直接劳动创造商品价值，间接劳动不能创造价值，只是把原有价值转移到产品中去。他还指出，耗费在生产资料中的劳动较多，则转移到产品中去的价值也较多；生产资料的使用时间较长久，则转移到新产品中去的价值也较少。此外，李嘉图还区分了个别劳动和必要劳动。他认为，决定商品价值的不是每个生产者实际耗费的劳动，而是必要劳动。所谓必要劳动，就是在最不利的条件下必须耗费的劳动。也就是指，所需要的产量使人们不得不在这种条件下生产，不管是工业品、矿产品还是农产品，决定它们价值的，都是在最不利的条件下耗费的劳动。

李嘉图在研究中，注意到了劳动时间决定价值，同时在考察交换中商品量的关系时，也注意到一种商品的价值会表现在另一种商品上；其交换比例同时受两种商品耗费劳动的影响，可见，他对价值和交换价值已做了某些区分。但是，他使用的术语还不清晰，以价值和交换价值为例，他实际上不了解两者的内在联系，没有把价值和交换价值明确区分开来。他和其他古典经济学家一样，只关心"相对价值"，他是在交换价值的形式下来研究价值问题的，没有也不可能去研究价值的本质。

尽管李嘉图的价值理论还存在诸多的不足之处，但是他在斯密价值学说的基础上，对劳动价值学说做了最透彻的表述和发挥，对价值学说的发展做出了重大的贡献。

（三）分配理论

分配理论是李嘉图体系的中心，他在《政治经济学及赋税原理》的序言中指出，社会产品如何分配为地租、利润和工资，是政治经济学的主要问题。李嘉图的分配理论主要分析工资、利润和地租的来源、数量决定以及它们之间的关系。李嘉图看待分配问题的角度类似于现代的按生产要素分配或是功能性分配。

1. 工资理论

李嘉图和斯密一样，认为工资是工人出卖劳动的价格，把工资限定为雇用工人出卖劳

---

① 大卫·李嘉图. 政治经济学及赋税原理 [M]. 郭大力，王亚南，译. 北京：商务印书馆，1983：1.

动的价格，而作为商品的劳动，具有自然价格和市场价格。"劳动的自然价格乃取决于劳动者维持一生、维系一家所需要的食品、必需品、习惯享乐品的价格。食品、必需品的价格提高，劳动的自然价格亦提高；食品、必需品的价格低落，劳动的自然价格亦低落……依供求比例的自然作用，实际支付给劳动者的价格，成为劳动市场价格。劳动稀少，劳动市场价格提高；劳动丰裕，劳动市场价格低落。"○

关于劳动的自然价格与市场价格之间的关系，李嘉图指出："劳动市场价格超过自然价格，劳动者景况，繁荣而幸福，他有力在生活必需品、享乐品上，支配一个较大比例，有力供养一个健全的大家庭……劳动市场价格低在自然价格下，劳动者的景况，最难堪。这时，习惯享乐品，将因贫困而剥夺。"○因此劳动的自然价格是劳动市场价格涨落的中心。劳动供不应求时，市场价格就上涨，供过于求时就下跌。

在一定的历史时期，劳动的自然价格往往是不变的。李嘉图视劳动的自然价值为工人及其家属生存所需生活资料的价值，这实际上是把工人的贫困归因于工人自身，归因于自然因素。李嘉图和其他的古典经济学家一样，认为工人出卖的是劳动，这就必然导致价值规律同利润规律之间的矛盾。因为，资本和劳动相交换，如果按价值规律的要求，等价交换的结果，是没有利润的；如果存在利润，就破坏了价值规律。李嘉图理论中包含的这个矛盾，是导致李嘉图学派解体的原因之一。

李嘉图在工资理论的基础上提出了相对工资的分析。他指出，在使用机器以后，也许工资、利润和地租都会增加，但如果工资没有像利润增加得那样快，那么工资就降低了，而利润则提高了。因为在劳动创造的价值中，工资和利润是呈反比例变动的。现在工人所得的价值比以前少了，而归于资本家的价值比以前多了。他把工资和利润的这种变动称为相对变动。马克思认为，确立相对工资的概念，即确立与资本家利润相比较的工资的概念，是李嘉图的功绩之一。

2. 利润理论

李嘉图认为，商品价值只分解为两部分：劳动工资与资本利润。利润是商品价值中扣除工资后的余额。由于他只关心资本家在工人新创造的价值中所占的份额，所以，在商品价值中，撇开了生产资料价值的转移部分，主要研究利润和工资之间量的关系。

李嘉图指出，工资和利润在量上存在着反比例关系。在工资和利润的变化中，工资是变化的原因，利润是变化的结果。引起这种变化的最终原因，是生产生活资料（主要是谷物）劳动生产率的变化。当劳动生产率提高，生活资料的价值就下降，工资也下降，从而使利润增加；反之，当劳动生产率下降，生活资料的价值就提高，工资也提高，从而利润下降。他对利润率变动的趋势做了研究，认为随着社会不断进步，人口不断增加，土地耕种不断从优等地转向中等地和劣等地，单位农产品的价值和价格会不断提高，货币工资也会不断提高，致使利润和利润率下降。利润率下降趋势的存在，不利于资本积累，也不利于社会生产的发展。

李嘉图的利润理论实际上是剩余价值理论，他考察的是剩余价值，而不是利润，也并未涉及用于生产资料的资本。李嘉图在利润理论中，揭示了工资和利润的对立关系，这在一定程度上说明了工人和资本家利益的对立，但他所讨论的对立关系只局限于劳动生产率的变

○ 大卫·李嘉图. 政治经济学及赋税原理 [M]. 郭大力, 王亚南, 译. 北京：商务印书馆，1983：41.
○ 大卫·李嘉图. 政治经济学及赋税原理 [M]. 郭大力, 王亚南, 译. 北京：商务印书馆，1983：42.

动,也就是假定了劳动日长度不变这一前提。所以也可以说,他的利润理论是考察相对剩余价值问题的。

3. 地租理论

地租是怎样产生的?李嘉图认为:"使用了原有不可减的土壤力,必须给地主一部分生产物,这就是地租。"㊀由于土地的上述特性,随着人口的增加,仅靠优等地及中等地上生产的农产品不能满足人们的需要,不得不耕种劣等地。而等量资本和劳动投在优等地和中等地上所获的农产品,比在同量面积劣等地上多,因此,优等地、中等地上生产的单位农产品中劳动耗费比劣等地低,而农产品的价值取决于劣等地上最大的劳动耗费。这种劳动耗费决定的价值,使耕种劣等地的资本家也能得到普遍利润,即平均利润。优等地和中等地上的农产品价值高于由劣等地条件所决定的社会价值,于是耕种优等地和中等地的资本家就能获得超过平均利润的超额利润。由于土地资本家竞争,这个超额利润就必然落到地主手里,从而转化为地租。

李嘉图正确地运用劳动价值论说明了地租的产生,指出级差地租量取决于不同土地的劳动生产率的差别,这样就从根本上排除了地租是自然力的报酬等错误说法。

李嘉图考察了级差地租的两种形态。第一形态,即投入等量资本和等量劳动于不同等级的土地上,因土地的位置或肥沃程度不同而产生的地租。第二形态,即在同一块土地上,追加等量资本和劳动,因每增加一单位投资所带来的产出减少,这种是因生产率的不同而产生的地租。

李嘉图是古典经济学中最充分地阐述级差地租的经济学家,他以劳动价值论为基础,正确地说明了地租的来源。但他把级差地租产生的条件当成其产生原因,这点疏漏体现出李嘉图地租理论并不完善。

(四) 对外贸易理论

1. 对外贸易与经济发展

李嘉图从经济社会发展的整体利益出发,提倡国际自由贸易,他说:"最能保障整体利益的莫过于把总资本做最有利的分配,也就是实行普遍的自由贸易。"㊁他反对对殖民地贸易的垄断,因为这会保护本国的落后产业,使本国的总资本不能按有利于生产的原则作配置。他认为,对外贸易不会直接增加一国的价值总额。因为进口商品的价格取决于与其交换的本国商品内涵的劳动量,所以即使发现新市场,本国一定量的商品所换得的外国商品数量增加,也不会增加本国的价值总额。显然,这是以本国一定量商品内含的劳动量不变为前提的。

李嘉图认为,一个国家在对外贸易中取得较高的利润,不能提高该国的利润率。在自由竞争条件下,资本会流入获利的部门,增加利润的部门利润会很快下降到一般水平。只有在特定情况下,即从国外购进廉价的谷物和必需品时,这种对外贸易才能提高本国的利润率,因为这种对外贸易能降低劳动者所必需的生活资料的价值,从而使工资下降、利润提高。但是,实际情况与李嘉图的分析并不完全相符。如果进口低廉的生产资料,使不变资本价值降

㊀ 大卫·李嘉图.政治经济学及赋税原理[M].郭大力,王亚南,译.北京:商务印书馆,1983:25.
㊁ 大卫·李嘉图.政治经济学及赋税原理[M].郭大力,王亚南,译.北京:商务印书馆,1983:294.

低,从而使预付资本减少,就能增加剩余价值,提高利润率。如果出口商品的个别价值或生产价格低于世界市场的一般水平,商品按国际价值决定的市场价格出售,就能取得超额利润。这种较高的利润因自由竞争会转化为平均利润,也可以提高平均利润的水平,提高平均利润率。李嘉图强调,对外贸易的意义是增加产品的数量,也就是说能够比在国内制造获得更多的数量。

2. 比较成本说与国际分工理论

在李嘉图之前,斯密用一国在两种商品生产上拥有的绝对优势论证了国际分工以及自由贸易的好处:各国专事于自己拥有绝对成本优势产品的生产,通过这种国际分工和交换,各国的劳动生产力都得到提高,同时也可以买到价格更低的国外产品。

但是,如果一国在任何产品的生产上都不具备绝对成本优势,该如何参与国际分工呢?李嘉图的分析解决了这一遗留问题,他认为,各国应该以相对成本或比较成本来判断自己的优势。在任何产品上都具有绝对成本优势的国家,其不同产品的优势程度不同,而任何产品生产的绝对成本都处于劣势的国家,不同产品的劣势程度也不同。一国应该选择比较优势程度大或者比较劣势程度小的商品来进行专业化生产,并在这种国际分工格局下开展国际贸易。也就是说,在国际分工中,应该遵循的是"两利相权取其重,两弊相权取其轻"的原则。

李嘉图在论述比较优势原理时使用了一个经典的例子:在葡萄牙和英国之间进行毛呢及葡萄酒的贸易。假设葡萄牙和英国两国生产毛呢和葡萄酒的情况如下:对于英国来说,生产一单位毛呢需要100人一年的劳动,酿制一单位葡萄酒需要120人一年的劳动;对于葡萄牙而言,生产一单位毛呢需要90人劳动一年,酿制一单位葡萄酒需要80人劳动一年。不难发现,葡萄牙在生产两种商品方面都占有绝对的优势。但是进一步比较优劣程度可知,在生产葡萄酒方面,英国的劳动成本是葡萄牙的1.5倍,而在生产毛呢方面,英国的劳动成本是葡萄牙的约1.1倍。所以相对而言,英国在生产毛呢方面的劣势更小一些,葡萄牙在生产葡萄酒方面优势更大一些。

假设在分工以前,英国和葡萄牙在一年的时间里分别生产了1单位的毛呢和1单位的葡萄酒。在按照比较优势分工之后,英国只生产毛呢,葡萄牙只生产葡萄酒,则分工前后两国生产情况如表6-1所示。可以看出,葡萄酒和毛呢的生产水平都比分工以前要高。

表6-1 按照比较优势分工前后的比较

商品	分工前		分工后	
	英国	葡萄牙	英国	葡萄牙
毛呢	1	1	2.2	—
葡萄酒	1	1	—	2.125
总计	2	2	2.2	2.125

李嘉图发展了斯密的国际分工理论,提出国际贸易按照比较成本学说进行,则各国取得的不同程度的利益,视其在多大程度上节约了社会劳动而定。经济落后的国家,特别是一些很少具备绝对优势的国家,若按照比较成本原则发展对外贸易,则能促进比较优势产品的生产。这一比较成本学说对日后的国际贸易理论发展具有重要的借鉴意义。另外,这一学说还充当了19世纪英国工业资产阶级争取自由贸易的理论武器,促进了当时英国经济的发展。

李嘉图在斯密的基础上将各个领域的经济理论结合成了一个庞大的经济学理论体系,最终完成了英国古典经济学，正式建立起了古典经济学的大厦。而其所提出的比较优势理论，更是对自由贸易做出了不朽的贡献。然而，作为斯密的继承者，李嘉图并没有继续强调斯密的经济增长观点，而是把着眼点放在了分配理论上。另外，他的劳动价值论也在新古典经济学兴起后失去了其原有意义与价值。但是，李嘉图使用的分析方法和提出的理论对经济学产生了深远的双重影响，他当之无愧是那个时代最有才华的经济学家！

在经济学说史上，马尔萨斯和李嘉图不仅是当时欧洲最著名的经济学家，也是斯密在经济理论方面最主要的继承者，同时还是这一时期在经济学说史上最重要的两位经济学家。⊖虽然他们揭示了古典经济学悲观的一面，但是并不能因此说明他们反对古典经济学，也不能说明他们分化了古典经济学。事实上，他们二人的理论丰富和发展了古典经济学理论。那么古典经济学的分化是什么时候开始的呢？古典学派分化者又有哪些新的理论洞见呢？答案即将在下一章揭晓。

🌐 背景链接 6-3　李嘉图和马尔萨斯的论战与友谊

李嘉图与马尔萨斯的友谊非常特殊。他们在平时生活和学习中是非常要好的朋友，而一旦论及具体学术观点，两人就转为公开的论敌，几乎在每一件事情上都免不了一番舌战。

李嘉图和马尔萨斯的交往正是从媒体论战开始的。当时，他们二人都发表了评论关于货币和贸易问题的文章来批评对方。1811 年，马尔萨斯终于给李嘉图写了一封信，建议说："因为在这一问题上我们大致是站在同一个立场的，我们应该克制，没有必要在媒体上打一场旷日持久的笔墨官司……应该私下进行一次心平气和的讨论。"几乎在同一时间，李嘉图正在构思一封同一出发点的信。几天之后，他们见面了，从此开始了两人长达一生的友谊。

马尔萨斯与李嘉图在经济理论方面确实存在较多的分歧，尽管这种分歧并未影响二人的友谊与感情。就贸易政策和经济萧条的问题，马尔萨斯与李嘉图展开了辩论，不过口气友好却富有说服力。此外，无论是马尔萨斯的《人口论》，还是李嘉图的《谷物法》，或者在萨伊定律的供求逻辑等方面，马尔萨斯和李嘉图都存在着一定分歧。尽管如此，马尔萨斯从来没有像亲近李嘉图那样，亲近"家庭成员"之外的人，而擅长金融体系经营策略的李嘉图，也曾帮助马尔萨斯进行投资——马尔萨斯唯一的一次投资获益还是依靠了李嘉图的帮助。

李嘉图在给马尔萨斯的最后一封信里说："现在，亲爱的马尔萨斯，我完了。像其他争辩者一样，在许多辩论之后，我们仍然保持各自的观点。然而这些辩论丝毫没有影响我们的友谊；即使你同意我的意见，我也不会比现在更爱你。"⊜只有三个人分享了李嘉图的遗嘱，马尔萨斯是其中之一。在李嘉图去世后，马尔萨斯深情地说："除了我的家人，我从没有像这样爱过他人，交换看法，我们毫不保留，之后我们共同探讨感兴趣的问题，只为真理，别无他念，以至于我不得不设想，或早或晚，我们总会取得一致。"⊜美国学者雅各布·霍兰德在《大卫·李嘉图百年评价》中说道："这是精神修养完全不同的两人之间的友谊。他们的训练、他们的才能以及他们的同情心，是相辅相成的而不是相反的。在讨论时稀有的好脾气和耐心，对于经济分析的共同爱好，在交往方面的完全直率和无私，这些都促使他们互相帮助，互相鼓励。"

⊖ 卫志民. 经济学史话［M］. 北京：商务印书馆，2012：30.
⊜ J M 凯恩斯. 精英的聚会［M］. 刘玉波，董波，译. 南京：江苏人民出版社，1997：99.
⊜ J M 凯恩斯. 精英的聚会［M］. 刘玉波，董波，译. 南京：江苏人民出版社，1997：91.

问题讨论

1. 为什么马尔萨斯将节育看作一种不道德的行为而将其排除在对人口增长的预防性控制之外?
2. 比较一下世界的贫困线与本国的贫困线以及各自标准下的贫困人口,你认为马尔萨斯的人口理论与今天的世界仍然是息息相关的吗?
3. 你怎么看待马尔萨斯人口理论?结合当前中国的情况,谈谈你的看法。
4. 评价这段话:"李嘉图的一生是短暂的,并且充满了追随他的人,而他所受到的正规教育是一个伟大的经济学家所受到的最贫乏的教育。这样,他作为一个经济思想家的成就必须归之于天才。"(亨利·威廉·斯皮格尔的《经济思想的成长》)
5. 李嘉图的等价理论认为征税与发行债券对赤字的影响和效果是一样的,你怎么看待这个理论?

本章推荐

［1］梁小民. 话经济学人［M］. 北京:中国社会科学出版社,2004.
［2］尹伯成. 西方经济学说史［M］. 3版,上海:复旦大学出版社,2017.
［3］李荣栋. 马尔萨斯人口理论的评价与中国人口问题［J］. 山西大学学报:哲学社会科学版,1986(3):77-79.
［4］赵秀玲. 李嘉图等价定理及其在中国的适用性［J］. 山东工商学院学报. 2007. 21(1):11-15.

参考文献

［1］卫志民. 经济学史话［M］. 北京:商务印书馆,2012.
［2］托德·布赫霍尔茨. 经济学大师们［M］. 黄延峰,译. 北京:中信出版社,2012.
［3］JM凯恩斯. 精英的聚会［M］. 刘玉波,董波,译. 南京:江苏人民出版社,1997.
［4］马尔萨斯. 人口论［M］. 郭大力,译. 北京:北京大学出版社,2008.
［5］大卫·李嘉图. 政治经济学及赋税原理［M］. 郭大力,王亚南,译. 北京:商务印书馆,1983.
［6］马克思,恩格斯. 马克思恩格斯全集(第二十三卷)［M］. 中共中央马克思恩格斯列宁斯大林著作编译局,译. 北京:人民出版社,2006.
［7］大卫·李嘉图. 李嘉图著作和通信集(第三卷)［M］. 北京:商务印书馆,1977.

第七章 CHAPTER7

边沁、萨伊、西尼尔和巴斯夏

> 江山如画，一时多少豪杰！
>
> ——苏轼《念奴娇·赤壁怀古》

本章大纲

第一节 杰里米·边沁——功利主义之父
一、量化快乐和痛苦的一生
二、边沁对经济学的贡献
三、边沁思想的政策含义

第二节 让·巴蒂斯特·萨伊——法国的"亚当·斯密"
一、执着的学术人生
二、萨伊的经济学贡献

第三节 纳索·威廉·西尼尔——知行难以合一的辩护士
一、西尼尔其人
二、实证经济学
三、西尼尔的四个命题
四、财富价值的三要素
五、节欲论
六、最后1小时论
七、政策立场

第四节 弗雷德里克·巴斯夏——最坚定的自由贸易倡导者
一、"破窗理论"第一人
二、自由贸易的倡导者
三、和谐经济论

主要著作列表

姓名	著作	成书时间
边沁	《政府片论》(*A Fragment on Government*)	1776 年
	《道德与立法原理导论》(*An Introduction to the Principles of Morals and Legislation*)	1789 年
	《赏罚原理》(*Punishments and Rewards*)	1811 年
萨伊	《政治经济学概论》(*A Treatise on Political Economy*)	1803 年
西尼尔	《政治经济学大纲》(*An Outline of the Science of Political Economy*)	1836 年
巴斯夏	《经济学诡辩》(*Economic Sophisms*)	1844 年
	《和谐经济论》(*Economic Harmonies*)	1850 年

思维导图

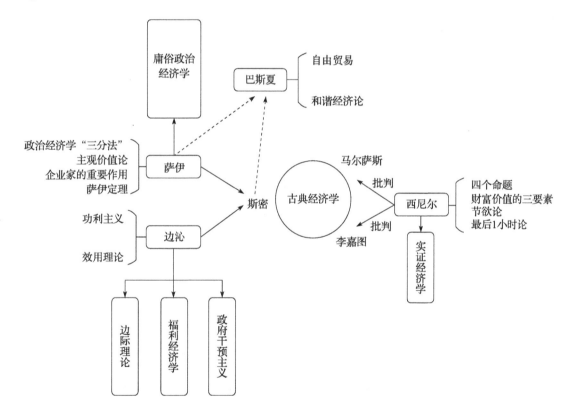

大卫·李嘉图是继亚当·斯密后推动古典经济学发展的最主要的舵手，他选择性地吸收了斯密的观点，建立了古典经济学的大厦，成为最有影响力的古典经济学家。在李嘉图之后，杰里米·边沁、让·巴蒂斯特·萨伊、纳索·威廉·西尼尔、弗雷德里克·巴斯夏都对古典经济学进行了批判性的发展。

边沁的功利主义对斯密的"看不见的手"理论发起挑战，提出了效用最大化和边际效用递减等概念，对边际理论、福利经济学、政府干预主义的发展产生了直接影响。比边沁小19岁的萨伊，是欧洲大陆系统地传播斯密自由主义经济学思想的第一人，他去除了斯密经济学中包含的科学因素，将庸俗因素分离出来，发展成庸俗政治经济学体系，创立了政治经济学著名的"三分法"，后被马克思评价为"资产阶级庸俗政治经济学家"。西尼尔创造性地批判了李嘉图和马尔萨斯，提出了节欲论，认为价值由效用、供给有限性和可转移性三个要素构成。和西尼尔身处同一时期的巴斯夏，深受斯密和萨伊的自由主义影响，提出了"和谐经济论"。他认为："凡是承认人的利益彼此和谐并以此为出发点的人，都会赞同用这样的方法来解决社会问题：对各种利益不横加干预，不人为地进行分配。"㊀

第一节　杰里米·边沁——功利主义之父

杰里米·边沁（Jeremy Bentham，1748—1832），英国的法理学家、功利主义哲学家、经济学家和社会改革者，并将效用引入了经济学研究。他力图建立新的价值体系取代旧的宗教秩序，是自由民主制度的先驱。边沁的理论框架如图 7-1 所示。

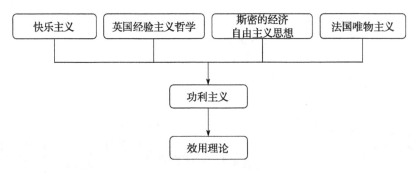

图 7-1　边沁的理论框架

一、量化快乐和痛苦的一生

杰米里·边沁于 1748 年出生于伦敦一个富有的律师家庭，祖父和父亲都是律师。幼年时，他羸弱多病，缺乏健硕的体魄，不断被疾病折磨，但在父母的关爱下，他度过了相对幸福的童年。在家庭的熏陶下，他与法律结下不解之缘。边沁自小聪慧，并且天生嗜书如命，只要能到手的书，对他来说都像美味佳肴，他都会仔细地研读。后来边沁回忆，7 岁时看的费奈隆的小说《忒勒马科斯历险记》㊁，是他整个性格的基石以及事业的出发点，也是他一生事业的出发点，"功利原理"在他心里萌芽也溯源于此。㊂

边沁在威斯敏斯特中学度过了病痛缠身的五年。1760 年，12 岁的边沁正式进入牛津大学女王学院。边沁在牛津时既不屑于学校课程，又对周围的人没有好感，所以生活得苦恼而无所获益。日后回忆起这一段生活，边沁痛心疾首地愤慨，他认为谎言和虚伪是英国大学教育的必然结果，也是唯一的必然结果。牛津大学培养出来的名人恐怕没有谁比他更不喜欢牛津了。边沁在这一个时期的生活使他性格中的怪癖难再改变，同时也使得他从学校

㊀ 巴斯夏. 和谐经济论［M］. 许明龙，等译. 北京：中国社会科学出版社，1995：35.
㊁ 法国作家费奈隆（1651—1715）的著名小说，取材于《荷马史诗》。
㊂ 边沁. 政府片论［M］. 沈叔平，等译. 北京：商务印书馆，1997：3.

中得到的教训更为牢固，即对旧制度的漠视或鄙视，以及对可能的改革充满自信和希望。边沁与生俱来的这些感情，在教育中得到了加强，并给边沁的全部思想与著作盖上了特殊的印记。⊖

1769 年，边沁获得了律师资格，在参与一宗关于衡平法的小案件后，他很快就因为英国法律缺乏理性基础而厌倦了，自此无心于法律的应用，转向对法律理论的研究。在关于法律理论的学术研究中，他开始探究是否有一种标准体系衡量法律的价值，通过研读休谟的《道德和政治论文集》，边沁找到了他想要的衡量标准，即后来被我们熟知的功利主义原理。

1789 年，边沁发表了《道德与立法原理导论》，不久之后产生了参加议会从政的愿望，但历经周折，他终究未能如愿在议会中取得席位。但边沁是一个墙内开花墙外香的经济学家，他曾受沙皇亚历山大一世◎的邀请改革俄国法典，他还为穆罕默德·阿里⊜提供了宪法草案。1808 年，边沁结识了詹姆斯·穆勒⑲（约翰·斯图亚特·穆勒的父亲）。他们很快成为挚友，詹姆斯·穆勒也是边沁暮年最得意的门生。1823 年，边沁出资创办《威斯敏斯特评论报》，编辑人员几乎都是他的门生。詹姆斯·穆勒以及他的儿子约翰·斯图亚特·穆勒（John Stuart Mill，1806—1873）常为此刊物撰稿，而《威斯敏斯特评论报》也成为传播边沁学说的主要工具。

边沁终生勤奋好学，80 岁时仍每天伏案工作，笔耕不辍，将毕生精力贡献给英国法律改革和法学研究事业。值得一提的是，他至死都在实践着自己的伦理信条。就在边沁辞世的 1832 年，英国第一次进行了宪法改革，这正是边沁的议会改革理论在本国的实践。

二、边沁对经济学的贡献

边沁生活在工业革命兴起和发展的时代。工业革命迫使英国社会需要进行全方位的变革，包括经济、政治、文化等方面思想观念的转变，边沁的经济哲学思想就是因为这一变革需求而产生的。

边沁的学术观点深受快乐主义、英国经验主义哲学、斯密的经济自由主义思想和 18 世纪法国唯物主义的影响。在这些思想的影响下，边沁对经济学和古典经济学派的哲学基础都做出了开创性贡献。他提出的效用最大化与边际效用递减概念成为后世边际主义需求理论的核心。

边沁的经济学说对后世影响最深远的是功利主义。他在《道德与立法原理导论》中这样描述功利原理："它按照看来势必增大或减小有关者之幸福的倾向，亦即促进或妨碍此种幸福的倾向，来赞成或非难任何一项行动。"⑤他认为尽管人类的行为完全以快乐和痛苦为动机，无论是私人的各项行为还是政府的各项措施，都遵循这项原理。因此人们追求可以带来快乐的东西，回避产生痛苦的东西，但功利主义不是单纯地允许个人追求自己的幸福，因为这

⊖ 边沁.政府片论［M］.沈叔平，等译.北京：商务印书馆，1997.
◎ 亚历山大一世·巴甫洛维奇（Александр I Павлович，1777—1825），罗曼诺夫王朝第十四任沙皇、第十一任俄罗斯帝国皇帝（1801 年 3 月 23 日至 1825 年 12 月 1 日在位），保罗一世之子。
⊜ 穆罕默德·阿里（Muharomad'Ali，1769—1849），19 世纪奥斯曼帝国的埃及总督，埃及阿里王朝的创建者。
⑲ 詹姆斯·穆勒（James Mill，1773—1836），19 世纪著名的功利主义经济学家、功利主义伦理学家和功利主义教育思想家，李嘉图密友。
⑤ 边沁.道德与立法原理导论［M］.时殷弘，译.北京：商务印书馆，2000：58.

不一定会增加整体的幸福，还应引导人们的行为，使之促进大多数人的最大幸福。社会在这一过程中扮演着积极角色，通过法律、道德和社会制裁甚至宗教制裁强制个人促进整体的幸福。边沁在《道德与立法原理导论》的第十章专门对动机进行分类与分析，认为"本身能作为动机起作用的，唯有关于快乐和痛苦的意念"。㊀他认为人类行为的一切动机都来源于对快乐的追求。

功利主义引入经济学研究后发展为效用理论，对此边沁在《道德与立法原理导论》中是这样说明的：

"自然把人类置于两位主公——快乐和痛苦——的主宰之下。只有它们才指示我们应当干什么，决定我们将要干什么。是非标准，因果联系，俱由其定夺。凡我们所行、所言、所思，无不由其支配；我们所能做的力图挣脱被支配地位的每项努力，都只会昭示和肯定这一点。一个人在口头上可以声称绝不再受其主宰，但实际上他将照旧每时每刻对其俯首称臣。功利原理承认这一被支配地位，把它当作旨在依靠理性和法律之手建造福乐大厦的制度的基础。凡试图怀疑这个原理的制度，都是重虚轻实，任性昧理，从暗弃明。

共同体是个虚构体，由那些被认为可以说是构成其成员的个人组成。那么共同体的利益是什么呢？是组成共同体的若干成员的利益总和。

不理解什么是个人利益，谈论共同体的利益便毫无意义，当一个事物倾向于增大一个人的快乐总和时，或同义地说倾向于减小其痛苦总和时，它就被说成促进了这个人的利益，或为了这个人的利益。

（就整个共同体而言）当一项行动增大共同体幸福的倾向大于它减小这一幸福的倾向时，它就可以说是符合功利原理，或简言之，符合功利。

一个人对于一项符合功利原理的行动，总是可以说它是应当做的，或者至少可以说它不是不应当做的。也可以说，去做是对的，或者至少可以说去做是不错的：它是一项正确的行动，或者至少不是一项错误的行为。"㊁

这就是后来效用理论的思想雏形，它奠定了边沁在经济学领域的地位。边沁的功利主义思想深刻影响了萨伊、李嘉图、詹姆斯·穆勒、约翰·斯图亚特·穆勒、威廉姆·斯坦利·杰文斯、庇古㊂等人。

在《道德与立法原理导论》后面的篇章里，边沁试图寻找量化幸福和痛苦的标准，他将幸福的衡量分为七大标准：强度、持久性、确定性、类似性、多发性、丰度、纯度。他还将快乐和痛苦的类型进行了列举、分类和估算。边沁声称："快乐……和避免痛苦……能用数学定量表达的结果，这使我们清楚地理解了它们各自的价值。"㊃边沁力图将效用概念具体化，并将快乐和痛苦进行自然科学化的处理，这种计算快乐的想法，激励着一代又一代的经济学家，并影响了后来效用理论的发展。

在《经济科学的哲学》一书中，边沁主张财富是幸福的尺度，但随着财富的增加，边际效用是递减的。"对于两个拥有的财富数量不相等的人，立法者肯定会认为财富数量最大的

㊀ 边沁.道德与立法原理导论［M］.时殷弘，译.北京：商务印书馆，2000：151.
㊁ 边沁.道德与立法原理导论［M］.时殷弘，译.北京：商务印书馆，2000：57-59.
㊂ 威廉姆·斯坦利·杰文斯（1835—1882），英国著名的经济学家和逻辑学家。他在著作《政治经济学理论》（1871年）中提出了价值的边际效用理论。庇古（Arthur Cecil Pigou，1877—1959）是英国著名经济学家，剑桥学派的主要代表之一。
㊃ 转引自 E-K-亨特.经济思想史：一种批判性的视角［M］.颜鹏飞，译.上海：上海财经大学出版社，2007：106.

人拥有最大的幸福，但是幸福的数量不会按照接近财富数量的相同比例而增长……当一个人的财富数量超过另一个人并且继续增长的话，财富在产生幸福方面的效果将不断递减……"①边沁在这里提出了边际效用递减的思想。

除"功利主义"和"效用理论"这两大贡献外，边沁在经济学领域较为突出的贡献当属1787年发表的《为高利贷辩护》一书的观点：反对法律限制利率高低。边沁提出这一观点最重要的原因是限制利率会对经济产生负面影响。自中世纪以来欧洲法律就严格禁止贷款获息，后来逐渐被高利贷法取代，限定最高利息率。边沁认为旨在帮助贫困人口的反高利贷法律，实际上损害了其利益，任何立法者都不如个人自身能够更好地判断货币对于其自身的价值，限定最高利息率将使很多人无法得到贷款，使放贷人承受不当的耻辱，无异于鼓励借钱的人忘恩负义。②结果出发点和目标值没有很好地契合。边沁还认为禁止高利贷将会滋生贷款利率更高的黑色交易。在读完边沁的著作后，斯密的观点也发生了改变，他认识到统一利率合法上限的政策是错误的，政府不应调控利率的高低。③

三、边沁思想的政策含义

边沁一生致力于改革法律和发展立法科学。他强调立法者应该积极提高整个社会的总体幸福。国家应该为人们服务，而不是反过来。尽管一般而言，个人对如何最大化自身效用有良好的判断，但每个人追逐私人利益最大化不一定会达到多数人的最大幸福。所以，边沁在反对现存的大多数妨碍个人自由的政府管制与控制的同时，倡导政府在人们的利益非自然和谐的情况下，建立一种利益和谐机制，来实现功利主义。他将政府公共政策的重要目标设定为生存、安全、富足、平等，并希望政府通过立法完成这些政策目标。将"平等"列为政策目标，等于为约翰·斯图亚特·穆勒开拓了一条可以追随的道路——穆勒在分配问题上挑战了古典学派自然规律不可变更的信条，认为政治程序将发挥更大的作用。他还建议政府接管人寿，这就是社会保险思想的雏形。④

边沁认为，既然人类对幸福的感受程度是相等的，政府在制定社会、经济政策时就应向贫穷人口倾斜。在《政府片论》一书中，边沁写道："社会的所有成员都自然地是平等的……政府的控制权应该交给具有智慧、善良、力量三种品质的人。"⑤他对君主政体、贵族政体和民主政体进行分析，最后得出结论：每一种政府形式都有限制条件和弊端，但在"民主政体中，由于制定法律的权利属于全体人民，所以，可以比在其他两种政府中更容易找到公共道德或善良的意图""民主政体通常被设计成为最宜于以法律为目标的政府"。⑥他不断地强调政府在公共福利方面应该发挥的作用，比如在《政府片论》中强调政府拥有最高权力所具有的制定法律的义务。法律是带给人们幸福最大化的必要因素，法律具有指引、评价、预

---

① 转引自斯坦利 L 布鲁，兰迪 R 格兰特. 经济思想史（原书第 7 版）[M]. 邱晓燕，等译. 北京：北京大学出版社，2010：100.
② 斯坦利 L 布鲁，兰迪 R 格兰特. 经济思想史（原书第 7 版）[M]. 邱晓燕，等译. 北京：北京大学出版社，2010：101.
③ 史蒂文·普雷斯曼. 思想者的足迹：五十位重要的西方经济学家[M]. 陈海燕，等译. 南京：江苏人民出版社，2001：54-55.
④ 亨利·威廉·斯皮格尔. 经济思想的成长[M]. 晏智杰，等译. 北京：中国社会科学出版社，1999：294-295.
⑤ 边沁. 政府片论[M]. 沈叔平，等译. 北京：商务印书馆，1997：160.
⑥ 边沁. 政府片论[M]. 沈叔平，等译. 北京：商务印书馆，1997：168—175.

测、强制、教育作用，它具有普遍规范性，激励人们的行为符合道德规范或使公众利益最大化；另一个推动国家幸福最大化必不可少的因素就是教育，它不但能为人们提供一份好工作，还可以使他们具有辨别幸福和痛苦的能力。边沁认为政府就是帮助人民提高幸福程度的机构。⊖

边沁提出能够提高纯效用的政策就是一种好政策，相反则不是，这种方法就是"成本－效益分析"的雏形。他提出评价公共支出是否合理应当将由赋税所产生的成本预期与取得的效益进行比较，这种功利主义的教义成为李嘉图后来完成《政治经济学及赋税原理》一书的基础。之后的实践证明了这是一种评价政府拟定的政策、法律是否合理的有效方法。

边沁一手建立起来的功利主义，影响了詹姆斯·穆勒、约翰·斯图亚特·穆勒以及李嘉图等人。经过约翰·斯图亚特·穆勒的修正和经营，边沁的功利主义成为制定自由主义国家政策最主要的元素。

边沁的功利主义思想、经济自由思想、利息理论思想至今仍推动着经济学向前发展。边沁身处一个急剧变化的时代，政治、经济、文化都需要有新的进步和变革，边沁由于自身的使命感以及顺应时代的需求，呼吁社会改革，扩展思考领域，他也身体力行地加入到这个行列中。在他油尽灯枯的时候，经他不懈努力推动的一些方案，如议会改革、文官制度、统计调查都得以实践。

第二节　让·巴蒂斯特·萨伊——法国的"亚当·斯密"

一、执着的学术人生

让·巴蒂斯特·萨伊（Jean Baptiste Say，1767—1832）1767 年出生于法国里昂的商人之家，9 岁入私塾，但未及一年便辍学，举家迁往巴黎。由于家道中落，萨伊不到 12 岁就完全脱离普通教育，开始学习经商。19 岁时萨伊去英国完成商业教育，在那里了解到英国的工业革命正欣荣蓬勃。21 岁时，萨伊接触到《国富论》，同时法国爆发了资产阶级大革命，统治法国多个世纪的君主制度土崩瓦解，这时他正担任保险公司经理的秘书一职。25 岁时萨伊投笔从戎，不过在雅各宾执政后的 1793 年，他解甲归田。

1794 年，萨伊任《哲学、文艺和政治旬刊》杂志总编，在任职的 6 年间发表了很多经济学论文。1799 年拿破仑当政初期，萨伊被拿破仑元帅任命为法兰西法制委员会委员。其间，萨伊潜心学问，于 1803 年出版了经济学巨著《政治经济学概论》。但是此书出版之前，拿破仑要求他修改关于关税政策的部分章节，萨伊拒绝了，结果在《政治经济学概论》一书出版的同时萨伊被解除了公职。1804 年，拿破仑加冕称帝，告诉萨伊如果能悔悟投诚，则既往不咎并且委以重任，否则是自讨苦吃，但最终萨伊并没有低头。

被解职的萨伊，在巴黎的郊区与人合股创办了一个纺纱厂，并将公司管理得井井有条，公司业绩蒸蒸日上。直到 1813 年，拿破仑指挥莱比锡会战失败，被流放到地中海的厄尔巴岛，萨伊才离开自己的工厂，回到巴黎重新从事科研活动，并得到了波旁复辟王朝的赏识。1814 年，《政治经济学概论》第 2 版付梓，此书在萨伊有生之年被译为英文、意大利文和西

⊖ 史蒂文·普雷斯曼. 思想者的足迹：五十位重要的西方经济学家 [M]. 陈海燕，等译. 南京：江苏人民出版社，2001：56.

班牙文。萨伊到英国访问期间和李嘉图、马尔萨斯、边沁等英国经济学泰斗进行了交流，考察结束之后于1815年完成《论英国和英国人民》一书，主张一国之自由。

1816年以后萨伊一直在大学讲授政治经济学。1820年，他将自己课程的名称改为"产业经济学"，成为法国和人类历史上第一个产业经济学教授。1830年，萨伊担任法兰西学院政治经济学教授。1832年11月15日，萨伊于巴黎逝世，比他年长19岁的边沁也于同年离世。

二、萨伊的经济学贡献

1803年，萨伊出版了《政治经济学概论》一书，这距他认真研读亚当·斯密的《国富论》已经过去了15年。此书将斯密的经济理论条理化和系统化，用简单概括的方式加以介绍，从而使他成为欧洲和北美亚当·斯密最主要的传道者，同时萨伊也成为在欧洲大陆系统传播古典自由主义经济学思想的第一人。1817年萨伊又将他的经济学理论凝缩为一本《政治经济学精义》，1828~1830年，他又写了一部六卷的《政治经济学教程》，这使得他的思想进一步成熟连贯。他建立了自己的学说，第一次从理论上提出确立研究对象的重要性，开创了经济学注重一般数量关系研究的先河，因此，马克思把萨伊看作庸俗经济学的鼻祖。在萨伊的影响下，20世纪七八十年代美国兴起了一个影响力很大的经济学流派——供给学派。

萨伊对经济学的贡献主要有：①政治经济学"三分法"；②主观价值论；③企业家的重要作用；④萨伊定律。

（一）政治经济学"三分法"

在《政治经济学概论》一书的绪论部分，萨伊将政治学和政治经济学概念做了区分，并指出："财富本来不依存于政治组织。一个国家不管政体怎么样，只要国家事务处理得完善，就能够达到繁荣。"紧接着他又将政治经济学定义为"阐明财富怎样生产、分配与消费"的科学。据此，他把政治经济学分为生产、分配和消费三大部分加以论述，创立了三分法。

萨伊抽去了社会经济形态和人与人之间的关系，单独就人与物之间的关系展开讨论。他希望像研究自然规律一样研究政治经济学，这表明萨伊将斯密理论庸俗化，因此他成为资产阶级庸俗政治经济学创始人之一。

在对政治经济学进行界定时，萨伊将科学分为两类：叙述性科学和实验科学。前者向人们介绍一些物质及其性质，如植物学或博物学；后者则阐明事件是怎样发生的，如化学、物理和天文学。他将政治经济学归类为后者，他解释道："由于政治经济学说明有关财富的事件是怎样发生的，所以它成为实验科学的一部分。"后来萨伊又将政治经济学划分为阐述一般事实的科学：

"政治经济学根据那些总是经过仔细观察的事实，告诉我们财富的本质。它根据关于财富本质的知识，推断创造财富的方法，阐明分配财富的制度与跟着财富消灭而出现的现象。

㊀ 亨利·威廉·斯皮格尔. 经济思想的成长［M］. 晏智杰，等译. 北京：中国社会科学出版社，1999：224.
㊁ 亨利·威廉·斯皮格尔. 经济思想的成长［M］. 晏智杰，等译. 北京：中国社会科学出版社，1999：225.
㊂ 让·巴蒂斯特·萨伊. 政治经济学概论［M］. 陈福生，等译. 北京：商务印书馆，1997：15.
㊃ 让·巴蒂斯特·萨伊. 政治经济学概论［M］. 陈福生，等译. 北京：商务印书馆，1997：18.

换句话说，它说明所观察的和这一方面有关的一般事实。"⊖

在谈到财富的本质时，萨伊考察了柏拉图和亚里士多德的思想，认为尽管他们注意到了生产方式与最终结果存在必然联系，但柏拉图的社会分工理论完全是一种政治见解，而亚里士多德虽然区分了自然与不自然的生产并有所见解，但没有证明其依据，实质上并不懂得资本的本质与使用。直到斯密的《国富论》出版以后，财富本质的明确概念才得以形成。斯密通过归纳法论证了价值来自人的劳力，萨伊对此予以肯定，但进一步指出了其不足之处："只有人的劳力才能创造价值，这是错误的。更严密的分析表明，一切价值都是来自劳力的作用，或说得正确些，来自人的劳动加上自然力与资本的作用。"⊜

在建立自己的"生产、分配、消费"三分论时，萨伊指出斯密只是说明了农业生产的情况，并未明确说明商业生产的概念，因此斯密在讨论财富生产时不具有完备性。他指出物质不是人力所能创造的，人只能改变物质新的形态或扩大原有的效用，也就是人力所创造的不是物质而是效用，这种创造就是财富的生产。在社会财富分配方面，斯密理论中更是缺少系统说明；对于财富的消费，斯密理论几乎没有进展，与此同时，萨伊将消费分为生产性消费和再生产性消费。萨伊最终对财富做出了定义："财富是由协助自然力和促进自然力的人类劳动所赋予各种东西的价值组成的。"㊃

（二）主观价值论

萨伊认为价值是人的勤奋与自然和资本相结合的产物，并从他的效用价值基础理论中引申出生产三要素：劳动、土地、资本。萨伊强调效用性，认为效用不仅由那些生产有形物品的人生产，也由那些提供服务的人创造。㊄

萨伊认为价值由效用决定：生产过程创造具有内在价值的财富；价值衡量一个物品的效用，并由价格表示；市场供给和需求的关系决定价格高低，并形成价格的基础。至于生产费用的决定，萨伊认为在生产中，劳动、资本和土地提供了生产努力，付出了代价，由此萨伊总结道：工资是劳动生产性服务的报酬，是劳动生产力的价格；利息是资本生产性服务创造的价值；地租是土地的收入。

（三）企业家的重要作用

1815年，萨伊在修订《政治经济学概论》时第一次将企业家列入经济发展的要素之一。萨伊认为企业家就是冒险家，是除土地、劳动力、资本之外的第四种生产要素。萨伊将企业家角色定位为：将所有生产资料集中在一起，并对他所利用的全部资本，所支付的工资价值、利息和租金，以及属于他自己的利润进行重新安排。他们应用自身知识，发挥协调、决策和承担风险的作用，能够把经济资源从生产率较低和产量较小的领域转移到生产率较高和产量较大的领域。

⊖ 让·巴蒂斯特·萨伊.政治经济学概论［M］.陈福生，等译.北京：商务印书馆，1997：18.
⊜ 让·巴蒂斯特·萨伊.政治经济学概论［M］.陈福生，等译.北京：商务印书馆，1997：29.
㊂ 让·巴蒂斯特·萨伊.政治经济学概论［M］.陈福生，等译.北京：商务印书馆，1997：39.
㊃ 让·巴蒂斯特·萨伊.政治经济学概论［M］.陈福生，等译.北京：商务印书馆，1997：40-41，59，69.
㊄ 亨利·威廉·斯皮格尔.经济思想的成长［M］.晏智杰，等译.北京：中国社会科学出版社，1999：225.

萨伊将人的劳动分为三类：第一类是哲学家或科学家的劳动，其任务在于阐明理论；第二类是农场主、工厂主或商人的劳动，其任务在于应用；第三类是工人的劳动，其任务在于执行。萨伊认为工人和企业家没有什么本质区别，他们都是劳动者，只是各自的任务不同而已。然而，由于应用比执行更复杂、困难，故企业家所得到的工资比工人高。㊀萨伊还划分了利润："资本的利润和使用资本的劳动的利润，前者是对于资本的效用或使用资本所付的租金，即资本生产性服务的报酬，实质是利息；后者是企业家经营管理等的报酬，这就是企业家的收入。"㊁萨伊将企业家的角色单独列出，并从利润的角度解释了企业家收入的来源，为企业治理的专业化分工留下了浓墨重彩的一笔。

斯密在《国富论》中提到：人类的智慧以及人类对自然规律的认识，使其知道如何更好地利用自然所提供的资源。萨伊对企业家的定义正是斯密所提及的具有一定能力的能运用科学、组织工人进行生产的人。萨伊强调企业家精神，将其列为第四种生产要素，这和坎蒂隆的观点基本一致。

（四）萨伊定律

萨伊定律的核心思想被描述为"供给创造其自身的需求"。在萨伊的思想中，由于市场经济自我调节作用的存在，国民经济的个别部门会出现短暂供求失衡的现象，但不可能出现遍及国民经济所有部门的普遍性过剩。他在《政治经济学概论》中这样描述"供给创造需求"：

"一个人通过劳动创造某种效用，从而把价值授予某些东西。但除非别人掌握有购买这价值的手段，否则不会有人赏鉴有人出价购买这价值。上述手段由什么东西组成呢？由其他价值组成，即由同样是劳动、资本和土地的果实的其他产品组成。这个事实使我们得到一个乍看起来似乎是很离奇的结论，就是生产给产品创造需求。"㊂

萨伊把销售作为分析的出发点，他在《政治经济学概论》一书中举例阐明了"供给会自行创造需求，产品只能用产品支付"的正确性，在这中间他仅仅将货币视为交易媒介，他提到"销路呆滞不是因为缺少货币，而是因为缺少其他产品"，"某一种货物之所以过剩，是由于它的供给超过需求。它的供给之所以超过需求，则是因为它的生产太多，或因为别的产品生产过少"。㊃由此萨伊得出结论：

"（一）在一切社会，生产者越众多产品越多样化，产品便销得越快、越多和越广泛，而生产者所得的利润也越大，因为价格总是跟着需求增长……

（二）每一个企业都和全体的共同繁荣有利害关系。一个企业办得成功，就可帮助别的企业也达到成功……

（三）我们还可以从这个有益的原理引申出另一个结论，即购买和输入外国货物决不至损害国内或本国产业和生产……

（四）这原理又导致另一结论：仅仅鼓励消费并无益于商业，因为困难不在于刺激消费的欲望，而在于供给消费的手段，我们已经看到，只有生产是供给这些的手段。所以，激励生

㊀ 让·巴蒂斯特·萨伊. 政治经济学概论 [M]. 陈福生，等译. 北京：商务印书馆，1997：17.
㊁ 让·巴蒂斯特·萨伊. 政治经济学概论 [M]. 陈福生，等译. 北京：商务印书馆，1997：18.
㊂ 让·巴蒂斯特·萨伊. 政治经济学概论 [M]. 陈福生，等译. 北京：商务印书馆，1997：142.
㊃ 让·巴蒂斯特·萨伊. 政治经济学概论 [M]. 陈福生，等译. 北京：商务印书馆，1997：145.

产是贤明的政策，鼓励消费是拙劣的政策。"①

萨伊强调生产和消费决定市场容量，供给和需求决定产品价格。在他的萨伊定律中，由于供给创造了需求，因此社会的总需求始终等于总供给，它被用来论证资本主义普遍生产过剩的经济危机是不可能存在的。萨伊的经济理论对后来的资产阶级经济理论有很大的影响。

第三节　纳索·威廉·西尼尔——知行难以合一的辩护士

一、西尼尔其人

纳索·威廉·西尼尔（Nassau William Senior，1790—1864）1790年生于英国威尔特郡一个信奉英国国教的乡村牧师家庭，幼年接受父亲的教育，1803年以后就学于伊顿公学和牛津大学，1812年毕业于牛津大学，获得文学硕士学位，1819年在伦敦从事律师事务。1825～1830年和1847～1852年，西尼尔任牛津大学政治经济学教授。1831～1846年西尼尔在济贫委员会、工厂委员会、教育委员会等单位工作，并参与制定了1834年的《济贫法修正案》。西尼尔于1836年完成《政治经济学大纲》一书，1857年任皇家教育委员会委员。②

二、实证经济学

西尼尔对经济学理论和方法论的学术贡献见诸发表的讲义、期刊、小册子及政府报告，而他为我们所熟知则源于他在1836年发表的《政治经济学大纲》一书。

在《政治经济学大纲》的绪论中，西尼尔系统地表述了他对政治经济学研究对象和范围的见解，提出政治经济学应该是研究财富的性质、生产和分配的一门学科，而不应该牵扯有关价值判断、福利的讨论。③这就是著名的"纯经济"理论。西尼尔用"纯经济"理论解释了价值、利润、利息、工资等经济范畴，旨在解决政治经济学的主要困难——术语使用，术语使用一方面源于研究题材的复杂与术语的抽象概括之间的矛盾，另一方面源于采用日常语言引起的含义混淆。西尼尔希望借此确立经济学家的"推理"职责，理清以往经济学家在"推理"和"观测"岗位职能中间含糊不清的状态。④他也希望政治经济学能脱离价值判断和关心福利的范畴，确立一种具有一般原理性、有效性的实证经济学。⑤由此，西尼尔成为最早区分实证经济学与规范经济学的经济学家。

西尼尔在对政治经济学范围进行划分的同时，也对经济学家的职能做了简述，他认为经济学家能够指出各种经济行为所产生的后果，但是不应当离开实证科学分析的领域。简单地说，经济学家应该关心、回答"是什么"的问题，而不应该关心"应该是什么"的问题。⑥

---

① 让·巴蒂斯特·萨伊.政治经济学概论［M］.陈福生，等译.北京：商务印书馆，1997：147-149.
② 纳索·威廉·西尼尔.政治经济学大纲［M］.蔡受百，译.北京：商务印书馆，1986：中译本前言.
③ 纳索·威廉·西尼尔.政治经济学大纲［M］.蔡受百，译.北京：商务印书馆，1986：9，11.
④ 纳索·威廉·西尼尔.政治经济学大纲［M］.蔡受百，译.北京：商务印书馆，1986：15.
⑤ 亨利·威廉·斯皮格尔.经济思想的成长［M］.晏智杰，等译.北京：中国社会科学出版社，1999：305.
⑥ 哈里·兰德雷斯，等.经济思想史（原书第4版）［M］.周文，译.北京：人民邮电出版社，2014：173.

三、西尼尔的四个命题

在《政治经济学大纲》中，西尼尔单列了"政治经济学四个基本命题概述"一章，他认为这些原理是依据一般事实得出的，并能够得到实证检验。这四个基本命题如下：

"1. 每个人都希望以尽可能少的牺牲取得更多的财富。

2. 限制世界上的人口或限制生存在这个世界上的人数的，只是精神上或物质上的缺陷，或者是各阶级中各个人对于在养成的习惯下所要求的那类财富可能不足以适应其要求的顾虑。

3. 劳动的力量和生产财富的其他手段的力量，借助于将由此所产生的产品作为继续生产的工具，可以无定限地增加。

4. 假使农业技术不变，在某一个地区以内的土地上所使用的增益劳动，一般会产生比例递减的报酬，也就是说，尽管在土地上增加劳动，虽然总的报酬有所增加，但报酬不能随着劳动呈比例地增加。"①

在这四个命题中（见图7-2），第一个命题其实就是效用最大化原理，它是对功利主义的继承；第二个命题是人口原理，这是对马尔萨斯人口原理的沿袭；第三个命题是资本积累原理，西尼尔认为这个命题是节欲的效应；第四个命题则提出了收益递减原理，西尼尔由此成为边际效用价值论的先驱。

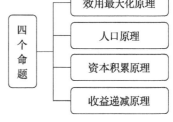

图 7-2 政治经济学的四个题

四、财富价值的三要素

西尼尔认为财富或价值是可以转移的，其供给是有定限的，可以直接或间接地产生愉快或防止痛苦的事物。由此他得出了财富的三要素：效用、供给有定限和可转移性。其中，"效用指的并不是我们称之为有用事物的内在特质，它所指的只是事物对人们的痛苦与愉快的关系"。②他认为只要一项事物有能带来直接或间接快乐的能力，并且带来的快乐对不同人而言有所差异，能形成交易动机，这就构成了价值的一个必要成分。这和萨伊的"价值产生的基础是效用"相一致。至于第二个要素供给有定限，则是就比较意义而言的，指限制数量可增加商品供给的阻力的比较强度，即商品供给生产成本的相对大小。西尼尔认为这一要素对价值的影响源于人性中两个最有力的要素：喜爱变换和喜爱体面。喜爱变换导致商品的边际效用递减，越稀少则价值越高；喜爱体面更重要，其表现为显示更多的财富，而唯一途径就是公开地拥有供给有定限的商品，并且这一商品具有公认的效用。由于商品的价值由供给和需求决定，即由供给阻力的强度和欲求的强度决定，而供给情况又影响商品的效用，故西尼尔视供给有定限为三个要素中最重要的要素。

第三个要素可转移性则由归纳总结而来。"我们用这个词来表明，足以产生愉快或防止痛苦的能力的全部或其一部分，是能够或者绝对地，或者在一个期间内被转移的。这就很明显，这一事物必须是能够被占有的；没有人能够将他无法摆脱的东西转让给别人。关于愉快产生和痛苦防止的根源的绝对不能被占有的情况是很少见的。"③

---

① 纳索·威廉·西尼尔.政治经济学大纲[M].蔡受百，译.北京：商务印书馆，1986：46.
② 纳索·威廉·西尼尔.政治经济学大纲[M].蔡受百，译.北京：商务印书馆，1986：18.
③ 纳索·威廉·西尼尔.政治经济学大纲[M].蔡受百，译.北京：商务印书馆，1986：20.

五、节欲论

西尼尔认为人类的劳动、自然要素、节欲构成了生产的三个手段，工人的劳动和资本家的节欲总和是生产成本，即西尼尔的生产成本是一种主观价值。工人牺牲安逸得到工资，资本家牺牲眼前享乐得到利润，这都是节欲的结果。他这样描述节欲："个人的这样一种行为，对于他可以自由使用的那个部分，或者是不作废生产性地使用，或者是有计划地宁愿从事于其效果在于将来而不在于眼前的生产。"① 西尼尔还指出要使人类的节制和劳动有发挥余地，就得借助于与人类力量所不同的自然力量，因而自然要素是生产手段之一。

由于牺牲和节欲都是主观价值，无法估量，故西尼尔用使用价格即货币价值替换了一般价值。他认为商品的交换价值取决于需求与供给，他把价值看作物品交换的一种比例关系，这种关系的确定既取决于这种商品的需求与供给，又取决于另一种商品的需求与供给。

六、最后 1 小时论

1833 年英国工厂法规定，除了特殊规定以外，每个人不得做工 12 小时以上。工会代表工人阶级开展了争取 10 小时工作运动，但 1837 年西尼尔在《关于工厂法对棉纺织业的影响的书信》一书中，尖锐地反对法定 10 小时工作日。他根据一系列假定，经过混乱、错误的推理后认为，工人每天工作 10 小时生产的价值刚好补充资本家的垫付和生产折旧，从而只在最后 1 小时创造"纯利润"，而最后一个半小时是创造"总利润"。如果工作日由当时的 11 个半小时缩短到 10 小时，则总利润就消失了，资本家就会因无利可图而不得不关闭工厂。② 这就是西尼尔的"最后 1 小时论"，后来马克思对此提出了尖锐的批评。

七、政策立场

西尼尔虽然主张经济自由理论，却不是自由放任的支持者，而是在实际具体操作中根据经验灵活处理。在某些问题上，他甚至主张政府采取积极措施进行干预。在长期的公共职业生涯中，西尼尔提出了一些具体的经济政策。

（一）济贫法

1832 年西尼尔被任命为济贫委员会的成员。当时的主要经济学家在贫困问题上主张彻底依赖私人慈善，他们的主流观点是身强力壮的穷人的处境是他们自身懒惰或放纵的结果，而不是社会公共条件所致，因此政府没有必要承担起济贫的责任。但西尼尔的努力推动了 1834 年济贫法改革的实施。该法案确立了这样一个原则，即接受救济的人的生活条件应该比那些最低等的独立劳动者的生活条件要差。这项法案实施后 100 年，人们意识到国家应该承担起保持充分就业的职能。③

---

① 纳索·威廉·西尼尔. 政治经济学大纲[M]. 蔡受百, 译. 北京：商务印书馆，1986：93.
② 纳索·威廉·西尼尔. 政治经济学大纲[M]. 蔡受百, 译. 北京：商务印书馆，1986：中译本前言.
③ 亨利·威廉·斯皮格尔. 经济思想的成长[M]. 晏智杰，等译. 北京：中国社会科学出版社，1999：306.

(二) 行业工会

西尼尔对工会毫无同情心,因为他相信,劳动者个人是其自身利益的最好判别者。[○] 作为一名经济自由、有限政府、劳动力流动的热情支持者,西尼尔反对行业工会运动,并建议禁止劳动力对贸易的共谋与限制,严惩组建工会的一切请求,禁止和严惩一切工会纠察,没收工会的基金,用公共资金补偿那些在抵制工会过程中受伤的人。[○]

(三) 工厂法

虽然西尼尔赞同对童工而非妇女就业施加管制,但是在1837年的小册子《关于工厂法对棉纺织业的影响的书信》中,他坚持反对工厂法所规定的10小时工作时间。根据他所推论出的"最后一小时论",把生产时间缩短1小时以上将使资本家丧失利润,工厂将因此倒闭,结果就是英国在与外国生产者的竞争中被摧毁。出于这种考虑,西尼尔强烈反对工厂法。

第四节 弗雷德里克·巴斯夏——最坚定的自由贸易倡导者

弗雷德里克·巴斯夏(Frédéric Bastiat,1801—1850)是19世纪上半期法国和欧洲大陆最著名的经济学家,他是最坚定的自由贸易倡导者,是阶级利益和谐论的创始人之一。

一、"破窗理论"第一人

巴斯夏1801年出生于法国南部巴约讷的一个富商之家,自幼受到良好的教育,但7岁时母亲去世,9岁时父亲去世,很早成为孤儿,后来由他的婶婶抚养长大。他18岁时开始随祖父经商,1826年随着祖父的去世继承了祖父的产业,成为一个酒业资本家。1830年法国革命开始时,他当选为本地法官,开始涉猎哲学、社会学、经济学方面的著作,后移居巴黎,积极从事反对垄断和反对社会主义的活动。1846年,他在巴黎发起成立了争取自由贸易协会,组织全国的自由贸易协会活动。1848年欧洲革命后,巴斯夏写了不少论著来反对当时在法国广泛传播的空想社会主义思想。在1848～1849年法国资产阶级大革命期间,他当选为制宪会议和立法会议的代表,抨击临时政府组织的"国民工厂"。巴斯夏早年遍游法国宣传自由主义,但因感染肺结核,最终于1850年圣诞节死于意大利的罗马,临死时他宣布好友古斯塔夫·德·莫利纳里为他的思想继承人。

二、自由贸易的倡导者

巴斯夏贸易自由的经济思想源于英国《谷物法》废除后在西欧兴起的自由贸易运动。

[○] 哈里·兰德雷斯,大卫 C 柯南德尔. 经济思想史(原书第4版)[M]. 周文,译. 北京:人民邮电出版社,2014:173.

[○] 转引斯坦利 L 布鲁,兰迪 R 格兰特. 经济思想史(原书第7版)[M]. 邸晓燕,等译. 北京:北京大学出版社,2010:109.

《谷物法》为了保护英国农民及地主免受来自成本低廉进口谷物的竞争强制实施进口税，导致 19 世纪 30 年代后期物价攀升和社会骚乱，英国各地相继成立反谷物法的组织。1838 年年底，曼彻斯特几个大厂主创立了反谷物法协会，该协会立即壮大起来，1840 年，一位叫理查德·科布登的厂主将松散的反谷物法协会联合起来组成了全国性的反谷物法同盟。经过群众集会和请愿上书，1846 年英国议会宣布废除了《谷物法》。这标志着英国自由贸易政策的确立。

科布登发起的自由贸易运动影响了法国的巴斯夏。1840 年，巴斯夏在一份报纸上看到一则介绍科布登发起的反谷物法同盟并宣传自由贸易的报道，自此，他开始潜心研究自由贸易问题，并于 1844 年发表了引起轰动的"法国和英国的关税对两国国民前途的影响"一文。1845 年巴斯夏去英国实地考察，与科布登结下了深厚的友谊。

1846 年，巴斯夏在科布登的鼓励下在法国组建了全国性的自由贸易协会。他四处游历宣传自由贸易，发表了很多批判贸易保护主义的文章，并命名为《经济学诡辩》结集出版，其中包括非常有名的《蜡烛商的请愿书》，他借助蜡烛制造商希望用幕布消除阳光的比喻，抨击了贸易保护主义。

巴斯夏在《经济学诡辩》的前言中写道："我不认为保护主义拥护者的出发点是为了一己私利，但我认为反对自由贸易的理由是牵强的，或换言之，是半对半错的。"⊖巴斯夏主张废除保护主义制度，但并不反对向政府缴税。他认为关税不应该成为向对方国家工人勒索的手段，而应该是一种良税。

《经济学诡辩》一书汇集了从各个方面揭露贸易保护主义者的谬论。他在 1850 年发表的"看得见的与看不见的"一文中提出"破窗理论"，指出虽然采取贸易保护主义的政策促进了工业——这是人们能看到的，但它破坏了许多其他东西——这是人们看不见的。坏的经济学家指出看得见的，好的经济学家指出看不见的。⊜

三、和谐经济论

巴斯夏早年写的论文和小册子奠定了他的思想基础，晚年出版的《和谐经济论》则阐明了他的经济自由主义理论。他希望此书可以引导人们认识一切正当利益彼此和谐这个真理。巴斯夏提出社会需要一种人为秩序，这种人为秩序就需要建立在"上帝意志"和"人的本性"的基础之上。

巴斯夏认为和谐的社会机制是以人的需要为基础的。他从政治经济学入手，指出人的需要源自人的欲望。一个人需要得到的东西正是其他人努力劳动所得，劳动成果的转移和劳务的交换组成了政治经济学的研究范畴。

巴斯夏继承了斯密关于社会分工的观点，认为社会分工产生市场交换，这种交换维系了社会的发展。人们彼此互相提供劳务，在交换过程中确认和产生价值。物的价值就是劳务的价值，人们交换物的过程其实就是交换价值的过程，这就是巴斯夏的劳务价值论。这与斯密所说的价值在于物质性，萨伊所说的价值来源于效用性，西尼尔所说的价值在于稀缺性等观点相异。巴斯夏的劳务价值论成为他的和谐经济理论体系的重要支柱。

在劳务价值论的基础上，巴斯夏论证了社会各阶级的利益和谐，他主要谈论了劳资关系的和谐和资本内部的和谐。他抛开了社会各阶级的性质，认为各阶级之间都是劳务交

⊖ 弗雷德里克·巴斯夏.经济学诡辩[M].麻勇爱，等译.北京：机械工业出版社，2010：前言.
⊜ 弗雷德里克·巴斯夏.财产、法律与政府[M].秋风，译.贵阳：贵州人民出版社，2004：1-2.

换劳务，劳务具有一般性，劳动与资本的利益是一致的、和谐的，因而各阶级的共同利益是一致的。只有实行贸易自由和创建竞争环境，才能使社会各阶级的利益趋于和谐。因此，巴斯夏建立的和谐经济理论体系，都是为他的自由贸易主张做铺垫的。在《和谐经济论》的导言中，巴斯夏写道"所有合法的利益都是和谐的"，这也使他成为庸俗经济学家的一员。

背景链接 7-1　蜡烛制造商关于禁止太阳光线的陈情书⊖

蜡烛、纸媒、提灯、烛台、路灯、烛花剪、灭烛器制造商，动物油脂、植物油脂、树脂、酒精及与照明有关的各种商品的生产者，致尊敬的国会议员们：

先生们

你们做得对极了。你们拒绝抽象的理论，也不考虑廉价和充足。你们最关心的是生产者的利益。你们期望保护他们免受外国的竞争，以便能把国内市场留给国内工业。

我们想给你们提供一个难得的机会来运用你们的——我们怎么称呼它呢？你们的理论？不，没有什么比理论更具欺骗性了。你们的教条，你们的制度还是你们的原则？但是你们不喜欢教条，你们厌恶制度，而至于原则，你们否认在社会经济中有什么原则。那么我们就说说你们的实践吧——你们的实践既没有理论，也没有原则。

我们正在遭受一个国外竞争对手的不可容忍的竞争。跟我们比起来，他在生产光方面占据非常优越的地位，他的光以惊人的低价绝对地充斥我们的国内市场。他得意得很——因为所有的消费者都给他弄走了。有无数分支的本国的工业的一个分支就这么一下子完全地停滞了。这个对手不是别人，就是太阳。他向我们发动战争，而我们怀疑，随着有利政策的出现，太阳已经身价百倍。他对我们这个傲慢的岛屿是谨慎周到的，而对于我们他却省却了这些谨慎和小心。

我们祈求你们能通过一项法律，让所有的窗户、天窗、屋顶窗、里里外外的百叶窗、窗帘、遮帘、圆窗统统关上。一言以蔽之，所有的空隙、洞穴、通道、裂缝，凡是太阳光可以凭借进入屋子里的地方都应该堵上。我们自诩为有功的制造商，照顾到了国家的利益，而国家出于感激，也不应该将我们置于现在如此不平等的竞争中。

我们相信，先生们，你们不舍把我们的要求看作是一种讽刺，或者还没有倾听一下我们要求给予支持的理由就加以拒绝吧。

首先，如果你们尽可能关闭所有的自然光进入的通道，并创造出对人造光的需求，那么我们法国的制造商不是会因此而深受鼓舞吗？

如果需要消费更多的动物油脂，那么肯定需要更多的牛和羊；这样，我们就会看到更多的草地、牛肉、羊毛、羊皮、牛皮，而首先是粪肥，它是所有农业财富的基础。

如果需要消费更多的油料，那么我们就会扩大种植罂粟、橄榄树和油菜。这些富有养分的植物可以恰如其时地使我们的土壤变得如肥沃，从而使我们的土地养殖更多的牛羊牲畜。

我们灌木丛生的荒原将被富含树脂的树所覆盖。山上无数成群的蜜蜂将来这里采集花粉，却把芬芳的气息遗留在空气中，就像散发着芳香的花朵一样。到那时，农业各个部门的

⊖ 弗雷德里克·巴斯夏.财产、法律与政府［M］.秋风，译.贵阳：贵州人民出版社，2004：397-402.

发展就会令人欢欣鼓舞。

航海业也会出现同样的局面。几千艘轮船将出海捕鲸。而且很快地,我们将拥有一支能保持法国荣耀的海军,而这应当归功于在请愿书上签名的蜡烛制造商以及其他人的爱国主义的灵感。

我们巴黎的产品制造会怎样呢?从今往后你们会看到形形色色镀金的、铜铸的、水晶的烛台、油灯和枝形吊灯,在宽敞的商品陈列室里闪闪发光,而现在这些产品只能称作商店里的日用杂货。

不论是海边高处割树脂的贫穷工人还是黑漆漆的矿井下采煤的工人都会因较高的工资和日益增长的繁荣而高兴。

先生们,上帝可以作征,你们也将看到,所有的法国人,无论是富裕的矿主还是卑微的火柴小贩,他们的命运都将因为我们请愿的成功而得以改善。

我们料到你们会反对我们的请求,但是,先生们,我们知道,你们反对我们的理由不外乎你们从自由贸易的支持者们已过时的著作中拾起的只言片语罢了。我们反对你们对我们说任何反对的话。这些话只会反过来伤害到你们自己以及你们的整个政策。

你们会告诉我们,如果我们从我们期望的保护中获得好处的话,国家就会因此遭受损失,因为消费者会蒙受损失。

我们的回答是:

你们没有权利保护消费者的利益,因为每当消费者的利益与生产者的利益发生冲突时,你们总是牺牲前者。你们以前那么做是为了鼓励劳动,增加就业。为了同样的目的,你们应该再次保护生产者。

你们自己已经排除了这种反对意见。当你们被告知,消费者对铁、煤、谷物、纺织品等的自由进口感兴趣,你们就回答:对,但是生产者对把这些东西排斥在国门之外感兴趣。好,就这样吧。如果消费者对自然光的自由进入感兴趣,那么人工光的生产者同样对禁止自然光的进入感兴趣。

你们或许又会说,生产者和消费者是相同的。可是,如果制造商从保护中得到好处,他也会让农民得到好处。而如果农民富裕了,他就会对制造商敞开出路。这不是很好吗?如果你们把独占权授予我们,让我们在白天提供光亮,首先我们就会购买大量的油脂、煤、柴油、松香、蜡、酒精,还有银、铁、铜、水晶来进行我们的生产。这样一来,我们和那些向我们提供这些商品的人们就会变得更加富裕,消费得更多,从而使我们的民族工业的各个部门繁荣昌盛。

如果你们要强调阳光是大自然免费赐予的礼物,而拒绝这样的礼物就是在鼓励获取它的方法的托词下拒绝财富本身,那么我们想提醒你们注意,这会对你们自己的政策以致命的打击。记住,到目前为止,你们都是抵制外国产品的,因为它们比本国产品更接近免费礼品的特点。在答应其他垄断者的强烈要求时睁一只眼闭一只眼,而拒绝我们却仅仅因为我们比别人处于一个更强有力的有利地位。换句话说,这是在荒唐之上再堆积一些荒唐而已。

在生产产品方面,自然与人力依国家和气候条件以各种不同的比例进行合作,自然的那一部分总是免费的,而人力付出的那一部分才构成价值,并得到报酬。

如果里斯本的橙卖的价钱只有巴黎的橙的一半,那是因为自然的从而是免费的热量使里斯本的橙便宜. 而巴黎的橙是人工的热量培养的,因此更贵。当橙从葡萄牙运来时,我们或许会下结论说,这橙部分是免费的,部分是辛苦劳动得来的。换句话说,与巴黎的橙相比,它只值一半的价钱。

正是这免费的一半我们认为应该被拒绝接受。你们说，国内劳动力怎能与国外劳动力竞争呢，因为前者什么都得做，而后者只需做一半——太阳使他们免了另一半。但是，假如这免费的一半使你们决定排斥国外竞争，那免费的全部又怎会导致你们接受竞争呢，如果你们始终如一的话，你们不仅会抵制对国内工业有害的半免费的外国产品，而且会加倍地抵制那全免费的东西的进入。

因此，当煤、铁、谷物或纺织品等产品从海外运来时，我们可以用比自己生产更少的劳动力获得，差别在于给我们带来的免费的礼物。礼物的多少因差别的大小程度而异。当外国厂商要求我们付 3/4、1/2 或 1/4 的价格时，我们应该付的就是产品价值的 1/4、1/2 或 3/4。当捐赠者（比如太阳赐予我们光）对我们没有任何要求时，那就十全十美了。我们要问的问题是：你们是希望我们的国家获益于免费的消费，还是要那种由繁重的生产所产生的虚假的利益呢？你们自己做选择吧！但要合理。既然你们抵制那些价格趋近于零的煤、铁、谷物以及纺织品等，却接纳那价格整天都是零的阳光，这不是过于自相矛盾了吗？

问题讨论

1. 如何评价边沁的"功利主义"？
2. 阐述萨伊的利润理论及其影响。
3. 如何认识西尼尔的四个基本命题？
4. 哈耶克在他一篇非常著名的论文"个人主义：真实的和虚假的"中，宣称法国知识分子传统深受理性主义的影响，反对自发秩序的市场解释。但是在 19 世纪早期，法国理论中的自由放任传统比从亚当·斯密到李嘉图的英国古典传统，走得更为彻底。巴斯夏就是法国市场理论家中最具影响力的一位干将。为什么这个传统后来发生了历史的中断和转折？

本章推荐

［1］边沁. 政府片论［M］. 沈叔平，等译. 北京：商务印书馆，1997.
［2］杰拉德·波斯特玛. 边沁与普通法传统［M］. 徐同远，译. 北京：法律出版社，2014.
［3］让·巴蒂斯特·萨伊. 政治经济学概论［M］. 陈福生，等译. 北京：商务印书馆，1997.
［4］纳索·威廉·西尼尔. 政治经济学大纲［M］. 蔡受百，译. 北京：商务印书馆，1986.
［5］弗雷德里克·巴斯夏. 和谐经济论［M］. 王家宝，等译. 北京：中国社会科学出版社，1995.

参考文献

［1］弗雷德里克·巴斯夏. 和谐经济论［M］. 王家宝，等译. 北京：中国社会科学出版社，1995.
［2］边沁. 政府片论［M］. 沈叔平，等译. 北京：商务印书馆，1997.
［3］史蒂文·普雷斯曼. 思想者的足迹：五十位重要的西方经济学家［M］. 陈海燕，等译. 南京：江苏人民出版社，2001.
［4］罗素. 西方哲学史（下卷）［M］. 马元德，译. 北京：商务印书馆，1976.
［5］舒远招，朱俊林. 系统功利主义的奠基人：杰里米·边沁［M］. 保定：河北大学出版社，2005.
［6］边沁. 道德与立法原理导论［M］. 时殷弘，译. 北京：商务印书馆，2000.

[7] 斯坦利 L 布鲁，兰迪 R 格兰特．经济思想史（原书第 7 版）[M]．邱晓燕，等译．北京：北京大学出版社，2010．

[8] E K 亨特．经济思想史：一种批判性的视角 [M]．颜鹏飞，译．上海：上海财经大学出版社，2007．

[9] 亨利·威廉·斯皮格尔．经济思想的成长 [M]．晏智杰，等译．北京：中国社会科学出版社，1999．

[10] 让·巴蒂斯特·萨伊．政治经济学概论 [M]．陈福生，等译．北京：商务印书馆，1997．

[11] 纳索·威廉·西尼尔．政治经济学大纲 [M]．蔡受百，译．北京：商务印书馆，1986．

[12] 哈里·兰德雷斯，大卫 C 柯南德尔．经济思想史（原书第 4 版）[M]．周文，译．北京：人民邮电出版社，2014．

[13] 弗雷德里克·巴斯夏．经济学诡辩 [M]．麻勇爱，等译．北京：机械工业出版社，2010．

[14] 弗雷德里克·巴斯夏．财产、法律与政府 [M]．秋风，译．贵阳：贵州人民出版社，2004．

第八章

约翰·斯图亚特·穆勒

> 驱使或者说激励天才工作的，并不是什么新的思想，是萦绕在他们脑中的那些已被人阐述过却又阐述得不够充分的思想。
>
> ——德拉克洛瓦

本章大纲

- 第一节 子承父业的小穆勒
- 第二节 穆勒的经济学贡献
- 一、功利主义
- 二、自由主义与国家适度干预
- 三、国际贸易
- 四、经济增长
- 五、社会改良
- 六、其他贡献

主要著作列表

姓名	著作	成书时间
约翰·斯图亚特·穆勒	《逻辑学体系》(A System of Logic)	1843年
	《论政治经济学中若干未解决的问题》(Essays on Some Unsettled Questions of Political Economy)	1844年
	《政治经济学原理》(The Principles of Political Economy)	1848年
	《论自由》(On Liberty)	1859年
	《代议制政府》(Considerations on Representative Government)	1861年
	《功利主义》(Utilitarianism)	1863年
	《论妇女的从属地位》(The Subjection of Women)	1869年

思维导图

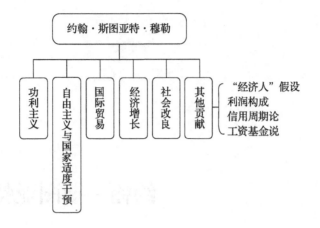

约翰·斯图亚特·穆勒是 19 世纪英国著名的经济学家和哲学家，也是 19 世纪最具影响力的古典自由主义思想家之一。幼年时，他在父亲的引导下接触了边沁的功利主义，成为边沁功利主义的信奉者和传播者。穆勒的《政治经济学原理》的主要内容如图 8-1 所示。

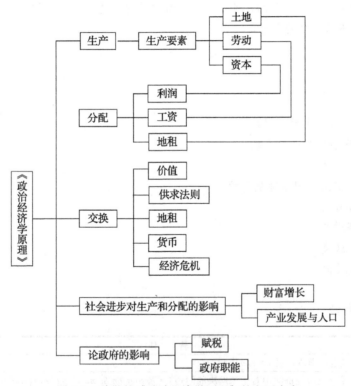

图 8-1　穆勒的《政治经济学原理》的主要内容

第一节　子承父业的小穆勒

约翰·斯图亚特·穆勒于 1806 年 5 月 20 日出生在伦敦，他的父亲詹姆斯·穆勒是 19

世纪初期主要知识分子之一,不仅是经济学家,还是历史学家和哲学家,他用奇特的教育方式培养出了一个更加优秀的儿子。后人代称这对出色的父子为"老穆勒"和"小穆勒"。老穆勒是个穷酸的苏格兰人,自命不凡,不愿受人庇护,除了一些不稳定的稿酬之外,没有其他收入。然而就在这种情况下,他结婚了,还养活了一家人。在如此沉重的负担下,老穆勒耗时大约10年完成了《英属印度史》的写作。在厉行纪律的父亲的指导下,小穆勒3岁开始学习希腊文,8岁开始学习拉丁文;12岁时已在父亲的引导下遍读了诸多希腊散文家的原著以及拉丁文读物,并开始研究逻辑学和霍布斯的作品;13岁时对政治经济学领域的一切做了全面性研究;14岁时开始独立学习,并在15～18岁期间编辑出版了边沁的五卷手稿;19岁时开始发表独创性学术论文……他没有假期,没有男性玩伴。然而这种学习经历似乎并不是我们

小穆勒

所想的那般不可承受:老穆勒总是鼓励小穆勒做更多的尝试,因此小穆勒开始尝试写诗,并在日后承认这种练习对他后来学会即兴表达有所助益;⊖在父亲卷帙浩繁的藏书里,小穆勒总能找到使他着迷的书籍;自主阅读和与父亲散步对话的学习方式,使小穆勒不仅迅速吸收了知识,还从与父亲的朋友李嘉图、休谟、边沁等人的结识中获益……但在另一方面,这确实是一种奇特的教养方式,小穆勒在20岁时不可避免地得了神经衰弱,那个曾经滋养他的微妙而枯燥的理智世界突然变得了无生气,而即使从理性转向感情,歌德、沃兹沃斯和圣西门在作品中谈论感情时的严肃依旧无法缓解他的忧郁,直到24岁时,他遇上了哈莉耶特·泰勒。

1851年,泰勒先生过世,穆勒与哈莉耶特结束20年的柏拉图之恋而结为连理。然而仅仅七年半之后,在穆勒从肺结核(当时被视为绝症)中奇迹般康复的同时,哈莉耶特却因肺充血而离世了。哈莉耶特以及她的女儿海伦填补了穆勒晚熟的感情空缺,对他的思想产生了深远影响,穆勒在回忆中强调自己的作品是3个人的理智和良心,而非一己之作。

尽管13岁时就通晓了当时的政治经济学,但直到30年后,穆勒才撰写了两大册出色的巨著《政治经济学原理》,并且非常成功,不仅昂贵的二卷本发行到第7版,而且他为劳动阶级自费发行的5版廉价本也在他过世前销售一空。穆勒成为当时的"大经济学家"。而在经济学以外的领域,穆勒也创作出了相应的经典——《论自由》《逻辑学体系》《代议制政府》《功利主义》。另外,超凡入圣的人品也使得才华横溢的穆勒在他那个时代受人尊敬到几乎被崇拜的地步。

第二节 穆勒的经济学贡献

19世纪初期工业革命如火如荼,到了19世纪30年代,新兴工业资产阶级在英法两国都已经夺取了政权,英国于1832年进行了著名的议会改革,资产阶级进入统治阶层,致使

⊖ 约翰·穆勒.约翰·穆勒自传[M].吴良健,等译.北京:商务印书馆,1987:11-12.

无产阶级和资产阶级的矛盾日趋尖锐。到了 19 世纪五六十年代，英法社会经济稳步发展，资产阶级经济学说出现了新的变化，为资产阶级充当辩护士的巴斯夏异常耀眼，而欧文空想社会主义学说也掀起了社会改良运动。恰逢其时生活了 19 世纪前四分之三世纪的穆勒，在这种社会大变革和大转型中，充分吸收了包括他的父亲詹姆斯·穆勒在内的边沁、科尔里奇、圣西门、孔德和托克维尔等人的思想精华，经过咀嚼反刍，终于完成了经济学说史上的第一次大综合，成为一位具有重要转型意义的经济学家，被后人称作"折衷主义大师"。㊀

穆勒在哲学、经济学、逻辑学、心理学领域都颇有建树，从某种程度上来说，穆勒是一位"大杂家"，他对古典经济学进行了扩充和发展，诠释了经济学的哲学基础，倡导了个人民主自由，厘清了政府职能。㊁我们很难对穆勒在经济思想发展史中的地位进行归类，正如托德 G. 布克豪兹所言："通过穆勒我们看到了古典经济学基础中的哲学冲突。"㊂他身处一个转型时期，在各种学说的影响下，他选择了折衷。在他的经济学思想中，蕴含着丰富的经济伦理思想，他在对财富、机会均等、经济自由、功利主义的分析中都添加了人性成分。

穆勒的大多数经济思想在他 1848 年发表的《政治经济学原理》一书中得到了体现。从 1848 年到 1871 年，此书共连续修订了 7 版，在马歇尔的《经济学原理》（1890 年）出版前的 50 年内在英国的经济学教育中占据统治地位。这本在 19 世纪后半期无可争议的经典之作，融合了古典和反古典的众多因素，充分展示了应用于实际问题的古典经济学的风貌。接下来我们将对穆勒主要的经济学贡献进行介绍。

一、功利主义

穆勒从小受到边沁功利主义的浸染，在 16 岁第一次接触边沁的《道德与立法原理导论》一书之后，他便确立了"幸福最大化原则"是人类一切行为准则的信条，在 20 岁受挫之后，他更加确认了它的正确性。当时无产阶级和资产阶级矛盾突出，于是穆勒在边沁的功利主义中添加了新的佐料，他开始关心他人的幸福，强调功利主义的目标应该是"使行为者和与此有关的一切人都得到幸福，支持最大多数人的最大幸福"这一最高伦理原则，并希望通过某些改良主义来调和资产阶级和无产阶级的矛盾。

在 1863 年出版的《功利主义》一书中，他在认同边沁的中心思想的基础上，批评了边沁将人的感性快乐和精神快乐完全等同起来的做法，提出了幸福是有"质"和"量"之分的。因此，"做一个不满足的人总比做一个满足的猪要好些，做一个不满足的苏格拉底，总比做一个满足的傻子要好些。如果傻子或猪有不同的看法，那是因为他们只知道自己那个方面的问题。苏格拉底一类人，则知道彼我两方面"。㊃他通过赋予快乐质量维度来支持他的功利主义。㊄在晚年受到来自宪章主义、社会主义、工会主义思潮的影响后，穆勒在矛盾的抉择中指出，每个人都应该得到自己最大的快乐和幸福，他强调普遍幸福，而非纯个人利益的最

㊀ 史蒂文·普雷斯曼.思想者的足迹：五十位重要的西方经济学家 [M].陈海燕，等译.南京：江苏人民出版社，2001：91.
㊁ 史蒂文·普雷斯曼.思想者的足迹：五十位重要的西方经济学家 [M].陈海燕，等译.南京：江苏人民出版社，2001：92.
㊂ 转引哈里·兰德雷斯，大卫 C 柯南思尔.经济思想史（原书第 4 版）[M].周文，译.北京：人民邮电出版社，2014：169.
㊃ 周辅成.西方伦理学名著选集（下卷）[M].北京：商务印书馆，1987：245.
㊄ 亨利·威廉·斯皮格尔.经济思想的成长 [M].晏智杰，等译.北京：中国社会科学出版社，1999：320.

大化。

穆勒将功利主义运用到政治经济学的研究中，将财富的生产确立为经济发展，将分配确立为社会法则，这就是穆勒著名的"两分法"。他支持通过财富再分配手段实现社会的平等，这最终形成了以分配问题为中心的社会公平思想。○

总之，穆勒的功利主义思想在某种意义上比边沁更理性。因此，在穆勒的经营下，边沁的功利主义思想更臻于完善。

二、自由主义与国家适度干预

《论自由》是穆勒"自由主义"核心思想的体现，其因对个人自由的热情辩护及以清晰的逻辑对自由主义原理做出的杰出阐释，被尊称为"自由主义之圣"。在书中穆勒分析了政府和个人的关系，主张政府和社会不应限制个人自由，除非这种个人自由损害到他人的利益。㊁他支持"思想自由"和"言论自由"，认为对思想和言论的压迫比其他政治压迫更加可怕。穆勒的《论自由》一书多次阐明："多样化是进步的佐料，充分的个性发展是社会发展的前提条件。如果压制个性，社会就会充满庸人，人类生活就会变成一池死水。"他将个人自由、多样性与公正视为公共生活中的最高价值。

穆勒在自由主义思想史中首次提出社会具有合法施用于个人的权力，划定了个人自由与社会控制的界限。《论自由》表示了他对放任思想的强烈赞同，但是他与斯密观点的不同在于，他认为自由放任会促成最大程度的个人发展，并且这是一种人类制度的安排，而非一种自然法则。㊂之后在《论妇女的从属地位》一书中，穆勒提出了妇女平等的观点。他希望妇女可以一同与男性参与竞争就业，这样社会就业就会达到最佳用人状态。㊃

在《论自由》一书中，穆勒本人对个人与社会的权利是这样划定的：

"个人的行动只要不涉及自身以外什么人的利害，个人就不必向社会负责交代。他人若为着自己的好处而认为有必要时，可以对他忠告、指教、劝说以至远而避之，这些就是社会要对他的行为表示不喜或非难时所仅能采取的正当步骤。第二，关于对他人利益有害的行动，个人则应当负责交代，并且还应当承受或是社会的或是法律的惩罚，假如社会的意见认为需要用这种或那种惩罚来保护它自己的话。"㊄

从这段表述中我们看到"法无禁止即可为"和"法无授权不可为"法律适用原则的雏形，它是建立在"最大多数人的最大幸福"这一功利原则上的。穆勒坚持斯密自由放任的原则，支持个人自由在一定范围内不应受到侵犯，论述了政府职能对个人思想、行为、言论的影响，建议企业应该由具有最大利害关系的私人经营。但政府在人身和财产安全、教育、对儿童和青少年的保护、永久性盟约等方面的干预是不可或缺的。他将国家干预分为命令式干

㊀ 小罗伯特 B 埃克伦德，等.经济理论和方法史[M].杨玉生，译.北京：中国人民大学出版社，2001：146-155.

㊁ 史蒂文·普雷斯曼.思想者的足迹：五十位重要的西方经济学家[M].陈海燕，等译.南京：江苏人民出版社，2001：95.

㊂ 史蒂文·普雷斯曼.思想者的足迹：五十位重要的西方经济学家[M].陈海燕，等译.南京：江苏人民出版社，2001：334.

㊃ 史蒂文·普雷斯曼.思想者的足迹：五十位重要的西方经济学家[M].陈海燕，等译.南京：江苏人民出版社，2001：96-97.

㊄ 约翰·穆勒.论自由[M].程崇华，译.北京：商务印书馆，1959：115.

预和非命令式干预，命令式干预是政府禁止所有人做某事，或规定没有它的允许就不能做的某些事情；非命令式干预是政府不发命令或法令，而是给予劝告和传播信息。同非命令式干预相比，命令式干预具有的正当活动范围小得多，这就达到了最小政府的要求。㊀

穆勒针对 19 世纪上半期产生的一派主张扩大政府的权限，而另一派主张限制政府的活动的现状，以折衷调和的态度对这场论争做了系统阐述，他认为：

"被普遍承认的政府职能具有很广的范围，远非任何框架所能限定……不可能用任何普遍适用的准则来限制政府的干预，能限制政府干预的只有这样一条简单而笼统的准则，即除非政府干预能带来很大便利，否则便决不允许政府进行干预。"㊁

穆勒将政府职能区分为"必要职能"和"任选职能"，必要职能包括税收、财产、契约、司法和执法等制度，任选职能的特点是政府有时执行这些职能，有时不执行这些职能。穆勒的国家适度干预学说的历史意义在于，它是对纯经济自由主义理论和政策或纯国家干预主义理论和政策的否定，是一种早期形态的"市场缺陷论"和"政府缺陷论"奇妙的混合物。

穆勒在《政治经济学原理》一书的第五篇第十章中单独论述了"论以错误理论为依据的政府干预"，他态度鲜明地反对将保护本国工业论、制定和维护高利贷法、控制商品价格、垄断、通过禁止工人联合的法律阻止工人阶级获得较高的工资、对思想和言论自由以及出版的限制排除在国家干预之外。㊂

穆勒在自由主义和国家干预方面都采取了折衷主义。他在《政治经济学原理》一书最后谈到自由放任是一般原则，因为对于相应的事物，个人比政府具有更直接的利害关系，因而应该具有自由选择、自由决策的权力。

三、国际贸易

古典学派的国际贸易理论始于 18 世纪中叶，主要的代表性理论是亚当·斯密和李嘉图的相关学说，亚当·斯密提出了绝对优势，即各国商品之间存在劳动生产率与生产成本的绝对差异，因此，在国际分工中每个国家应该专门生产自己具有绝对优势的产品；李嘉图在《政治经济学及赋税原理》中继承和发展了斯密的理论，他在承认绝对优势的前提下提出了比较优势理论，即在两国之间，劳动生产率的差距并不是在任何产品上都是相等的。每个国家都应集中生产并出口具有比较优势的产品，进口具有比较劣势的产品。

穆勒对李嘉图的比较优势理论持肯定态度，穆勒同样认为国际贸易的发生是由于两国比较成本差别的存在，通过进口廉价商品，可以节约本国的劳动力，促进全世界的生产效率。但是穆勒进一步指出，国际商品的价值取决于为得到该商品所需支付给外国的本国产品的数量，从而提出了"相互需求学说"，并且明确了决定国际商品交换的国际价值法则："一国的生产物总是按照该国的全部输出品适足抵偿该国的全部输入品所必需的价值，与其他国家的生产物相交换。这一国际价值法则只是更为一般的价值法则，即我们称之为供给和需求方程式的延伸。"㊃

在分析过程中，穆勒同样延续了李嘉图采用的"两个国家，两种商品"的物物交换的分

㊀ 约翰·穆勒. 政治经济学原理（下）[M]. 胡企林，等译. 北京：商务印书馆，1991：529, 531.
㊁ 约翰·穆勒. 政治经济学原理（下）[M]. 胡企林，等译. 北京：商务印书馆，1991：371-372.
㊂ 约翰·穆勒. 政治经济学原理（下）[M]. 胡企林，等译. 北京：商务印书馆，1991：302-528.
㊃ 约翰·穆勒. 政治经济学原理（下）[M]. 胡企林，等译. 北京：商务印书馆，1991：137.

析模式。李嘉图从劳动成本的差别出发，形成了比较优势理论，但这一理论没有解决国际贸易的收益如何在国家之间进行分配的问题，而且李嘉图只从供给角度论证国际贸易问题，并未考虑需求要素对国际贸易的影响。穆勒对国际贸易的分析不仅加入了需求分析，着重解决如何使国际贸易利益在贸易国之间进行分配，还明确了贸易条件和贸易利益的概念及其决定，提出了相互需求法则，指出国际贸易收益中的大部分将流向需求较低且需求弹性较高的国家；贸易条件是由双方对对方商品的需求强度决定的，从而解决了李嘉图遗留的国际交换比例问题，补充和发展了比较成本说。

四、经济增长

古典经济学信奉市场自由，主张发挥"看不见的手"的作用，在经济增长方面，斯密认为经济增长表现为国民财富的增长，通过增加劳动者的数量或提高劳动的效率就可以促进经济增长，但更强调劳动效率的作用；马尔萨斯认为经济增长就是一国人口的增长，但同时增长的人口是对经济发展的重大约束；李嘉图则认为长期的经济增长趋势会在收益递减的作用下停止。穆勒试图在斯密、马尔萨斯、李嘉图之间寻求一条折衷路线，提出了趋势法则的概念，即由于干扰因素的存在，或由于经济理论本身的不够完善，人们不可能准确预测到经济发展的长期趋势或结果，最终结果应由各种对立的力量在漫长时期内自己来决定。穆勒把生产要素概括为人口增长、资本积累、技术进步和自然资源，但没有预测这几种生产要素斗争的最后结果，只是提出了经济增长的四种设想。○前三种均是对斯密、马尔萨斯和李嘉图已有思想理论的继承，值得一提的是第四种设想：假设当技术进步的速度超过资本和人口增长的速度时，整个经济也会出现繁荣。◎

穆勒把经济规律分为财富生产的经济法则和财富分配的经济法则。关于前者穆勒指出，财富的生产过程受到自然条件的限制，人们不能任意选择和任意改变，人们只能根据自然禀赋组合生产要素进行生产；而关于后者，穆勒则认为"分配——这纯粹是人类制度问题"。㊂

五、社会改良

穆勒将边沁的功利主义升级为使人类获得最大幸福原则，而在他所生活的年代，无产阶级和资产阶级矛盾日趋尖锐，他也亲眼看到了无产阶级的悲惨境遇。所以穆勒希望通过进行广泛的社会改良，消除现存资本主义的弊端，实现人类的最大幸福。穆勒的社会改良纲领就是完善私有制。在《政治经济学原理》一书中他说："所有制的根本原则是保证一切人能拥有靠他们的劳动生产和靠他们的节欲积蓄的物品。"㊃他认为，劳动是创造财富的源泉，资本是过去已经积累起来的劳动，因此，依靠它们建立的所有制是合理的，而对于土地所有权，穆勒则持反对态度。

19世纪40年代各种思潮云集，穆勒主张劳资双方合作互助，变阶级冲突为友好竞赛；

○ 史蒂文·普雷斯曼.思想者的足迹：五十位重要的西方经济学家[M].陈海燕，等译.南京：江苏人民出版社，2001：92.
◎ 史蒂文·普雷斯曼.思想者的足迹：五十位重要的西方经济学家[M].陈海燕，等译.南京：江苏人民出版社，2001：92-93.
㊂ 尼·加·车尔尼雪夫斯基.穆勒政治经济学概述[M].季陶达，译.北京：商务印书馆，1984：3-4.
㊃ 约翰·穆勒.政治经济学原理（上）[M].赵荣潜，等译.北京：商务印书馆，1991：256.

允许私有财产自由和竞争自由。穆勒在晚年主张由国家或集体管理私人企业，实现自然资源、矿山、铁路国有化，救济社会最底层民众，为他们创造增加财产的机会。○

六、其他贡献

(一)"经济人"假设

西尼尔通过"纯经济学"原则定量确立了个人经济利益最大化公理，在此基础上，穆勒于 1836 年在"政治经济学定义及研究这门学问的哲学方法"一文中对"经济人"假设做出了界定：

"现在人们对'政治经济学'这个术语的通常理解……把每个其他人的热情或动机完全抽象了；没有被抽象的只是那些被认为是出自与人们对财富的欲望永远是对抗的本性的热情或动机，即厌恶劳动，渴望满足昂贵嗜好的目前享受。在某种程度上，这种热情或动机是有其自己的精打细算的，因为它并不像其他的欲望那样仅仅是偶然地和对财富的追求相抵触，而是总像一种累赘或阻碍一样伴随着这种追求，因此它是不可分离地和追求财富的考虑糅合在一块的。政治经济学把人视为仅仅是要取得财富和消费财富；它要表明，生活在一个国家或社会中的人，除非他们的行为动机处于我们上面说到的有两个永远相互对立的动机制约的程度，否则，只要他们的动机是他们全部行为的绝对统治者，那么有的行为过程是应该鼓励的……处于这样的假设之下，即人是一种由其本质需要所决定的东西，无论在什么情况下，人都想要更多的财富而不是更少的财富，这一点就像我们在上面已经特别指出的，人是由两种互相对立的动机构成的一样，没有任何例外。这并不是说有哪一位政治经济学家曾经荒唐到认为人真的是这样构成的，而是因为以上所说的是科学有必要处理的一种模式。当一个结果是依赖于多种原因的共同作用时，这些原因每次只能研究一个，必须分别地考察它们的作用规律，如果我们希望通过这些原因来取得预告或者控制结果的能力，我们就必须这样做……也许，没有哪一个人在他的一生中的活动仅仅是由于对财富的欲望而没有受到任何冲动的直接的或间接的影响。考虑到人的这部分行为，财富甚至不是人的主要目标，政治经济学也并没有假装它的结论可用于对此进行解释。但是，在人的活动中也有特定的部分，在那里取得财富是主要的和众所公认的目的。仅是对这些部分政治经济学才关心。政治经济学需要采取的研究方式就是要把这个主要的、公认的目的当作就像真的是人活动的唯一目的一样；在所有同等简单的假说里面，这对假说是最接近真理的。政治经济学家所研究的是，在我们所提出的人的活动的特定部分里面，如果没有来自其他因素的阻碍，取得财富的欲望会产生什么样的活动。以这种方式就可以取得比采取其他可行的方式更接近于人的这部分活动秩序的理论。这种理论可以通过针对来自人的其他部分活动的影响做适当的调整来纠正，可以证明这种纠正和任何特别事例的结果都是相互干涉的。只有在很少几个最惊人的事例（如人口定律这个重要的定律）中这种纠正才被篡解为政治经济学的自我解释；于是出于实际运用的缘故，纯粹的科学安排的严格性有点背离了。至今就人们所知的或可以假定的都表明，人追求财富的行为受到人的任何其他的本性的旁侧影响，这种影响比以最少的劳动和通过自我克制取得最大量的财富的欲望的影响更大。政治经济学的结论至今还不能解释或预告实际

○ 亨利·威廉·斯皮格尔. 经济思想的成长 [M]. 晏智杰，等译. 北京：中国社会科学出版社，1999：334.

的事件,除非用和来自其他因素的影响程度相当的、正确的调整来修正这些结论。"○

亚当·斯密最先提出了经济人的概念,但是真正做出"经济人"假设并加以严格界定的却是穆勒。○根据经济人的概念,穆勒将政治经济学看作一门抽象的科学。

(二)利润构成与信用周期论

在利润问题上,穆勒认为劳动是劳动者对安乐与自由的牺牲,资本是资本家对自己欲望的节制,肯定了西尼尔的"节欲论",并把利润分为利息、保险费和管理工资。其中保险费是对资本承担投资风险的报酬,管理工资则是资本家管理企业、组织生产所付出的劳动和技能的代价。穆勒的利润三要素最早提到了机会成本的概念,即人类的任何行为都意味着失去了其他选择放弃的最大收益。

穆勒否认普遍的生产过剩危机,他接受萨伊和李嘉图的反对生产过剩危机论。他认为信用不是生产手段,信用只促使资本流动,依靠信用,资本可以集聚,使社会总产量增加。

(三)工资基金说

穆勒接受斯密、李嘉图、西尼尔等人关于工资基金的概念,工资基金学说主张工人工资是资本家资本的一部分,由资本家用产品未生产之前积累的资金来支付。穆勒认为工资主要取决于劳动需求和供给,其中,劳动需求因资本家预留的用于支付工资的部分即工资基金来决定;劳动供给则取决于希望获得工资的人的数量。这就意味着,在竞争规律下,工资只由资本与人口数量决定。这一观点致使穆勒反对政府通过固定一个高于均衡水平之上的最低工资额来提高总的工资报酬。○因为只要工资基金规模与人口数量既定,则获得较高工资的工人所得将被失业工人的损失完全抵消。但政府可以通过税收设立强制储蓄来扩大工资基金规模,从而避免最低工资法导致的失业。

然而值得指出的是,工资基金的概念是错误的,因为工资并不是由资本预付支付的,而是来源于销售收入的现金流。雇用工人的决策是基于工人生产带给企业的预期收入做出的。○

问题讨论

1. 约翰·穆勒为何被后人称为"折衷主义大师"?
2. 为什么说约翰·穆勒实现了经济学说史上的第一次大综合?
3. 弗里德曼在1953年发表的"实证经济学方法论"一文中指出:经济理论的唯一重要检验应是它在预测经济学家所关注的现象方面能否取得成功,而且事实上,当人们认识到仔细检查假设的实在论是一种方法论的错误时,"穆勒问题"就会自然而然地消失,即"假设的实在论与理论评价无关"。如何理解以上表述?

○ 马克·布劳格.经济学方法论[M].黎明星,等译.北京:北京大学出版社,1990:68-70.
○ 马克·布劳格.经济学方法论[M].黎明星,等译.北京:北京大学出版社,1990:68.
○ 斯坦利 L 布鲁,兰迪 R 格兰特.经济思想史(原书第7版)[M].邸晓燕,等译.北京:北京大学出版社,2010:113.
○ 斯坦利 L 布鲁,兰迪 R 格兰特.经济思想史(原书第7版)[M].邸晓燕,等译.北京:北京大学出版社,2010:113.

本章推荐

[1] 约翰·穆勒.约翰·穆勒自传[M].吴良健,等译 北京:商务印书馆,1987.
[2] 迈克尔·桑德尔.公正[M].朱慧玲,译.北京:中信出版社,2012.

参考文献

[1] 约翰·穆勒.约翰·穆勒自传[M].吴良健,等译 北京:商务印书馆,1987.
[2] 哈里·兰德雷斯,大卫 C 柯南德尔.经济思想史(原书第 4 版)[M].周文,译.北京:人民邮电出版社,2014.
[3] 史蒂文·普雷斯曼.思想者的足迹:五十位重要的西方经济学家[M].陈海燕,等译.南京:江苏人民出版社,2001.
[4] 约翰·穆勒.政治经济学原理[M].胡企林,等译.北京:商务印书馆,1991.
[5] 周辅成.西方伦理学名著选集(下卷)[M].北京:商务印书馆,1987.
[6] 亨利·威廉·斯皮格尔.经济思想的成长[M].晏智杰,等译.北京:中国社会科学出版社,1999.
[7] 小罗伯特 B 埃克伦德,等.经济理论和方法[M].杨玉生,译.北京:中国人民大学出版社,2001.
[8] 约翰·穆勒.论自由[M].程崇华,译.北京:商务印书馆,1959.
[9] 尼·加·车尔尼雪夫斯基.穆勒政治经济学概述[M].季陶达,译.北京:商务印书馆,1984.
[10] 马克·布劳格.经济学方法论[M].黎明星,等译.北京:北京大学出版社,1990.
[11] 斯坦利 L 布鲁,兰迪 R 格兰特.经济思想史(原书第 7 版)[M].邱晓燕,等译.北京:北京大学出版社,2010.

卡尔·马克思

> 道之所在,虽千万人吾往矣。
>
> ——孟子《孟子·公孙丑上》

本章大纲

第一节 马克思——资本主义的掘墓人
第二节 影响马克思的各种学术思想
一、李嘉图的影响
二、社会主义者的作用
三、《物种起源》的启示
四、黑格尔和费尔巴哈的影响
第三节 马克思对经济学的贡献
一、劳动价值论
二、剥削理论
三、经济危机
四、资本主义的运行法则

主要著作列表

姓名	著作	成书时间
卡尔·马克思	《黑格尔法哲学批判》(Critique of Hegel's Philosophy of Right)	1843年
	《共产党宣言》(The Manifesto of the Communist Party)	1848年
	《政治经济学批判》(A Contribution to the Critique of Political Economy)	1859年
	《资本论(第一卷)》(Capital, Volume I)	1867年
	《资本论(第二卷)》(Capital, Volume II)	1885年
	《资本论(第三卷)》(Capital, Volume III)	1894年

思维导图

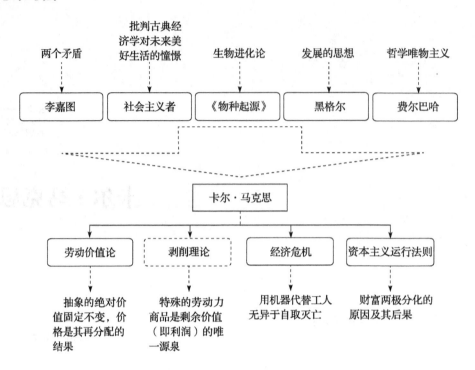

古典经济学体系随着 1776 年亚当·斯密的《国富论》的问世而建立。追随斯密的主流经济学家认为经济体制是和谐的，经济的良序运行只需要政府干预一部分甚至不需要干预。但是随着资本主义的进一步发展，对资本主义经济体制的批判声不绝于耳。古典学派的信条与政策受到了不同学派思想的批评和挑战，社会主义就是最具代表性的一支，他们否认古典经济学所认同的和谐性，并发现了其体制中的一些致命冲突。马克思作为批判这种经济体制的先锋，成为资本主义制度哀乐的奏鸣者。

第一节 马克思——资本主义的掘墓人

1818 年，卡尔·马克思（Karl Marx，1818—1883）出生于德意志联邦普鲁士瑞莱茵省特里尔城一个富裕的犹太家庭，父亲海因里希·马克思是个受人尊敬的律师，其思想自由到有些激进。1830 年马克思进入特里尔中学，17 岁中学毕业时，他在中学毕业论文"青年在选择职业时的考虑"里这样写道："如果我们选择了最能为人类福利而劳动的职业，那么，重担就不能把我们压倒，因为这是为大家而献身；那时我们所感到的就不是可怜的、有限的、自私的乐趣，我们的幸福将属于千百万人，我们的事业将默默地，但是永远发挥作用地存在下去，面对我们的骨灰，高尚的人们将洒下热泪。"①中学毕业后，马克思进入波恩大学，18 岁转入柏林大学学习法律。但年轻的马克思发觉自己沉迷于当时伟大的哲学辩论中，并加入

---

① 马克思，恩格斯. 马克思恩格斯全集（第一卷）[M]. 中共中央马克思恩格斯列宁斯大林著作编译局，译. 北京：人民出版社，1975：459-460.

了"青年黑格尔"这样一个知识分子团体,决定成为一名哲学家。1841年,马克思以论文"德谟克利特的自然哲学和伊壁鸠鲁的自然哲学之区别"申请学位,并获得耶拿大学博士学位。然而热心替他在波恩大学谋职的教授由于观念激进被解聘了,所以年轻的马克思博士不得不放弃学术生涯,转而投身新闻界。

1841年,马克思受到费尔巴哈(Ludwig Andreas Feuerbach,1804—1872)《基督教的本质》的极大影响,认为费尔巴哈从唯物主义观点出发成功地批判了黑格尔。1842年4月马克思开始为《莱茵报》撰稿,同年10月进入《莱茵报》当主编,负责撰写有关各种社会和经济问题的社论。他的文章使《莱茵报》的发行量增加了两倍,使《莱茵报》成为普鲁士的一家主要报纸。在此期间,马克思认识了弗里德里希·恩格斯。后来,富裕聪慧而思想激进的恩格斯经常赞助马克思的活动与生活,还经常协助马克思并为其代笔。1843年3月马克思被迫退出《莱茵报》编辑部。

马克思

1843年6月马克思和青梅竹马的燕妮·冯·威斯特华伦结婚,于10月底去巴黎进行了一次短途新婚旅行,然后就开始了他们恩爱、拮据而奔波的生活。在马克思沧桑的职业生涯中,燕妮是他忠实的伴侣。1881年燕妮去世,马克思甚至病重到无法参加燕妮的葬礼。他对前来探望他的恩格斯说:"这个摩尔人也死了。"两年后马克思与世长辞。

在长年的困苦生活中,马克思在疾病、极度贫困和丧子之痛的折磨下,坚持研究、写作并组织工人运动。1848年《共产党宣言》出版。1864年国际工人联合会即"第一国际"成立,马克思将各路人马——欧文主义者、普鲁东主义者、傅里叶主义者、不太热心的社会主义者、偏激的民族主义者和工会人士——团结在一起。[⊖]

1850年起马克思开始在大英博物馆研究古典经济学,读尽了当时所有经济学家的著作,于1859年发表了《政治经济学批判》。马克思的巨著《资本论》四卷本足足达2 500页之多,而在他弥留之际,尚有三卷有待整理,他的好朋友恩格斯完成了后两卷潦草手稿的整理出版,而第四卷则直到1910年才问世。这部鸿篇巨制所呈现的对资本主义经济前景的悲观分析,打破了古典经济学家渐进主义、乐观、务实而不激进的主张,是马克思决定性的贡献。

第二节 影响马克思的各种学术思想

马克思处于19世纪中叶资本主义机器大工业快速发展的年代,资本主义在欧洲一些国家占据了统治地位,但是资产阶级和无产阶级的矛盾日益尖锐,社会两极分化加剧,无产阶级为了争取自身利益而进行抗争。正是在这种背景下,马克思批判吸收了英国古典经济学、法国空想社会主义的思想,从唯心主义转向了唯物主义,从革命主义转向了共产主义。

马克思的《犹太人问题》《1844年经济学哲学手稿》、恩格斯的《政治经济学批判大纲》《英国工人阶级状况》,以及马克思和恩格斯合著的《德意志意识形态》等书,奠定了无产阶级政治经济学的理论基础。马克思和恩格斯在19世纪40年代后期的著作,如《哲学的贫困》

⊖ 海尔布隆纳.经济学统治世界[M].唐欣伟,译.长沙:湖南人民出版社,2013:127.

《雇佣劳动与资本》《共产党宣言》等书中的经济理论，标志着马克思主义政治经济学的产生。马克思主义哲学继承了德国古典哲学，主要是黑格尔的辩证法和费尔巴哈的唯物主义；马克思政治经济学继承了古典经济学，主要是斯密的二重性和李嘉图的劳动价值论；科学社会主义来源于19世纪初期以圣西门、傅立叶、欧文为代表的空想社会主义。

一、李嘉图的影响

自19世纪后期起，经济思想史将把李嘉图和马克思二人名字连接起来成为一种传统。就经济学流派而言，马克思的政治经济学应该归于李嘉图古典经济学一派。马克思从李嘉图的遗产中得出了"劳动价值论"和"剩余价值论"，并在此基础上解决了李嘉图体系中存在的两个没有解决的矛盾。

一个是价值规律与利润规律的矛盾。按照李嘉图的理论，商品间进行等价交换，于是工人劳动与资本也按等价原则进行交换，但遵从等价交换规律资本家将不可能获得现实中存在的利润。那么资本家如何获取利润呢？马克思通过找到劳动力这种能够创造比自身价值大得多的特殊商品解决了这一问题。

马克思指出，李嘉图价值理论的第二个矛盾在于价值规律与平均利润规律的矛盾。等量资本投入不同的生产部门，如何在相同时期内获得大体相等的利润呢？这是否暗示着价值规律失灵呢？马克思从第一大难题的剩余价值说起，指出剩余价值来自可变资本的增值，利润率为剩余价值与不变成本和可变资本之和的比例。各部门利润率不同，促使资本在不同部门之间发生转移，最终使利润率趋向一致形成平均利润，因此等量资本获得了等量利润。另外，资本主义社会中价值规律的作用形式发生了改变，价值转换为生产价格，从而市场价格将围绕生产价格上下波动。尽管个别企业中价值与生产价格相背离，但就全社会而言二者总额是相等的，故二者并不矛盾。

对李嘉图价值理论的两大难题的解决成就了马克思。马克思从劳动价值论出发提出了剩余价值理论，形成了自己的剥削理论，进而发展出了不同于斯密的资本主义发展理论。

二、社会主义者的作用

空想社会主义为马克思的科学社会主义提供了灵感。空想社会主义大约出现于1800年，当时伴随着工业革命的迅速发展，产业工人的处境反而每况愈下，他们弱小而无组织，对自身的潜在力量一无所知。空想社会主义者由此认为竞争的市场不公平而无理性，批判古典主义的利益和谐与自由放任信条以及萨伊的市场定律，同时本着人性完美的信念，宣扬通过团结与合作来改善大众恶劣的生活条件。他们设想了完美的社会安排，甚至有所实践，但都失败了。[①]空想社会主义者对当时社会现状的道义愤怒、对古典经济学的尖锐批判和对未来社会的美好憧憬获得了马克思的认同[②]，马克思将共产主义的最高目标确定为谋求人的自由、解放和全面发展。

---

① 斯坦利 L 布鲁，兰迪 R 格兰特. 经济思想史（原书第 7 版）[M]. 邸晓燕，等译. 北京：北京大学出版社，2010：123.

② 斯坦利 L 布鲁，兰迪 R 格兰特. 经济思想史（原书第 7 版）[M]. 邸晓燕，等译. 北京：北京大学出版社，2010：138.

三、《物种起源》的启示

查尔斯·罗伯特·达尔文（Charles Robert Darwin，1809—1882）是英国生物学家，其划时代的著作《物种起源》提出的生物进化论学说摧毁了各种唯心的神造论和物种不变论。正如达尔文的"自然选择"学说源自于马尔萨斯的人口理论一样，马克思在1860年读达尔文的著作时，也意识到书中观点对他正在思考的政治经济学的启发意义，进而将达尔文的这本书作为历史上阶级斗争的自然科学基础。而书中的动态演化分析方法则强化了马克思的一种观点，即动态分析而非静态分析才是达到正确见解的途径。○

四、黑格尔和费尔巴哈的影响

乔治·黑格尔（Georg Hegel，1770—1831）是19世纪德国古典哲学的集大成者，建立了西方哲学史上最庞大的客观唯心主义，他的辩证法对马克思的思想影响最为深远。黑格尔认为，历史知识与进步是在相反观点的互相斗争的过程中产生的。马克思批判地吸取了黑格尔辩证法的"合理内核"，即发展的思想，而抛弃了它的唯心主义"外壳"，转而认同费尔巴哈"历史就是人们通过感觉逐渐认识与接受现实的过程"的观点，强调物质现实的重要性。通过修改了的费尔巴哈的哲学唯物主义替换黑格尔的唯心主义，马克思根据辩证法思想形成了其历史唯物主义理论。

第三节 马克思对经济学的贡献

面对有关劳苦的工人阶级悲惨境况的大量信息以及社会上充斥的各种批判古典经济学、主张社会主义改革的声音，处于工业化阵痛时期的马克思对资本主义持有的态度与绝大多数乐观的古典经济学家迥然不同。马克思同情各种社会主义阵营的道义愤怒，但摒弃了他们在道德上反对资本主义的做法，而是在自己的计划中完全摆脱了道德考虑，避开了描述资本主义制度存在的明显缺点——垄断、工会、特殊利益集团等这一没有说服力的做法。围绕财富的创造问题，马克思做出的努力远远超过亚当·斯密对理解创造财富的因素所做的努力，他创立了一个具有始终一贯性的、全方位的社会科学体系，用以探究工人是如何被剥削的，并由此出发，致力于揭示一个纯粹抽象的、完美的资本主义体系必然走向灭亡的运动规律。正如熊彼特指出的，分解这一恢宏的体系将带来不可估量的损失。但鉴于篇幅所限及本书主旨，我们不得不将马克思的经济学体系单独分离出来，在其自身基础上进行考察。

就经济学理论而言，马克思无疑是李嘉图学派的一个成员：马克思不仅采用了李嘉图的一系列概念工具，而且他的经济学大厦主要建立在对李嘉图的批评与发展之上。

一、劳动价值论：抽象的绝对价值固定不变，价格是其再分配的结果

尽管马克思实质上接受了李嘉图的价值理论，但与李嘉图认为的商品的交换价值与其所

○ 斯坦利 L 布鲁，兰迪 R 格兰特. 经济思想史（原书第7版）[M]. 邸晓燕，等译. 北京：北京大学出版社，2010：138.

包含的劳动数量呈比例这一相对价值命题不同，马克思认为事物具有绝对价值，而产品中包含的劳动数量就是产品的价值。马克思分析的起点是资本主义社会的商品。马克思认为，商品不仅具有使用价值，还具有交换价值，使用价值或总效用使商品可以满足人们直接与间接的需求，从而构成了一切财富的存在形式；交换价值或通常简称的"价值"，是凝结在产品中的抽象的、无差别的人类劳动。价值是具有不同使用价值的商品得以相互比较的基础，由社会必要劳动时间（在社会正常生产条件下，在社会平均劳动熟练程度和劳动强度下制造某种使用价值所需要的劳动时间）决定，并由单位简单平均劳动这一客观的"人类智力、精力与体力支出"（马克·布劳格）来衡量。

不过，马克思的劳动价值论并未提供一个相对价格理论。在马克思看来，供求关系不影响价值，价格只是供求关系引起市场波动的结果，价格对价值的偏离并不改变价值本身，而仅仅实现了价值的重新分配。但是，由于价值与价格在本质上不同，所以马克思必须面对一个转化问题：从价值到生产价格的转变，从而实现劳动价值论到生产价格理论的转变。因此资本家实际生产的根据是生产价格——投资于商品的成本价格加上一个与所投资本成固定比例的涨价，对应于商品价值——商品的成本价格加上一个与所支付工资成固定比例的涨价，两个固定比例相同，均等于剩余价值率。

二、剥削理论：特殊的劳动力商品是剩余价值（即利润）的唯一源泉

在马克思抽象出的完美的资本主义体系中，每件商品的买卖均严格遵循等价交换。资本主义使劳动者的劳动力变为了商品，工资即是劳动力商品的价格；而贪财的资本家之间则面临着无止境的竞赛，不是自己积累资本，就是被别人积累。既然工资不低于适当的价格，没有工会力量干预工资，任意制定价格的垄断者也不存在，那么利润从何而来？在坚持劳动价值论的情况下，马克思遇到了同李嘉图一样的剩余价值问题，但他找到了一个与众不同的商品解决了这一难题：劳动力商品。因为劳动是具有生产力的，所以劳动产品的价值将超过劳动服务的价值，即以能够保证劳动者本身及其延续的维持工资雇用一个劳动者，其通过劳动所创造的产品价值将超过维持工资，利润就来源于这部分未支付劳动，即剩余价值。正是由于劳动力商品的特殊性，剩余价值的存在与等价交换是不矛盾的。

为什么资本家可以无偿占有利润呢？因为资本主义赋予了他们资本所有权，并使工人不得不通过出卖自己的劳动力求得生存，从而生产资料的所有者（即资本家）可以延长工作日或加强劳动强度，来迫使工人创造远远超过他们的劳动力价值的价值，以此获得剩余价值。正是在这种意义下，马克思论证了资本与土地不可以私有。

尽管剩余价值是利润的源泉，但剩余价值率与利润率却并不是一回事：前者是剩余价值与用于支付工人工资的那部分资本（即可变资本）的比率，后者是剩余价值与投入的总资本的比率。㊀马克思认为各行业之间的利润率趋于相等，并假定剩余价值率对于每个工人相同；而在现实中由于资本—劳动的比率不同，商品无法按照其价值出售，这与马克思的"等价交换"假设发生了矛盾。但马克思对此的解答是，劳动价值论是在整个资本主义体系内成立的，其价值体系满足两个特点：一是总价值等于总价格，二是以价值衡量的总剩余等于以价格衡量的总利润。㊁

㊀ 斯坦利 L 布鲁, 兰迪 R 格兰特. 经济思想史（原书第 7 版）[M]. 邸晓燕, 等译. 北京: 北京大学出版社, 2010: 142.

㊁ 马克·布劳格. 经济理论的回顾 [M]. 姚开建, 译. 北京: 中国人民大学出版社, 2009: 179.

三、经济危机：用机器替代工人无异于自取灭亡

所有资本家都在竞争，都在通过扩大再生产实现资本积累。但要顺利扩大再生产并非易事。在扩大规模的过程中，对工人的需求增加引起工资上涨，剩余价值就会不可避免地下降。如何避免这一结果呢？马克思不同意古典经济学家的人口原理，即工资上涨引起人口增长，从而通过增加劳动供给实现工资的回落是答案所在，而是引入了资本家节省劳动的创新，即用机器代替工人，从而创造出一个庞大的"产业后备军"，同样可以使工资回落到维持工资的水准。

然而问题的关键正在于此。因为工人的劳动是创造剩余价值的唯一源头——机器、原材料等只是已经存在的资本，其价值不会增加而仅仅是转移到新产品中去，所以用机器替代工人尽管避免了工资上涨，却缩减了剩余价值的基础。马克思认为前者无法弥补后者引起的利润损失，从而利润率（剩余价值与所有投入资本之比）将不可避免地下降。所有资本家都选择用机器替代工人的另一个后果是，消费将随之下降，因此会出现产品过剩，工厂开始抛售机器，尚有余力的大资本家可以借此吞并扩张，而小企业则破产倒闭。工人不得不接受更低的工资，大企业可以以低于机器实际价值的价格买进，直至剩余价值重新出现，复又开始新一轮繁荣到危机的循环。每一次危机都加剧了资本的集中和积聚（积聚即今天意义上的产业的集中），以及财富在少数人手中积聚，从而加剧了工人的贫困。

四、资本主义的运行法则：财富两极分化的原因及其后果

现在，我们可以着手构建马克思的经济思想体系图了（见图9-1），以此来整理马克思如何达致其终极目的——揭示资本主义的运行规律。

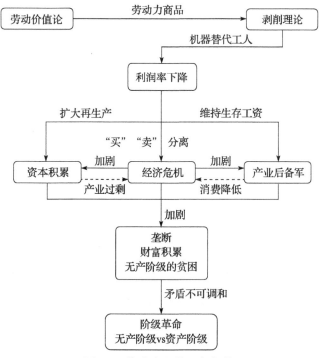

图9-1 资本主义的运行规律

马克思通过研究资本主义的具体运作，试图证明资本主义制度无法通过经济政策或者其他改良手段来改善其自身的弊端①。然而，在马克思看来，资本主义制度不可避免地走向灭亡的根本原因，并不在于不公平的阶级收入分配结果，而是这个制度将导致战争、殖民掠夺，以及最重要的由失业引起的人类资源的浪费。这意味着在考察马克思对资本主义发展结构的整个论证过程中，即便发现存在缺陷，也无法动摇其分析结果②。

马克思关注经济体系的长期演化，提供了一个"技术经济学的发展图"③，先见性地并准确地预见了经济周期与资本主义的崩溃，还在就业问题上展示了非凡的见解④。让我们用海尔布罗纳的一段对马克思这位伟大的经济学家的评价作为本章的结束语吧："就像弗洛伊德教会我们透过个人行为的外观而把握人们的心理过程，或者像柏拉图教会我们透过未证实观念的表象来把握所掩盖起来的哲学问题一样，马克思也教会了我们洞察历史，而不是观看历史。这就是为什么马克思这个名字和弗洛伊德及柏拉图一样长存人间。马克思肯定不像强加于他的偶像崇拜那样一贯正确。他最好被认为是一个不可绕开的伟大探险者，他的足迹已经不可磨灭地留在他所发现的社会主义大陆上。所有希望继续对此探索的人，不管他是否同意马克思的发现，都必须尊敬这个首先为人类获取了它的人物。"

问题讨论

1. 探讨《资本论》形成的社会背景。
2. 怎样理解马克思经济学的来源？
3. 如何认识剩余价值论和资本主义经济运行方式的关系？
4. 如何理解马克思经济学是建立在劳动价值论基础上的？

本章推荐

[1] 文章：马克思，青年在选择职业时的考虑，1835 年。
[2] 文章：恩格斯，在马克思墓前的讲话，1883 年。
[3] 戴维·麦克莱伦.卡尔·马克思传（原书第 3 版）[M].王珍，译.北京：中国人民大学出版社，2005.
[4] 约瑟夫·熊彼特.从马克思到凯恩斯[M].韩宏，等译.南京：江苏人民出版社，2003.

参考文献

[1] 马克思，恩格斯.马克思恩格斯全集（第一卷）[M].中共中央马克思恩格斯列宁斯大林著作编译局，译.北京：人民出版社，1975.
[2] 巴札尔，等.圣西门学说释义[M].王永江，等译.北京：商务印书馆，1986.
[3] 斯坦利 L 布鲁，兰迪 R 格兰特.经济思想史（原书第 7 版）[M].邱晓燕，等译.北京：北京大

---

① 史蒂文·普雷斯曼.思想者的足迹：五十位重要的西方经济学家[M].陈海燕，等译.南京：江苏人民出版社，2001：99.
② 马克·布劳格.经济理论的回顾[M].姚开建，译.北京：中国人民大学出版社，2009：189.
③ 约瑟夫·熊彼特.经济分析史（第二卷）[M].朱泱，孙鸿敞，李宏，等译.北京：商务印书馆，1991：12.
④ 马克·布劳格.经济理论的回顾[M].姚开建，译.北京：中国人民大学出版社，2009：220-221.

学出版社, 2010.
[4] 马克·布劳格. 经济理论的回顾 [M]. 姚开建, 译. 北京: 中国人民大学出版社, 2009.
[5] 约瑟夫·熊彼特. 经济分析史（第二卷）[M]. 朱泱, 孙鸿敞, 李宏, 等译. 北京: 商务印书馆, 1991.
[6] 海尔布隆纳. 经济学统治世界 [M]. 唐欣伟, 译. 长沙: 湖南人民出版社, 2013.
[7] 马克思. 政治经济学批判 [M]. 中共中央马克思恩格斯列宁斯大林著作编译局, 译. 北京: 人民出版社, 1976.
[8] 马克思, 恩格斯. 马克思恩格斯全集（第四卷）[M]. 中共中央马克思恩格斯列宁斯大林著作编译局, 译. 北京: 人民出版社, 1975.
[9] 马克思, 恩格斯. 马克思恩格斯全集（第二卷）[M]. 中共中央马克思恩格斯列宁斯大林著作编译局, 译. 北京: 人民出版社, 1975.
[10] 史蒂文·普雷斯曼. 思想者的足迹: 五十位重要的西方经济学家 [M]. 陈海燕, 等译. 南京: 江苏人民出版社, 2001.

德国历史学派

没有哪种思考或做事的方式，无论它是多么的古老，值得我们盲目地去跟从。今天每个人宣称或默认为万世不移的真理，到明天也许就会被证明是谬误，只是黑色的烟雾，而非有些人曾经以为的雨云，将会普降甘霖滋润他们的田地。

——亨利·梭罗《瓦尔登湖》

本章大纲

第一节　德国历史学派概览
一、时代背景
二、形成过程
三、影响程度及历史贡献
四、主要历史人物
第二节　弗里德里希·李斯特
一、报国无门的经济学家
二、主要理论与主张
第三节　旧历史学派
第四节　新历史学派
一、古斯塔夫·施穆勒
二、马克斯·韦伯

主要著作列表

姓名	著　作	成书时间
李斯特	《政治经济学的国民体系》(*National System of Political Economy*)	1841年

（续）

姓名	著作	成书时间
罗雪尔	《历史方法的国民经济学讲义大纲》（*Grundriss zu Vorlesungen über die Staatswirtschaft nach geschichtlicher Methode*）	1843 年
	《政治经济学原理》（*Principles of Political Economy*）	1854 年
施穆勒	《重商主义及其历史意义》（*The Mercantile System and Its Historical Significance*）	1884 年
	《一般国民经济学研究》（*Layout of General Economics*）	1900～1904 年
韦伯	《民族国家与经济政策》（*Nation State Economic Policy*）	1895 年
	《新教伦理与资本主义精神》（*The Protestant Ethic and the Spirit of Capitalism*）	1904～1905 年

思维导图

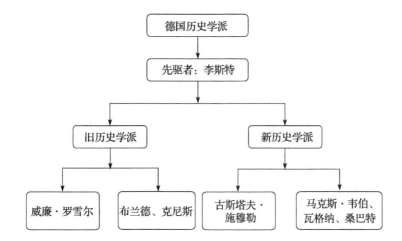

古典经济学从 19 世纪中期开始分化和变异，先后出现了三个理论流派试图挑战古典理论，分别是马克思政治经济学、德国历史学派和边际效用学派，这三种理论分别以不同的方式和深度挑战了古典经济学。本章讨论德国历史学派的兴起及其在不同时期的主要代表人物，他们分别是先驱者弗里德里希·李斯特、旧历史学派的代表人物威廉·罗雪尔和新历史学派的古斯塔夫·施穆勒和马克斯·韦伯。

第一节 德国历史学派概览

一、时代背景

1871 年前的德国可谓处于"人为刀俎，我为鱼肉"的境地。周边各国都对德国有所企图，国内党派各自为政，其中普鲁士政权实力最强。普鲁士首相俾斯麦在艰苦卓绝的环境下，先后击败了丹麦、奥地利、法国，最终完成了历史上首次以普鲁士为主体的德意志的统一。

普法战争结束之前，德国对内没有统一的经济制度、货币政策和流通体系，对外则缺乏统一的关税制度和贸易政策。当时英国和法国资本主义经济发展得如火如荼，反观德国，则是一片混乱，更遑论经济的发展。三次抵御外敌的过程，激发了德国人民的爱国主义和民族主义感情，民族主义者希望普鲁士统一各政权形成统一的德意志国家。

不同的社会历史背景，必将催生出不同的社会、经济制度，背着积弱积贫沉重包袱的德国必定不能全部模仿英国。像企业的自由竞争这类被古典经济学认为理所当然的事情，在德国的发展却受到了阻碍。德国当时作为刚从分裂中走出来的一个农业国，迫切需要发展经济、增强民族自尊心。在这种际遇下，德国产生了完全不同于英国的经济思想体系，出现了主张通过政府的努力实现德国发展的历史学派。

二、形成过程

德国的经济学家要想取长补短，首先需要对本国的现状有清醒的认识。德国政治上的分裂通过一系列战争得到了暂时的解决，但是经济上落后的局面短时间内却难以改变。德国经济学家既不能全部吸纳古典经济学的理论作为德国经济发展的"圣经"，又不可能短时间内另起炉灶打造一片新天地。刚刚统一的德国，经济上如"小孩"一般，需要政府的"监护"。因此，德国历史学派将动态演进的方法应用于社会与经济思想，为古典学派与边际学派的抽象思维方式提供了一种有效的矫正方法。要理解社会的演进历程，需要运用归纳的研究方法来追寻经济发展史的嬗变，这要求经济学家必须熟悉变化的历史和环境，从这个角度来看，历史学派是正确的。德国历史学派主张通过梳理历史来处理某个时点的经济现象，从而形成了一个适用于特定时期的正确、有效的理论体系。在他们那里没有所谓的放之四海而皆准的经济学理论，即对于某些国家适用的经济思想，可能对于另一个国家是不适用的，或者是时机未到。

三、影响程度及历史贡献

经济思想是从历史的矿藏中提炼出来的"有价思想"，经济学家是经济思想诞生的熔炉。但是每个经济学流派的诞生需要历史这个"催产婆"。解释过去、预见未来是经济理论的本质。但是，目前尚未有任何具备完备性的经济学理论长远地左右着我们的生活，因此德国历史学派只是历史"催产婆"所接生的众多孩子中的一个，德国历史学派使历史归纳法在经济学研究方法中占据一席之地，在某种程度上已经完成了自己的历史使命。

德国历史学派留给后世的经济学理论遗产已经融入当代经济分析中，比如计量实证检验中采用的数据都是历史数据。除此之外，德国历史学派主张国家要多干预经济事务，这是符合德国当时的国情的，也正源于此，德国形成了完善的自主工业体系；其反对自由贸易的主张，这虽然有助于处于特定时期的弱小无力的国家实现自救，但是从长远来看，闭关自守并不符合一个国家由弱至强的历史发展规律。历史学派是在历史中探寻经济理论的主张者，其经济学家埋头于卷帙浩繁的经济史料中，以史为镜，窥探未来。历史学派抨击古典经济学主张的"世界主义经济学"的普适性，认为人类社会处于不断的动态演进中，每个民族、国家都处在不同的历史背景下，因而不存在适用于所有民族、国家的经济规律。除了经济发展规律的历史性，历史学派还强调遵循国家发展的"国家经济"。但正是这种国家经济学反馈加强的民族主义，催生了德国的民族沙文主义和狂热的军国主义，进而导致了第一次世界大战和第二次世界大战的爆发。○

○ 斯坦利 L 布鲁，兰迪 R 格兰特. 经济思想史（原书第 7 版）[M]. 邱晓燕，等译. 北京：北京大学出版社，2010：155.

四、主要代表人物

一般把历史学派分为旧历史学派和新历史学派。旧历史学派始于1843年威廉·罗雪尔的《历史方法的国民经济学讲义大纲》的出版。旧历史学派的重要成员还有布鲁诺·希尔德布兰德（Bruno Hildebrand，1812—1878）和卡尔·克尼斯（Karl Knies，1821—1898）。新历史学派以古斯塔夫·施穆勒（Gustav Schmoller，1838—1917）为代表，在他手中历史学派的发展达到了顶峰。新历史学派的成员还有阿道夫·瓦格纳（Adolph Wagner）、威尔纳·桑巴特（Werner Sombart）、马克斯·韦伯（Max Weber）等。新旧历史学派的区分主要是在时间上，但他们之间有一个明显的区别，即旧历史学派在一定程度上试图补充古典理论，而新历史学派则希望用自己的理论完全取代古典学派。

第二节 弗里德里希·李斯特

一、报国无门的经济学家

弗里德里希·李斯特（Friedrich List，1789—1846）出生于一个皮鞋匠家庭。他经自学通过国家官吏考试，当上了符腾堡官吏，后又任会计检察官，1817年到蒂宾根大学任教，1819年倡议成立德国工商业协会，并在协会中做顾问。他在《政治经济学的国民体系》中提到成立德国工商业协会的初衷是取消德国国内关税，使德国能采用全国统一的商业政策。但是他因此举受到政见不同者的迫害，被迫辞去了蒂宾根大学教授的职务。在1820年担任符腾堡国会议员期间，他极力主张改革，反对封建专制，又触动了容克贵族的利益，被以"煽动闹事，阴谋颠覆国家政权"的罪名判处10个月监禁，1825年他被驱逐而流亡美国。

在美国，他经营过农场，担任过报社编辑，还开办过一个规模很大的煤矿。在此期间，他目睹了一个落后国家如何运用关税保护手段而自强发展起来。1832年他以美国驻莱比锡领事的身份回到德国，希望通过建立全国铁路系统推动德国经济的统一，并且继续宣传他的主张。其关税同盟于1834年建立，但是他的全国性的铁路系统计划由于触碰了资产阶级的利益而受到阻碍，最后无疾而终。万般无奈的李斯特于1837年重返美国，但其经营的煤矿在美国的银行危机中破产，人到中年遇到如此变故，李斯特只能继续流亡法国。其间李斯特接到法国政府的邀请，让他担任铁路建设和贸易政策方面的顾问，但由于国家恩怨，李斯特谢绝了邀请。1840年，贫病交加的李斯特重回德国。1846年英国政府废除"谷物法"，这对主张贸易保护的李斯特无疑是沉重一击，而他参与的关税同盟也胎死腹中，一直没能实现。李斯特陷入深深的绝望，在1846年11月30日晚饮弹自尽。在有生之年，李斯特未能看到一个统一、强大的德国出现。但是在他逝世25年后，德国在普鲁士政权铁血宰相俾麦斯的带领下实现了统一。

二、主要理论与主张

李斯特毕生的经济学思想凝缩于《政治经济学的国民体系》一书，该书共分为四篇——历史、理论、学派、政策。他利用各国经济社会发展的原始资料，进行了大量的归纳研究，除去冗杂表象，直抵经济现象后面的真相，以期在重重迷雾中发现"规律"。他认为经济现象与其他历史现象是孪生依存的，而每个国家所处的历史背景不同，所需要的经济学思想不能照抄在经济上先行一步的国家。在贸易问题上，李斯特认为国家只有进入一个特定时期后才可将自由贸易付诸实践，在此之前，进行关税保护是必要的。他还强调国家干预经济事务的必要性。

李斯特从各国混沌的经济发展现象中提炼出了自己的学术思想，他所有的经济学理论都是围绕如何成就一个强大德国开出的药方，并重点探讨了如何建立独立自主的工业体系，强调综合生产力对于一个国家发展的重要意义。

(一) 国家经济学与世界主义经济学

李斯特认为，要正确地界定"政治经济"学说，就无法避免从国家的概念和性质开始讨论这种学说，如果不对"政治经济"和"世界主义经济"加以区分，将会衍生出一系列的理论错误，而所有萨伊以后的古典经济学家都陷入了这个错误。

"我们如果想对于逻辑、对于自然法则信守不渝，那就必须使个人经济不与社会经济相混淆，关于后一项，又必须把政治经济或国家经济与世界主义经济划分开来。政治经济或国家经济是由国家的概念和本质出发的，它所教导的是，某一国家，处于世界目前形势以及它自己的特有国际关系下，怎样来维持并改进它的经济状况；而世界主义经济产生时所依据的假定是，世界上一切国家所组成的只是一个社会，而且是生存在持久和平局势之下的。"⊖

李斯特强调国家经济学着重"研究如何使某一指定国家（在当前世界形势下）凭农工商业取得富强、文化和力量"⊖，而流行学派混淆了国家经济与世界主义经济，欲找出放之四海而皆准的原则来衡量不同国家的情况忽视了民族精神及国家发展道路的差异性，忽视了社会在不断发展变化的事实。古典经济学思想所宣称的普遍性实际上仅仅适用于英国，而不能应用于不发达国家。

(二) 贸易制度与贸易保护

流行学派没有将实际情况作为理论基础的来源，而是将世界联盟与持久和平形势作为既定的条件来推理自己的学说，但是这些情况在实际中并不存在，所以在李斯特看来，流行学派的学说是缺乏实践根据的。他认为政治联合领先于商业联合，要使世界各国彼此承认有同等权利并达成广泛共识，只有当多数国家在工业、文化等国家实力方面近于同等程度时才可能实现，即只有拥有相近的国家实力时，普遍贸易才能存在并发展。在各国实力相差悬殊的当时，李斯特认为在自由竞争的氛围中，一些没有实行保护主义的国家势必不可能迎头赶上；相反，实行保护关税尽管会使价值有所牺牲，但是促进了生产力的增长，足以抵偿损失而有余。更重要的是，生产力的发展将促使国家财富的进一步增加，那么即使发生战事，也可以很快恢复生产力。

李斯特的贸易保护对象是国内的新生工业。他反对对农业这个古老成熟的产业实施保护，旨在为制造业提供廉价的食物和原材料；而反过来，通过被保护发展起来的大规模工业又可以为农业扩大国内市场。李斯特并不主张长久的贸易保护，而是强调贸易保护制度是一

⊖ 李斯特.政治经济学的国民体系[M].陈万煦，译.北京：商务印书馆，1961：109.
⊖ 李斯特.政治经济学的国民体系[M].陈万煦，译.北京：商务印书馆，1961：106.

个国家于特定时期发展的特定方法，一旦渡过这个时期，国家变得强大，自会与发展程度相近的国家进行自由贸易。

(三) 生产力理论与价值理论

"一个人可以据有财富，那就是交换价值，但是他如果没有那份生产力，可以产生大于他所消费的价值，他将越过越穷；一个人也许很穷，但是他如果具有那份生产力，可以产生大于他所消费的有价值产品，他就会富裕起来。"○

李斯特强调财富的源泉是一种能力，他认为斯密视劳动为国民财富的原因属于本末倒置，即使萨伊将精神劳动纳入体系也没有从根本上纠正传统观点的谬误。在李斯特看来，劳动本身并不能视为国家财富的源泉，而仅仅是财富的起因；财富起源于人的头脑和四肢，是对个人有回馈作用的物质力量以及起激励、激发作用的精神力量。这些力量依赖于个人所处的社会状况，包括科学与艺术是否发达，法律与公共制度能否促进社会道德、公道，国家是否有足够的力量保障国家财富代代相传。流行学派把物质财富或交换价值作为研究的唯一对象，把单纯的体力劳动认为是唯一的生产力是一个错误的逻辑起点。

(四) 私人经济与国家经济

斯密认为，私人从事经济活动并不企图增进公共福利，而只是利己地追求个人利益，但是当他这样做的时候，常常会促进整个社会的利益；这一切由"看不见的手"引导而无须国家的干预管制。而在李斯特看来，只有个人利益服从国家利益并且世代向着同一个目标迈进时，国家的生产力才会获得均衡发展，进而生产力的联合将促进国家强大。

李斯特肯定个人生产者会促进个人私利，但是不一定总会促进社会整体的利益，所以国家需要对私人所从事的活动进行限制，这在社会生活中是不可避免的。尽管私人经济在没有战乱、没有关税限制时，近似等同于国家经济，但是一个国家要想强盛并保持现状，需凭借一国所有的自然力量来发展。

李斯特是历史主义经济学的主要先驱者。他反对古典经济学派所坚持的经济规律的普遍有效性，认为在某些经济发展阶段，保护性的关税是必不可少的；他是最早使经济发展阶段理论流行起来的人，提出了经济发展的五阶段模式——原始→畜牧→农业→制造业→商业。他早年历经监禁，并被自己深爱的国家驱逐出境，却未曾动摇改变德国的初心，极力推动德意志国家关税同盟以及德国铁路建设，但是伴随他的是满身失意，最终他在绝望中结束了自己的生命。虽然他的努力未能拯救羸弱的德国，但是历史主义经济学从此在德国成为一种共识，自由主义黯然失色，尤其自铁血宰相俾斯麦统一德国以后，历史主义就在德国落地生根了。○

第三节 旧历史学派

李斯特强烈的民族主义观，否定了古典理论主张的自由放任，认为国家的福利需要国家

○ 李斯特.政治经济学的国民体系 [M].陈万煦，译.北京：商务印书馆，1961：118.
○ 亨利·威廉·斯皮格尔.经济思想的成长 [M].晏智杰，等译.北京：中国社会科学出版社，1999：294-295.

的指导。他在《政治经济学的国民体系》一书中提出的保护主义观点在美国得到了强烈认可，以至于他通常被称作美国的"保护主义之父"。但是李斯特思想的继承者旧历史学派则将英法古典经济学完全放在了对立面，他们否认人类社会经济发展存在普遍的客观规律，强调经济发展的民族性；反对古典经济学倡导的自由放任，强调国家在民族经济发展中的决定作用；在经济学方法上彻底否定古典学派的抽象演绎法，强调"历史方法"的重要性，主张只有通过收集、整理大量的历史资料，才能归纳经济演变的脉络并指导经济的发展。威廉·罗雪尔是旧历史学派的代表人物。

1817年，威廉·罗雪尔（Wilhelm Roscher，1817—1894）出生于汉诺威的一个高级法官家庭。罗雪尔在哥廷根大学和柏林大学专攻历史学与政治学，其最早的一篇具有建设性的文章就是他1838年的博士毕业论文"伟大诡辩家们的历史学说"，他毕业两年后任母校哥廷根大学讲师，主讲历史学。罗雪尔个人非常崇拜修昔底德○，因此其最早的讲义名便是《修昔底德的方法论》，1842年此讲义被集结成册出版，书名为《修昔底德的生平、著作和时代》。1841～1843年他兼任政治经济学主讲，在这期间的讲稿成为《历史方法的国民经济学讲义大纲》（简称《大纲》）一书。也就是在《大纲》出版这一年，罗雪尔升任副教授，次年升为教授。但对于罗雪尔来说，这些远不足以容纳他经济学思想的厚度。1848年，他受聘于莱比锡大学主讲政治经济学，从此直至生命陨落的46年中，罗雪尔孜孜以求并最终完成了《政治经济学的国民体系》五卷本。《大纲》一书被后世称为"历史学派的宣言"，《政治经济学的国民体系》五卷本则是"实践性的注解"。除了完成如此宏大的巨著外，罗雪尔留给后世的还有《十六、十七世纪英国国民经济学说史》《殖民、殖民政策、移民》《德国经济学说史》等。在离世前6年，罗雪尔将莱比锡大学主讲政治经济学的位置让给了他的弟子布伦塔诺，他的儿子卡尔·罗雪尔在他去世后将他在家中所做的关于宗教的训话以及从他著作中摘录出来的一些论述，汇编成了《一个经济学家的精神世界》，并于1895年出版。罗雪尔留给后世丰厚无虞的经济学思想遗产，他首次把萨维尼○在法学研究中的历史方法运用到政治经济学中，为德国历史学派经济学奠定了基础，从而成为德国旧历史学派的创始人。○

罗雪尔认为，国民经济学的任务在于增加国家的财富，提升国家实力，而鉴于各个国家、民族与时代的差异性以及事物具有相互联系的特点，故只有用综合、归纳的方法来研究经济现象才能有所收获。加之事物是发展变化的，因此经济规律只有相对性。

通过引入萨维尼的历史方法，罗雪尔把以往的方法分为"哲学的方法"和"历史的方法"，他认为前者是对一种事物的定义，不管在何时何地，都是明确而无疑议的；而后者则记录人类相互之间发生的事件，具有客观的真理性，将会以科学的形式将人类已获得的政治成果留给后代。○无疑历史的方法更适用于国民经济学。在《大纲》的序言中，罗雪尔归纳了历史方法的原理：

（1）记述各国的经济发展史，并同有关国民经济生活的其他学科，尤其是法制史、政治

○ 修昔底德（希腊文 Θουκυδίδης，英文 Thucydides，公元前400或395—前460或455）是古希腊历史学家，他是在高度成熟了的希腊文化的熏陶下成长起来的。

○ 萨维尼（Friedrich Carl von Savigny，1779—1861）。普鲁士王朝法学家，法律关系本座说的创立者，先后任职普鲁士王朝司法大臣、柏林大学校长、马尔堡大学和兰茨胡特大学教授。他是历史法学派的主要代表，该派首创人G.胡果（1764—1844）的学生，贵族家庭出身。

○ 威廉·罗雪尔.历史方法的国民经济学讲义大纲[M].朱绍文，译.北京：商务印书馆，1997：中译本序.

○ 威廉·罗雪尔.历史方法的国民经济学讲义大纲[M].朱绍文，译.北京：商务印书馆，1997：12.

史以及文化史紧密结合，来解决增进国家财富的问题。

（2）研究过去各个文化阶段，从中习得历史经验。

（3）比较各个国家的经济发展史，以从相似的发展趋势中获得宝贵的启示。

（4）中性地看待任何制度，进行客观的描述分析，以通过了解制度变迁过程，把握制度变迁的规律。^㊀

罗雪尔的宏大著作——《政治经济学的国民体系》，主要综合了斯密、李嘉图、马尔萨斯、萨伊等人的理论，并且试图将这些理论同历史过程相联系。但他为抽象理论寻找历史依据的做法遭到了新历史学派的谴责，如施穆勒就认为罗雪尔及其同事在重建经济学时陷入了其所批判的古典经济学方法中。^㊁

第四节 新历史学派

德国新历史学派是德国旧历史学派在新的社会经济条件下的理论继承者。从 19 世纪七八十年代开始，新历史学派占据了德国经济学的主流。同旧历史学派相比，新历史学派有如下新特点：在方法论上，用所谓"历史的统计"的方法来代替旧历史学派的"历史的生理"方法，即用统计学的方法来分析经济，得到统计意义上的规律和结论；新历史学派并不像旧历史学派那么极端地否定经济规律的存在，而是极其小心地接受演绎法；新历史学派更加强调心理、宗教、道德和法律以及超阶级国家的作用等因素对经济的影响。^㊂

一、古斯塔夫·施穆勒

古斯塔夫·施穆勒（Gustav Schmoller，1838—1917）出生于符腾堡海尔布隆市的一个官吏之家，毕业于蒂宾根大学，1864～1882 年分别在哈雷大学、斯特拉斯堡大学、柏林大学任教，主讲政治经济学。1884 年他开始任普鲁士枢密院顾问，并于 4 年后当选普鲁士学士院院士，1878 年，他开始主持《国家科学和社会科学研究》丛书的编审，1881 年出版《德意志帝国立法、行政和国民经济学年鉴》。1897 年他代表柏林大学任普鲁士上院议员，1907 年被封为贵族。1912 年，施穆勒退休。他是德国著名的经济学家、历史学家、社会活动家，他被称为德国经济学的鼻祖。他既是历史学派的领袖，也是研究社会问题、支持社会改革的"讲坛社会主义者"领导人之一。

从某种程度上讲，施穆勒就是一个"学阀"。他在德国被政府封为贵族，在大学职位候选人的认可上具有巨大的影响，他要求候选人赞同他的经济学方法，这使得其他不同的经济学思想往往夭折，基本没有茁壮成长的机会，从而垄断了德国的经济学思想。施穆勒的新历史学派不只是反对所谓理论的绝对论，还将理论一起加以反对，使经济学开始等同于经济史。施穆勒及其信徒所推行的这种类型的经济史，主要由遥远并微小的细节构成，以防止孤立片面地分析经济过程而丧失其本质。

㊀ 威廉·罗雪尔. 历史方法的国民经济学讲义大纲［M］. 朱绍文，译. 北京：商务印书馆，1997：8.
㊁ 斯坦利 L 布鲁，兰迪 R 格兰特. 经济思想史（原书第 7 版）［M］. 邸晓燕，等译. 北京：北京大学出版社，2010：159.
㊂ 蒋雅文，耿作石，张世晴. 西方经济思想史［M］. 北京：科学出版社，2010：133.

(一) 讲坛社会主义

施穆勒及其信徒因其毫无原则地主张干预主义而使其自己受到了来自不同方面的攻击，自由主义者认为他们反对自由放任是非常令人讨厌的。施穆勒集团希望劳动阶级效忠于普鲁士政权，因此他们也被后世称为"讲坛社会主义者"，并一直沿用至今。施穆勒赞成共有财产的扩张、再分配的税收政策以及对城市房地产所取得的不劳而获的增值征税，这些都体现了他的社会主义特点。他自称是"国家社会主义者"。

(二) 方法论

施穆勒否认任何普世的经济学自然规律的存在，认为国民经济由多种因素构成，它们动态发展并相互影响。他主张用历史归纳法作为研究社会经济的根本方法，并指出科学的任务在于正确观察、树立界说和分类，以及找出典型的范例并从因果的关系上加以说明。

施穆勒特别强调心理、道德因素在经济生活中的地位和作用，认为国民经济学是介于自然科学和精神科学之间的科学。社会经济代表了相互联系的个人所组成的集体，而相互联系的纽带就是心理、道德以及法律的因素。因此，社会经济关系诸如生产、分配、分工和交换等不仅仅是物质范畴，同时也是道德范畴。⊖

施穆勒提出了历史－经验分析方法，他认为左右国民经济的力量肯定不会有一个普适性的最终的统一法则，只有"经验的法则"，这些法则只是时常重演的现象而已，并没有一定的逻辑关系。他尤其强调充分运用统计资料与当时已非常发达的统计学方法，声称政治经济学进入了一个崭新的时代，这一时代扎根于历史与统计研究；而对某一国家或民族的局部的个别经济制度与现象进行专题考察，是国民经济学唯一的科学方法。因此，施穆勒几十年如一日地伏案收集、整理大量的经济材料，并进行考察与统计，将它们系统化、数量化，最终从这些经济发展史中归纳出一些"经验法则"。施穆勒将自己的研究方法称为"历史统计法"，以此和旧历史学派的"历史归纳法"相区别。⊜熊彼特在评论这种方法时指出："如果我们将'经验论者'视为历史学派的一分子，则后者将包括全部经济学家。"

(三) 国家职能

在施穆勒看来，国家必须通过一系列改革和有针对性的政策来调和社会各群体之间的关系，以保证国民经济协调健康发展。他说："前进中所有的重大纪元，包括国民经济的，都是以社会制度的改革为起点的。"⊜因此，施穆勒是提倡社会改良的，主要针对中间阶层，比如自耕农、手工业者和中小商人等。他认为维护这些人的利益，是维持经济秩序稳定的必要条件。

施穆勒认为，国家在社会经济发展中有特殊重要的领导作用。他强调国家是国民经济产生和存在的前提条件，认为在不同的国家里，尽管国家在国民经济发展中所起的作用大小不同，但是，国家肯定不能置身事外。对于社会的发展，国家需要用货币政策、贸易政策、工

⊖ 吴宇晖，张嘉昕. 外国经济思想史 [M]. 北京：高等教育出版社，2007：221.
⊜ 唐华山. 经济学大师如是说 [M]. 北京：人民邮电出版社，2009：46.
⊜ 唐华山. 经济学大师如是说 [M]. 北京：人民邮电出版社，2009：45.

业立法、钱币税收政策等国家权力进行统辖,从而实现全社会自上而下的改良。

施穆勒是新历史学派的一面旗帜。作为新历史学派的代表,施穆勒首先反对古典经济学的抽象演绎法,其次否认经济学存在普遍规律,但他还是对经济学做出了非常突出的贡献。他穷极一生,只为找到使德国强大的一副良方;他主张通过实行自上而下的改良主义政策来实现整个社会关系的协调,并提倡国民经济学的道德理念,把生产、交换、分工、劳动、工资等经济范畴既看作是经济技术范畴,又看作是伦理心理范畴;他也因代表作《一般国民经济学研究》而在学界获得了崇高的声望。

历史学派从诞生之日起就肩负着德国崛起的重任,施穆勒作为历史学派的传道士较好地完成了历史赋予的使命。德国的发展正是受益于此,从而成为名声赫赫的制造业强国。[一]

二、马克斯·韦伯

马克斯·韦伯(Max Weber,1864—1920)出生于爱尔福特,1869 年举家搬迁至柏林夏洛腾堡并定居。韦伯天资聪颖,13 岁时已经开始写文表达自己的观点,论及皇帝和教皇在德国历史上的地位,并且评论了从君士坦丁堡到民族迁徙时期的罗马皇帝。1882 年韦伯进入海德堡大学学习法律,1889 年被授予博士学位。三年后韦伯开始在柏林大学任教,后来陆续在弗莱堡、海德堡和慕尼黑等地任经济学教授。同时韦伯一直在进行宗教社会学研究,其著作《新教伦理与资本主义精神》就是这种交叉研究的最初成果。他认为自己是施穆勒的思想后裔[二]。

韦伯在社会学领域的盛名远胜于经济领域,在当时德国理论经济学的思想氛围下,他的历史兴趣使他未能留下自己的名字。他重在说明经济行为的起源和决定因素,而非解释经济行为本身的抽象框架。[三]韦伯的重要发现是将资本主义兴起的原因指向了宗教——新教的教义如勤勉、诚实等降低了经济组织的运行成本,禁欲主张则通过强制储蓄实现了资本积累,从而有助于增加财富。新教的某些信条还通过合理化以利润为目的的个人主义经济活动,促进了资本主义的发展。概而言之,新教主义导致了资本主义的产生。但韦伯的反对者则不认同这一单向关系,他们认为更适合商业活动的新教主义是顺应了正在兴起的资本主义的要求才产生的。然而,由于新教主义与资本主义兴起之间存在着复杂的关系,其因果关系一直难以理清。[四]

19 世纪 80 年代的大论战以后,德国历史学派的经济思想逐渐被边缘化,甚至一度淡出了历史舞台,主流经济学则进入了一个新的阶段——新古典经济学时期。虽然历史学派自身的命运发生了戏剧性的逆转,但他们的经验影响了经济学中制度研究路径的发展。德国历史学派基于其本土意识与现实关怀,强调充分了解经验与现实以建构真正安全妥当的理论。尽管这种理论建构方向在方法论之争后失去了原有影响,但这一主张依然有意义。也正是基于这一点,有学者提出了所谓理论建构的后发优势,其实质是在肯定理论前提的条件之下,立足于本国制度创新的时代经验,化解存在于形式理论与经验现实之间的张力,重申理论创建的基本路径,即以理论为起点,通过对经验现实的潜心研究,发现对理论具有挑战性的事

[一] 唐华山. 经济学大师如是说 [M]. 北京:人民邮电出版社,2009:48.
[二] 斯坦利 L 布鲁,兰迪 R 格兰特. 经济思想史(原书第 7 版)[M]. 邸晓燕,等译. 北京:北京大学出版社,2010:162.
[三] 亨利·威廉·斯皮格尔. 经济思想的成长 [M]. 晏智杰,等译. 北京:中国社会科学出版社,1999:371.
[四] 斯坦利 L 布鲁,兰迪 R 格兰特. 经济思想史(原书第 7 版)[M]. 邸晓燕,等译. 北京:北京大学出版社,2010:163.

实，进而建立创新性的理论。○

值得一提的是，墙内开花墙外香的德国历史主义经济思想，在美国的影响更大。○著名的美国经济学家克拉克曾在 1872~1875 年间留学德国，拜在历史学派主要成员卡尔·克尼斯门下。美国的制度学派可以看作是新历史学派的特殊变种。另外，德国历史学派的思想还在明治十六年（1883 年）传入日本，并成为日本国立大学的官学，其影响一直持续到第二次世界大战结束，其产物"日本社会政策学会"，对日本经济学研究产生了重要作用。○

背景链接 10-1　方法论之争

19 世纪 70 年代早期，门格尔、杰文斯和瓦尔拉斯将边际分析引入经济学，构建抽象演绎模型来进行经济科学的研究，从而开启了轰轰烈烈的"边际革命"。然而，德国对此反响平平甚至麻木无感。尽管奥地利人门格尔用德语创作了他的《国民经济学原理》，但是在德国的大学中并没有人对它加以研究，因为在施穆勒的专断下，他们排外性地只赞同历史方法。1883 年，门格尔出版了一本关于方法论的著作《关于社会科学尤其是政治经济学方法的探讨》，书中门格尔对经济学与社会学中的方法问题进行了一般性概述，同时抨击了历史方法的错误，从而开启了一场一直持续到 20 世纪的长久的、沉闷的、无果而终的争论。紧接着，施穆勒在其著作《新政治经济学年鉴》中否定了门格尔的著作，论战正式拉开了序幕。门格尔发表了小册子《历史主义的错误》予以愤怒回击，施穆勒则不仅没有翻阅这本小册子，还在将之归还给作者时附上了一封侮辱信。

论战双方的敌对情绪愈演愈烈，他们将大量精力和心智耗费在这场声势浩大、史无前例的方法论之争上，但结果却不了了之——归纳法和演绎法被学界公认都很重要，二者互为补充，均是正确的经济科学的工具。○

问题讨论

1. 阐述"德国制造"与德国历史学派之间的渊源。
2. 德国历史学派对经济学说史的影响是怎样的？
3. 门格尔和施穆勒的方法论之争，争论的到底是什么？

本章推荐

[1] 李斯特.政治经济学的国民体系[M].陈万昀，译.北京：商务印书馆，1961.
[2] 李斯特.政治经济学的自然体系[M].杨春学，译.北京：商务印书馆，1997.
[3] 复旦大学公开课：外国经济思想史（第3集），历史学派对古典经济学的挑战.
[4] 马克斯·韦伯.新教伦理与资本主义精神[M].阎克文，译.上海：上海人民出版社，2012.

○ 樊安群，任保秋.西方经济思想流变论[M].北京：中国社会科学出版社，2010：220-224.
○ 亨利·威廉·斯皮格尔.经济思想的成长[M].晏智杰，等译.北京：中国社会科学出版社，1999：373.
○ 葛扬，李晓蓉.西方经济学说史[M].南京：南京大学出版社，2003：227.
○ 斯坦利 L 布鲁，兰迪 R 格兰特.经济思想史（原书第7版）[M].邸晓燕，等译.北京：北京大学出版社，2010：161.

参考文献

[1] 斯坦利 L 布鲁,兰迪 R 格兰特.经济思想史(原书第7版)[M].邸晓燕,等译.北京:北京大学出版社,2010.
[2] 张林.经济思想史[M].北京:科学出版社,2008.
[3] 李斯特.政治经济学的国民体系[M].陈万煦,译.北京:商务印书馆,1961.
[4] 亨利·威廉·斯皮格尔.经济思想的成长[M].晏智杰,等译.北京:中国社会科学出版社,1999.
[5] 威廉·罗雪尔.历史方法的国民经济学讲义大纲[M].朱绍文,译.北京:商务印书馆,1997.
[6] 谭崇台.西方经济发展思想史[M].武汉:武汉大学出版社,1995.
[7] 蒋雅文,耿作石,张世晴.西方经济思想史[M].北京:科学出版社,2010.
[8] 尹伯成.西方经济学说史[M].3版.上海:复旦大学出版社,2017.
[9] 季陶达.资产阶级庸俗经济学选辑[M].北京:商务印书馆,1961.
[10] 吴宇晖,张嘉昕.外国经济思想史[M].北京:高等教育出版社,2007.
[11] 唐华山.经济学大师如是说[M].北京:人民邮电出版社,2009.
[12] 玛丽安妮·韦伯.马克斯·韦伯传[M].阎克文,王利平,姚中秋,译.南京:江苏人民出版社,2010.
[13] 马克斯·韦伯.经济通史[M].姚曾,译.上海:上海三联书店,2006.
[14] 樊安群,任保秋.西方经济思想流变论[M].北京:中国社会科学出版社,2010.
[15] 葛扬,李晓蓉.西方经济学说史[M].南京:南京大学出版社,2003.

第三篇

新古典时期
（1871年至1936年）

江山代有才人出，各领风骚数百年。

——赵翼

第三篇古典时期涵盖了从19世纪末（1871年）到20世纪初（1936年）的经济思想和理论流派。在古典经济学的三方质疑与挑战者中，边际学派由于更加关注需求和消费，引入了全新而有力的研究方法和分析工具，从而为主流经济学所接纳，其主要理论与代表思想也成为后来微观经济学的一部分。以马歇尔为代表的新古典学派继承了边际分析的方法，明智地将强调生产成本（供给）的古典学派与注重消费者（需求）的边际学派完美地结合在一起，形成了新古典经济学。马歇尔在完成斯密理论模型化和数量化的同时，与他执着勤勉的追随者们一起构建了现代经济学中的微观经济学。本篇的结构安排如下：第十一章至第十三章介绍边际学派（分别为边际学派先驱者、边际学派第一代、边际学派第二代）；第十四章介绍新古典学派的掌门人马歇尔，第十五章和第十六章分别介绍马歇尔的几位继承者，他们在继承大师思想的同时也呈现出了"青出于蓝而胜于蓝"的一面；第十七章介绍制度学派，他们在对新古典经济学的批判中形成了自己的思想理论。

思维导图

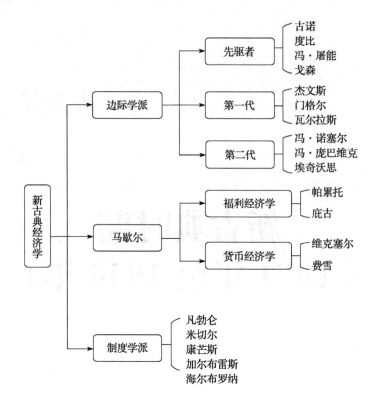

第十一章

边际学派及其先驱者

孟子曰:"孔子登东山而小鲁,登泰山而小天下,故观于海者难为水,游于圣人之门者难为言。观水有术,必观其澜。日月有明,容光必照焉。流水之为物也,不盈科不行;君子之志于道也,不成章不达。"

——《孟子·尽心上》

本章大纲

第一节　边际学派概览
第二节　安东尼·奥古斯丁·古诺
一、数理经济学的奠基人
二、主要经济学理论
第三节　朱尔斯·度比
一、工程学与经济学的完美合奏者
二、主要经济学理论
第四节　约翰·海因里希·冯·屠能
一、区域经济学的先驱者
二、主要经济学理论
第五节　赫尔曼·海因里希·戈森
一、思想超前的隐居者
二、主要经济学理论

主要著作列表

姓名	著作	成书时间
古诺	《财富理论的数学原理的研究》(Researches into the Mathematical Principles of the Theory of Wealth)	1838 年
	《财富理论原理》(Principles de lathéorie des richesses)	1863 年
	《经济学说概要评论》(Revue sommaire des doctrines économiques)	1877 年
度比	《公共工程效用的测量》(On the Measurement of the Utility of Public Works)	1844 年
	《论通行税和运输费用》(On Tolls and Transport Charges)	1849 年
	《论效用与效用的衡量》(On Utility and Its Measurement)	1853 年
冯·屠能	《孤立国》(The Isolated State) 第一卷	1826 年
	《孤立国》(The Isolated State) 第二卷	1850 年
戈森	《人类交换规律与人类行为准则的发展》(The laws of Human Relations and the Rules of Human Action Derived Therefrom)	1854 年

注：所列朱尔斯·度比的作品均为期刊论文。

思维导图

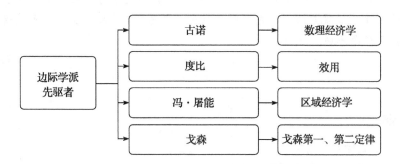

19 世纪 70 年代，英国的威廉姆·斯坦利·杰文斯、法国的里昂·瓦尔拉斯和奥地利的卡尔·门格尔各自独立地发现了边际效用原理，引发了经济学结构和方法的巨大变革，拉开了"新古典主义"边际革命的序幕。这次革命与过去的伟大思想（边沁对效用的计算，法国、意大利在 18 世纪发展起来的均衡经济学和主观价值论）有着密切的联系。在经济政策上，这次革命是对古典学派思想的继承。边际学派从其先驱者开始发展，后又历经两代人的不懈努力，最终形成了一套边际主义的经济学分析理论，成为新古典经济学必不可少的一部分。

本章主要介绍边际学派的先驱者，主要包括古诺、度比、冯·屠能和戈森四位经济学家。

第一节 边际学派概览

18 世纪的工业革命使西方世界空前繁荣，但到了 19 世纪中后期，种种问题开始凸显：

垄断企业兴起、财富分配不公平、雇主与工人的矛盾激烈、社会保障缺乏等。

亚当·斯密、李嘉图、穆勒和其他经济学家构建的古典经济学理论体系，是关于商品、劳动、价格等方面的基本理论，但它将生产和分配分割开来，难以说明价格机制下生产者与消费者之间的互利共赢关系。

在这样的现实与理论困境下，西方世界急需一种新的经济理论来阐释社会中的经济现象，边际效用论的产生恰好适应了这种形势的需要。19世纪70年代，英国、奥地利和瑞士几乎同时出现了有关边际主义的经济学著作：英国杰文斯的《政治经济学理论》（1871年）、奥地利门格尔的《国民经济学原理》（1871年）、瑞士瓦尔拉斯的《纯粹经济学要义》（1874年）。这些学者各自独立地阐述了类似的边际效用论，为之后崛起的边际效用学派奠定了坚实的基础，开始了西方经济学发展的新时期。

按照理论渊源，边际学派的主要理论主要可分为两大部分，一部分是对古典经济学理论的继承发展，主要包括"边际""效用"、抽象演绎法、"小政府"等方面；另一部分则是与古典经济学所不同的方面，包括对"微观"、竞争、需求与价格关系、"主观"的强调等。

边际学派对古典经济学理论的继承发展具体有：第一，集中关注对边际的分析，边际学派将李嘉图在地租理论中提出的边际原理拓展到了所有的经济理论中；第二，理性经济行为假设，边际学派发展了边沁的假设，即人具有平衡快乐与痛苦、衡量不同物品的边际效用、平衡当前与未来需要的理性；第三，抽象演绎方法的使用，边际学派赞成李嘉图和其他古典经济学家提出的抽象演绎的方法；第四，主张较少的政府干预，边际学派继承了古典经济学派，认为较少的政府干预有利于实现社会福利的最大化。

边际学派在继承古典经济学部分理论的基础上，提出了许多其他理论：第一，强调主观效用，边际学派提出需求取决于边际效用，这正是一种主观的心理现象；第二，强调微观经济，边际学派较少考虑宏观经济，而是将单个人和单个企业作为分析的中心；第三，假设完全竞争，多数边际学派的学者将分析建立在完全竞争的假设基础之上；第四，需求决定价格，不同于古典经济学派的供给决定价格的观点，边际学派提出需求是价格决定的主要因素；第五，采用均衡的方法，边际学派提出经济活动的各个量最终趋于均衡；第六，将土地视为资本品，边际学派将土地视为资本品进行分析，将利息、地租和利润看作财产的报酬。

边际学派通过对微积分和几何图表的使用，使边际分析更加准确，并且实现了局部均衡分析。局部均衡分析法对复杂的现实世界进行抽象分析，通过分步剖析，逐步深入研究。这种革命性的变化为经济学的发展打开了更加广阔的天地，经济学也由此成为一门比较精确的社会科学。另外，边际学派对微观个体分析的注重，使其理论后来发展成为西方经济学的重要组成部分，在经济思想中具有重要的地位。随着经济思想的演变与成熟，边际学派的许多理论为后来新古典学派的兴起奠定了基础。

背景链接 11-1　边际学派经济学家的分类

边际学派的经济学家较多，我们可以从多个角度对他们进行分类。按照经济学家生活年代的先后顺序，可分为边际学派的先驱者、边际学派第一代和边际学派第二代；按照这些经济学家分析经济问题时所使用的方法，可分为数理学派和心理学派；按照经济学家们的国籍或研究地，可分为奥地利学派（维也纳学派）、洛桑学派和美国学派，具体如表 11-1 所示。

表 11-1 边际学派经济学家分类表

按时间先后顺序		按使用的分析方法		按国籍或地名	
先驱者	安东尼·奥古斯丁·古诺 朱尔斯·度比 约翰·海因里希·冯·屠能 赫尔曼·海因里希·戈森	数理学派	安东尼·奥古斯丁·古诺 赫尔曼·海因里希·戈森 威廉姆·斯坦利·杰文斯 里昂·瓦尔拉斯	奥地利学派	卡尔·门格尔 弗里德里希·冯·维塞尔 欧根·冯·庞巴维克 路德维希·冯·米塞斯
第一代	威廉姆·斯坦利·杰文斯 卡尔·门格尔 里昂·瓦尔拉斯	心理学派	卡尔·门格尔 弗里德里希·冯·维塞尔 欧根·冯·庞巴维克	洛桑学派	里昂·瓦尔拉斯 维尔弗雷多·帕累托
第二代	弗里德里希·冯·维塞尔 欧根·冯·庞巴维克 弗朗西斯 Y. 埃奇沃思 约翰·贝茨·克拉克			美国学派	约翰·贝茨·克拉克

本书对边际学派理论的介绍是依据时间先后顺序展开的，这不同于按照分析方法或是国籍、研究地来介绍，能够更加清晰地阐述经济思想的衍变脉络，有利于读者由浅入深、由简入繁地理解该学派的理论。其中，本书将维尔弗雷多·帕累托和路德维希·冯·米塞斯分别放在第十五章福利经济学和第二十二章奥地利学派部分介绍。

第二节 安东尼·奥古斯丁·古诺

一、数理经济学的奠基人

安东尼·奥古斯丁·古诺（Antoine Augustin Cournot，1801—1877，又译安东尼·奥古斯丁·库尔诺）1801 年 8 月 28 日出生于法国第戎东部的小镇格雷，他是法国数学家、经济学家和哲学家，数理统计学的奠基人。

古诺从小接受良好的教育，在高中四年自学了法律、数学；20 岁时进入巴黎高等师范学校学习，后来转到索邦神学院（巴黎大学的前身）。大学毕业后，古诺受命给一位法国将军撰写回忆录，在这十年间，他努力钻研天文、力学、法律、数学等学科，并撰写了多篇论文。这些高质量的论文不仅使他在法国数学界赢得了声誉，更为他后来在经济学理论研究上的突破奠定了坚实的基础。后来古诺被聘为里昂大学的数学、力学教授，在此期间，他的研究方向从数学领域转向历史哲学和知识理论方面，后来他又对经济学产生了浓厚的兴趣，并取得了突破性的成就。古诺

安东尼·奥古斯丁·古诺

借力于早年对数学的精通,顺利将微积分应用于边际分析,从而成为边际学派的先驱者。此外,古诺还完成了需求函数,构建了垄断理论方面的几个模型,这使得他同时成为数理经济学的奠基人。

值得一提的是,古诺在行政管理方面有着较高的天赋,他曾出任过第戎大学的校长和法国教育管理机构中的高级官员等职位。古诺退休后回到巴黎,于1877年3月31日逝世。然而,在古诺生活的年代,他的经济学理论并未得到当时学界的认可。直至临终前,他的作品才引起杰文斯等名家的注意,他的经济学思想才得以发扬。

二、主要经济学理论

古诺对微观经济学所做的贡献主要涉及需求分析、厂商成本和生产决策分析方面。他解释了套利可以保证世界范围内的商品价格趋于一致;他首次描绘出向下倾斜的需求曲线,首次指出需求是价格的函数 $D=F(p)$,提出供给和需求相等时商品达到均衡价格;他首次区分了固定成本和可变成本,定义了边际成本和边际收益的概念;他将完全竞争定义为存在大批小公司并且是新公司在进入行业时不存在壁垒;他分析了完全垄断和寡头垄断市场的利润和厂商决策问题,并且给出了完全垄断、双寡头垄断和完全竞争的精确数学模型,其理论体系如图11-1所示。

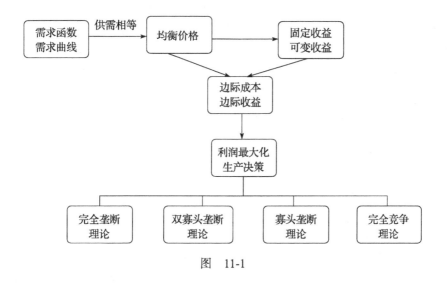

图 11-1

古诺对垄断理论的分析是从完全垄断情况开始的,然后他分析了寡头垄断理论,最后分析了完全竞争情况下的厂商行为。这一分析顺序刚好与我们今天相反。因为古诺所得出的完全竞争市场的结论与垄断市场类似,所以本节只介绍他在完全垄断理论和双寡头垄断理论方面的分析。

(一) 古诺的完全垄断理论

古诺作为边际学派的先驱者,第一次提出:当边际收益等于边际成本时,企业实现利润最大化。1838年他论述了这一原理：

"假设某人发现他拥有的矿泉水，含有其他矿泉水缺少的健身物质。他当然能将价格定为每升100法郎；但他很快就会因为问津者极少而认识到，这样的定价，并不是从这份产业赚尽可能多的钱的办法。所以他将不断地降低每升矿泉水的价格，直到获得可能的最大利润为止；亦即，如果 $F(p)$ 表示需求规律，他在经过多次试验之后，终于得到了令 $F(p)$ 极大的 p 值……"[一]

注意，在上述案例中，古诺假设获取矿泉水的总成本为零，所以边际成本也等于零。因此，总利润在总收益最大时的产量上实现最大化。运用微积分，古诺指出当总收益函数的导数（边际收益）为零时，总利润最大。

古诺将上述理论扩展到边际成本大于零的情形。他提出，即使边际成本大于零，垄断厂商也是在 $MR = MC$ 时实现利润最大化。另外，古诺还把该理论推广到了完全竞争市场，认为其同样适用。

（二）古诺的双寡头垄断理论

古诺在分析了垄断理论后，又分析了市场中存在两个企业竞争的情况，即双寡头垄断理论。

"为了使垄断这个抽象概念可以理解，我们设想过一处矿泉和一位业主。现在试设想两位业主和两处矿泉。矿泉的质量相同而且位置相当，它们都为供应同一市场而互相竞争。在此情况中，每位业主的价格必然相同。如果价格是 p，$D = F(p)$ 是总销售量，D_1 是矿泉1的销售量，D_2 是矿泉2的销售量，则 $D_1 + D_2 = D$。如果在开始时略去生产成本不计，两位业主的收入分别为 pD_1 和 pD_2；而且他们都各自独立地力图使这一收入尽可能大。

这里强调各自独立地，而且，马上就可明白，这个限制极为重要；因为假如他们达成一个协议，以取得各自最大的可能收入，结果就会完全不一样，而且在涉及消费者的一切方面，都会与垄断条件下的毫无区别。"[二]

古诺通过数学方法阐述了双寡头垄断模型，他假设价格由买者决定，而两个厂商仅仅根据价格来调整产量。每个厂商都会估计产品的总需求，并且假设对手的产出不变来确定自己的产出量和销售量。每个厂商都通过逐步调整产量达到一个稳定的均衡点，在均衡点上，两个垄断者最终销售相同数量的产品，销售价格高于竞争价格而低于垄断价格。

古诺是边际学派的先驱者之一，是微观经济学中众多概念的首位提出者，对后世经济学的发展有着巨大的影响。他首次描绘出了需求曲线，诠释了市场结构如何影响价格，并首次分析了市场是如何达到均衡的。自此，需求表、需求函数、向下倾斜的需求曲线与边际成本和边际收入等概念开始为经济学所使用。古诺的著作对瓦尔拉斯、马歇尔等人的理论构建产生了深远的影响。美中不足的是，古诺在分析完全垄断模型时忽视了价格歧视，这一点由下一节介绍的经济学家——朱尔斯·度比做必要的阐述；古诺还忽略了双寡头模型中其他可能的解，对此后来的经济学家弗朗西斯 Y. 埃奇沃思（见第十三章）提出了不确定性，从而完善了寡头垄断理论中的定价行为。

[一] 奥古斯丹·古诺. 财富理论的数学原理的研究 [M]. 陈尚霖, 译. 北京：商务印书馆, 1999：60.
[二] 奥古斯丹·古诺. 财富理论的数学原理的研究 [M]. 陈尚霖, 译. 北京：商务印书馆, 1999：78.

第三节　朱尔斯·度比

一、工程学与经济学的完美合奏者

阿塞纳·朱尔斯·埃米尔·度比（Arséne Jules Emile Dupuit，1804—1866）是边际学派的又一先驱者。他出生于意大利皮埃蒙特的福塞诺（当时属于法兰西帝国），10岁时随父母回到巴黎。

度比在著名的国立桥梁与道路学院（Ècole Nationale des Points et Chaussées）获得工程学学位，他主要从事的工作是研究和设计公路、水上导航、市政水利系统等。他在工程行业中有着良好的声誉，事业一帆风顺。1843年，他被授予著名的法国荣誉军团勋章，1850年成为巴黎的总工程师，1855年升任法国土木工程界的总监察官。

度比不仅在工程学方面很有造诣，同时还对理论经济学和应用经济学有着强烈的兴趣，两种知识背景的交叉，使得他成为研究公共工程成本与效益的先驱者。他凭借在工程学方面的积累，尝试运用边际分析法来衡量公众从公共事业中获得的效用，并据此制定了国家相应的价格和税收政策，从而使公众能够从公共设施中获得最大的利益。

二、主要经济学理论

（一）边际效用与需求

度比在继承边沁等经济学家关于主观边际效用的观点的基础上，提出："各种被消费的东西的效用因人而变化；不仅如此，每个消费者自己加到同一东西上的效用也会随其能够消费的数量而有所不同。"㊀

度比将边际效用递减与"消费曲线"联系起来，表明边际效用随着消费的增加而下降。

度比确立了需求曲线的概念：产品价格与需求量之间存在关系。他认为需求曲线就是边际效用曲线，即连续消费某一特定的产品将产生越来越少的额外满足。只有价格下降时，消费者才会愿意购买额外单位的产品。

（二）消费者剩余

度比在描述消费曲线时，提出了后来被马歇尔称为"消费者剩余"概念。

"只有实际效用才是人们愿意为之支付的，而相对的或最后的效用则表现为购买者为得到它而愿做出的牺牲，同他在交换中所需支付的购买价格之间的差额。"㊁

每一单位商品的边际效用与其价格之间的差额，表现在消费曲线中就是所有差额的和，即"消费者剩余"。

（三）垄断价格歧视

度比是工程学与经济学的完美合奏者，他身处政府垄断的公共工程系统内，借着得天独

㊀ 度比：《公共工程效用的测量》，英译文见《国际经济论文选》第二期，伦敦，1952年，66页。
㊁ 度比：《公共工程效用的测量》，英译文见《国际经济论文选》第二期，伦敦，1952年，93页。

厚的条件，研究了政府对垄断产品或服务的定价问题。他提出，如果目标是最大化总效用，那么价格应该是零；如果价格高于零，就会产生两个结果：一是有些效用从消费者转移到卖者，二是有些效用会消失。

度比认识到一个明显的问题：当价格为零时，供给者提供产品或服务的成本得不到补偿。因此他建议政府卖者应该制定这样一个价格，使服务的成本可以得到补偿而且总效用损失最小。他提出，双重或多重价格的方法能够使减少的（消费者）总效用小于（生产者）总成本，这不仅提高了总效用，同时又满足了总收益与总成本相匹配的要求。

度比的工程师和经济学家的双重背景使得他的经济学理论更具实用性。他与古诺各自独立地提出了相关理论，并且采用了相似的分析方法，利用几何图形和方程式结合的方式阐述理论。他继承并发展了边际效用递减的理论，是第一个表达消费者剩余和价格歧视思想的经济学家，为后来马歇尔提出"消费者剩余"、庇古和琼·罗宾逊进一步发展"价格歧视"理论奠定了基础。另外，度比提出的有关公共工程价格歧视的理论，现在仍广泛被政府、公共事业部门所采用。

第四节　约翰·海因里希·冯·屠能

一、区域经济学的先驱者

从本章的前几节中，我们知道法国的古诺和度比分别把边际原理应用于厂商理论和公共工程领域。在德国也有类似的科学体系，这种体系将边际原理应用于生产理论，其先驱者是约翰·海因里希·冯·屠能（Johann Heinrich von Thünen，1783—1850）。

1783年冯·屠能出生于德国的奥尔登堡（Oldenburg）。他曾就读于哥廷根大学，后来在梅克伦堡（Mecklenburg）购买了一块地用于经营农场，并对经营做了详细记录，他基于此完成了最主要的著作——《孤立国》。屠能是年轻有为的地产所有者、数学家和科学农业学者，他20岁时就建立了一个孤立国的模型。屠能用一个公式表示"自然工资"：$W = \sqrt{A \times P}$，其中W为工资，A是工人必要的生活物资，P是劳动者的价值。他自认为这个公式非常重要，并兴奋地将其刻到了自己的墓碑上。

屠能因为将边际原理应用于生产理论而成为边际主义学派的先驱者之一，为约翰·贝茨·克拉克的边际生产力分配理论提供了指引。

二、主要经济学理论

冯·屠能的理论框架图如图11-2所示。

（一）冯·屠能的区域理论

在1826年出版的《孤立国》第一卷中，冯·屠能提出了区域理论，由此成为区域理论与农业经

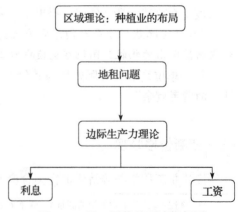

图11-2　冯·屠能的理论框架图

济学的奠基人。

冯·屠能在他的区域理论中，假设有一片各处同等肥沃的平原，只在平原中央有一个大城市，周边是广阔的农村地区，没有通航的河流或运河。

在这些假设条件下，冯·屠能提出：

"从总体上看，靠近城市的地方应该种植那些相对于它们的价值来说体积很大的产品，为的是避免太昂贵的运费。另外，非常容易腐烂、必须尽快消费掉的产品也应种植在靠近城市的位置。随着与城市距离的不断增加，土地逐渐被用来生产运费相对于价值来说较低的产品。

这样，在城市的周围会形成不同的同心圆圈或地带，每个圆圈都有其自己特定的产品。"⊖

图 11-3 是对冯·屠能上述理论的一个直观图，展示了他对农业生产的布局。

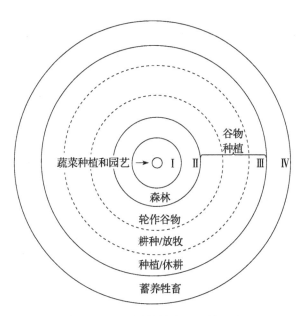

图 11-3　冯·屠能的农业区域理论

在讨论了种植业布局后，屠能还提出了地租问题。他接受并发展了李嘉图关于边际分析的级差地租原理："离城市近的生产出售黑麦所得，扣除各项费用以后，其余数即是它的纯利润。由于这项利润是持久性的，年年都有，所以获得纯利润的田庄也须每年支付租金。因此，一个田庄的地租是由于它的位置和土地比最劣的但为了满足城市需要又不得不从事生产的田庄优越而产生的。"⊜

（二）冯·屠能论边际生产力

冯·屠能在 1850 年出版的《孤立国》第二卷中扩展了他的区域理论，独立地提出了工

⊖ Johann H Von Thünen. The Isolated State, trans. Carla M. Wartenberg and ed. Peter Hall, vol.1.
⊜ 约翰·冯·屠能. 孤立国同农业和国民经济的关系［M］. 吴衡康，译. 北京：商务印书馆，2009：192-193.

资和利息的边际生产力理论，开启了该理论的发展前景。

屠能认为，资本是由劳动生产出来的，是对劳动的积累；而资本的使用使劳动生产率提高，使产出增加。他将资本租金定义为利用资本所生产的超过工资和生活必需品的余额。但是，"新增加的资本所能增加的人类劳动产品在一定程度上少于先投入的资本"㊀，即资本生产力递减。

雇主所雇用的劳动力数量使劳动的边际产品收益等于工人的工资支出时，雇主获得最大利润。屠能还认识到"最后雇用的那个工人的劳动的价值也就是他的劳动报酬"㊁，即工资水平由最后被雇用的生产率最低的工人的生产率决定。屠能还对劳动工资提出了类似的结论：随着劳动者人数增加，新增工人的生产率趋向减少。

马克思曾指出："我向来认为屠能在德国经济学家当中几乎是一个例外，因为独立的、客观的研究者在他们中间十分少见。"屠能的边际生产力理论对经济关系做了冷静观察和客观分析，揭示了资本主义的剥削关系，承认资本剥削了劳动，这与当时的德国历史学派的观点是大相径庭的。屠能的著作虽在他生前得到了广泛的称赞，但是当时很少有人认识到他对技术经济学的贡献。在几代人之后，才有人重新发现了边际生产力理论并确定了其在经济学思想史上的地位。马歇尔曾单独把古诺和屠能挑选出来，认为他们的著作使自己最为受益。另外，屠能对劳动工资的论述也为后来克拉克的理论奠定了基础。

第五节 赫尔曼·海因里希·戈森

一、思想超前的隐居者

除了对厂商理论和生产理论做出贡献以外，边际学派的先驱者还把边际原理应用于消费者理论，德国经济学家赫尔曼·海因里希·戈森（Hermann Heinrich Gossen，1810—1858）于19世纪50年代第一个提出完整的消费者理论并把它建立在边际原理之上。

戈森是德国政府的一名小职员，后来他辞去工作，隐居4年写书，著成了《人类交换规律与人类行为准则的发展》，并于1854年正式出版。戈森希望该书流传于全世界，宣称自己的理论对经济科学有重大作用，就像哥白尼的伟大发现对于天文学的作用一样。可是，天不遂人愿，他的书只卖出去几本，一气之下，他收回了所有印好的书并把它们销毁了。戈森的思想比较超前，难以被当时的学界所接受。他的作品在他去世后30年才得到了真正的认可，于1889年在德国重印。

二、主要经济学理论

戈森认为，人类行为的目的在于追求最大限度的享乐和避免痛苦，他提出了戈森第一定律和戈森第二定律（19世纪70年代，杰文斯发现了戈森的论著后，将其理论命名为"戈森定律"）。他围绕合理组织消费和生产，以这两个定律为基础阐述了价值、生产和价格等问题，建立了一个相当完整的主观主义经济理论体系，如图11-4所示。

㊀ 约翰·冯·屠能. 孤立国同农业和国民经济的关系 [M]. 吴衡康，译. 北京：商务印书馆，2009：398.
㊁ 约翰·冯·屠能. 孤立国同农业和国民经济的关系 [M]. 吴衡康，译. 北京：商务印书馆，2009：465.

(一)戈森第一定律

戈森指出,一种商品对于一个人来说,它的额外效用是随着总消费量的每一次增加而递减的。这个规律解释了两人之间的产品交换如何使双方都获益。用现代术语来说,戈森第一定律就是边际效用递减规律。

(二)戈森第二定律

戈森第二定律涉及边际效用的平衡问题,即如何通过理性的消费支出来保证最大化的满足。戈森认为,理性的人在把支出花费在每种商品上时,要达到这样一点,即花费在每一种商品上的最后一单位货币会带来与花费在其他任何商品上的最后一单位货币相同的满足。这可以用公式表示如下:

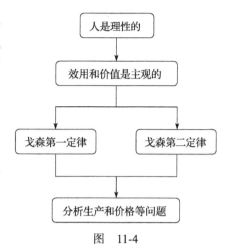

图 11-4

$$\frac{MU_x}{p_x} = \frac{MU_y}{p_y} = \cdots$$

这里,MU_x 和 MU_y 代表两种不同的商品 x 和 y 的边际效用,p_x 和 p_y 分别是两种不同商品的价格。这条理性消费者的选择规律构成了需求分析的基础,这对于边际效用价值论是十分重要的。

戈森的思想很超前,特别是他提出的"效用递减规律"和"边际效用相等规律"这两个经济学的基本规律,与其后杰文斯、门格尔和其他边际主义经济学家的理论相似,这奠定了他作为边际主义学派先驱者之一的身份。遗憾的是,戈森对边际主义基本原理的发现一直被埋没,直到杰文斯(见第十二章)发现了这个与他自己独立提出的理论相同的思想。

但戈森并未得出边际效用决定价值的结论。他也没把价格决定因素归结为效用,相反,他认为价格变动是引起消费方式变动,从而引起效用变动的条件。总之,尽管戈森的理论还未达到后来那样全面和成熟的水平,但他却为边际效用价值论提供了有力的基础和启发。

问题讨论

1. 本章介绍了边际学派的四位先驱者,请问他们的经济学理论有哪些共同点?
2. 从本章的四位经济学家中任选一位,详细说明他的人生经历对其思想的形成是否具有重要意义。
3. 古诺模型与纳什均衡有什么关系?

本章推荐

[1] 理查德·豪伊.边际效用学派的兴起[M].晏智杰,译.北京:中国社会科学出版社,1999.
[2] 电影《美丽心灵》。

参考文献

[1] 史蒂文·普雷斯曼. 思想者的足迹：五十位重要的西方经济学家[M]. 陈海燕，等译. 南京：江苏人民出版社，2001.

[2] 斯坦利 L 布鲁，兰迪 R 格兰特. 经济思想史（原书第7版）[M]. 邸晓燕，等译. 北京：北京大学出版社，2010.

[3] 晏智杰. 边际革命和新古典经济学[M]. 北京：北京大学出版社，2004.

[4] 晏智杰. 西方经济学说史教程[M]. 2版. 北京：北京大学出版社，2013.

[5] 威廉·布雷特，罗杰 L 兰塞姆. 经济学家的学术思想（原书第3版）[M]. 孙琳，等译. 北京：中国人民大学出版社，2004.

[6] 卫志民. 经济学史话[M]. 北京：商务印书馆，2012.

[7] 阿列桑德洛·荣卡格利亚. 西方经济思想史[M]. 罗汉，耿筱兰，郑梨莎，等译. 上海：上海社会科学院出版社，2009.

第十二章 CHAPTER12

边际学派第一代

青，取之于蓝，而青于蓝；冰，水为之，而寒于水。

——《荀子·劝学》

本章大纲

第一节　威廉姆·斯坦利·杰文斯
一、英年早逝的全才式学者
二、杰文斯的主要经济理论
第二节　卡尔·门格尔
一、皇室教师卡尔·门格尔
二、门格尔的主观价值理论
三、门格尔的归因理论
四、门格尔的其他理论
第三节　里昂·瓦尔拉斯
一、受经济学思想耳濡目染的瓦尔拉斯
二、瓦尔拉斯的经济理论体系
三、瓦尔拉斯的主要经济理论

主要著作列表

姓名	著作	成书时间
威廉姆·斯坦利·杰文斯	《政治经济学数学理论通论》（*Notice of a General Mathematical Theory of Political Economy*）	1862年
	《黄金价值暴跌》（*A Serious Fall in the Value of Gold Ascertained*）	1863年
	《煤炭问题》（*The Coal Question*）	1865年

（续）

姓名	著作	成书时间
威廉姆·斯坦利·杰文斯	《政治经济学理论》(The Theory of Political Economy)	1871 年
	《政治经济学入门》(Primer of Political Economy)	1878 年
卡尔·门格尔	《国民经济学原理》(Principles of Economics)	1871 年
	《社会科学特别是政治经济学方法论研究》(Investigation into the Method of the Social Sciences with Special Reference to Economics)	1883 年
里昂·瓦尔拉斯	《纯粹经济学要义》(Elements of Pure Economics)	1874 年

思维导图

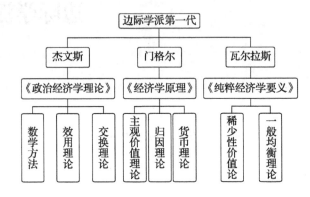

第十一章介绍了古诺、度比、冯·屠能和戈森为边际分析做出的开创性贡献，本章将介绍英国的威廉姆·斯坦利·杰文斯、奥地利的卡尔·门格尔和瑞士洛桑的里昂·瓦尔拉斯，他们更加清晰地界定了边际学派，使其成为经济学思想的重要组成部分。19世纪70年代，他们三位几乎同时问世的著作——门格尔的《国民经济学原理》（1871年）、杰文斯的《政治经济学理论》（1871年）、瓦尔拉斯的《纯粹经济学要义》（1874年），被后人公认为边际学派的开山之作。而他们三人则理所应当地成为边际革命的奠基人，被称为边际革命的三剑客。他们比先驱者们做出了更为深刻的成果，包括用一种强调效用的理论替代了劳动价值论、从边际效用递减原理引申出需求法则，而这种法则在古诺看来是出自实物的本性；以及最终对边际原理作为经济学的中心性与统领性原理的认可。

第一节 威廉姆·斯坦利·杰文斯

一、英年早逝的全才式学者

威廉姆·斯坦利·杰文斯（William Stanley Jevons，1835—1882）出生于英国利物浦，是他父母的第九个孩子。他自幼家境殷实，生活在一个富有文化修养的中产阶级家庭，他的父亲是一位工程师和铁制品商。

1848年后，由于企业破产，杰文斯家面临困苦，当时他正在伦敦大学学习化学和数学。为了摆脱贫困，杰文斯18岁时辍学去澳大利亚的色德勒造币厂当化验员。在澳期间，他对经济学、统计学、逻辑学及社会问题产生了浓厚的兴趣。21岁时,他的日记中就有"写论述正式的经济学的著作"的事项;23岁时他就向妹妹透露,投身于经济学是他的使命,并断定自己在经济学的性质和基础方面比大多数著作家更有洞察力。1859年,他回到英国复学于伦敦大学,并改学逻辑学和经济学。

1862年杰文斯向英国科学协会剑桥大会经济统计组提交了"政治经济学的一般数学理论的注解"(1866年发表)一文,其中以提纲的形式展示了他所构建体系的基本要素,且在英国科学发展协会的会议上宣读,不过并没有引起什么反响。次年他从伦敦大学毕业,开始在欧文学院工作,开始是给一名学生做专职教师,从1866年开始,他做了逻辑学、心灵和道德哲学、政治经济学的教授。在欧文学院任教期间,他娶了曼彻斯特卫报的创始人的女儿,巧合的是,他的妻子竟与穆勒的妻子同名,都叫哈莉特·泰勒。

1876年杰文斯转任伦敦大学政治经济学教授,只需要每周做一次讲座,因此他有了更多的时间来研究和写作。1880年他脱离了一切教学工作,致力于研究和写作。同年,他还被选为伦敦统计学会(皇家统计学会前身)副主席。不幸的是,在1882年,不满47岁的杰文斯在一次游泳中溺水遇难。

得益于广泛阅读和多学科背景,杰文斯是个全才式的人,他的研究涉及逻辑学、气象学、统计学、经济学等多个领域。1870年皇家学会曾展出杰文斯发明的一部"逻辑机器",它可以在任何给定的明确条件下,得出一个机械性的结论。这部"逻辑机器"被认为是现代计算机的远祖,至今仍陈列在牛津的科学史博物馆中。杰文斯对气象学的研究,使得他在澳大利亚的科学编年史上具有永恒的位置。在统计学方面,他则开创了一种构建总体价格指数的方法,可以提供一个时期到下一个时期的通货膨胀与通货紧缩程度的信息。

二、杰文斯的主要经济理论

杰文斯的理论体系框架图如图12-1所示。

(一) 经济学的研究对象和方法

杰文斯以政治经济学的改革者自居,声称要走一条与劳动价值论不同的路,重建政治经济学,其理论核心即边际效用价值论。杰文斯认为李嘉图"把经济科学的汽车开到了错误的路线上",因而是"有能力但思想错误的人"。

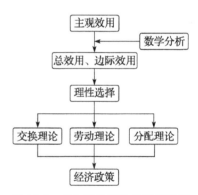

图12-1 杰文斯的理论体系框架图

他说约翰·穆勒进一步把这部汽车推向了混乱的境地。所以,他也反对约翰·穆勒的经济学体系,并向其提出挑战。他更多地欣赏的是西尼尔的经济分析理论。他提出的是以主观主义心理学为出发点,以效用为基础,以数学为分析工具的新学说。他认为,经济学要成为科学,就必须是一种数理科学。在他看来,在经济学中只有数学才能证明一切。

杰文斯还把经济分为一般经济理论和应用经济理论。后者如财政学、商业统计学等,都是以一般经济理论为指导原则的。他的政治经济学理论就是研究一般经济理论的科学。一般经济理论只考察在既定的所有权制度下,经济人如何通过消费、交换和生产以取得最大的满足。该理论的结构是:以快乐痛苦理论为哲学或伦理学基础,以边际效用理论为起点,以交换及价格论为中心,以生产及分配理论为归宿。杰文斯认为,经济学应当研究人在经济活动中的心理现象,即痛苦和快乐。经济学就是研究如何以最小的代价,取得最大的快乐。经济学是"快乐与痛苦的微积分学"[○]。

杰文斯把边沁的苦乐主义心理学作为经济学的基础,并强调心理分析。他把经济学的研究课题分为三类:①以效用为基础的价值分析;②经济政策;③货币市场和经济危机。

杰文斯明确反对历史主义的方法论。他认为历史的归纳法固然是重要和必不可少的,但"经济学更是一种演绎的科学"。具体来说,首先应确立若干简单概念,如效用、财富、价值等;其次要进行推理和论证;最后应找出普遍规律。除此之外,他说:"一个人的心是比较苦乐的天平,是对感觉量的最终判断。"他强调应在心理分析的基础上,应用数学方法。他认为,经济学的一切概念和范畴,都属于苦乐感觉范畴内的数量概念,因此,可用数学方法来表达和计量。另外,杰文斯十分强调统计对经济科学的重要性,他使用了静态分析法,并主张将经济学科进行细分。

(二) 效用理论

杰文斯是从人的欲望及其满足出发来论述其主观效用价值论的,他认为效用是主观心理现象,主观效用是商品价值的基础。

杰文斯提出,在一定的数量以前,某种商品是绝对必要的;更多的数量有不同程度的效用,而超过了一定数量以后,效用就逐渐降低到零,并且可能随着供给变得不便和有害而成为负值。他区分了总效用和效用程度,我们现代称之为"边际效用"。

"我们几乎不需要考虑效用程度,只需考虑消费的最后一单位增加量的效用,或者相同的是,即将消费的最后一单位增加量的效用。因此,我们通常用最后的效用程度这一表述方式来表达增加最后一单位所带来的效用程度,或者是对现存数量的一个非常小或者无限小的下一单位可能的增加所带来的效用程度。"[○]

杰文斯用图形和数学方法表达了总效用与边际效用之间的区别以及边际效用递减规律。简洁的数学表达方式如下:用 u 表示消费 x 量某商品所带来的总效用,$\frac{du}{dx}$ 表示效用程度(现代称为"边际效用")。由此可知,边际效用是总效用的一阶导数,是消费量的函数。并且,边际效用 $\frac{du}{dx}$ 会随着 x 的增加而减少,即 $\frac{d^2u}{dx^2} < 0$。

杰文斯的边际效用递减规律解决了困扰古典经济学家的"水与钻石悖论",即尽管水的总效用远远大于钻石的总效用,但是钻石的边际效用却比水的边际效用大得多。我们宁愿全世界都是水、没有钻石,反之则不愿意;但是在我们拥有充足储备的水的情况下,我们宁愿要一颗额外的钻石而不愿意要额外一单位的水。

杰文斯的效用理论的贡献相当于戈森第二定律。他把最后效用的概念发展形成了一个理性选择的一般结论。用公式来表示:$\frac{du_1}{dx_1} = \frac{du_2}{dx_1}$,即两种用途的边际效用相等时,获取最大效用。另外,杰文斯还分析了一定量商品必须在相当长时间内分开使用时的分配问题。他认

○ William Stanley Jevons. The Theory of Political Economy [M]. 3rd ed. London: Macmillan, 1888: 37. (Orig.pub.1871).

○ William Stanley Jevons. The Theory of Political Economy [M]. 3rd ed. London: Macmillan, 1888: 51. (Orig.pub.1871).

为:"如果一种商品必须在相当长时间内分开使用,V_1,V_2,V_3…是每日消费的最后效用程度,我们显然会有 $V_1 = V_2 = V_3 = \cdots = V_n$。"[1]

(三)交换理论

杰文斯还利用他的效用最大化原理来解释从交换中得到的利益。交换被描述为经济学最基本的问题之一,因为几乎所有经济活动都可以说包含某种形式的交换。杰文斯认为,应该将"价值"一词的三种习惯用法加以区别,这三种用法使价值成了一个模棱两可的术语。使用价值(亚当·斯密使用的)等于全部效用;品味价值(Esteem Value)等于最后效用程度;交换价值(或者交换比率)"仅仅与一物同另一物相交换的事实或情况有关","价值不过表示一物以一定比例同另一物交换的比例"。[2]

杰文斯认为,交换时交换者总是比较两种物品的最后效用程度,来决定他愿意放弃多少自己的商品,换取多少对方的商品。交换者要求交换后达到最大效用,其条件是:两种商品的增加量的效用——最后效用程度对交换双方恰好相等。杰文斯断言:"两个商品的交换比例,是交换后各个商品量的最后效用程度的比率的倒数。"[3]他认为这一命题是"全部交换理论与主要经济学问题的拱心石"[4]。

杰文斯利用交换理论分析双方的贸易:"交换将进行至双方都获得一切可能的利益,继续交换将带来效用损失时为止。这时,双方都处于满足和均衡之中,各效用程度达到均衡。"[5]

杰文斯以交换为理论核心,把一切经济现象和关系都归结为交换,最后总能达到均衡。在均衡点上,双方都能得到最大的效用,全社会也借助交换,将产品的分配达到最大收益。由此,杰文斯认为:"所谓劳动和资本的冲突是一个错觉。真正的冲突存在于生产者和消费者之间。"[6]

(四)劳动理论

杰文斯效用理论的兴起意味着劳动价值论的完结。杰文斯指出,劳动价值论缺乏一般性,因为它只能应用于借助劳动可以再生产出来的商品。另外,即使在劳动价值论被假定应用的范围内,市场上的价格也是变动的,而这并不反映体现在物品中的劳动量。

古典学派认为,商品之所以有价值是因为它们包含劳动,产品的价值反映了生产服务的

---

[1] William Stanley Jevons. The Theory of Political Economy[M]. 4rd ed. London: Macmillan, 1888: 111.(Orig. pub.1871.)

[2] William Stanley Jevons. The Theory of Political Economy [M]. 3rd ed. London: Macmillan, 1888: 77.(Orig.pub.1871.)

[3] William Stanley Jevons. The Theory of Political Economy [M]. 3rd ed. London: Macmillan, 1888: 78.(Orig.pub.1871.)

[4] William Stanley Jevons. The Theory of Political Economy [M]. 3rd ed. London: Macmillan, 1888: 95.(Orig.pub.1871.)

[5] William Stanley Jevons. The Theory of Political Economy [M]. 3rd ed. London: Macmillan, 1888: 77.(Orig.pub.1871.)

[6] Terence Wilmot Hutchison. A Review of Political Economy [M]. Oxford: Oxford University Press, 1870-1929: 47-48.

价值。杰文斯在反驳劳动价值论时坚持认为，劳动不能成为价值的调节器，因为劳动本身的价值就不相等；它在质量和效率方面有极大的差别。

"我认为劳动是完全可变的，因此它的价值必须由产品的价值来决定，而不是产品的价值由劳动的价值来决定。"㊀

杰文斯虽然反对劳动是价值的直接决定因素，但仍承认商品的价值受到劳动的直接影响。在《政治经济学理论》一书中他这样写道：

"生产成本决定供给。

供给决定效用的最后程度。

最后效用程度决定价值。"㊁

杰文斯结合效用理论提出，当最后一单位的劳动收入带来的快乐恰好等于劳动带来的痛苦时，劳动的总效用最大。

正如凯恩斯所说的，杰文斯的研究实际上标志着"经济科学的一个新阶段的开始"，实现了理论与历史的前所未有的完美统一。杰文斯在边际经济学方面的规范和深入研究，使其成为边际效用价值论的创立者之一，同时因为他对数学方法的巧妙运用，又使其成为数理经济学派的经济学家之一。在同时代的经济学家中，他特别注意统计学和经济学的关系，还曾以太阳黑子的活动来解释经济危机的原因和周期性。杰文斯在政府公共政策、分配理论、保险和价格指数等方面也具有一定的研究，并且对后世产生了一定的影响。此外，他还是一位著名的科学史学家，并且对指数的发展做出了杰出贡献。然而可能因为杰文斯是一个极其内向的人，他并没有对他的同辈或学生产生重要的影响。

第二节　卡尔·门格尔

一、皇室教师卡尔·门格尔

卡尔·门格尔（Carl Menger，1840—1921）是奥地利学派的创始人，而奥地利学派是19世纪末20世纪初盛行的边际学派中影响最大的一派。他与第十三章中的冯·维塞尔和冯·庞巴维克是奥地利学派的主要代表人物。

门格尔生于加里西亚（Galicia），当时隶属奥匈帝国。他的父亲是律师，母亲出身于富有的波西米亚商人家庭。门格尔曾在维也纳大学和布拉格大学学习，在克拉科夫（Cracow）大学获得博士学位。毕业后，门格尔先从事法律事务，接着进入奥地利国务总理办公室的新闻机关。在此期间，他常写市场报告，对价格理论有所涉及，他认识到需求在决定价格时的重要作用。由此，他对经济理论产生了浓厚的兴趣。

1868年，门格尔想获得维也纳大学的讲师资格，于是开始大量阅读经济学文献。1871年年底，门格尔出版了开创性著作《国民经济学原理》，与杰文斯的代表作《政治经济学理论》同年出版。次年，门格尔就任讲师，并于1873年辞去公职专任教师。门格尔能够简明清楚

㊀ William Stanley Jevons. The Theory of Political Economy [M]. 3rd ed. London: Macmillan, 1888: 166. (Orig. pub.1871.)

㊁ William Stanley Jevons. The Theory of Political Economy [M]. 3rd ed. London: Macmillan, 1888: 166. (Orig. pub.1871.)

地解释经济学,同时引导学生思考,任教不久就成了颇负盛名的老师。

继亚当·斯密之后,门格尔成为又一名贵族教师,而且学生是奥地利皇子鲁道夫。1876~1878年期间,门格尔陪同鲁道夫周游欧洲。1878年,门格尔被皇室指派为维也纳的政治经济学主席。1879年,门格尔返回维也纳大学任政治经济学教授。门格尔一直担任皇太子的教师,直到1889年鲁道夫自杀。1900年,门格尔成为奥匈帝国议会上议院的终身议员。

门格尔的长期目标是出版一本关于经济学的系统性著作和一部关于社会科学一般性质与方法的综合著作。1883年门格尔发表的《社会科学特别是政治经济学方法论研究》,挑起了他与德国历史学派古斯塔夫·施穆勒的方法论之争。德国历史学派嘲笑门格尔和学生们脱离了主流的德国经济学思想,门格尔于1884年发表《德国历史主义的错误》回应批评,方法论之争愈演愈烈。

在门格尔生命的最后30多年中,他出版的作品很少,因为他对于自己的写作不满意。去世时,他留下的只是一些零星的作品和杂乱无章的手稿。不过,门格尔是一位藏书家,身后留下了25 000多卷藏书,现在连同亚当·斯密的藏书一起存于日本东京一桥大学。

门格尔一生的传奇经历,主要源于三个人的影响。除了皇太子鲁道夫和他的儿子小门格尔以外,值得一提的还有施穆勒。施穆勒对他的影响主要是他们的方法论之争(见第十章)。双方的观点涉及经济学的性质、范围及其政策含义等,争论的焦点是,经济学是一门关于论述历史过程中历史研究的科学,还是关于发展一套用以处理资料的分析工具的科学。这场争论耗费了门格尔大量的时间、精力,结果后世认为两种方法都很重要。但也不可否认,我们今天所提倡的理论与实证分析相结合的方法深受门格尔的影响。门格尔的理论体系框架图如图12-2所示。

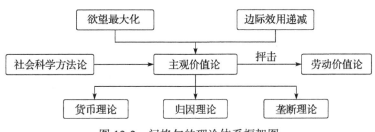

图12-2 门格尔的理论体系框架图

二、门格尔的主观价值理论

像杰文斯一样,门格尔将他的价值理论建立在效用概念的基础上。他提出了彻底的主观价值论,这成为他整个经济理论的核心。门格尔首先对价值做了主观意义上的规定:"价值就是经济人对于财货所具有的意义所下的判断。因而它绝不存在于经济人的意识之外。"㊀

门格尔指出了消费欲望的多样性、层次性及满足上的协调性和递减规律。即消费者在每一个时点上都有多样欲望需要相互协调地同时满足,并且各种欲望的满足对于消费者具有不同的重要性,同时一种欲望已经满足的程度越高,进一步满足的重要性就越低。门格尔用其著名的欲望分级表表述了他的思想(见表12-1)。

㊀ 门格尔.国民经济学原理[M].刘絜鳌,译.上海:上海人民出版社,1958:67-68.

表 12-1　门格尔的欲望分级表

I	II	III	IV	V	VI	VII	VIII	IX	X
10	9	8	7	6	5	4	3	2	1
9	8	7	6	5	4	3	2	1	0
8	7	6	5	4	3	2	1	0	
7	6	5	4	3	2	1	0		
6	5	4	3	2	1	0			
5	4	3	2	1	0				
4	3	2	1	0					
3	2	1	0						
2	1	0							
1	0								
0									

表 12-1 中的罗马数字表示不同的欲望即欲望种类,其中 I 是最重要的(保持生命),X 是最不重要的(例如娱乐)。阿拉伯数字表示每种欲望等级之内不同的欲望满足强度,它们会随着欲望的不断被满足而递减。由于欲望种类从 I 到 X 是递减的,所以每一种类内的最高满足程度从 10 到 1 也是递减的。

门格尔关于价值尺度的论述首先提出了两个前提:一个是欲望最大化原理,即欲望满足的目标是"求其欲望的完全满足;假如不可能的话,则求其欲望的尽可能满足"[一]。另一个是欲望递减和欲望相等原理,而且欲望相等原理表现为欲望递减原理的必然结果。

"在一种财货能满足各种欲望,且每种欲望满足都具有递减规律(其递减的比率,因各欲望之满足度而不同)时,经济人对于这种欲望,将不问其种类如何,必先以该财货的支配量,用于具有最高意义的欲望满足。其次才以所余的数量,用于在意义上居于次位的欲望满足。然后再以剩余的数量,用于重要性更差的欲望满足。这样进行的结果,到最后,所有未被满足的各种欲望中的最重要的欲望都具有相等的重要度。所以,一切欲望总是被满足到具有相等程度的重要度为止的。"[二]

门格尔认为不仅价值的本质是主观的,而且价值的度量也是主观的,得出了边际效用是价值尺度的结论。另外,他认为所有产生主观满足的行为都是生产性活动,这与斯密等古典经济学家的观点相反。门格尔认为贸易也具有生产力,这是因为人们只有在感到获取的商品能赋予自己的效用比放弃的商品多时,才会进行交易。

三、门格尔的归因理论

门格尔是通过归因思想,将边际效用原理扩展到生产和分配领域的。在他的归因理论中,像机器设备、原材料、厂房、土地等虽然不是直接满足消费者的需求,但是也为消费者间接地提供了效用。例如,消费者对一块铁的边际效用是由铁制成的最终产品(比如一个顶针)的边际效用所决定的,铁的有用性归因于顶针的有用性。又如,地主获得的地租是由那块土地上所种植的产品的效用所决定的。各种生产要素的使用被归于其所生产产品的使用价

[一][二] 门格尔.国民经济学原理[M].刘絜骜,译.上海:上海人民出版社,1958:76.

值，产品的使用价值决定了生产要素的交换价值。生产资料的现值等于由它们生产出来的消费品的预期价值（基于边际效用）减去两项扣除：资本服务的价值（即利息）和企业家活动的报酬（即利润）。

通过归因理论，门格尔认为生产中所使用的产品的价值是由它们帮助生产的消费品的预期价值所决定的。同样地，门格尔认为劳动服务的价格，和所有其他产品的价格一样，是由它们的价值决定的，而它们的价值是由劳动后能满足的其他需要的重要程度来决定的。

四、门格尔的其他理论

（一）货币理论

门格尔将主观价值论应用于货币分析。他认为，货币的产生不能在公开的传统习惯或公共当局的行动中寻找。相反，正是经济人的利益引导他们相互交换更易出售的商品。货币是最市场化或者说是最易销售的商品，它的价值决定与其他交换对象价值决定的方式一样。在这种解释中，货币不是通过设计产生的，而是人类行为自发的结果。门格尔的这种无目的的社会机能与亚当·斯密的"看不见的手"的思想有某种亲缘关系，但并不完全相同。斯密想到的是同时发生的行动的偶然后果，而不是各种制度随着时间的推移出现的发展，也不是对习俗和传统做出反应的伯克的思想[⊖]，这种思想为历史主义法学的代表所采纳，门格尔又从他们那里接收过来。

（二）论社会科学的方法

门格尔和施穆勒的方法论之争，促使门格尔系统地阐述了自己对经济学研究方法的认识。他的第二部主要著作《社会科学特别是政治经济学方法论研究》（1883年）系统地批判了德国历史学派的方法论，反对历史学派只注重研究经济史、经济政策而否定经济理论和经济规律的"历史归纳法"。他认为，经济学应分为经济史和经济理论两部分，经济史只能作为经济理论的补充，而不能代替理论经济学。门格尔主张继承古典经济学的"抽象演绎法"，并借以建立"新"的主观唯心主义理论经济学体系。

门格尔在提出了以个人的思想状态来解释价值的主观价值论以后，宣布经济理论的主要任务是研究经济人的行为。他认为国家的经济生活是无数个人采取的经济努力的结果，经济人构成了国民经济的真正要素，形成了经济理论的恰当主体。

除了效用价值论和货币理论，门格尔还提出了垄断理论和归因理论。归因理论是指生产中的中间产品的价值由其最终产品的价值决定，从而把边际效用原理扩展到整个生产与分配领域。门格尔在对垄断理论进行阐述时，对向下倾斜的市场需求曲线和不同的需求弹性已有了正确的理解。

奈特·维克赛尔在评述边际学派的三位开创者时说："我们可以断言，从李嘉图的《经济学原理》之后没有一本书像门格尔的《国民经济学原理》一样对经济学的发展有如此重大的影响——甚至杰文斯很有创见但过于格言式的著述以及瓦尔拉斯那很难读懂的理论也没有

⊖ 指尊崇历史和传统的保守主义思想。埃德蒙·伯克（Edmund Burke，1729—1797），18世纪下半期英国辉格党的政治家和政论家，是英美保守主义的思想大师。

这样的影响。"门格尔以其在边际革命中的作用和作为奥地利学派的奠基者在方法论方面独一无二的贡献而著名。

门格尔对经济学直接和长远的影响是巨大的。奥地利学派后来的经济学家继承并不断扩展了他的思想。下一章的弗里德里希·冯·维塞尔和欧根·冯·庞巴维克，以及后来的路德维希·冯·米塞斯、约瑟夫·熊彼特和弗里德里希·奥古斯特·冯·哈耶克都在此列。

门格尔在方法论上的个人主义着重分析微观经济现象，并没有注意到经济总量行为、国民收入决定和经济的总体表现等宏观层次。现代经济学没有坚持门格尔方法论的这一规则，而是在此基础上开创了宏观经济学。

第三节 里昂·瓦尔拉斯

一、受经济学思想耳濡目染的瓦尔拉斯

里昂·瓦尔拉斯（Léon Walras，1834—1910）出生于法国的埃夫勒（Evreux）。他和父亲奥古斯特·瓦尔拉斯（Auguste Walras，1801—1866）是经济思想史上又一对有名的父子经济学家。他父亲曾任法国卡因皇家学院哲学教授，后成为有名的经济学家，于 1831 年出版的《财富的本质和价值起源》一书，对小瓦尔拉斯的影响非常大。

瓦尔拉斯青年时代的学业和职业历经坎坷。他连续两次都没能通过巴黎综合理工学校（Ecole Polytechnique）的入学考试，后于 1854 年进入巴黎的矿业学院学习，先是学习数学，后改学矿冶工程。他爱好文学与哲学，24 岁时发表过一部小说。年轻的瓦尔拉斯读了古诺的《财富理论的数学原理的研究》，这给他留下了深刻的印象，经济学的主题和方法引起了他的兴趣，遂瓦尔拉斯决定改学经济学。从 1858 年起，他在父亲的指导下自修经济学。1860 年，瓦尔拉斯在瑞士洛桑"赋税会议"上宣读的一篇论文获得二等奖。

1870 年，瓦尔拉斯到瑞士的洛桑大学任法学院新设立的政治经济学的讲座教授，开始了学者的生涯。在洛桑大学，他创建了强调把数学运用于经济学分析的洛桑学派。在他的推动和影响下，洛桑大学成立了数理经济学派中心。瓦尔拉斯于 1893 年退休时，推荐了意大利的帕累托作为其继承人，帕累托开创了无差异曲线的应用。

19 世纪 70 年代，瓦尔拉斯的妻子长期患病，家庭生活陷入困境，他不得不中断研究，通过从事新闻写作、做保险公司的顾问来养家糊口。19 世纪 80 年代瓦尔拉斯第二次结婚并于 90 年代继承了一笔遗产，这才使他有了经济上的保障。瓦尔拉斯把自己关于经济学的论文免费发送给别人，这些论文为他赢得了世界性的认可，而且鉴于他为经济学做出的贡献，无数赞誉蜂拥而至。在他生命行将结束时，他被聘为美国经济学会（American Economic Association）的名誉会员。

二、瓦尔拉斯的经济理论体系

瓦尔拉斯从社会财富的性质引申出经济学研究的对象和范围，他把经济学分为三个部分：纯粹经济学、应用经济学和社会经济学。他认为，社会财富是一切有用而又数量有限的东西。社会财富的有用性和稀缺性会带来三个后果：①社会财富是可以占有的，无用的东西

没人愿意占有，有用但无限的东西没必要占有；②社会财富是可以交换从而具有交换价值的；③社会财富是可以通过生产而增加的。

瓦尔拉斯认为，纯粹经济学、应用经济学和社会经济学都是研究物品"稀少性"引起的上述三种后果的：纯粹经济学研究在完全自由竞争机制下的价值、价格和交换；应用经济学研究财富的生产和再生产的方法与条件；社会经济学研究财产的占有和分配。瓦尔拉斯重点研究纯粹经济学，因为他认为纯粹经济学研究的交换是一种普遍、自然的现象，而财富的生产、占有和分配则是人类制度的范畴，从而纯粹经济学是实用经济学和社会经济学的基础。在方法论上他认为，纯粹经济学需要用数学方法来进行研究，只有数学方程式才能表示交换理论中构成市场均衡的两个条件，即：①交换双方获取最大限度的效用；②总需求等于总供给。㊀他把纯粹经济学看作"是一门如同力学和水力学一样的物理-数学的学科"㊁，并在其代表作中充分使用了代数公式和几何图形来说明其理论。

瓦尔拉斯的理论体系框架图如图12-3所示。

三、瓦尔拉斯的主要经济理论

瓦尔拉斯的主要经济理论表现为边际效用分析和一般均衡分析。瓦尔拉斯的理论体系都以下述假设为前提：①关于市场结构的假设，他假定交换总是在完全竞争的市场中进行。②关于经济人行为的假设，他假定经济人总是追求其目标值最大化。③关于需求函数和供给函数形状的假设，他假定个人对某种商品的需求或供给是价格的非连续函数，但整个社会对某种商品的需求或供给是价格的连续函数。

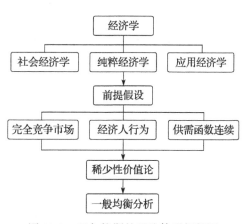

图12-3 瓦尔拉斯的理论体系框架图

（一）稀少性价值论——边际效用分析

虽然瓦尔拉的主要著作比杰文斯和门格尔的著作晚了三年，但他的基本概念实质上与另外两人一样，都是从物品效用递减和供给有限的条件出发去论述"价值"，区别只在于，他没有使用"边际效用"或"最后效用程度"的用语，却用了"稀少性"一词。

"经济科学对价值起源问题提供了三种解答：第一种是亚当·斯密、李嘉图和麦克库洛赫所做的英国的解答，他们把价值的起源追溯到劳动。这个解答太狭窄了，没有把价值归到实际有价值的东西上。第二种是孔狄亚克和萨伊所做的法国的解答，他们把价值的起源追溯到效用。这个解答太广泛了，将价值归到了实际上没价值的东西上。最后，第三种解答是由让·勃拉曼克（Jean Burlamaqui）和我父亲奥古斯特·瓦尔拉斯提出的，把价值的起源追溯到稀少性，这是正确的答案。"㊂

"我把被满足的最后欲望强度叫作稀少性，英国人把它叫作最后的效用程度，德国人称

㊀ Léon Walars. Elements of Pure Economics [M]. London: Allen & Unwin, 1954: 43.
㊁ Léon Walars. Elements of Pure Economics [M]. London: Allen & Unwin, 1954: 71.
㊂ Léon Walars. Elements of Pure Economics [M]. London: Allen & Unwin, 1954: 201.

之为边际效用。"[1]

瓦尔拉斯认为，商品满足欲望的强度是商品供给量的函数，它随着供给商品量的增加而递减，最后一单位商品量满足欲望的强度就是"稀少性"。他认为，需求曲线的下降是由效用曲线的特点决定的。随着物品数量的减少，欲望满足强度增加，从而使边际效用量增加，需求量却随之减少。总效用表示一定商品消费所满足的欲望总额，边际效用则表示被消费的一定量商品所满足的最后欲望强度。

瓦尔拉斯也以价格代表交换价值并代替价值，以价格论代替和取消了价值论。他从两种商品的交换开始分析价格的形成。在他假定的完全竞争市场中，甲乙都对对方的商品有需求，而对自己的商品无需求，由此产生交换。交换的目的是取得最大限度的满足。即通过交换，双方认为他们拥有的两种商品的"稀少性"的比率恰好等于两种商品的价格或交换价值的比率。

"如果说稀少性和交换价值是两个共生的和呈比例的现象，那么，同样可以肯定地说，稀少性是交换价值的原因……交换价值像重量一样是一种相对的现象，而稀少性则像质量一样是一种绝对的现象……稀少性是个人的和主观的，交换价值是实在的和客观的。"[2]

瓦尔拉斯的这种论断同杰文斯的思想实质上是一样的。

（二）一般均衡理论

这是瓦尔拉斯整个理论的中心和最突出的贡献。该理论是在"稀少性价值论"的分析基础上，从两种商品交换的情况，发展到各种商品交换的"一般"情况，提出一般交换下价格决定的所谓"一般均衡理论"。

该理论的指导思想就是，认为一切商品的价格都是互相联系、互相影响、互相制约的。任何一种商品的供求，不仅是该商品价格的函数，也是所有其他商品价格的函数，所以，任何商品的价格都必须同时和其他商品的价格联合决定。当一切商品的价格恰好使得它们的供给和需求相等时，竞争市场就达到了均衡状态，一般均衡状态也就形成了。这时的价格就是均衡价格，也就是瓦尔拉斯所说的价格，这时的均衡就是一般均衡，但最终原因仍是"稀少性"。

瓦尔拉斯的这种一般均衡观点与杰文斯、门格尔以及后来的马歇尔所使用的局部均衡的方法是完全不同的。他认为经济中单一市场内发生的最初变化最终通过整个体系继续下去，直到所有的市场同时达到一种均衡状态。

瓦尔拉斯的一般均衡理论提供了一种框架，以便从包含商品和生产要素两方面在内的经济整体上考虑基本的价格和产量的相互作用。其目的是，从数学上表明所有的价格和生产的数量能够调整到相互一致的水平。这是一种静态分析，因为他假定基本决定因素都是既定的，包括消费者的偏好、生产函数、竞争的形式和要素供给等。

瓦尔拉斯表明，市场经济中所有的价格都是相互依赖的，以数学的方式来决定。瓦尔拉斯依据方程数等于未知数数目时就可推出未知数数值的原理，论证了市场交换的一般均衡问题的确定的解，并得出一般均衡条件下的价格决定公式：边际效用之比（稀少性之比）= 价格

---

[1] Léon Walars. Elements of Pure Economics [M]. London: Allen & Unwin, 1954：463（附录，写于1890年10月）。

[2] Léon Walars. Elements of Pure Economics [M]. London: Allen & Unwin, 1954：145-146.

之比。

瓦尔拉斯是边际学派的三剑客之一、洛桑学派的创立者,也是数理经济学的创始人之一。在其主要著作《纯粹经济学要义》(1874年)中,瓦尔拉斯独立地提出了边际主义的基本原理。同时,也正是瓦尔拉斯唤起了人们对古诺早期著作的注意。古诺提出的边际思想和运用数学研究经济问题的尝试,以及关于一般均衡概念的萌芽,都成为瓦尔拉斯创造新的理论体系的理论基础和前提。瓦尔拉斯最主要的理论贡献就是做出了一般均衡分析,提出了边际效用论。他的一般均衡理论是阐明在完全自由竞争条件下,经济关系达到均衡的价值(价格)决定,这在经济思想史上有着重大而深远的影响。然而,瓦尔拉斯对于均衡存在性的证明是有缺陷的,他以为只要独立方程的数量和未知量相等,体系就有解。这对于线性方程组是正确的,但对于非线性方程组来说则未必。而且即便是线性方程组,正如约翰·冯·诺伊曼后来指出的,也可能出现非正解。后来,几个当代最著名的经济学家:约翰·冯·诺伊曼、肯尼斯·阿罗和杰拉尔德·迪布鲁在几部著作中,运用拓扑学和集合论对均衡解的存在性给出了精确的证明。

问题讨论

1. 边际学派"三剑客"的边际理论和边际学派的先驱者们相比较,主要有哪些方面的区别或者进步?
2. 边际学派"三剑客"在19世纪70年代不约而同地提出了相似理论,请考证当时的经济史背景,试着阐述原因。
3. 根据你所学的微观经济学,请预测后来的边际学派经济学家将会提出哪些方面的理论。

本章推荐

[1] 电影《魂断梅耶林》。
[2] 电影《茜茜公主》三部。

参考文献

[1] 史蒂文·普雷斯曼.思想者的足迹:五十位重要的西方经济学家[M].陈海燕,等译.南京:江苏人民出版社,2001.
[2] 斯坦利 L 布鲁,兰迪 R 格兰特.经济思想史(原书第7版)[M].邸晓燕,等译.北京:北京大学出版社,2010.
[3] 晏智杰.边际革命和新古典经济学[M].北京:北京大学出版社,2004.
[4] 晏智杰.西方经济学说史教程[M].2版.北京:北京大学出版社,2013.
[5] 威廉·布雷特,罗杰 L 兰塞姆.经济学家的学术思想(原书第3版)[M].孙琳,等译.北京:中国人民大学出版社,2004.
[6] 卫志民.经济学史话[M].北京:商务印书馆,2012.
[7] 阿列桑德洛·荣卡格利亚.西方经济思想史[M].罗汉,耿筱兰,郑梨莎,等译.上海:上海社会科学院出版社,2009.

第十三章 边际学派第二代

> 科学的真理不应该在古代圣人的蒙着灰尘的书上去找,而应该在实验中和以实验为基础的理论中去找。真正的哲学是写在那本经常在我们眼前打开着的最伟大的书里面的,这本书就是宇宙,就是自然界本身,人们必须去读它。
>
> ——伽利略

本章大纲

第一节　弗里德里希·冯·维塞尔
一、出身贵族的术语发明家
二、交换价值论与自然价值论
三、机会成本
第二节　欧根·冯·庞巴维克
一、被绘在官方货币上的经济学家
二、时差利息理论
三、对社会主义的批判
第三节　弗朗西斯 Y. 埃奇沃思
一、记忆力超群的《经济学杂志》主编
二、无差异曲线与交换理论
三、边际产量与平均产量

主要著作列表

姓名	著作	成书时间
弗里德里希·冯·维塞尔	《自然价值》(Natural Value)	1889 年
	《社会经济学》(Social Economics)	1914 年

(续)

姓名	著作	成书时间
欧根·冯·庞巴维克	《资本与利息》(*Capital and Interest*) 第一卷	1884 年
	《资本与利息》(*Capital and Interest*) 第二卷	1889 年
	《卡尔·马克思及其体系的终结》(*Karl Marx and the Close of His System*)	1896 年
弗朗西斯 Y. 埃奇沃思	《伦理学的新旧方法论》(*New and Old Method of Ethics*)	1877 年
	《数学心理学》(*Mathematical Psychics*)	1881 年

思维导图

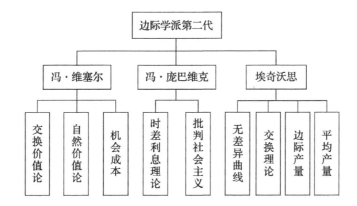

边际理论在经历了数位先驱者以及第一代经济学家的发展后,又由边际学派第二代经济学家在边际分析方法和边际效用论方面做出了进一步的发展。冯·维塞尔为现代经济学发明了数个精确的经济术语,冯·庞巴维克的"时差利息论"独具特色,埃奇沃思的效用曲线图促成了后来埃奇沃思盒的使用。这些经济学家的贡献使得包含边际效用理论和分析方法的整个理论体系更加完整。

第一节 弗里德里希·冯·维塞尔

一、出身贵族的术语发明家

弗里德里希·冯·维塞尔(Friedrich von Wieser,1851—1926)是奥地利学派三人组中的第二位(其他两位分别是门格尔和下一节中的欧根·冯·庞巴维克),他出生于维也纳一个显赫的贵族家庭,家庭成员通常都可以进入公共服务部门。冯·维塞尔在维也纳大学学习了法律,他毕业后阅读了门格尔的经济学著作,发现其中包含的思想使他着迷,这激励了他到德国的大学去研究经济学。1884 年,冯·维塞尔到布拉格大学任教,并于 1889 年成为经济学教授。1903 年,冯·维塞尔继承了门格尔的经济理论教授席位,还被许多学生称赞为学校里最好的老师。1917 年后,冯·维塞尔就任奥匈帝国上议院终身议员,并在奥匈帝国最后两届内阁中任商务大臣。

冯·维塞尔最有影响力的著作《社会经济学》,继承了门格尔的主观主义方法,当时被指定为维也纳大学的标准教科书。尽管在他之前度比、杰文斯和门格尔都曾提出过"边际效用"这个概念,但却是冯·维塞尔将"边际效用"这个术语引入到了经济学的词典中。他还发明了"机会成本""计划经济""戈森定律"这些经济术语。冯·维塞尔的理论体系框架图如图 13-1 所示。

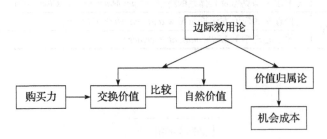

图 13-1　冯·维塞尔的理论体系框架图

二、交换价值论与自然价值论

冯·维塞尔把交换价值定义为价格或客观交换价值,并强调客观交换价值的基础和决定要素是主观价值,价格不过是主观价值的表现形式。他认为边际效用递减规律解释了主观交换价值对交换物品主观估价的决定。但是,冯·维塞尔也意识到了购买力对价格的影响,提出"使用价值测度效用,而交换价值测度效用与购买力的组合"。㊀

因此,冯·维塞尔说,钻石和黄金的价格极高是因为它们是奢侈品,估价是根据富有阶层的购买力来进行的。粗糙的食物和铁的价格较低是因为它们是普通商品,其价格基本取决于穷人的购买力和估价。在此,冯·维塞尔将购买力这一客观因素引入价值的决定并未动摇主观价值论,在现实社会交换价值中加入购买力因素,是因为社会分配不均。一旦社会实现平均分配,人人购买力相等,则价值将完全由边际效用决定。

随后,冯·维塞尔引入了自然价值的概念,这是他独有的理论。自然价值是需要与效用之间的社会关系,由商品的数量与边际效用的乘积来表示。

"自然价值并非简单地、彻底地加入到交换价值里面去。自然价值一方面受到人类的缺陷,即误差、欺骗、强制、机遇等的干扰,另一方面受到社会的现行制度、私有财产的存在和贫富之间的差别等的干扰——由于后者的缘故,又有第二种因素,也就是购买力,混进交换价值的形成里面去……即使认为交换价值是完善的,交换价值仍然是自然价值的一幅漫画。"㊁

自然价值与交换价值的区别在于:"就自然价值而言,产品仅仅按照其边际效用评估;就交换价值而言,产品按照边际效用与购买力的组合来评估。"㊂

由此,冯·维塞尔得出了一个更典型的德国式而不是边际主义的结论:当两种类型的价值严重背离的时候,就为政府有限地干预经济提供了空间:

㊀ Friedrich von Wieser. Social Economics [M]. trans. A. Ford Hinrichs. New York : Adelphi, 1927 : 57. (Originally published in 1914.)

㊁ 弗里德里希·冯·维塞尔. 自然价值 [M]. 陈国庆,译. 北京:商务印书馆,1982: 109-110.

㊂ Friedrich von Wieser. Social Economics [M]. trans. A. Ford Hinrichs. New York : Adelphi, 1927 : 62. (Originally published in 1914.)

"交换价值的矛盾并没有必要完全推翻社会的自由经济制度；它只要求政府方面用适当的干预来补充自由经济制度。"㊀

三、机会成本

冯·维塞尔因为后来被称为机会成本原理或选择成本概念的思想而著名。但需要说明的是，虽然冯·维塞尔被认为是提出机会成本概念的人，但是对机会成本更早的表述是在美国著名的发明家与政治家本杰明·富兰克林（Benjamin Franklin，1706—1790）和法国经济学家兼记者弗雷德里克·巴斯夏的著作中。冯·维塞尔的思想将生产成本转变为一种主观心理成本，解释了企业家为何放弃生产和销售其他产品。比如，生产更多的汽车可能意味着建造更少的房子，购买一台电脑可能意味着牺牲一次家庭旅行等。

冯·维塞尔是门格尔的学生，是边际学派三剑客后典型的边际学派经济学家之一，他的主要贡献包括：第一，系统深入地阐述了涉及财物与人的需要关系的边际效用价值论；第二，提出并论述了涉及交换价值和未来社会价值现象的自然价值论；第三，提出了独特的"归算价值论"和"归算分配论"；第四，研究了生产成本论同边际效用论的关系，证明生产成本论不过是边际效用论的特殊形式。另外，他发明的经济学术语至今仍在沿用。

第二节 欧根·冯·庞巴维克

一、被绘在官方货币上的经济学家

欧根·冯·庞巴维克（Eugen von Böhm-Bawerk，1851—1914）是奥地利学派早期三位创始人中的第三位。冯·庞巴维克出生于奥地利的布鲁诺，是奥地利的一个公务员和副行政官员的最小的儿子。他与冯·维塞尔是好朋友：他们同岁，一起上高中，一起做公务员，一起写书，一起在维也纳大学任教，并有着共同的爱好——爬山。后来，冯·庞巴维克和冯·维塞尔的妹妹结婚。一对好朋友就此晋升为了亲人。

1875年，冯·庞巴维克在维也纳大学获得法律博士学位，毕业后在奥地利政府任职。他曾和冯·维塞尔同去德国海德堡、莱比锡和耶拿大学向历史学派经济学家学习经济学。1881～1889年任因斯布鲁克大学教授，后来入奥匈帝国财政部，曾三次被任命为财政部长，之后在1904～1914年再任维也纳大学教授。他在维也纳大学任教期间，吸引了许多卓越的学生，包括路德维希·冯·米塞斯、弗里德里希·哈耶克、约瑟夫·熊彼特等，他们后来都在经济学上创建了自己的一番事业。

冯·庞巴维克的个人生活并不为人所熟知：人们认为他是个典型的奥地利人——安静、谦虚、亲切。他还是一位天才的大提琴演奏家、敏捷的登山家、越野自行车手。遗憾的是，他和妻子没有孩子。如果说他有什么缺点的话，那就是他对于辩论的喜好和对别人的理论吹毛求疵的批判。传记家克鲁治·海宁斯（Klaus Hennings）谴责他"啰唆、过于苛责以及小气"的风格，保罗·萨缪尔森讽刺他为"一个有力的作家、不知疲倦的善辩者和一个不得不承认的沉闷而拘泥于琐事的人"。

㊀ 弗里德里希·冯·维塞尔.自然价值［M］.陈国庆，译.北京：商务印书馆，1982：104.

政治上，冯·庞巴维克是奥地利国会上议院的独立的自由主义者，他信仰从贵族开始的自上而下的改革，支持自由贸易、社会保障和工人的福利计划。

由于冯·庞巴维克杰出的经济才能，他于1893年、1896～1897年、1900～1904年先后三次被任命为财政部长，对规范奥地利的财政环境起到了重要作用，他的照片被印在了奥地利100先令的纸币上。冯·庞巴维克的理论体系框架图如图13-2所示。

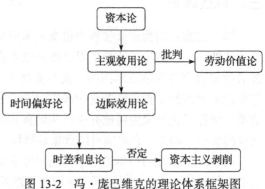

图13-2 冯·庞巴维克的理论体系框架图

冯·庞巴维克赞同门格尔和冯·维塞尔的观点：产品的总效用等于其边际效用乘以单位数量；生产资料的价值取决于生产出来的最终产品的价值，而最终产品的价值又取决于最终产品的边际效用。他的贡献主要是详尽论述了当物品之间存在替代关系及互补关系时，边际效用如何决定物品的价值。一物的价值不单纯取决于其本身的边际效用，还取决于可用来替代它的其他物的边际效用；一组互补物品的总价值等于它们互补使用时的边际效用，除非它们都可被替代。下面是他的时差利息理论和对社会主义的批判。

二、时差利息理论

"现在的物品通常比同一种类和统一数量的未来物品更有价值。这个命题是我提出的利息理论的要点和中心。"[①]冯·庞巴维克强调对时间的重视，认为时间是一个理解经济实际如何运行的重要因素。他在资本与利息领域主要做出了三个相关联的重要贡献：①将生产作为一个迂回过程的分析；②对实际利率为何为正数的解释；③将时间因素列为重要变量的"时差利息论"。

冯·庞巴维克提出，时间是厂商决定生产商品或服务的主要因素。厂商可以使用迂回的生产技术，经过较长时间的生产过程，最终获得更多的产品。迂回生产试着为向消费者提供最终产品而运用更多的工具与资本，生产更多的中间产品，并使生产经历不同的阶段。就拿他津津乐道的例子来说，我们用手、桶或管道从泉眼中汲取饮用水，方法越来越迂回，但越来越有效，汲取的水越来越多。迂回生产的理论难以衡量生产过程的迂回性，但该理论包含了生产在两种选择之间平衡的思想：立即拥有产品但为数不多或者在遥远的未来拥有更多的产品。

另外，冯·庞巴维克发现，个人也有对时间的偏好：即时消费，将来则少；或者放弃即时消费，将来则享有更多。这个思想为其利息理论奠定了基础。

冯·庞巴维克为实际利率是正数列出了三条解释：第一，基于经济增长的论断。第二，人们都具有为正的时间偏好。第三，既然迂回生产的过程也是生产率提高的过程，那么借款者能够轻松支付，并且愿意支付为正数的实际利率。

冯·庞巴维克的时差利息论正是建立在边际效用论和时间偏好论的基础上的，正如他

---

① 庞巴维克. 资本实证论 [M]. 陈瑞, 译. 北京: 商务印书馆, 1964: 243.

对利率是正数的解释一样，利息的来源同样是基于上述心理因素、时间因素和单纯的数量关系。他认为利息的具体来源有三个：借贷利息、企业利润和耐用品租金，但利息的根源在于现在物品与未来物品的差额。另外，冯·庞巴维克运用边际收益的分析方法证明了利率取决于最后一次延长的生产过程中资本的边际收益与所用资本的比率。他认为，生产力的提高有助于阻止剩余利益的下降，从而会提高利率，反之就会降低利率。

三、对社会主义的批判

由于冯·庞巴维克用于解释利息出现的三个因素建立在心理学和技术考虑的基础上，以便说明现在与未来商品相比价值更高。所以，冯·庞巴维克得出结论：利息是个一般性的范畴，是一切经济体系的特征，并不是像社会主义者所论证的那样来自特殊的经济制度下对劳动的剥削。他坚持认为利息的三个因素在社会主义之下仍然存在，社会主义不能简单地废除商品的现在和未来价值之间的差别。如果在社会主义之下试图向劳动者支付他未经折扣的产品价值，就会产生奇怪的后果。一个林务官的工作是经过100年生产出栋木，接受的工资将是面包师的数百倍，而面包师的产品在一天之内就成熟了。在另一方面，如果二者都按照为社会自然产生并由社会分配的面包师的利息率支付，就仍然正如"在我们资本主义社会中的，现在商品的所有者通过那些生产未来商品的人的劳动取得利息"。社会主义可能影响接受利息的人和分配利息的数量，但是它不能改变现在商品的所有者用这些商品换取未来商品时取得贴水这个事实。如果计划当局不对未来商品给予较低的评价，那么生产性资源就会总是流向在无限遥远的未来才能得到成果的技术上最有生产性的用途，其代价是目前的死亡和不幸。

庞巴维克所坚持认为的利息是一种一般性的范畴，并不是来自特别的历史制度，意味着不仅与社会主义者的剥削理论斗争，而且与当时在德国达到声望顶峰的历史经济学家的观点斗争，他们倾向于将经济安排解释为反映流行的权力结构而不是反映不可改变的规律，他们越来越依赖政府通过公共政策修正这些安排。冯·庞巴维克在他最后的出版物——著名的文章"权力，还是经济规律？"（1914年）中，也强调了经济规律对于制度因素的优先权。这里的问题是，工会对于提高工资的有效性。通过将注意力集中于这些权力的局限性，冯·庞巴维克事实上怀疑社会主义的修正主义和非社会主义的干预主义二者的门徒所提出的改革的可能性。

冯·庞巴维克的利息理论的提出，使得奥地利学派在分析方法上出现了分裂，因为他的贡献甚至在这个学派的创始成员之间也是有争议的。这种分裂在后来的奥地利学派成员那里变得更加明显，他们当中多数人都坚持或者夸大了奥地利传统中的某些特征而丢掉了另一些特征。哈布斯堡帝国在1918年崩溃，在德国军队占领奥地利20年以后，冯·维塞尔和冯·庞巴维克指导的学生寻求避难所，在英语国家中将他们的工作继续下去。这种分裂的产生不仅源于经济学家对新环境的思想气氛有不同的反应，而且源于时间的推移使得奠基人的影响在减小，同时随着经济科学的发展产生了新的思想。

冯·庞巴维克以对边际效用价值理论的系统而通俗的阐释而著称，又以提出独特的"时差利息理论"而闻名，他还是一位权威的"马克思的批判家"。他的主要著作《资本实证论》（1888年）对门格尔的机制理论做出了通俗的解释，并提出了"时差利息理论"。他把时间作为经济生活正常过程中的一个重要因素，认为时间影响所有的价值、价格与收入。这是他对经济分析做出的一个突出贡献。另外，他在《卡尔·马克思及其体系的终结》中批评了马克思的劳动价值理论和价值理论，成为西方历史上第一位认真研究马克思并系统评论的人。正是因为冯·庞巴维克对利息和资本理论做了认真的研究，他才对社会主义提出了最有效的批判。

第三节 弗朗西斯 Y. 埃奇沃思

一、记忆力超群的《经济学杂志》主编

弗朗西斯 Y. 埃奇沃思（Francis Y. Edgeworth，1845—1926）于1845年出生于爱尔兰的埃奇沃思镇庄园，是名门望族之后。他的祖父是理查德·洛弗尔·埃奇沃思，他的姑妈是小说家玛利亚·埃奇沃思。在他两岁的时候，父亲去世。他在家庭教师的管教下长大，受到了极好的古典文学和人文主义方面的教育。埃奇沃思17岁时进入都柏林的三一学院，后曾在牛津大学学习。埃奇沃思后来成为牛津大学图克讲座的政治经济学教授，并且一直留在这个职位上。埃奇沃思的记忆力和机敏的头脑在那时就已经使他出类拔萃。临终前几个星期，他告诉在牛津的表妹们，对年轻时所学过的那些诗歌，他至今仍记忆犹新，对弥尔顿、蒲伯、维吉尔和荷马的全部作品他都能脱口而出。他能够在各种场合原原本本地自由引用那些古典名著。埃奇沃思还是个语言上的行家，他可以用法语、德语、西班牙语和意大利语阅读。

埃奇沃思是英国皇家经济学会的创建者之一，担任皇家经济学会的机关刊物——《经济学杂志》（*Economic Journal*）的编辑长达35年。更严格地说，作为第一位编辑的埃奇沃思，是《经济学杂志》的设计者和铸造者。他还担任了一个任期的统计学会主席，并且是英国科学院的成员。他对经济学的贡献体现在写于1881年的《数学心理学》和1925年收集成册的《政治经济学论文集》的大量论文中，这些文章实质上丰富了经济学的一切领域。

埃奇沃思接受了边沁的每个人都是一部"快乐机器"的观点。他说，消费者从他们有限的收入中寻求最大化效用，工人从他们的劳动中寻求最大净收益，企业家通过最小化某一特定产量成本的方式组合资源，使他们的利润最大化。按照埃奇沃思的观点，分析这种经济行为的最有效工具就是微积分。为了支持数学方法，埃奇沃思比较了数理经济学的精确与"辞藻华丽而又曲折的文字表达"[○]。

像杰文斯一样，埃奇沃思是坚定的功利主义者，功利主义哲学弥漫在他的所有著作中。这是他把数学应用于社会科学的目的，而在这种追求之中，他开始承认效用的结构和信念的结构之间存在某种联系。在他为这两种结构确定尺度的尝试中，其中一种结构成为他经济学著作的关注点，而另一种结构则分离出去成了他对概率理论和统计学的贡献。埃奇沃思理论体系框架如图13-3所示。

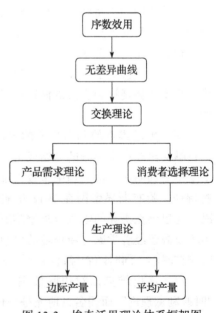

图 13-3　埃奇沃思理论体系框架图

○ 斯坦利 L 布鲁，兰迪 R 格兰特. 经济思想史（原书第7版）[M]. 邸晓燕，等译. 北京：北京大学出版社，2010：200.

二、无差异曲线与交换理论

埃奇沃思在效用理论方面的贡献使经济学家的注意力从基数效用转移到了序数效用,即只需要知道在每种商品的效用基础上形成的消费者偏好的等级次序。埃奇沃思正是运用序数效用的观点形成了无差异曲线的思想。无差异曲线上的一系列点代表能为特定个体提供相同数量效用的两种商品的组合。另外,他依据边际效用递减规律,提出了给定效用的无差异曲线是一条形状类似于杰文斯的总效用曲线的曲线的观点。

埃奇沃思将无差异曲线应用于对交换的分析而形成的交换理论,是他对经济学的主要贡献。他以鲁滨孙·克鲁索和他的仆人星期五的交易来说明交换理论。首先,分别绘制克鲁索和星期五的无差异曲线集,然后将两者叠加在同一个坐标系下,便得到了一条契约曲线,它是两条无差异曲线彼此相切的切点的轨迹。在这条契约曲线上,他们再通过讨价还价实现交换。

埃奇沃思还正确地指出:在完全竞争条件下,所有的交易参与者都必须接受由市场决定的产品价格与劳动价格。但是在双边垄断情形中,交易的双方都只有一个卖者时,价格是不确定的。

我们将在第十五章讨论的意大利经济学家维尔弗雷多·帕累托以现代的形式重构了埃奇沃思的无差异曲线,并通过将一幅图叠加在另一幅图上形成了一个方盒来确定契约曲线。这个方盒被称作埃奇沃思盒。

三、边际产量与平均产量

埃奇沃思提出的另外一个重要思想是,他清楚地区分了以可变投入比例为特征的生产函数的平均产量与边际产量。

为了说明他的观点,埃奇沃思假定土地是固定的资源,而劳动与工具是可变资源。然后他构建了一个表格,用数值表明了总产量、边际产量与平均产量之间的关系。

现代的教科书用几何图示来说明埃奇沃思的这种区分。图 13-4 表示一个短期经营的竞争性企业的总产量、边际产量与平均产量之间的关系。这里暗含的假设是生产过程只需要两种投入:可变资源劳动(L)与固定资源资本(K)。图 13-4a 表示一个短期生产函数,图 13-4b 表示与图 13-4a 中的总产量曲线相对应的劳动的边际产量与平均产量。

边际产量(MP)是由劳动投入变化引起的总产量的变化,它是总产量函数的一阶导数。图 13-4 帮助我们形象地理解了埃

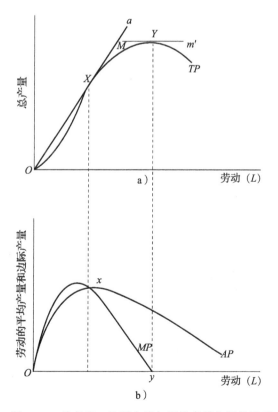

图 13-4 总产量、边际产量与平均产量之间的关系

奇沃思对总产量、边际产量与平均产量的区分。当总产量以递增的速度上升时，边际产量和平均产量都上升，并且边际产量大于平均产量。但是当总产量以递减的速度上升时，边际产量开始下降，即边际收益递减。但由于边际产量高于平均产量，故平均产量仍在上升。当边际产量下降到平均产量以下时，就引起了平均产量的下降。

这些关系在现代微观经济学理论中是非常重要的。例如，它们能够解释典型企业的短期成本曲线的形状，它们是资源需求的边际生产力理论的基础，并且为收入分配的边际生产力理论奠定了基础。

在埃奇沃思对经济思想内容做出的各种贡献中，有三个贡献特别突出。第一，他最早提出了无差异曲线的思想，无差异曲线分析是构成复杂的消费者选择理论和产品需求理论的基础，埃奇沃思在这方面的一个看似较小的贡献随着经济思想史的展开会逐渐表现出其重要性。第二，他是最早说明不确定性的经济学家之一，今天我们通常将不确定性与寡头垄断者的定价行为联系在一起。第三，他阐明了平均产量和边际产量的差异，这对现代短期生产函数的发展及其广泛应用有很大帮助。

总的来说，埃奇沃思对现代经济学的贡献之一是将数学方法在经济学学科中进行普及化。尽管奥地利学派和制度学派批评这种方法是"曲折的道路"，但是在现代经济学中数学在阐述和检验理论方面的重要性是毋庸置疑的。埃奇沃思和古诺则是这一领域的早期开拓者。

 问题讨论

1. 请分析奥地利学派和洛桑学派最初思想的相同点与分歧点。
2. 请对奥地利学派经济学做简要的评价。

本章推荐

约瑟夫·熊彼特.十位伟大的经济学家：从马克思到凯恩斯［M］.贾拥民，译.北京：中国人民大学出版社，2017.

参考文献

［1］史蒂文·普雷斯曼.思想者的足迹：五十位重要的西方经济学家［M］.陈海燕，等译.南京：江苏人民出版社，2001.

［2］斯坦利L布鲁，兰迪R格兰特.经济思想史（原书第7版）［M］.邸晓燕，等译.北京：北京大学出版社，2010.

［3］晏智杰.边际革命和新古典经济学［M］.北京：北京大学出版社，2004.

［4］晏智杰.西方经济学说史教程［M］.2版.北京：北京大学出版社，2013.

［5］威廉·布雷特，罗杰L兰塞姆.经济学家的学术思想（原书第3版）［M］.孙琳，等译.北京：中国人民大学出版社，2004.

［6］卫志民.经济学史话［M］.北京：商务印书馆，2012.

［7］阿列桑德洛·荣卡格利亚.西方经济思想史［M］.罗汉，耿筱兰，郑梨莎，等译.上海：上海社会科学院出版社，2009.

第十四章

新古典学派：阿尔弗雷德·马歇尔

> 大海的表面很难保持平静，社会价值的均衡更是如此。它由供求决定：人为的或法律的东西，往往因为生产过剩和企业破产而反过来惩罚它们自己。
>
> ——拉尔夫·瓦尔多·爱默生

本章大纲

第一节 "统领三军"的马歇尔
第二节 均衡价格理论
一、需求理论
二、供给理论
三、均衡价格

主要著作列表

姓名	著 作	成书时间
马歇尔	《对外贸易和国内价值的纯理论》(*The Pure Theory of Foreign Trade and Domestic Valued*)	1879年
	《产业经济学》(*The Economics of Industry*)	1879年
	《经济学原理》(*Principles of Economics*)	1890年
	《产业经济学概要》(*Elements of Economics of Industry*)	1892年
	《工业与贸易》(*Industry and Trade*)	1919年
	《货币、信用与商业》(*Money, Credit and Commerce*)	1923年

思维导图

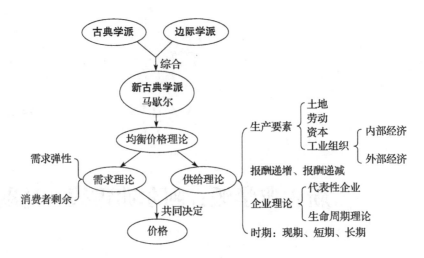

新古典经济学是古典经济学和边际学派思想相融合的产物。面对马克思、德国历史学派和边际学派三方的冲击和质疑，古典经济学也在不断地取长补短、谋求出路。在具有不同观点的经济学家的争论声中，在不同经济思想碰撞的火花里，经济思想史中的第二次大融合应运而生。在这场融合中，马克思和德国历史学派的思想未被主流接受；而以需求和消费为主的边际学派思想却被吸纳，汇入传统古典经济学的河流，从而诞生了新古典学派，继续奔涌向前。

以阿尔弗雷德·马歇尔为代表的新古典经济学家一方面继承了古典学派以生产费用论为基础的供给理论，另一方面吸纳了边际学派以边际效用论为核心的需求理论和边际分析方法，从而形成了自己的均衡价格理论。马歇尔系统性的综合工作建立了现代微观经济学的基本分析框架，成为自约翰·斯图亚特·穆勒以来，经济思想史上的第二位综合大师。这场融合之后，系统的理论和科学的分析方法使经济学大放异彩、更具活力：马歇尔的继承者们不断地完善原有理论、开拓新的研究领域；福利经济学破壳而出；不完全竞争理论和货币经济学悄然生长。

在这一章中我们将介绍新古典经济学的开创者阿尔弗雷德·马歇尔，下两章则会重点介绍马歇尔思想的继承者们，以及他们对新古典经济学的进一步发展。

第一节 "统领三军"的马歇尔

阿尔弗雷德·马歇尔（Alfred Marshall，1842—1924）是新古典经济学派的开创者，是现代微观经济学分析框架的缔造者。1842年，马歇尔出生于英国伦敦，他的父亲是英格兰银行的出纳员。马歇尔从小就对数学有着浓厚的兴趣，1861年，他前往剑桥的圣约翰学院学习数学。1865年，马歇尔以优异的成绩毕业，并留校任教。在这期间，马歇尔对哲学产生了兴趣，并开始研究经济学。1877年，马歇尔与他的学生玛丽·佩利结婚。当时剑桥大学规定研究员不可以结婚，于是他离开剑桥，前往新成立的布里斯托尔大学担任院长以及政治经济学教授。1885年，马歇尔返回剑桥，接任了福西特教授的政治经济学教职。自此，马歇尔一直在剑桥执教，直到 1908 年退休。退休时，他将自己教授的教职交给了得意门生阿瑟·赛西尔·庇古。

19 世纪末，传统的古典经济学受到了各方经济学家的批判，经济学理论界一时陷入困境，缺少一个领袖式的人物。在这种背景下，马歇尔应运而起，统领三军。著名经济学家莱昂内尔·罗宾斯⊖曾直言不讳地说道："18 世纪以来的经济思想史实际上就是亚当·斯密—李嘉图—约翰·斯图亚特·穆勒—马歇尔的理论演变史。"⊜1890 年，马歇尔出版了他酝酿良久的《经济学原理》，引起了巨大反响，占据经济学标准教材地位长达 40 多年，直到 1936 年他的学生凯恩斯出版了《就业、利息和货币通论》（简称《通论》）。在这本书中，马歇尔成功地综合古典学派的供给理论和边际学派的需求理论，构建了微观经济学的基本分析框架。马歇尔的学生富兰克·吉丁斯在 1891 年评价《经济学原理》，认为它结束了一个科学时代，开启了另一个科学时代。事实也是如此，微观分析框架的成功构建，使经济学研究步入微观时代，"政治经济学"也就此改名为"经济学"。《经济学原理》出版时是以第一卷的名义发行的，马歇尔本打算再写第二卷，遗憾的是，由于不断的修订工作和繁重的管理职务，他再也没有精力进行下去，这个计划便被取消了。

阿尔弗雷德·马歇尔

此外，马歇尔也是英国学术界"教父式"的人物，对英国经济学的发展有着巨大影响。1885 年马歇尔回到剑桥，担任经济学院教授，在经济学教学、学院管理和课程设计等方面进行了大刀阔斧的变革。起初经济学还蛰伏于其他学科的羽翼之下，没有自己独立的地位。但是 1903 年，在马歇尔的努力下，剑桥大学单独设置了新的政治学和经济学荣誉考试，把经济学从伦理学中分离出来。经济学慢慢成为一门有着自己的学科基础和科学精度，与自然科学一样独立的学科。与此同时，为了促进剑桥经济学的发展，马歇尔还每年给一两位青年讲师 100 英镑的私人津贴，以此稳定经济系的教员数量，并自费维持着一个小型的本科生公共图书馆，建立了一项三年一次的优秀论文奖。在马歇尔的努力下，剑桥大学逐渐成为英国的经济研究中心，剑桥学派也由此诞生，至今在理论界仍占有一席之地。马歇尔还培养了大量的优秀学生，最著名的两位即阿瑟·赛西尔·庇古和约翰·梅纳德·凯恩斯。早在 1888 年，福克斯韦尔教授就宣称"在英国的经济学家中，马歇尔的弟子占一半，而他们对英国经济学教学的贡献则要比一半高很多"。

背景链接 14-1　马歇尔有效率的学习方式

1865 年，马歇尔在剑桥大学数学学位考试中，获得了第二名的优异成绩。当时的第一名是瑞利勋爵，后来在 1904 年获得诺贝尔化学奖。虽然马歇尔年少时热爱数学，但进入大

⊖ 莱昂内尔·罗宾斯（Lionel Robbins，1898—1984），英国著名经济学家，以经济理论家知名。
⊜ 莱昂内尔·罗宾斯. 经济思想史：伦敦经济学院讲演录［M］. 杨玉生，译. 北京：中国人民大学出版社，2008：323.

学后,他学起数学来却有些力不从心,这可能是他后来转向经济学的一个原因。那么为什么他在数学考试中可以取得如此优异的成绩呢?这与他有效率的学习方式密不可分。马歇尔发现,一旦他长时间地专心学习就会精力不济,学习的效率就会很低。所以,他很少一气呵成地完成大量工作,而是工作一段时间就休息一段时间,以此来保持精神集中和精力充沛。1917年,马歇尔亲口讲述了这一学习方法:

"我想我是17岁左右才真正步入人生的。有一次,我在摄政大街看到一家商店的橱窗前站着一个工人,他好像是在袖手旁观,但是神情却很专注,于是我驻足观察,但见他走笔在即,用白色的笔在橱窗玻璃上勾画寥寥数语,表明该店的经营宗旨。由于一笔一画,都需一挥而就,以期字迹醒目,因此,他每走一笔都有两秒钟的激动,只得停上几分钟,使心跳平静下来。若是一气呵成,这样失去的十分钟是节约了,但雇主损失的会比付给他的全天工资的价值还多。这使我深受启发,决心绝不用脑过度,视连续思考间的间歇为得到绝对休息所必需。我到了剑桥大学后,完全能自制了,读数学我就决定一次读一刻钟,然后稍事休息。身旁随时放有轻松文学读物,休息时我不止一次地通读了莎士比亚的几乎所有著作、博斯韦尔的《约翰逊传》、埃斯库罗斯的《阿伽门农》(我能不费力地读懂的唯一古希腊剧本)、卢克莱修的大部分诗作等。当然,我常因数学而兴奋,不停歇地读半个小时或半个小时以上,但情绪是高涨的,并无害于健康。"⊖

第二节 均衡价格理论

马歇尔的均衡价格理论综合了古典学派和边际学派的主要理论成果,奠定了现代微观经济学的基础。古典学派认为生产成本决定了商品价值,经济学应以此为基础研究国民财富的生产、交换、分配与消费。边际学派则不以为然,他们认为商品的价值取决于商品带给人们的效用,效用取决于所拥有商品的数量,且随着我们拥有的商品增多,每增加一单位商品带来的效用就越小,即边际效用递减,从而我们愿意支付的价格是下降的,而此时商品的成本却是没有变化的。因此,经济学应当侧重研究个人的欲望及其满足。

马歇尔综合了这两个学派的观点,艺术地提出了均衡价格理论,解决两个学派的矛盾。他认为商品的价格主要由需求价格和供给价格共同决定。边际学派的边际效用论决定了商品的需求价格,古典经济学派的生产成本论决定了商品的供给价格。商品最终的价格还要取决于需求与供给的均衡。关于分配理论,马歇尔总体认为各种生产要素按照自身均衡价格参与分配,因而是建立在均衡价格理论的基础上的。由此可见,马歇尔理论的中心和特色就是他的均衡价格理论,因此我们将主要介绍他的均衡价格理论。

一、需求理论

同边际学派一样,马歇尔也是从边际效用递减规律论证需求法则的。为了衡量这种主观的边际效用,马歇尔认为可以用货币数量对其加以衡量,于是,需求就转换成了需求价格,从而得出了需求的一般规律。但马歇尔没有止步于此,他继续了自己的研究脚步,论述了需求弹性和消费者剩余两个重要的概念。

⊖ 约翰·梅纳德·凯恩斯.艾尔弗雷德·马歇尔传[M].滕茂桐,译.北京:商务印书馆,1990:3-4.

(一) 需求弹性

需求弹性的研究并不始于马歇尔，但马歇尔是对需求弹性做出系统分析并将其纳入经济学体系的第一人。马歇尔将市场的需求弹性进行了如下的概括，"市场中需求弹性（或感应性）的大小，是随着需要量在价格的一定程度的下跌时增加的多寡，和在价格的一定程度的上涨时减少的多寡而定的。"①如果价格与购买量的变动比例相同，则弹性为 1；如果价格下降 1%，需求量分别增加 2% 或 0.5%，则需求弹性是 2 或 0.5，以此类推。

马歇尔还在《经济学原理》中给出了具体的推导方法（见图 14-1）。

在需求曲线上引一条直线与曲线相切于任何一点 P，该切线在 T 点与 X 轴相交，在 t 点与 Y 轴相交，那么 P 点的弹性就是 Pt 与 PT 的比率。以上的数学推导

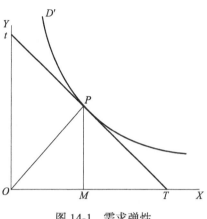

图 14-1　需求弹性

没有在《经济学原理》的正文中出现，而是出现在注释里。虽然马歇尔是数学专业出身，但是他对待经济学中应用数学的态度却是谨慎的，值得现在的经济学家学习。需求弹性的提出，帮助我们更好地分析了价格变动与销量的关系，更好地理解生活中"谷贱伤农""薄利多销"等现象。

(二) 消费者剩余

在对价格与效用的进一步分析中，马歇尔提出了消费者剩余的概念。"我们已经知道，一个人对一物所支付的价格，绝不会超过，而且也很少达到他宁愿支付而不愿得不到此物的价格。因此，他从购买此物所得的满足，通常超过他因付出此物的代价而放弃的满足；这样，他就从购买中得到了一种满足的剩余。他宁愿付出而不愿得不到此物的价格，超过他实际付出的价格的部分，是这种剩余满足的经济衡量。这个部分可称为消费者剩余。"②

同杰文斯一样，马歇尔认为一种商品的总效用是连续增加的每一单位商品的边际效用之和，而消费者购买某种商品实际支付的价格却是最后一单位的边际效用。因为边际效用是递减的，所以消费者在购买商品时会得到剩余的满足。消费者剩余可以作为衡量市场中消费者福利变动的工具，为之后福利经济学的产生奠定了基础。

二、供给理论

在分析商品的供给价格时，马歇尔也同古典学派一样，从决定生产成本的生产要素入手，但是他认为工业组织也应作为一种生产要素。由此出发，马歇尔分析了生产要素对产品供给的影响，将之归结为报酬递增和报酬递减两类，并引进代表性厂商的概念，提出了企业生命周期理论。在整体市场供给上，马歇尔强调了时期的重要性，分析了不同时期的供给。

---

① 马歇尔.经济学原理（上卷）[M].朱志泰，译.北京：商务印书馆，2005：122.
② 马歇尔.经济学原理（上卷）[M].朱志泰，译.北京：商务印书馆，2005：142.

(一) 生产要素

古典学派认为生产要素是土地、劳动和资本。马歇尔则进一步认为，工业组织也应当放入生产要素的分类中。关于土地要素，马歇尔认同李嘉图的理论，并重点论述了土地的边际报酬递减的含义。关于劳动要素，马歇尔肯定了马尔萨斯的人口论，但认为马尔萨斯忽略了技术进步的影响，从而低估了生活资料对人口的承载力。同时，马歇尔还强调了人口的健康和素质，认为国家应当加大在教育上的投资，从而促进生产率的提高。关于资本要素，他认为储蓄产生资本供给，与西尼尔不同，他认为储蓄是消费的"延期"，而非需求上的"节约"，利息则是储蓄的报酬。关于工业组织，马歇尔认为它的含义相当广泛，包括分工、机器技术水平、专门工业的地理集中、大规模生产和企业管理。

(二) 内部经济与外部经济

马歇尔在分析第四种生产要素工业组织时，提出了内部经济和外部经济的概念。"我们可把因任何一种货物的生产规模之扩大而发生的经济分为两类：第一是有赖于这工业的一般发达的经济；第二是有赖于从事这工业的个别企业的资源、组织和经营效率的经济。我们可称前者为外部经济，后者为内部经济。"⊖

通俗地讲，内部经济是指企业因为内部因素改善而得到的成本节约，如内部分工的完善、先进设备的采用、管理水平的提高等。外部经济是指企业因为自身外部因素的改善而导致的生产费用减少，如原材料供应地和销售市场距离的减少、通信交通条件的改善等。

(三) 报酬递增和报酬递减

马歇尔将四种生产要素的变化对商品供给的影响概括为报酬递增和报酬递减两类。"我们可以概括地说：自然在生产上所起的作用表现出报酬递减的倾向，而人类所起的作用则表现出报酬递增的倾向。"⊜其原因是自然资源在数量上是有限的，当自然资源提供的生产要素在数量上无法增加，或者以昂贵的代价增加时，劳动、资本等生产要素在不变的工业组织下不断增加，则将出现报酬递减，商品的边际生产费用提高。传统的土地耕种便是这样的例子，单位土地投入的劳动和资本达到最有效率的水平后，在技术条件不改进的情况下，继续投入的资本和劳动获得的报酬就会递减。报酬递增是由于随着工业组织的改进，出现了内部经济或外部经济，导致生产效率提高，从而商品的边际生产费用下降。由于报酬递增和报酬递减这两种倾向是不断地相互压制的，所以当报酬递增与报酬递减的作用相互抵消时，报酬不变就会出现。

报酬递减和报酬递增概念的提出为福利经济学的产生奠定了基础。假如对报酬递减企业征税，同时把所得的税收转移到报酬递增企业，那么，报酬递减企业的产量减少，利润下降，而报酬递增企业在转移支付的刺激下，产量增加，利润增加。总体来看，报酬递减企业下降的利润小于报酬递增企业增加的利润，社会净利润是上升的，因而在税收和转移支付的情况下，社会福利提高了。

⊖ 马歇尔.经济学原理（上卷）[M].朱志泰，译.北京：商务印书馆，2005：279-280.
⊜ 马歇尔.经济学原理（上卷）[M].朱志泰，译.北京：商务印书馆，2005：328.

(四) 代表性企业

现实中，一个行业中存在着众多的企业，它们有的欣欣向荣，有的逐渐衰退，有的稳健维持，为了更好地说明某种产品的生产费用，分析生产的报酬变动，马歇尔提出了代表性企业的概念。在某种意义上，代表性企业是指行业中的普通企业，但它却可以作为这个行业的缩影。对它来说，产品产量增加导致的边际生产费用的变化可以有三种情况：一是费用递减（报酬递增），即随着产量的增加产品的边际生产费用减少；二是费用递增（报酬递减），即随着产量的增加产品的边际生产费用增加；三是费用不变（报酬不变），即产量的增加不引起产品生产费用的变化。长期来看，这些变化最终会导致价格的同方向变化，从而决定了企业在不同情况下的相应规模。

(五) 企业生命周期理论

马歇尔深受生物学的影响，他采取了动态的生命周期理论来看待企业的成长与衰落，用树木的生长比喻企业生命周期的变化。

"在这里，我们可从森林中新生的树木，从老树的浓阴中用力向上挣扎的情况里得到教训。许多新生的树木中途夭折了，只有少数得以生存；这些少数生存的树木一年比一年壮大，它们的高度每有增加，就可多得一些阳光和空气，终能耸然高出邻近的树木之上，似乎它们会永远这样生长下去，随着这样生长，它们似乎会永远壮大下去。但是，它们却不是这样。一株树比另一株树能维持活力较久和较为茂盛；但是，迟早年龄对它们是有影响的。较高的树木比它的竞争者，虽能得到较多的阳光和空气，但它也逐渐失去生命力，相继地让位于物质力量虽较小，而青春的活力却较强的其他树木。

树木的生长是这样，在大股份公司的近代巨大发展之前，企业的发展原理上也是这样，而大股份公司往往是营业不振，不是遽然倒闭。现在，这个原理已不普遍了，但在许多工业和商业中，它仍然是有效的。大自然以限制私人企业的创办人的寿命，甚至以对他的生命中最能发挥他的才能的那一部分限制得更严，来压制私人企业。因此，不久之后，企业的管理权就落到即使对企业的繁荣同样积极关心，但精力和创造的天才都较差的那些人手中了。如果这企业变为股份公司组织，则它可保持分工以及专门的技术和机械上的利益；如果再增加资本的话，它甚至可以增大这些利益，并且在有利的条件下，它在生产工作上就可保持永久和突出的地位。但是，它恐怕已丧失它的伸缩性和进步的力量如此之多，以至于在与较小的新兴对手竞争时，它不再完全处于有利地位了。" ⊖

(六) 不同时期的供给

在最终分析市场供给时，马歇尔区分了时间的因素，将供给分为现期、短期和长期三个时期。

现期供给是指在较短的时间中，供给数量是固定的，没有办法根据需求进行调整。我们一般在购买商品时，面对的就是现期供给。现期的期限可能是一天或是几天。比如某个城市的水源突然受到污染，市民们争相购买瓶装水，对瓶装水的需求急剧上升。但是，由于该城

⊖ 马歇尔.经济学原理（上卷）[M].朱志泰，译.北京：商务印书馆，2005：325-326.

市的瓶装水储量有限，在极短的时间内无法增加，因此供给是固定的，无法根据需求进行调节。不过随着物流条件的改善，现期的期限开始缩短，因为现在可以在几小时内迅速地从周边城市调集瓶装水到缺水城市，快速增加缺水城市的供给。

短期供给是指在生产设备数量固定条件下的供给，它是可以根据需求进行调整的。马歇尔将成本分为辅助成本和主要成本。辅助成本就是现在意义上的固定成本，主要成本就是可变成本。固定成本可以是生产设备的折旧，它在短期内是不变的。可变成本可以是雇用的劳动者，它在短期内是可以变化的。短期供给曲线向右上方倾斜，因为产品的价格越高，利润就越高，企业就会生产更多产品。

长期供给是指所有的生产成本都是可变的，供给根据需求调整。在现实生活中，很难找到明确的短期和长期的分界线。不过，在长期范围内，需求的变化不仅可以影响到企业生产的产品数量，甚至可以影响到行业内的企业数量。

三、均衡价格

马歇尔认为，需求和供给在市场交易中达到均衡，古典学派的供给价格、边际学派的需求价格最终在买卖双方的讨价还价中产生了均衡价格。市场价格既是需求的，又是供给的，我们很难判断谁最终决定了它，不过时间会对价格的决定产生影响。"在短时间内，效用对价值起着主要的影响作用，而在长期内，生产成本对价值起着主要的影响作用。"⊖ 最终，马歇尔用剪刀裁纸很好地比喻了需求和供给对价格的决定情形。

"我们讨论价值是由效用所决定还是由生产成本所决定，和讨论一块纸是由剪刀的上边裁还是由剪刀的下边裁是同样合理的。的确，当剪刀的一边拿着不动时，纸的裁剪是通过另一边的移动来实现的，我们大致可以说，纸是由第二边裁剪的。但是这种说法并不十分确切，只有把它当作对现象的一种通俗的解释，而不是当作一种精确的科学解释时，才可以那样说。"⊜

在图 14-2 中，当某一商品的需求价格大于供给价格时，生产者就会增加供给量，促使需求价格下降，从而使供求趋于一致；相反，当商品的需求价格小于供给价格时，生产者就会减少产量，促使需求价格上升，从而达到供求平衡。在马歇尔的分析中，商品的数量是独立变量，而价格是从属变量。因此，为了达到价格均衡，需要调节商品的数量。于是，数量被放在直角坐标系的横轴上。现在的方程式 $Q = f(P)$ 中，我们将价格看成独立变量。但是在一般经济学教材进行绘图分析时，我们仍用横轴表示数量，纵轴表示价格，而没有按照数学书用横轴表示价格、纵轴表示数量，这是因为我们遵守的是马歇尔的传统而并非数学的习惯。

当商品的需求价格与供给价格相等时，即处于需求曲线与供给曲线相交的 E 点，产量将

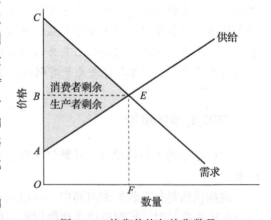

图 14-2　均衡价格与均衡数量

⊖　马歇尔.经济学原理（下卷）[M].陈良璧，译.北京：商务印书馆，2005：39.
⊜　马歇尔.经济学原理（下卷）[M].陈良璧，译.北京：商务印书馆，2005：40.

既不增加也不减少，达到均衡状态。此时的产量就是均衡产量，此时的价格就是均衡价格。马歇尔认为："这种均衡是稳定的均衡，如果价格与它稍有背离，将有恢复的趋势，像钟摆沿着它的最低点来回摇摆一样。"㊀在图14-2中，除了消费者剩余△BCE外，马歇尔还表达了生产者剩余的思想，即△ABE。

马歇尔不仅在经济理论上做出了杰出的贡献，完成了经济学历史上的第二次大综合，而且改革了经济学教学，建立了剑桥学派，培养了众多经济学家。凯恩斯称马歇尔"是100年来最伟大的经济学家"。1990年，《经济学原理》出版100周年，乔治·斯蒂格勒㊁列举了马歇尔一生中的四大理论贡献：第一，把时间因素引入价格理论，特别是分析了供给在市场中现期、短期和长期的不同特征；第二，提出了内部经济性、外部经济性，丰富了福利经济学、生产理论、价格理论等方面的讨论；第三，强调了企业的重要性，开启了企业研究时代；第四，提出了消费者剩余，促进了福利经济学的产生。

背景链接 14-2　马歇尔与局部均衡

与瓦尔拉斯的一般均衡不同，马歇尔的均衡价格分析是一种局部均衡分析。一般均衡认为，某种商品的均衡价格不仅受到自身的影响，还受到社会上其他商品价格的影响。比如传统汽车的价格不仅受到自身需求的影响，还会受到互补品汽油、替代品电力汽车等商品价格的影响。一般均衡便是把这些因素都考虑在内，最终求得的总体均衡。局部均衡则是假定其他商品价格不变，仅就某种商品自身的需求和供给进行分析。这样做的优点是化繁为简，简单易行；缺点则是脱离了现实。事实上，马歇尔自己也谈论过局部均衡分析的优缺点："在把问题分成几部分时，它把那些一出现就不方便的干扰因素暂时搁置在所谓其他条件不变的这一范围内。某些趋势的研究是在其他条件不变这一假设的基础上进行的，其他趋势的存在并不否认，但它们的干扰作用是暂时予以忽略的。这样，问题搞得越小，对它的处理就能越精确，但是和现实生活也就越不符合。"㊂

问题讨论

1. 应用马歇尔的需求弹性来分析现实中"谷贱伤农"的现象。
2. 凯恩斯曾说过，"杰文斯看到壶中的水沸腾了，如孩子般欢呼起来；马歇尔也看到那壶水沸腾了，却悄悄坐下，造了一台发动机"。你是否认同凯恩斯的观点，理由是什么？
3. 你认为马歇尔的理论是如何推动福利经济学的产生？
4. 马歇尔曾说过，"经济学家的圣地在于经济生物学，而不在于经济动态学"。如何理解这句话？

本章推荐

[1]　柯南·道尔.福尔摩斯探案全集[M].王知一，译.天津：天津教育出版社，2009.
[2]　约翰·梅纳德·凯恩斯.艾尔弗雷德·马歇尔传[M].滕茂桐，译.北京：商务印书馆，1990.

㊀　马歇尔.经济学原理（下卷）[M].陈良璧，译.北京：商务印书馆，2005：37.
㊁　乔治·斯蒂格勒（George Joseph Stigler，1911—1991），美国著名经济学家、经济学史家，芝加哥经济学派领袖人物之一，1982年诺贝尔经济学奖得主。
㊂　马歇尔.经济学原理（下卷）[M].陈良璧，译.北京：商务印书馆，2005：56.

［3］彼得·格罗尼维根.翱翔的鹰：阿尔弗雷德·马歇尔传［M］.丁永健，等译.北京：华夏出版社，2011.
［4］马涛："复旦公开课：外国经济思想史"的第四讲——边际革命与马歇尔.
［5］纪录片：《BBC：英国史》第13～15集.

参考文献

［1］莱昂内尔·罗宾斯.经济思想史：伦敦经济学院讲演录［M］.杨玉生，译.北京：中国人民大学出版社，2008.
［2］彼得·格罗尼维根.翱翔的鹰：阿尔弗雷德·马歇尔传［M］.丁永健，等译.北京：华夏出版社，2011.
［3］约翰·梅纳德·凯恩斯.艾尔弗雷德·马歇尔传［M］.滕茂桐，译.北京：商务印书馆，1990.
［4］马歇尔.经济学原理（上卷）［M］.朱志泰，译.北京：商务印书馆，2005.
［5］马歇尔.经济学原理（下卷）［M］.陈良璧，译.北京：商务印书馆，2005.
［6］张旭昆.西方经济思想史18讲［M］.上海：上海人民出版社，2007.
［7］晏智杰.边际革命和新古典经济学［M］.北京：北京大学出版社，2004.
［8］蒋雅文，耿作石，张世晴.西方经济思想史［M］.北京：科学出版社，2010.
［9］斯坦利 L 布鲁，兰迪 R 格兰特.经济思想史（原书第7版）［M］.邱晓燕，等译.北京：北京大学出版社，2010.

第十五章
新古典学派：福利经济学的兴起

> 真正的经济学代表社会公正，它一视同仁地促进所有的人，包括最弱的人的福利，是正常生活所不可缺少的。
>
> ——圣雄甘地

本章大纲

第一节 维尔弗雷多·帕累托
一、爱好经济学和社会学的工程师
二、序数效用与无差异曲线
三、帕累托最优
第二节 阿瑟·赛西尔·庇古
一、个性古怪的学者
二、外部性理论
三、价格歧视
四、庇古效应

主要著作列表

姓名	著作	成书时间
维尔弗雷多·帕累托	《政治经济学讲义》(Lecture of Political Economy)	1896～1897年
	《政治经济学手册》(Manual of Political Economy)	1906年
阿瑟·赛西尔·庇古	《保护和优惠进口关税》(Protective and Preferential Import Duties)	1906年
	《财富与福利》(Wealth and Welfare)	1912年
	《福利经济学》(The Economics of Welfare)	1920年
	《工业波动》(Industrial Fluctuations)	1927年
	《公共财政研究》(A Study in Public Finance)	1928年
	《失业理论》(The Theory of Unemployment)	1933年

思维导图

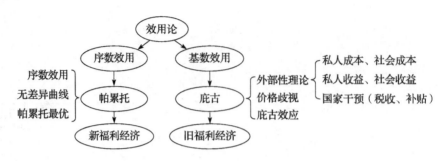

1890年，马歇尔的《经济学原理》问世，将新古典学派的火种在剑桥点燃，众多年轻的经济学家追随着马歇尔的脚步，在世界范围内传播、发展着新古典经济学的思想。马歇尔的追随者中涌现出一批英才之辈，他们不拘泥于马歇尔原有的思想，并从以下三个方面对其进行了延伸和拓展：帕累托和庇古更加关注经济福利的问题，重点研究收入和分配等宏观问题与政策选择（本章）；威克塞尔和费雪更加关注和强调货币在经济中的作用（见第十六章）；斯拉法、罗宾逊、张伯伦等人则主要探讨介于完全竞争和完全垄断之间的非完全竞争问题，从而补究了新古典理论在相关领域的不足（见第十九章）。

本章主要介绍帕累托和庇古对新古典经济学的延伸和拓展。帕累托是新古典学派的改良者。一方面，他批判了边际学派和新古典学派的基数效用论，提出了序数效用论。另一方面，他继承了瓦尔拉的一般均衡分析方法，在此基础上提出了"帕累托最优"，为新福利经济学的产生奠定了基础。庇古则是新古典学派的弘扬者。他沿用了马歇尔的局部均衡理论，在基数效用论的基础上，以马歇尔提出的消费者剩余和生产者剩余为工具，讨论了社会福利的改善，正式提出了福利经济学。

黄有光曾这样简单地定义福利经济学："福利经济学是这样一门学科，它力图系统地阐述一些命题，根据这些命题，我们可以判断某一经济状态下的社会福利高于还是低于另一经济状态下的社会福利。"⊖事实上，自诞生起经济学就致力于研究如何有效分配资源并达到最大化的效用。从这个意义上看，福利经济学并不是一个清晰、统一的思想体系，它仍植根于传统的经济学思想之中，只不过它关注和研究的重点不同。福利经济学家更加关注以下两方面的问题：一是定义并分析如何达到福利最大化；二是明确妨碍实现福利最大化的因素，并尝试提出解决建议。

第一节 维尔弗雷多·帕累托

一、爱好经济学和社会学的工程师

维尔弗雷多·帕累托（Vilfredo Pareto，1848—1923）于1848年出生在巴黎。其父是热那亚的贵族，母亲是法国人。帕累托年幼时，由于父亲政治立场的问题，一家被迫离开意大利。1850年前后，帕累托回到意大利，之后在都灵工艺学院学习工程学，于1869年获得工

⊖ 黄有光.福利经济学[M].周建明，译.北京：中国友谊出版公司，1991：2.

程学博士学位。毕业后，帕累托根据专业方向，进入国有铁路公司工作，成为一名工程师，后又前往意大利佛罗伦萨制铁公司担任主管。1890 年，公司出现经济危机，帕累托辞职离开。此时，他开始阅读马费奥·潘塔莱奥尼的《纯粹经济学原理》，并爱上了经济学。在这之前帕累托是一名纯粹的工程师。直到 1892 年，他才开始在经济学杂志上发表一些论文。他独到的见解和过人的天赋很快引起了学术界的关注。1893 年，受到瓦尔拉斯的邀请，帕累托成为瑞士洛桑大学的政治经济学教授，继承了瓦尔拉斯的教职。

帕累托是数理经济学的创始人之一，良好的数学和工程学基础使他成功地将经济学图文转化成数学方程，从而推动了经济学的数学化，进一步发展了瓦尔拉斯的一般均衡理论。不过后来，帕累托的学术理念发生了巨大的转变。随着研究的深入，他感到纯经济分析的效果是有限的，经济学应将社会、心理和政治因素纳入分析框架。因此，他逐渐转向社会学领域，并发表了一些重要著作。1896～1897 年，帕累托收集和扩充了自己的课堂讲义，出版了《政治经济学讲义》。在经济学领域，我们主要研究的是他在 1906 年出版的《政治经济学手册》，以及 1909 年的该书的法语目录。帕累托在社会学领域的著作有 1902～1903 年的《社会主义体系》和 1916 年的《社会学通论》。

1898 年，帕累托的生活发生了明显变化：他继承了一大笔遗产。1906 年，帕累托辞去了教授职位，到日内瓦湖畔独居，成了一名隐士。

二、序数效用与无差异曲线

自边沁和穆勒时代以来，基数效用论一直处于尴尬的境地，因为用它衡量效用是主观的和不规范的。在这种情况下，帕累托提出了序数效用论，他假设消费者有两种商品 A 和 B。基数效用论认为消费者可以区分商品 A 和商品 B 中的哪种商品给自己带来的效用更多，并且可以精确地说出两种商品给自己带来的效用。在基数效用论下，不同商品的效用是可以量化的，并且可以相互比较。例如，某个消费者会认为一杯红酒给自己带来的效用是 5，而一块面包给自己带来的效用是 1。序数效用论则仅认为消费者可以判断自己更喜欢商品 A 还是商品 B。序数效用论并不需要消费者量化商品的效用，它仅需要消费者能够清晰地区分自己的偏好。例如，某个消费者更喜欢一杯红酒，而不是一块面包。在现实生活中，我们几乎不可能精确地衡量不同商品给自己带来的确切效用，我们所能做的就是将不同商品按照自己的喜爱程度排序。因此，序数效用论使微观经济学的分析基础更加贴近现实。

帕累托在序数效用论的基础上改进了埃奇沃思的无差异曲线。虽然效用不能被精确地测定，但是消费者可以在不同的商品组合中选择自己偏好的商品组合。更进一步地分析，消费者也可以选择多种商品组合，并且消费者对这些商品组合的喜欢程度是相同的。

假定某个人只接受某种需求的指导（意即暂不考虑满足需求可能遇到的障碍），他有 1 公斤面包和 1 公斤酒，他的需求是一定的，那么他也许愿意有稍少些的面包和稍多些的酒，或者相反。譬如，如果他有 1.2 公斤酒的话，他愿意只有 0.9 公斤面包。换言之，这意味着这两种组合，1 公斤面包和 1 公斤酒，或 0.9 公斤面包和 1.2 公斤酒。这对他来说是一样的，他既不偏好第二种，也不偏好第一种；他不知道选哪一种好，选择两者中的任一种对他是没有差异的。从这个组合（1 公斤面包和 1 公斤酒）出发，我们可以发现为数众多的其他组合，在这些组合中进行选择是没有差异的。例如，我们会看到：

| 面包 | 1.6 | 1.4 | 1.2 | 1.0 | 0.8 | 0.6…… |
| 酒 | 0.7 | 0.8 | 0.9 | 1.0 | 1.4 | 1.8…… |

我们把这种可以无限扩大的序列称为无差异序列。[一]

帕累托将无差异序列放在坐标图中，就得到了无差异曲线（见图 15-1）。

在图 15-1 中，OA 表示面包的数量，OB 表示酒的数量。Oa 表示 1 公斤面包，Ob 表示 1 公斤酒，m 点就表示 1 公斤面包和 1 公斤酒的商品组合。于是，曲线 nn 是和 m 组合具有同样偏好商品组合的集合。在坐标系中，无差异曲线不只 nn 曲线一条，如果消费者的初始禀赋是 1.5 公斤面包和 1.5 公斤酒，那么这个商品组合同样也有一条无差异曲线 n'n'，并且位于 nn 曲线的右上方。

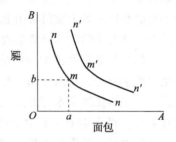

图 15-1　无差异曲线

根据希克斯在 1939 年出版的《价值与资本》一书中对帕累托的分析，虽然序数效用代替了基数效用，但对边际主义经济学理论来说，所有希望的结果都可以在这种无差异图的基础上得到。这种序数效用论也成了现代微观经济学效用论的主流。

三、帕累托最优

帕累托在瓦尔拉斯一般均衡理论的基础上，提出了衡量经济体系最优状态标准，即"帕累托最优"（Pareto Optimality）。帕累托称之为"ophelimié"，源自希腊文"ophelimos"。帕累托最优是新福利经济学理论的重要基石，它为社会福利状态的衡量提供了标准。它是指这样的状态，即改善一个经济行为人的处境必然同时会恶化至少另一个经济行为人的处境，也就是不存在使某人的处境变好的同时不使其他人的处境变差的状态。在帕累托最优状态下，社会福利达到最大化。后来其他的经济学家证明了，完全竞争的产品市场和完全竞争的要素市场可以达到帕累托最优。

但是帕累托最优标准并不是完美的，它存在着很多的缺陷，我们不能僵硬地把它放入现实社会。帕累托标准在静态的效率观点上来判定现存分配状况下是否社会福利最大，它忽视了社会分配公平和道德的问题，也没有考虑到短期补偿性支付和政策长期效果的情况。阿马蒂亚·森就举过一个例子："设想我们正在分一个蛋糕。假定每个人都偏好更大的而不是更小的蛋糕，那么任何可能的分配都将是帕累托最优的，因为任何使某人境况改善的变化都将使其他人境况恶化。问题的关键是分配，帕累托最优对此没有任何说服力。"[二]

🌐 背景链接 15-1　帕累托法则

"帕累托法则"又称为"二八定律"，它是帕累托在研究美国和欧洲国家收入分配时发现的，现在已经被推广到社会生活的各个领域中。"帕累托法则"最初是指收入在人口中进行不均衡分配，少数的人占有了大部分的财富。假如你将一个国家所有家庭按照收入从低到高

[一] 晏智杰. 边际革命和新古典经济学 [M]. 北京：北京大学出版社，2004：211.
[二] 斯坦利 L 布鲁，兰迪 R 格兰特. 经济思想史（原书第 7 版）[M]. 邸晓燕，等译. 北京：北京大学出版社，2010：336.

进行排列，那么家庭收入的增长并不是算数级数的增长，而会是几何级数的增长（见图 15-2）。收入较低的 80% 总人口仅占有了 20% 的财富，而最富的 20% 的人口却拥有社会 80% 的财富。

这个定律可以转化成如下公式表示：

$$\log N = \log A - \alpha \log x$$

其中 x 是家庭的收入水平，N 是收入至少等于 x 的家庭的数量，A 代表人口规模的参数，α 是一个估计得到的参数。根据帕累托法则的思想，收入分配的模式是固有的，每个人都按照自己的能力来瓜分经济这块"蛋糕"，因此，我们要想增加低收入群体的收入，唯一的方法就是做大"蛋糕"。

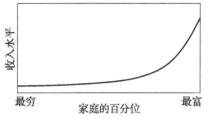

图 15-2 收入的几何增长

现代社会的"二八定律"就是指资源分配不均衡的状态，它不局限于收入分配领域，也并不表示确切的 20% 和 80%，在分析中我们用它来形容各种不均衡的关系。如一个人工作成果的 80% 来自他 20% 的工作时间，或是一个企业 80% 的利润来自它 20% 的项目。

帕累托的思想是复杂的。他不仅是经济学家，同时也是社会学家。他的研究跨越了众多领域。哈耶克曾这样评价他："人们不能把帕累托归入哪一流派。他不奉承任何'主义'。没有任何信仰或政党能宣称他是属于它的，虽然在他所统驭的广大的知识领域里，许多的信仰和政党可以窃取一些段落据为己有。"[①] 同时我们也要看到，帕累托对经济学的影响无疑是重大的。他将数学工具引入到瓦尔拉的一般均衡理论之中，推动了洛桑学派的发展。此外，在福利经济学方面，帕累托帮助后来的经济学家理解经济效率的条件，明确福利的意义。一方面他否定了边际学派的基数效用论，提出序数效用论，并改进了埃奇沃思的无差异曲线；另一方面他在瓦尔拉一般均衡理论的基础上，提出了帕累托最优的概念，为新福利经济学的产生奠定了基础。但是，我们也要认识到帕累托提出的最优概念不是完美的，不能够肆意将之应用于公共政策领域。

第二节 阿瑟·赛西尔·庇古

一、个性古怪的学者

阿瑟·赛西尔·庇古（Arthur Cecil Pigou，1877—1959）是马歇尔的得意门生和忠实追随者。他于 1877 年出生在英国怀特岛的赖德。庇古出身名门，父亲是一名英国军官，母亲来自爱尔兰政府官员的家庭。1895 年，庇古进入英国鼎鼎有名的哈罗公学学习。1897 年，由于获得了剑桥皇家学院的奖学金，庇古遂到剑桥求学。一开始庇古在剑桥学习历史学，后来受到马歇尔和亨利·西奇威克（Henry Sidgwick）的影响而转向经济学。庇古在经济学上很有天赋。1908 年，年仅 31 岁的庇古就接替了马歇尔的教职，成为剑桥最年轻的经济学教授。这在当时的教育体系下是非常了不起的。他在这个职位上工作了 35 年，继承马歇尔的学说，并推动了福利经济学这一新兴研究领域的发展。1912 年，庇古出版了《财富与福利》一书；1920 年，经过重要修改，庇古将之扩展为《福利经济学》。庇古继承了马歇尔对贫困

[①] 熊彼特. 从马克思到凯恩斯十大经济学家 [M]. 宁嘉风，译. 北京：商务印书馆，1965：113-114.

问题的关注，并把改善穷人生活、提升社会福利作为经济学研究的宗旨。

庇古是一个古怪的人。在第一次世界大战期间，他拒绝服兵役，不愿意直接参与军事活动。令人吃惊的是，在暑假，他却选择作为一名救护车司机在前线附近工作。关于他古怪的性格，还有很多奇闻轶事。比如他对他的学生说，"学习经济学的主要目的是为了看穿政治家虚伪的经济争论"，以及他对异性出奇地腼腆，并终身保持单身。庇古是这样写作的：他坐在一个房间里，然后通过一扇半开的门对着另一个房间的女秘书口述书稿，最后女秘书通过校园邮寄服务将书稿交给庇古。庇古的古怪还体现在他的政治立场上。他虽然身处英国剑桥，但却是一个忠实的社会主义支持者，传言他在1925年曾经为苏维埃政府工作，并在英国建立了秘密的情报网络。不管庇古有着怎样古怪的性情和奇怪的传言，他都的确是一个不折不扣的好老师。曾任英国财政大臣的休·道尔顿回忆，庇古上课不需要讲义，他在课堂中做着有感染力的表述，精准地阐释思想和定义，偶尔还会以玩笑的方式描述命题。

二、外部性理论

庇古对福利经济学最主要的贡献就是重视外部性理论，实质就是增加了对私人成本与社会成本、私人收益与社会收益背离的关注。私人边际成本是指生产额外一单位商品，生产者自身承担的成本；社会边际成本是指生产额外一单位商品，社会所承担的成本。需要指出的是，社会不仅包括产品的生产者，还包括经济中方方面面的主体，因此，社会成本是包含私人成本的。举例来说，一头牛在草原上放养，它可能不仅吃了其主人所拥有的草坪，还吃了邻居家的草坪。其中，私人成本就是牛主人家减少的草，社会成本是这部分加上邻居家减少的草。同样，私人边际收益是指生产额外一单位商品，生产者得到的收益；而社会边际收益是指生产额外一单位产品，社会得到的收益。比如一个人在院子里养了一池花，花盛开给他带来了愉悦，这是他的收益。经过他院子的路人也看到了他养的花，闻到了芬芳的花香，同样得到了愉悦。社会的收益就是所有人（包括花主人）得到的愉悦。

对私人成本与社会成本、私人收益与社会收益进行区分是有必要的，因为它们的差异在某些情况下是无法通过技术手段弥补的。庇古在《福利经济学》中描述道：

"在这里，问题的实质是，一个人A在向另一个人B提供某种有偿服务时，会附带地也向其他人（并非同类服务的生产者）提供服务或给其他人造成损害，但却无法从受益方取得报酬，也无法对受害方给予补偿。如果我们学究气十足地固守第1篇第3章给国民所得下的定义，那就有必要进一步区分各种产业，在一些产业中，未补偿的利益或损害可以很方便地与货币衡量尺度发生关系，在另一些产业中则不是这样。"⊖

最终，庇古通过对私人成本与社会成本、私人收益与社会收益差异的论述，提出了国家干预经济的理由，认为国家应当通过税收或补贴的方式来消除这种差异。

"显而易见，我们到目前为止所讨论的私人和社会净产品之间的那种背离，不能像租赁法引起的背离那样，通过修改签约双方之间的契约关系来缓和，因为这种背离产生于向签约者以外的人提供的服务或给他们造成的损害。然而，如果国家愿意，它可以通过'特别鼓励'或'特别限制'某一领域的投资，来消除该领域内的这种背离。这种鼓励或限制可以采取的最明显形式，当然是给予奖励金或征税。很容易举出一般的实例，来说明这种积极的或消极

⊖ AC庇古.福利经济学（上卷）[M].朱泱，张胜纪，吴良健，译.北京：商务印书馆，2006：196.

的干预政策。"⊖

庇古的外部性理论分析得出了一个重要的结论：并不是所有的竞争性市场都会产生社会福利最大化的产出水平，从而说明了完全竞争市场所得出的帕累托最优并不一定是社会福利最大的，同时也给政府干预经济提供了理论支持。

三、价格歧视

价格歧视实质上是一种价格差异，它指垄断厂商根据消费者需求的不同，对同一种商品标定不同的价格。庇古在《福利经济学》的歧视性垄断这一章中讨论了产生价格歧视的原因，并将价格歧视具体地分为三类：

"做了这样的假设，就可以区分出垄断者能够行使的三种不同程度的歧视权力。第一种程度的歧视权力是，对全部不同的单位商品索要不同的价格，使每一单位的价格等于该单位的需求价格，不给买主留任何消费者剩余。第二种程度的歧视权力是，垄断者能够制定 n 种不同的价格，使需求价格高于 x 的所有单位商品按 x 价格出售，使需求价格低于 x 和高于 y 的所有单位商品按 y 价格出售，如此等等，依此类推。第三种程度的歧视权力是，垄断者能够把其客户分为 n 个不同的组，能将它们彼此用某种好记的符号分开，并能对每组的成员索要不同的垄断价格。应该指出，这种程度的歧视权力，从根本上说是不同于前两种的，它在一个市场上可拒绝满足需求价格超过在另一市场上能满足的需求。"⊜

庇古所提出的第一种价格歧视实际上就是完全价格歧视，每一单位的商品都有不同的价格，厂商拿走了所有的消费者剩余，这是一种极端的情况。第二种价格歧视是厂商了解消费者的需求曲线，针对不同的需求量提供不同的价格，获取部分的消费者剩余。第三种价格歧视是厂商根据消费者的身份规定不同的价格，比如旅游景点对本地居民和外地居民区别定价，铁路公司对成人和学生区别定价。

四、庇古效应

庇古效应，或者称为实际余额效应，是庇古在阐述失业理论时提出来的观点。在庇古看来，市场面对失业时具有重新实现均衡的能力。具体而言，失业发生时，虽然人们的货币工资下降了，但是失业导致的经济低迷也使社会的价格水平下降。因此，当价格水平下降时，人们所拥有财富的实际价值上升。随着财富实际余额的增加，人们就会增加消费，最终导致总需求增加，重新吸纳失业人口达到充分就业。

1963 年，凯恩斯在《通论》中对庇古于 1933 年出版的《失业理论》做出了严格的批判。凯恩斯指出货币工资下降，人们对产品和服务的需求也随之下降，而这才是决定就业水平的实际因素。庇古随后也对凯恩斯的著作做出了激烈的反击。这场争论反映了庇古与凯恩斯在就业和宏观经济均衡分析上的巨大分歧。最后，1950 年，庇古在"凯恩斯理论的回顾"中声称他改变了对凯恩斯理论的判断，并建议在传统的新古典框架中重新吸收这一理论。

总的来说，庇古的福利经济学是以马歇尔的思想作为源泉的，他继承了马歇尔局部均衡和基数效用论的"旧福利"传统，进一步使用了消费者剩余这一工具，分析了私人收益与社

⊖ AC庇古. 福利经济学（上卷）[M]. 朱泱，张胜纪，吴良健，译. 北京：商务印书馆，2006：206.
⊜ AC庇古. 福利经济学（上卷）[M]. 朱泱，张胜纪，吴良健，译. 北京：商务印书馆，2006：293-294.

会收益之间的差异。此外，庇古对福利经济学也做出了巨大创新，他分析了外部性理论，为国家干预经济提供了理论基础。与此同时，令人印象尤为深刻的是庇古对社会福利的重视。他在《福利经济学》第一章第一节结束时说道："卡莱尔曾经说过，好奇是哲学的起点。不是好奇，而是对陋巷的厌恶以及对衰弱生命哀怨的社会热情，才是经济学的起点！"[①]因此，庇古又被众多经济学家称作"福利经济学之父"。

庇古的福利经济学沿袭了马歇尔的传统，以基数效用论为基础。这就要假设个人效用是可以比较的，效用是可度量和可叠加的。在现实生活中，基数效用论的假设是很难站得住脚的，因而，建立在此基础上的福利经济学也如空中楼阁，其基础是脆弱的。

20世纪30年代，莱昂内尔·罗宾斯就对此基础进行了抨击，指出建立在个体效用比较基础上的福利经济学不是科学。对庇古福利经济学改革的号角就此吹响。以罗宾斯为代表的经济学家认为，福利经济学应当建立在序数效用论的基础上，以帕累托最优条件作为衡量福利最大化的标准，研究经济效率问题，而非收入分配问题。于是，建立在序数效用论和帕累托最优标准基础上的福利经济学就被称为"新福利经济学"，而建立在基础效用论的基础上，研究收入分配的福利经济学则被称为"旧福利经济学"。这段时期，希克斯、兰格、勒纳也研究了帕累托最优状态实现时的条件，也就是完全竞争的产品市场和完全竞争的要素市场，弘扬了完全竞争的精神。

但事实上，正如上文介绍的，帕累托最优标准也存在着脆弱性。1939年，卡尔多提出了"补偿原则"，对传统帕累托最优标准进行了完善。之后，柏格森提出了社会福利函数的研究框架，规范了福利经济学研究。1951年，阿罗在其博士论文"社会选择与个人价值"中提出了著名的"阿罗不可能定理"。同期，阿罗还和德布鲁一起提出了"阿罗－德布鲁定理"，将福利经济学研究方法和一般性竞争均衡理论推向一个顶峰。20世纪六七十年代，布坎南和阿马蒂亚·森再接再厉，对原有福利经济学进行了批判和进一步发展。

福利经济学就这样，在一代又一代福利经济学家手中薪火相传，经历了变革和批判，从萌芽不断发展壮大。

问题讨论

1. 当某种商品处于负外部性时，会有什么样的后果，该如何调整？
2. 请论述帕累托最优标准的不足。
3. 查找资料，介绍阿罗不可能定理。
4. 简述福利经济学的发展历史，你认为福利经济学的未来发展将走向何方？

本章推荐

[1] 电影《剑桥风云》，反映20世纪30年代，剑桥学子成为苏联的克格勃间谍的故事。
[2] 黄有光.福利经济学[M].周建明，译.北京：中国友谊出版公司，1991.
[3] AC庇古.福利经济学（上卷）[M].朱泱，张胜纪，吴良健，译.北京：商务印书馆，2006.
[4] 阿马蒂亚·森.以自由看待发展[M].任赜，于真，译.北京：中国人民大学出版社，2002.
[5] BBC纪录片：《英国史》，第13～15集。

---

① AC庇古.福利经济学（上卷）[M].朱泱，张胜纪，吴良健，译.北京：商务印书馆，2006：8-9.

参考文献

[1] 黄有光.福利经济学[M].周建明,译.北京:中国友谊出版公司,1991.
[2] 熊彼特.从马克思到凯恩斯十大经济学家[M].宁嘉风,译.北京:商务印书馆,1965.
[3] 晏智杰.边际革命和新古典经济学[M].北京:北京大学出版社,2004.
[4] 斯坦利 L 布鲁,兰迪 R 格兰特.经济思想史(原书第7版)[M].邱晓燕,译.北京:北京大学出版社,2010.
[5] AC 庇古.福利经济学(上卷)[M].朱泱,张胜纪,吴良健,译.北京:商务印书馆,2006.
[6] 威廉·布雷特,罗杰 L 兰塞姆.经济学家的学术思想(原书第3版)[M].孙琳,等译.北京:中国人民大学出版社,2004.
[7] 史蒂文·普雷斯曼.思想者的足迹:五十位重要的西方经济学家[M].陈海燕,等译.南京:江苏人民出版社,2001.
[8] 瓦吉,格伦尼维根.简明经济思想史:从重商主义到货币主义[M].宋春燕,马春文,译.长春:长春出版社,2009.
[9] 卫志民.经济学史话[M].北京:商务印书馆,2012.
[10] 阿列桑德洛·荣卡格利亚.西方经济思想史[M].罗汉,耿筱兰,郑梨莎,译.上海:上海社会科学院出版社,2009.

第十六章 新古典学派：货币经济学

> 它阳光，成就了一切的一切，让自由成为自由，让财富成为财富。
> 它冰冷，定义了今天的格局，让欲望成为欲望，让战争成为战争。
> 人们知道它从哪里来，但不知道它要到哪里去。
> 它就是我们熟悉而又陌生的货币。
>
> ——纪录片《货币》

本章大纲

第一节　约翰·古斯塔夫·克努特·维克塞尔
一、特立独行的勇士
二、利率与累积理论
第二节　欧文·费雪
一、传奇人生
二、利息理论
三、货币数量论

主要著作列表

姓名	著作	成书时间
约翰·古斯塔夫·克努特·维克塞尔	《价格、资本与地租》(Value, Capital and Rent)	1893年
	《利息与价格》(Interest and Prices)	1898年
	《国民经济学讲义》(Lectures on Political Economy)	1901～1906年
欧文·费雪	《升值和利息》(Appreciation and Interest)	1896年
	《资本和收入的性质》(The Nature of Capital and Income)	1906年

(续)

姓名	著作	成书时间
欧文·费雪	《利率》(The Rate of Interest)	1907 年
	《货币购买力》(The Purchasing Power of Money)	1911 年
	《稳定的货币》(Stabilizing the Dollar)	1920 年
	《指数的编制》(The Making of Index Numbers)	1922 年
	《货币错觉》(The Money Illusion)	1928 年
	《利息理论》(The Theory of Interest)	1930 年
	《百分之百的货币》(100% Money)	1935 年
	《建设性的所得税》(Constructive Income Taxation)	1942 年

思维导图

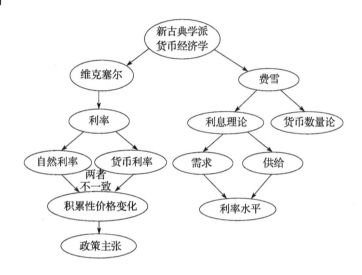

马歇尔在剑桥竖起新古典学派的大旗后,众多经济学家不断地完善和延伸新古典学说。但是,有一群经济学家与其他新古典主义者明显不同,他们就是以维克塞尔和费雪为代表的货币学派。早期的经济学家将货币视为一层蒙在经济上的面纱,或者形象地比喻为蒙在姑娘头上的盖头。他们认为若想认识经济规律就需要将这层面纱揭去,好比新疆民歌中唱到的"掀起你的盖头来,让我看看你的脸"。在早期经济学家眼中,货币是中性的,并不影响经济体系的运行,因此可以在分析中将其掀起。但是随着经济的发展,支票等信用货币发挥了越来越重要的效能,各国的中央银行纷纷成立,货币政策开始广泛使用,经济学家越来越不能将货币简单地视为一个"面纱"或"盖头",而不得不重新打量货币在经济体系中的作用。

马歇尔在新古典经济学中尝试对价格与货币数量的变动进行说明。他从现金余额的角度提出了著名的剑桥方程式:$M = k \cdot PT$,其中,M 是货币存量,k 是以现金余额形式持有的部分,P 是总价格水平,T 是商品交易量。之后,费雪提出了更成熟的方程式,他从交易流通速度的角度提出了费雪方程:$MV = PT$,V 是商品的流通速度。维克塞尔在马歇尔和费雪观念的基础上更进一步,指出虽然这两个方程式说明了货币与总价格水平的关系,但是它们忽略了货币或利率对现实生产、人民就业的影响。维克塞尔进一步强调利率变化对现实经济的影响,这也给凯恩斯的宏观经济学提供了基础。

总的来说，以维克塞尔和费雪为代表的新古典货币主义者，一方面认同马歇尔的均衡价格理论，另一方面更注重经济增长与运行中的货币问题，强调总量和宏观方向的分析，弥补了传统新古典学派个体分析和微观研究的不足。他们是新古典学派的改良者，也是凯恩斯主义和现代货币经济学的先驱。

第一节 约翰·古斯塔夫·克努特·维克塞尔

一、特立独行的勇士

1851年，约翰·古斯塔夫·克努特·维克塞尔（John Gustav Knut Wicksell，1851—1926）出生于瑞典首都斯德哥尔摩。他早年丧母，由伯父伯母抚养成人，并在17岁的时候进入了乌普萨拉大学。维克塞尔博学多才，他先后学习数学、哲学、语言学和文学，1875年获得攻读数学博士的资格。他对各种社会问题十分关心，大到累进所得税的必要性和人口问题，小到生活酗酒问题及其原因。维克塞尔对社会问题的关注和改革的热情使他将目光逐渐投向经济学。有一则小故事曾作为维克塞尔改学经济学的原因。1880年，维克塞尔在做有关饮酒原因分析的演讲时，被人指出不懂经济学，这令他备受打击，自此之后他便开始了经济学研究。1885～1890年，维克塞尔曾在英国、法国、奥地利和德国学习经济学。求学过程中，他最难忘的经历就是在柏林的一家书店中发现了冯·庞巴维克新出版的《资本与利息》一书，他的利率与积累理论深受其影响。在1900年，维克塞尔成为德隆大学的副教授，并在1904年升为教授，于1916年退休，1926年逝世。

维克塞尔是一个特立独行的勇士，这里的特立独行主要是指他的思想主张。维克塞尔激烈地反对当时流行的道德信仰，他曾多次挑战传统的家庭、宗教、祖国和国家权威等传统观念。在经济和社会方面，他极力主张改革，实行均等化的财政政策、币值稳定的银行政策和消除工业化不良后果的社会政策。在人口问题上，他坚决支持新马尔萨斯的人口论⊖。在政治方面，他积极支持扩大选举权、争取妇女的权利、反对君主制、宣传无神论和裁减军备。他这种激烈的主张使他难以开始学术生涯，并在政治上遭受众多敌意，他甚至在58岁时一度因诋毁国教而短暂入狱。虽然面临如此严峻的困局，但是维克塞尔从未改变自己的立场，终生如一。

背景链接 16-1 瑞典学派

维克塞尔的经济思想深刻地影响了瑞典的经济学发展，促进了瑞典学派（The Swedish School）的产生。瑞典学派又称为北欧学派，主要形成于1920～1930年之间。瑞典学派主要有三代代表人物，第一代有维克塞尔、古斯塔夫·卡塞尔、大卫·达维逊等；第二代有卡尔·冈纳·缪尔达尔、埃里克·罗伯特·林达尔、埃里克·菲利普·伦德伯克及伯尔蒂尔·俄林；第三代代表人物是阿萨尔·林德伯克。这些代表人物中很多都在瑞典政府任职，直接参与经济政策的制定，因此瑞典学派的思想对瑞典的经济有着巨大的影响。

⊖ 新马尔萨斯主义者提倡通过节育手段限制人口增长，他们赞同马尔萨斯的人口增长远大于生产资料增长的观点，但不赞同马尔萨斯的道德节育，他们支持通过避孕措施的节育手段。

瑞典学派与新古典学派相比有如下的特点：①首创了"一分法"这一经济分析方法。新古典学派信奉萨伊定律和旧货币数量论，把货币的变动与经济的变动视为互不相干的两件事，而瑞典学派最先将这二者结合起来分析，创立了货币经济论。②倡导动态经济学，用以补充静态经济学的缺陷。他们所倡导的动态经济学是与他们的货币理论密切联系的，又叫作货币均衡理论。③为了完善动态经济分析，在经济分析方法和工具方面，编造了新的经济术语和经济范畴。他们主张使用过程分析或序列分析来阐释经济运动的过程。④把预期纳入经济分析中，强调预期在经济运行中的"决定性"作用。⑤着重纯理论的研究，并从经济理论引申出政策建议，主张国家干预经济。⑥注重国际经济理论和经济制度的研究。⊖

二、利率与累积理论

货币长时间被视为蒙在经济分析上的面纱，与真正的经济运行关系不大，这与经济学家们对商品货币价格变动的看法有关。在维克塞尔以前，关于货币价格变动的原因有两种理论，一种是货币生产费用论，另一种是货币数量论。货币生产费用论认为，商品货币价格变动的原因是成本的相对变动，价格变动具体取决于商品生产成本和作为货币的黄金的生产成本的相对变动。维克塞尔坚决反对这个观点。作为新古典学派的货币经济学家，首先，他不认同商品的价格仅取决于单纯的商品生产成本；其次，他认为黄金的生产费用的变动是缓慢的，而现实中货币价格的变动却是迅速的。

货币数量论认为，货币数量的多少决定商品的货币价格。维克塞尔在一定程度上认同货币数量论，但认为它存在两方面的缺陷：一方面，货币数量论认为货币的流通速度是不变的；另一方面，货币数量论过于关注硬币和纸币在交换中的作用，而低估了信用票据的巨大效能。

既否定了货币生产费用论、又不完全赞同货币数量论，那么货币价格水平的变化，也就是市场价格水平的变化是由什么因素导致的呢？维克塞尔给出了自己的解释，他认为是利率决定了价格水平的变化，具体而言，价格水平的变化是由自然利率和货币利率不一致导致的。

(一) 自然利率与货币利率

维克塞尔将利率分为自然利率与货币利率。自然利率取决于尚未投资的实际资本的供给和需求，某种意义上可以视为资本的回报率。

"贷款中有某种利率，它对商品价格的影响是中立的，既不会使之上涨，也不会使之下跌。这与不使用货币、一切借贷以实物资本形态进行的情况下的供求关系所决定的利率，必然相同。我们称之为资本自然利率（natural rate of interest on capital）的现实价值，其含义也是一样的。"⊜

货币利率也就是现实中从银行获得资金的利率。这个利率和自然利率并不总是相同，因为银行有一个独特之处就是创造信用。银行借出的贷款并不受存款的限制，所以，货币利率可以低于或高于自然利率。而当这两种情况发生时，累积性的价格变化就发生了。

⊖ 丁冰.瑞典学派[M].武汉：武汉出版社，1996：5-9.
⊜ 维克塞尔.利息与价格[M].蔡受百，等译.北京：商务印书馆，1982：83.

(二) 累积过程理论

累积过程主要是由货币利率与自然利率的不一致导致的。当货币利率低于自然利率，也就是银行贷款利率低于资本的回报率时，人们会更多地选择投资，企业家也乐意从银行借款，于是储蓄降低。随着投资的增加，生产规模扩大，国民收入就会增加，从而对消费品和服务的需求上升。此时，商品的价格就会上升。但是，如果我们假设开始时就处于充分就业的情况下，就意味找不到更多的劳动者来满足扩大生产的意愿，则生产在短期内是很难增加的。于是没有更多的供给来满足人们增加的需求。需求过剩，供给不足，通货膨胀就开始了，人们对价格上升的预期将会引起价格更大程度的上升。均衡被打破，一个累积向上的价格运动就开始了。于是，只要货币利率低于自然利率，价格就会无限度地上升。

当货币利率高于自然利率时，价格就会下降。由于银行贷款利率高于资本的回报率，企业家就不会去银行获得贷款，因为投资给他们带来的回报不足以弥补贷款的成本，于是，储蓄增加，投资支出减少。投资减少会降低国民收入，国民收入的下跌又会引起需求降低，进而是商品价格的下跌。随着商品价格的下降，总体价格水平会明显降低，于是通货紧缩旋即而至。人们的预期价格会进一步下跌，消费者会进一步减少他们的当期开支，从而加剧了通货紧缩。

维克塞尔在《利息与价格》的第八章中是这样总结累积过程的：

"在任何时候，在每种经济情况下，总有着一定的平均利率水平，一般价格水平变动时，其趋向是既不会高于，也不会低于这个水平的。我们称之为正常利率。它的量决定于资本自然率的现时水平，跟着它上升或下降。

如果为了任何原因，将平均利率规定并保持在这个正常水平以下时，其间的差距不论怎样微小，价格将上涨，而且将不断地上涨；否则如果价格原来是在下降过程中，就将降落得迟缓一些，终将开始上涨。

另一方面，如果将利率保持在自然利率现时水平以上，其差距不论怎样微小，价格将不断下跌，而且并无限制。"⊖

(三) 政策主张

维克塞尔在分析了上述累积过程后，给出了自己关于稳定价格的主张。那就是，银行根据价格调整自己的利率水平，从而稳定物价，实际上也就是倡导中央银行通过利率调整价格水平。

"这并不是说要银行在实际上确定了自然率，然后规定它们自己的利率。这当然是事实上办不到的，也是完全不必要的。因为两个利率究竟是相一致还是相背离，当前的商品价格水平就提供了可靠的测验标准。处置的程序简单地说应该是这样：只要价格没有变动，银行的利率也不变动。如果价格上涨，利率即应提高；如果价格下跌，利率即应降低；以后利率即保持在新的水平上，除非价格发生了进一步变动，要求利率向这一方或那一方做进一步的变动。

利率这样的变动开始得越快，一般价格水平做巨大波动的可能性就越小；必要的利率变动，其幅度越小，次数也越少。如果价格保持得相当稳定，则利率只需同自然率所不可避免

⊖ 维克塞尔. 利息与价格 [M]. 蔡受百, 等译. 北京: 商务印书馆, 1982: 97-98.

的涨落取得同一步调。

　　我认为价格之所以不能安定，其主要的原因就是在于银行未能遵守这一规律。"㊀

　　维克塞尔对经济学的贡献主要体现在以上介绍的货币思想中。他的货币思想不仅将货币从真正意义上纳入经济分析当中，还深刻地影响了其他经济学家的经济理念，其中就有大名鼎鼎的凯恩斯。熊彼特甚至在《经济分析史》中，将维克塞尔与瓦尔拉斯、马歇尔并列为1870～1914年间最伟大的三位经济学家。此外，我们也不能忽视他对价值理论的贡献，在《国民经济学讲义》第一卷中，他对价值理论进行了深入阐述。罗宾逊认为，虽然维克塞尔对西方经济学的价值理论并没有添加什么新的内容，但他却完美地将瓦尔拉和奥地利学派的主要思想融合起来，并对门格尔及其追随者的见解做了精确的数学表达。

第二节　欧文·费雪

一、传奇人生

　　1867年，欧文·费雪（Irving Fisher，1867—1947）出生于美国纽约州的少格拉斯。父亲是一名公理会的牧师，受到父亲的影响，费雪一生都有着清教主义和福音主义精神。费雪在公立学校接受了良好的教育，并对数学有着极大的兴趣。后来他前往耶鲁大学求学，1889年以全班第一的成绩毕业。本科毕业后，他留校继续攻读数学与经济学。良好的数学基础使他成为数理经济学方面的先锋。费雪的博士论文"价值与价格理论的数理研究"创建了新古典的边际和效用函数。保罗·萨缪尔森曾称之为"经济学界前所未有的最伟大博士论文"。1892年，费雪从耶鲁毕业，并在耶鲁从事数学教学。

　　1898年对费雪来说是跌宕起伏的一年。31岁的费雪成为耶鲁政治系的正式教授。这在他生活的年代是一个了不起的成就。此时，三十而立的他意气风发，爱情美满，事业小成。但是，命运却和费雪开了个玩笑，他被诊断出肺结核。这在当时是绝症，医学界对此无能为力。然而，费雪没有选择向命运低头，他决心战胜病魔。于是，费雪每天早起运动，呼吸新鲜空气，戒烟戒酒，养成健康的生活方式。最终，意志坚强的费雪神奇地康复了。

　　除了战胜病魔的经历，费雪的财富故事也富有传奇色彩。1910年，费雪发明了一种索引卡片系统，并于1912年获得了该系统的专利。1913年，他成立了自己的公司。1925年，费雪的公司被其他公司收购，他一举成为百万富翁。此时，他开始投资股票市场，购买了大量小盘的成长性股票。在市值最好时，他的资产超过了1 000万美元。然而好景不长，1929年股票市场开始下跌，费雪的资产缩水了一半。但是，费雪对股市有着乐观的预期，并相信价格将在未来上涨，于是他又大量购进股票。最终，随着股价的进一步下跌，费雪一夜之间从千万富翁变成了穷光蛋。

二、利息理论

　　在费雪看来，利息是一种收入流量，它是由于在生产过程中投入要素而产生的。现实中，人们不将自己的财富储备用于消费，而将其借给其他人用于生产，从而放贷者所得的收

㊀　维克塞尔．利息与价格［M］．蔡受百，等译．北京：商务印书馆，1982：152.

入流量就是利息。因而，利息是对当前不消费的一种回报，费雪的利息理论是通常所说的利息时间偏好理论。利息的高低与人们对当前消费偏好的强度有关，人们一般都偏好当前消费，若要使人们延后自己的消费，就要为此支付补偿。

费雪认为利率是由供给和需求两方面共同决定的。从资金的供给方分析，个人对当前和未来收益的偏好程度起主要作用。如果一个人很大程度上偏好当前的收益，要让他放弃当前的收益，转而把资金贷给别人，那么就需要给他提供较高的利率。如果一个人更偏好未来的收益，那么让他放弃当前的收益，就不用提供很高的利率。

从资金的需求方来说，利率依赖于社会中的投资机会与资本的回报率。更多的投资机会刺激人们对贷款的需求，因而具有更高的支付利息的能力。而面对高资本利润回报率，厂商会希望得到更多的资金来扩大生产，对利息的支付意愿也就较高。

当消费者放弃当前消费的利率和生产者愿意提供的利率相等时，均衡利率就产生了。消费者放弃了当前的消费，把资金提供给生产者，生产者用资金来投资或者扩大生产，赚取利润后，将利息作为一种补偿返还给消费者。

除此以外，费雪也注意到了实际利率与名义利率的区别。他创造了"货币幻觉"这个概念来形容这种不同。"货币幻觉"指人们无法区分货币与它所代表的实际购买力。实质上，也意味着人们日常生活中过于关注名义上的利率，而忽略了当时的通货膨胀率。比如，当银行提供较高的存款利率时，人们会对此表示满意，认为自己的资金放在银行中是很赚钱的，它是升值的。但是，人们往往忽略当时的通货膨胀率，若通货膨胀率高于存款利率，将钱存入银行事实上是贬值的，虽然银行的存款利率看起来很高。

三、货币数量论

费雪用具体的方程式表达了货币数量论的思想，这就是著名的交易方程式。与剑桥方程式不同，费雪方程式是从交易的角度来说明价格与货币之间的具体关系的。方程式可以简单表示为：

$$MV = PT$$

其中，M 是货币的数量，V 是货币的周转率（购买商品和服务的单位货币在一年中的使用次数），P 是商品和服务的平均价格水平，T 是交易中已经卖出的商品和服务的数量，每单位商品首次卖出或再卖出都会被计算在内。费雪的交易方程式不同于剑桥的方程式，它更强调货币存量的周转速度。在给定其他条件后，这个等式是明显成立的。比如，经济系统中存在 1 万亿人民币，在一年的时间里周转了 10 次，那么每年能购买 10 万亿的产品和服务。

借助这个方程式，费雪可以解释导致通货膨胀的三个潜在原因。第一，若 V 与 T 保持不变，价格水平与货币供给同步变化。也就是说，如果经济体系中发行过多的货币，通货膨胀就会发生。第二，若 M 与 T 保持不变，价格与货币周转率同步变化。当人们过快地消费，或是当人们对消费品的购买需求超过了社会的生产能力，通货膨胀就会发生。第三，若 M 与 V 保持不变，价格与商品数量反向变化，即商品的短缺将引起通货膨胀。在这里，费雪更倾向于第一种情况，即价格水平随着货币供应量的变化而变化。

费雪对美国的经济学发展产生了重大的影响，1918 年费雪当选为美国经济学会的主席。费雪的利息和货币理论影响了后来美国的货币学派，同时他良好的数学教育背景也推动了数量经济学的产生，1930 年他还参与创建了经济计量学会，并当选为第一届主席。詹姆士·托宾称他为"美国有史以来最伟大的经济学家"。马克·布劳格也认为他是"美国有史以来最伟大的并且毫无疑问是最具有传奇色彩的经济学家之一"。

本章我们介绍了新古典经济学派中的货币主义者维克塞尔和费雪的思想。维克塞尔和费雪都受到边际学派和马歇尔的影响，维克塞尔认同边际效用理论，反对货币生产成本论。费雪利用供给均衡分析，得出自己的利率理论。但是，相比其他新古典经济学家，他们又强调了货币在经济体系中的作用，使用总量和宏观分析。维克塞尔崇尚利率影响着现实生活这一观点，这为凯恩斯主义的产生奠定了基础。费雪提出的交易方程式，则为弗里德曼的现代货币学派铺平了道路。

问题讨论

1. 解释实际利率与名义利率，举几个生活中关于"货币幻觉"的例子。
2. 试比较维克塞尔与费雪的货币理论。
3. 用维克塞尔和费雪的理论解释通货膨胀的成因。
4. 凯恩斯曾承认参考了维克塞尔的思想，建立了自己的宏观体系。那么维克塞尔的思想具体是怎样影响凯恩斯思想的？

本章推荐

［1］熊彼特.从马克思到凯恩斯十大经济学家［M］.宁嘉风，译.北京：商务印书馆，1965.
［2］维克塞尔.利息与价格［M］.蔡受百，译.北京：商务印书馆，1982.
［3］CCTV纪录片《货币》。

参考文献

［1］何正斌.经济学三百年［M］.长沙：湖南科学技术出版社，2009.
［2］丁冰.瑞典学派［M］.武汉：武汉出版社，1996.
［3］维克塞尔.利息与价格［M］.蔡受百，译.北京：商务印书馆，1982.
［4］阿列桑德洛·荣卡格利亚.西方经济思想史［M］.罗汉，耿筱兰，郑梨莎，译.上海：上海社会科学院出版社，2009.
［5］斯坦利L布鲁，兰迪R格兰特.经济思想史（原书第7版）［M］.邱晓燕，等译.北京：北京大学出版社，2010.
［6］马克·斯考森.现代经济学的历程［M］.马春文，译.长春：长春出版社，2006.
［7］史蒂文·普雷斯曼.思想者的足迹：五十位重要的西方经济学家［M］.陈海燕，等译.南京：江苏人民出版社，2001.
［8］瓦吉，格伦尼维根.简明经济思想史：从重商主义到货币主义［M］.宋春燕，马春文，译.长春：长春出版社，2009.

第十七章

制度学派

> 这是一个最好的时代,也是一个最坏的时代。
>
> ——查尔斯·狄更斯《双城记》

本章大纲

第一节 制度学派概览
一、产生背景
二、制度学派对新古典经济学的批判
三、新旧制度主义的对比
第二节 托斯丹·邦德·凡勃伦
一、愤世嫉俗的批评家
二、制度演进理论
三、炫耀性消费
四、"机器利用"和"企业经营"的矛盾
第三节 韦斯利·克莱尔·米切尔
一、凡勃伦的得意门生
二、经济周期理论
第四节 约翰·罗杰斯·康芒斯
一、劳动经济学领域的泰斗
二、交易关系的结合——制度
三、法律先于制度的理论
第五节 约翰·肯尼斯·加尔布雷斯
一、大块头有大智慧
二、"二元体系"理论
三、依赖效应

主要著作列表

姓名	著作	成书时间
凡勃伦	《有闲阶级论：关于制度的经济研究》(Theory of the Leisure Class: An Economic Study of Institutions)	1899 年
	《德意志帝国和工业革命》(Imperial Germany and the Industrial Revolution)	1915 年
	《工程师和价格体系》(The Engineers and the Price System)	1921 年
	《不在所有权和近代企业》(Absentee Ownership and Business Enterprise in Recent Times: the case of America)	1923 年
康芒斯	《财富的分配》(The Distribution of Wealth)	1983 年
	《美国工业社会的文献史》（共十卷）(A Documentary History of American Industrial Society)	1910 年
	《美国劳工史》(History of Labor in the United States)	1918～1935 年
	《资本主义的法律基础》(Legal Foundations of Capitalism)	1924 年
	《制度经济学》(Institutional Economics)	1934 年
米切尔	《美国货币史》(A History of the Greenbacks)	1903 年
	《经济周期》(Business Cycles)	1913 年
	《经济周期问题及其背景》(Business Cycles: The Problem and its Setting)	1927 年
加尔布雷斯	《现代竞争和企业政策》(Modern Competition and Business Policy)	1938 年
	《丰裕社会》(The Affluent Society)	1958 年
	《新工业国》(The New Industrial State)	1967 年
	《经济学与公共目标》(Economics and the Public Purpose)	1973 年
	《美好社会》(The Good Society)	1996 年
海尔布罗纳	《俗世哲学家》(The Worldly Philosophers: The Lives, Times And Ideas Of The Great Economic Thinkers)	1953 年
	《经济社会的起源》(Making of Economic Society)	1963 年
	《资本主义的本质与逻辑》(The Nature and Logic of Capitalism)	1985 年

思维导图

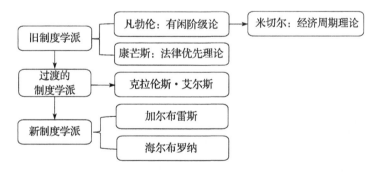

整个 19 世纪后期，美国的经济学基本被新古典经济学派统治，但在 19 世纪末期，最小政府干预产生最大社会福利的学说随着垄断、萧条、贫富差距的加剧越来越受到人们的怀疑，质疑的声音不断涌现，对新古典经济学批判最为严苛和审慎的就是本章所要讨论的制度学派。

制度学派兴起的时代，对于美国来说是最好也是最坏的年代。美国在完成工业化后，经济突飞猛进，在第二次世界大战后更是确立了世界霸主的地位，但是随之而来的大财团垄断财富、贫富差距加剧的现象也令人胆战心惊。新制度学派的代表人物加尔布雷斯在他的著作《丰裕社会》里对美国当时的情况有以下一段描写：

"开着装有桃木内饰，配备空调、动力转向和机动刹车功能的汽车出游的家庭，穿过了一座座坑坑洼洼、垃圾遍地、建筑破败、广告林立和到处立着横七竖八的电线杆的城市，到达了几乎被商业艺术遮蔽不见的乡村……他们从便携式冰箱里取出包装精美的食物，在污浊的河流边野餐。他们在一个停车场过夜，这里危及公共卫生和道德。他们躺在尼龙帐篷下面的气垫床上，被腐败的垃圾散发出的阵阵恶臭包裹着，就在入睡前，或许他们会反思幸福为何如此不均等。难道这就是美国的精英吗？"

的确，制度学派作为新古典经济学的批判者，就是在美国进入"私人的富足和公共的污秽"并行的年代里，作为一个异端经济学流派为资本主义的改良贡献着自己的智慧。

本章主要介绍批判主流经济思想的凡勃伦以及他的学生——在统计学和经济波动方面颇有研究的米切尔，还有注重法律对经济发展作用的康芒斯，最后介绍把制度学派的主题大众化的加尔布雷斯和海尔布罗纳。

第一节 制度学派概览

一、产生背景

19世纪末20世纪初，是美国资本主义飞速发展的年代，是美国从自由竞争向垄断发展的年代，也是工商巨头们恶意竞争、尔虞我诈的年代。这是美国经济发展史上的快速增长时期。美国开始了以电力革命和内燃机革命为标志的科学技术革命，并以当时世界的最高水准完成了近代工业化，赶上了德国和英国成为世界头号工业大国。与此同时，自由资本主义发展为典型的现代化企业组织、托拉斯国家，出现了普尔、托拉斯、控股公司等现代化组织，进入了现代资本主义即垄断资本主义的发展阶段。在这个世纪之交的大转折时代，美国开始了由以自由竞争为主的时期到以垄断为主时期的转变，由近代农业国到现代工业国的转变，由以农村为主的社会到以城市为主的社会的转变，由早期技术革命到近代新技术革命的转变，由自由放任到局部时期和部门的国家干预的转变，以及由大陆扩张到开始海外扩张的转变。

在这一时期，美国形成了洛克菲勒、摩根、花旗、杜邦、波士顿、梅隆、克利夫兰、芝加哥、加利福尼亚、得克萨斯等十大垄断财团。列宁在引用1909年美国的经济资料时指出："美国所有企业的全部产值，差不多有一半掌握在仅占企业总数百分之一的企业手里。"[1]在这样一个年代里，人们迫切需要一种能对当时国家经济社会状况做出诠释的理论，而以克拉克、陶西格等人为代表的美国正统经济学却拙于解释现实生活中的许多阴暗面，于是制度经济学应运而生。

制度经济学的方法论主要源于德国历史学派。他们反对抽象演绎法，强调经济学的任务是研究和考察制度的历史进程，否定古典经济学的"自然秩序"观念，强调"集体行为"的

---

[1] 列宁.列宁选集（第二卷）[M].中共中央马克思恩格斯列宁斯大林著作编译局，译.北京：人民出版社，1975：760.

重要性，否定新古典经济学的均衡论。但与历史学派不同的是，制度学派的观点并不是国家主义的，它的观点更加自由和民主。

制度经济学对现实资本主义持一定的批判态度，并主张改良。制度经济学的三位早期代表凡勃伦、康芒斯和米切尔在研究方向、方法及观点上各有特点，并形成三个流派：凡勃伦代表制度经济学中的社会学派，重视分析社会制度的稳定与演化；康芒斯代表制度经济学中的法律学派，重视法律制度对经济生活的决定作用；米切尔代表经验统计学派，主张通过统计资料来研究经济现象。⊖

二、制度学派对新古典经济学的批判

（一）对"理性人"的批判

制度学派对古典经济学及新古典经济学在论述问题时所做出的"理性人""完全竞争"等假设都是不赞同的。制度学派提出要用"社会文化人"代替"理性人"假说。在制度学派看来，人类不仅遵循着社会风俗、习惯、法律和生活方式等，还受着社会心理和人类本能的支配。为了分析经济现象时简单方便，就将人类抽象为"理性人"，既不合理也没有意义。制度学派还认为，经济活动不只是个人力图使货币收益最大化的欲望所推动的个人活动的总和，而是将经济与政治、社会、法律、习俗、意识形态、传统以及人类信仰交织在一起的集体行动。

（二）对自由主义的批判

新古典经济学认为资本主义制度是无法替代的美好制度，认为政府不应该干预经济而应该交给市场，经济中总是存在一个均衡点，市场总可以使受到干扰的经济恢复均衡状态。但是如前所述，从19世纪末到20世纪初，美国的现实是虽然完成了工业化，但人民之间的贫富差距进一步加大，工人与资本家之间的矛盾日益加深。制度学派认为仅仅凭借市场来解决问题是不可能达到最终目标的，新古典经济学对当时面临的矛盾表现为理论上的无能、实践上的束手无策。制度学派否认市场价格是个人与社会福利的充分指标，以及不加管制的市场能够自动实现资源的有效配置与收入的公平分配。制度主义者谴责新古典主义一直强调的自由，他们确信通过政府进行集体控制，对于不断弥补经济生活中的缺陷与改正经济生活中的不当调节是非常必要的。

（三）对利益和谐的批判

在制度学派诞生的时代，新古典经济学家普遍认同利益和谐，但制度学派却认为各经济主体间存在严重的利益分歧。在制度学派看来，人是合作的、集体性的动物。为了成员的共同自利，他们将自己组织成各种集团，这样共同自利也就成了整个集团的共同利益。但是在各个集团之间存在着利益冲突，比如大企业与小企业之间、消费者与生产者之间、农民与城

⊖ 张旭昆. 西方经济思想史18讲[M]. 上海：上海人民出版社，2007：467.

市居民之间、雇主与工人之间、进口者与国内生产者之间、产品的生产者与贷出者之间的利益冲突。为了缓解这些利益冲突，制度学派认为政府必须对这些经济体之间的利益冲突进行协调与控制。

（四）对享乐主义的批判

新古典经济学认为，人是快乐和痛苦的迅速计算者，人都是享乐主义者，总是做着理性选择，以获得最大程度的享乐。所以新古典主义总是用理性、自利、最大化等行为术语解释一切。但制度学派认为新古典经济学对于有关人类本质的观念是错误的，其关于人类和社会制度的观点是完全非历史和过分简单化的。凡勃伦认为新古典经济学这种试图通过理性、自利、最大化等行为术语解释一切的方法就相当于什么也没解释。[①]制度学派注重寻求一种更好的心理学基础，并结合心理学相关理论的发展做出了相应的努力与尝试。

三、新旧制度主义的对比

新旧制度主义都立足于社会集体，从制度方面或结构方面分析资本主义社会，并提出了一些改良主义实施办法。但由于时代的变更，以及该学派自身的发展，新旧制度主义还是存在一些区别。

（一）两者所处的时代背景不同

旧制度主义时期，尽管由于垄断资本统治逐渐加强，使得资本主义的各种矛盾尖锐起来，但诸如失业、通货膨胀之类的问题还不像 20 世纪 30 年代的危机时期和第二次世界大战以后那样严重。在美国，阶级斗争也不像后来那样具有越来越大的规模。凡勃伦在当时的历史条件下，提出了为资本主义粉饰的理论，这是适应那个时期资产阶级的需要的。然而加尔布雷斯发表其著作《新工业国》（1967 年）和《经济学与公共目标》（1973 年）的时代背景，已大大不同于凡勃伦著书立说的时代了。这时美国陷入失业、通货膨胀、经济停滞、贫富差距扩大和严重能源危机等多种病症发作的状态，第二次世界大战结束以后长达 20 年的"黄金时代"结束了。美国一部分经济学家认为有必要在经济学方面另辟蹊径，即寻找一条非凯恩斯的、非纯粹数量分析的途径研究现代资本主义，加尔布雷斯的新制度主义正适应了这样一种需要。

（二）对现实经济问题的切合度不同

新制度主义理论围绕着现存制度本身的"不完善性"及其造成的后果进行分析。例如，加尔布雷斯的"权力转移论""公司新目标论""生产者主权论"和"二元体系论"都是切合当时经济发展实际的、对资本主义"病情"的"诊断"。加尔布雷斯从不讳言经济理论必须结合资本主义现实来研究。新制度主义这一重要特色在旧制度主义理论中不那么明显。

---

① 斯坦利 L 布鲁，兰迪 R 格兰特. 经济思想史（原书第 7 版）[M]. 邸晓燕，等译. 北京：北京大学出版社，2010：301-302.

(三) 新制度主义经济理论深受凯恩斯主义影响

由于加尔布雷斯的许多理论都赞成凯恩斯的政府干预理论，因此也有人认为加尔布雷斯是凯恩斯主义的继承者。例如，关于市场机制不可能使经济恢复均衡的论证，国家干预经济的必要性以及财政和货币政策的效应分析，工资和物价螺旋式上升的趋势以及实行收入政策的主张，通过人力政策和社会福利措施使资源配置协调和提高经济效益的建议，在国际范围内调整现存金融和贸易制度的设想等，这些既是凯恩斯主义的观点，又是新制度主义的主张。新制度主义的这一特色是产生于凯恩斯主义流行以前的旧制度主义所不具有的。⊖

第二节 托斯丹·邦德·凡勃伦

一、愤世嫉俗的批评家

托斯丹·邦德·凡勃伦（Thorestein Bunde Veblen，1857—1929）出生于美国威斯康星州的一个农场，是挪威移民之子，家中共有12个孩子，凡勃伦排行第六。在凡勃伦8岁时，全家移居到了明尼苏达州。和其他美国移民家庭一样，凡勃伦家境贫苦，这使得许多评论家将凡勃伦爱批评的态度，与他穷困的移民家庭地位联系起来。

凡勃伦是一个性情乖僻、言辞犀利的人。17岁时，凡勃伦进入离家近的卡尔顿高等专科学院学习。但凡勃伦笨拙的社交技巧以及他与学院格格不入的斯堪的纳维亚文化，使得他在这种教派学院里不受欢迎。他经常会戴着浣熊皮的帽子现身正式场合，并且曾在一次课堂练习的演讲中，大喊着要一醉方休，他还发表过提倡吃人肉的严肃演讲。这些令人不快的行为使得学院要求他提前毕业。最终凡勃伦以最高的成绩H分数毕业。在卡尔顿高等专科学院读书期间，凡勃伦跟随约翰·贝茨·克拉克学习经济学，克拉克启发了他对经济学的兴趣，但他还是决定转到约翰·霍普金斯大学去修哲学学位。在约翰·霍普金斯大学期间，凡勃伦师从举世闻名的哲学家和美国实用主义的创始人查尔斯·皮尔斯（Charles Peirce）学习哲学，他还师从美国经济学会的创立者、杰出的经济学家理查德·伊利（Richard Ely）研修政治经济学。尽管拥有如此显赫的老师，凡勃伦还是对约翰·霍普金斯大学非常不满，因而转学至了耶鲁大学。在那儿他跟随社会达尔文主义者（Social Darwinist）威廉·格雷厄姆·萨姆纳（William Graham Sumner）研究哲学，并于1884年获得了哲学博士学位。由于当时哲学职场萧条，凡勃伦在完成博士论文后没能谋得教师职位，他有好几年时间都在沮丧地四处游荡。当他的兄弟姐妹们辛苦干活时，他却在家庭农场里游手好闲，一边找工作，一边等着被拒绝。

最终，有着耶鲁大学博士学位的凡勃伦在康奈尔大学获得了一个经济学教授的职位。他结识了未来的导师詹姆斯·劳伦斯·劳克林（James Laurence Laughlin）。劳克林曾说："坐在伊萨卡，一个看上去有点贫血、戴着浣熊皮帽子、穿着灯芯绒裤子的人出现了，以尽可能最温和的口气宣称：'我就是托斯丹·凡勃伦。'"两年后，劳克林转到芝加哥大学任教，一同前往的还有他的门徒凡勃伦。◯

⊖ 贺卫，伍山林. 制度经济学［M］. 北京：机械工业出版社，2003：51-52.
◯ Joseph Dorfman. Thorstein Veblen and His America［M］. New York: The Viking Press, 1934：79.

1890～1926年间，凡勃伦先后任教于康奈尔大学、芝加哥大学、密苏里大学和纽约社会研究新学院。在芝加哥大学执教的14年间，尽管他成为《政治经济学杂志》(Journal of Political Economy)的第一位主编(1896年)，并且写了《有闲阶级论》(1899年)和《企业论》(1904年)这两部赢得无数赞誉的著作，但却因为其放荡不羁的生活作风，导致教学生涯不甚顺遂，终老仍是助理教授。㊀

二、制度演进理论

凡勃伦的制度变迁分析是以其演进理论为基础的。在他看来，经济制度就是个人经济兴趣的汇总。根据凡勃伦的制度演进理论，既然制度是思想和习惯长期积累的产物，它就不可能有根本性的改变。在他看来，生物界生存竞争和优胜劣汰的规律同样适应于人类社会，社会结构的演进是制度自然选择的过程，社会进步是适者生存的思想习惯和个人被迫适应环境变化的结果。制度必须随着已经变化的情况而变化，这些制度的不断变迁即社会的发展。凡勃伦在研究制度变迁的过程中，又把两类制度作为研究的中心，其一是财产所有权和金钱关系制度，其二是物质生活的生产技术和物质生活的工具供给制度。前者出自人类的虚荣本能，后者出自人类的工作本能，它们都是广泛存在的社会习惯。㊁

"人类制度和人类性格已有的和正在取得的进展，可以概括地视作建立在最恰当的思维习惯上的一种自然选择过程和个人对环境的强制性适应过程，且这种环境曾随着社会的发展和人类生活制度的不断变化而逐渐变化。制度本身不仅仅是一个选择性和适应性过程的结果，更是形塑了精神态度和性向的各种现行或主要的形态，同时制度还是人类生活和人类关系的特别方式。因此，其本身也转而成为选择的有效因素。换言之，变化中的制度本身，也可反过来对拥有最合适气质的个人进行深一层的选择，并透过新制度的形成，令个人的气质和习惯进一步适应变化中的环境。"㊂

凡勃伦认为，由于文化总是落在社会变化的后面，因此现存制度和人们的要求之间总是存在着冲突。

"实质上，制度是对个人和社会的某些关系和某些功能所持的流行性的思维习惯。而生活的方式是在某一特定时期，或社会发展到某一阶段，各种通行制度的加总所组成。因此从心理层面来说，也许可概括为以一种盛行的精神态度或一种盛行的生活理论来作为其特质。若就其一般特征而言，这个精神态度或生活理论分析到最后可简化成性格上的一种盛行类型。

今日的局势形塑明日的制度，这是通过一个选择性、强迫性的过程，产生左右人们对事情的习惯性看法的作用，从而改变或强化从过去延续下来的观点或心理态度。各种制度就是依循这种方式从早期承接下来，且人类是在各种制度——也即是思维习惯——的指引下生活的。至于起源的时期或有远近之分，但在任何情况下，制度都是从过去历经演变而承接下来的。制度是以往进程的产物，和过去的情势相适应，也因此和现实的需求不能完全吻合。"㊃

凡勃伦还指出，人口、技能和知识的改变可能导致制度变化，但制度变化的直接推动力

㊀ 史蒂文·普雷斯曼. 思想者的足迹：五十位重要的西方经济学家[M]. 陈海燕，等译. 南京：江苏人民出版社，2001：185.
㊁ 贺卫，伍山林. 制度经济学[M]. 北京：机械工业出版社，2003：41.
㊂ 凡勃伦. 有闲阶级论：关于制度的经济研究[M]. 李华夏，译. 北京：中央编译出版社，2012：141.
㊃ 凡勃伦. 有闲阶级论：关于制度的经济研究[M]. 李华夏，译. 北京：中央编译出版社，2012：141-142.

量是经济力量。

"能促进制度再调整的力量，尤其是在现代工业社会的情况下，分析到最后，几乎全具有经济性质。"①

"基于外来力量大部分都转换成财力或经济力量这项事实，我们才能说，促进任何现代产业社会进行制度再调整的力量，主要是经济力量。"②

三、炫耀性消费

古希腊犬儒派哲学家提奥奇尼斯③曾说"衣贱令人贱"，正因如此，人们需要向其他人展示自己所拥有的奢侈品以证明自己身份的高贵。凡勃伦由此提出了"炫耀性消费"——一种以炫耀为目的的消费行为。"炫耀性消费"充斥在现代文化中，服装标签从过去放在里面以免让人看见，到了今天无论是衬衫还是领带，设计师都故意将标签放到外面。这除了是设计师的免费广告外，更多的是消费者希望他人能够知道自己买得起昂贵的衣服。

"炫耀性消费贵重物品是有闲绅士博取声誉的手段。当财富累积在手上时，任凭个人努力，若没有旁人的协助，仅以这种方式尚不足以证明其富裕。于是接着贵重礼物的馈赠和安排昂贵的宴席及娱乐，将朋友及竞争者的助力带进来，礼物及盛宴可能有比单纯的夸耀更好的缘由，但以此作为目的来取得效用却起源甚早，并一直到现在还保有这项特质。"④

随着时间的推移，每一代人都从其上一代人手中继承了这项出手阔绰的传统，并且对所消费的物品，更进一步地予以阐释和强化其在财力名誉上的传统规范。

"直到今天，我们对于一切低价物品都是不足取的这一点，已经相信到这样的程度，因此对'低价无好货'这一谚语，已经不再有丝毫怀疑。这种拥护高价、反对低价的习惯，在我们的思想中已经这样根深蒂固，因此在一切消费中，总是本能地坚决要求至少附有某种程度的浪费因素。"⑤

按照凡勃伦的观点，女性在展示男人所拥有的财富和重要性方面特别有用。女人们穿着昂贵的衣服和鞋子，这使她们不能从事有用的劳动；这样可以展示她们是由非常富有的男人供养的。一些女性为长长的指甲、笨重的发式和纤美的皮肤所拖累，不断表明她们是男人所"拥有"的有闲阶级的女人。

"由妻子展示越位休闲及消费，还有由奴仆提供辅助越位休闲所需——这种衍生的事项仍蔚为时尚，以致形成为博取声誉而丝毫不容大意的习俗。一个男人极尽辛苦地投身工作，以切合妻子替他中规中矩地展示出当时公认必须有的越位休闲程度，这种情形比比皆是。

中产阶级家庭行头中最令人艳美的、'可示之于人'的部分，一方面是炫耀性消费的项目，而另一方面则是证明家庭主妇有从事越位休闲的工具。"⑥

对于《有闲阶级论》中介绍的"炫耀性消费"，哈维·莱宾斯坦（Harvey Leeibenstein）在1950年的一篇论文"消费需求理论中的从众效应、虚荣效应和凡勃伦效应"中指出，"从为了炫耀性消费的目的而拥有的一单位商品中所获得的效用不仅取决于那一单位商品的内在

---

① 凡勃伦.有闲阶级论：关于制度的经济研究[M].李华夏，译.北京：中央编译出版社，2012：143.
② 凡勃伦.有闲阶级论：关于制度的经济研究[M].李华夏，译.北京：中央编译出版社，2012：145.
③ 提奥奇尼斯，公元前4世纪著名的希腊哲学家，创立了犬儒派哲学。
④ 凡勃伦.有闲阶级论：关于制度的经济研究[M].李华夏，译.北京：中央编译出版社，2012：61-62.
⑤ 凡勃伦.有闲阶级论：关于制度的经济研究[M].蔡受百，译.北京：商务印书馆，2005：370.
⑥ 凡勃伦.有闲阶级论：关于制度的经济研究[M].李华夏，译.北京：中央编译出版社，2012：116.

品质，还取决于为其所支付的价格"，即"凡勃伦商品"不仅产生内在效用，同时还产生炫耀性消费效用，后者与价格直接相关。

图 17-1 就表明了莱宾斯坦分析的要点。凡勃伦物品的概念解释了为什么某个人对于特定产品可能会拥有向上的需求曲线。

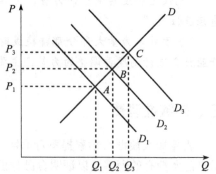

图 17-1　凡勃伦物品和向上倾斜的需求曲线

背景链接 17-1　炫耀性休闲

凡勃伦认为有闲阶级的生活特质就是炫耀一切无用的劳逸。凡勃伦所用的"休闲"一词隐含的意思为非生产性的消耗时间。时间消耗在非生产性活动上，一是根据生产性工作的无价值论；二是以此证明有足够的财力来维持闲散的生活。

"远离劳动不仅仅是一项尊贵或值得艳羡的行动，且在现时已成为具有身份地位的一个先决条件……远离劳动是公认的财富的证据，也因此是社会地位的公认符号……法规是依照人类天性中既定的法则来界定这项公认的财富的证据，并使之在人的思维习惯中定位为公认的财富的证据本身，在实质上就有令人艳羡和提升声望的作用。而与此同时，生产性劳动循着相同的程序，便成为双重意义上的毫无内涵的价值。法规最终造成劳动在社会大众的眼里不光是有坏于名声，并且就那些生而自由又高贵的人来说，是道德上的不可行，还有，劳动与有价值的生活是不兼容的。"㊀ "但凡炫耀性休闲的规范能通行无阻的地方，就一定会冒出一个次要的，也可说是装模作样的有闲阶级——穷途末路并过着寅吃卯粮、捉襟见肘的日子，但道德上又不能卑躬屈膝地去逐利。"㊁

凡勃伦提出在掠夺型文化时期，劳动是和软弱无能及臣服主人相连的，劳动就是卑下的标志，而休闲的生活不论就其本身还是其后果而言，在所有文明人眼中都是美丽的、显示高贵的。

"除了在文化处于最低阶时期外，一个身心健康的人要靠'高尚的环境'及免于'卑贱的职责'才能怡然自得且活得有自尊。"㊂

"上古时期，对某人的生活态度进行理论上低贱及高贵的区分，时至今日仍保有其强大的陈旧力量。这种力量之大，以致阶级较高的人很少不对劳动的世俗形式抱着本能的厌恶。凡是我们思维习惯中与卑贱服务有关的职务，我们都特意给其安上某种礼节上的污名。所有品位高雅的人士都认为，传统上由仆人所从事的某些特定职能，和精神的污染密不可分。粗俗的周遭、简陋（换言之，耗费不高）的住所及一般的生产性职务势必被毫不犹豫地给予唾弃及避免。这些事情和追求精神层次上满足的生活及'高尚的思想'是不兼容的。从希腊哲学家时代开始到现时为止，某种程度的休闲，和免于涉足类似供人类日常生活目的所需的生产性工序，一直被有思想的人认为是享受一个有价值、美丽的，甚至是无可挑剔的人生的先决条件。"㊃

㊀　凡勃伦. 有闲阶级论：关于制度的经济研究［M］. 蔡受百，译. 北京：商务印书馆，2004：39.
㊁　凡勃伦. 有闲阶级论：关于制度的经济研究［M］. 李华夏，译. 北京：中央编译出版社，2012：40.
㊂　凡勃伦. 有闲阶级论：关于制度的经济研究［M］. 李华夏，译. 北京：中央编译出版社，2012：36.
㊃　凡勃伦. 有闲阶级论：关于制度的经济研究［M］. 李华夏，译. 北京：中央编译出版社，2012：36-37.

凡勃伦在《有闲阶级论》中提供了两个生动的例子来说明有闲阶级如何竭力维护其不劳而获的地位。

"例如，我们听说过有些波利尼西亚的首长受限于优美姿态，宁愿挨饿也不愿用他们自己的手把食物送进嘴里……有一个更好的例子，或者至少是更不会引起误解的例子，法国有位国王据说是因为道德上过分服膺保持优美姿态的规定而送命。这位国王在没有侍从官在场的情况下，坐在火炉前竟然毫无抱怨地忍受烈火的烘烤，这使得他尊贵的躯体难以复原，而该侍从官的职责是移动其主子的座椅。然而，如此一来国王保住了其最神圣之躯免受卑贱的玷污。"⊖

四、"机器利用"和"企业经营"的矛盾

凡勃伦认为，资本主义社会是由"机器利用"和"企业经营"这两个基本制度构成的，这两个制度是生产技术制度和私有财产制演进到当代的具体形式。"机器利用"表示以使用机器为主要特征的现代资本主义生产体系，"企业经营"表示资本家通过资本投放来控制和调节资本主义经济运行的全过程。

在凡勃伦看来，机器利用和企业经营之间存在矛盾，这是资本主义一切冲突和缺陷的根源。首先，它们的矛盾表现为两者的目的不同：前者追求效率和产品的适用性，目的是无限扩大商品生产；而后者则旨在追求最大利润，筹划金钱交易，于是形成竞争和垄断，甚至故意缩减生产，以谋求高价出售，从而阻碍和破坏前者要求的实现。其次，它们的矛盾表现在两者的行为方式不同：机器利用表示大机械生产在现代生产过程中已起决定作用，它使现代工业成为一个繁杂的、统一的整体，要求经济活动的各个领域保持高度的连续性和规律性，以及实行严格的统一管理和监督；企业经营则表示资本所有者通过投资对生产与流通的全部过程的运筹和控制，而不考虑计划性和机器利用的要求，把力争有利的价格作为全部经营活动的出发点和归宿点。

凡勃伦指出，生产的客观要求由机器利用来支配企业经营。但资本主义社会实际是企业经营支配下的机器利用。他把现代资本主义制度称为"价格体系"，认为价格是全部资本主义经济的枢纽。价格不是生产的问题，而是经营的问题。然而，价格体系的基础虽然是机器利用，而其控制力量却是企业经营。

凡勃伦认为资本主义的一切弊病都源于商业统治工业、流通统治生产，只有把工业从商业的统治下解放出来，才能消除资本主义的弊病。

依据机器利用和企业经营的划分，凡勃伦把资本主义社会划分为两大阶级：一方是具有实事求是的精神、习惯于从因果关系来观察物质和解释事实的工程技术管理人员阶级，由工程师、发明家、科学家等组成；另一方是唯利是图、因循守旧、阻挠社会变革的企业家阶级，由董事、经理和商业推销员等组成。至于工人阶级，则同企业家阶级一样，都是只为自身利益着想、追求更多报酬的"既得利益者"。因此，"改革"资本主义的重任自然地落到了工程管理技术人员身上。

真正代表和了解机器利用的是工程技术管理人员。他们不以追求利润为目的，能够为整个社会的利益共同计划并对经济的发展进行指导，使生产不断进步，从而避免危机，实现经济的稳定和繁荣。用凡勃伦的话讲，技术专家"不是一个既得利益集团而是社会物质福利的

⊖ 凡勃伦.有闲阶级论：关于制度的经济研究[M].李华夏，译.北京：中央编译出版社，2012：40.

保卫者","他们有阶级觉悟","处在走下一步棋的地位",只要他们共同行动,就可以推翻现代所谓的"价格体系",即资本主义制度。○

在《工程师和价格体系》一书中,凡勃伦推测工程师可能会非常厌恶挥霍浪费和肆意破坏,所以他们将推翻他们的老板并接管整个工厂和管理层。毕竟,与他们需要管理者相比,管理者更需要他们。技术专家虽然只占人口的1%,并且没有学习过政治科学,但他们可能会成为凡勃伦共和政体中的"哲学国王"。○

"将控制权交到那些目的相反的追求私人利益的商人手中,或者将其连续的管理权委托给别的什么人,不如交给受过良好训练的技术专家、没有商业利益的生产工程师。"○

第三节 韦斯利·克莱尔·米切尔

一、凡勃伦的得意门生

韦斯利·克莱尔·米切尔(Wesley Clair Mitchell,1874—1948)出生于美国伊利诺伊州,1892年考入芝加哥大学,1896年又在此攻读古典文学的研究生。在学习了约翰·杜威(John Dewey)和凡勃伦的课程之后,他发现自己对哲学与经济学更加感兴趣,并于1899年获得哲学博士学位。毕业后,米切尔就职于华盛顿特区的统计办公室,后来又先后在芝加哥大学、加利福尼亚大学(简称加州大学)、哥伦比亚大学和新社会研究学院从事教学与研究工作。

米切尔对正统经济理论的抽象模型不以为然。他声称:"投机类型的经济理论像高等数学或诗歌那样,被廉价而便利地生产出来——倘若一个人有这种天赋的话。正如那些想象的产物一样,这种经济理论与现实之间是一种同样有问题的关系。"

作为凡勃伦的学生,米切尔对凡勃伦的评价是:"在使理论尽量延长方面,很少有人能比得上他。"○然而,米切尔意识到,凡勃伦的体系和正统理论一样都具有方法上的弱点,两者都不能令人满意地检验其假设或者结论。"但是,如果能有什么令我确信正统经济学的标准步骤不适应科学检验的话,那就是,凡勃伦在另一套假定体系下的精湛表演,只获得了非常少的肯定。"○米切尔除了反对正统理论的享乐主义心理假定以外,也不同意凡勃伦的本能理论。他觉得依据以经验为基础的行为主义心理,社会科学能够对人类活动做出一种更好的解释,与让不同分支独自行动所实现的方法相比,他提倡运用一种更加一般化的方法来研究人类行为,并要考察系统的动态相关性。

1920年,46岁的米切尔创建了全国经济研究局。这一私人非营利组织对于资助美国的经济研究极为重要。尽管它最重要的成就是国民收入度量和经济周期研究,但是它资助了对经济体的几乎全部领域进行的研究。米切尔对美国经济研究的发展起到了直接和间接的影响。○

○ 吴宇晖,张嘉昕.外国经济思想史[M].北京:高等教育出版社,2007:298-300.
○ 托德 G 巴克霍尔兹.已故西方经济学家思想的新解读[M].杜丽群,等译.北京:中国社会科学出版社,2004:173.
○ Thorstein Veblen.The Engineers and the Price System[M].New York:Routledge,1969:58.
○ J M Clark.Preface to Social Economics[M].New York:Farrar & Rinehart Incorporated,1936:411.
○ J M Clark.Preface to Social Economics[M].New York:Farrar & Rinehart Incorporated,1936:411.
○ 哈里·兰德雷斯,大卫 C 柯南德尔.经济思想史(原书第4版)[M].周文,译.北京:人民邮电出版社,2014:360-361.

二、经济周期理论

米切尔最大的贡献在于对经济波动的研究。与以往经济学家只是寻求经济周期的唯一决定性原因不同,米切尔探索了共同产生经济体系的周期性运动的各种条件。他的经济周期理论主要有以下四个论点。

(一) 经济波动出现于货币经济之中

米切尔并不倾向于将危机和萧条看作是资本主义的一种弊病,而是倾向于将它们看作是通过货币手段进行经济活动的社会中出现的一个问题。

(二) 经济周期广泛分布于整个经济之中

经济周期不仅表现在集体活动中,而且还会扩散到整个经济体系,这是因为企业之间的相互依存性。企业被各种工业、商业和金融联系捆绑在一起,所以没有一个企业会在走向繁荣或衰退时不影响其他企业。信用的增长提高了企业在金融方面的相互依存。伴随着其全部相互关联的各种关系,共同商业组织的扩展将许多名义上独立的企业组织成利益共同体。这种联系也是经济活动的加速或放慢能够从经济中的一个部分扩展到其他部分的通道。

(三) 经济波动取决于利润的前景

除了危机时期外,波动与预期利润关系密切。只有当一个企业在长期中可以获取利润时,它才能通过制造产品来为社会服务。服务从属于获取利润并不是植根于企业家唯利是图的动机,而是货币经济的一个必然结果。一个忽视利润、具有公德心的企业家必将会破产。只有政府和慈善组织才能够不以盈利为目的地提供服务。

预期利润与过去的利润或损失相比更加重要,因此企业会更加向前看而不是向后看。未来利润的前景在决定企业扩张的方向方面具有决定性作用。在预期利润最具吸引力的那一个经济周期阶段上,投资达到其最高点。因此在企业经济中,对经济波动的描述必须主要涉及经济活动的货币方面。

(四) 经济波动是由经济系统本身所引起的

经济波动不是由轻微和偶然平衡破坏所导致的,而是由经济系统本身所引起的。经济波动不是一个较小的或意外的均衡的中断,相反它是经济本身运转的一个内在部分。随着经济周期的每一个阶段演变到下一个阶段,经济本身逐渐进行累积性变化。因此,米切尔坚信,每一代经济学家可能都不得不改写他们年轻时所学到的经济周期理论。[⊖]

米切尔将萧条时期之后的经济复苏作为周期阶段的起点。周期开始,上涨的工资和较高的利润既刺激消费需求,又刺激投资需求。乐观主义开始流行和传播,生产条件不断加强。

[⊖] 斯坦利 L 布鲁,兰迪 R 格兰特. 经济思想史 (原书第 7 版)[M]. 邸晓燕,等译. 北京:北京大学出版社,2010:307.

到复苏阶段的后期，价格逐步上涨。未来价格的预期刺激着商品的订货，货币数量和信用随着商业情况的改善而扩张。利润因工资和间接成本落在后面而增加，于是企业扩大投资，经济进入繁荣阶段。但是，当投资在资本品成本上涨的情况下进行时，固定成本便会上升。这时建立新工厂的成本增加，租金和利息相继提高，工资开始追赶上涨的物价。另外，由于过分乐观，工人不再担心失业，结果企业设备的生产效率下降，管理能力下降，工人的工作效率下降，生产的浪费增加。到繁荣阶段的后期，当产品的价格不能提高时，上升的生产成本便吞噬了利润。这些压力越来越严重，以致经济危机接踵而来，经济陷入萧条。随着萧条的加深，资本品逐渐陈旧和濒临废弃。这时，新的资本品价格低廉，挣扎图存的竞争诱导企业家购买新的、更有效率的、低成本的机器设备，更新固定资本。此外，消费者原来使用的耐用品和半耐用品因陈旧过时而急需替换，增加的人口也将引起消费品需求的增加，空虚的存货有待充实。于是，乐观局面又开始出现，经济再次逐步上升，进入复苏阶段。○

"经济活动最初的复苏会逐步发展为全面的繁荣，繁荣会逐渐孕育危机，危机会发展为萧条，萧条会发展为暂时更加严重的萧条，但是最终会引起经济活动全新的复苏，而这将是另一个周期的开端。因此，经济周期理论必须是对这种累积性变化的一种描述性分析，通过这种累积性变化一系列的经济条件本身会转化为另一系列的经济条件。" ○

美国的制度主义在20世纪20年代末30年代初达到了巅峰，但是，到了30年代末就已经开始衰落。凡勃伦的继承者克拉伦斯·艾尔斯（Clarence Ayres）在《经济进步理论》（*The Theory of Economic Progress*，1944）一书中将新古典方法对制度主义方法的胜利描述为彻底的胜利。从那时起，制度主义者就处在学科之外，他们提醒人们注意经济学家不应当忽视那些处于经济分析范围之外的重要问题，他们也只是在这一方面得到了信任。

制度主义者并不因为处在现代经济学分析之外而感到委屈。他们坚定地认为，经济问题、文化问题和社会问题之间的相互作用太大了，因此，孤立地聚焦于推进了大量现代经济思想的经济力量是没有正当理由的。在评价主流经济学时，制度主义者赞同肯尼思·博尔丁（Kenneth Boulding）将新古典经济学称为不存在于世界的天体力学，他们认为，现代经济学的大多数研究仅是精巧的游戏设计。

这时候，一群认同制度主义者的很多见解、受到制度主义者的强烈影响但又过于强调个人主义和反传统的经济学家，将制度经济学带入了新的篇章——新制度学派。

第四节 约翰·罗杰斯·康芒斯

一、劳动经济学领域的泰斗

约翰·罗杰斯·康芒斯（John Rogers Commons，1862—1945）出生于俄亥俄州，在印第安纳州长大，就读于奥柏林学院，接受了当时一流的古典教育，包括一门繁重的神学课程。同凡勃伦一样，康芒斯也曾在约翰·霍普金斯大学学习，与凡勃伦主修哲学不同，康芒斯在那里接受了经济学研究生的教育，并深受理查德·伊利的影响。1904年康芒斯随同老师伊利前往威斯康星大学教书，并创立了美国工人运动史学的主要学派——威斯康星学派。

○ 贺卫，伍山林.制度经济学 [M].北京：机械工业出版社，2003：40.
○ Wesley Clair Mitchell .Business Cycles [M]. Berkeley：University of California Press，1941：9.

在威斯康星大学执教的 28 年（1904～1932 年）间，康芒斯在三个主要领域为经济学做出了重要贡献：社会改革、研究生教育以及劳动经济学。康芒斯在到达威斯康星大学的第二年，就为当时的州长罗伯特·拉福莱特（Robert La Follette）起草了一项行政事务法；在后来的几年中，他影响着公共事业规制、产业安全法、工人赔偿、童工法、妇女最低工资法和失业赔偿法等领域中的社会立法。康芒斯对 1920 年经济萧条的反应，以及对欧洲失业赔偿计划的研究，促使他为威斯康星州的立法机构起草了一项法案，但该法案直到 1932 年才获得通过。1934 年，当罗斯福总统强烈要求国会通过一项失业赔偿法时，康芒斯组建了一个经济安全委员会来提议立法，委员会的主管是威斯康星大学经济学教授 E. E. 怀特（E.E. White），他曾是康芒斯的学生。

正如康芒斯批评正统理论，而将自己的大部分时间花在社会改革等应用领域，他的经济学方法也旨在训练学生将经济学的应用领域，而不是经济理论作为导向。在康芒斯的影响下，威斯康星大学在将近 50 年的时间里培养出了大批对劳动、公共财政和公共事业一类问题深入研究的经济学家，分别就职于政府部门、研究机构以及大学等，他们把应用经济学和社会改革理念传递到了这些部门。

因为康芒斯的老师伊利对劳工运动史很感兴趣，所以在随着伊利从约翰·霍普金斯大学转到威斯康星大学后，康芒斯就开始根据伊利搜集的劳工史方面的资料研究美国劳工史。在研究生的大力帮助下，康芒斯于 1910 年出版了一部与劳工史有关的十卷资料集——《美国工业社会的文献史》。紧接着，他在 1918 年出版了两卷《美国劳工史》，在 1935 年又出版了该书剩下的两卷。至此，康芒斯成为公认的美国劳工方面的权威，威斯康星大学也成为最主要的培养劳动经济学家的大学。○

二、交易关系的结合——制度

康芒斯在他的价格理论分析中强调了交易的力量。康芒斯认为，并不是在竞争性市场中行动的、原子式的、具有享乐主义的个人，形成了连接经济体的交换关系。他认为正统价格理论所分析的市场中存在交换但不存在交换关系。在正统价格理论假设的市场中，买者与卖者之间是完全匿名的，影响真实的市场交易的习惯、风俗和所有的文化、社会、心理力量都缺失了。在康芒斯的理论结构中，交易成了一种主要因素。

"实际上，交易变成了经济学、物理学、心理学、伦理学、法学以及政治学的汇聚点。单个交易是明确包含所有这些内容的一种观察单位，原因是，人类的一些意愿，诸如选择可供选择的事物、克服阻力、协调自然资源与人力资源，受到有关效用、同情、责任或者它们对立面承诺或警告的劝诱，这些意愿被解释和执行公民权利、责任、自由的政府官员或者工商业企业或工会官员加以放大、抑制或者展露。正是人类的这些愿望，在有限资源和机械力的社会中，使得个人行为适合或者不适合国家、政治、工商业、劳工、家庭以及其他集体运动的集合行为。"○

在康芒斯看来，交易可以分为买卖交易、管理交易和限额交易三种。其中买卖交易的参与者是个人，"买卖交易通过法律对手之间的自愿协议转移财富所有权"○。管理交易涉及法

○ 哈里·兰德雷斯，大卫 C 柯南德尔. 经济思想史（原书第 4 版）[M]. 周文，译. 北京：人民邮电出版社，2014：361-365.
○ John Rogers Commons. Legal Foundations of Capitalism [M]. New York: The Macmillan Company, 1924: 5.
○ John Rogers Commons. Institutional Economics [M]. New York: The Macmillan Company, 1934: 68.

律上和经济上上级对下级的命令,以及财富的创造。"它(指管理交易)是工头与工人、州长与市民、管理者与被管理者、主人与仆人、所有者与奴隶之间的关系。"①在限额交易里,上级是一个集体的上级或者正式代表人。"(限额交易涉及)在若干参与者之间达成一种协议的谈判,这些参与者有权力将收益与负担分配给合办企业的成员。"②三种交易关系结合在一起,就构成了较大的研究单位——制度。康芒斯认为:"制度就是所谓的集体行动控制个体行动。"③

"这三种类型的交易合在一起,成为经济研究上一个较大的单位,在英国和美国的实践中被称作运行中的机构。运转规则使其不断运行,从家庭、公司、工会、同业协会甚至到国家本身,正是这些运行中的机构,我们称之为制度。消极的概念是'集团';积极的概念是'运行中的机构'。"④

三、法律先于制度的理论

康芒斯认为,在集体行动对个体行动的控制中,法律的作用不容小觑。人为调节一切交易冲突的公正仲裁人是资本主义法院。康芒斯指出,是法院保证了资本主义法制的胜利,破坏了封建社会制度,为资本主义迅速发展扫清了道路。他认为,资本主义制度经历了三个发展阶段,即自由竞争资本主义、金融资本主义和管理资本主义,每个阶段的发展都离不开资本主义法律的作用。由自由竞争资本主义发展为管理资本主义,是由于国家法律加强了对私人企业活动的干预。康芒斯进一步论证,美国于1848年颁布的公司法消除了旧经济制度的缺点,从而产生了现代资本主义;国家垄断资本主义的缺点则受到1890年反托拉斯法的最有效控制。为了说明这一点,他举出了1911年美国最高法院解散垄断资本家洛克菲勒的美孚石油公司的事例。⑤

康芒斯从对社会发展的法学解释出发,把经济关系的本质归结为法律上所有权的"交易",把工人和资本家之间的关系也说成是具有平等权利的缔约双方在法律上的"交易"。他由此得出:"社会里所有的不是一个阶级或两个阶级,而是许多阶级、许多集团、许多由各种'交易'构成的有机机构。"⑥

在康芒斯看来,由于资本主义法治的作用,现代资本主义同上个世纪的资本主义是很不一样的,它能够免除过去资本主义固有的矛盾和缺点。康芒斯认为美国的法律已经使得资本主义的所有权分散了。

"这种所有权的扩大,可以成为投资者的好感的扩大,它使千百万的美国人对于保存资本主义感到有兴趣,美国已由个人主义变成公司主义,私人财产变成法人财产。"⑦

"美国资本主义的另一种力量是人们可以白手起家,从最低的地位升到最高的地位,最低的计日临时工、出身于最穷家庭的人,可以成为工头、厂长、总经理,甚至董事长。尽管他自己不拥有公司的任何股份,却能对傀儡董事会发号施令。"⑧

---

① John Rogers Commons.Institutional Economics [M].New York:The Macmillan Company,1934:64.
② John Rogers Commons.Institutional Economics [M].New York:The Macmillan Company,1934:67-68.
③ 约翰·康芒斯.制度经济学[M].于树生,译.北京:商务印书馆,1962:76.
④ John Rogers Commons.Institutional Economics [M].New York:The Macmillan Company,1934:69.
⑤ 贺卫,伍山林.制度经济学[M].北京:机械工业出版社,2003:43.
⑥ 约翰·康芒斯.制度经济学[M].于树生,译.北京:商务印书馆,1962:81.
⑦ 约翰·康芒斯.制度经济学[M].于树生,译.北京:商务印书馆,1962:564.
⑧ 约翰·康芒斯.制度经济学[M].于树生,译.北京:商务印书馆,1962:573.

第五节 约翰·肯尼斯·加尔布雷斯

一、大块头有大智慧

约翰·肯尼斯·加尔布雷斯（John Kenneth Galbraith，1908—2006）出生于加拿大一个名叫艾奥那的小镇，成长于安大略省南部。加尔布雷斯的父亲是一个农民兼老师，加尔布雷斯在少年时期，不得不经常因为帮助父亲务农而中断学习，他的学习成绩自然也不突出。1926 年，加尔布雷斯进入安大略农业学院学习动物养殖，并获得了农业经济学的学士学位。当然，拥有着两米三惊人身高的加尔布雷斯怎么可能按照母亲的意愿做一个农民，加州大学提供的"贾尼尼"奖学金彻底改变了他的命运。靠着这笔奖学金，他在加州大学伯克利分校攻读了农业经济学的研究生和博士课程。[①]

1934 年，加尔布雷斯在取得博士学位后，前往哈佛大学教书。在哈佛期间，加尔布雷斯对经济的研究逐渐远离农业经济学，开始从垄断竞争的角度探讨大萧条的真正原因。1936 年，凯恩斯的《通论》出版并迅速传播，加尔布雷斯在阅读了这本著作后，对凯恩斯能够运用实用主义的方法识别出真实世界面临的问题，并提出切实可行的政策建议大加赞赏。1936 年，加尔布雷斯自愿加入罗斯福总统竞选连任的队伍，并且向政府推介凯恩斯主义的思想。1937 年他正式加入了美国国籍，同年他前往英国剑桥大学进行游学，在那里虽然没有见到他的偶像凯恩斯，但却和后来大名鼎鼎的理查德·卡恩（Richard Kahn）、罗宾逊、皮埃罗·斯拉法（Piero Sraffa）以及米哈尔·卡莱斯基（Michal Kalecki）等建立了长期紧密的联系。[②]在哈佛断断续续执教五年（1934～1939 年）后，加尔布雷斯又转去普林斯顿大学执教了一年。加尔布雷斯在 1941 年成为了美国价格管理办公室的副主管，为罗斯福政府提供管制工资和价格方面的建议。但这份工作他也仅仅做了两年。从 1943 年到 1948 年期间，他又担任了《财富》杂志的编辑。1949 年，他重新回到了他职业生涯开始的地方——哈佛大学，成为一名经济学教授，讲授农业经济学和产业组织。

在 20 世纪五六十年代，加尔布雷斯开始在政坛上活跃起来。他担任了艾德莱·史蒂文森二世（Adlai Stevenson II）和约翰·肯尼迪（John Kennedy）总统竞选活动中的顾问与演讲稿撰写人。1961～1963 年，他被肯尼迪总统任命为驻印度大使。1968 年，他为尤金·麦卡锡（Eugene McCarthy）参议员的总统竞选活动工作。1972 年，他又为乔治·麦戈文（George McGovern）参议员的总统竞选活动工作。[③]1973 年，他担任了美国经济学协会主席。[④]他还在《后凯恩斯经济学期刊》创立之初，担任了该杂志社的董事会主席。[⑤]

有许多经济学家嘲笑加尔布雷斯肤浅的、一知半解的经济学，并将他视为思想模糊的社会批评家，而不是经济学家。事实上，正如麻省理工学院经济学教授莱斯特·瑟罗对加尔布雷斯的评价，"他置身于经济思想主流之外，却驻足于经济事件主流之中"，一直对公认的经

[①] Stephen P Dunn, Steven Pressman. The Economic Contributions of John Kenneth Galbraith[J]. Review of Political Economy, 2005, 17(2): 161-209.

[②][③] 郑英. 一位经济学家的传奇人生：加尔布雷斯述评[J]. 开放时代, 2006(5): 3.

[④] Erzo F P Luttmer. American Economic Association[J]. Publications of the America Economic Association, 2008, 3(1): 5-41.

[⑤] Stephen P Dunn, Steven Pressman. The Economic Contributions of John Kenneth Galbraith[J]. Review of Political Economy, 2005, 17(2): 161-209.

济理论提出批评的加尔布雷斯,其实从不打算对经济学专业进行变革,对是否有新理论的出现也不在意。同样,他对美国经济体的分析更关注现有的系统,而不是推测其未来的进程。

"大体上来说,与提供材料、思考工业制度已经到达哪里相比,我对断言工业制度将向何处去不太感兴趣。"⊖

二、"二元体系"理论

从《美国资本主义》《丰裕社会》《新工业国》到《经济学与公共目标》,对大型公司和权力的关注一直都是加尔布雷斯经济分析的主线。加尔布雷斯从"权力分配"着手,对现代资本主义经济结构进行了分析。他认为现代经济是由两大部分构成的,即市场体系和计划体系。市场体系是分散的经济,是一个由小企业和个体经营者所组成的体系,该体系中的主体无权控制价格,也无法支配消费者,该体系受市场力量支配,由市场波动决定其价格;计划体系是有组织的经济,它由大公司组成,有权力控制价格,支配消费者,实行的是"计划生产"和"计划销售",这也是该体系被称作"计划体系"的原因。

但是,计划体系和市场体系的本质差别,并不在于是否有脱离市场制约、对经济环境施加控制的愿望,而是体现在实现这种愿望的手段,以及凭借这些手段所能取得的成就等方面。

"对于市场体制的参与者而言,要想使它们的价格保持稳定,或是要对产品的供应实行控制,就必须采取集体行动,或者设法得到政府的支持。这样的努力容易变得引人注目,但是收效甚微,甚至到头来一无所获。带有自发性质的集体努力,很容易被几个少数叛离者所破坏。另外,从立法者那里得到的理想回应的可能性微乎其微(甚至对于农场主也是如此)。即便是立法者按照请愿者的要求采取了行动,他们在态度上也会显得十分勉强。因为他们知道,传统经济学并不赞同他们这样做。

与上述情形产生对照的是,在计划体制下,公司可以自动赢得它对于价格的控制权,而且不会引起任何大规模的喧嚣和抗议(这是由于公司宏大的规模使然)。公司对于生产的控制权也是如此。而且公司的规模之所以能够扩大,是因为它可以将任务目标交由组织完成。对于公司而言,还有一些事情需要政府的支持。但是,它直接接触的不是立法机关,而是官僚机构,这样会使公司的行动显得更加温和而含蓄,不会打草惊蛇……在计划体制下,大公司可以在不引起任何关注的情况下,轻易地完成既定的目标。"⊜

更重要的是计划体系可以运用权力来影响社会和政府的行为。如前所述,市场体系对消费者无法施加有效的影响,因此它也无法影响政府。但是,计划体系却存在于与政府关系最为密切的企业中,由此,它便可以向政府提出诸多要求。

"那些公司(尤其是大型的、专业化的武器公司)通过向政府销售产品而得以生存。政府还要为扶持公司的技术进步而付出代价,公司通过技术革新和产品更新换代的不断循环,来维系政府对于其产品的长期需求。

计划体制还需要政府出手,满足它对于合格的、受过教育的人才的大量需求……政府不仅仅培养那些能够接受(也能够捍卫)计划体制的价值体系的人才;它还培养计划体制的批评家——假如不能将二者兼顾起来,那是没有多少实际意义。

计划体制对于政府还有其他要求。如果计划体制准备销售其产品,它可能需要政府做

⊖ J K Galbraith.The New Industrial State [M]. Boston: Houghton Miftlin, 1967: 324.

⊜ 约翰·肯尼斯·加尔布雷斯.经济学与公共目标 [M].于海生,译.北京:华夏出版社,2010: 57-58.

出补充性的投资——比如，如果要销售汽车，就需要建设公路。计划体制也需要通过军事开支，直接或间接地为技术发展提供支持，因为公司自身可能难以承受技术发展涉及的巨额成本……政府向这些行业（军事、高科技）提供资本，政府同时也是它们的市场……如果某些大公司因为收入和资本不足，导致其保护性目标受到威胁，政府是它们最终可以依赖的贷款方……计划体制要想按照目前的模式生存下去，就必须依靠它对政府施加的影响和控制。"⊖

在加尔布雷斯看来，市场系统处于现代经济的边缘，而计划体系才处于现代经济的中心，但新古典主义的理论分析仅仅适合于市场系统的分析主体。

"新古典主义经济学将弱势群体的不利处境合理化的能力，及其对于这种不利处境避而不谈的能力，真可谓无与伦比……（新古典经济学认为）在一个公司群体和另一个公司群体之间，在利益上不存在本质的区别。一些公司的确在价格方面具有控制权，但这不足以使公司产生规模之分（分为大公司和小公司）。在新古典主义经济学看来，公司不论大小，都有可能成为垄断者。而且，垄断控制的基本目标只是增加利润。这种控制，并不会使垄断企业在技术、资本以及它与政府的关系上面，获得有别于非垄断企业的特殊优势……有关经济体系内对于一部分企业有利、对于其他企业不利的交易条件问题，差不多完全不在新古典主义经济学的考虑和讨论范围之内。"□

加尔布雷斯认为，经济发展的不平衡，就是市场系统和计划系统的权力分配与使用不平衡的结果。显然，要解决社会中垄断现象严重、贫富差距大等经济问题，就要实现市场的竞争性，促进中小企业的发展。价格和需求也应该由市场决定，企业应该是被动接受者。

在控制计划体系的权力方面，加尔布雷斯还提出了几种形式。比如，一个永久的公共价格和工资机构应该控制经济中那些最大的公司的价格，并且确保主要的集体谈判协议中的工资收益没有超过全国生产率的增长。应该成立一个公共计划当局，与主要的公司和工会进行联合来计划和协调经济活动，并同时与其他工业化国家协调经济计划。除了这些改革以外，加尔布雷斯还要求政府通过对行政人员工资的公共控制、累进税收、提高最低工资以及负所得税对收入进行再分配；还要鼓励市场体系中的企业进行合并，这样它们才能更加有效地与计划体系中的企业竞争。竞争可以使稀缺性资源得到有效分配，解决社会中资源分配不公和经济发展失衡的问题。⊜

三、依赖效应

按照加尔布雷斯所认为的现代资本主义为大公司所主导的观念，现代资本主义的主要特点是充满了大量人为欲望，这些欲望是公司计划和巨额广告的产物。

"当一个社会越来越丰裕时，欲望愈来愈多地被它们获得满足的过程所创造。这可以消极地予以运用。消费的增加（生产增加的相对物）通过建议或竞争来创造欲望。要不然生产者可以采取主动，通过广告和推销术来创造欲望。因此欲望有赖于出产量。用术语来说，不能再假设：生产水平各方面都较高时的福利要比生产水平较低时的福利更大。福利可能是一样的。较高的生产水平仅仅有一较高的欲望创造水平，后者必须有一较高的欲望满足水平。

⊖ 约翰·肯尼斯·加尔布雷斯.经济学与公共目标[M].于海生，译.北京：华夏出版社，2010：178-180.
□ 约翰·肯尼斯·加尔布雷斯.经济学与公共目标[M].于海生，译.北京：华夏出版社，2010：286.
⊜ 斯坦利 L 布鲁，兰迪 R 格兰特.经济思想史（原书第 7 版）[M].邱晓燕，等译.北京：北京大学出版社，2010：311-312.

经常有机会提到欲望依赖其获得满足的过程的方法。为方便记可称之为'依赖效应'。"[1]

加尔布雷斯否定了新古典主义的需求理论所强调的消费者的至高无上和欲望给定说，他认为消费者的需求并不是由消费者真正的需求和偏好决定的，相反，消费者根本就不知道自己需要什么产品，是生产者决定了应该生产什么并因此塑造了消费者的偏好，即生产者生产某种产品，再通过广告和推销术来诱惑消费者购买这些产品。消费者的欲望在很大程度上是由别人为他设计出来的。某人的消费也许会变成他邻居的愿望。这早已意味着欲望借以满足的过程也就是欲望赖以创造的过程。满足的欲望越多，更多的新欲望又会产生。

加尔布雷斯所认为的消费者主权的局限性有一个重要的政策含义：对于公共物品将存在资源配置不足的问题，加尔布雷斯将这种情形称为"社会不平衡"。通过广告创造人为的欲望和竞争的倾向，会将资源转入私人产品并将资源从具有更大价值的公共产品中转移走。这一点在计划系统中被充分暴露出来了。

"计划体制想要保持它对公众的影响力，首先要使公众坚信它的所作所为的价值所在。由于它可以生产产品并创造服务，这就意味着它务必竭尽全力，使公众对于这些产品和服务的重要性抱有深刻的信念……要对消费者进行管理，就意味着要把大量金钱和技术手段投入到报纸、杂志、室外广告牌上面，尤其是要投入到无线电台和电视方面……（计划体系）对消费者所进行的说服工作，都在强调一个事实：商品消费，是一切快乐之源，是衡量人类成就的最高标准。

当公司寻求政策的支持或默认时，可以通过说服工作（尤其是广告和公关专长）直接诉诸公众。当公司遭到外界的指责，说它正在污染水源或空气、浪费某种自然资源或者经营一种不安全产品时，它几乎立刻就会发动一场广告宣传活动，反复声明它始终致力于环境改善、资源保护和公众安全。"[2]

制度学派从产生起就是一个观点复杂、内部意见很不一致的经济学派，该学派也没有提出阐明经济规律的共同理论体系，加之制度学派的研究方法很大程度上是立足于唯心主义的，这就使得该学派理论的科学性大打折扣。重点在于，虽然制度学派对于新古典经济学所描绘或设想的资本主义经济和自由市场体制大加批判，但他们也并没有提出切实可行的社会改革方案。最终，制度学派的部分思想与观点被凯恩斯的继承者们吸收（如加尔布雷斯的"现代社会二元理论"），他们汇入了后凯恩斯学派。

讽刺的是，制度学派一直批判的新古典学派，在20世纪60年代以后拥有了属于自己的制度主义：新制度经济学。关于新制度经济学的思想，将在第四篇第二十二章为大家详细介绍。

问题讨论

1. 请阅读凡勃伦的《有闲阶级论》，并用其中的理论分析当今社会人们的炫富心理。
2. 试比较新旧制度主义的异同。

本章推荐

[1] 电影：《公民凯恩》，导演：奥森·威尔斯。

---

[1] 加耳布雷恩.丰裕社会[M].徐世平，译，上海：上海人民出版社，1965：148.
[2] 约翰·肯尼斯·加尔布雷斯.经济学与公共目标[M].于海生，译.北京：华夏出版社：180-181.

[2] 电影:《至暴之年》,导演:J.C.尚多尔。
[3] 理查德·帕克.加尔布雷斯传[M].郭璐,译.北京:中信出版社,2010.

参考文献

[1] 张旭昆.西方经济思想史18讲[M].上海:上海人民出版社,2007.
[2] 贺卫,伍山林.制度经济学[M].北京:机械工业出版社,2003.
[3] 史蒂文·普雷斯曼.思想者的足迹:五十位重要的西方经济学家[M].陈海燕,等译.南京:江苏人民出版社,2001.
[4] 斯坦利 L 布鲁,兰迪 R 格兰特.经济思想史(原书第7版)[M].邸晓燕,等译.北京:北京大学出版社,2010.
[5] 托德·布赫霍尔茨.经济学大师们[M].黄延峰,译.北京:中信出版社,2012.
[6] 托德 G 巴克霍尔兹.已故西方经济学家思想的新解读[M].杜丽群,等译.北京:中国社会科学出版社,2004.
[7] 吴宇晖,张嘉昕.外国经济思想史[M].北京:高等教育出版社,2007.
[8] 哈里·兰德雷斯,大卫 C 柯南德尔.经济思想史(原书第4版)[M].周文,译.北京:人民邮电出版社,2014.
[9] 郑英.一位经济学家的传奇人生:加尔布雷斯述评[J].开放时代,2006(5):3.

第四篇

现代经济学时期（1936年至今）

一阴一阳之谓道。

——《易经》

第四篇现代经济学时期涵盖了20世纪初（1936年）至今的经济思想、理论流派和发展趋势。斯密奠定了以"看不见的手"为导向的、推崇自由主义的古典经济学，新古典时期则从方法上和理论上将自由竞争的微观经济社会进行了模型化和数量化的修正及完善，使经济学成为一门精确的、拥有完整体系的科学。

进入20世纪以后，世界各国的经济秩序和政治格局发生了重要而深刻的变化。伴随着第一次世界大战的结束，西方各国的经济增长开始陷于增长乏力和创新不足的状态，经济的长期停滞不仅仅成为一种担忧，而是更多地成为一种现实和趋势。1929年经济危机的爆发以及随后而至的大萧条，迫使从政府到民间都强烈呼唤一种不仅可以解释危机而且能够拯救危机的经济理论。当时历史的机遇和重任似乎是偶然性地落在了凯恩斯的肩上，实则在此之前，已有许多经济学家在关注总量经济和宏观经济的研究。

凯恩斯将1929年大萧条之前就出现的各类关注总量经济和宏观经济的思想整合成一个完整的分析框架，构建了宏观经济学，从而引发了经济学中的"凯恩斯革命"。凯恩斯的继承者主要分化为两支：以萨缪尔森为代表的新古典综合派和以罗宾逊为代表的后凯恩斯主义者。1960年后期"滞胀"的出现，标志着凯恩斯主义的失灵，随之产生了与凯恩斯主义相抗衡的各种新自由主义流派（包括芝加哥经济学派、以弗里德曼为代表的货币主义、以卢卡斯为代表的理性预期学派、以拉弗为代表的供给学派、以哈耶克为代表的新自由主义体系、德国的佛来堡学派、公共选择学派、以科斯为代表的新制度经济学等）。由此，围绕着凯恩斯主义，流派林立、群雄纷争的现代经济学丛林的形成与发展，从以下三个领域和方向演化、延伸、交叉：以凯恩斯的追随者为代表的国家干预主义（包括新凯恩斯主义者），与凯恩斯主义相对立的、以各种新自由主义流派为代表的经济自由主义，其他较为独立、难以划分或介于二者之间的流派与思潮（新思潮与新流派）。近几十年来，大量出现的新领域、新方向、新思潮、新方法持续地丰富着经济思想的大厦、拓宽着经济学的疆域，引发了人们对未来经济学演化版图的无尽猜想。

第十八章至第十九章分别介绍凯恩斯及其继承者；第二十章开始介绍与凯恩斯主义相抗衡的各种新自由主义流派，主要有芝加哥经济学派（第二十章）、奥地利学派（第二十一章）、新制度经济学派（第二十二章）；第二十三章介绍当代经济学流派的概况与进展。

经济思想演化的历史也是经济学研究方法的演化历史，经济学方法与经济思想是不可分割的，为此安排了第二十四章：经济学方法论的演进与发展。

结束语在盘点经济思想演化历史的基础上，探讨了一些对未来经济学发展方向的看法以及需要关注的变化和挑战。

思维导图

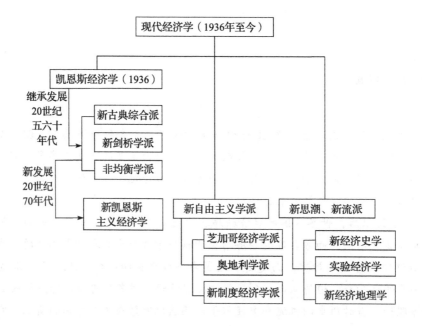

第十八章 CHAPTER 18

约翰·梅纳德·凯恩斯

以龙虎之姿，遭风云之时。

——《后汉书》

本章大纲

第一节 凯恩斯经济学产生的背景
第二节 凯恩斯的人生故事和学术渊源
一、宏观经济学之父
二、凯恩斯的学术渊源
第三节 凯恩斯革命
一、研究方法革命：总量分析方法
二、理论革命：宏观经济学体系
三、政策革命：国家干预主义
第四节 凯恩斯经济学体系
一、消费理论
二、投资理论
三、流动性偏好理论
四、货币工资和价格理论
五、商业周期理论

主要著作列表

姓名	著作	成书时间
约翰·梅纳德·凯恩斯	《印度通货与金融》（Indian Currency and Finance）	1913 年
	《和平的经济后果》（The Economic Consequences of the Peace）	1919 年

（续）

姓名	著　作	成书时间
约翰·梅纳德·凯恩斯	《货币改革论》(*A Tract on Monetary Reform*)	1923 年
	《自由放任主义的终结》(*The End of Laissez-Faire*)	1926 年
	《货币论》(*The Treatise on Money*)	1930 年
	《就业、利息和货币通论》(*The General Theory of Employment, Interest and Money*)	1936 年

◎ **思维导图**

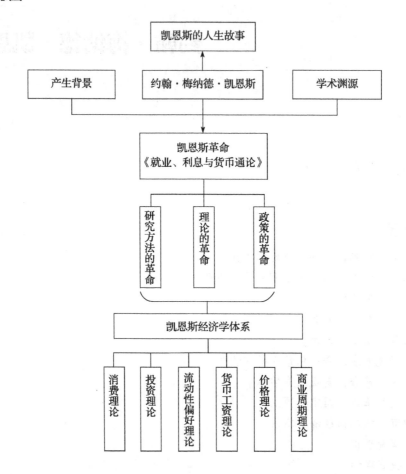

本章主要介绍凯恩斯的经济学思想。现代经济学始于凯恩斯，凯恩斯开创了西方宏观经济学的先河。从某种意义上讲，1936 年以后经济思想的发展与学派的演化只围绕着一个主角展开，这个主角就是凯恩斯。赞成、补充、修改、完善凯恩斯经济学的众多学者和流派形成的国家干预主义，与反对、挑战、质疑、批评凯恩斯经济学的各种经济自由主义，成为现代经济学发展的两大趋势与主要方向。

自凯恩斯经济学诞生之日起，他的追随者和继承者就从未间断。从 20 世纪五六十年代的新古典综合派（后凯恩斯主流经济学）与新剑桥学派（后凯恩斯主义经济学）延续到 20 世纪 60～80 年代的凯恩斯主义非均衡学派，再到 20 世纪 80 年代重振雄风、风靡至今仍居主流的新凯恩斯主义（第十九章），凯恩斯经济学精进不休、不断被发扬光大。如今，新凯恩斯主义与代表经济自由主义的新古典宏观经济学（第二十章的一部分）已成为当代经济学发展的两大主流学派。本章我们将了解凯恩斯经济学产生的背景和理论渊源，看凯恩斯如何掀起使经济学界改弦更张的"凯恩斯革命"。

第一节 凯恩斯经济学产生的背景

1929～1933年，西方资本主义各国出现了普遍性的经济大萧条。这次危机最先爆发于美国，也以美国最为严重。1929年10月24日，纽约股票市场价格在一天之内下跌12.8%，大危机由此开始，而这一天也被称为"黑色星期四"。这次经济危机涉及范围广，信贷货币危机、工业危机与农业危机并发，相互交织，几乎席卷了整个资本主义世界。历时四年的大危机，对世界经济造成了极大的破坏，危机期间资本主义世界的工业生产额下降了三分之一以上，国际贸易额减少了三分之二，以至于在危机之后也不见经济的复苏，而是又经历了五年左右的持续萧条。如此严重的经济危机在资本主义发展史上并不多见。经济危机伴随着资本主义各国严重的政治危机，法西斯主义开始在一些国家泛滥，各种社会矛盾激化，各国政坛丑闻层出不穷，政府信誉扫地。广大人民群众强烈要求改善生活状况，示威、游行和罢工斗争不断，整个西方世界出现了社会大动荡。与此同时，社会主义苏联的计划经济获得了良好的政策效果，人们要求政府有所作为的呼声越来越高，面对这样的社会经济形势，政治家们提出了加强对国家经济的干预，调整生产关系，使国家早日走出经济危机的阴霾。

国家垄断资本主义的发展也要求国家对经济活动的干预。19世纪末20世纪初，资本主义从自由竞争资本主义发展为垄断资本主义，垄断组织在主要资本主义国家的经济领域已经占据统治地位。1929年的大危机表明，单靠私人垄断资本的力量和资本主义的市场价格机制，已经不能维持社会资本再生产的正常运转。垄断资本主义狭隘的占有关系，严重阻碍了社会生产力的发展，扰乱了经济社会的秩序。国家直接参与社会资本的再生产过程并对经济实行全面干预，成为保证垄断资本的高额利润和维护资本主义制度生存的要求。

这一资本主义历史上最严重、最持久、最广泛的经济危机的出现，揭示了传统经济理论的困境：既无法解释大萧条中出现的各种经济现象，也不能为摆脱危机提供"有效的"对策。萧条似乎永无止境，人们开始意识到自由放任的市场并不是万能的，市场失灵到达一定程度后必定会引发一系列严重的经济问题，必须寻求某种方法来缓解和处理市场失灵带来的恶果。

1936年，凯恩斯出版了《就业、利息和货币通论》（简称《通论》）一书，该书对当代西方经济学理论的发展产生了划时代的影响。20世纪30年代后期至60年代中期，希克斯、汉森、萨缪尔森、莫迪利安尼、克莱因、帕廷金等许多经济学家纷纷解释、发展和完善了凯恩斯在通论中提出的经济理论，从而逐步形成了凯恩斯主义经济学，奠定了凯恩斯主义经济学在第二次世界大战之后较长时期内的主导地位。

其实在这之前，已经有许多经济学家开始关注总量经济和宏观经济的研究。但正如塞涅卡所言——所谓的幸运就是当你准备好了的时候机会来了。再没有什么人能比凯恩斯更好地诠释这句话了。

第二节　凯恩斯的人生故事和学术渊源

一、宏观经济学之父

1883 年，约翰·梅纳德·凯恩斯出生在英国剑桥市一个深受剑桥学术文化浸染的家庭。父亲约翰·内维尔·凯恩斯（John Neville Keynes）是著名的逻辑学家和政治经济学家，曾是马歇尔的早期弟子；母亲则曾担任过治安法官、市议员，后来成为剑桥市首位女市长。他们都比凯恩斯活得久，既是凯恩斯的亲人也是他一生的亲密伙伴。凯恩斯从学者父亲那里获得了丰富的知识储备，从政治家母亲那里汲取了政治抱负。父母精心的培养加上天生的卓越才能，凯恩斯开启了他非凡炫目的人生。他讨人喜欢，不仅学业生涯成绩优异，得奖丰硕，还热心公共事务；同时他兴趣广泛，喜爱生活……总而言之，他光彩照人，信心满满地游刃于政府官员、剑桥教授、布鲁斯伯里文化圈⊖的核心与芭蕾舞迷等各个角色之间。

约翰·梅纳德·凯恩斯

1902 年，从伊顿公学数学专业毕业后，凯恩斯进入剑桥大学纽卡斯尔学院攻读数学专业。自第四学年起，凯恩斯开始在马歇尔和庇古等导师的指导下学习经济学，他们都非常欣赏凯恩斯。然而当时经济学在剑桥相对来说还是一个新学科，相比之下，文官考试对凯恩斯更有吸引力，而凯恩斯对利顿·斯特雷奇⊜的拜访使他决定参加文官考试——利顿·斯特雷奇当时住在伦敦，凯恩斯与他已经产生了浪漫的纠葛。因此无论是在前途还是个人情感上，文官考试显然是他的偏好。

1906 年，凯恩斯参加文官考试，在 104 位应试者中名列第二，而考试科目中分数最低的是经济学。凯恩斯后来解释道："我显然比主考官更懂经济学。"实情确实如此。1907 年，凯恩斯被派到英国政府印度事务部。两年后他受够了这份差使，辞职回到剑桥，并很快获得成功。但在印度期间他完成了自己的数学论文，还利用这段工作经历写成了于 1913 年发表的《印度通货与金融》，并因此受邀进入研究印度通货问题的皇室委员会。

1911 年经马歇尔推荐，凯恩斯成为英国最具影响力的经济学刊物《经济学杂志》的主编，并任此职 33 年。1914 年，第一次世界大战爆发不久，凯恩斯进入财政部工作，并于 1919 年作为英国财政部首席代表出席巴黎和会。不久，因在巴黎的谈判经历和对强加给德国的和平方案的强烈反对，凯恩斯辞去了财政部的职务，重新回到剑桥大学，并出版了引起欧洲及美国各界人士大争论的《和平的经济后果》一书。这使他一时成为欧洲经济复兴问题的核心人物。在书中，凯恩斯对主宰制定《凡尔赛和约》的国家领导进行了愤怒的抨击。由此

⊖ 布鲁斯伯里文化圈（Bloomsbury Circle）：英国爱德华时代末期一个以布鲁姆伯利为中心的社交圈，其成员包括英国天才的作家、艺术家和知识分子，他们激进的观点和生活深深地影响着文学、美学、批判主义和经济，影响着女权主义、和平主义等现代观念。布鲁姆伯利是 1907 年到 20 世纪 30 年代伦敦的一个区，位于大英博物馆附近。

⊜ 利顿·斯特雷奇（1880—1932），英国传记文学作家与评论家，著名作品包括《维多利亚女王传》《维多利亚名人传》等，是布鲁斯伯里文化圈成员之一。

凯恩斯站在了公共事务的舞台之上，再也没有离开过，他最终成为一个全能的经济学家，成为一个明星。

凯恩斯不仅是经济学理论上的天才，也同样善于把理论转化为实践。尽管在从事货币买卖之初，凯恩斯先大赚后又大赔甚至破产，但 1921 年经济状况有所好转之后，他又开始了商品和股票投机，自此良好的投资收益让凯恩斯建立起了在证券业的声誉。据统计，1924 年凯恩斯投资的 5.7 万英镑到 1937 年增值为 50 万英镑，此间凯恩斯每年的平均投资复利收益率为 17%。到 1936 年，凯恩斯的净资产已超过 50 万英镑，大约相当于今天的 1 600 万英镑；而他完全掌管了"学院公款基金"，基金资本在 1920～1936 年间增长了不止 6 倍，从 3 万英镑增加到了 20 万英镑。①所以可以说，凯恩斯不仅是伟大的经济学家，也是一位成功的投资者，他的研究并非纸上谈兵，而是在市场中真刀真枪实践得来的。

1923 年，他出版了《货币改革论》，依据新古典经济学的理论提出国内价格水平的稳定与汇率的稳定这两个目标无法同时兼得，认为应该将前者放在首位，主要通过市场机制加以调节，而不必恢复金本位制。1924 年凯恩斯在牛津大学发表演讲，批评了人们对市场的盲目迷信，演讲的内容于 1926 年发表在《自由放任主义的终结》一书中。在这本书中凯恩斯指出，当时的许多不幸是风险、不确定性和无知的结果。

1929 年爆发的大危机使欧洲大陆各国政府陷入长久的困境中，凯恩斯也致力于寻找新的计划方案来拯救英国的基本社会制度。1930 年凯恩斯发表了《货币论》，表达了运用银行政策对储蓄和投资进行调控，以达到稳定物价的目的的观点。1934 年凯恩斯做客美国时，得到罗斯福总统的接见，可以说凯恩斯的经济思想直接促成了美国新政，使其走出了经济大萧条的泥潭，这与凯恩斯在他的祖国受到的冷遇形成鲜明对比。1936 年，其代表作《通论》出版，开创了宏观经济学体系，主张政府干预经济。凯恩斯在《通论》中指出危机和失业的根源在于消费和私人投资不足引起的有效需求不足，因而政府有必要采取一系列措施刺激和提高有效需求，以更快地渡过危机和萧条。《通论》的出版在西方经济学界引起了轰动，掀起了轰轰烈烈的"凯恩斯革命"。

1940 年，凯恩斯再次进入财政部，以帮助英国渡过战时的财政困难，他作为英国的首席谈判代表，组织了国际货币基金组织和国际复兴与开发银行，并致力于取得美国对英国的战后贷款。1942 年，凯恩斯被封为勋爵。1944 年 7 月，凯恩斯率英国代表团出席了著名的布雷顿森林会议，即联合国货币及金融会议。虽然最终在谈判中美国占了上风，但通过机构安排和货币可自由兑换，凯恩斯也得到了足够多的他想要的东西。1946 年 3 月，凯恩斯出席国际货币基金组织和世界银行第一次会议。1946 年 4 月 21 日，凯恩斯于索赛克斯病逝。在学术观点上与他针锋相对的哈耶克，在他的葬礼上只说了一句话："他是我所见过的一个真正的伟人。"②

约翰·梅纳德·凯恩斯是 20 世纪最伟大的经济学家之一，以他的经济学理论为主体的凯恩斯经济学引发了一场经济学界的大革命，扩建了经济学理论大厦，自此长期占据西方经济学界的主流地位。凯恩斯的胜利也远远超出了经济学，走向了政治；超出了英国，走向了世界。

---

① 数据来自：蔡庆悦，马光秋.约翰·梅纳德·凯恩斯——宏观经济学之父［M］.北京：人民邮电出版社，2009：8-22.
② 罗伯特·斯基德尔斯基.凯恩斯传［M］.相蓝欣，储英，译.北京：生活·读书·新知三联书店，2006：883.

二、凯恩斯的学术渊源

在凯恩斯之前已经有许多经济学家意识到需要国家对经济活动施加干预，以推动国民经济的发展。但正是凯恩斯将这些思想加以整合，并建立起分析框架，最终引发了西方经济学界的"凯恩斯革命"。表 18-1 是凯恩斯经济思想的学术渊源。

表 18-1 凯恩斯经济思想的学术渊源

	思想渊源	凯恩斯的经济思想
重商主义	运用国家力量支持商业资本的发展	国家干预主张
伯纳德·曼德维尔	节俭有害	主张刺激消费，扩大非生产性开支，维持经济繁荣
威廉·配第	财政理论，国家干预经济	税收制度改革实现社会再分配
托马斯·罗伯特·马尔萨斯	市场供给过剩理论	有效需求不足理论（凯恩斯经济思想的核心）

重商主义者强调政府在实现经济目标中的重要作用，主张政府授予外贸公司垄断特许权，控制国内商业活动的自由进入以限制竞争；对农业、采矿业和工业提供津贴；对进口产品征收关税以保护本国产品等。总之，重商主义依赖一个强有力的政府进行全国统一的管制。

伯纳德·曼德维尔的经济思想主要体现在著作《蜜蜂的寓言：私人的恶德，公众的利益》中。他认为追求私利是人类的天性，肯定了贪婪、挥霍、奢侈和虚荣对于经济繁荣与发展的作用。他强调政府的管理，认为"私人的恶德若经过老练政治家的妥善管理，可能被转变为公众的利益"。这在当时曾被一些人视为邪说，但它确实对西方经济学的发展产生了巨大的影响。凯恩斯承袭了他节俭有害的思想，主张刺激消费，扩大非生产性开支，维持经济繁荣。

威廉·配第提出税收可以帮助国家调节经济活动，合理征税能使资源达到有效利用。他说："赋税的征收对象是那些将公共资金用来吃喝或者将资金用于购买易逝品的人，然后将征收上来的资金交给购买衣服的人，那么，我认为这样对于公共财富也是有益的。"在配第看来，国家应当在控制海上运输、垄断渔业、控制进出口以及商船收费等政治事务和经济生活方面发挥调节与干预职能。

马尔萨斯的市场供给过剩理论认为，工人的工资和资本家所得的利润不足以实现社会总产品的全部价值。马尔萨斯认为利润是在流通过程中实现的，因而通过资本家之间的买卖不可能获得利润，只能通过土地所有者和政府官员这些不生产只消费的阶层来实现。资本主义经济危机是由土地边际生产力递减规律和社会有效需求不足这对矛盾导致的。土地的边际劳动生产力递减导致了整个社会的平均利润率降低，有效需求不足则致使社会总产品无法足额地实现，需要刺激有效需求来缓解危机。后来马尔萨斯的观点启发了凯恩斯，凯恩斯用政府支出替代不生产阶级的消费来弥补有效需求的不足。

通过对各种经济思想的梳理整合和发展，凯恩斯建立起自己特有的经济学体系。正如萨缪尔森所说："新古典经济学缺乏一个完善的宏观经济学来与它的微观经济学相配合，自约翰·梅纳德·凯恩斯出版了《通论》后，经济学就不再是以前的经济学了。"

第三节 凯恩斯革命

《通论》的出版掀起了西方经济学界轰轰烈烈的"凯恩斯革命"，这一革命包括研究方法上对个体经济分析方法的"革命"、理论上对新古典经济学的"革命"和政策上对自由放任主义的"革命"。

一、研究方法革命：总量分析方法

凯恩斯革命的成果之一就是创立了总量分析方法和一套衡量宏观经济活动的指标体系，用总量分析方法取代了传统经济分析中使用的个体经济分析方法。

古典经济学家以单个消费者行为和单个生产者行为，以及这两类行为的相互关系为研究对象，在此基础上进一步分析不同市场结构和产业组织结构中的消费者行为与生产者行为。而凯恩斯为从总体上分析经济活动开创了一种新的方法。在《通论》中凯恩斯提出了衡量国民收入的三种方法：成本法、支出法、收入法，还区分了总收入和净收入，定义了消费、储蓄、投资等总量以及它们与国民收入的数量关系。一般认为，这些总量概念的定义及其数量关系的界定是宏观经济分析的起点。虽然《通论》中的总量分析方法尚有不完善之处，但它开创了总量经济分析的先河，为宏观经济分析提供了方法，为第二次世界大战后国民收入核算体系的编制提供了理论和方法论基础。

二、理论革命：宏观经济学体系

凯恩斯革命的理论意义主要体现在以下几方面。

一是古典经济学的假设前提是充分就业均衡，是资源得到充分利用。而凯恩斯经济学的出发点是非充分就业。凯恩斯认为："古典学派的假设条件只适用于特殊情况，而不适用于一般的情况……古典学派所假设的特殊情况的属性恰恰不能代表我们实际生活中的经济社会所包含的属性。"⊖

二是古典经济学主要研究有限的资源如何在不同用途间进行配置，各种资源（劳动、资本、土地和企业家才能）的相对报酬及其产品的相对价值如何决定。这也构成了古典经济学的三大理论：生产理论、分配理论、价值理论。而《通论》试图建立一种在现有的可用资源中决定实际使用量大小的纯理论研究，也就是关于一个经济体在一定时期内国民收入和就业量决定的理论。简单来说，古典经济学的理论核心是价值决定理论，凯恩斯经济学的理论核心是国民收入决定理论。

凯恩斯认为在资源、技术和成本均既定的情况下，国民收入取决于就业量，而就业量又取决于社会的有效需求。有效需求等于消费需求和投资需求之和。经过分析，凯恩斯得出三大心理规律，即边际消费倾向递减、资本边际效率递减、流动性偏好，是社会有效需求不足的根源，因而最终决定国民收入和就业量的三大变量是：心理上的消费倾向、资本边际效率和利息率。不同于古典经济学强调宏观经济的供给约束，凯恩斯经济学强调需求约束，认为应当从决定总需求的诸多因素方面分析国民收入水平和就业量的决定。

三是古典经济学认为市场价格机制具有完全弹性，而凯恩斯认为价格、工资率和利率变动时具有向下的刚性。凯恩斯早在20世纪20年代就抨击了古典经济学的完全竞争假定，他认为经济中的市场是不完全竞争市场，而非完全竞争市场。由于市场的不完全竞争性，租金、利润和工资不再是完全弹性的，而是刚性的。在劳动市场由于存在"货币幻觉"，并且

⊖ 约翰·梅纳德·凯恩斯．就业、利息和货币通论［M］．高鸿业，译．北京：商务印书馆，1999：7．

会强烈抵制货币工资的下降，故货币工资在向下的方向上是刚性的。

四是关于储蓄与投资的关系，古典经济学的观点是储蓄支配投资，利率是调节储蓄和投资以期实现充分就业均衡的有效杠杆。当储蓄增加时，资本市场供给增加从而利率下降，利率的下降会刺激投资的增加，这样消费省下的现期收入通过刺激的投资花掉了，因此萨伊定律成立。而凯恩斯认为，储蓄和投资是不同主体的行为，由不同的因素决定，因此很难协调一致。由于利率黏性和资本边际效率的长期下降趋势，投资无法完全消化由储蓄倾向和收入提供的储蓄，这就造成了有效需求不足，由此可见，供给并不能创造自己的需求，萨伊定律不成立。在非充分就业情况下，投资的增加通过乘数效应使得国民收入成倍地增加，收入的增加导致储蓄的增加，因此是投资支配储蓄。

简而言之，古典经济学中投资和储蓄通过利率的调节达到均衡，凯恩斯经济学中投资和储蓄通过收入的调节达到均衡。

五是古典经济学认为货币是中性的，货币在经济运行中只充当交易媒介的职能。而凯恩斯在《通论》中试图把货币理论变成一种总产量理论，货币不仅充当交易媒介，更重要的是作为一种资产——人们最偏好的资产，具有价值储藏的职能，在经济中占有重要且特殊的地位，即货币是非中性的。

在一定的货币供给下，人们对货币需求（流动偏好）的变化会影响利率进而影响投资，最终影响就业量和总产量。而且因为投资要到未来才能收获回报，所以投资者要将未来的预期收益贴现成现值进行成本-收益分析，最终做出是否投资和投资多少的决策。在其他情况不变的条件下，预期收益的变化会导致投资的变化，从而引起就业、产量的变化。因此货币是联系现在和未来的桥梁。

三、政策革命：国家干预主义

凯恩斯认为，由于有效需求不足，经济自发的运行通常处于存在非自愿失业的非均衡状态。因此要实现充分就业均衡，消除有效需求不足导致的非自愿失业，最好的办法就是扩大总需求。那么由谁来扩大总需求呢？消费需求受到消费者收入水平和消费倾向的制约，投资需求受到资本边际效率和利率间对比关系的约束，于是扩大需求的职责就落在政府身上。

"对于消费倾向，国家将部分通过赋税制度，部分通过利息率的涨落，和部分通过其他手段来施加引导作用。还有，单靠银行政策对利息率的影响似乎不太可能决定投资的最优数量。因此，我感觉到，某种程度的全面的投资社会化将要成为大致取得充分就业的唯一手段……"⊖在凯恩斯看来，在萧条时期财政政策的作用是直接的、效果明显的，而货币政策是间接的，其效果是不确定的，尤其当处于流动性陷阱时，货币政策就完全无效。因此凯恩斯强调财政政策对扩大总需求的重要性，而把货币政策放在辅助的位置。

要扩大政府开支，那么这笔钱从哪里来呢？由于税收会降低消费者的消费需求和投资者的投资需求，凯恩斯并不主张通过扩大税收筹集资金。在不增加税收的同时扩大政府开支必将引起财政赤字，但凯恩斯认为只要能扩大就业，即使引起财政赤字也无所谓，因而主张通过借债来筹集资金。凯恩斯否定了古典经济学奉行的平衡财政收支的原则，进一步地，凯恩斯认为政府开支应当用于政府投资和政府购买，兴办公共工程而非生产竞争性产品和服务，因为这样才不会挤出私人投资，造成供给过剩。

⊖ 约翰·梅纳德·凯恩斯. 就业、利息和货币通论［M］. 高鸿业，译. 北京：商务印书馆，1999：391.

第四节 凯恩斯经济学体系

凯恩斯经济学最鲜明的观点是坚持市场的不完善性和政府干预的必要性。市场的不完善性使以追求利润最大化为目标的经济主体无法准确洞察未来的一切,因而经济资源的价格是刚性的,它很难迅速调整以达到市场出清。由于经济从非均衡状态到均衡状态需要相当长的一段时间,在此期间经济会遭受损失,因此政府采取干预政策是必要且有益的。凯恩斯的经济学体系如图 18-1 所示。

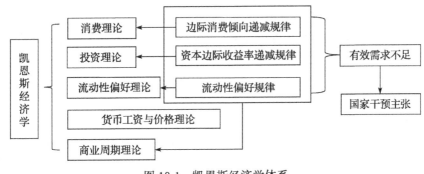

图 18-1 凯恩斯经济学体系

一、消费理论

凯恩斯在《通论》中提到:"根据现有的资料,无论从我们所知道的人类本性来看,还是从经验中的具体事实来看,我们可以具有很大的信心来使用一条基本心理规律。该规律为:在一般情况下,当人们收入增加时,他们的消费也会增加,但消费的增加不像收入增加得那样多。"[○]

凯恩斯认为消费 C 与国民收入 Y 之间存在着正的函数关系,即 $C = C(Y)$,$C'(Y)>0$。他将消费倾向分为平均消费倾向(APC)和边际消费倾向(MPC),平均消费倾向(APC)是指任一收入水平上的总消费与总收入之比,APC 的取值取决于收支状况,入不敷出时,$APC > 1$;收支平衡时,$APC = 1$;入大于出时,$APC < 1$,且 APC 是递减的。边际消费倾向(MPC)是指增加一个单位收入用于消费的部分所占的比率,即 $MPC = \frac{\Delta C}{\Delta Y}$。

根据凯恩斯的心理规律,消费增量只是收入增量的一部分,也就是说,边际消费倾向 MPC 大于 0 且小于 1,且 MPC 也是递减的。

二、投资理论

凯恩斯认为只有资本资产的预期收益超过资本资产的供给价格或重置成本,继续投资才是有利可图的,资本家们才会选择增加投资。因而凯恩斯定义资本边际效率为满足下列关系的贴现率,即一项资本资产在其寿命期限内预期的一系列年收入按这一贴现率折成的现值,正好等于这项资本资产的供给价格,用公式可以表示为:

$$K_s = \frac{R_1}{(1+r)} + \frac{R_2}{(1+r)^2} + \cdots + \frac{R_n}{(1+r)^n} = \sum_{i=1}^{n} \frac{R_i}{(1+r)^i}$$

○ 约翰·梅纳德·凯恩斯. 就业、利息和货币通论 [M]. 高鸿业,译. 北京:商务印书馆,1999:103.

其中，K_S 表示资本品的供给价格，R_i 表示第 i 年的预期收益，r 表示资本边际效率。根据上面的公式，我们可以认为资本边际效率是一项新投资的预期利润率，且没有扣除折旧或显性和隐性的利息成本。凯恩斯认为资本边际效率随着投资量的增加而递减，因为随着投资的增加，资本存量增加，则一方面资本资产的成本会增加，另一方面资产所产物品的供给会增加，于是导致预期收益减少。凯恩斯指出，资本边际效率递减在短期内主要源于资本资产成本上升；在长期内则主要源于资本存量的大量积累，可供选择的投资机会越来越少，资本对劳动的边际替代率递减。在凯恩斯宏观经济模型中，一个社会在一定时期内的投资量由资本边际效率和利息率共同决定。资本边际效率是投资的预期利润率，或言之，是投资收益率，其随着投资量的增加而递减；而利率是用于投资的融资成本，且投资量随着利率的降低而增加，所以资本边际效率与利率将随着投资的变化而变化直至相等，这时社会投资量就达到了最优状态。

三、流动性偏好理论

凯恩斯将流动性偏好定义为人们愿意用货币形式持有收入和财富的欲望和心理，它来源于三种动机，第一种是交易动机，即持有货币以支付当前购买行为来满足消费和企业需要的动机，这一货币需求量主要取决于收入，收入越高，交易数量越大，货币需求量越大，即 $L'_1(Y)>0$。

第二种是预防动机，即需在手头保留一些现金以应对没有预见到的紧急事件的动机。这一货币需求量主要取决于个人对不确定性的预期，但从整个社会来看，则同收入密切相关，即 $L'_2(Y)>0$。

第三种是投机动机，即因等待利率上升或股票和债券价格下降或总体价格水平下降而持有现金的动机。这一货币需求量取决于利率的高低，利率低时人们对货币的需求量大，利率高时人们对货币的需求量小，即 $L'_3(r)<0$。值得一提的是可以发现两种极端情形：当利率非常高时，人们预期利率将要下跌，会将手中持有的可用于投机的货币全部兑换成债券或股票，此时投机性货币需求为零。当利率非常低时，投机动机引起的货币需求量是无限的。也就是说，由于利息是人们在一定时期内放弃货币流动性所得到的报酬，因而当利率过低时人们宁愿持有货币而不再储蓄，此时投机性货币需求无限大，这种情况被称为"流动性陷阱"（Liquidity Trap）或"凯恩斯陷阱"。在"流动性陷阱"下，投机性货币需求的利率弹性为无穷大，货币需求函数在利率降至零时变为一条与横轴平行的直线。

古典经济学认为当储蓄高于投资时，利率会下降，而利率下降会刺激投资，利率的完全伸缩性会使得储蓄增量等于投资增量，从而达到充分就业的均衡水平。凯恩斯持有不同的观点，他认为当货币供给量大幅度增加时，人们对未来不确定性的预期增强，从而使流动性偏好增强。

凯恩斯从流动性偏好理论中得出的实际结论为，中央银行通过增加货币供应量降低利率，进而刺激投资的货币政策，对增加就业量有一定的效果，但是由于"流动性陷阱"的存在，这种效果是有限的，还是要强调财政政策的作用。

四、货币工资和价格理论

古典经济学认为货币工资具有伸缩性，在失业率高于自然失业率的情形下，货币工资会自动下降，失业将随之减少，直至降至自然失业率水平。凯恩斯不赞同古典经济学的这一观点，他认为就业量取决于有效需求，而不取决于工资水平，这是由于工资和价格水平在短期内呈刚性，而在放开了工资和价格水平不变的假设后，凯恩斯认为工资水平会影响就业量，且这种影响是一种反作用，是通过心理上的消费倾向、流动性偏好和资产未来收益预期三个造成有效需求不足的基本心理因素发生作用的。

具体而言，凯恩斯认为就业量取决于有效需求，有效需求是预期的消费需求和投资需求的总和，只要消费倾向、利率和资本边际效率不变，有效需求就不发生改变。因而，降低货币工资并不能直接导致就业量的增加，只有提高消费倾向，降低利率或提高资本边际效率，降低货币工资才能趋向于增加就业量。因而，凯恩斯不赞同传统经济学主张的弹性工资政策，他指出在现代资本主义制度下，相比弹性工资政策，以刚性工资政策为目标更为方便，刚性工资政策的核心不是降低货币工资，而是实行"温和的"通货膨胀，使整体物价水平上涨，从而降低实际工资水平。

凯恩斯指出，在短期内货币量与价格水平之间存在三种不同的情况：当失业率高于自然失业率时，货币数量的增加不会影响价格水平；当一些商品和劳务的供给弹性变小，另一些商品和劳务的供给弹性仍然较大时，货币数量的增加很可能引起一些商品价格的快速上涨，凯恩斯将此称为"半通货膨胀"；当失业率达到自然失业率水平时，增加货币供应量会直接影响工资和价格水平，凯恩斯将此时的价格水平上涨称为"绝对通货膨胀"。

凯恩斯从工资刚性理论中得出的实际结论为，当失业率水平高于自然失业率水平时，可以通过增加货币供应量来降低利率，提高物价水平，进而增加有效需求，从而实现充分就业。然而，由于将利率降得过低有可能陷入"流动性陷阱"，因而仅采用货币政策来调控国民经济是远远不够的，还要把重心放在财政政策上。

五、商业周期理论

凯恩斯是从心理因素出发论述商业周期理论的，他在《通论》中指出，经济发展必然会呈现一种开始向上，继而向下，再又重新向上的周期性运动，且具有明显的规律性，即商业周期。

凯恩斯认为他提出的就业理论是一般性的通论，他的商业周期理论就是就业通论在商业周期方面的应用。凯恩斯指出要对商业周期做出全面的解释，需要用到就业通论中的每个影响因素，尤其是消费倾向、流动性偏好和资本边际效率的波动情况，其中资本边际效率是导致商业周期波动的主要原因。在商业周期中的繁荣后期，由于经济泡沫的存在，投资者对资本资产未来收益的预期过于乐观，而非理性预期，他们不断增加投资使得资本和劳动力逐渐稀缺，价格相应地上涨，这就使得资本品的生产成本不断增加，而随着生产成本的增大，资本边际效率下降，利率逐渐降低。然而由于投资者对市场仍过度乐观，过度购买，最终导致资本边际效率的崩溃，即资本边际效率变得微不足道，甚至是负值。此时，投资者对未来失去信心，造成人们流动性偏好的大幅上升，引起利率上涨，进一步使得投资大幅下降，经济危机就发生了。凯恩斯不赞同传统经济学运用利率上升解释经济危机的做法，他主张运用资本边际效率的崩溃解释经济危机。

紧随经济危机的就是经济萧条。此时由于投资者对未来信心不足，资本边际效率难以恢复，金融机构和工商界也无力控制市场，从而投资不振，生产萎缩，大量失业，商品存货积压，经济处于不景气状态。随着资本边际效率逐渐恢复，存货逐渐被吸收，利率降低，投资逐渐增加，经济进入复苏阶段。随着资本边际效率的进一步升高，直至完全恢复到正常水平，此时投资大量增加，经济再次进入繁荣阶段。

凯恩斯从商业周期理论中得出的实际结论为，在经济萧条阶段降低利率有助于经济的复苏，但是仅依靠货币政策无法有效解决问题，还要加以财政政策的刺激。另外由于引发经济危机的主要原因是资本边际效率的崩溃，而资本边际效率基本心理因素无法被根本改变，因而不该将决定当前投资总额的职责放在私人手中，而应由中央政府进行有效的宏观调控。

1936 年凯恩斯《通论》的出版标志着西方经济学进入一个新的时代，那就是现代经济学。凯恩斯革命用凯恩斯经济学取代了统治西方经济学界一个半世纪之久的"古典学派理论"，⊖开创了宏观经济学体系。凯恩斯被认为是对现代西方经济学最有影响的经济学家之一，人们将他创立的宏观经济学与弗洛伊德所创的精神分析法和爱因斯坦发现的相对论一起并称为 20 世纪人类知识界的三大革命，还有西方经济学家将凯恩斯的《通论》与亚当·斯密的《国富论》和马克思的《资本论》相提并论，认为："亚当·斯密的著作是对重商主义的声讨，马克思的著作是对资本主义的尖锐批评，凯恩斯的著作是摒弃自由放任的基础。凯恩斯革命大大地改写了西方经济学的研究方法、研究主题和内容体系。他用总量分析方法取代了个体分析方法；用产出和就业理论取代了古典经济学的价格理论；用非充分就业假设取代了古典经济学的充分就业假说；用国家干预主义取代了自由放任主义……"⊜自此以后，凯恩斯创立的宏观经济学成为与微观经济学并列平行的学科发展繁荣起来。第二次世界大战结束后，凯恩斯的政府干预、维持充分就业的思想渗透到了发达国家的相关法律和政策中。可以说凯恩斯经济学对自第二次世界大战以来西方各国乃至世界的经济政策产生了深远的影响。

另外，凯恩斯的经济理论仍存在一些不成熟的地方。首先，凯恩斯过于注重对短期静态和比较静态的分析，而未涉及长期动态分析。其次，他低估了技术变化的可能性及其可能激发的新的资本投资。他认为随着最具盈利能力的项目先被开发，吸引力较差的项目留到后面开发，致使新投资的盈利能力逐渐下降。再次，凯恩斯过多地强调了心理因素的作用，而忽视了对经济现实因素的深入分析。最后，凯恩斯的经济理论强调了经济的宏观方面，却忽视了应有的微观基础。

尽管凯恩斯的经济理论存在上述不足，但在经济思想史的长河中凯恩斯的绝对地位和卓越贡献是毋庸置疑的。下一章我们将就凯恩斯的追随者如何对凯恩斯经济思想进行继承和发展展开论述。

背景链接 18-1 历史上最经典的经济学大论战

一个是敏锐预见苏联解体的智者，赋深刻洞见于薄薄的《通往奴役之路》；一个是挽救资本主义危机的天才，凝不可一世的才华于一本《通论》。弗里德里希·冯·哈耶克和约翰·梅纳德·凯恩斯，隔着一道巨大的深渊，凝视着彼此。这道深渊，拉开了我们这个时代最轰轰烈烈的经济学之战：政府是否应当干预市场。两人同时在第一次世界大战的废墟之上着手研究商业繁荣和萧条的周期，却得出了截然不同的结论。哈耶克认为，改变经济的"自

⊖ 此处采用了凯恩斯的用语与划分，不同于本书所根据的经济学界的一般观点，具体指从大卫·李嘉图的追随者到马歇尔和 A. C. 庇古的西方正统经济学。
⊜ 胡代光. 西方经济学说的演变及其影响 [M]. 北京：北京大学出版社，1998：109.

然平衡"会导致严重的通货膨胀。凯恩斯则认为，标志着一个周期结束的大规模失业和困难，可以靠政府开支来缓和。终其余生，两人始终无法认同对方的观点。

20多年中，两人通过信件辩论，通过公开发表的文章辩论，通过激烈的私下对话辩论，最终又通过他们热心的弟子约翰·肯尼斯·加尔布雷斯和米尔顿·弗里德曼代为辩论。

凯恩斯的口才和魅力过人，对世界持有一种乐观的愿景：政府计划和管控能撑起经济。这一观点很快为大西洋两岸整整一代政治家和经济学家所接受。与此相反，哈耶克是个一丝不苟的逻辑家，他顽强地逆流而上，在市场倡导者和自由意志者中找到了支持。

问题讨论

1. 你认为凯恩斯的思想主张在经济思想史中处于什么样的地位？
2. 如何理解凯恩斯经济学又被称为萧条经济学？有人说凯恩斯经济学只适用于大萧条的经济状况，你怎么看？

本章推荐

［1］刘鹤.两次全球大危机的比较研究［M］.北京：中国经济出版社，2013.
［2］尼古拉斯·韦普肖特.凯恩斯大战哈耶克［M］.闫佳，译.北京：机械工业出版社，2013.
［3］宋鸿兵，《货币战争》(升级版)，第四章，一战与大衰退：国际银行家的"丰收时节"，第五章，廉价货币的"新政"，中信出版社，2011年版。
［4］BBC纪录片：1929经济大崩溃（1929 The Great Crash）.
［5］电影：狂澜春醒（Wild River），1960年。
［6］短片：凯恩斯大战哈耶克。

参考文献

［1］亨利·威廉·斯皮格尔.经济思想的成长［M］.晏智杰，等译.北京：中国社会科学出版社，1999.
［2］斯坦利 L 布鲁，兰迪 R 格兰特.经济思想史（原书第7版）［M］.邱晓燕，等译.北京：北京大学出版社，2010.
［3］王志伟.现代西方经济学主要思潮及流派［M］.北京：高等教育出版社，2004.
［4］吴易风.当代西方经济学流派与思潮［M］.北京：首都经济贸易大学出版社，2005.
［5］蒋自强，史晋川.当代西方经济学流派［M］.上海：复旦大学出版社，2014.
［6］卫志民.经济学史话［M］.北京：商务印书馆，2012.
［7］何正斌.经济学三百年［M］.长沙：湖南科学技术出版社，2009.
［8］约翰·梅纳德·凯恩斯.凯恩斯文集［M］.李春荣，等译.北京：中国社会科学出版社，2013.
［9］肯尼斯 R 胡佛凯.凯恩斯、拉斯基、哈耶克：改变世界的三个经济学家［M］.启蒙编译所，译.上海：上海社会科学院出版社，2013.
［10］方福前.当代西方经济学主要流派［M］.北京：中国人民大学出版社，2005.
［11］威廉·布雷特，罗杰 L 兰塞姆.经济学家的学术思想（原书第3版）［M］.孙琳，等译.北京：中国人民大学出版社，2004.

第十九章 凯恩斯主义的继承与发展

> 宇宙的内部整个是一个不息的斗争，而斗争的轨迹便是进化。
>
> ——郭沫若

本章大纲

第一节　新古典综合派
一、阿尔文 H. 汉森
二、约翰 R. 希克斯
三、保罗 A. 萨缪尔森
四、罗伊·福布斯·哈罗德、埃弗塞·多马与罗伯特·默顿·索洛
第二节　新剑桥学派
一、琼·罗宾逊
二、皮耶罗·斯拉法
三、尼古拉斯·卡尔多
第三节　凯恩斯主义非均衡学派
一、唐·帕廷金
二、罗伯特·韦恩·克洛尔
三、阿克塞尔·莱荣霍夫德
第四节　新凯恩斯主义经济学
一、新凯恩斯主义经济学概况
二、新凯恩斯主义经济学的主要理论
三、对新凯恩斯主义的简要评述

主要著作列表

姓名	著作	成书时间
阿尔文 H. 汉森	《财政政策与经济周期》(Fiscal Policy and Business Cycle)	1941 年
	《货币理论与财政政策》(Monetary Theory and Fiscal Policy)	1949 年
	《凯恩斯学说指南》(A Guide to Keynes)	1953 年
保罗 A. 萨缪尔森	《经济分析基础》(The Foundation of Economic Analysis)	1947 年
	《经济学》(Economics)	1948 年
罗伯特·默顿·索洛	《对经济增长理论的一个贡献》(A Contribution to the Theory of Economic Growth)	1956 年
	《技术变化与总生产函数》(Technical Change and the Aggregate Production Function)	1957 年
罗伊·福布斯·哈罗德	《商业周期》(Business Cycles)	1936 年
	《动态经济学导论》(Toward a Dynamic Analysis)	1948 年
埃弗塞·多马	《资本扩张、增长率和就业》(Capital Expansion, Growth Rate and Employment)	1946 年
	《扩张与就业》(Expansion and Employment)	1947 年
琼·罗宾逊	《不完全竞争经济学》(The Economic of Imperfect Competition)	1933 年
	《资本积累论》(The Accumulation of Capital)	1956 年
	《现代经济学导论》(An Introduction to Modern Economics)	1973 年
皮耶罗·斯拉法	《竞争条件下的收益规律》(The Laws of Returns under Competitive Condition)	1926 年
	《李嘉图著作和通信集》10 卷 (The Works and Correspondence of David Ricardo)	1951～1955 年
	《用商品生产商品：经济理论批判绪论》(Production of Commodities by Means of Commodities)	1960 年
唐·帕廷金	《古典经济理论中绝对价格的不可确定性》(Classical Economic Theory of Absolute Price Uncertainty)	1949 年
	《古典货币理论的无效性》(The Classical Monetary Theory Inefficiencies)	1951 年
	《经济理论中价格决定过程的两分法》(Economic Theory in the Dichotomy of Price Decision Process)	1954 年
罗伯特·韦恩·克洛尔	《凯恩斯与古典学派》(The Keynesian and Classical School)	1960 年
阿克塞尔·莱荣霍夫德	《论凯恩斯派经济学和凯恩斯的经济学》(Theory of Keynesian Economics and Keynesian Economics)	1978 年
斯坦利·费希尔	《宏观经济学》(合著)(Macroeconomics)	1978 年
埃德蒙·费尔普斯	《政治经济学：入门教材》(Political Economy: A Primer)	1985 年
	《宏观经济思想七流派》(Seven Schools of Macroeconomic Thought)	1990 年
乔治·亚瑟·阿克尔洛夫	《柠檬市场：质量的不确定性和市场机制》("Lemons": Quality uncertainty Market Mechanism)	1970 年
	《泡沫经济学》(Bubble Economics)	1989 年
尼可拉斯·格里高利·曼昆	《宏观经济学》(Macroeconomics)	1992 年
	《经济学原理》(Principles of Economics)	1998 年
约瑟夫·斯蒂格利茨	《现代经济增长理论选续》(Modern Economic Growth Theory)	1969 年
本·伯南克	《通货膨胀目标制：国际经验》(Inflation Targeting Lessons from the International Experience)	1999 年

思维导图

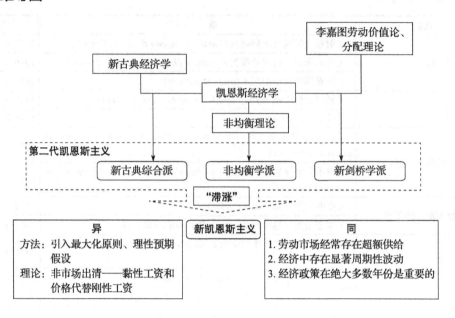

《通论》的出版标志着凯恩斯经济学的诞生，凯恩斯的经济理论最终对经济学理论和政策方向产生了深远的影响。第二次世界大战之后，凯恩斯理论的追随者分化为两个学派：新古典综合派和新剑桥学派（美国凯恩斯主义和英国凯恩斯主义），也就是20世纪五六十年代西方经济学中出现"两个剑桥"。㊀新古典综合派在理论上把微观经济学与宏观经济学综合起来，在政策上把凯恩斯主张的政府干预和古典学派主张的市场调节综合起来。经过萨缪尔森等人的"综合"，最终凯恩斯主义确立了其正统地位，新古典综合学派的理论框架也成为标准的经济分析范式和经济学教学内容。新剑桥学派完全否定了古典经济学理论，重新恢复李嘉图传统，建立了以客观价值论为基础、以分配理论为核心的理论体系。这两个学派的基本观点和政策主张差异很大，在长期的论战中新古典经济学逐渐占了上风，成为西方经济学界的主流经济学。与此同时，另一些凯恩斯的追随者试图为凯恩斯的宏观非均衡理论寻求微观基础，从一般非均衡分析和分析各种非均衡条件下产量和就业的决定两方面入手进行研究，逐渐发展形成了凯恩斯主义非均衡学派。

经过新古典综合派、新剑桥学派、非均衡学派对凯恩斯经济学的继承、发展与丰富，凯恩斯的经济理论逐步发展成为凯恩斯主义经济学并一统经济40余年，直到20世纪60年代末70年代初，西方世界出现了严重的"滞胀"现象，凯恩斯主义在解释和解决滞胀问题上表现出的无能为力，受到了与其对立的主张自由经济学派的批判，凯恩斯主义因无力应对现实和理论的挑战而陷入困境，从正统经济学宝座上跌落下来，这就是所谓的"凯恩斯主义理论危机"。

20世纪80年代，一个主张政府干预经济的新学派——新凯恩斯主义经济学在西方经济学界崭露头角，以独辟蹊径的研究方法和新颖的理论观点复兴凯恩斯主义，并弥补了凯恩斯主义经济学的一些缺陷，丰富和发展了现代宏观经济学。可以说，新凯恩斯主义是凯恩斯主义被逼入困境之后，凯恩斯追随者的一次大反击，它辩证地继承和发展了凯恩斯主义。

㊀ "两个剑桥"指美国剑桥和英国剑桥。美国的剑桥是指哈佛大学和麻省理工学院所在地美国波士顿的剑桥市，美国的凯恩斯主义者大都在此执教。英国剑桥是指新剑桥学派主要所在的剑桥大学。

第一节 新古典综合派

20世纪30～60年代新古典学派的形成过程，实际上就是凯恩斯的经济理论在欧美传播并逐渐占据主流地位的过程，也称为"后凯恩斯主义主流经济学"。约翰 R. 希克斯和阿尔文 H. 汉森将凯恩斯的经济理论通俗化，提出了著名的 IS-LM 模型；萨缪尔森提出乘数 – 加速数原理模型阐述其经济周期理论，并史无前例地将宏观经济学与微观经济学结合，其著作《经济学》被称为"所有经济学教科书的鼻祖"；菲利普斯和托宾的通货膨胀与失业理论充实了宏观经济学的内容；罗伊·福布斯·哈罗德、埃弗塞·多马和罗伯特·默顿·索洛三人则在经济增长模型领域做出了突出贡献。新古典综合派经过不断的发展创新，形成了自己的理论体系。

几十年来，面对变化着的经济现实，萨缪尔森的《经济学》不断吸收、综合各家经济理论，力图使其理论体系反映和指导现实，迄今已经历了19次更新再版。可以说，《经济学》各版推出的过程，就是"原始的综合"到"成熟的综合"的过程。[○]这也体现了新古典综合派兼容并蓄的特点和鲜明的时代特征。

新古典综合派主张采取"逆经济风向行事"的财政货币政策，也就是汉森提出的"补偿性财政政策"，以减少经济周期对经济发展的不利影响；主张在经济上升期实行赤字预算、发行国债，刺激经济快速增长。另外，在财政政策与货币政策的关系上他们认为财政政策比货币政策更为重要，在具体应用中应当"相机决策"、灵活决策。

一、阿尔文 H. 汉森

（一）"美国的凯恩斯"

阿尔文 H. 汉森（Alvin H. Hansen, 1887—1975）是新古典综合派的先驱者和奠基人，被称为"美国的凯恩斯"。汉森原本信奉自由放任的经济主张，但读过凯恩斯的《通论》后即为之折服，拜为门徒，一心宣扬凯恩斯主义并发展了凯恩斯的经济理论，推动了凯恩斯主义的通俗化、美国化。

第二次世界大战后，凯恩斯思想的影响仅限于美国的部分地区，大部分美国学生对凯恩斯的经济理论很陌生，汉森对凯恩斯主义在美国乃至世界的传播和发展做出了重要贡献。他出版的《凯恩斯导读》逐章详细讨论了《通论》以及每一章中提出的论题，使人们更容易理解和接受凯恩斯主义的观点。20世纪50年代的学生几乎全部是通过汉森的《凯恩斯导读》来学习《通论》的，而非读原著。时至今日这两本书都经常一起出现在书架上。

（二）阿尔文 H. 汉森对凯恩斯主义的发展

阿尔文 H. 汉森对凯恩斯经济思想的发展体现在三个方面：一是提出了"补偿性财政政策"，要求根据商业周期的不同阶段，以实现充分就业为目标采取不同的财政政策；二是与萨缪尔森一起提出了解释经济周期的乘数 – 加速数原理模型，证明了政府干预的必要性；三

○ 吴易风. 当代西方经济学流派与思潮 [M]. 北京：首都经济贸易大学出版社，2005：15-16.

是发展了英国经济学家希克斯提出的 IS-LM 模型，被称为希克斯－汉森交叉图。

凯恩斯主张的财政政策以赤字财政为特点，但战后的美国并没有打破财政平衡的限制。1941 年汉森出版了《财政政策与经济周期》一书，赞同政府为稳定社会经济而采取积极且持续的财政政策，并且在理论论证的基础上，通过提供美国在前十年中的经济统计数据，进行了更为细致的分析，说明了采取补偿性财政政策的必要性。汉森认为，政府应该根据实现充分就业的目标来决定支出，而非致力于本期的财政收支平衡，这就是补偿性财政政策。这种政策的原则是在经济萧条时期采用扩张性财政政策增加支出，减少税收，以刺激经济需求；在繁荣时期则采用紧缩性财政政策，减少支出，增加税收，以抑制通货膨胀。这种财政政策并不需要保持逐年的财政预算平衡，在萧条年份会有赤字，在繁荣年份会有盈余，因此在长期仍可以实现财政预算平衡，称为"长期预算平衡论"或"周期预算平衡论"。这也是美国 20 世纪 50 年代经济政策的基调。

汉森与萨缪尔森提出的解释经济周期的理论乘数－加速数原理模型，又被称为汉森－萨缪尔森模型，说明了在市场机制自发调节时，消费、投资和国民收入之间通过乘数效应和加速数效应的相互作用和不断累积，必然形成经济周期。乘数－加速数原理模型证明了国家干预经济的必要性，是新古典综合派商业周期理论的核心。

汉森对凯恩斯主义发展的另一大贡献是，发展了英国经济学家希克斯提出的 IS-LM 模型，被称为希克斯－汉森交叉图。这个模型使用一般均衡方法说明在产品市场和货币市场同时均衡时国民收入与利率的关系。在两个市场同时达到均衡时，IS 曲线和 LM 曲线相交于一点，这一点代表了均衡状态下的国民收入和利率。IS-LM 模型被称为对凯恩斯主义理论的标准解释，也是当今世界所有宏观经济学教科书的核心内容。汉森在此基础上将政府支出和税收引入 IS-LM 模型，并以此来分析财政政策和货币政策的政策效果。

二、约翰 R. 希克斯

约翰 R. 希克斯（John R. Hicks，1904—1989）是宏观经济学微观化的最早开拓者，《商业周刊》对他的描述是："既不是商人的经济学家也不是政府官员的经济学家，他是经济学家的经济学家。"他的著作是专门写给经济学界的同行们看的，他开发出了大量数学工具和图表形象，具体而简明地描绘了经济学理论，这一理论成为当代西方经济学的基础。

希克斯出生于英格兰的瓦尔维克郡，1921 年进入牛津大学克利夫顿学院和巴里奥学院学习数学。1926 年，希克斯到伦敦经济学院任助教，后任讲师，并于 1932 年获取伦敦大学博士学位。1935 年，希克斯曾与凯恩斯有所接触，当时凯恩斯的《通论》还没有出版，而希克斯的思想倾向已经开始发生变化，他用自己的方法，独立地从以自由市场机制为主导的传统思想中解脱出来。同年夏天，希克斯离开伦敦经济学院来到剑桥大学冈维尔和凯厄斯学院担任研究员和讲师。1936 年，希克斯应邀发表了关于《通论》的第一篇书评"凯恩斯先生的就业理论"，但由于仓促完成，他的许多想法并未得到充分的表达，几个月后，他就感到有重写的必要，于是他在 1937 年发表了影响深远的第二篇书评"凯恩斯先生与'古典学派'——一个受启发的解释"。1939 年，希克斯出版了其最为著名的著作《价值与资本》，在这本书中他就商品、生产要素、信任和货币整体提出了一个完整的均衡模型，从而对原有的生产和消费理论进行了进一步的完善，阐明了多市场条件下的稳定性条件，将静态分析方法的适用范围扩展至多期或跨期分析，并采用了基于利润最大化的假设条件的资本理论。

希克斯最著名的成就是发展和完善了凯恩斯的宏观经济学理论，他将凯恩斯的《通论》浓缩为代表商品市场和货币市场一般均衡的IS-LM模型。IS代表在商品市场一般均衡的情况下，乘数调整之后的投资I与储蓄S相等，IS曲线上的每一点都表明与任一给定利率水平相应的投资与储蓄相等时的国民收入水平。LM则代表在货币市场一般均衡的情况下，货币需求L与货币供给M相等，LM曲线上的每一点都表明与任一给定的利率水平相应的货币市场上货币供给与需求相等时的国民收入水平。将IS曲线和LM曲线结合在一起，两条曲线的交点分别对应着均衡的国民收入水平和利率水平，这也是产品市场与货币市场同时达到均衡时唯一的收入水平和利率。

三、保罗 A. 萨缪尔森

(一) 当代凯恩斯主义的集大成者

保罗 A. 萨缪尔森1935年毕业于芝加哥大学，1936年获哈佛大学硕士学位，1941年获哈佛大学哲学博士学位。在哈佛求学期间，师从约瑟夫·熊彼特、华西里·列昂惕夫、戈特弗里德·哈伯勒和有"美国的凯恩斯"之称的阿尔文·汉森研究经济学。

萨缪尔森几乎在西方经济学的各个方面都有自己的见解和发展，这其中包括微观经济学、宏观经济学、公共经济学、国际经济学、金融学等领域，是世界上少见的多能学者。他发展了静态和动态经济理论，将数学分析引入经济学研究，提高了经济科学的定量分析水平。萨缪尔森所著的《经济学》开创性地综合了宏观经济学与微观经济学，建立了新古典综合派的理论体系，也造就了当代经济学教科书编写的范本，他本人被称为"当代凯恩斯主义的集大成者"。

(二) 萨缪尔森对凯恩斯主义的发展

1948年萨缪尔森出版了《经济学》第1版，率先以凯恩斯的就业理论与财政政策为重点，配合传统的新古典经济学的价值与分配理论，创造了宏观经济学与微观经济学相结合的编写结构。这已经成为当代各家编写经济学教材的标准模式，也因而被称为所有经济学教科书的"鼻祖"。在1955年出版的《经济学》第3版中，萨缪尔森首创了"新古典综合"一词，以概括该理论体系的特色。所谓"新古典综合"实质上是将以马歇尔为代表的新古典经济学与凯恩斯主义经济学"综合"在一起。这一综合的核心思想是：只是采取凯恩斯主义宏观方面的财政政策和货币政策来调节资本主义社会的经济活动，使现代资本主义经济能避免商业周期带来的过度繁荣或萧条，实现经济趋于稳定增长和充分就业，而在这种宏观经济背景下，新古典经济学的主要理论（如均衡价格理论、边际生产力分配理论等）依旧适用，因而新古典综合是集凯恩斯宏观经济学和马歇尔微观经济学之大成的经济理论体系。

1960年萨缪尔森与索洛对菲利普斯曲线做了两个发展：一是用菲利普斯曲线来反映失业率和通货膨胀率之间的关系；二是使之成为决策工具。萨缪尔森和索洛认为，价格一般由成本加成而来，即在一定成本的基础上加上一定比例的利润，在短期中，工资是唯一的成本，工资增加就会引起价格的提高，这样，工资和价格之间就会有一个固定比率的关系，可以将工资变化率折算为通货膨胀率。通过菲利普斯曲线我们可以得知：失业率与通货膨胀率之间存在反向变动关系。因此政策制定者面对菲利普斯曲线时可以得到一揽子政策组合。

（三）萨缪尔森的《经济学》

萨缪尔森的《经济学》被誉为世界上最实用和畅销的经济学教科书，至今仍然深受追捧。为何它会有如此旺盛的生命力呢？这与萨缪尔森兼容并蓄、紧跟时代的学术风格密不可分。自1948年《经济学》第1版问世后，在之后的50多年里，大约每三年更新一次，迄今已有19个版本。在第12版中，萨缪尔森对《经济学》做了重大的修改和补充，在之前大综合的基础上，加入了1960年后出现的以现代货币主义、供给学派、理性预期学派为代表的反主流经济学的经济理论。在这一版中，萨缪尔森将其理论体系更名为"现代主流经济学的新综合"，充分显示了其包容性。这也是新古典综合派在西方经济学界长久居于主流地位的重要原因。在1992年的第14版中，面对当时苏联解体后世界形势的新变化，萨缪尔森强调了市场体制在世界各国的普适性，提出了"市场再发现"的论点。2001年出版的第17版中在依旧对"诸子百家"的经济思想进行综合的同时，萨缪尔森还增加了计算机信息技术引起的经济和经济学领域的创新，网络经济对经济效率和市场力量的影响等内容，同时表达了对全球公共物品——环境问题的重视。2012年出版的《经济学》第19版是这位经济学大师的绝笔之作，对货币政策、货币与国际金融体系、经济增长、通货膨胀与经济政策做了重点论述或重写，对前沿的实践及理论成果，如经济发展模式选择、混合经济、政府债务、稳定经济、经济增长与居民福利等也给出了最新介绍。萨缪尔森的《经济学》及时反映世界经济的现实变化，力图使其理论反映和指导现实，从而得以紧跟时代。可以说伴随着萨缪尔森《经济学》的不断再版更新，现代经济学也在不断地演变与完善。

四、罗伊·福布斯·哈罗德、埃弗塞·多马与罗伯特·默顿·索洛

罗伊·福布斯·哈罗德、埃弗塞·多马和罗伯特·默顿·索洛三人都在经济增长的研究领域做出了突出贡献。罗伊·福布斯·哈罗德与埃弗塞·多马差不多同时提出了各自的经济增长理论，他们的哈罗德-多马模型也成为此后经济增长模型研究的基础。索洛提出的新古典经济增长模型使得经济增长避免了刀锋式的增长道路，走上了能实现充分就业增长的宽广道路。

（一）罗伊·福布斯·哈罗德与埃弗塞·多马

罗伊·福布斯·哈罗德（Roy Forbes Harrod，1900—1978）是英国有名的经济学家，埃弗塞·多马（Evsey Domar，1914—1997）是波兰裔美国经济学家。1948年哈罗德在《动态经济学导论》一书中系统地提出了他的增长模型。与此同时，多马在《资本扩张、增长率和就业》（1946年）与《扩张与就业》（1947年）两篇论文中独立地提出了与哈罗德模型基本相同的增长模型。因此这一模型被人们称为"哈罗德-多马增长模型"。哈罗德-多马增长模型的提出标志着当代资产阶级经济增长理论的产生，此后的各种经济增长模型都是在此基础上加以修正补充得来的。

哈罗德-多马增长模型利用凯恩斯的储蓄-投资分析方法，主要考察三个重要的经济变

量：储蓄率（s）、资本 - 产出比（$V=K/Y$）、有保证的增长率（Gw）。为了使经济实现均衡增长，需要以上三个经济变量满足以下条件：

$$Gw = s/V \text{ 或者 } Gw \times V = s$$

上述条件表明，当资本 - 产出比固定时，任意给定一个储蓄率，都只有唯一一个有保证的增长率能够实现经济均衡增长。在论述了社会储蓄、资本投资与经济增长的关系后，哈罗德还就人口增长、劳动生产率提高与经济增长的关系做了论述。他提出了"自然增长率（Gn）"这一重要概念，指出自然增长率是一国所能实现的最大经济增长率，由一国的劳动增长率（x）和劳动生产率增长率（y）决定，且 $Gn = x + y + xy$。结合有保证的增长率和自然增长率来分析，哈罗德指出，实现经济充分就业的均衡增长的条件是：

$$Gw = Gn \text{ 或 } x + y = s/V$$

由于 x、y、s、V 分别是由不同的社会因素决定的，所以除非侥幸的巧合，否则这一条件很难满足。有保证的增长率和自然增长率经常发生背离，社会经济通常处于非均衡状态。美国经济学家索洛将这一均衡增长途径称为"刀锋式增长"，表示侥幸的稳定增长路径就如同在一条刀刃上行走，经济极难沿这一增长路径增长。

哈罗德 - 多马模型继承了凯恩斯的基本思想而又加以发展。他们以凯恩斯的有效需求不足理论为基础，考察了一个国家在长期实现国民收入均衡增长的同时实现稳定就业所需的条件，使静态的、短期的凯恩斯主义理论动态化、长期化，并且在一门新兴经济学科——发展经济学中产生了巨大影响。不少人认为该模型与其说适合于发达资本主义国家，不如说更适合于发展中国家，因为它不只是消极地显示发展中国家经济的要害——资本的匮乏阻碍了经济的增长，而且更积极地指明，只要有持续的资本形成，就会有持续的经济增长。

（二）罗伯特·默顿·索洛

罗伯特·默顿·索洛（Robert Merton Slow, 1924— ）是美国经济学家，以其新古典经济增长理论著称，并在 1961 年和 1987 年分别被授予美国经济学会专门授予青年经济学家的"约翰·贝茨·克拉克奖"（John Bates Clark Medal）和诺贝尔经济学奖。新古典综合派经济增长模型最早由索洛提出，因而也被称为索洛模型，澳大利亚经济学家 T. 斯旺和英国经济学家 J. 米德对这一模型也做出了重要贡献。

在索洛模型中，对经济总体的增长贡献被设定为由劳动、资本和技术进步三者组成，并且假设边际生产递减的一阶齐次总生产函数满足稻田条件⊖、储蓄率一定、技术进步为外生等条件。通过数学分析得出经济均衡增长的条件为，当二者不相等时，可以通过调整资本数量从而改变资本 - 产出比来使二者相等。这样一来资本和劳动的比例可以根据需要随时进行调整，以保证经济的稳定增长；而资本和劳动比率的调整是通过市场上资本与劳动的相对价格的变动自发实现的。

索洛模型通过这种方式把新古典经济学的市场机制原理和凯恩斯的储蓄等于投资这一宏观经济均衡条件综合在一起，否定了哈罗德 - 多马增长模型中资本 - 劳动比固定不变的假

⊖ 稻田条件：指某种新古典生产函数，满足一阶导数大于 0，二阶导数小于 0。另外，当生产要素投入趋于 0 时，一阶导数的极限无穷大；当生产要素的投入趋于无穷大时，一阶导数的极限等于 0，意即：随着资本（或劳动）趋向于零，资本（或劳动）的边际产品趋向于无穷大；随着资本（或劳动）趋向于无穷大，资本（或劳动）的边际产品趋向于零。

设,使经济稳定增长摆脱了哈罗德-多马增长模型中的刀锋式道路,走上了充分就业增长的宽广道路。○

新古典综合学派作为凯恩斯主义的主流学派,有效地传播和发展了凯恩斯主义经济学理论,指导和促进了美国经济在第二次世界大战后的高速发展。新古典综合派经济学家们一直坚持不断地修正和补充自身的理论体系,力图将更多新观点兼容并蓄。如由英国经济学家A.W.菲利普斯提出的菲利普斯曲线与托宾的市场结构理论组成的通货膨胀和失业理论;莫迪利安尼提出的生命周期理论扩充了凯恩斯的消费储蓄理论;蒙代尔和弗莱明开创的开放经济下的总需求模型——蒙代尔-弗莱明模型等。由于篇幅限制,在此不再详述,有兴趣的同学可以阅读"本章推荐"部分的相关推荐,深入了解相关内容。

背景链接 19-1　两个剑桥之争

1936年凯恩斯的《通论》一书的出版在西方经济学界引发了一场"凯恩斯革命",但是由于凯恩斯的经济理论基于特有的危机经济背景,故具有很多局限性,如使用的是短期的、比较静态的分析方法,没有就长期的、动态的经济问题进行讨论,也没有对价值问题和收入分配问题进行讨论,缺乏对微观经济基础的研究等。为解决这些问题,第二次世界大战后,汉森、萨缪尔森、索洛等美国经济学家用传统的新古典学派的微观经济理论,如边际效用价值论和边际生产力分配论来解释凯恩斯经济理论中不能解决的问题,从而构建出了新古典综合派的经济理论体系。但这些做法遭到了罗宾逊、斯拉法、张伯伦等英国经济学家的严厉批评,他们认为美国经济学家的这些做法是对凯恩斯经济思想原本内容的曲解,是向新古典经济理论的倒退,是冒牌的凯恩斯主义。这些英国经济学家大都是曾经和凯恩斯长期共事或密切合作过的剑桥大学的同事,他们认为凯恩斯的《通论》是致力于从传统的新古典经济学的思想中摆脱出来的成果,凯恩斯本人也有做得不彻底的地方,因而他们将凯恩斯视作与他们有相同思想的开拓者,以凯恩斯理论的正宗自居,试图在凯恩斯理论的基础之上进行经济学的第二次革命。

第二节　新剑桥学派

新剑桥学派是现代凯恩斯主义在英国的一个重要分支,由于该学派的主要代表人物都在英国的剑桥大学任教,其理论又是以背离马歇尔代表的新古典经济学的剑桥学派为特征的,所以被称作"新剑桥学派"。在理解和继承凯恩斯主义的过程中,新剑桥学派提出了与新古典综合派对立的观点,它试图在否定新古典综合派的基础上,重新恢复李嘉图的传统,建立一个以客观价值理论为基础、以分配理论为中心的理论体系,并以此作为根据,探讨和制定新的社会政策,通过改变资本主义分配制度来调节失业与通货膨胀之间的矛盾。

新剑桥学派在与新古典综合派的论战中发展起来,并建立了自己的理论体系。20世纪60年代至70年代,论战的焦点从资本测量问题开始,新剑桥学派对新古典综合派的理论进行了全面的攻击,这也促进了新剑桥学派价值理论、分配理论和经济增长理论的形成;70年代至80年代,"滞胀"的肆虐使新古典综合派的正统地位受到威胁,这一背景促使新剑桥学

○ 吴易风.当代西方经济学流派与思潮[M].北京:首都经济贸易大学出版社,2005:24.

派提出了自己的货币理论、就业理论和通货膨胀理论；90年代后，在苏联解体、金融市场自由化和经济全球化的时代背景下，新剑桥学派更多地关注公共政策、经济分析和经济全球化效应等问题。其方法论具有两大显著特点：一是坚决抛弃均衡概念，树立历史的观念；二是强调社会制度和阶级分析的方法。新剑桥学派的政策主张的重点就是收入分配政策，通过实行累进税制、征收高额遗产税和赠与税、财政上支持失业培训等一系列经济政策，以改变现行的分配制度和收入分配不合理的格局。

新剑桥学派的主要代表人物有琼·罗宾逊、皮耶罗·斯拉法、尼古拉斯·卡尔多、卢伊季·帕西内蒂（Luigi Pasinetti）、约翰·伊特韦尔（John Eatwell）、沃斯维克（Worsweik）等人。另外，美国的一些经济学家同样赞同新剑桥学派的观点，他们有保罗·戴维逊（Paul Davidson）、西德尼·温特劳布（Sidney Weintraub）、阿尔弗雷德·艾克纳（Alfred S. Eichner）。本节主要就琼·罗宾逊、皮耶罗·斯拉法和尼古拉斯·卡尔多进行重点介绍。

一、琼·罗宾逊

(一) 伟大的女性经济学家

琼·罗宾逊（Joan Robinson，1903—1983）是新剑桥学派的主要代表人物和实际领袖，著名的英国女经济学家。但琼·罗宾逊本人对这个称呼可能会非常生气，她认为自己的名誉应该是一个经济学家的名誉，而不是一个女经济学家的名誉。1925年琼·罗宾逊毕业于剑桥大学经济系，但由于1948年以前在剑桥大学女性是没有权利获得荣誉学位的，所以当时她并未获得正式学位。身为女性，琼·罗宾逊的教职生涯比别人走得更为艰难。

早年琼·罗宾逊属于以马歇尔为首的剑桥学派，在凯恩斯的《通论》发表后，她转而成为凯恩斯经济学的积极拥护者。1930年，凯恩斯的《货币论》出版后，琼·罗宾逊、皮耶罗·斯拉法和理查德·卡恩等人在剑桥组成学术圈——"竞技场"，并经常聚集在一起对其进行批评讨论，而琼·罗宾逊很快变成了凯恩斯主义的先锋，并著书立说，阐述和发扬凯恩斯尚在发展中的新思想。由美国经济学家组成的新古典综合派综合凯恩斯经济学与新古典经济学的做法遭到了琼·罗宾逊的严厉批评。从20世纪50

琼·罗宾逊

年代起，她投入了大量精力与占据经济理论界正统地位的新古典综合派进行论战，有力地动摇了新古典综合派分配论的根基，在一定程度上影响了新古典综合派在西方经济学界的主流地位。

(二) 琼·罗宾逊对凯恩斯经济思想的发展

《不完全竞争经济学》作为琼·罗宾逊的成名作于1933年在伦敦出版。这是垄断竞争理论的奠基性著作之一。受到斯拉法"竞争条件下的收益规律"一文的启发,罗宾逊放弃了新古典经济学关于完全竞争的假设,转向从不完全竞争的角度分析经济均衡的条件。罗宾逊的《不完全竞争经济学》是"作为一箱工具献给分析经济学家的",它的出版正式宣告了"斯密传统"的彻底结束。

琼·罗宾逊和尼古拉斯·卡尔多是新剑桥学派经济增长理论的奠基人。1956年,罗宾逊的代表作《资本积累论》发表,同年卡尔多也发表了《两种不同的分配理论》,提出了各自的经济增长理论。罗宾逊运用两大部类和两大阶级收入的分析模型,将生产部门划分为投资品和消费品两大部类,将总收入分为利润和工资两部分。工人将所有收入(工资总额 W)用于消费(C),资本家将其所有收入(利润总额 P)用于投资(I),这时工人的收入等于消费品的总价格,资本家的利润等于投资品的总价格,国民收入中工资和利润的相对份额,等于消费品的总价格与投资品的总价格之比。若取消资本家将其全部收入用于投资的假定,此时利润总额中有一部分会被资本家用来消费,其余部分用作投资。在资本家消费倾向一定的条件下,一定的利润率产生一定的资本积累率(增长率),而一定的资本积累率又必须以一定的利润率为条件,两者相辅相成,正向变化。罗宾逊指出要实现稳定增长,必须满足多项条件,她把满足这些条件的稳定经济状态称为"黄金时代"。她认为这些条件是难以具备的,因而在现实中,增长绝不是稳定的。

1973年琼·罗宾逊同约翰·伊特韦尔合著了《现代经济学导论》一书,在书中他们推翻了新古典综合派以边际生产率为依据的分配理论。萨缪尔森认为随着资本量的增长,资本的边际生产率会不断降低,利润率会随之降低,从而工人的实际工资水平将逐渐提高,而罗宾逊则认为资本是不能测度的值,因而资本边际生产率这一概念是没有意义的,用边际生产率说明利润率和工资水平的理论也是无根据的,她通过论证得出资本家的消费和投资决定利润的结论,而不是相反的情形。假设资本家的消费倾向不变,投资率的提高势必会带来经济增长率的提高,而在经济增长的过程中,利润和工资在国民收入中所占的相对份额将向不利于工人的方向发生变动,因而罗宾逊主张国家进行宏观调控以实现收入的均等化,因此她在英美等西方资本主义国家也被称作"凯恩斯左派"。

琼·罗宾逊除了上述贡献以外,在国际贸易理论、通货膨胀理论方面也有一定建树。值得一提的是,罗宾逊应该被授予诺贝尔经济学奖的突出理论贡献有三项,分别为创立垄断竞争理论,发展、补充和完善凯恩斯理论,以及创立新资本积累理论,而当时诺贝尔奖委员会的成员由于反对罗宾逊的理论,一直未将奖项授予她。

二、皮耶罗·斯拉法

(一)新李嘉图主义者

皮耶罗·斯拉法(Piero Sraffa,1898—1983)也是新剑桥学派的重要代表人物,1921年赴伦敦经济学院进行短期学习,认识了凯恩斯,并成为凯恩斯的得力助手。斯拉法于1924年开始他的学术生涯,在意大利的佩鲁贾大学法学院任政治经济学教授,1926年转到撒丁岛的卡利亚里大学任教授。由于法西斯统治的日益强化,他于1927年夏移居英国,接受凯恩斯为他提供的剑桥大学讲师的职位,后担任剑桥大学教授。

1951～1973年,斯拉法花费20多年的时间为英国皇家经济学会编纂了10卷本的

《李嘉图著作和通信集》。1960 年，斯拉法出版了他最为著名的《用商品生产商品：经济理论批判绪论》，重建了李嘉图的生产论、价值论和分配论。该书不仅确立了他作为新剑桥学派主要成员的地位，也为新剑桥学派提供了微观经济理论基础。新剑桥学派对该书非常推崇，宣称要通过斯拉法的理论体系回到李嘉图古典经济学的传统，即所谓的"重建政治经济学"，所以新剑桥学派有时又有"新李嘉图主义"的称谓。1983 年，斯拉法逝于剑桥。

（二）皮耶罗·斯拉法的经济思想

1926 年，斯拉法在英国《经济学杂志》上发表的"竞争条件下的收益规律"一文引起了经济学界的极大关注。在文中他指出，随着一个企业生产规模的扩大，单位产品的生产成本会显著降低，单位产品的成本降低可能是源于企业增加产出所带来的内部经济，也可能是源于日常管理费用由更多数量的产品分担等原因，而单位成本的下降与完全竞争是不相容的，在极端的情形中很可能出现自然垄断。如果随着规模的不断增大，企业变得越来越有效率，那么就会出现更少的企业和更少的竞争，因而有必要从以完全竞争为基础的传统经济学理论转向垄断理论。

斯拉法在 1960 年出版的《用商品生产商品：经济理论批判绪论》一书，用现代的分析方法重建了李嘉图的生产理论、价值理论和分配理论。他坚持由重农学派创始人魁奈开创，并被李嘉图和马克思继承发展的古典经济学分析方法，把资本主义生产活动看作一个循环往复的再生产过程，拒绝由新古典学派提出，并被新古典综合派继承的观点——生产是从生产要素的使用开始到消费者得到满足而结束的单向活动。通过建立一套由合成商品组成的"标准体系"，即规定经济体系中所生产的合成商品本身配合的比例，必须等于参与生产该商品所需要的各种生产资料总量的比例，解决了困惑李嘉图一生的"不变的价值尺度"难题。斯拉法的分析说明了国民收入的生产和生产价格的形成是由物质生产条件决定的，是一个客观的过程，而国民收入的分配是与生产关系、社会制度有关的过程。新剑桥学派正是以斯拉法的理论为基础，批判了新古典综合派的经济理论，并提出了自己的价值论和分配论。

三、尼古拉斯·卡尔多

（一）力挺税制改革的男爵

尼古拉斯·卡尔多（Nicholas Kaldor，1908—1986）出生于匈牙利的一个犹太家庭，是当代英国著名的经济学家。他一生中除了担任教授职务以外，还活跃于政坛，先后担任过多个发展中国家政府的税务顾问等职务。因其参政有功，于 1974 年被授予男爵爵位，成为上议院的终身议员。

卡尔多最初的研究集中在边际主义经济学领域，在读过凯恩斯的《通论》后，他的研究兴趣从微观经济学转向了宏观经济学。他于 1940 年发表的"经济周期模型"论文中运用凯恩斯的投资－储蓄分析，建立了新的经济周期理论，标志着卡尔多转为凯恩斯主义者。在此之后他撰写了许多关于宏观经济的论文，逐渐成为新剑桥学派的代表人物之一。

（二）卡尔多对凯恩斯经济学的发展

卡尔多以与经济增长论相融合的收入分配论，和建议以消费税代替个人所得税的税制改革而闻名。卡尔多以凯恩斯的投资-储蓄分析为基础，从宏观入手，结合经济增长来说明国民收入的分配，进而提出以消费税代替个人所得税的主张，并对20世纪70年代西方各国出现的严重"滞胀"问题提供了自己的解释。

1956年，卡尔多在《两种不同的分配理论》中将经济增长理论与收入分配理论结合起来，提出了自己的经济增长理论。在他的模型中，经济增长速度和收入分配是相互联系的。他认为社会总收入是在各阶级间进行分配的，各阶级都有其固定的储蓄倾向，因此，收入分配中利润和工资的比例会直接影响到社会的储蓄水平，从而影响资本积累率和经济增长率。反之，要达到一定的经济增长率，就要求有一定的资本积累率，从而要有相应的收入分配的比例关系。根据卡尔多的研究，只要把财产所有者的储蓄倾向大于工资所有者的储蓄倾向这一条件作为收入分配机制应用到经济增长模型中，那么经济就是可以实现稳定的均衡增长的。卡尔多的经济增长模型表明，经济增长与收入分配是两个密切联系的问题，当经济在增长过程中发生波动时，分配份额的变化是保证经济稳定增长必不可少的条件。卡尔多的分配理论也表现在他的税收政策主张上，1955年他发表了《消费税》一书，主张从按个人收入征税的制度改为按实际支出征税的制度，也就是现在的个人所得税改为消费税，在税制上应让富者多付，贫者少付。

卡尔多把经济社会生产部门分为三类：首先是初级部门，它为工业部门提供必不可少的基本供应品，包括食物、燃料、基本原料等；其次是第二级部门，它将原料加工成产品以供投资和消费；最后是第三级部门，它为其他部门提供各种服务和娱乐。他认为，第三级部门是不会出现重大问题的，而初级部门和第二级部门都极易成为通货膨胀的源头。卡尔多在"世界经济中的通货膨胀和衰退"一文中写道：

"持续和稳定的经济发展要求这两个部门产量的增加应符合必要的相关关系——这就是说，可出售的农矿产品产量的增加，应和需求的增加相一致。这种需求的增加又是反映第二级（第三级）部门的增长的。"⊖

也就是说，如果初级部门产量的增长和工业制造业部门生产的增长之间的比例失调，就可能导致经济的"滞胀"。因此，卡尔多认为"滞胀"的起因是农矿产品价格上涨，同时工资水平也随着生产费用的上涨而上升，这时政府采取强烈的紧缩性货币政策来抑制通货膨胀，结果造成了严重的经济衰退。

总体而言，新剑桥学派属于比较激进的凯恩斯主义学派，它对作为凯恩斯主义经济学右派的新古典综合派的批评具有深刻性，同时它也在一定程度上揭露了资本主义经济增长所带来的弊端。然而，新剑桥学派的经济理论也存在一些弱点：首先，该学派提出的以历史观来代替均衡观的意见并未得到真正的实行，仅将历史因素片面地理解为时间因素，而非当期的经济制度及经济发展状况等对下一期或下几期经济发展的作用和影响；其次，该学派所强调的制度因素分析仅限于对某些具体的制度，如分配制度的分析，并未涉及根本性的制度分析；再次，该学派将经济波动的原因简单地归结为人们预期的不稳定性和未来的不确定性，并未进一步深入分析探讨商业周期波动的深层次原因和作用机制；最后，该学派对于收入分配中所表现出的人们之间矛盾关系的分析仅限于原有范围内，并未进一步深入分析。

⊖ 尼古拉斯·卡尔多：《世界经济中的通货膨胀和衰退》，载《现代国外经济学论文选》第一辑，北京：商务印书馆，1979年，322页。

背景链接 19-2　张伯伦革命

爱德华·哈斯丁斯·张伯伦（Edward Hastings Chamberlin，1899—1967）于 1933 年出版了《垄断竞争理论》，这本书将以前相互分离的垄断理论和竞争理论结合在一起，并尝试解释既不是完全竞争也不是完全垄断的一系列市场情形，认为大多数市场价格实际上是由垄断因素和竞争因素共同决定的。

张伯伦摒弃了长期以来以马歇尔为代表的把"完全竞争"作为普遍存在而把"垄断竞争"视作例外情况的传统假定，认为完全竞争与完全垄断是两种极端情况，他提出了一套沿用至今的处于两种极端情况之间的垄断竞争模型。该模型表明垄断竞争企业提供差异化的产品，索要超过边际成本的价格，并在产品的平均成本高于最低点的产出水平上经营，从而使得社会的稀缺资源没有被有效配置到它们最具有价值的用途上，导致社会资源配置无效率。垄断竞争企业生产的额外一单位产品的社会价值要高于正在生产的产品，且如果这些额外单位的产品被生产出来，产品的平均成本会有所下降。垄断竞争模型的提出也被称作"张伯伦革命"，其经济学意义在于，20 世纪中期宏观经济学发展的天然逻辑起点就是对垄断的分析，从这个起点出发，恰恰使得西方经济学比较正确地描述和解释了百年经济历史的本质和现状。

第三节　凯恩斯主义非均衡学派

20 世纪 60 年代，受到凯恩斯主义经济学和瓦尔拉均衡分析方法的影响，一些经济学家从寻求宏观非均衡分析的微观基础出发，把凯恩斯的特殊非均衡分析推广为一般非均衡分析，并分析各种非均衡条件下产量和就业的决定，从这两方面入手，逐渐发展形成了凯恩斯主义非均衡学派。它不仅是对第二次世界大战后长期占主流地位的以新古典综合派为代表的凯恩斯主义经济学的一种纠正，也是对凯恩斯本人的经济学理论和方法的一种引申和发展。非均衡学派代表人物罗伯特·韦恩·克洛尔（Robert Wayne Clower）和阿克塞尔·莱荣霍夫德（Axel Leijonhufvud）认为，凯恩斯学派的理论是对凯恩斯经济学的曲解，凯恩斯学派充其量不过是一种"凯恩斯庸俗化主义"，必须重新解释凯恩斯的著作，还原凯恩斯经济学真实的面貌。由于他们二人都是凯恩斯主义阵营反戈出来的，又要求重建凯恩斯经济学，因此也被称为"新凯恩斯学派"。

非均衡学派打破了长期以来在西方经济学中占据支配地位的均衡观念，对传统的均衡理论进行了修正与发展，建立起与现实更加接近的、非瓦尔拉均衡的、宏微观相结合的经济理论，为解释失业和通货膨胀等非均衡问题提供了一个令人信服的微观分析基础。非均衡分析法为分析传统计划经济体制运行提供了有效的分析工具。

凯恩斯主义非均衡学派的主要代表人物有唐·帕廷金（Don Patinkin）、罗伯特·韦恩·克洛尔、阿克塞尔·莱荣霍夫德、赫谢尔·格罗斯曼（Herschel I. Grossman）、让-帕斯卡尔·贝纳西（Jean-Pascal Benassy）、马林沃德（E. Malinvaud）、格朗蒙（J. M. Grandmont）、让·德雷兹（Jean Dreze）、波兹（R. Portes）、科尔内（J. Kornai）、罗伯特·巴罗（Robert Barro）等人。本节重点介绍其中的前三位。

一、唐·帕廷金

唐·帕廷金（Don Patinkin，1922—1995）是最先涉及非均衡问题研究的经济学家，他出生于美国芝加哥，是美籍犹太人，1947 年获得芝加哥大学经济学博士学位，从 1949 年起一直在耶路撒冷的希伯来大学担任经济学教授。帕廷金曾担任美国计量经济学会会长，并于 1969 年成为美国科学发展协会外国荣誉会员，1970 年获得以色列奖，1975 年成为美国经济协会荣誉会员，1976 年成为以色列经济学会会长。

帕廷金的主要倾向是赞同一般均衡分析，然而他在 1965 年发表的《货币、利息与价格》一书中提出了凯恩斯一般均衡的经济模型，涉及了非均衡问题。该书第 13 章"非自愿失业条件下的模型运行"在对非自愿失业问题进行分析时指出，一方面，在工资和价格刚性的条件下，工人被迫离开他们的劳动供给曲线时会发生非自愿失业，非自愿失业的程度与当前实际工资率下劳动的过度供给程度一致。同时劳动市场的变化通过"溢出效应"影响其他市场。另一方面，总需求曲线左移会产生供给过剩（或需求紧缩）的缺口，他认为在这种情况下，经济自动调整的过程比较缓慢，厂商一般会选择削减产量或增加存货，而非调整价格。这就必然导致对劳动需求的减少，从而出现非自愿失业。由此可见帕廷金认为非自愿失业并非源于实际工资水平过高，而是因为商品市场的有效需求不足，厂商选择减少产量而非降低价格，从而减少对劳动力的需求量，最终导致失业。以上分析表明，失业是一种非均衡现象，与一般均衡理论相矛盾，必须放在非均衡的状态下加以考虑。

另外，帕廷金详细分析了工资率刚性和价格刚性对商品市场与劳动市场均衡的影响，他认为只要两个刚性中有一个存在，整个经济一定会处于非自愿失业的状态。当然即使是在完全竞争市场上，当工资和价格灵活变化时，非自愿失业也可能存在。

尽管帕廷金的理论体系整体上是以一般均衡理论为主的，但他对非均衡问题的研究对后面的经济学家集中研究凯恩斯主义非均衡问题提供了重要指导，启蒙了凯恩斯主义非均衡学派集中研究非均衡理论。而且他在预期、货币幻觉、工资和价格刚性、溢出效应等问题上的研究，对 20 世纪 80 年代经济学的发展有着先驱性的意义。

二、罗伯特·韦恩·克洛尔

罗伯特·韦恩·克洛尔（Robert Wayne Clower, 1926— ）出生于美国华盛顿州普尔曼，1978 年获得英国牛津大学博士学位。他先后任教于西北大学、埃塞克斯大学和加州大学。

克洛尔在 1960 年发表的文章"凯恩斯与古典学派"中对凯恩斯经济学体系与古典学派经济学体系之间的分歧进行了考察，并对非均衡观点进行了探索。五年后，克洛尔发表了著名的"凯恩斯主义的反革命：理论评价"一文，对凯恩斯学派以一般均衡理论来解释凯恩斯经济学进行了批评，从而成为最先向正统凯恩斯学派发起挑战的主张非均衡分析方法的经济学家，并被公认为凯恩斯主义非均衡学派的主要奠基人。

克洛尔有力地批评和质疑了瓦尔拉均衡体系。他指出，古典学派的一般均衡理论假设所有经济活动中的人都可以按照各自的计划供给或需求函数行动，数量信号不会影响到这些函数。然而，现实经济中通常出现的情形是，在达到均衡价格之前市场中就存在交易活动，而这些非均衡的交易活动是不应当被忽略的，一般情况下，这种非均衡的交易数量等于计划供给量与需求量之间的最小值，这也被称为"短边均衡原则"。克洛尔认为在非均衡的情形下，有必要区分计划或观念的量和现实或有效的量。计划的量指的是经济活动中的人们的事前意愿，现实的量指的是市场上达到的实际事后交易量。事前和事后的区分对分析家庭决策行为非常重要。而对家庭行为的分析恰恰是凯恩斯理论和古典均衡理论的重要分歧所在。克洛尔认为正是由于凯恩斯看到了价格调整上的有限性，才将价格水平和产量作为相互独立的变量引入市场过度需求函数，从而建立起一种更具一般性的理论，而古典的均衡理论只是它在充分就业条件下的一个特殊情况。由此，克洛尔认为凯恩斯的经济理论实际上是一种短期的动态非均衡理论。

克洛尔从微观非均衡分析入手，对凯恩斯理论进行了重新解释和扩展。他在家庭消费行为的双重决策和自愿交换的假设下，分析了劳动过度供给条件下的家庭消费行为。他认为家庭消费计划不仅取决于实际工资水平，还受到劳动供给量的约束。当不存在劳动供给量约束时，家庭消费只受价格机制调节；当存在劳动供给量约束时，家庭将根据可实现的劳动量来决定消费数量，即家庭消费受实际收入水平的约束。克洛尔还认为，劳动供给量的约束导致家庭就业不足，从而导致家庭收入减少，这又将进一步降低商品市场的有效需求。这就是宏观经济处于非均衡状态的微观原因。

克洛尔有力地批评和质疑了古典均衡理论及其方法，重新解释和扩展了凯恩斯理论，毫无疑问地成为凯恩斯主义非均衡学派的奠基人，不仅为凯恩斯宏观经济学提供了令人信服的微观基础，也为非均衡学派的形成和发展指明了方向。

三、阿克塞尔·莱荣霍夫德

阿克塞尔·莱荣霍夫德（Axel Leijonhufvud，1933——　）出生于瑞典的斯德哥尔摩，1967年获得西北大学博士学位，他是克洛尔的学生，1971年开始任加州大学经济学教授。

莱荣霍夫德继承了其老师克洛尔的思想，并从另一方面批判了瓦尔拉体系。他指出瓦尔拉一般均衡理论的根本缺陷是，忽视了信息传递过程中的不确定因素和信息收集与传递的成本问题。在市场信息不完全或无代价提供和获取信息的条件难以达到时，价格的灵活调节不会成为市场调节的最有效方式，而市场对需求变化最直接的反应是产量调整而非价格调整。莱荣霍夫德认为，价格调整和产量调整是瓦尔拉体系和凯恩斯理论的重要区别，而产量调节往往会导致经济的非均衡状态。

1968年，莱荣霍夫德出版了他的博士论文《论凯恩斯学派经济学和凯恩斯经济学》，他认为凯恩斯学派对凯恩斯经济学做出了错误的解释，曲解了凯恩斯经济学，他指出《通论》的本质是"非均衡性"，而以均衡分析方法作为主导思想和基本分析工具的新古典综合派的经济学，只是对凯恩斯经济学的一种"庸俗化"。莱荣霍夫德沿着克洛尔指出的方向对非均衡分析方法进行了更为深入的探讨，并对凯恩斯经济学和凯恩斯主义经济学进行了深刻的辨析和区分。

莱荣霍夫德认为新古典综合派篡改了凯恩斯的四物品经济模型。为了比较凯恩斯经济模型和新古典综合派的标准模型，莱荣霍夫德列举了五种物品：消费品、资本品、货币、政府债券和劳动。新古典综合派的经济学家单纯地以总量生产函数来决定产品和产量，将消费品和投资品合为一类，统称商品；而在凯恩斯的经济模型中，消费品作为单独一类物品，资本品和公债被合为一类，称为非货币资产。莱荣霍夫德的比较分析表明，标准模型只包含一种商品，是"单一商品模型"，而凯恩斯经济模型是"二元商品模型"，前者不可避免地排斥了相对价格及其对经济社会的影响。新古典综合派的标准模型对物品进行分类时重视物质资产和金融资产的区别，而凯恩斯模型更注重按资产的流动性归类。这种归类标准的差异最后必然影响资产选择形式、利率和货币政策作用等方面的理论观点。所以新古典综合派的经济理论和凯恩斯经济学根本就不是一回事。

第四节 新凯恩斯主义经济学

一、新凯恩斯主义经济学概况

(一)"滞胀"——"恶魔双胞胎"的肆虐

1970～1982年期间，美国经历了四次经济危机。危机期间，经济在经历生产下降和失业率猛增的同时，物价不但没有下跌反而普遍大幅度上涨。这种生产停滞、失业率增加和通货膨胀并存的经济现象被称为"滞胀"。滞胀时期的生产停滞并不是仅仅指资本主义商业周期中危机阶段生产的下降和停滞，而是一种跨越商业周期长期存在的现象。失业与通货膨胀有时被称为宏观经济学的"恶魔双胞胎"，属于决策者面临的最困难也是最具政治敏感性的经济问题。由于高失业率和高通货膨胀对现实经济生活的影响直接且明显，因而引发了公众的强烈关注。

面临恶劣的经济形势，西方各国政府强烈呼吁和要求经济学界提出解决"滞胀"的有效方法。20世纪70年代，一个新的主张政府干预的学派——新凯恩斯主义经济学(New-Keynesian Economics)对"滞胀"问题交出了自己的答卷，并开始在学术界崭露头角。

(二) 新凯恩斯主义经济学的产生

20世纪30～70年代，凯恩斯的追随者们致力于发展凯恩斯的经济理论，并为其寻求微观的理论基础。新古典综合派、新剑桥学派和凯恩斯主义非均衡学派也被统称为"第二代凯恩斯主义"。在20世纪60年代末70年代初，西方世界出现了严重的"滞胀"现象，凯恩斯主义由于无法解释滞胀现象和不能解决滞胀问题，而受到了与其对立、主张自由经济的学派的批判。由于理论上的无力和政策上的无能，凯恩斯主义陷入困境，从正统经济学的宝座上跌落下来。而此时新凯恩斯主义经济学的出现，解救了处于困境之中的凯恩斯主义。

20世纪80年代，新凯恩斯主义经济学以独辟蹊径的研究方法和新颖的理论观点复兴了凯恩斯主义，并弥补了凯恩斯主义经济学的一些缺陷，丰富和发展了现代宏观经济学，从此登上西方经济学界的舞台。新凯恩斯主义不是对原凯恩斯主义的简单因袭，而是对它进行批评、继承和发展。

一方面，新凯恩斯主义继承了原凯恩斯主义的基本信条，在三个命题上与后者保持一致：第一，劳动市场上经常存在超额劳动供给；第二，经济中存在着显著的周期性波动；第三，经济政策在绝大多数年份是重要的。然而，在具体的经济分析方法和经济理论观点上，新凯恩斯主义和原凯恩斯主义之间存在着重大差别，主要体现在新凯恩斯主义在分析中引入了原凯恩斯主义所忽视的厂商利润最大化和家庭效用最大化的假设，以及经济理论的非市场出清假设。新凯恩斯主义以工资和价格粘性取代了原凯恩斯主义的工资刚性假设，并添加了原凯恩斯主义模型所忽略的两个假设：①经济当事人最大化原则(即厂商追逐利润最大化和家庭追求效用最大化)；②理性预期假设。

另一方面，新凯恩斯主义对原凯恩斯主义进行了发展，主要体现在"三大市场理论"上，包括劳动市场理论、粘性价格理论、信贷配给理论。劳动市场理论的关键性假设是粘性工资理论，可分为两类：一是名义工资粘性理论，二是实际工资粘性理论。粘性价格理论可以分为两类，一是名义价格粘性理论，二是实际价格粘性理论，为价格理论提供了微观经济学基础。信贷配给理论从信贷市场中的信息非对称性出发，论述了利率和贷款抵押的选择效应会导致信贷市场出现信贷配给，信贷市场失灵，而政府干预有积极作用，从而拓展了信贷市场理论的研究领域，丰富并发展了金融理论。

在20世纪70年代后期，斯坦利·费希尔（Stanley Fischer）、埃德蒙·费尔普斯（Edmund Phelps）、约翰·泰勒（John Tyler）在他们的文章中合理地吸收了理性预期假设，为新凯恩斯主义经济学建立了基础。

在20世纪80年代，乔治·阿克尔洛夫（George Akerlof）、尼可拉斯·格里高利·曼昆（Nicholas Gregory Mankiw）、约瑟夫·斯蒂格利茨（Joseph Stiglitz）和本·伯南克（Ben Bernanke）等人致力于为凯恩斯主义经济学主要组成部分提供严密的微观经济基础。经过他们不懈的努力，新凯恩斯主义经济学终于在20世纪80年代正式被认可，与新古典宏观经济学（New Classical Macroeconomics）成为相并立的学派。

在新凯恩斯主义经济学者看来，新古典宏观经济学并非关于人们实际生活世界的理论，它的研究方法实质上是未真正应用于现实世界的一种数学上的构思。凯恩斯主义经济学的学者们并不想让自己的研究仅仅成为一种抽象的理论，而是要成为解决现实世界问题的实际政策模式。尽管新凯恩斯主义宏观经济学在理论上是凌乱的，但其坚持经济理论应当切合真实世界及其制度与现实行为，因此，必然发生凯恩斯主义复兴。正如艾伦·布林德（Alan Blinder）所言："宏观经济学已处于另一次革命之中，这次革命等于凯恩斯主义的再现，但是具有更加严密的理论风格。"

二、新凯恩斯主义经济学的主要理论

新凯恩斯主义对凯恩斯经济学的发展表现为三大理论：粘性工资理论、粘性价格理论和信贷配给理论。最初新凯恩斯主义的研究重点集中在工资粘性和劳动市场失衡问题上，直至20世纪80年代后期，斯蒂格利茨等人才开始关注价格粘性与产品市场失衡问题。因此我们首先介绍粘性工资理论，然后阐述粘性价格理论的内容，最后介绍信贷配给理论。

（一）粘性工资理论

粘性工资理论主要分析了造成工资粘性的原因以及它是如何造成持久性失业的。针对这一问题，新凯恩斯主义的经济学家们从不同的角度出发，分别对此做出了自己的解释。

1. 效率工资理论

1984年爱德华·夏皮罗（Edward J. Shapiro）和斯蒂格利茨合作创立了效率工资理论（也被称为夏皮罗－斯蒂格利茨模型）。这一理论试图通过劳动市场的信息结构来解释非自愿失业的存在。

效率工资指一种足以消除工人偷懒或调动工人生产积极性的实际工资水平，它一般高于劳动市场充分就业均衡时的工资水平。为什么工资水平的高低会影响工人的生产率？效率工资理论对此的解释是：首先，更高的工资会使工人增加食品消费，进而提高工人的健康状况，从而提高生产效率；其次，高工资水平可以减弱工人"跳槽"的频率，从而减少企业寻找和培训新员工的成本；再次，企业支付高工资会减少雇用劳动上的逆向选择，避免高素质工人"跳槽"，而留下素质较低、没有选择机会的工人，降低企业劳动力的平均素质；最后，在厂商无法完全监督工人工作的情况下，高工资可以减少工人的道德风险，因为工人偷懒被抓从而被解雇的代价很高。基于以上原因，企业一般会支付高于均衡水平的效率工资，这时，经济中就总会存在一部分失业人口。

2. 局内－局外人理论

局内－局外人理论在20世纪80年代中期由林德贝克和斯诺尔等人率先提出。"局内人"是指受过职业培训的在职工人，"局外人"是指想到该企业工作的失业者。

局内－局外人理论认为，每个企业为了使员工顺利适应该企业的生产经营活动，需要对员工进行专门的培训，这会形成一定的成本。局内人的工作由这些培训成本保护着：企业要用新人替换在岗工人又需花费培训成本。培训成本的存在使得在岗工人拥有一定的力量来限制局外人进入该企业或行业。因此即便是劳动市场存在非自愿失业，厂商和局内人也会设法维持较高的工资水平。而局内人认识到局外人是他们潜在的竞争对手，所以局内人不会与企业在培训局外人方面进行合作。此外，因为最初以低工资雇用的局外人一旦接受培训成为熟练工人后，极有可能跳槽寻求更高的工资，因而企业不愿意用低工资雇用局外人。

以上的种种原因造成了工资粘性和持续性失业。如果一个经济的劳动市场是局内人占优势，那么强大的局内人力量会通过提高工资使劳动力需求曲线上移来减少就业，从而导致失业扩大。局内－局外人理论强调在岗职工对劳动市场的控制力及由此造成的实际工资粘性和劳动市场刚性。这一理论也被认为可以解释自20世纪80年代以来欧洲持续存在的高失业和高工资并存的现象。

3. 隐形合同理论

隐形合同理论最初由贝利、戈登和阿扎瑞艾迪斯提出。隐形合同理论认为，实际工资粘性是由企业和工人之间的一种非正式合同所造成的，而这种非正式合同是行业中的企业与工人之间长期形成的一种隐含的默契。厂商为了自身利益力图保持员工的忠心，员工为获得稳定的收入也需要保证稳定的工作关系，于是厂商和员工都认为有必要在他们之间达成一种默契，这种默契实际就是隐形合同。在隐形合同关系中，厂商愿意支付给工人稳定且较高的工资，这种较高的工资不仅是对劳动服务的报酬，还是对各种冲击下收入变动风险的一种保障，同时也作为厂商根据企业需要解雇工人的条件。

在隐形合同理论看来，工人工资不再由劳动的边际收益产品决定且通常高于后者，而是取决于企业与工人之间的隐形合同关系。这种工资决定机制和工资粘性会导致失业，因为当总需求减少时，工资不能迅速向下调整，最后使劳动需求减少，从而引起失业。

4. 交错合同理论

交错合同理论由斯坦利·费希尔和约翰·泰勒等人提出。该理论认为，工会是劳动市场的垄断力量，工会行为会造成劳动市场的不完全。货币工资粘性源于劳资之间长期的劳动合同，这种劳动合同包括一般为三年的长期工资协议和生活费用调整条款。

劳动合同有效期较长，在此期间工资标准不能根据市场的供需来调整。合同的谈判和签约产生交易费用，罢工和毁约对合同双方都会造成损失，因此劳资双方都倾向签订时间较长的劳动合同。生活费用调整条款的存在大大减弱了通货膨胀对实际工资的影响，同时也无法通过实际工资的调整来出清劳动市场。劳动合同的谈判和签订是交错的，每年都有新合同签订，也有合同到期，此时即便是一些企业因合同到期而调整工资水平也不会对总体的平均工资水平产生多少影响。

（二）粘性价格理论

粘性价格理论试图解释产生价格粘性的原因和它如何造成产品市场不能完全出清。在市场经济条件下，成本主要由货币工资和投入要素的价格决定，因此工资粘性和价格粘性是相互联系的，名义工资粘性通常导致价格粘性。新凯恩斯主义者通过以下几个理论来解释价格粘性。

1. 菜单成本理论

所谓的"菜单成本"是指城市调整价格所花费的成本，包括研究与确定新价格、编印价格表、通知销售人员、更换价格标签等一系列成本的花费，类似于餐厅打印新菜单所花费的成本，因此称为"菜单成本"。这一概念最初由谢欣斯基和威斯在一篇讨论通货膨胀对价格变化频率的影响的文章中提出，后来新凯恩斯主义者曼昆、阿克尔洛夫和耶伦等用其来解释名义价格粘性，以及由此造成的福利损失。菜单成本理论假定经济中的厂商是垄断竞争厂商，这类厂商有一定的控制价格的能力。当市场需求发生变化时，厂商可以调整产量或调整价格，较之调整产量，调整价格的成本和风险更高，所以厂商选择调整产量而非价格，从而导致价格粘性。

菜单成本理论说明，当经济中总需求发生变化时，如果全体厂商都选择只调整产量而不调整价格，就必然造成就业和产量的周期波动，据此曼昆把"小的菜单成本和大的经济周期"联系在一起。

2. 长期合同理论

长期合同理论主要由泰勒和卡尔沃提出。卡尔沃认为由于交错合同的存在，每一期只有那些合同到期的厂商可以调整价格，其他厂商不能改变价格。所以在任何时期，可以调整价格的厂商比例是确定的。泰勒的观点是厂商调整价格的时间间隔是一定的，这使得价格无法随着总需求的变化及时调整。长期合同的签订和到期是交错进行的，对于单个厂商来说，它的产品定价和调整是不连续的，他无法根据市场需求的变化来迅速调整价格；对于整个行业的全体厂商来说，即便供货合同到期的那部分厂商根据需求变化调整价格，这种变化依旧是缓慢的。

一些新凯恩斯主义者认为，企业之间即使不存在公开的长期供货合同也不会轻易变动价格，因为企业为了建立长期稳定的客户关系，有必要建立按成本定价的声誉，而变动价格的交易成本太高，厂商一般不会选择调整价格。这种长期稳定的客户关系也可以看作是一种隐形合同。

3. 信息不完全、风险和不确定性

这个理论假定厂商是寡头垄断型的，厂商的调价决策会面临"囚徒困境"，价格变动的

后果有极大的不确定性。当一个厂商决定降低价格时,他的销售量和利润能否增加取决于这个市场上其他厂商和消费者的反应。其竞争对手的反应体现在市场份额的变化上,消费者的反应体现在产品需求的变化上。

一些新凯恩斯主义者认为,厂商一般趋向于回避风险,而当需求变化时,调整产量的风险总是小于调整价格的风险。而且产量减少导致存货减少的后果以及生产成本的变化是厂商可以控制和处理的,而价格调整的不确定性太强,厂商无法控制其后果。

信息不完全也是造成价格粘性的一种原因。当需求变化时,厂商往往不清楚变动原因是什么,通常通过观察需求变动的程度和持续性来决定是否调整价格,从而使得价格变化滞后于需求的变化。

4. 弯折的需求曲线

斯蒂格勒等人根据保罗·斯威齐的弯折的需求曲线理论来解释价格粘性。这一理论假定厂商是寡头垄断型的。厂商面临的是一条向下方倾斜且带有一个弯折的拐点的需求曲线。如图 19-1 所示,P_1 是现行的价格水平,与此对应的需求曲线在 K 点弯折向下。

弯折的需求曲线表明,寡头市场对单个厂商涨价和降价的反应有显著差别,从而导致企业提价和降价的结果大不相同。如果一个厂商提高价格,它的竞争对手不会跟随涨价;而当一个厂商降价时,其他厂商为了保持市场份额被迫降价。因此厂商倾向于将价格稳定在某一水平上,只要厂商的边际成本变动不超过一定的范围(图中 MR 曲线的 HL 部分),价格就不会变动。

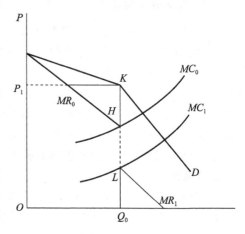

图 19-1 弯折的需求曲线与价格粘性

(三)信贷配给理论

所谓信贷配给指的是即使金融市场处于正常运行的状态,借款者也不能从银行借到他想借的那么多钱。新凯恩斯主义的信贷配给理论试图解释金融市场上为何会出现信贷配给,以及为何利率的自动调节不能使资本市场出清。

信贷配给理论建立在信息不完全的假设前提下,其基本观点是资本市场是连接储蓄和投资的媒介,而且还涉及借贷双方由于在投资项目上信息不对称所引起的许多问题。这些问题形成了资本市场结构和债务手段,还影响了货币政策向产品市场传导的方式。

一般认为在金融市场上出现信贷配给的原因在于以下几个方面。

1. 信息不对称和银行厌恶风险

在金融市场上借款者和贷款者之间存在着信息不对称:借方总是比贷方拥有更多的关于还款和违约概率的信息,并比贷方更多地了解投资项目的风险和预期收益;贷方只能在事后确认哪些人违约和借款人有多大的还款能力,而且银行无法了解到贷款的具体用途。

从银行的利润目标、外部竞争和资产的安全性来看，银行都属于风险回避者。银行只有通过降低不良资产在总资产中的比例，才能使破产风险最小化，稳定发展，使预期利润最大化。因此，银行并不是把利率作为是否贷款的唯一指标，也不论当下的利率能否够使信贷市场出清。

2. 逆向选择

银行的利率有正向选择和逆向选择两种作用。如果利率提高使得风险较小的投资项目获得贷款，银行利润就会增加，这就是正向选择作用；如果利率提高吓跑了低风险的投资项目，而提高了高风险投资者的贷款比例，银行利润会因为借款人较低的还款能力而减少，这就是逆向选择作用。

3. 道德风险

当贷方和借方之间的合同是一个允许破产的债务合同时，贷方提高利率会增加借方进行高风险投资的刺激。因为借款人的预期利润是投资风险的增函数，高风险往往伴随着高回报；银行的预期利润则是投资风险的减函数，如果贷方投资失败，银行只能收回抵押品，低于贷款本金的抵押品会造成银行的损失。

由于存在逆向选择和道德风险，银行贷款的预期利润并不总是与利率的高低同方向变动。在可以识别贷款人特征时，银行更愿意将贷款放给那些风险小、还款概率大的借款人。此时，即便有些借款人愿意支付高于金融市场的利率或提供更多的抵押和担保也得不到贷款。这表明，资本市场并不仅仅是在利率的调节下实现均衡，而是在数量的调节下达到均衡。当资本市场供不应求时，银行往往不是提高利率，而是通过信贷配给的方法强制使资本市场达到均衡。从宏观上看，此时的资本市场是非出清的。

三、对新凯恩斯主义的简要评述

曼昆认为新凯恩斯主义是凯恩斯主义的再生，而不是凯恩斯主义的复活。他把新凯恩斯主义看作是"新生的"凯恩斯主义。面对 20 世纪 70 年代恶劣的经济形势，一些凯恩斯主义者已经把通货膨胀预期和供给冲击的影响纳入其理论模型中，这使得凯恩斯主义对当时的"滞胀"做出了解释，从而在一定程度上拯救了凯恩斯主义。新凯恩斯主义者则从反对派那里汲取"营养"获得"新生"。与凯恩斯主义相比，新凯恩斯主义的"新"主要表现在以下几个方面。

首先，在解释经济周期性波动方面，新凯恩斯主义者强调名义价格刚性而非名义工资刚性。在把作为价格接受者的厂商、新古典生产技术和名义工资粘性结合在一起的传统凯恩斯主义模型中，发生经济衰退时总需求收缩和实际工资提高是联系在一起的，然而事实经验似乎并非如此。正是这种理论与事实的背离，使曼昆和其他新凯恩斯主义者重新聚焦于不完全竞争市场上厂商定价的行为。于是，菜单成本理论、长期合同理论等成为新凯恩斯主义经济学的主要内容。

其次，新凯恩斯主义强调各种实际的不完全性。这是新凯恩斯主义与凯恩斯主义、货币主义和新古典主义的一大重要区别。这里实际的不完全性包括不完全竞争和不完全信息，新凯恩斯主义者用这些实际不完全性来解释工资粘性和价格粘性。曼昆曾说，不完全竞争是新凯恩斯主义经济学的核心。

再次，新凯恩斯主义宏观经济学最重要的贡献之一就是提出了逻辑连贯的微观基础，即价格粘性和工资粘性及其缓慢调整过程，以及信息不完全。

最后，新凯恩斯主义为了解释经济波动和评价宏观经济政策，提出了动态随机一般均衡模型，以取代新古典宏观经济学实际的经济周期。自20世纪80年代中期以来，新凯恩斯主义经济学与新古典宏观经济学成为西方宏观经济学的两大主要流派，他们的争论左右着西方主流经济学的发展方向，在一定程度上影响着发达国家制定经济政策的思路。

新凯恩斯主义经济学作为一个正在发展中的经济学体系，还存在许多问题与不足，具体表现在以下几个方面。

首先，新凯恩斯主义严重偏向理论发展，而经验研究相对贫乏。他们提出的许多理论还有待进一步的实践检验。曼昆也认识到了这一点，他承认新凯恩斯主义在理论层次上是成功的，但是，"在经验问题上是否会成功比较难说……现在已经有了一些经验研究，但迄今为止研究工作受经验推动的程度还达不到我希望的水平"。⊖

其次，新凯恩斯主义提出的理论非常多，但是这些理论之间内在的相关性和统一性较差。解释工资粘性和价格粘性的理论有很多，但究竟哪种因素是最主要的影响因素，各个新凯恩斯主义者莫衷一是。

再次，新凯恩斯主义模型对宏观经济的特征事实解释的说服力较弱。例如曼昆用小的菜单成本解释大的经济周期性波动的模型受到了不少的责难和批评。一些批评者认为菜单成本对单个企业可能是重要的，但在宏观经济层面上，其影响可能微乎其微。

此外，新凯恩斯主义接受了理性预期假说，并将其纳入自己的模型中。但是理性预期假说的非现实性难以让人满意。

最后，IS-LM模型的缺陷。新凯恩斯主义经济学继承了凯恩斯主义的传统，仍然使用IS-LM模型来理解总需求的决定因素。但自20世纪90年代以来，这个模型受到了越来越多的批评，其未包含预期因素、假定价格刚性、无法适用动态分析等缺陷深受诟病，甚至有人主张放弃IS-LM模型。

由于上述种种问题，一些新凯恩斯主义经济学的反对者认为，新凯恩斯主义不过是"新瓶装旧酒"，与凯恩斯主义没有多大的差别。但是，20世纪80年代以后，发达经济体再次遭遇了失业和通货膨胀之间的替代关系，两者的正相关性消隐了，特别是1997年的亚洲金融危机和2008年的国际金融危机，这些经济现实支持了新凯恩斯主义，使新凯恩斯主义获得了说服力。

问题讨论

1. 新古典综合派的"综合"体现在哪里？
2. 乘数–加速数原理是如何解释经济周期的？
3. 新古典综合派提出的混合经济与我国的多种所有制经济并存的经济制度有何异同？
4. 新剑桥学派的方法论有何特点？
5. 为何凯恩斯主义非均衡学派认为新古典综合派完全是对凯恩斯经济学的曲解？

⊖ 布赖恩·斯诺登，爱德华·文，彼得·温纳齐克. 现代宏观经济学指南[M]. 苏剑，等译. 北京：商务印书馆，1998：403-404.

本章推荐

[1] Alvin H Hansen. A Guide to Keynes [M]. New York: McGraw-Hill, 1953.
[2] John R Hicks. Mr. Keynes and the "Classics": A Suggested Interpretation [J]. Econometrics, 1937, 5(2): 147-159.
[3] 雷震, 叶静怡. 经济学家之经济学家 [M]. 北京: 北京大学出版社, 2008.
[4] 尼可拉斯·格里高利·曼昆. 经济学原理(原书第6版) [M]. 梁小民, 梁砾, 译. 北京: 北京大学出版社, 2012.
[5] 比尔李, 向咏怡. 大滞胀 [M]. 北京: 北京邮电大学出版社, 2009.
[6] 公开课: 伯南克公开课——美联储与金融危机, 乔治·华盛顿大学。
[7] 斯坦利·费希尔: 长期合同、理性预期和最佳货币供应规则, 政治经济学杂志, 1977年02期。
[8] 埃德蒙·费尔普斯, 约翰·泰勒: 在理性预期下货币政策的稳定性力量, 政治经济学杂志, 1977年02期。
[9] 新凯恩斯主义经济学和产出量-通货膨胀交替关系, 《布鲁金斯经济论文集》, 1988年01期。

参考文献

[1] 王志伟. 现代西方经济学主要思潮及流派 [M]. 北京: 高等教育出版社, 2004.
[2] 吴易风. 当代西方经济学流派与思潮 [M]. 北京: 首都经济贸易大学出版社, 2005.
[3] 蒋自强, 史晋川. 当代西方经济学流派 [M]. 上海: 复旦大学出版社, 2014.
[4] 卫志民. 经济学史话 [M]. 北京: 商务印书馆, 2012.
[5] 何正斌. 经济学三百年 [M]. 长沙: 湖南科学技术出版社, 2009.
[6] 方福前. 当代西方经济学主要流派 [M]. 北京: 中国人民大学出版社, 2005.
[7] 斯坦利 L 布鲁, 兰迪 R 格兰特. 经济思想史(原书第7版) [M]. 邱晓燕, 等译. 北京: 北京大学出版社, 2010.
[8] 威廉·布雷特, 罗杰 L 兰塞姆. 经济学家的学术思想(原书第3版) [M]. 孙琳, 等译. 北京: 中国人民大学出版社, 2004.

第二十章 CHAPTER 20

芝加哥经济学派

一个把平等置于自由之上的社会两者都得不到，一个把自由置于平等之上的社会在很大程度上可以两者兼得。

——米尔顿·弗里德曼

本章大纲

第一节　芝加哥经济学派概述
一、芝加哥经济学派的发展历程
二、芝加哥经济学派的主要信条
三、芝加哥经济学派的贡献与影响
第二节　米尔顿·弗里德曼
一、侏儒经济学巨人
二、永久收入的消费理论
三、现代货币数量论
四、"自然率假说"理论
五、资本主义与自由
第三节　加里·贝克尔
一、"知识帝国主义者"
二、歧视理论
三、人力资本投资
四、家庭问题研究
第四节　小罗伯特·卢卡斯
一、"失误"的理性预期大师

二、理性预期理论
三、人力资本内生增长理论
四、经济周期理论

主要著作列表

姓名	著作	成书时间
米尔顿·弗里德曼	《实证经济学论文集》(Essays in Positive Economics)	1953 年
	《消费函数理论》(A Theory of the Consumption Function)	1957 年
	《资本主义与自由》(Capitalism and Freedom)	1962 年
	《美国货币史：1867—1960》(A Monetary History of the United States, 1867—1960)	1963 年
	《自由选择》(Free to Choose)	1980 年
加里·贝克尔	《歧视经济学》(Economics of Discrimination)	1957 年
	《生育力的经济分析》(An Economic Analysis of Fertility)	1960 年
	《人力资本》(Human Capital)	1964 年
	《人类行为的经济分析》(The Economic Approach to Human Behavior)	1976 年
	《家庭论》(A Treatise on the Family)	1981 年
小罗伯特·卢卡斯	《理性预期与经济计量实践》(Rational Expectations and Econometric Practice)	1981 年
	《经济周期理论研究》(Studies in Business Cycle Theory)	1981 年
	《经济周期模式》(Models of Business Cycles)	1987 年
	《经济动态学中的递归法》(Recursive Methods in Economic Dynamics)	1989 年

思维导图

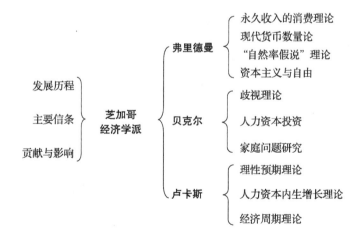

20 世纪 70 年代"滞胀"的出现标志着凯恩斯主义的失灵，随之产生了与凯恩斯主义相抗衡的各种新自由主义流派（包括芝加哥经济学派、以弗里德曼为代表的货币主义、以卢卡斯为代表的理性预期学派、以拉弗为代表的供给学派、哈耶克的新自由主义体系、以科斯等人为代表的新制度经济学等）。从本章开始到第二十二章将重点介绍与凯恩斯主义相抗衡的

新自由主义流派,分别为芝加哥经济学派(第二十章)、奥地利学派(第二十一章)和新制度经济学(第二十二章)。

本章主要讨论包括以弗里德曼为代表的货币主义和以卢卡斯为代表的理性预期学派(新古典宏观经济学)在内的芝加哥经济学派的经济思想。20世纪80年代以后,货币主义、供给学派与理性预期学派逐渐整合在一起,形成了今天的新古典宏观经济学。代表经济自由主义的新古典宏观经济学与新凯恩斯主义(第十九章)已成为当代经济学的两大主流学派。各学派关系如图20-1所示。

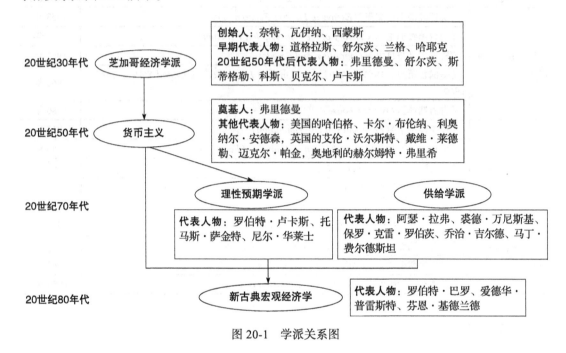

图 20-1 学派关系图

芝加哥经济学派产生于20世纪30年代,崇尚经济自由主义,反对以凯恩斯为代表的国家干预。20世纪50年代,在芝加哥传统的影响下,以弗里德曼为代表的现代货币主义者崛起入世,他们认为凯恩斯主义的国家干预政策导致了经济上的"滞胀",因而主张自由放任。他们认为通货膨胀是货币现象,短期的货币政策是有效的,而长期的货币政策则无效,他们提倡"单一规则"的货币政策。

20世纪70年代,卢卡斯的理性预期革命掀起,以卢卡斯为代表的理性预期主义者自成一派,从货币主义学派中分离出来。理性预期主义者提倡经济主体的预期是理性的,货币政策不仅在长期是无效的,在短期也是无效的。同样在20世纪70年代,以拉弗为代表的经济学家复苏了萨伊的供给学说,反对凯恩斯的需求管理,提倡古典经济学的供给管理,认为政府应当通过减税和减少赤字开支,发挥市场力量。

20世纪80年代,理性预期思想进一步发展,吸收了货币主义和供给学派的思想,形成了新古典宏观经济学。具体而言,理性预期主义者进一步扩大了原有的分析范围,不局限于对货币政策干预经济的批判,他们从税收和国债等价的角度,否定了以国债为代表的财政政策的有效性。此外,他们从供给的角度认为,技术变化导致经济增长和生产率的变动,提出了实际经济周期理论。由此,新古典宏观经济学者比其他的自由主义学派更进一步,在现代复苏了古典主义的宏观经济学,与新凯恩斯主义分庭抗礼。

第一节 芝加哥经济学派概述

正如奥地利学派兴起于边际革命一样,芝加哥经济学派繁盛于拯救大萧条的凯恩斯主义陷入理论困境之时。拯救了资本主义的凯恩斯革命,使政府干预深植人心,市场社会主义的经济理论使人们相信,国家能够同私人企业一样,有效率地配置资源和提供产品与服务。芝加哥经济学派的成员反对此套理论逻辑。然而,在其发展早期,凯恩斯主义正大行其道,且资本主义经济也正在政府干预中繁盛一时,芝加哥经济学派的支持者没有取得什么实质性的进步,只是在逆着一股强大的潮流艰难前进。但20世纪70年代的经济事实使人们开始对凯恩斯主义有所怀疑,芝加哥经济学派的思想被推到新知识的最前沿,成为货币主义和理性预期学派的源泉。

一、芝加哥经济学派的发展历程

芝加哥经济学派是指在美国芝加哥大学任教并推崇经济自由主义的经济学家所组成的经济学派,代表人物很多,包括弗兰克·奈特、雅各布·瓦伊纳、米尔顿·弗里德曼、乔治·斯蒂格勒、加里·贝克尔等,他们的研究领域各有差别,之所以被称为芝加哥经济学派,是因为他们都求学或任教于芝加哥大学,并且他们都信奉自由主义。

芝加哥大学政治经济学系由劳伦斯·洛林创建,同时他还主持创办了《政治经济学杂志》(*Journal of Political Economy*),其已成为该学术领域最受推崇、最有影响力的期刊。然而,一般认为芝加哥经济学派的传统始于弗兰克·奈特,他于1927年返回芝加哥大学并在其后的31年里,一直在芝加哥大学执教。他高举自由放任主义的大旗,坚决反对国家干预经济事务,逐渐成为芝加哥经济学派的灵魂。他最有名的著作是《风险、不确定性与利润》。相对于极端保守的奈特,芝加哥经济学派的另一位早期代表人物瓦伊纳却温和得多。瓦伊纳是个杰出的通才,国际贸易理论、新古典主义价格理论、成本理论、经济思想史等领域都有其研究的痕迹,马克·布劳格曾描述他是有史以来最具经济思想的伟大历史学家。此外,奈特的门徒亨利·西蒙斯是将芝加哥大学的货币数量理论恢复到最前沿的自由主义经济学家,从而也是芝加哥经济学派的早期代表人物。

芝加哥经济学派的现代阶段始于1946年,这一年米尔顿·弗里德曼成为芝加哥大学的一名教员,并与后来的乔治·斯蒂格勒一同确立了这一学派的独特特征。⊖之后的加里·贝克尔、罗伯特·卢卡斯等许多其他著名的芝加哥大学的经济学家继承延续该传统,使芝加哥经济学派的影响力日益增大,成长为一个称得上是目前西方最庞大的经济学派。

二、芝加哥经济学派的主要信条

如同布坎南所说,芝加哥是一片文化蔓生之地,这里聚集着现代货币主义的奠基人弗里德曼、"经济帝国主义者"贝克尔、理性预期大师卢卡斯等泰斗人物;这里被称作"经济学的首都",自诺贝尔经济学奖颁奖以来,截至2015年,76位获诺奖经济学家中有12人直接来自芝加哥大学。无论芝加哥经济学派经济学家有着怎样的具体理论,他们大都信奉如下信条。

⊖ 斯坦利 L 布鲁,兰迪 R 格兰特. 经济思想史(原书第7版)[M]. 邸晓燕,等译. 北京:北京大学出版社,2010:391.

(一) 坚持经济自由主义思想，抛弃凯恩斯主义

他们认为市场机制和自由是组织人类行为的最有效方式。正如弗里德曼所说："在我们讨论经济政策的时候，'芝加哥'意味着自由市场在资源配置方面是有效的，政府干预在经济活动中的作用是值得怀疑的，并且强调货币数量在对待通货膨胀方面的作用。"㊀正是如此，芝加哥经济学派经济学家是反对凯恩斯主义的。在弗里德曼看来，货币政策长期是无效的，凯恩斯式的货币政策调节并不能根本地改变经济状况。并且芝加哥经济学派指出，由于理性预期的存在，财政政策也是无效的。

(二) 注重实证主义的分析方法和数学的使用

芝加哥经济学派认为，某种理论是否被接受的标准在于它能否在某种程度上描述现实世界，否则，理论只会流于形式。为此，他们试图将经济学变为如同自然科学一样的学科。如弗里德曼所言："在经济科学的研究中，'芝加哥'强调将经济理论作为工具来分析众多具体问题，而非华而不实的抽象数学结构；坚持对理论概括进行实证检验，反对理论与实际相脱节。"㊁而为了达到实证分析的严谨与可信，需要在论述中使用数学方法，因此，实证分析和数学是分不开的。早期的道格拉斯就在他的生产函数中使用了数学分析。奈特也曾说过："只有通过数学方法的应用，才能将决定价格、成本、产出和需求以及生产机构工资或租金的各种相互依赖的、多样化的复杂因素形成一个易于理解的单一体系。"㊂

三、芝加哥经济学派的贡献与影响

第一，对自由主义的捍卫被认为是芝加哥经济学派最大的贡献之一。他们对市场行为进行了精确的分析，从而捍卫了新自由主义经济学。曾有学者认为，芝加哥经济学派巩固了新自由主义经济学在经济学领域中的主流地位，因此也就提高了其在整个经济学中的地位。甚至有人将其贡献总结为不仅仅是对于新自由主义经济学的，而且是对于整个经济学领域的。

第二，芝加哥经济学派拓展了经济学的研究领域，推进了经济学的帝国主义趋势。他们不仅研究人类的市场行为，还把犯罪、结婚、家庭、歧视等非市场行为都囊括进考察范围。他们企图用经济学的基本命题和所谓"经济人"原则来解释社会学以及政治科学，从而为经济学打开一片新的领地。对政府行为加以研究的公共选择理论者布坎南、对社会成本问题加以研究的科斯、对经济组织内部决策过程加以研究的西蒙以及对婚姻、歧视问题加以研究的贝克尔，都或多或少地把他们的研究视角扩展到经济学以外的其他领域，并取得了成就。从这个意义上来说，芝加哥经济学派把市场经济和社会问题很好地结合在一起，在很大程度上拓展了经济学的疆域。

除了在经济理论领域积极传播和发展新自由主义的思想以外，芝加哥经济学派的经济学家还在现实生活中致力于贯彻实施新自由主义纲领。他们首先影响了20世纪80年代英美等发达国家的经济政策和经济生活。在英国，1979年5月撒切尔夫人出任首相以后，大力推

㊀ 车卉淳，周学勤.芝加哥学派与新自由主义 [M].北京：经济日报出版社，2007：6.
㊁ 约翰·范·奥弗特瓦尔德.芝加哥学派 [M].王永龙，等译.北京：中国社会科学出版社，2010：6.
㊂ 约翰·范·奥弗特瓦尔德.芝加哥学派 [M].王永龙，等译.北京：中国社会科学出版社，2010：44.

行私有化，削减或取消政府对私人企业的管制，削减社会福利开支，推行单一规则的货币政策，新自由主义在英国的实施被称为"撒切尔主义"。在美国，1981年里根出任美国总统，采用了减税、削减福利开支、减少管制企业的规章条例，新自由主义在美国的改革方案被称为"里根经济学"。除了在西方发达国家积极传播新自由主义的思想外，芝加哥经济学派还将触角伸到了发展中国家。20世纪70年代，智利军人皮诺切特发动军事政变推翻阿连德政府。皮诺切特上台后开始用强力手段推行市场经济改革，改革方案是由萨克斯等一批美国青年经济学家策划的，这些人中的不少人曾受教于弗里德曼。

第二节　米尔顿·弗里德曼

货币主义是在芝加哥传统下长大的，米尔顿·弗里德曼（Milton Friedman，1912—2006）是现代货币主义的奠基者和灵魂人物。20世纪50年代，弗里德曼等人的货币主义思想成为芝加哥经济学派经济思想和政策的主导。在那段时间内，不管人们是赞成还是反对弗里德曼的理论，谈论的问题大都与他的理论有关。货币主义的其他代表人物还有美国的哈伯格、卡尔·布伦纳、利奥纳尔·安德森，英国的艾伦·沃尔斯特、戴维·莱德勒、迈克尔·帕金，以及奥地利的赫尔姆特·弗里希。

米尔顿·弗里德曼

货币主义的两大支柱分别是马歇尔、费雪等人的货币数量论和芝加哥经济学派的自由主义。在理论方面，货币主义者认为通货膨胀是一种货币现象。经济体系本身存在着内在稳定性，大萧条在一定程度上是由美联储不作为的货币政策所推动的。在政策方面，货币主义者主张自由放任和"单一规则"的货币政策。因为，货币政策在长期是无效的，只能导致价格水平的变化而无法影响就业，所以应保持稳定的货币政策，提供稳定的宏观环境，让市场来发挥主导作用。

米尔顿·弗里德曼是芝加哥经济学派的领袖人物。他被认为是继凯恩斯之后20世纪最伟大的经济学家，如果说凯恩斯的精神主导了20世纪前半叶的西方经济学政策，那么弗里德曼则影响了20世纪的整个后半叶。他创立的货币学派对现代新经济自由主义流派具有最大的影响力，经济学家哈里·约翰逊曾这样评价货币主义："当代货币主义者对凯恩斯革命的对抗，就经济学的发展来看，大概可以说是第一个意义重大的对抗革命的革命。"弗里德曼的研究主要集中在消费函数、货币理论与政策、实证方法、通货膨胀现象、经济自由主义等，他因创立了货币主义理论并提出了永久性收入假说，于1976年获得诺贝尔经济学奖。

一、侏儒经济学巨人

1912年7月31日，米尔顿·弗里德曼出生于美国纽约一个贫困的犹太移民家庭。这个身材矮小（5 英尺 2 英寸 = 157.48 厘米）的穷小子，凭着机敏的头脑，不仅自立自强地供自己完成了学业，还用他的理论思想影响了 20 世纪整个后半叶。他在罗格斯大学完成了本科学业，并于 1932 年秋进入芝加哥大学开始为期一年的研究生学习。在这一年里，他不仅受到了奈特、西蒙斯等人的自由主义学术思想的深刻影响，据他本人回忆，另一个重要收获是他结识了日后的妻子——罗丝·迪克特，两人于 1938 年结婚，直至 2006 年弗里德曼去世，两人相濡以沫 68 年。弗里德曼于 1946 年获得哥伦比亚大学博士学位，之后的 40 多年里，他以芝加哥大学为中心，集中于对货币理论的研究，高举经济自由主义的大旗，成为美国新自由主义经济学最重要的领袖。其间，他于 1967 年任美国经济协会会长，并在 1976 年获得诺贝尔经济学奖。弗里德曼思维敏捷，极具辩论才能，公开与反对者进行对话和辩论。为了向公众传播自由市场理念，1980 年他与妻子一起制作了电视系列片《自由选择》。正是他的积极行动、主动出击使得芝加哥经济学派于"滞胀"时期之后迎来了春天，也使他的思想为美国公众所熟知，并使他成为新古典主义经济学家中最杰出的一位。

二、永久收入的消费理论

1957 年，弗里德曼出版了《消费函数理论》，认为消费者的消费支出主要不是由其现期收入决定的，而由其永久收入决定。永久收入是指消费者可以预计到的长期收入。[①]消费者的消费支出取决于永久收入，因此，消费者不会对自己收入的短期变化或政府支出变化引起自己收入的变化做出反应，因为他不确定这种变化是不是长期的；只有当消费者能够预期并证明收入会发生永久性变动，才会调整自己的消费。由此，当前收入的边际消费倾向比凯恩斯理论所认为的边际消费倾向要小，进而政府想通过增减税收来影响总需求的政策是不能奏效的，因为人们不会根据短期的变化来调整消费。

三、现代货币数量论

在修正凯恩斯流动性偏好理论的基础上，弗里德曼沿着剑桥方程推演出了新货币数量论，这一成果主要反映在他的《货币数量论：一个重新表述》中。

建立货币需求函数并论证其稳定性是弗里德曼重新表述货币数量论的起点。弗里德曼认为货币数量论首先是货币需求的理论，所有关于这些变量的论述，需要把货币数量论与有关货币供应条件及其他变量的规定结合在一起。从此段论述中可以看出，弗里德曼的现代货币数量论与传统货币数量论的区别就在于，现代货币数量论明确提出货币数量论不是关于产量、货币收入或物价的理论，而是关于货币需求以及影响货币需求因素的理论。[②]弗里德曼对影响货币需求的因素进行分析，提出著名的货币需求函数。弗里德曼从人们需要货币的原因入手分析，他认为影响因素概括起来主要包括以下三个方面。

1. 收入水平

收入的高低会限制支出的水平，因此也影响着货币的需求状况，是影响货币需求的重要因素。弗里德曼又进一步把财富分为人力财富（先天或后天的才能与技术）和非人力财富

[①] 高鸿业.西方经济学（宏观部分）[M].5 版.北京：中国人民大学出版社，2011：391.
[②] 郭田勇.郭田勇讲弗里德曼[M].北京：北京大学出版社，2009：40.

（物质性财富如各种财产）。他认为，随着持久性收入或财富的增加，人们对货币的数量需求会相应增加。

2. 持有货币的机会成本

较高的成本会使人们愿意持有的货币减少，这些成本的变化与利率、预期通货膨胀率和价格水平有关。当非货币资产的收益较高时，人们会考虑减小货币的需求；当预期通货膨胀率较高时，商品价格上涨，货币贬值带来的损失即为持有货币的机会成本，人们此时会减小货币的需求；当无预期通货膨胀价格水平上升时，人们将增加货币的持有量以购买价格水平上升了的商品。

3. 持有货币的效用

个人或企业持有货币应付日常、意外情况的支出，这就是货币提供给人们的效用，影响这种流动性效用大小的因素包括人们的偏好、兴趣等，它们都会对货币需求产生影响。

通过弗里德曼的论述，他认为货币需求函数是一个稳定的函数，而货币的供给量却可以在短期内剧烈变化，供需不平衡主要是由货币供给引起的，而货币供给是由货币当局来决定的，货币供给的这种外生性和可控性为弗里德曼的货币政策的可行性与有效性提供了重要理论依据。

据弗里德曼分析，当货币供给增加时，公众持有的货币数量增加（弗里德曼认为公众持有的实际货币数量是明确的），他们就会花掉多余的货币，这就会引起资产价格的上升和利率的降低，进而刺激新资产的产生，真实投资增加，生产增加，人们的收入提高，货币需求扩大，最终，货币供给数量与货币需求之间的均衡将会再次得到恢复，但却处在一个更高的价格水平上。由此，弗里德曼指出，通货膨胀无论何时何地都是一种货币现象，它最初是由货币数量的过快增长引起的，这种关系在他与安娜·施瓦茨合著的《美国货币史：1867—1960》中得到了体现。

四、"自然率假说"理论

20世纪70年代，西方国家一方面遭遇通货膨胀、物价上涨，另一方面遭遇经济停滞、失业增加，一向认为失业与通货膨胀具有替代关系的菲利普斯曲线理论陷入尴尬局面。弗里德曼为此提出了自然失业率来解释滞胀问题，自然失业率是指在没有货币因素干扰的情况下，劳动力市场与商品市场的自发力量发挥作用时处于均衡状态的失业率。弗里德曼说道："在通货膨胀与失业之间始终存在一种暂时的替代关系；并不存在持久的替代关系……一个不断上升的通货膨胀率可能会降低失业，但一个较高的通货膨胀率将不会降低失业。"[一]在弗里德曼看来，菲利普斯曲线所揭示的通货膨胀率与失业率的替代关系只是短期现象，政府扩大货币供应量，价格上涨，企业增加雇佣工人，就业机会增加，实际失业率降低到了自然失业率之下。但是，一旦企业将他们的预期调整到了货币增加所引起的新的、更高的通货膨胀率水平上时，失业率将会重新回到自然失业率上。因此，弗里德曼认为从长期来看，任何针对失业率的货币政策都是无效的，只会导致通货膨胀率的持续升高。

[一] 斯坦利 L 布鲁，兰迪 R 格兰特. 经济思想史（原书第7版）[M]. 邸晓燕，等译. 北京：北京大学出版社，2010：399.

进而，弗里德曼对菲利普斯曲线提出了改进，他认为应该根据实际工资的变化率来确定菲利普斯曲线，不能认为工人是非理性的，从而对存在货币幻觉①的名义工资影响进行分析。因此，弗里德曼引入了预期因素对原始菲利普斯曲线做出了修正，在短期内，货币当局为提高就业率而扩大货币供给，因货币幻觉的存在，工人把名义工资看成实际工资有所增加，他们会提高劳动供给，失业率下降。但是，随着通货膨胀率的提高，工人意识到实际工资的下降，他们会要求增加薪水，企业因此会解雇部分员工，失业率再次上升，保持在自然失业率的水平。因此，从长期来看，人们根据实际发生的情况不断调整自己的预期，使之与实际价值相等，通货膨胀率与失业率之间的替代关系也不复存在，菲利普斯曲线成为一条直线。

五、资本主义与自由

在社会哲学领域，弗里德曼将自己描述为一个20世纪的自由主义者，他重新恢复了古典自由主义的地位。他在1962年《资本主义与自由》中阐释到："资本主义社会一切活动的最终目的是达到经济自由，经济自由是政治自由的基础；国家集权对经济的干预弊多利少，政府的职能范围应该受到限制，国家职能应通过市场和价格制度执行。"②弗里德曼深信资本主义经济运行的稳定性。在《自由选择》中，弗里德曼通过对20世纪30年代以来美国政府对经济的干预和控制现象进行研究，批判了阻碍美国经济进步的各种政府干预方式，系统论述了经济自由和社会经济增长的关系。然而，不同于奥地利经济学派自由主义者的是，他积极奔走实施自己的自由经济主张，最终弗里德曼的几项改革意见被实施：浮动的、市场决定的国际汇率体系，完全自愿兵役制度，父母为孩子自由选择学校的教育优惠券等自由政策主张。

弗里德曼并不是无政府主义者，他认为民主是政府培养政治自由的恰当形式，但是民主要以一个资本化的自由企业体系为前提，因为只有将经济权利与政治权利分开，资本主义体系才能相互制衡。

第三节 加里·贝克尔

20世纪50年代，虽然弗里德曼的货币主义思想主导了芝加哥经济学派的经济思想和政策主张，但当时的芝加哥经济学派可谓"百花齐放、百家争鸣"，仍有着许多经济学大家，这个时期的代表人物还有西奥多·舒尔茨（Theodore W. Schultz）、斯蒂格勒、科斯、卢卡斯以及加里·贝克尔。

贝克尔以拓展经济学的研究领域而著名，他用经济学解释人类行为的方方面面，并且恰到好处，可谓奇才。他从市场均衡、偏好稳定和经济人的理论假设出发，解析人类的行为，涉及社会、道德、家庭、人口学、犯罪学、生物学、政治学等方面，无所不及，无愧为经济学新疆域的"拓展者"。也正因此贡献，贝克尔斩获1992年诺贝经济学奖。

---

① 货币幻觉：人们是对货币所表示的价值做出反应，而不是对货币的实际价值做出反应。
② 胡雪峰. 货币经济学的旗手：弗里德曼评传[M]. 太原：山西经济出版社，1998：140.

一、"知识帝国主义者"

加里·贝克尔（Gary S. Becker，1930—2014），1930 年出生于美国宾夕法尼亚州的波兹维尔，在普林斯顿大学完成本科学业，大学毕业后成为芝加哥大学的研究生，1955 年获得芝加哥大学博士学位。1960 年，30 岁的贝克尔成为哥伦比亚大学教授，1970 年后则一直是芝加哥大学教授，期间担任过很长一段时间的芝加哥大学经济系主任，并曾担任美国经济学会会长等职务。

贝克尔奉行新自由主义的经济学观点，反对国家干预经济，主张自由竞争的市场经济。作为芝加哥经济学派的核心人物，他坦言自己在研究生阶段深受芝加哥经济学派前辈的影响，他回忆道："弗里德曼是一位智慧的领导者，使得芝加哥拥有了第一批进行创新研究的经济学家；对我尤其重要的有，格雷格·刘易斯用经济理论分析劳动力市场；西奥多·舒尔茨在人力资本上的顶尖研究；亚伦·戴雷科特将经济学应用于反托拉斯问题以及更广泛地应用于工业组织，还有萨维奇研究的主观概率和统计学基础。"因此，他和弗里德曼一样，认为研究经济学的目的在于对经济发展做出有用的"预言"；他和舒尔茨一样，主张资本概念的一般化，高度重视人力资本对经济增长的推动作用；他和斯蒂格勒一样，强调信息的作用。㊀但是，贝克尔在学术道路上有自己的特点，他结合自己对社会现象的兴趣与对经济学分析的驾轻就熟，运用经济理论大量探索人类行为，尤其是经济学以外的领域。

二、歧视理论

贝克尔 1957 年出版了以其博士论文为基础的《歧视经济学》一书。歧视问题是其应用理性选择和行为最大化假设进行社会和政治问题分析的第一次尝试，"却遇到了绝大多数职业经济学家的冷漠和敌意"。㊁但是，贝克尔还是坚持自己在该领域的研究，从成本—收益视角对歧视进行了新的定义，即若一个人有一种歧视偏好，则他为了其与某些人而不是其他人的接触联系，愿意直接或间接减少自己的收入或承担由此导致的成本增加。简言之，歧视他人的人必定为他的歧视付出代价，而这种代价可以用货币衡量。这种歧视偏好，贝克尔用歧视系数来定义，是指货币成本与净成本的差额，当歧视存在时，歧视系数大于 0。例如，对于雇主歧视来说，如果给予工人的工资是 w，当面对的是黑人雇工时，雇主会感觉其净货币工资好像是给予黑人 $w(1+d_i)$，d_i 是歧视系数；对于雇员歧视来说，如果他在一名黑人或女人手下干活，他会觉得自己的净工资率是 $w_j(1-d_i)$，w_j 是货币工资率，d_i 为歧视系数。因此，厂商雇用所不喜欢的成员似乎支付了高工资，从而放弃了一部分利润；工人与不喜欢的成员共事好像放弃了一部分工资。歧视是不利于歧视者本人的。而对于如何解决歧视问题，贝克尔认为政府干预无能为力，只能通过市场体系的自由竞争使歧视者在竞争中处于劣势，这必然会改进歧视现象，另外，增加人力资本的积累，受歧视群体从自身着手，加强教育和在职的训练，这又牵涉到他的人力资本投资理论。

三、人力资本投资

对人力资本理论的研究渊源甚远，而真正深入研究，并取得巨大理论成果还是芝加哥经

㊀ 车卉淳，周学勤. 芝加哥学派与新自由主义 [M]. 北京：经济日报出版社，2007：13.
㊁ 加里 S 贝克尔. 人类行为的经济分析 [M]. 王业宇，陈琪，译. 上海：上海人民出版社，1995：23.

济学派兴起之后的事，西奥多·舒尔茨、威廉·刘易斯、雅各布·明塞尔等在人力资本理论上有重大突破的经济学家，都是芝加哥经济学派的成员，由此人力资本也成为芝加哥经济学派的一大研究重点。在这种理论热潮中，贝克尔以《人力资本》一书，占据人力资本问题研究的制高点。1992年，瑞典皇家科学院授予贝克尔诺贝尔经济学奖，并认为他最显著的贡献是人的技能以及投资于人的技能的结果等。

贝克尔的人力资本理论主要是用数学方法构建人力资本理论的微观经济学基础。他认为，理性人行为的目的是利益最大化，对于一项收益在未来的投资，只有其预期收益的现值大于其成本时，人们才会选择这项投资。贝克尔就是运用成本—收益分析方法来探讨个人对包括教育、健康、培训、医疗等投资的实证主义分析研究。他认为：“人力资本投资是通过增加人的资源影响未来货币与心理收入的活动。”[一]"这种投资包括学校教育、医疗保健、在职培训等，这些投资的共同点是增进人的技能、健康等，从而提高人的货币或心理收入，即形成人力资本投资的收入效应。"[二]贝克尔认为人力资本投资除了有收入效应外，还有人力资本投资回报率的概念。人们是否进行人力资本投资和投资量的大小都是由投资回报率决定的，他指出：“唯一决定人力资本投资量的最重要因素可能是这种投资的有利性或收益率。”[三]贝克尔善于运用数学方法，对上述收入效应的均衡条件以及收益回报率进行分析，贝克尔均运用数学方法给出了精致的模型[四]，这也是贝克尔分析的一个特点——他本人的数学天赋和特长。除了考虑成本收益外，贝克尔认为，投资时间跨度的长短、工资的差别、风险的偏好程度等也会影响人力资本的投资。

背景链接 20-1　人力资本理论之父——西奥多·舒尔茨

西奥多·舒尔茨（Theodore W. Schultz，1902—1998）是美国芝加哥经济学派经济学家，早年是一名农业经济学家，此阶段的代表作是1964年出版的《改造传统农业》，该书从传统农业的基本特征是什么、传统农业为什么不能成为经济增长的源泉、如何改造传统农业三个方面具体分析了如何把弱小的传统农业改造成一个高生产率的经济部门。

自20世纪50年代开始，舒尔茨转向人力资本理论的研究与著述，马克·布劳格曾评价道："人力资本理论的诞生是1960年由西奥多·舒尔茨宣告的。"这一具体年份正是舒尔茨在美国经济学年会上发表《人力资本投资》演讲的时间。舒尔茨主要是观察到在第二次世界大战后，一些在战争中实物资本遭到巨大破坏的国家迅速恢复和发展，另一些资源条件很差的国家（如丹麦、瑞士和亚洲四小龙等）也同样能在经济发展方面取得很大成功，舒尔茨认为，这些现象说明，除了我们已知的要素外，一定还有重要的生产要素被"遗漏"了，这个要素就是人力资本。他从对人力资本的教育与人力资本的知识效应的分析着手，取得了巨大成就。另外，舒尔茨特别重视对穷人经济学的研究，他曾说过："世界上大多数人是贫穷的，所以如果懂得穷人的经济学，我们也就懂得了许多真正重要的经济原理。世界上大多数穷人以农业为生，因而如果我们懂得农业经济学，我们也就懂得许多穷人经济学。"正因为对

[一] 加里 S 贝克尔. 人力资本 [M]. 梁小民，译. 北京：北京大学出版社，1987：1.
[二] 加里 S 贝克尔. 人力资本 [M]. 梁小民，译. 北京：北京大学出版社，1987：5, 8.
[三] 加里 S 贝克尔. 人力资本 [M]. 梁小民，译. 北京：北京大学出版社，1987：42.
[四] 对数学模型的推导有兴趣者请参见：加里 S 贝克尔. 人力资本 [M]. 梁小民，译. 北京：北京大学出版社，1987：45, 50-51.

经济发展问题特别是发展中国家经济发展问题的研究，舒尔茨于1979年被授予诺贝尔经济学奖。

四、家庭问题研究

贝克尔认为，经济因素在家庭中的作用越来越重要，而传统经济学只是对家庭的收入与支出进行分析。他说："我的意图更为远大：试图用研究人类行为物质方面的工具和结构去分析结婚、生育、离婚、居民户的劳动分工、声望和其他非物质方面。"⊖贝克尔认为家庭是一个融生产与消费于一体的单位，家庭从市场上买进商品和劳务，然后与其自有时间结合起来，获得效用与满足。例如，家庭购买的不是一部汽车，而是一种交通手段，抑或是"炫耀"的方式。在家庭这个生产单位内，家庭成员对货币收入与时间进行合理配置，生产出食物、健康、孩子、声望等，满足效用的最大化。贝克尔的创新之处在于，他把时间看成家庭生产的重要约束条件，将之纳入经济学的分析框架内，所以他的家庭问题研究包括家庭生产论与时间配置论两部分。

在贝克尔的家庭问题研究中，福利最大化不仅局限在物质要素上，人们决定是否结婚、是否养育小孩、如何分配遗产，甚至决定是否离婚等都要基于成本和收益做出分析。他认为婚姻是出于经济自利才形成的家庭，其由男女双方之间的长期契约来定义。在家庭养育孩子的问题上，家庭不仅会考虑抚养孩子的物质成本，还会考虑抚育孩子的时间成本。因此，时间成本高昂的现代社会的父母会倾向于养育更少的孩子，自主选择小家庭生活方式。另外，父母对孩子由"量"向"质"的偏好转换也是前述选择的一个理由。在离婚问题上，贝克尔也有自己独到的分析。随着婚姻的发生与进展，双方不完全信息的自我暴露使离婚可能成为一种最优选择。但双方都会考虑边际成本与边际收益的比较，只有收益大于成本时，离婚才有可能发生。例如，在贫困家庭中离婚率较高，是因为离婚对双方造成的损失较少。

第四节 小罗伯特·卢卡斯

1961年，美国经济学家约翰·穆斯发表《理性预期和价格变动理论》，首次提出了理性预期的概念。20世纪70年代，芝加哥大学教授罗伯特·卢卡斯不断发表论文分析理性预期概念，将其应用到稳定经济政策的分析上，从而在美国形成了以卢卡斯、托马斯·萨金特和尼尔·华莱士为核心的理性预期学派。理性预期学派认为，由于经济主体的预期是理性的，故系统性的货币政策无论在短期还是长期都是无效的。随机性的货币政策虽然可以达到调节经济的效果，但它加大了经济系统的不稳定性，因而是有害的。理性预期学派背离了货币主义的观点，就此从货币主义中分离出来，自成体系。

20世纪80年代，以罗伯特·巴罗、爱德华·普雷斯特、芬恩·基德兰德为代表的理性预期经济学家拓展了理性预期的分析范围，吸收了货币主义、供给学派的观点，对货币政策和财政政策等宏观经济问题提出了新的见解，使理性预期学派的面貌大为改变。人们也开始用"新古典宏观经济学派"替代"理性预期学派"的称号。新古典宏观经济学在理性预期学派货币政策分析的基础上，分析了财政政策，重新挖掘了"李嘉图等价定理"，认为税收和

⊖ 加里S贝克尔.家庭经济分析[M].彭松建，译.北京：华夏出版社，1987：1.

国债在一定意义上是等价的，以国债为手段的财政政策是无效的。另外，与卢卡斯等理性预期者不同，他们从供给的角度，用技术变化解释经济增长和劳动生产率变动，提出了实际经济周期理论。与之相对，卢卡斯是从需求角度分析经济周期，并认为货币供给波动是经济周期的根源。

实际上，新古典宏观经济学的名称既表明了这个学派对古典宏观经济学的回顾，又突出他们的创新，但根本上他们是反对凯恩斯主义的。在古典宏观经济学看来，有两个基本假设是必须坚守的，一是经济人是理性人，他们在活动中追求着个人利益最大化；二是市场是出清的。但是凯恩斯主义者的分析却违背了这两点。凯恩斯主义者的宏观模型中很少考虑个人的微观基础，因此出现了经济人在宏观中并不追求个体利益最大化的现象，从而把理性人假设扫入了"垃圾桶"。此外，凯恩斯主义者认为市场并不总是出清的。㊀然而新古典宏观经济学却接受了这两个假设，并且进一步提出理性人是理性预期者，由此得出了凯恩斯主义货币政策和财政政策无效的结论。

本节我们将详细介绍理性预期和新古典宏观经济学的灵魂人物卢卡斯以及其理论。

一、"失误"的理性预期大师

1937年，罗伯特·卢卡斯（Robert Lucas, 1937— ）出生于美国华盛顿的雅吉瓦，因与其父同名，故被称为小卢卡斯。起初卢卡斯对历史学感兴趣，在1959年获得芝加哥大学历史学学士学位后，卢卡斯进入加州大学伯克利分校读历史学研究生，其中的一位历史学家对他影响很大。这位名叫亨利·皮朗的历史学家用经济生活的连续性分析了罗马帝国的覆亡，令卢卡斯的思想发生了很大转变，从此他喜欢上了经济学。卢卡斯曾说："显然，想要学好经济学并得心应手地应用它，我必须掌握比以前我作为一名历史系学生时所掌握的多得多的经济学知识，因此，我决定转学经济学。"㊁之后，他又回到芝加哥大学，于1964年获得芝加哥大学经济学博士学位。卢卡斯对数学在经济学中的运用极其推崇，他认为"数学分析不是研究经济学理论众多方法中的一种：它是唯一的方法。经济学理论就是数学分析"。

卢卡斯在卡内基梅隆大学度过了其学术生涯的前11年，在这里他对动态经济学和预期理论有着浓厚的兴趣，最终形成自己的理性预期理论。之后，他返回母校任教。1995年他被授予诺贝尔经济学奖，具有讽刺意味的是，他的前妻分得了奖金的一半。因为在1989年小卢卡斯与前妻科恩办理离婚手续时，科恩做出了一个"预期"，进而提出了一个有意思的离婚的条件，如果卢卡斯在1995年10月31日前获得诺贝尔经济学奖，她要分得其中一半奖金；如果在此后卢卡斯获奖，她则得不到一分钱。"不幸"的事情发生了，在1995年10月21日，卢卡斯获得了诺贝尔经济学奖，距离婚协议上的期限只差10天。卢卡斯不得不按离婚协议将100万美元的奖金分给前妻一半。为此，卢卡斯后悔不迭，认为前妻才是理性预期的大师，自己甘拜下风。

二、理性预期理论

理性预期概念最先由约翰·穆斯提出，他说："由于预期是对未来事件有根据的预测，

㊀ 吴易风. 当代西方经济学流派与思潮 [M]. 北京：首都经济贸易大学出版社，2005：219.
㊁ 《罗伯特·卢卡斯的自传》，节选自《诺贝尔奖获奖者演说文集经济学奖（1969—1995）》（下册），罗汉译. 上海：上海人民出版社，1999，1150页.

所以它们与有关的经济周期理论的预测本质上是一样的，我们把这种预期叫作'理性'预期。"按照他的观点，人们在进行经济决策时依据当时所取得的信息，能够对有关变量的未来变动做出正确的预测。小卢卡斯把此概念运用于宏观经济分析，向凯恩斯主义的经济理论和政策展开猛烈抨击，他认为凯恩斯主义的宏观经济政策不仅是弗里德曼所认为的长期内无效，在短期内也是无效的。

理性预期理论认为，参加经济活动的人都是维护自身利益的理性人，他们在做出决策时，都会对经济变量进行合乎理性的预期，避免自己的利益在市场波动中遭受损失。为了更好地分析理性预期的形成，小卢卡斯提出了附加预期变量的总供给分析。传统宏观经济学的总供给曲线是表示整个社会的价格总水平与总产量之间关系的一条曲线，由于假设完全竞争，故货币工资和价格水平具有充分的伸缩性，劳动市场实现充分就业，所以总供给曲线是一条垂直曲线。而理性预期理论认为，总供给曲线表示的是当工人预期的产品价格水平一定时，一个社会在不同的实际价格下所提供的产量曲线。而现实中经济总是存在波动的，经济人在面对货币冲击时，会很快形成对未来价格的预期，因此，只要货币政策具有系统性，就不可能改变产出增长的长期路径，由此，波动的根源是货币政策的随机性带来的冲击。因此，宏观的经济政策要想有效，必定是不能被正确预期的政策，只有具有欺骗性的政策才能做到这一点；而理性人在长期中不可能持续性犯认识上的错误，所以，宏观经济政策无论如何都值得怀疑。理性预期理论是对凯恩斯主义理论在政策指导上有效性的一种致命反驳。

三、人力资本内生增长理论

卢卡斯对经济增长理论的贡献体现于他的人力资本内生增长模型，这一模型是在舒尔茨人力资本理论的基础上发展而来的。卢卡斯区分了人力资本的内部效应与外部效应，前者指个人的人力资本能提高自身的生产率和收益；后者是指平均人力资本水平的提高能提高所有生产要素的生产率。人力资本的外部性具有报酬递增的性质，使得人力资本成为经济增长的引擎，引起经济增长。不过，他曾指出："有两大原因使得目前这样一个理论还无法很好地适应经济发展理论的需要：解释跨国差异时明显的失效以及国际贸易将导致资本－劳动比率和要素价格迅速趋同这一预言与现实明显矛盾。"

四、经济周期理论

卢卡斯在1977年发表的《对经济周期的理解》以及《失业政策》中，阐释了他的经济周期理论。经济波动是由未预料到的或不规则的货币冲击引起的，即货币供应量意外的不规则变动，使生产者产生了"错觉"，以为物价产生了短期的相对价格波动，从而改变生产决策，引起了就业量和产量的波动。这一理论有两个前提：一是生产者掌握的经济信息不充分；二是厂商与工人的利益一致。在这样的前提假设下，价格的变动对产量或就业量的变动体现

○ 约翰·穆斯：《理性预期和价格变动理论》，经济计量学杂志，1961年7月。
○ 具体的卢卡斯总供给函数与模型理论请参阅：高鸿业．西方经济学（宏观部分）[M]．5版．北京：中国人民大学出版社，2011：610-613。
○ 小罗伯特 E 卢卡斯．经济发展讲座 [M]．罗汉，应洪基，译．江苏：江苏人民出版社，2003：37．

以下两个方面：一是劳动供给的实际收入，在长期中由于有理性的预期，价格变动不会造成影响，但短期内价格上升，则企业与工人的收入都会增加，反之则减少；二是价格变动的实质，如果是总的价格水平变动，则不会造成影响，而如果是相对价格变动，就会使生产者变动决策，从而产量和就业量发生变化。卢卡斯的经济周期理论分析就建立在这种货币存量的意外变化引起经济波动现象的基础之上。

由此，在卢卡斯看来，如果说凯恩斯主义宏观经济政策是有效的，那完全是基于存在"货币幻觉"的假定。由于理性人的合理预期，具有"欺骗"性质的凯恩斯干预政策可以暂时欺骗一部分人，却不可能欺骗所有人，更不可能长期欺骗，故凯恩斯主义的宏观经济政策是无效的。但是，卢卡斯并不是主张绝对经济自由的无政府主义者，他只是反对干扰社会经济正常运行的凯恩斯主义的宏观经济政策，认为对于政府能够加以控制的和有助于稳定经济的变量，政府不应不管，而是要使这些变量稳定在一定的水平，制订并公开宣布长期不变的原则，取信于民。

1995年，卢卡斯获得诺贝尔经济学奖，以表彰其在理性预期理论方面的杰出成就，以及他对这一学派发展的开创性贡献。卢卡斯提出的理性预期理论不仅促使了理性预期学派的产生，也成为新古典宏观经济学的基础。目前理性预期理论已经被广大经济学家接受，被称为是现代经济学中继凯恩斯革命、弗里德曼货币主义革命之后的理性预期革命。

背景链接20-2 供给学派与"拉弗曲线"

20世纪70年代，美国的土地上又兴起了一支反对凯恩斯主义的经济学派，那便是以南加州大学的阿瑟·拉弗为核心的供给学派。其他的代表人物还有《华尔街日报》的裘德·万尼斯基和保罗·克雷·罗伯茨、社会学家乔治·吉尔德，以及哈佛大学教授马丁·费尔德斯坦。

当时，美国正经历着一个前所未有的"滞胀"时期。供给学派认为这是由凯恩斯主义的需求管理和国家干预思想导致的。供给学派复兴了萨伊的供给定律，主张经济自由主义。他们提倡应当注重供给，刺激投资、储蓄和工作的积极性，给市场更大的空间去自主调节。吉尔德曾总结道："萨伊定律，它的各种变化，是供给学派理论的基本规则……萨伊定律之所以重要，是因为它把注意力集中在供应、集中在刺激的能力或资本的投资方面。它使经济学家们首先关注各个生产者的动机和刺激，使他们于分配和需求转过来，并再次集中于生产手段。"⊖

供给学派是偏重于政策主张的经济学派，它的理论基础并不系统，但对里根总统执政时期的美国经济产生了巨大的影响。拉弗和费尔德斯坦都曾是里根政府经济顾问委员会委员。拉弗、万尼斯基、罗伯茨和吉尔德属于激进的供给学派者，他们认为当时的美国边际税率过高，阻碍了生产力的提高，政府应当减税刺激经济。费尔德斯坦则是温和的供给学派者，他认为供给管理不能简单地醉心于减税的影响，还应关注财政赤字、通货膨胀、税收结构和社会保险制度的共同影响，他提倡平衡财政预算，减少财政赤字和政府干预，让市场进行自我调节。

"拉弗曲线"是供给学派减税思想的理论基础（见图20-2）。"拉弗曲线"是1978年在一

⊖ 王志伟.现代西方经济学主要思潮及流派[M].北京：高等教育出版社，2004：167.

些报纸和裘德·万尼斯基的《通向成功的道路》一书中出现的。实际上，"拉弗曲线"的基本思想并不新颖，拉弗自己就曾说过，他从凯恩斯的思想上得到了启发。实际上，"拉弗曲线"表达的是这样一种思想，即同一种税收收入可能是由两种不同的税率造成的。如图20-2所示，当税率为零时，税收收入为零。而当税率为100%时，税收收入同样为零。这意味着，当税率在0到100%之间的某个值上时（如A点），可以得到最大税收收入（AB）；同时也意味着，当税率增长超过这个最优税率（A点）后，过高的税率反而抑制了经济活动，税收收入下降。从而A点以上的区域，应当是税收禁区。供给学派认为20世纪70年代的美国税率超过了最优税率，因此应当减税，而且减税并不会减少财政收入。

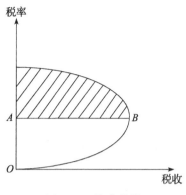

图 20-2　拉弗曲线

在本章中，我们以芝加哥经济学派为重点，介绍了20世纪30年代以来的几支新自由主义思想。货币主义和理性预期学派都生长在芝加哥经济学派的土壤上，但是二者的货币政策主张不同，所以它们后来分道扬镳。20世纪70年代，供给学派兴起。相比其他三个学派，供给学派直接从古典经济学中寻找理论渊源。但是，这四个学派有着共同的特点，那就是它们都主张自由主义、崇尚市场力量。20世纪80年代，理性预期学派进一步发展，以巴罗为代表的理性预期主义者融合了货币主义和供给学派的思想，形成了新古典宏观经济学，与现代凯恩斯主义分庭抗礼，古典主义的自由春风再次在大地上吹起。

问题讨论

1. 请简述芝加哥经济学派的传统和基本信条。
2. 弗里德曼曾经说过："我不是一位供给学派经济学家，我也不是一位货币主义经济学家，我是一位经济学家。"你如何看待他的这句话？
3. 请简述卢卡斯的理性预期理论。
4. 请介绍一下"拉弗曲线"。
5. 请介绍一下介绍芝加哥经济学派、货币学派、理性预期学派、供给学派和新古典宏观经济学的关系。

本章推荐

[1] 米尔顿·弗里德曼，罗丝·弗里德曼.两个幸运的人：弗里德曼回忆录［M］.林卓立，郑若娟，译.北京：机械工业出版社，2015.

[2] 蓝尼·埃布斯泰因.米尔顿·弗里德曼传［M］.刘云鹏，译.北京：中信出版社，2009.

[3] 威廉·布雷特，罗杰 L 兰塞姆.经济学家的学术思想（原书第3版）［M］.孙琳，等译.北京：中国人民大学出版社，2004.

[4] 郭田勇.郭田勇讲弗里德曼［M］.北京：北京大学出版社，2009.

[5] 约翰·范·奥弗特瓦尔德.芝加哥学派［M］.王永龙，等译.北京：中国社会科学出版社，2010.

［6］加里 S 贝克尔.人类行为的经济分析［M］.王业宇，陈琪，译.上海：上海人民出版社，1995.
［7］詹姆斯 M 布坎南.自由、市场与国家［M］.平乔新，莫扶民，译.北京：中国社会科学出版社，2004.
［8］斯蒂格勒.价格理论［M］.李青原，等译.北京：商务印书馆，1992.
［9］纪录片：自由选择。

参考文献

［1］斯坦利 L 布鲁，兰迪 R 格兰特.经济思想史（原书第 7 版)［M］.邱晓燕，等译.北京：北京大学出版社，2010.
［2］约翰·范·奥弗特瓦尔德.芝加哥学派［M］.王永龙，等译.北京：中国社会科学出版社，2010.
［3］车卉淳，周学勤.芝加哥学派与新自由主义［M］.北京：经济日报出版社，2007.
［4］高鸿业.西方经济学（宏观部分)［M］.5 版.北京：中国人民大学出版社，2011.
［5］郭田勇.郭田勇讲弗里德曼［M］.北京：北京大学出版社，2009.
［6］胡雪峰.货币经济学的旗手：弗里德曼评传［M］.太原：山西经济出版社，1998.
［7］加里 S 贝克尔.人力资本［M］.北京：北京大学出版社，1987.
［8］加里 S 贝克尔.家庭经济分析［M］.彭松建，译.北京：华夏出版社，1987.
［9］加里 S 贝克尔.人类行为的经济分析［M］.王业宇，陈琪，译.上海：上海人民出版社，1995.
［10］王志伟.现代西方经济学主要思潮及流派［M］.北京：高等教育出版社，2004.
［11］罗伯特·卢卡斯.经济发展讲座［M］.南京：江苏人民出版社，2003.
［12］吴易风.当代西方经济学流派与思潮［M］.北京：首都经济贸易大学出版社，2005.
［13］蒋自强，史晋川.当代西方经济学流派［M］.上海：复旦大学出版社，2014.

第二十一章 奥地利学派

> 无论我们在讨论什么议题——无论是宗教、哲学、政治或经济；无论它是有关于繁荣、道德、平等、正确、正义、进步、责任、合作、财产、劳动、贸易、资本、工资、税赋、人口、金融或政府时——无论我是从哪个科学方法加以研究，我最后都会达成以下结论：解决所有人类互动问题的答案，便是自由。
>
> ——弗雷德里克·巴斯夏

本章大纲

第一节 奥地利学派概览
一、奥地利学派的发展历程
二、奥地利学派的主要信条
第二节 约瑟夫·熊彼特
一、爱美人更爱学术的经济学家
二、创新理论
三、熊彼特论资本主义与社会主义
第三节 路德维希·冯·米塞斯和弗里德里希·奥古斯特·冯·哈耶克
一、米塞斯的三大贡献
二、哈耶克的思想

主要著作列表

姓名	著　作	成书时间
约瑟夫·熊彼特	《经济发展理论》(*The Theory of Economic Development*)	1912年
	《经济周期》(*Business Cycles*)	1939年
	《资本主义、社会主义与民主》(*Capitalism, Socialism and Democracy*)	1942年

（续）

姓名	著作	成书时间
约瑟夫·熊彼特	《从马克思到凯恩斯十大经济学家》(Ten Great Economists from Marx to Keynes)	1951 年
	《经济分析史》(History of Economic Analysis)	1954 年
路德维希·冯·米塞斯	《货币和信用理论》(The Theory of Money and Credit)	1912 年
	《国家、民族与经济》(Nation, State, and Economy)	1919 年
	《社会主义：经济与社会学的分析》(Socialism: An Economic and Sociological Analysis)	1922 年
	《自由与繁荣的国度》(The Free and Prosperous Commonwealth)	1927 年
	《经济学的认识论问题》(Epistemological Problems of Economics)	1933 年
	《官僚体制》(Bureaucracy)	1944 年
	《人的行为》(Human Action: A Treatise On Economics)	1949 年
弗里德里希·奥古斯特·冯·哈耶克	《货币理论和商业循环》(Monetary Theory and the Trade Cycle)	1929 年
	《价格与生产》(Prices and Production)	1931 年
	《利润、利息和投资》(Profits, Interest and Investment)	1939 年
	《通往奴役之路》(The Road to Serfdom)	1944 年
	《个人主义与经济秩序》(Individualism and Economic Order)	1948 年
	《自由秩序原理》(The Constitution of Liberty)	1960 年
	《法律、立法与自由》(Law, Legislation and Liberty)	1978 年
	《致命的自负：社会主义的谬误》(The Fatal Conceit: The Errors of Socialism)	1985 年

思维导图

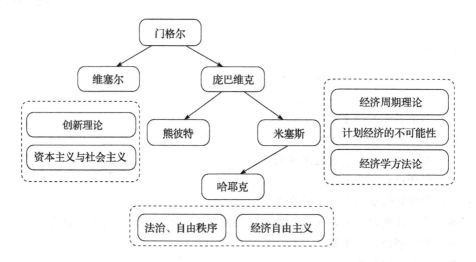

在介绍对凯恩斯主义进行批判的新自由主义时，有一个学派是绕不过去的，它与芝加哥经济学派、新制度学派并驾齐驱，那便是奥地利学派。

奥地利学派的创始人是门格尔，第一代的代表人物是门格尔的学生维塞尔和庞巴维克。他们又被称为旧奥地利学派，主要的活动中心是奥地利的维也纳大学。因为门格尔、维塞尔和庞巴维克对边际学说的巨大贡献，他们也被认为是边际学派第一代和第二代的代表人物，已经在本书的第十二章和第十三章中进行过介绍。

奥地利学派的第二代代表人物是米塞斯和熊彼特，他们都师承庞巴维克。第三代主要代表人物是哈耶克，他是米塞斯的学生。第三代中除哈耶克外，其他代表人物还有奥斯卡·摩根斯坦、弗里茨·马克卢普、保罗 R. 罗丹、戈特弗里德·哈伯勒。第二代和第三代奥地利经济学家又被称为新奥地利学派，他们继承旧奥地利学派的相关理论以及分析方法，在经济行为理论、资本理论、经济周期理论以及货币理论等问题上展开新的分析，并且由于战争问题，新奥地利学派的成员大都离开了维也纳大学，新奥地利学派也失去了原来的地域概念。

新奥地利学派是新自由主义的重要组成部分，哈耶克则是新奥地利学派第三代经济学家中的领军人物。虽然哈耶克和凯恩斯私下里是朋友，但是他们的经济理论框架和观点却是针锋相对的。本章主要以哈耶克（也是芝加哥经济学派的代表人物之一）作为新自由主义的代表人物，同时介绍新奥地利学派的另外两位代表人物：米塞斯和熊彼特。此外，考虑到奥地利学派演化的完整性，将对奥地利学派整体进行介绍。

第一节 奥地利学派概览

一、奥地利学派的发展历程

奥地利学派起始于门格尔在 1871 年发表的《国民经济学原理》一书。门格尔反对把价值归于客体或人类行为之上，他认为价值来源于对个体能够满足的估价。由此，主观主义和个人主义的价值理论构成其核心原理。主张用主观边际效用取代客观生产成本价值分析的门格尔，吸引了奥地利的庞巴维克和维塞尔，他们致力于钻研《国民经济学原理》，积极地参加了门格尔的研讨班，庞巴维克引入了机会成本的概念，并极力强调门格尔经济学的主观性和普遍性；维塞尔则致力于将门格尔的价值理论应用于资本和利息理论中。很快，一些参加过门格尔的研讨班，并深受门格尔影响的年轻人也加入了进来，当时从事经济学探究的人数明显增加，西欧其他国家的经济学家开始把他们称为"奥地利派"。后来，随着门格尔在 1883 年出版第二部著作《社会科学特别是政治经济学方法论研究》时，他们和德国历史学派对立的立场公开化，"奥地利学派经济学"的名称也开始崭露头角。

如果把奥地利学派的兴起者门格尔视为创始人，其门徒维塞尔和庞巴维克成为奥地利学派的第一代，那么奥地利学派的第二代核心代表人物即是对自由主义有着"钢铁般意志"的米塞斯。他师从庞巴维克，被称为"现代奥地利学派之父"，是他把奥地利学派带入 20 世纪，在推动奥地利学派的发展中发挥了决定性的作用。他从奥地利学派动态市场的角度进一步推动货币、信用和经济周期理论的发展，构建了作为市场中协调和驱动力量的企业家才能的理论，并且精炼了奥地利学派的方法论基础以及用来替代以均衡为基础的动态理论。第二代的另一位代表人物是熊彼特，他同样师承庞巴维克，后改投马歇尔门下，但在其理论发展中仍有奥地利学派的痕迹，并部分地沿用奥地利学派的传统。

奥地利学派最光辉的时刻莫过于其第三代代表人物哈耶克于 1974 年获得诺贝尔经济学奖。哈耶克是 20 世纪最重要的思想家之一，他的成就远远超越了经济学的边界，涉及哲学、政治学甚至心理学的相关研究，并都取得了不菲的成绩。他是米塞斯的学生，是自由主义的又一坚定旗手。

在过去的130多年间，构成奥地利学派的理论学说多有变化，该学派在经济学思想的主流中所处的位置也一度从核心移到边缘。在第一次世界大战刚结束时，奥地利学派曾繁盛一时，然而，到了20世纪30年代，独具一格的奥地利学派的研究纲要已经大大消退了，主流经济学则或多或少地吸收了奥地利学派经济学家所提出的主要论点。哈耶克在1968年更直白地说道，尽管奥地利学派的第三代经济学家继续以其思考方式和理论兴趣展示他们于20年代在维也纳接受的训练，但他们已不能再被视为一个独立的思想流派了。[一]

二、奥地利学派的主要信条

奥地利学派的分析基础与凯恩斯和马歇尔都不相同。在凯恩斯的分析中，经济的宏观层面被重视，他关注利率和有效需求的变化，注重分析政府决策和政策选择，而忽略个人和企业的选择；而在马歇尔分析中，微观的个人得到重视，他把个人作为代表性研究对象，发展了理性经济人假设。奥地利学派则把企业和个人放在分析的核心，且个人不一定是理性的，如米塞斯在《人的行为》中分析的那样，他们重视人性的复杂性，关注与人密切相关的制度层面。他们主要坚持如下信条。

1. 崇尚个人主义

在方法论方面，奥地利学派认为所有的经济现象都可以追溯至个人的行动，因此个人的行为才是构成经济理论的基本素材。奥地利学派认为经济科学是一门行为的科学，而不是一门决策的科学；人的行为过程包括一系列的互动协调行为，而决策只表现为行动的一个方面，如果把行为中的决策作为经济学研究的核心是大错特错的。在政治上，奥地利学派同样推崇个人主义，认为没有经济自由就没有政治自由。

2. 重视主观主义

奥地利学派在方法论上推崇门格尔等人的主观主义。他们不接受客观成本分析的价值论，而是从人的行为出发分析主观价值。他们认为个人对于商品或服务的需求，是个人对这些商品或服务满足他们欲望的程度进行主观评价的结果，所以价值主要是人对物品的主观评价。另外，在承认个人主义的前提下，人的行为会受到价值、期望、意图和知识等影响，因此，经济问题必须从主观主义出发予以考察。

3. 偏好和机会成本说

机会成本是为满足某一种需求而须放弃的用于其他用途的最大价值。这一思想将生产成本转换为一种主观心理成本，连同边际效用的概念一起构成奥地利学派主观价值论的基础。

4. 在经济分析上推崇边际主义

奥地利学派认为交换价值根植于人们的主观判断之中，由个人组成的群体来决定，故所有的经济决策都是在边际上做出的（最后一单位的消费品决定选择）。边际效用价值论是奥

[一] 卡伦·沃恩. 奥地利学派经济学在美国：一个传统的迁入 [M]. 朱全红，等译. 杭州：浙江大学出版社，2008：223.

地利学派最主要的经济理论,是其全部经济学说的基础和核心。○

第二节 约瑟夫·熊彼特

熊彼特是 20 世纪具有重要地位的奥地利经济学家,经济思想史界对他的划分是复杂的,很多经济思想史教材认为他不属于奥地利学派,并倾向于在经济思想史教材中把他放到发展经济学部分中去解析。的确,他受教于庞巴维克,却把瓦尔拉斯看成是发现一般均衡分析的最伟大经济学家;他受到奥地利学派的自由主义的熏陶,却为社会主义经济学辩护;他沿着奥地利学派的研究方向前进,却反对米塞斯-哈耶克的经济周期理论;他同意以动态视角来研究经济现象,却同样坚持一般均衡的分析方法。这就是熊彼特,一个特立独行的经济学家。熊彼特的思想虽然有些偏离奥地利学派,但是本书认为他依然属于奥地利学派。第一,他的理论发展中依然保持着奥地利学派强调个人的分析方法,他同样认为企业家才是经济社会发展的关键;第二,他承认市场体系的动态性分析,这显然是受到奥地利学派传统思想的影响,他的著作中处处现出强调动态非均衡、企业家精神和奥地利学派的其他命题;第三,他与奥地利学派的区别只是沿着类似的分析方法所得出来的结论存在差异。因此,我们并不能截然地把他从奥地利学派中剔除。

一、爱美人更爱学术的经济学家

约瑟夫·熊彼特是美籍奥地利经济学家,出生于奥地利一个工厂主家庭。早年熊彼特曾在维也纳大学学习法律和经济学,与米塞斯、希法亭等同为庞巴维克研讨班的活跃分子。获得博士学位后,他游学英国,求学于马歇尔。24 岁时,熊彼特与比他大 12 岁的茜芭结婚。1908 年即他 25 岁时,因《理论经济学的本质与内容》而一举成名,此后在泽尔诺维兹大学、格拉茨大学任经济学教授。第一次世界大战前夕,他把茜芭送回英国,之后两人虽未正式离婚,但婚姻事实上已经结束。1919 年熊彼特出任奥地利财政部部长,几个月后因政见问题辞职。1922 年,39 岁的熊彼特与 22 岁的安妮结婚,然而次年安妮即死于难产。1925 年熊彼特赴德国波恩大学任经济学教授,由于受到国籍歧视,于 1932 年移居美国,任哈佛大学教授。1937 年他与经济学家伊丽莎白·波蒂结婚,至此才拥有了安定的生活,直至 1950 年去世。在美期间,熊彼特曾担任美国计量经济学会会长和美国经济学会会长。

据说熊彼特衣着讲究得体,但为人傲慢,行为无常。他曾经宣称他的个人目标是成为世界上最好的骑士、最好的爱人和最好的经济学家,并曾评价自己已经完成了其中的两项目标。熊彼特曾说,作为一名经济学家,应兼备数学家、统计学家和历史学家的素质,显然他的知识之广博远超这三个领域。他一生共计出版及发表了 15 本著作和 200 多篇论文。主要有:《经济发展理论》(1912 年出版),在这本书中第一次提出创新理论;《经济周期:资本主义过程之理论的、历史的和统计的分析》(1939 年出版),书中他运用资本主义发展的历史统计资料,分析资本主义的经济周期波动问题,提出了独特的经济周期理论;《资本主义、社会主义与民主》(1942 年出版)提出垄断在技术上具有优势的"熊彼特假说"和资本主义必然崩溃的论点;《经济分析史》和《从马克思到凯恩斯十大经济学家》这两部著作由其妻子

○ 马涛.经济思想史教程[M].上海:复旦大学出版社,2002:301-302.

整理出版，总结了熊彼特在经济思想史方面的丰硕研究成果。

二、创新理论

熊彼特的理论是自成体系的。他的理论以创新理论为核心，在创新理论的基础上，他研究了资本主义的发展和周期波动，解释垄断和竞争，甚至通过创新理论来预测资本主义的前途等重大问题（见图21-1）。

熊彼特在阐释其经济理论时，有着自己独特的方法论特征：以"创新"理论为核心；从一般均衡理论出发，探讨动态均衡的分析；用经济体系的内在动力来解释经济现象；将经济理论的分析、历史的分析和统计分析方法与数学分析方法结合，动态地研究资本主义经济的演进过程。○

熊彼特的理论对后世产生了巨大影响，延展出两个不同的研究学派：一个是从技术创新角度进行深入研究的技术创新学派，又称"新熊彼特学派"；另一个是把制度与创新相结合，强调制度安排和制度环境对经济发展影响的制度创新学派。因此，理解创新理论对于把握熊彼特的思想具有重要意义。

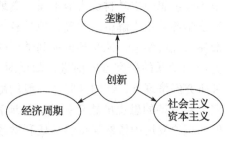

图21-1　熊彼特的理论体系

（一）"熊式"创新

传统经济理论所说的经济发展，指的是人口、资本、地租等数量上的变迁，熊彼特创造性地用生产技术和生产方法的变更来解释经济的发展过程。熊彼特在瓦尔拉斯的一般均衡理论的基础上加入动态因素去考察，他认为瓦尔拉斯的一般均衡理论是在假设条件下从外部因素考察经济变化的静态分析，而不是内在因素推动的经济变化。他试图提出："一种关于经济变化的纯经济理论，也就是说，这种变化不仅仅是决定于推动经济制度从一个均衡到另一个均衡的各种外在因素的纯粹的经济理论的基础上。"○熊彼特阐明经济从静态走向动态是由于内在因素的作用。他曾解释这种过程分为两个方面：一个是所谓的"循环流转"或均衡的趋势，另一个是所谓的"循环轨道的变化"或经济体系内部的"自发变化"。○

在循环流转中，经济体系不会发生反复无常的变化，产品的价值与价格是由工资和地租构成的生产费用决定的，这是静态理论要分析的。然而，当经济过程出现"新组合"时就会改变循环流转的均衡状态。"新组合"包括五个方面：引进新产品、引进新的生产方法、开辟新市场、取得原材料新的来源、实现企业的新组织。这些方面就是熊彼特所说的"创新"，其特征是"循环渠道的自发而非连续的变化，是对均衡的扰乱，它永远地改变并代替既存的均衡状态"。○因此，熊彼特的"创新"即"经济发展"是经济自发的而非连续的一种质变。由于"创新"使新产品的价值、价格超过生产费用，于是具有"特殊资质"的企业家通过执行"创新"方式获得在工资、地租之外的利润和利息。

○ 尹伯成.西方经济学说史：从市场经济视角的考察［M］.上海：复旦大学出版社，2006：200.
○ J A熊彼特：从马克思到凯恩斯［M］.韩宏，等译.南京：江苏人民出版社，2003：2.
○ 约瑟夫·熊彼特.经济发展理论［M］.何畏，等译.北京：商务印书馆，1990：68-69.
○ 约瑟夫·熊彼特.经济发展理论［M］.何畏，等译.北京：商务印书馆，1990：72.

（二）创新与经济周期

熊彼特运用其创新理论来解释资本主义的经济周期性波动，由此建立的创新经济周期理论在经济学界产生了很大的影响。经济周期理论主要反映在其巨著《经济周期：资本主义过程之理论的、历史的和统计的分析》之中。

熊彼特认为企业家为了获得潜在利润进行生产要素的"新组合"，实现"创新"，一旦这种"创新"被认为是有利可图时，其他人就会仿效，形成所谓的企业家集群，促进经济发展，产生经济的繁荣。当旧企业以及信贷大量投注在新的生产时，新产品就会充斥市场，竞争加剧，物价下跌，导致信用紧缩，萧条来临。熊彼特认为这是正常的再吸收和清算过程，经济会转向自动紧缩，趋向于新的临近的均衡。他称此为"第一个波浪"，创新因素产生的逻辑上的繁荣和衰退，这个两阶段周期被称为"纯模式"（见图21-2）。

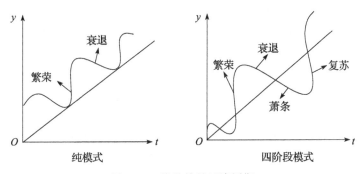

图 21-2　熊彼特的经济周期

但是，熊彼特认为资本主义经济周期实际上包括四个阶段：繁荣、衰退、萧条和复苏。在经济繁荣中，物价上涨、投资机会增加、信用扩张，投机活动大为增加，这往往会导致错误预测，引发过度投资，繁荣处于均衡水平之上。由于这种投资机会的增加和银行信用的扩张往往与"创新"活动无关，不产生任何推动力，一旦投机活动消失，价格暴跌，经济将陷于萧条，处于均衡水平之下，这就是"第二个波浪"。之后，经济会对失衡状态进行调整，这就是复苏阶段。经济的四阶段周期即如此循环往复。

熊彼特进一步分析，虽然创新是使经济呈现周期性波动的内在因素，但经济领域是广泛的，生产部门是有差异的，因此，会存在多种创新。不同的"新组合"依据引入时间的不同对经济的影响范围与程度是有差别的。由此，熊彼特认为，资本主义经济表现出来的周期运动，是若干个时间跨度不同的周期相互叠加的结果。

（三）创新与垄断

熊彼特认为资本主义是一个由创新活动引起创造性毁灭的过程。创新活动引起企业间分享创新利润的竞争，在此过程中，守旧企业被淘汰，另一些企业会诞生或壮大。因此，从长期来看，完全竞争效率不如垄断，因为它不利于创新活动的开展。在静态均衡中，完全竞争是一种最有效的资源配置机制，但资本主义的本质是创造性毁灭的过程，在这种过程中，完全竞争不利于刺激创新，且创新容易被模仿。因此，熊彼特认为垄断行为实际上是针对创新面临的不确定性的一种保险机制，能鼓励有才能的企业家进行创新活动，促进资本主义的发展。

事实上在熊彼特看来，任何垄断行为都只是暂时的，除非行政性垄断。这是因为，垄断利润是企业家不断创新的激励，任何垄断都会被连续不断的创新打破（行政性垄断除外）。因此，政府没有必要去限制某个行业中存在的来自创新和竞争的垄断势力。

三、熊彼特论资本主义与社会主义

熊彼特在《资本主义、社会主义与民主》中提出并论述了两个命题，第一是资本主义是否能活下去；第二是社会主义能否可行。他以创新理论分析资本主义的发展前景，得出资本主义将自动进入社会主义的结论。

熊彼特把资本主义看成"在本质上是经济变动的一种形式或方法"。他认为资本主义不是在自己的经济失败下崩溃的，而是"它的成就破坏了维护它的社会制度"，①有若干因素使资本主义不能存在下去而是过渡到社会主义。首先，企业家职能的消失。创新逐渐成为例行事务，"经济进步日趋非人身化和自动化。机关和委员会的工作日渐代替个人的行动"。②企业家一旦创新成功就会进入资本家行列，资产阶级只是依靠企业家成功才能维持其生活的秩序，而企业家的职能性逐渐丧失，资产阶级本身的存续也就存在很大的危险性。其次，资产者职能的消失。熊彼特认为累积资产的资产者会由于以下两个原因丧失其职能：一是资产者家庭会解体，资产者的精神特征会使其分析生儿育女的成本问题，显然成本越来越高，于是家庭会出现解体，进而使资产者失去积累资产的动力；二是资产者对其资产的物质形式的态度，"资本主义仅仅用一包股票代替了工厂的围墙和机器，夺走了财产这个观念的生命"。③再次，资本主义保护阶层的毁灭。资产阶级更习惯于营业活动而不是处理政治事务。最后，资本主义造成一种"合理的""批判的"社会气氛，形成一个知识分子集团而产生对资本主义秩序的敌意。因为在短期内，资本主义社会的角落充斥着对利润的追逐和无效率、失业，而地位不断提高的知识分子将会对资本主义展开严厉的批判，使资本主义的社会气氛几乎普遍存在着敌对。熊彼特强调，上述因素的作用是逐步发生的，资本主义不会在一个短期内崩溃，它的崩溃和社会主义的出现将是一个长期渐进的过程。人们的思想越来越社会化，组织越来越官僚化，经济进步越来越自动化和计划化，结果必然是产生温和的社会主义。

熊彼特认为社会主义是一种温和的、官僚统治的计划经济。他这样定义社会主义："社会主义社会，我们用来指这样一种制度模式，即对生产手段和生产本身的控制权是授予一个中央当局的——或者我们可以说，在这个社会中，经济事务原则上属于公众而不属于私人方面。"④虽然对社会主义有过系统的论述，但实际上熊彼特并不相信社会主义，他认为社会主义的优越性只是"蓝图的逻辑"，而"实际上也许是全然不能实现的"。他坚信资本主义制度衰亡的最终结果是出现一个具有较高能力的阶级来经营管理经济，而他所谓的要实现的"社会主义"，只不过是在资本主义制度限度内实行的某种生产组织形式的改变。⑤

---

① 熊彼特.资本主义、社会主义与民主［M］.绛枫,译.北京：商务印书馆,1979：80.
② 熊彼特.资本主义、社会主义与民主［M］.绛枫,译.北京：商务印书馆,1979：166.
③④ 熊彼特.资本主义、社会主义与民主［M］.绛枫,译.北京：商务印书馆,1979：178.
⑤ 黄志贤,郭其友.当代西方经济学流派的演化［M］.厦门：厦门大学出版社,2006：261-262.

第三节　路德维希·冯·米塞斯和弗里德里希·奥古斯特·冯·哈耶克

在奥地利学派的发展中，米塞斯与哈耶克是承前启后的两位最重要的思想家，亦师亦友。米塞斯年长哈耶克 18 岁，是哈耶克人生中最重要的领路人。哈耶克几乎所有的经济理论研究的起始点都要归功于米塞斯。哈耶克延承米塞斯的自由主义思想，拓宽领域至哲学、政治，在国家干预主义与社会主义鼎盛时期，米塞斯、哈耶克二人毅然朝着自由主义的方向前进，孤独而坚定。虽然 1974 年诺贝尔经济学奖因为"成功地探索了价格在决定资本积累及所有经济生产率方面的指导性作用"而授予了哈耶克，但无可否认的是，他是主张自由主义经济而获诺奖的第一人。这也是米塞斯与哈耶克自由主义坚持的胜利。

一、米塞斯的三大贡献

路德维希·冯·米塞斯（Ludwig von Mises，1881—1973）是现代奥地利学派之父。他出生在一个当时属于奥匈帝国的城市伦贝格，父亲是著名的铁路建筑工程师。米塞斯本人说，他是由于读了门格尔的《国民经济学原理》而立志成为一名经济学家的。他于 1906 年获得博士学位，在之后的八年间，一直坚持参加庞巴维克在维也纳大学的经济学讨论班，此时他结识了日后同样著名的经济学家熊彼特。米塞斯总是把熊彼特视为特别混乱和轻率的理论家，他这样评价熊彼特——"他总是试图打动别人，却早已落入新古典唯学主义的陷阱之中，而抛弃了杰出的奥地利学派传统"。事实也正如此。

米塞斯

尽管米塞斯的正式工作是在商会，但他从 1913 年到 1934 年长达 21 年的时间里，一直在维也纳大学做一名无薪的兼职教师。同时于 1920 年开始，他在商会办公室主持私人研讨班至 1934 年（他在 1934 年接受了日内瓦国际问题研究院教授的职位，离开了维也纳），研讨班的著名人物有：哈耶克、奥斯卡·摩根斯坦、戈特弗里德·哈伯勒、弗里茨·马克卢普、莱昂内尔·罗宾斯、费利克斯·考夫曼等一大批经济学家以及哲学家。1940 年，日内瓦边境的法国沦陷，米塞斯不得不与德奥知识分子一道流亡到美国。在纽约大学的无薪固定教席上（他受助于沃尔克基金会）为自由主义呐喊到生命的尽头，最终于 1973 年去世。

关于米塞斯没有取得有薪教职的问题，米塞斯本人将其归因于自己坦率与自由至上主义的思想观念。但第二次世界大战时其犹太人的身份，以及"令人讨厌的个性"也应该是不容忽略的原因。米塞斯被大多数人看成一个固执到无药可救的自由主义者，并且他性格刻薄，容不得异见。米塞斯的夫人评价他："他最显著的特征是不可改变的诚实，毫不迟疑的真诚，他决不屈服。他永远义无反顾地对他认为是正确的东西提出自己的看法。假如他略微'克制'一下，对那些流行却可憎的政策所进行的抨击没有那么激烈，那么他就会获得最有权势的职位。但是，他没有妥协。这种坚定不移，使他成为那个时代最与众不同的人物之一。"当然，历史总是想详尽地挖掘每一个人物，我们大可不赞成米塞斯的性格与为人处事的方式，但无疑我们应该坚持并传扬米塞斯所发现的人类经济社会运行的基本原理，以及他为坚持理念所持有的执着精神。

米塞斯继承旧奥地利学派的经济行为学说，进一步推动货币、信用与经济周期理论的发展，构建了作为市场中协调和驱动力量的企业家才能理论，并且精炼了奥地利学派的方法论基础，成为奥地利学派中最重要的传承人，被认为是20世纪最伟大的奥地利学派经济学家。

（一）货币、信用和经济周期理论

米塞斯继承了奥地利学派的分析，他觉察到奥地利学派虽然对消费品以及各种生产要素的相对价格做出了深刻的分析，但在货币分析领域还存在空白。于是米塞斯把货币及其购买力的经济学建构在奥地利学派对个体行动和市场经济的分析基础之上，进而解释经济体系的各个方面。在著作《货币和信用理论》中，米塞斯认为，货币单位的"价格"也即其购买力，是由市场因素决定的，货币需求是人们对持有现金余额的一种需求。货币单位的边际效用决定着对现金余额的需求强度。货币的增发会造成其价值的下跌，但至于降低多少，米塞斯不同意新古典主义的说法即这种波动是有比例的。他认为这种波动取决于货币的边际效用，即民众欲维持其现金余额所需的货币数量。给定货币供给，人们可以通过减少支出来增加他们现金余额的购买力，进而增加他们的实际现金余额获得更大比例的现金余额。如米塞斯说道：

"货币提供的服务以其购买力高低为条件。没有人想要持有确定数量或重量的现金。他们想要保持的是具有一定数量的购买力的货币。随着市场的运行趋于把货币的购买力确定在使货币供给和需求一致的最终状态，永远不会有货币过剩或不足。每个人和所有人合在一起总是充分享受他们能得自间接交换和货币的使用的利益，无论总货币量多还是少。货币的购买力变化带来不同社会成员中间财富分配的变化。"⊖

同时，米塞斯也分析说明，货币供应量的增加只是一种征税和财富的再分配过程，不会对社会有任何益处，只会稀释货币的购买力。因为增发的货币总是从经济体系中某一具体的点，然后像波纹一样扩散开来，所以稀释结果与具体传导顺序息息相关。政府本身以及幸运地享受政府采购和政府补贴的那些人首先得到增发的货币，彼时很多商品价格尚未上涨，故他们的收入增加；而处在货币传导链条最末端的不幸的社会成员，却必将蒙受损失，因为他们所购买的商品的价格在他们拿到增发货币之前就已经上涨了。因此，通货膨胀的虚假繁荣是短期内使政府及受政府照顾的集团悄悄地获得了好处，无权无势的民众的利益则遭受重大损失。由此，米塞斯指出了一条将货币体系与政府彻底分离的道路。他认为货币本质就是一定重量的黄金或白银，再次以黄金或白银的重量作为核算和货币交换媒介是完全有可能的。它完全有可能提供一种只有市场能够制造的货币，摆脱政府可能制造的通货膨胀和再分配倾向。米塞斯强调健全可靠的货币的意义是，价格和成本是随着生产率的提高而出现下降的现象。在此种货币理论下，米塞斯赞同自由货币制度，认为建立不受政府控制的银行系统以避免货币疯狂的膨胀性扩张是绝对必要的。他也相信银行在自由兑付下会采用一种健全可靠的、没有通货膨胀倾向的"硬货币"政策。

⊖ 伊斯雷尔·科兹纳，穆雷·罗斯巴德. 现代奥地利学派经济学的基础[M]. 王文玉，译. 杭州：浙江大学出版社，2008：154-155.

在《货币和信用理论》中，米塞斯的另一个贡献是商业周期理论。市场经济似乎总是在繁荣与衰退的交替过程中前进，很多经济学家探讨经济体系中价格、生产等各种因素，至今也没有完美答案。而米塞斯则认为，市场本身不会导致繁荣与衰退的循环，经济存在周期的原因在市场之外，在于某些外部干预。政府总是有种鼓励银行货币扩张的冲动，将更多货币注入运行平稳而和谐的市场经济中。增发货币使得利率低于自然利率或时间偏好水平，即公众自发的消费-投资比例的自由市场下的利率。企业拿到较低利率的货币，将会扩张生产结构，抬高工资和其他成本，将资源转移到这些更早的投资中。而工人或其他的生产者的时间偏好仍保持不变，这就意味着公众不会储蓄足以购买新的高级投资的资金，于是，这些企业和投资逐渐陷入崩溃。这种消费者所不能接受的消费-投资比例就会形成衰退或萧条的经济，而一旦出现这种情况，政府绝对不能干预，否则会扰乱自由市场的运行；萧条时段是市场清除繁荣时期的比例失调、回归满足消费者需求的自由市场生产体系的必然过程。米塞斯对此给出的良策是：停止信用膨胀，不要干预衰退的自行调整以及人为地用货币来调整经济，而是让市场自由地发挥作用，回归平稳的经济运行常态。

（二）计划经济的不可能性

奥地利学派一直是支持自由市场政策的。在19世纪后期平静而相对自由的世界里，奥地利学派经济学家们从来不用去分析什么是自由、政府干预等问题。进入20世纪后，国家统制和计划经济盛行，使得米塞斯不得不面对政府干预主义的极大挑战，因此他深入地探讨了计划经济。米塞斯认为，新古典理论家转而支持政府干预是使用了错误的方法论，他们试图在假定所需信息后，寻求一种均衡状态：

"在一个奠基于生产手段归公的社会，经济管理的合理秩序是可能的这个幻想，其渊源是古典经济学家的价值论，其所以持久不灭，是由于许多现代经济学家没有把主观主义者的理论彻底一贯地思考到最后结论。其实，计划经济之得以滋长的，是这些思想的错误所促成的。"⊖

米塞斯在《人的行为》中阐释每个个体都具有企业家的一种创造精神，任何的干预都会阻碍个体所采取的协调社会的能力的发挥。个体评价的主观内部世界与以货币单位为形式的市场价格的外部世界，在自由的环境下有一种相互交易的"桥梁"，这个自由交易确立的价格可以帮助企业家预测未来、做出判断。如果自由的人类行为受到外力作用的阻碍，这种相互交易的"桥梁"就会断裂。显然，干预主义的计划经济必然会导致这样的断裂。计划经济下的监管者不可能获得全部的必要信息，不可能通过强制命令的方式组织社会。大多数的新古典经济学家依然认为米塞斯的理论只是一种抽象的理论解说，他们依然相信拥有均衡模型的静态分析。对此，米塞斯说道：

"在真实的生活中，静态的状态是不可能的，我们的经济数据永远在变化，因此静态特征的经济活动只是对应于非真实状态的理论假设。"⊖

米塞斯在《社会主义国家的经济计算》中论述道，对于工业经济来说，由于完全抛弃了自由市场价格体系，计划经济体制根本不可能理性地计算成本或配置其生产要素，计划经济

⊖ 路德维希·冯·米塞斯. 人的行为［M］. 夏道平，译. 上海：上海社会科学院出版社，2015：289.
⊖ Ludwig von Mises. Economic calculation in the Socialist commonwealth［M］. New York：Lulu Press Inc，2016.

根本就是一种不切实际的体制。我们只能实行放任的自由主义来达到经济的稳定运行。

（三）从人的行动探讨经济学的方法论

米塞斯认为奥地利经济学甚至整个经济学都没有一套系统的方法论，经济学被两种不健全的方法论所羁绊，一是制度主义，它从根本上否定经济学；另一种是实证主义，它错误地想把经济学理论建立在与物理学相类似的基础上，更是极端谬误。他在《经济学的认识论问题》中这样嘲讽实证主义：

"用牛顿物理学研究质量和运动的方法来研究人类的行为。根据这种研究人类问题的所谓'实证'方法，他们计划发展出'社会工程学'，这是一种新兴技术，可以使未来的有计划社会中的'经济沙皇'以工程师处理没有生命力的物质的技术来处理人。"㊀

米塞斯提出的方法论——人的行动科学，认为人具有目的性，经济理论应该在行为的概念和范畴上，以先验和演绎的方式构架起来。在行为中有一些基本公理，第一，人们通过试错选择他们的目的，并且寻找实现这些目的手段，而所有这些都是根据自己的价值尺度来进行的；第二，实现方式遵循边际效用递减法则，由此，人们将首先实现自己评价最高的目标，之后去满足评价较低的目标；第三，按照时间偏好法则，在两个特性完全相同但可以获得的时间点不同的商品间，行为人总是喜欢马上就可以获得的商品。在这些基本公理之上，经济学通过对人的行动性质和本质的研究、推导出行为人的逻辑含义，从而构筑经济学的真理。

二、哈耶克的思想

弗里德里希·奥古斯特·冯·哈耶克（Friedrich August von Hayek，1899—1992）一生都扮演着学者角色，他的生活经历就是从一所大学到另一所大学，读书、教书、研究、写作构成了他一生工作的全部。这位一生平淡的象牙塔里的学者，其思想的深邃让人感到可怕，预见了大萧条的发生，预见了苏联的解体等。思想的灼眼光芒使他注定是位不平凡的学者，"20世纪最伟大的思想家之一"实至名归。

哈耶克出生在奥地利维也纳的一个书香门第。1918年哈耶克进入维也纳大学学习，并于1921年获得法学博士学位，1923年获得政治学博士学位。在维塞尔的推荐下，哈耶克开始与米塞斯展开在职业领域的紧密合作，担任过米塞斯创立的奥地利学派商业周期研究所的所长。哈耶克也是米塞斯私人经济理论研讨会上最勤勉、最多产的参与者之一。当哈耶克与米塞斯对20世纪30年代的大危机做出预测时，他们引起了世界的关注，哈耶克也因对经济周期和货币理论的研究使得他年仅30岁就成为有世界影响力的经济学家。

哈耶克

1931年，哈耶克接受米塞斯的另一位学生莱昂内尔·罗宾斯的邀请，离开奥地利前往

㊀ 穆雷·罗斯巴德，米塞斯：《精髓第六章》，摘自新星出版社《货币、方法与市场过程》的附录。

英国，成为伦敦经济学院的教授。他于 1943 年获得伦敦大学经济学博士学位，并当选为英国科学院院士。1947 年，他发起成立了自由主义团体"朝圣山学社"，该世界性的学社逐渐成为新自由主义的大本营。1949 年，哈耶克离开英国。在伦敦经济学院的 19 年是哈耶克学术生命的黄金岁月。在经济学上他保持着旺盛的理论创造力，收获颇丰，同时又实现了学术研究领域由纯经济学向社会哲学的过渡。

1950 年，哈耶克到达美国，担任芝加哥大学的社会思想委员会社会学与道德科学教授。在芝加哥大学期间，哈耶克潜心专注社会科学方法论、政治哲学以及法理学的研究，于 1960 年出版的《自由秩序原理》，标志着哈耶克自由哲学体系的成熟。1962 年哈耶克前往德国，成为弗莱堡大学的终身教授。1967 年退休后，哈耶克并没有停止思想的脚步，历经 10 多年的思考，于 1978 年发表了一部系统性最好的学术巨著——《法律、立法和自由》。1973 年前后滞胀的局面动摇了主流经济学的地位，强调以自由竞争方式组织经济生活的自由主义地位得以上升，哈耶克的观点得到前所未有的重视。由此，1974 年哈耶克获得诺贝尔经济学奖，西方经济学界重新审视了这位自由主义的斗士。1988 年哈耶克发表了最后一部论著《致命的自负：社会主义的谬误》，对自己的自由主义思想进行了全面的总结。1992 年 3 月 23 日，哈耶克在弗莱堡与世长辞。

哈耶克的学术足迹遍布世界，学术生涯更是从 20 世纪 20 年代初延续到 80 年代末，但他的学术核心思想不曾改变，那就是自由主义思想。他坚决反对凯恩斯及其支持者的国家干预理论，同时批判社会主义，相比芝加哥经济学派的自由主义主张，哈耶克的想法则更为深入。这不仅体现在他主张自由主义的程度上，还体现在他主张自由主义的范围和理论体系上。

哈耶克的经济学研究不仅局限于经济学分析，还涉及社会学、政治学、法学、伦理学等广泛的学科。他的思想体系同样如此，在以自由主义为核心的条件下，在经济上，他主张经济自由主义，并由此理念出发，提出自己的货币和经济周期等理论；在社会学上，他提出自由秩序概念；在法律上，他主张法治。

（一）货币和经济周期理论

哈耶克的学术生涯是从研究货币和经济周期理论开始的，并在这一领域取得傲人的成绩。在米塞斯的理论指引下，他在经济周期上做出了许多非常重要的贡献，1974 年瑞典皇家科学院授予哈耶克诺贝经济学奖的原因，也正是 20 世纪 30 年代他在经济周期理论上所做出的贡献。

哈耶克认为货币变化绝对不是中性的，而是会对相对价格产生非常有害的影响。当人为地增加新货币时，它总会在某个节点上进入经济系统。这样就会出现最先接触新货币的消费阶段与最远离新货币影响的消费阶段之间存在价格差异。新货币以人为压低的利率（低于自然利率）进入经济系统，则贴现率的相对下降和信用条件的相对放松必然导致投资支出相对于消费支出的增加，进而扭曲了指引企业家活动的指标，特别是投资在不同生产阶段的资本的相对回报率指标。作为低利率的结果，以前无利可图的投资现在看上去是有利可图的。投资支出的相对增加，推动生产要素价格的上涨，企业家往往会采用更为资本密集的生产方法，并且增加对自然资源的需求。同时，消费品产业的相对利润下降，因为在这些产业，成本逐渐爬升，而产品价格却没有上涨。由此，生产要素从最靠近消费的部门向资本最为密集的部门转移。这种转移必定会持续很长一段时间，直到更为资本密集的生产结构得以投入使用。随着资本从消费部门的移出，消费品部门的相对价格必然上涨，这必将反转上述由信用扩张所产生的结果，最靠近消费产业的部门利润开始上升，投资部门的利润开始下降。这样，投资部门的过度扩张必然出现严重亏损。这种生产结构的剧烈变动导致了经济的衰退，根源在于银行系统人为的信用扩张导致融资变得过于容易。由此，在一个由生产率的普遍提高导致价格下降的环境中，为保持稳定而采取的货币政策注定会导致投资者和消费者的决策之间出现严重的跨期失调，这种失调最终会导致经济的衰退。

哈耶克就是据此预测 20 世纪 30 年代的经济大萧条的。哈耶克强调衰退在根本上是由对消费品的相对过度需求引发的危机，或者说是由于储蓄的短缺，也就是说储蓄不足以完成错误实施的更为资本密集的投资。这一信用扩张导致的情形类似于在一个荒岛上，居民着手建造能够满足他们需求的巨大机器，但是在完成这部机器前，他们耗尽了所有的储蓄和资本，因此别无选择，他们只能放弃计划，在没有任何资本帮助的情形下，把全部精力都用在寻找日常食物。由此，衰退时很多生产过程存在"闲置能力"，这并不能说明存在消费不足。因此，哈耶克得出庞巴维克的资本理论与米塞斯的周期分析理论的必然结论，即货币干预将加深经济主体（投资者和消费者）决策之间的跨期失调，而衰退只不过是健康经济调整的一个阶段。这一阶段不可避免，但可以通过制止任何后续的信用扩张或人为的消费刺激政策来缓解，而允许市场力量的自由参与、调节建立市场参与者的真实欲望适应新的生产结构才是解决问题的根本途径。①这一经济周期理论详细反映在他的著作《利润、利息和投资》中。

从哈耶克论述的经济周期理论中，我们明显了解哈耶克对货币的看法，他在早期著作中是赞成金本位制的，他说，"尽管金本位制具有不可避免的缺陷，但是出于政治上的考量，实行金本位制是完全必要的"。第二次世界大战后，哈耶克不再坚持纯粹的金本位制，而主张货币存量应该根据商品数量变化而扩张或收缩。在 20 世纪 70 年代后，哈耶克主张货币发行的"非国有化"，即通过货币竞争的私人发行，消除货币发行中的政府垄断。然而在现实中，货币体系与商品价格指数联系起来之后，在商品价格波动的情况下，货币体系注定呈现出高度的不稳定性。哈耶克关于货币的态度的理想只是，在自由繁荣的社会里形成一个稳定的、无通货膨胀的货币体系框架，货币是不能被用来干预自由经济运行的，尽管货币很容易就影响经济的正常运行。

(二) 经济自由主义

除了在理论经济上的贡献，哈耶克最引以为傲的成就莫过于对自由的深入探讨。从经济自由到社会自由，从市场经济到极权主义，他的自由思想深入人类社会发展的每个角落。

要对他的自由主义有所理解，我们先来看他阐释自由的两个基础。第一，个人主义为核心的自由观。哈耶克认为自由是一种状态，"一个人不受制于另一个人或另一些人因专断意志而产生的强制状态"。②在此状态下，强制被降低到最小限度，每个人可以完全遵从自己的意志。第二，人类有限理性的知识论。哈耶克首先认为，市场运作过程就是发现知识、利用知识的过程。而市场中的不同参与者在不同时间和不同环境中，加之自身不同的社会生活

---

① 赫苏斯·韦尔塔·德索托．奥地利学派：市场秩序与企业家创造性 [M]．朱海就，译．杭州：浙江大学出版社，2010：93-94.
② 哈耶克．自由秩序原理 [M]．邓正来，译．北京：生活·读书·新知三联书店，1997：3.

经历，每个人所掌握的知识具有异质性。知识的交流与创新是通过价格体系在分散的竞争过程中完成的。由此，一定阶段的知识或理性显然都有其局限性，没有人能掌握社会的全部知识，人类永远处于一种有限理性的状态。

哈耶克认为，私人企业制度和自由市场制度是迄今适合个人自由主义的最好制度。个人在自由市场制度下，自由选择实现其目的的手段，完成社会经济的发明创造过程，推动社会的进步。而经济自由最重要的是保护个人财产，这也是经济自由主义的一种内在要求。哈耶克指出：

"私有制是自由的重要保障，这不但是对有产者，而且对无产者也一样。只是由于生产资料掌握在许多个独立行动的人手里，才没有人控制我们的全权，我们才能够以个人的身份来决定我们要做的事情。如果所有的生产资料都落在一个人手里，不管它名义上是属于这个社会的，还是属于独裁者的，谁行使这个管理权，谁就有全权控制我们。"㊀

同时，哈耶克承认私有制社会会有一些缺陷，存在着穷人和富人，但他依然推崇私有制社会。因为这一社会具有自由经济制度，所以穷人可以通过个人的努力致富，而其努力不会受到任何人的阻碍。经济自由主义可以实现机会平等，每个市场参与者根据自己掌握的知识平等地接受挑选与被挑选的机会。哈耶克强调：

"市场上各方必须应该自由地按照他们能找到交易伙伴的价格进行买卖，任何人必须应该自由地进行生产、出售和买进任何可能生产和出售的东西。进入各种贸易的通道也必须在平等的条件下向所有人开放。法律必须不能容忍任何个人或集团通过公开或隐秘的力量限制这些通道。"㊁

在哈耶克看来，这些要求在公有制社会里必然是做不到的，唯在自由主义的经济环境下才有可能。因此，他强烈反对任何形式的政府对自由市场的干预，而不论是统制社会还是民主国家。

（三）自由秩序的社会理论

自从在与凯恩斯的论战中败下阵来，哈耶克就转向政治哲学、法律理论和思想史的研究，不仅获得巨大成就，并作为"自由意志论者"而产生了远远超出经济学领域的影响。在哈耶克看来，他所处的那个时代，整个欧洲社会发展的动向完全偏离了作为欧洲文明基础的自由主义，人们已经抛弃了历经数个世纪人类才探索出来的自由主义道路。他后半生学术生涯的著作《通向奴役之路》《个人主义与经济秩序》《自由宪章》《哲学、政治学与经济学研究》《致命的自负：社会主义的谬误》等无一不彰显了他捍卫自由的决心与意志。

哈耶克认为，理性的有限性决定社会秩序只能是一种非人为设计而经自我演进形成的内部秩序。知识或理性不是由人建构的，而是自然选择和人类进化过程的产物。一定阶段的理性都有其局限性，建构在理性主义基础上的计划经济、干预主义等，自认为掌握了社会的全部知识，可以预测和掌控一切，是完全错误的。国家对经济的干预、福利国家和计划经济，是一条通往奴役的道路。

哈耶克首先对计划经济展开批判。人们过于相信人的理性认为计划经济是一种高效率的经济体制。而人的理性是有局限的，任何人、任何组织都不可能获得全社会的完备知识。计

㊀ 哈耶克. 通往奴役之路［M］. 王明毅，冯兴元，等译. 北京：中国社会科学出版社，1997：101.
㊁ 哈耶克. 通往奴役之路［M］. 王明毅，冯兴元，等译. 北京：中国社会科学出版社，1997：41.

划经济必然是要建立某种机构来负责制订计划，哈耶克称之为中央计划局，这种机构不仅无法获得社会的全部知识，而且它在制订计划时显然不会有市场价格的决策依据，因为市场是一个动态过程，不可能维持在某一个静态水平上。很显然，计划经济是一种错误的资源配置方式。哈耶克进而指出控制经济就是控制生命，长远来看这种统制经济必将形成最严酷的政治控制——极权主义。在国家干预的民主制条件下，效果也会是恶劣的。在民主制下，人民可能会一致同意授权议会制订一个全面的计划，然而在具体的计划面前必定无法达成完全的一致性，此时，必定是把一个最符合集团主义的意志强加给全体人民。久而为之，表面的民主只不过是少数集团利益的虚假面纱，对经济社会的发展逐步会产生阻碍作用。

哈耶克认为自发秩序的对面存在着外部秩序即"人造秩序"，某些人以指导或控制方式影响着自发秩序的形成。显然，这种秩序带有强烈的目的性，它根据组织或治理者的意志形成。然而，事实是任何组织或个人都不能对复杂社会中的所有活动做到全面且正确的安排。因此，外部秩序影响社会进程只能是导向"奴役的道路"。

（四）法律与自由

按照哈耶克对自由的解释，我们似乎陷入无法前进的困境，上述的自由制度似乎没有可以通达的途径。事实上哈耶克所说的自由并不是无政府主义，是有约束和限制的，即法治下的自由，市场经济即是一种法治下的自由经济。哈耶克在其著作中一再强调：

"自由不仅意味着个人拥有选择的机会并承认选择的重负，而且还意味着他必须承担其行动的后果，接受对其行动的赞扬或谴责，自由与责任实不可分。"㊀

哈耶克进而指出，责任日渐演变成一个法律概念，人的行动是否造成了一项法律义务或是否应使他接受惩罚，要求有法律明确无误的判定标准。就法律的根本意义而言，哈耶克认为法律并不是对个人自由的限制，而是对国家的权力进行限制，以免除个人被强制的威胁。由此，自由主义是一种法制的自由观，它保障一切人享有同样的自由。同时哈耶克也提醒，伴随法律的概念，防止正义的滥用，在法律的过程中正义首先被"无视"，须做到"不可偏护穷人，也不可重看有势力的人"。

奥地利学派在经济史学上分为新旧奥地利学派，本章在回顾整个奥地利学派后，着重阐释了新奥地利学派的三位代表人物：米塞斯、哈耶克与熊彼特的理论。熊彼特的思想基本上算是奥地利学派的异行者，他不仅受旧奥地利学派的影响，同时兼收新古典主义主流经济学的观点，形成了自己的独特理论，他的创新理论是其理论的核心，充分理解其创新理论对于了解熊彼特的观点至关重要。米塞斯与哈耶克是绝对坚定的自由主义者，并在自由主义的坚持与探索中取得了重大胜利。

背景链接 21-1　哈耶克与两次大论战

在伦敦经济学院期间，哈耶克经历了两次著名大论战。第一次是 20 世纪 30 年代与凯恩斯的论战。凯恩斯强调经济危机是由于有效需求和投资需求不足引起的，运用政府干预的手

㊀ 哈耶克.自由秩序原理［M］.邓正来，译.北京：生活·读书·新知三联书店，1997：83-84.

段可以摆脱大危机。哈耶克与凯恩斯有着截然相反的观点,他认为,投资需求过度是经济危机的真正原因,摆脱大危机只能靠市场自身的力量。为了对凯恩斯进行全面的批驳,他陆续发表了《利润、利息和投资》《资本之形成和维持》《储蓄与投资》等数十篇专著,然而,论战的最终结果以凯恩斯的大获全胜而告终。

第二次论战是由米塞斯挑起的关于社会主义计划经济是否可行的大辩论。辩论的另一方是著名的社会主义经济学家奥斯卡·兰格(Oskar Lange,1904—1965),兰格在《社会主义经济理论》中,认为中央计划局采用试错法,模拟市场机制,决定生产资料的价格,可以实现供求平衡,实现资源的合理配置,来反驳米塞斯认为的社会主义不能解决资源合理配置问题。历史的检验证明,在1989年苏联接近解体的时候,历时50年的争论结束了,米塞斯的观点是正确的。然而,哈耶克的角度是计划当局不可能掌握有关生产与消费的所有知识和信息,从而论证计划经济在实际中是不可能的。正是在这场论战中,哈耶克经济自由主义的理论体系逐渐成熟,批判集权主义的轮廓开始清晰起来。他认为市场不是由偶然的力量控制的,而是由自发秩序形成的。"自发秩序"一词构成哈耶克以后学术道路的核心。此后,他出版了《通往奴役之路》,学术研究领域转向社会哲学。美国著名政治经济学者亨利·哈兹里特评价它说:"这是我们这个时代最重要的一本书,约翰·斯图亚特·穆勒在他的名著《论自由》中为他那一代人阐述了自由与权利的关系,这本书则以强有力的、严密的论证,为我们这个时代重申了这个主题。"

问题讨论

1. 奥地利学派的基本理论是什么?
2. 熊彼特的创新理论是什么?
3. 简述熊彼特创新理论基础上的经济周期理论。
4. 比较米塞斯和哈耶克的货币与经济周期理论。

本章推荐

[1] 伊斯雷尔 M 柯兹纳. 米塞斯评传:其人及其经济学 [M]. 朱海就,译. 上海:上海译文出版社,2010.
[2] 布鲁斯·考德威尔. 哈耶克评传 [M]. 冯克力,译. 北京:商务印书馆,2007.
[3] 阿兰·艾伯斯坦. 哈耶克传 [M]. 秋风,译. 北京:中国社会科学出版社,2003.
[4] 安奈特·舍尔佛. 熊彼特传 [M]. 刘斌,黄莎莉,译. 北京:机械工业出版社,2010.
[5] 托马斯·麦克劳. 创新的先知:约瑟夫·熊彼特传 [M]. 陈叶盛,周端明,蔡静,译. 北京:中信出版社,2010.
[6] 伊斯雷尔·科兹纳,穆雷·罗斯巴德. 现代奥地利学派经济学的基础 [M]. 王文玉,译. 杭州:浙江大学出版社,2008.
[7] 赫苏斯·韦尔塔·德索托. 奥地利学派:市场秩序与企业家创造性 [M]. 朱海就,译. 杭州:浙江大学出版社,2010.
[8] 卡伦·沃恩. 奥地利学派经济学在美国:一个传统的迁入 [M]. 朱全红,等译. 杭州:浙江大学出版社,2008.

[9] 马克·史库森.朋友还是对手:奥地利学派与芝加哥经济学派之争[M].杨培雷,译.上海:上海人民出版社,2006.
[10] 路德维希·冯·米塞斯.人的行为[M].夏道平,译.上海:上海社会科学院出版社,2015.
[11] 路德维希·冯·米塞斯.货币、方法与市场过程[M].戴忠玉、刘亚平,译.北京:新星出版社,2007.
[12] 哈耶克.通往奴役之路[M].王明毅、冯兴元,等译.北京:中国社会科学出版社,1997.
[13] 卡尔·门格尔.国民经济学原理[M].刘絜敖,译.上海:上海世纪出版集团,2005.
[14] 了解奥地利经济文化与历史背景较好的纪录片:《哈布斯堡王朝》。

参考文献

[1] 卡伦·沃恩.奥地利学派经济学在美国:一个传统的迁入[M].朱全红,等译.杭州:浙江大学出版社,2008.
[2] 伊斯雷尔·科兹纳,穆雷·罗斯巴德.现代奥地利学派经济学的基础[M].王文玉,译.杭州:浙江大学出版社,2008.
[3] 路德维希·冯·米塞斯.人的行为[M].夏道平,译.上海:上海社会科学院出版社,2015.。
[4] 马涛.经济思想史教程[M].上海:复旦大学出版社,2002.
[5] 尹伯成.西方经济学说史:从市场经济视角的考察[M].上海:复旦大学出版社,2006.
[6] 约瑟夫·熊彼特.经济发展理论[M].何畏,等译.北京:商务印书馆,1990.
[7] 路德维希·冯·米塞斯.货币、方法与市场过程[M].戴忠玉、刘亚平,译.北京:新星出版社,2007.
[8] 赫苏斯·韦尔塔·德索托.奥地利学派:市场秩序与企业家创造性[M].朱海就,译.杭州:浙江大学出版社,2010.
[9] 哈耶克.自由秩序原理[M].邓正来,译.北京:生活·读书·新知三联书店,1997.
[10] 哈耶克.通往奴役之路[M].王明毅、冯兴元,等译.北京:中国社会科学出版社,1997.

第二十二章 新制度经济学

制度好可以使坏人无法任意横行,制度不好可以使好人无法充分做好事,甚至会走向反面。

——邓小平

本章大纲

第一节　新制度经济学概览
一、产生背景
二、新制度经济学与制度学派的比较
第二节　罗纳德·哈里·科斯
一、新制度经济学的开山鼻祖
二、科斯定理
三、交易费用视角下的企业理论
第三节　道格拉斯·诺斯
一、新经济史之父
二、新经济史理论
三、制度变迁理论
第四节　阿曼·阿尔钦与哈罗德·德姆塞茨
一、现代产权经济学双杰
二、团队生产理论
第五节　奥利弗·伊顿·威廉姆森
一、科斯的追随者
二、企业理论

主要著作列表

姓名	著作	成书时间
科斯	《企业的性质》(The Nature of the Firm)	1937年
	《联邦通讯委员会》(The Federal Communications Commission)	1959年
	《社会成本问题》(The Problem of Social Cost)	1960年
	《变革中国》(How China Became Capitalist)	2012年
诺斯	《美国经济增长：1790～1860年》(The Economic Growth of the United States, 1790–1860)	1961年
	《美国过去的增长与福利：新经济史》(Growth and Welfare in the American Past: A New Economic History)	1966年
	《西方世界的兴起：新经济史》(The Rise of the Western World: A New Economic History)	1973年
	《理解经济变迁的过程》(Understanding the Process of Economic Change)	2005年
	《暴力与秩序：诠释有文字记载的人类历史的一个概念性框架》(Violence and Social Orders: A Conceptual Framework for Interpreting Recorded Human History)	2009年
阿尔钦	《产权经济学》(Some Economics of Property Rights)	1961年
	《企业死了，企业万岁》(The firm is Dead; Long Live the Firm)	1988年
德姆塞茨	《产权的交换和行使》(The Exchange and Enforcement of Property Rights)	1964年
	《论产权理论》(Toward a Theory of Property Rights)	1967年
阿尔钦和德姆塞茨	《生产、信息成本和经济组织》(Production, Information Costs and Economic Organization)	1972年
	《产权范式》(The Property Rights Paradigm)	1973年
威廉姆森	《市场与层级制：分析与反托拉斯含义》(Markets and Hierarchies: Analysis and Antitrust Implications)	1975年
	《企业的性质：起源、演变和发展》(The Nature of the Firm: Origins, Evolution, and Development)	1991年

思维导图

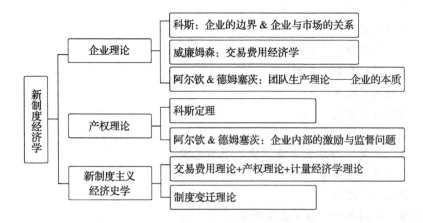

没有交易成本的市场交易是不存在的，没有制度作为经济运行的前提保证，经济就无法长期稳定发展。社会进步和经济发展均依赖于人为的制度结构。

社会中各经济主体的利益矛盾无处不在，制度（包括正式和非正式的制度）的存在能限制人类行为并将人们为了追逐自身利益所做出的努力导入特定渠道。毕竟个人就像流落在孤岛上的鲁滨孙一样，势单力薄，但制度让我们明白了经济成果和社会成果依赖人们的相互作用，微观主体的行为也常常会引出出其不意的宏观结果。新制度经济学就是一门探讨制度、交易成本和经济成果之间相互作用的学科。

本章主要介绍新制度经济学的创始人科斯和他的理论追随者奥利弗·伊顿·威廉姆森（Oliver Eaton Williamson）。还要着重介绍新经济史的开拓者、先驱者和抗议者道格拉斯·诺斯，以及研究产权在促进经济效率方面颇有建树的哈罗德·德姆塞茨（Harold Demsetz）和阿曼·阿尔钦（Armen A. Alchian，1914—2013）。

第一节　新制度经济学概览

一、产生背景

在亚当·斯密之后的 200 年，主流经济学都仅仅局限于研究理想化的规范市场交易的法规，这使得传统经济分析方法的局限性日益明显。那些理性人、完全竞争市场的假设模型已经日益僵化，如果不进行进一步的修正，就很难用于各类现实经济问题的分析，只能是一种"黑板经济学"。所以从 20 世纪 60 年代后期开始，一大批新古典经济学家开始尝试通过修正和扩展新古典经济学理论，以便能够把握和处理迄今为止还处于其分析范围之外的大量问题。这些经济学家对经济组织结构产生了兴趣，他们开始试图在保留传统价格理论的基本要素——稳定性偏好、理性选择模型和均衡分析方法的基础上，将微观经济理论更一般化。他们的研究主要涉及三个被新古典经济学忽视的领域：各种可供选用的社会法规（产权）和经济组织如何影响经济行为、资源配置和均衡结果；在同样的法律制度下，经济组织的形式使经济行为发生变化的原因，即像企业以及其他一些经济契约的经济逻辑；控制生产与交换的基本社会与政治规则背后的经济逻辑和变化过程。

这一支新兴的新古典经济学流派被冠上了诸如产权学派、交易成本经济学、新经济史、新产业组织理论、新比较经济体制或法与经济学等各式各样的名称，但最被广为接受的是，新制度经济学代表人物之一奥利弗·威廉姆森在他 1975 年出版的著作《资本主义经济制度》中给该学派贴上的标签——新制度经济学。[①]新制度经济学的核心内容就是"交易费用"和"产权"。作为新制度经济学的开山之作，科斯在《企业的性质》中主要论述了交易费用的概念、通过企业内部和市场进行资源配置的区别，并对比了两种方式下交易的费用等。提出交易费用是对新古典经济学中完美价格体制（即当市场上出现混乱时，价格机制通过市场可以自动、迅速、无成本地把混乱状态调整到应有的秩序）的一种修正，后来威廉姆森设立了交易成本经济学。关于产权理论，"科斯定理"最广为人知。而新制度经济学的代表人物德姆塞茨和阿尔钦后来在这一理论方面有了进一步的发展。

新制度经济学的研究对象是制度及其生成机制。科斯在《论生产的制度结构》中指出："当代制度经济学应该从人的实际出发来研究人，实际的人在由现实所赋予制约的条件中活动。"新制度经济学的另一代表人物道格拉斯·诺斯（Douglass C. North，1920—2015）也在

---

① 思拉恩·埃格特森.新制度经济学［M］.吴经邦，等译.北京：商务印书馆，1996：10-11.

《经济史的结构与变迁》中指出:"制度经济学的目标是研究制度演进背景下人们如何在现实世界中做出决定和这些决定又如何改变世界。"总的来说,新制度经济学的重要目的就是解释制度与人的关系以及制度在社会经济发展中的作用,将新古典经济学的原理拓宽到制度领域里。⊖

二、新制度经济学与制度学派的比较

尽管从名称来看似有渊源,但对于新古典经济学的批判者制度学派,新制度经济学并不怎么待见他们。科斯曾经刻薄地评价制度主义:"他们没有一个理论:除了一堆需要理论来整理,不然就只能一把火烧掉的描述性材料外,没有任何东西流传下来。"⊜但是,科斯的言论显然过于偏激,其实科斯和威廉姆森的企业理论都继承了制度学派的代表人物康芒斯将"交易"作为经济分析的基本单位的观点。然而,尽管这两个学派的名字相似,但新制度经济学作为新古典经济学中的新兴一派,绝非制度学派的继承者,二者有本质的区别。

(一) 研究内容不同

制度学派是以新古典经济学批判者的姿态出现的,反对古典经济学的形式主义(如数量分析方法)以及个人主义,主要进行描述性分析,没有形成理论体系。新制度经济学在很多人看来则更像是新古典经济学的继承与发展。在研究经济组织制度的时候,他们保留了新古典经济学的三个基本要素:稳定性偏好、理性选择模型和均衡分析方法。在此基础上引入新的变量,如信息、交易成本、产权约束和政府行为干预等,就形成了新制度经济学的方法论基础。原有的新古典经济学的方法在这里得到了一般化的应用。新制度经济学修正了理性主义的假设,把制度作为一个极其重要的约束条件,并把交易成本的分析作用作为制度和生产成本之间的联系添加到了新古典经济学理论中。它把观念和思想意识形态引入分析,并把政治过程的模型作为经济绩效的关键因素,以作为经济绩效多变的根源和"市场失灵的解释",从而扩展了新古典经济学理论。

(二) 研究目的不同

由于产生的时代背景不同,二者的研究方向显著不同。制度学派产生于美国社会由自由资本主义向垄断资本主义过渡的时期,私人资本垄断现象严重。制度学派想通过揭露资本主义中的各种矛盾与寻找改良政策,来维护资本主义。新制度经济学诞生于国家垄断资本主义已经大体取代私人垄断资本主义的时期,国家干预已经缓和了资本主义的内在矛盾,所以新制度经济学对揭露资本主义的矛盾和弊端没有兴趣,相反它要通过论证资本主义社会能使产权具有竞争性和排他性等优势,来寻找资本主义制度更好地促进经济增长的途径。

(三) 研究对象不同

以加尔布雷斯为代表的新制度学派主张将研究对象放在一个整体环境下,反对用个体来

⊖ 贺卫,伍山林.制度经济学[M].北京:机械工业出版社,2003:59.
⊜ 罗纳德·哈里·科斯.论生产的制度结构[M].盛洪,等译.上海:上海三联书店,1994:269.

部分地解释社会整体的本质和动力,认为个体主义研究方法范围狭小,实际研究应同时包括经济学、政治学、社会学、心理学及法学等方面的内容。而以科斯为代表的新制度经济学受古典自由主义的影响,其研究对象是从个体出发的,认为所有经济现象在本质上应根据个体的性质、禀赋、目标和信仰来解释。

(四) 对"理性人"的态度不同

新制度经济学运用新古典经济学的逻辑和方法分析制度的构成和运行,将新古典经济学的"完全理性"基本假设修正为"有限理性"。而以加尔布雷斯为代表的新制度经济学派提出用"社会文化人"来代替"经济人",同时不赞同用"有限理性"修正"完全理性"。他们认为,"经济人"和"完全理性"都没有认识到人的心智结构是多层次的。他们不排除理性,但认为理性是适应性意义上的逐渐调整过程。

(五) 经济政策不同

制度学派与新制度经济学派对经济政策认识的不同,主要体现在二者对政府干预的态度不同。制度学派认为市场机制不能够实现有效率的运行,在市场机制下,所谓的自由竞争不能保证供求均衡,而且市场也会限制个人选择,自由只是表面的现象,因而新制度经济学派极力主张国家干预市场的运行,并成为新制度学派的主要政策主张之一。然而新制度经济学作为新古典经济学的一个学派分支,仍然相信市场机制的运行,在政策主张方面强调市场的自由运行,反对国家干预市场。他们认为通过对制度的改进,市场的运行可以实现效率,可以实现优化和均衡。⊖

第二节 罗纳德·哈里·科斯

一、新制度经济学的开山鼻祖

罗纳德·哈里·科斯(Ronald Harry Coase,1910—2013)出生于英国伦敦,相比于随后即将介绍的诺斯,科斯的少年生活平淡无奇。1929年,科斯进入了伦敦经济学院学习商科。其实,在科斯最初选择大学专业时,选择的是历史和化学,但不幸的是一则他没有拉丁文基础,不能学习历史;二则他的数学也不太好,所以他不能学习化学。无奈之下,科斯只好选择了商课。在伦敦经济学院学习期间,科斯对于阿诺德·普兰特教授的企业管理方面的课程很感兴趣,在聆听了普兰特对经济体制如何用定价机制来协调的讲解后,科斯认识到了"看不见的手"的无穷力量,方始改变了原来对于社会主义的信奉。普兰特还帮科斯争取到了去美国卡塞尔的游学奖学金。正是这笔奖学金,使科斯真正走上了经济学家之路。在美国,科斯访问了许多大学,参观了一些工厂企业,阅读了许多期刊、杂志和联邦交易委员会报告,用来研究工业组织中的纵向一体化和横向一体化等经济问题。

回国后,科斯于1932年受聘于英国邓迪大学的经济与商业学院,成为一名助教,他在

⊖ 贺卫,伍山林.制度经济学[M].北京:机械工业出版社,2003:60-61.

那里主要讲授商业企业组织。正是在这一授课过程中,科斯明确地表达了后来发表的《企业的性质》的主要观点。

1937年,年仅27岁的科斯发表了《企业的性质》,但在当时反响平平。第二次世界大战爆发后,科斯在政府部门工作,度过了对一个经济学家的思想演进没有多大帮助和作用的五年(1940～1945年)。科斯真正开启他经济学家的辉煌篇章是在1951年移居美国之后。

到美国后,科斯先后于布法罗大学和弗吉尼亚大学任教,后来则一直担任芝加哥大学教授和《法律经济学》主编,以英国、加拿大和美国的市政经验为依据,继续他在伦敦经济学院对广播业的经济关系的研究,并写了"联邦通讯委员会"一文。1991年,科斯因为发现和澄清了交易费用的产权对于经济运行的生产制度结构及其运作的作用和意义,而获得了诺贝尔经济学奖。㊀

二、科斯定理

科斯曾说"权利的界定是市场交易的前提",产权界定是对资源使用进行选择的排他性权力的分配,而不是对资源可能的使用所施加的人为或强制的限制。现代西方经济学对产权界定重要性的发现,始于著名的"科斯定理"。"科斯定理"的基本内容在科斯于1959年发表的"联邦通讯委员会"一文中就已提出。

在"联邦通讯委员会"一文中,科斯分析了美国从20世纪初以来广播业的立法和政府管制的历史变迁,并针对人们争相广播而引起混乱和干扰的问题,提出了与美国联邦通讯委员会所实施的管制办法不同的解决方法。美国当时的制度安排是:任何人都必须首先获得联邦通讯委员会颁发的执照方可经营广播电台,并遵守其制定的经营细则。显然,这一做法限制了市场力量决定资源配置。对此,科斯提出了"划分频率的产权然后让市场来解决"的思路。具体而言即划定频率的产权,并允许其所有者自行决定该频率的使用与转让,来解决相互的干扰问题。也就是在产权界定清楚的情况下,通过市场交易让资源最优配置,从而勾画了后来被称为"科斯定理"的基本内容。

但是,一般认为,"科斯定理"是科斯在其"社会成本问题"一文中提出的。乔治·斯蒂格勒在读了"社会成本问题"后,把科斯的观点公式化,并将之命名为"科斯定理"。"科斯定理"目前已发展出三代,简要介绍如下。

科斯第一定理:如果交易成本等于零,那权利的初始界定就不重要。权利的任意配置可以无成本地得到直接相关经济主体的纠正,所以在没有交易成本的情况下,可交易权利的初始配置不会影响它的最终配置或社会福利。因此,仅仅从经济效率的角度看,权利的一种初始配置与另一种初始配置无异。

科斯第一定理的一个推论是,通过清楚完整地把产权界定给一方或另一方,并允许把这些权利用于交易,政府能有效率地解决外部性问题。

科斯第二定理:当交易成本为正时,权利的初始界定很重要。当存在交易成本时,可交易权利的初始配置将影响权利的最终配置,也可能影响社会总体福利。既然权利的初始配置将影响到社会福利,因此提供较大社会福利的权利初始配置较优。

科斯第二定理也有以下两个推论:第一,在选择把全部可交易权利界定给一方或另一方时,政府应该把权利界定给最终导致社会福利最大化,或社会福利损失最小化的一方;第二,

---

㊀ 程恩富,胡乐明.新制度经济学[M].北京:经济日报出版社,2004:13-15.

一旦初始权利得到界定，仍有可能通过交易来提高社会福利。但是，由于交易成本为正，交易的代价很高，因此，交易最多只能消除部分而不是全部与权力初始配置相关的社会福利损失。

科斯第三定理：在假设政府能够成本比较低地近似估计并比较不同权利界定的福利影响，同时假定政府至少能公平、公正地界定权利的前提下，当存在交易成本时，通过明确分配已界定权利所实现的福利改善可能优于通过交易实现的福利改善。[一]

三、交易费用视角下的企业理论

1931 年，年仅 21 岁的科斯在获得学士学位以前，利用卡塞尔游学奖学金考察了包括福特公司在内的美国主要汽车生产厂商。在对"产业纵向和横向一体化"的课题研究中，科斯构思和起草了《企业的性质》一文。在该文中，科斯引入了被后人定义为交易费用的概念，开创了利用正统经济学的收益—成本分析方法分析包括企业在内的各种社会组织和制度安排本质的新纪元。探寻企业的本质需要回答企业是什么及企业为什么会存在的问题。科斯对新古典经济学中的企业这个"自然存在之物"产生了疑惑，提出："假如生产是由价格机制调节的，生产就能在根本不存在任何组织的情况下进行，面对这一事实，我们要问：组织为什么存在？"对此问题科斯给出的答案是：利用价格机制是存在成本的，而其中最明显的成本就是发现相关价格的成本，因而我们可以假定企业的显著特征就是作为价格机制的替代物。

科斯继承康芒斯的传统将"交易"作为经济分析的基本单位，重点考察社会组织的契约性质。科斯从经济协调和资源配置角度分析企业的本质。

"建立企业有利可图的主要原因似乎是，利用价格机制是有成本的。通过价格机制'组织'生产的最明显的成本就是所有发现相关价格的工作。随着出卖这类信息的专门人员的出现，这种成本有可能减少，但不可能消除。市场上发生的每一笔交易的谈判和签约的费用也必须考虑在内。再者，在某些市场中（如农产品交易）可以设计出一种技术使企业的成本最小化，但不可能消除这种成本。确实，当存在企业时，契约不会被取消，但却大大减少了。某一生产要素（或它的所有者）不必与企业内部同它协作的一些生产要素签订一系列的契约。当然，如果这种协作是价格机制起作用的一个直接结果，一系列的契约就是必需的。一系列的契约被一个契约替代了。在此阶段，重要的是注意契约的特性，即注意企业中被雇用的生产要素是如何进入的。通过契约，生产要素为获得一定的报酬（它可以是固定的也可以是浮动的）统一在一定限度内服从企业家的指挥。契约的本质仅在于它限定了企业家的权力范围。只有在限定的范围内，他才能指挥其他生产要素。"[二]

在利用价格机制配置资源存在交易费用的情况下，通过形成一个组织，并由一个权威（企业家）来支配资源，就能节约某些市场运行成本。科斯继而分析了企业相对于市场（价格机制）具有成本优势的原因：一是因为企业的存在减少了签约的数量，或者通过将要素所有者之间的多边契约关系转变为要素所有者与中心契约人之间的双边契约关系，或者通过用一个长期契约代替若干个短期契约。二是企业可以以低于它所替代的市场交易的价格得到生产要素（否则要素交易将重新回到公开市场）。三是企业契约关系的特性在于，生产要素配置到"最优"的用途。[三]

[一] 约瑟夫·费尔德.科斯定理 1-2-3 [J].经济社会体制比较，2002（5）：72-79.
[二] 罗纳德·科斯：企业的性质，陈郁译.载于《现代制度经济学》(上卷)，北京：北京大学出版社，2003，106 页.
[三] 卢现祥.新制度经济学 [M].北京：北京大学出版社，2007：262-263.

背景链接 22-1　科斯与中国

科斯有很浓的中国情结。1987 年，他在纪念《企业的性质》发表 50 周年研讨会的演讲中说："我想再度扬帆探寻通往中国之路，即使我此刻所做的一切可能是发现了美洲，我也不会感到失望。"2008 年，科斯在他发起的芝加哥大学关于中国改革的研讨会的闭幕词中说："中国的奋斗就是全世界的奋斗。"

根据多年对中国经济发展的跟踪观察和对市场经济的长期理论思考，科斯在与他的学生王宁合作的著作《变革中国》中，呈现出了中国经济市场化的大致脉络。科斯认为中国的未来改革将遵从两个方向：一个是继续走中国特色社会主义市场经济；另一个是从单一的市场经济走向多元市场经济。

科斯和王宁认为中国在经济体制改革中最重要的一步就是价格改革。1992 年价格管制的解除将市场上的价乱现象一扫而空，同时也为建立一个以市场为基础的价格机制提供了土壤。

"在整个市场体制发展的进程中，1992 年的价格改革是最为关键的一步。曾一度无法正常运作的价格信号如今已能像其他市场经济中的价格信号一样，去指导企业生产符合消费者需求的产品，并使资源得到合理配置以满足利用最大化。生产资料的价格开始趋同，除了极少数例外，几乎所有企业，不论是国有企业还是私营企业，都可以以相同的价格购买所有的生产资料。曾经在双轨制下兴盛的原材料黑市急剧减少。私营企业如今也能自由平等地获取所有原材料和中间投入品（银行贷款除外）。"⊖

科斯认为中国的经济改革从未想过放弃社会主义，但中国的发展之路向世人证明了共产党可以和市场经济改革并存，中国在未来还将进一步完善中国特色社会主义市场经济体制。

然而，2013 年 9 月 2 日，距离首次中国之行仅剩一个月的时间，科斯却溘然长逝，终究没能完成前往中国的夙愿。终其一生，科斯从未踏上中国的土地，但他的产权与交易理论却对中国经济改革产生着深远影响。活跃在中国改革大舞台上的大批经济学家，手握科斯提供的理论工具，继续探索着中国层次丰富的制度创新。

第三节　道格拉斯·诺斯

一、新经济史之父

道格拉斯·诺斯（Douglass C. North，1920—2015）出生于美国马萨诸塞州的剑桥。诺斯的父亲在大都会人寿保险公司工作，因为工作关系，诺斯一家在诺斯的少年时代经常搬家。在诺斯出生后第二年，他们就搬到了康涅狄格州，后来又搬到了渥太华，之后搬回了纽约，然后又是旧金山。诺斯的母亲非常推崇多元教育，诺斯在 1929～1930 年间被送去了瑞士游学。诺斯少年时的游学经历使他能够接触到美国不同地域乃至不同国家的许多文化背景、风俗习惯、教育体制。因为接触的新鲜人物和事物很多，诺斯的兴趣爱好也比其他经济

⊖　罗纳德·哈里·科斯，王宁. 变革中国［M］. 徐尧，李哲民，译. 北京：中信出版社，2013：168.

学家更加时髦有趣。诺斯在高中时期，痴迷于摄影，还获得过不少国际性的高中及大专摄影竞赛中的奖项，当时他的职业目标就是摄影师，虽然他最终投身于经济学的怀抱，但他仍然钟情于摄影。

诺斯本来要进哈佛大学学习，但因为他不想离当时居住的城市旧金山太远，就决定改念加州大学伯克利分校，主修政治学、哲学和经济学。在伯克利学习期间，诺斯忙着参与学生运动，这在一定程度上导致他的学习成绩并不理想，而这一阶段，他对于自己的未来也没有明确的目标和规划。毕业后他进入了商船服务，这段长达三年的海上航行岁月给了诺斯阅读和思考的时间，就是在此期间，他最终确立了自己要成为经济学家的人生道路。

在结束了航海生涯后，诺斯回到伯克利的研究生院进行学习。当时诺斯的导师是奈特，奈特不怎么相信经济理论，但对经济史的事实和背景了如指掌，这对诺斯的经济学研究方法产生了巨大影响。

之后，诺斯在伯克利继续攻读哲学博士学位，毕业后他得到了到美国东海岸从事相关基础研究工作的机会。1956～1957年是诺斯学术生涯中的关键时期。在这一年，他每周都去约翰霍普金斯向西蒙·史密斯·库兹涅茨（Simon Smith Kuznets）学习，同时他接受了一份在经济研究局从事实证研究的工作，这都为他早期主要的美国经济史数量化研究奠定了基础。

1961年，诺斯的处女作《美国的经济增长：1790～1860年》正式出版，这本书被公认为新经济史的奠基性著作之一，也是诺斯对经济史产生重要影响的开端。诺斯运用了新制度经济学的方法来解释历史上的经济增长，重新论证了包括产权制度在内的制度的作用，还将制度对经济增长的内生作用融入了新古典经济学。1997年，新制度经济学国际协会（ISNIE）在美国华盛顿大学成立，诺斯是该协会的倡导者并当选会长。诺斯因为在经济史研究中引入经济学理论和定量方法来解释经济变化而于1993年获得了诺贝尔经济学奖。○

二、新经济史理论

诺斯的新经济史的创新体现在他使用现代经济学理论（交易费用理论、产权理论和计量经济学理论）研究经济史，在此基础上把所得到的结论一般化，提炼出一个分析经济现象的理论框架，为制定提高经济效益的政策服务，以增加国民财富、并实现富国富民的目标。简而言之，诺斯的新经济史学的的创新之处就是根植于经济史，但不拘泥于经济史，而是发散到了传统经济理论研究中。○

诺斯的新经济史理论可以分为计量经济史学和新制度主义经济史学，但在本章节中将只为读者介绍他的新制度主义经济史学。

诺斯和罗伯斯·托马斯（Robert Paul Thomas）合著的《西方世界的兴起》第一章就指出有效率的经济组织是经济增长的关键。"本书的中心论点是一目了然的，那就是有效率的经济组织是经济增长的关键；一个有效率的经济组织在西欧的发展正是西方兴起的原因所在。"○并且，"创新、规模经济、教育、资本积累等并不是经济增长的原因；它们乃是增

○ 邹东涛. 邹东涛讲诺斯［M］. 北京：北京大学出版社，2011：1-8.
○ 邹东涛. 邹东涛讲诺斯［M］. 北京：北京大学出版社，2011：16.
○ 道格拉斯·诺斯，罗伯斯·托马斯. 西方世界的兴起［M］. 厉以平，等译. 北京：华夏出版社，2009：4.

长"。①西方世界之所以兴起，主要就是因为确立和革新产权结构，使得私人收益接近社会收益。

诺斯通过比较英国、荷兰和法国、西班牙等国的经济发展过程，指出各个社会的资源丰富与否虽然会影响经济增长，但是有效率的组织才是长期经济增长的关键。和荷兰、英国的成功相比，法国与西班牙的失败显示出健全的制度并不容易获得，而没有健全的制度，经济就无法保证长期稳定的增长。

"法国经济未显示长期稳定的经济增长是由于法国没有发展有效的所有权的缘故。除资本市场外，要素市场运行超前了。土地所有权已经确立并受到了保护。土地已经变成可转移的，而劳动还有待免除其奴役义务。另一方面产品市场由于国家政策所致，一直跟中古后期那样不完善。行会、垄断和对地方市场的保护一直延续不衰。因此法国经济丧失了可以从交易部门得到的增益。"②

"荷兰在近代初期已成为欧洲的经济领袖。它们居于中心的地理位置和它们的政府——建立了一个有效的经济组织的政府，说明了这种发展。经济史学家有时不考虑荷兰是最后的大城邦，甚或把它们的相对下降同绝对衰落混为一谈。就事实而论，尼德兰是第一个达到我们所限定的意义上的持久经济增长的国家。而且它们不仅没有下降，相反一直繁荣并在以后若干年甚至几世纪里达到较高的人均收入水平。只不过经济舞台的中心移到了英国而已。"③

诺斯认为制度创新是促进经济增长的主要因素，在现有制度之下，当获利机会不能被充分利用时，即不能获得更多的外部利润时，就迎来了制度变迁的机会，而成功的制度变迁可以通过财产权的重新安排得以降低交易成本。

"通过它（制度创新），一个行动集团（个人或集团）能够看到一些新的组织形式（制度安排）将会带来很大的利益，使得因革新组织形式所花费的成本得以补偿。这些新的安排特别有益于实现潜在的规模经济，降低信息成本，分散风险以及把外部效果内部化。并且，这些制度安排还能够解释一系列经济史学家长期关心的'经济制度'问题。无论怎样，这些组织安排的形式（变化、衰亡）是分析的有机组成部分，而不仅仅是作为分析的描述性补充。并且有很多组织形式是无须收入分配进行重大改变就可以实现的，它们的形式至少在原则上可以从模型中预测出来。也许，甚至比总体经济分析能力和制度形成更为重要的是这一理论模型在研究生产率增长方面的意义。经济史学家已经集中注意力于技术变化，把它看作增长的源泉，但是，制度安排的发展才是主要的改善生产效率和要素市场的历史原因。更为有效的经济组织的发展，其作用如同技术发展对于西方世界增长所起的作用那样同等重要。"④

诺斯指出，经济的任务不只是要评估过去经济活动的绩效，也要解释那些造成经济绩效差别的经济结构是如何形成的。这就需要进一步地把经济史研究和经济理论密切地结合起来，并且发展出更具一般性的理论框架和分析手段。由此，诺斯构建了一套解释经济史的制度变迁理论。

---

① 道格拉斯·诺斯，罗伯斯·托马斯.西方世界的兴起[M].厉以平，等译.北京：华夏出版社，2009：4.
② 道格拉斯·诺斯，罗伯斯·托马斯.西方世界的兴起[M].厉以平，等译.北京：华夏出版社，2009：78.
③ 道格拉斯·诺斯，罗伯斯·托马斯.西方世界的兴起[M].厉以平，等译.北京：华夏出版社，2009：88.
④ 道格拉斯·诺斯：制度变迁和经济增长，柳红译，载于《现代制度经济学》（上卷），北京：北京大学出版社，2003，290页。

三、制度变迁理论

在诺斯看来，制度是被制定出来的一系列规则、法律的程序和行为的道德规范，制度的作用是约束追求个人福利或效用最大化的个人行为。

制度乃是一个社会中的游戏规则。更严谨地说，制度是人为制定的限制，用以约束人类的互动行为。因此制度构成了人类交换的动机，此处所谓的交换包括了政治的、经济的以及社会的行为。[一]

诺斯的制度变迁理论构建在有限理性和诱致因素两个基本假设之上。诺斯认为由于神经、生理、语言和环境以及不完全信息等方面的约束，人的理性意识是有限的。因此，诺斯在坚持新古典经济学"完全理性"的分析前提下，用利他主义、意识形态、自愿负担约束和非财富最大化修正了"完全理性"，提出了"有限理性"假设。在有限理性的状态下，人类行为的动机不仅仅是追求财富价值的最大化，还要追求威望、权力和声誉等非财富价值的最大化。

诺斯的制度变迁理论还假定制度变迁的诱致因素在于制度变迁主体希望获得制度变迁的最大潜在利润（外部利润），但这种利润在现有的制度安排中无法获得，这就说明整个经济中还存在可以改善的余地，通过帕累托改进可以使社会的总福利水平得到提高。诺斯认为潜在利润是制度变迁主体进行制度变迁的根本诱因，而制度变迁就是将外部利润内在化的过程。[二]

按照诺斯的分析，制度变迁是由三个因素共同决定的：一是非正式制度，如教规、禁忌、习俗、传统、伦理道德规范和行为管理等意识形态规范；二是正式制度，即法规，如宪法、法律、规章和产权等规则；三是实施机制，是指制度内部各要素之间彼此依存，有机结合和自动调节所形成的内在关联与运行方式。正式制度与非正式制度之间既存在着相互的联系，又在制度变迁中起不同的作用。非正式制度是正式制度的支持系统，并为正式制度提供合法性。非正式制度其实占据社会规则的大多数，许多正式制度是由非正式制度发展而来的，一国正式制度的完善也要受到非正式制度的制约。当正式制度与非正式制度之间存在矛盾冲突或者不相容时，正式制度就会流于形式，或者在执行中变形，甚至根本无法实施，形同虚设。[三]正因为如此，诺斯认为正式制度不能盲目移植。

"出现在西方世界的制度，如产权和司法体系，是不能够被原封不动地复制到发展中国家的。关键在于创造激励结构，而不是对西方制度的盲目模仿。从家庭联产责任制开始，中国发展出一种信念结构，这种信念结构无须借助任何西方的标准处方就实现了经济的快速发展。然而，如果中国想继续保持经济的快速发展，那么它必须在政治/经济结构中构建激励体系，这可能需要建立那些更具西方社会的适应性效率特征的制度。"[四]

背景链接 22-2 诺斯悖论

国家是一种强制性的制度安排。一方面，国家权力是保护个人权利的最有效的工具。因为它具有巨大的规模经济效益，国家的出现及其存在的合理性也正是为了保护个人权利和节

[一] 道格拉斯 C 诺斯. 制度、制度变迁与经济绩效 [M]. 刘守英，译. 上海：上海三联书店，1994：3.
[二] 道格拉斯 C 诺斯. 制度、制度变迁与经济绩效 [M]. 刘守英，译. 上海：上海三联书店，1994：3.
[三] 贺卫，伍山林. 制度经济学 [M]. 北京：机械工业出版社，2003：162.
[四] 道格拉斯·诺斯：理解经济变迁过程，钟正声译，载于《现代制度经济学》（上卷），北京：北京大学出版社，2007，143 页。

省交易费用之需要。另一方面，国家权力又是个人权利最大和最危险的侵害者。因为，国家权力不仅具有扩张的性质，而且其扩张总是依靠侵蚀个人权利实现的，在国家的侵权面前，个人是无能为力的。

在国家提供的基本规则中，主要是界定形成产权结构的竞争与合作的基本规则。国家权利就构成有效产权安排和经济发展的一个必要条件。就此来看，没有国家就没有产权。另一方面，国家权力介入产权安排和产权交易，又是对个人财产权利的限制和侵害，就会造成所有权的残缺，导致无效的产权安排和经济的衰落。这就是有名的"诺斯悖论"。⊖

第四节 阿曼·阿尔钦与哈罗德·德姆塞茨

一、现代产权经济学双杰

（一）阿曼·阿尔钦

1914年，阿尔钦生于美国加利福利亚洲的弗雷斯诺，并在加州度过了一生。1936年，阿尔钦获得斯坦福大学的学士学位，而后于1944年获得了斯坦福大学的博士学位。博士毕业后，阿尔钦在美国一家以军事为主的综合性战略研究机构——兰德公司任职。阿尔钦一直在兰德公司工作到1964年，而后就一直加州大学洛杉矶分校任教授。⊜

（二）哈罗德·德姆塞茨

德姆塞茨1930年出生于美国的伊利诺伊州的芝加哥，在1953年获得伊利诺伊大学文学学士学位后，又分别于1954年和1959年获得西北大学的企业管理硕士学位和经济学博士学位。从1963到1977年，德姆塞茨分别在芝加哥大学和斯坦福大学胡佛研究所工作。1972年，他和阿尔钦合写了对产权理论产生巨大影响的"生产、信息成本和经济组织"一文。从1978年起，德姆塞茨一直加州大学洛杉矶分校担任教授，和阿尔钦这位挚友正式成为了同事。⊜

二、团队生产理论

阿尔钦和德姆塞茨在"生产、信息成本与经济组织"中提出了企业的团队生产理论。他们虽然仍坚持主流的契约论方法，但是开始意识到企业的生产性，并将研究重点从分析企业与市场的关系转向对企业内部激励与监督问题的分析。由于主要研究企业内部组织问题，团队生产理论几乎没有涉及对企业边界的探讨，而只是回答了企业本质问题。

阿尔钦和德姆塞茨首先否定了企业契约和市场契约之间存在的权威性错觉。企业并不拥有其所有的投入品，它没有发号施令的权力，没有权威，没有约束行动，这和任何两个人之

⊖ 卢现祥.新制度经济学［M］.北京：北京大学出版社，2007：358.
⊜ 程恩富、胡乐明.新制度经济学［M］.北京：经济日报出版社，2004：15-16页.
⊜ 程恩富，胡乐明.新制度经济学［M］.北京：经济日报出版社，2004：16.

间的一般市场契约完全一样。阿尔钦和德姆塞茨认为一个杂货店老板与其雇员间的关系和他与客户间的关系的唯一区别在于，前者是对投入品的团队使用和某一方在所有其他投入品的安排中处于中心地位。因此，企业无非是一种特殊的契约安排，其本质是生产的团队性质。

"常常见到以权力为特征的企业通过命令、权威或纪律处分解决问题，比那种常规市场上通行的东西更有优势。这是错觉，这种企业不拥有全部它的投入、它丝毫没有区别于任何两人之间普通市场签约的命令权力、权威、纪律处分。对于任何未能履行我们的交易协议的行为，只能通过中止未来业务或在法律上要求赔偿，我才能"处罚"你，这恰恰是任何一个雇主能做的全部。"㊀

所谓团队生产是指具有以下特征的生产过程：第一，企业使用不同类型的生产要素；第二，生产所使用的要素属于不同的所有者；第三，总产出并不是单个要素产出的简单加总，因为每种要素都会影响其他要素的边际生产力（边际生产量）。团队生产中要素的相互依赖性，导致具体测度每种要素对产出的贡献变得困难，并进而导致根据要素边际产出进行的报酬支付变得困难。在这种情况下，自利的团队成员便有了偷懒的动机。如果企业不能对这种偷懒行为进行有效的监督，就必然导致团队生产效率的下降。由于团队成员之间的相互监督非常困难，因此应该设立专门的监督人。在这个意义上，企业被赋予能有效解决团队生产中偷懒问题的"监督机制"的含义。

当普通契约根据比较优势促进了有效的专业化时，一种在一组联合投入的团队生产过程中的特殊契约，却一般用于团队生产。替代全部投入所有者的多边契约的，是一个共同的中心缔约人签订的一个双边契约的集合，它促进了团队生产中的联合投入的有效组织。这些契约的条款构成了称之为企业的这一实体的基础——特别适用于有组织的团队生产过程。

团队生产行为就是在其中，投入的联合或联合使用产生出比分别使用这些投入的产品总额更大的产出。这种团队生产要求（像所有其他生产过程一样）对边际生产力进行估价，看是否达到了有效的生产。若干不同所有者的联合投入的产品的不可分性增加了评估每位投入所有者的资源或服务的边际生产力的成本。监督和考核生产力，以使边际生产力与投入成本相匹配从而减少偷懒，可以在企业内（比通过市场进行投入间的双边谈判）更经济地实现。㊁

第五节 奥利弗·伊顿·威廉姆森

一、科斯的追随者

奥利弗·伊顿·威廉姆森出生于美国威斯康星州。1955年，威廉姆森获得了麻省理工斯隆商学院的市场学学士学位。然后，他去斯坦福大学攻读了工商管理学硕士（MBA）。1963年，他获得了卡耐基梅隆大学的哲学博士学位。随后，他先后在宾夕法尼亚大学、耶鲁大学、加州大学伯克利分校和商学院任教，主要教授经济法。威廉姆森因为他对经济治理的研究，尤其是对企业规模的边界的分析而获得2009年诺贝尔经济学奖。

㊀ 阿曼·阿尔钦，哈罗德·德姆塞茨：生产、信息成本和经济组织，汪新波等译.载于《现代制度经济学》（上卷），北京：北京大学出版社，2007, 118页。

㊁ 阿曼·阿尔钦，哈罗德·德姆塞茨：生产、信息成本和经济组织，汪新波等译，载于《现代制度经济学》（上卷），北京：北京大学出版社，2007, 133-134。

二、企业理论

在科斯的企业理论之后，威廉姆森继续科斯的理论思路，从交易费用的角度深入研究企业理论。威廉姆森将交易视为经济分析的基本单位，而交易是通过契约进行的。所以组织制度问题可以表述为契约问题，可以在节约交易费用这个意义上进行探讨。从契约的角度出发，交易费用可分为"事前的"和"事后的"两类。所谓事前交易费用是指起草、谈判、保证落实某种契约的成本，也就是达成合同的成本；所谓事后交易费用是指契约签订之后发生的成本，它可以有许多形式：第一，当事人想退出某种契约关系所必须付出的费用；第二，交易者发现事先确定的价格等合同条款有误而需改变所必须付出的费用；第三，交易当事人为政府解决他们之间的冲突所付出的费用，如法院费用；第四，为确保交易关系的长期化和持续性所必须付出的费用；等等。

在此基础上，威廉姆森较全面地探讨了影响或决定交易费用的因素，他将这些因素归纳、区分为不同性质的两类：第一类因素主要涉及有关市场的环境和交易的技术结构所具有的特点，威廉姆森称之为"交易因素"，包括资产专用性、不确定性、潜在交易对手的数量和交易发生的频率；第二类因素是人的因素，即关于人性的两个特点——有限理性和机会主义倾向。威廉姆森认为，上述两个方面因素的存在都会使交易费用产生或增加。

资产专用性越强，其所有者对交易的依赖性越强，越有可能被交易伙伴的事后机会主义行为损害，事后被"要挟"的可能性越大，交易费用也就越高；而不确定性的存在，不管是交易环境的不确定性，还是交易者行为的不确定性，都会使得交易双方为避免由此造成的损失而增加契约的复杂程度，这样，谈判、签约和履约的成本便会随之增加；潜在交易对手数目更是影响交易费用的一个重要因素。当市场是完全竞争的市场，即交易的对手较多时，交易双方的相互依赖性较小，交易的搜寻和等待成本较小，合同易于达成和履行，而且完全竞争的市场起着抑制机会主义行为的作用，从而能减少交易者为防止机会主义行为而付出的代价。但是，当市场出现垄断时，交易对手的数量大量减少，导致出现交易的"小数目问题"，增加交易的搜寻和等待成本，降低合同谈判成功的概率，从而增加交易顺利完成的费用支出，并且处于非垄断地位的交易方对垄断者的依赖性很大，垄断者的机会主义行为的可能性大大上升，从而增大了交易成本；交易发生的频率对交易费用的影响主要表现在，经常发生的交易较一次性交易，更容易补偿交易的规制结构的确立和运行成本，相对降低交易费用。

有限理性显然也会导致交易的搜寻、等待和讨价还价的成本增加，并且，为合同留下很多空白，从而增加履约的成本。威廉姆森认为人的天性使人们在经济活动中总是尽最大能力保护和增加自己的利益，只要有机会，就不惜损人，所以机会主义使合同不能解决所有问题，并且在市场交易中，交易双方由于要时刻防范对方的机会主义行为，交易成本会大大增加。

上述因素的单独作用会导致交易费用的产生或增加，它们的综合作用显然更会放大交易费用。总体来说，威廉姆森视市场为一种交易管理机制，他将市场因交易费用过高而失效归结为四种基本因素的相互作用：一是理性有限，二是机会主义行为，三是未来不确定性，四是交易的小数目条件。当市场作为交易管理机制失灵时，企业制度就应运而生。㊀

企业制度对比市场有哪些优势呢？威廉姆森在《市场与层级制》中将之概括如下：

1. 在复杂的环境下，未定权益契约是不可行的，连续即期市场是危险的。而内部组织方

㊀ 程恩富，胡乐明新制度经济学 [M]. 北京：经济日报出版社，2004：79-80.

便了适应性、连续的决策制定，从而减少有限理性。

2. 在现在和将来的少数者交易关系面前，内部组织会削弱机会主义。

3. 促进趋同预期，这减少不确定性。

4. 更加容易克服信息阻塞的条件，当其出现时不可能产生策略行为。

5. 有时候会获得一个更加令人满意的交换环境。○

企业规模扩张的边界又在哪里呢？威廉姆森认为在组织形式不变的情况下，随着企业规模的日益扩大和纵向一体化程度的持续提高，内部组织特有的权利会被削弱，并导致交易的规模不经济。

"没有扭曲的内部交易在现实中是不可能存在的，在市场交易会遭受可预测的重大摩擦的情况下，内部交易也不能被看作重要的组织代替品。这就意味着，每当交易从市场转移到企业内部，就要考虑利弊权衡的问题，因为某种程度上的机会主义的持续存在是不言而喻的。"○

"考虑到控制范围的有限性，企业规模的扩大会导致等级层次的增加，使得领导人受到的来自下层参与者的控制更少。如果这一倾向持续下去。由此带来的官僚偏狭性会使领导层变得更固执、更独裁。"○

背景链接 22-3　新制度经济学与中国

1985 年，中国学者通过法国学者亨利·勒帕日的《美国新自由主义经济学》，第一次接触了新制度经济学。彼时中国的改革开放刚刚起步不久，经济一时无法完全摆脱过去长期计划管制影响：一方面是突然放开管制引起的经济过热，另一方面是不成熟的宏观调控对经济问题的过激反应。如何将改革继续推进下去成为决策者和研究者共同面临的难题。由于西方主流经济学理论适用于成熟市场经济，从而在市场化刚刚起步的中国作用有限；而新制度经济学因其对制度的强调及相关理论的发展，不仅对于中国当时面临的诸多难题启发良多，而且与中国传统文化对制度的理解与关注相契合。○所以一经引入即掀起了一股长久的学用风潮。

作为改革开放以来研究中国经济问题所运用得最早与最持久的理论工具之一。○新制度经济学的理论一直被中国的经济学者用于解释与指导中国的经济体制改革实践。自 20 世纪 80 年代被恰逢其时地引进以来，新制度经济学的理论已经较为有效地化解了中国改革过程中面临的一些经济问题。从产权理论角度出发，20 世纪 80 年代"包产到户"的家庭联产承包责任制之所以能够释放经济活力，主要是因为明晰了产权，从而排除了原来集体所有制下普遍存在的机会主义问题，提高了生产效率。产权改革同时也成为 90 年代中国国企改革的核心内容，旨在实现资源优化配置以提高国有企业的效率；而交易费用理论则指导了中国微观

○ 奥利弗 E 威廉姆森. 市场与层级制：分析与反托拉斯含义［M］. 蔡晓月，孟俭，译. 上海：上海财经大学出版社，2011：46-47.
○ 奥利弗 E 威廉姆森. 市场与层级制：分析与反托拉斯含义［M］. 蔡晓月，孟俭，译. 上海：上海财经大学出版社，2011：144.
○ 奥利弗 E 威廉姆森. 市场与层级制：分析与反托拉斯含义［M］. 蔡晓月，孟俭，译. 上海：上海财经大学出版社，2011：146.
○ 杨德才，郭婷婷，唐悦. 新制度经济学与中国改革的推进［J］. 华东经济管理，2014（3）：1-5.
○ 周业安. 关于当前中国新制度经济学研究的反思［J］. 经济研究，2001（7）：19-27.

企业内部制度的变迁,据此对企业进行了股份制改造,并在企业内部逐渐建立和完善了法人治理机制,以从外部和内部两个方面降低企业的交易成本。降低交易成本同时也成为政府对经济社会管理和改革的思路。不仅如此,中国 30 多年来渐进式推进的改革路径实际上为新制度经济学的制度变迁理论提供了证据[①],并蕴藏了丰富的案例有待用新制度经济学的理论工具进一步挖掘分析,以期对中国后续改革的推进有所指导;反过来,中国的改革历程也为新制度经济学的理论发展提供了营养丰富的土壤,并日渐受到国内外相关学者的关注。

问题讨论

1. 比较新制度经济学和制度学派的异同。
2. 结合中国国情,谈谈新制度经济学为何会在中国大受欢迎,并且运用新制度经济学的理论知识来解释两个你认为中国目前最急需解决的经济问题。
3. 请阅读有关诺斯新经济史的相关文献或书籍,运用诺斯分析经济史的逻辑,来分析中国经济的变迁过程,并预测中国经济未来发展的大致脉络。

本章推荐

[1] 盛洪.现代制度经济学[M].北京:北京大学出版社,2003.
[2] 张曙光,盛洪.科斯与中国[M].北京:中信出版社,2013.
[3] 邹东涛.邹东涛讲诺斯[M].北京:北京大学出版社,2011.
[4] 约翰 N 德勒巴克,等.新制度经济学前沿[M].张宁燕,等译.北京:经济科学出版社,2003.
[5] 张五常.新制度经济学的现状及其发展趋势[J].当代财经,2008(7):5-9.

参考文献

[1] 恩拉斯·埃格特森.新制度经济学[M].吴经邦,等译.北京:商务印书馆,1996.
[2] 程恩富,胡乐明.新制度经济学[M].北京:经济日报出版社,2004.
[3] 卢现祥.新制度经济学[M].北京:北京大学出版社,2007.
[4] 贺卫,伍山林.制度经济学[M].北京:机械工业出版社,2003.
[5] 邹东涛.邹东涛讲诺斯[M].北京:北京大学出版社,2011.
[6] 奥利弗 E 威廉姆森.市场与层级制:分析与反托拉斯含义[M].蔡晓月,孟俭,译.上海:上海财经大学出版社,2011.
[7] 约瑟夫·费尔德.科斯定理 1-2-3[J].经济社会体制比较,2002(5):72-79.
[8] 杨德才,郭婷婷,唐悦.新制度经济学与中国改革的推进[J].华东经济管理,2014(3):1-5.
[9] 周业安.关于当前中国新制度经济学研究的反思[J].经济研究,2001(7):19-27.

---

① 杨德才,郭婷婷,唐悦.新制度经济学与中国改革的推进[J].华东经济管理,2014(3):1-5.

第二十三章

当代经济学流派概况与进展

一切推理都必须从观察与实验得来。

——伽利略

本章大纲

第一节 当代经济学的多元化演变
一、当代经济学发生的转变
二、当代经济学的多元化格局
三、当代经济学多元化的延续

第二节 新经济史学：历史介入经济学撞出的新火花
一、新经济史学的理论介绍
二、新经济史学的发展
三、新经济史学的未来

第三节 实验经济学：试验室里能出经济学吗
一、经济学需要试验
二、实验经济学的产生和发展
三、对实验经济学的评价

第四节 新经济地理学：经济学家对空间的思考
一、新经济地理学的形成
二、新经济地理学的研究主题
三、新经济地理学的展望

主要著作列表

新经济史学：

姓名	著作	成书时间
道格拉斯·诺斯 罗伯特·福格尔	《制度变化与美国的经济增长》(Institutional Change and American Economic Growth)	1971 年
道格拉斯·诺斯 罗伯斯·托马斯	《西方世界的兴起：新经济史》(The Rise of the Western World: A New Economic History)	1973 年
道格拉斯·诺斯 罗伯特·福格尔	《经济史中的结构与变迁》(Structure and Change in Economic History)	1981 年
罗伯特·福格尔	《铁路与美国经济增长》(Railroads and American Economic Growth)	1964 年
罗伯特·福格尔 斯坦利·恩格尔曼	《不公正时代：美国黑奴经济学》(Time on the Cross: The Economics of American Negro Slavery)	1974 年
阿夫纳·格雷夫	《大裂变：中世纪贸易制度比较和西方的兴起》(Institutions and the Path to the Modern Economy: Lessons from Medieval Trade)	2006 年

实验经济学：

姓名	著作	成书时间
弗农·史密斯	《竞争市场行为的实验研究》(An Experimental Study of Competitive Market Behavior)	1962 年
弗农·史密斯	《作为一门实验科学的微观经济学体系》(Microeconomic Systems as an Experimental Science)	1982 年
赫伯特·西蒙	《有限理性模型》(Models of Bounded Rationality)	1982 年

新经济地理学：

姓名	著作	成书时间
威廉·阿朗索	《区位和土地利用：地租的一般理论》(Location and Land Use)	1964 年
保罗·罗宾·克鲁格曼	《地理学和贸易》(Geography and Trade)	1991 年
保罗·罗宾·克鲁格曼	《发展、地理学与经济理论》(Development, Geography, and Economic Theory)	1995 年
保罗·罗宾·克鲁格曼	《空间经济学：城市、区域与国际贸易》(The Spatial Economy: Cities, Regions and International Trade)	1999 年

思维导图

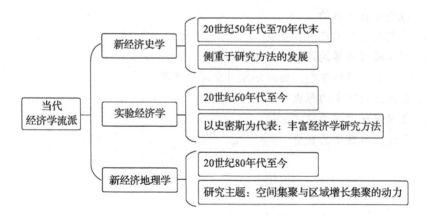

自 20 世纪 50～70 年代以来，经济学进入了一个不同理论快速发展与流派多元化共存的新时代。在这一时期，一方面新古典经济学虽仍占据主流地位，但在众多新流派、新理论的挑战之下，领导地位开始动摇；另一方面这些众多的新流派和新理论又在很大程度上从不同的角度弥补了主流新古典经济学的缺陷。这些新的流派在不同角度、不同层面上向我们揭示了未来经济学发展的可能方向。

第一节　当代经济学的多元化演变

一、当代经济学发生的转变

(一) 新古典经济学内部的转变

第二次世界大战以后，新古典经济学成为西方经济学的主流，其领导地位一直延续至今。但是，面对日益复杂的经济环境与经济体系，新古典经济学的解释力日趋下降，其自身的理论体系也开始被质疑。越来越多的经济学家开始针对新古典经济学中没有纳入讨论分析或设为定值的内容进行专门研究，在放松了新古典理论严格的假定前提下，一些新兴学科应运而生，其理论进展已不再与新古典经济学的特征相一致。例如，生态经济学将自然与经济通过跨学科的方式结合起来论述；行为经济学重新思考了"理性人"假设的问题；实验经济学（Experimental Economics）基于经验规则重新分析人们的决策行为，其试验方法广泛应用于公共经济学、信息经济学、产业组织理论等诸多领域。这些正在发生的变化，很大程度上受到了新古典经济学主流的关注与认可，新古典正统也在积极地将这些新兴学科的研究成果整合到自身的方法体系中。近些年瑞典皇家科学院将诺贝尔经济学奖授予行为经济学、实验经济学或集体行动理论领域的经济学家也表明，推动新古典经济学发生转变的经济学家及其成就已经得到了西方正统经济学的承认。

(二) 新古典经济学外部的转变

新古典经济学的外部转变来源于两种力量，其一是以货币主义、理性预期学派为代表的芝加哥经济学派发起的颇具影响力的新自由主义运动，其对新古典理论体系中的凯恩斯宏观经济理论进行了猛烈的批判。不过尽管在理论上针锋相对，但二者的研究范式与分析方法事实上都完全基于新古典理论，均是对新古典经济学的进一步发展。其二是经济学新流派的不断涌现，且这些经济学新流派并不满足于对新古典经济学进行缝缝补补，而是希望提出自己新的理论体系以替代新古典经济学。这种力量对经济学转变的推动要远远大于新古典经济学内部发生的转变。以演化经济学等新兴分支学科为代表的这股力量，其方法论、世界观和哲学基础与新古典经济学有着根本的区别。由于它们不以新古典模式为基础，所以从一开始就没有受到新古典思维模式的制约，从而对经济学的转变起到了更大的推动作用。这些学派被制度主义者克莱伦斯·艾尔斯（Clarence Ayres）称为"非正统经济学"（Heterodox Economics）。各种各样的非正统经济学在经济学舞台上的活跃，一方面推动了经济学范式的转变，另一方面也极大地丰富了当今经济学的内容。经济学已经进入了又一个多元时代，这是当代经济学的一个明显特征。

二、当代经济学的多元化格局

西方经济学的第一个多元时代出现在20世纪前40年的美国经济学界，彼时制度主义、新古典经济学和古典经济学三个学派并存，相互竞争，在不断的争论中共同推动了经济学的进步。第二次世界大战后，随着制度主义的衰落，新古典经济学逐渐确立了"霸权"地位，西方经济学的第一个多元时代就此结束。

如今西方经济学界迎来了又一个多元时代。一方面不仅正统学说自身不断分化，新学派新思想不断涌现，而且非正统学说也取得了显著进步，其影响力使得新古典经济学一家独大的局面不复存在。在经济学界，新古典经济学内部不断分化和修正，主要产生了行为经济学、实验经济学、神经经济学、比较经济学、产业组织理论、新福利经济学、信息经济学、发展经济学、转型经济学、新经济地理学等学派或理论。这些学派、理论或关注经济学中的不同元素，如人的行为与思考、产业、福利、信息等；或关注某一交叉学科、某种新方法的发展，所以大多不能反映经济学的全貌，而是集中于某个层面，呈现专业化的特点。不过这些研究正是当代经济学转变的具体反映，如行为经济学、信息经济学对传统经济学的理性人假设与完全信息假设提出了挑战；发展经济学、转型经济学等关注的不再是不同变量的均衡达成，而是现实问题的解决；新经济地理学、产业组织理论等将视角置于传统经济学没有涉及的空间地理、产业集聚等问题上，引入交叉学科的理论方法，形成自身领域全新的成果。

另一方面是非正统学说不断地完善和创新，从而经济学在不同流派和范式的相互竞争中取得了明显进步。非正统经济学主要包括新制度经济学、新经济史学、激进政治经济学、后凯恩斯主义、演化经济学等。概括地看，非正统经济学的共同主张有三点：第一，个体是社会有机的组成部分，而非原子式的个体；第二，经济变迁的过程呈现演化的而不是机械的特点；第三，个体与社会经济结构是相互影响而不是单向影响。众多非正统经济学的出现，是当代经济学发展多元化趋势的直接体现，挑战了新古典经济学的长期"霸权"。也正是由于新古典经济学自身的缺陷，从而为批评它的非正统经济学发展留出了很大的空间。

三、当代经济学多元化的延续

20世纪早期经济学的第一个多元时代仅持续了不到半个世纪便终结了。然而，无论是从经济思想自身发展还是从对社会的贡献来看，经济学的多元化都要优于新古典"霸权"主义。要延续当今经济学的多元化，非正统经济学需要做好两方面的工作。

其一，非正统经济学必须加强理论研究，尽快形成一个完整的理论体系。因为无论是在分析工具、理论体系还是在学术影响力方面，非正统经济学都还很难与新古典经济学相抗衡。当代新出现的学派、理论如雨后春笋，令人应接不暇，但都尚未经受时间和历史的检验，日后能否得到持续的关注和发展还很难下定论。

其二，非正统经济学需要加强与新古典经济学的交流与沟通。对于急需扩大影响的非正统经济学而言，适宜的策略是通过沟通寻求与新古典经济学的合作，这样才能在多元化的局面下相互促进、相互补充，共同推动经济学的进步。

鉴于当代经济学的多元化特点，众多流派方法各异，理论不一，影响力也差距甚远，加之篇幅所限，我们无法一一介绍。经过综合考虑，由于新经济史学将理论与历史相结合，引入计量方法，开创了经济史研究的新范式，为经济研究提供了新的视角，近年来影响较大；

实验经济学解决了经济学无法进行实验研究的难题，并逐渐推广应用于越来越多的其他经济学分支，使实验逐渐成为经济学研究的重要手段，意义深远；新经济地理学则随经济全球化的发展而不断升温，将原属地理学分支的经济地理学与经济学融合，从空间角度研究经济现象，有极强的现实意义。因此本章选取这三个流派，作为当代经济学流派的代表加以介绍。

第二节　新经济史学：历史介入经济学撞出的新火花

一、新经济史学的理论介绍

新经济史学创立于20世纪50年代末至70年代初期，彼时道格拉斯·诺斯、罗伯特·福格尔（Robert W. Fogel）、罗伯斯·托马斯等人出版了一系列打破传统经济史研究方法的论著，其中诺斯于1966年在其《美国过去的增长与福利：新经济史》一书中率先明确提出了"新经济史"。正如瑞典皇家科学院将1993年的诺贝尔经济学奖授予福格尔和诺斯这两位"新经济史研究"的开拓者时所揭示的，新经济史学"新"在运用经济理论和计量方法解释经济及其制度变化，从而更新了传统的经济史研究。具体而言，传统经济史研究更像是描述性的经济编年史，很少对长期经济变化与经济增长的原因做出分析与解释；新经济史学则旨在为分析经济史提供一个新的框架。这个新框架（尤其是诺斯的新经济史学）的分析工具或理论主要由三部分构成：一是所有权理论，旨在描述个人和团体的激励制度；二是国家理论，因国家规定并实施所有权从而最终对所有权结构的效率负责；三是意识形态理论，旨在解释各种关于现实的观念如何影响个人对"客观"环境变革的反应。就研究方法而言，新经济史学也有三个特点：其一，强调经济理论分析框架的作用，将经济理论与经济史相结合；其二，把经济模型和现代统计方法应用于分析经济发展的长期趋势，运用计量方法研究经济史；其三，通过构建数量模型对历史进行模拟研究。

经过半个多世纪的发展，新经济史学逐渐发展成为一个包含计量经济史学和制度变迁理论在内的经济学新学科，并且已经成为新制度经济学的重要组成部分。

（一）计量经济史学

计量经济史学主要来自福格尔及其追随者所遵循的研究方法，主张使用非现实假设或违反事实的假设作为研究起点，借助经济理论和数学模型，运用现代统计方法和计量技术来重新考察人类过去的经济发展史。例如，福格尔的研究工作就特别关注某项制度、技术进步或重大历史事件对整个人类经济增长和历史进程的影响，并通过采用"没有这项制度、技术或事件"的虚拟假设进行模拟计算，将所得产出水平与实际情况进行比较，计量出了这些因素的"纯影响"。计量经济史学这种"提出假说—用数据验证—得出结论"的研究模式，具有很强的归纳特征，在某种程度上综合了以逻辑演绎为基本特征的主流经济学研究方法与以归纳描述为基本特征的传统史学研究方法。计量经济史学借助规范的经济学理论引入计量和统计方法对历史进行定量分析，其新颖的研究成果部分地改变了人们对历史的传统理解。除此之外，计量经济史学为经济学理论注入了历史的时间维度，并在宏观经济增长模型中增加了新的解释变量——制度，使得"制度至关重要"这一命题成为经济学研究中最重要的命题之一。

(二)制度变迁(演化)理论

"制度至关重要"的命题启发了新经济史学家在历史的语境中构建更为全面、复杂的理论框架去解释制度的产生、发展和衰落。新经济史学中的制度变迁(演化)理论,大体可以分为两个阶段:新古典制度变迁理论和比较历史制度分析。

1. 新古典制度变迁理论

以诺斯为代表的新经济史学家从新古典经济学的"经济人"假设出发,运用一般均衡的方法分析经济制度产生、发展和衰落的历史。他们认为:其一,存在着制度的供给和需求,其均衡状态的达成导致了制度的稳定与变迁。个人是对制度完全理性的需求者,其对制度创新的利润追求,推动着制度均衡的改变,而国家是具有"经济人"特征的制度供给者,提供着包括产权、法律、规则、管制等基本制度。其二,交易费用是判定制度绩效的标准,例如技术进步、人口增长等要素禀赋的改变会影响到交易费用的变化,从而改变制度的供需平衡,引起制度变迁。新古典经济史理论将新古典经济学方法论应用于经济史研究,扩展了新古典理论的应用范围,丰富了人们关于历史的认知。

2. 比较历史制度分析

以阿夫纳·格雷夫(Avner Grief)和巴里·温加斯特(Barry Weingast)为代表的新经济史学家将博弈论、信息经济学引入到历史研究中,以揭示人类社会中的制度、文化演进过程。他们认为制度变迁的轨迹具有路径依赖特征,过去的制度不仅影响了人们对当前和未来制度的预期,还激励与制约着新组织、新制度的引进。这意味着历史真正成为经济学理论中不可分割的组成部分,而不仅仅是一个外在给定的对象。具体而言,博弈论特别是子博弈精炼均衡概念在历史分析中的使用,使得制度演化过程中多重均衡的存在成为可能,由于偶然性随机事件或某一经济体特定的历史条件(包括政治、经济、自然、文化因素)都会影响到制度均衡的选择,故各个国家的历史和演化路径注定彼此不同。

从新古典经济史理论到比较历史制度分析,经济史的研究由静态的均衡分析转向了动态的演化分析。制度也不再仅仅由制度供给者提供并服从于供需均衡,而是进行着无意识地演化,成为由社会、政治、经济、文化等诸多因素相互作用的某种结果。在演化分析中,不完全理性的个人在与环境的互动中,通过不断试错、调整来提高认知。个体与组织、制度、文化的互动最终构成了历史演进的基本线索。借助认知进化因素的调和,经济学"将均衡装入演化框架"的尝试成为可能,这也是近几年来认知科学和神经元科学成为新制度经济学的重要研究领域的原因。

二、新经济史学的发展

(一)从研究题材看新经济史学的发展

美国当代著名经济史学家克劳迪娅·戈尔丁(Claudia Goldin)从新经济史学的研究题材出发,将新经济史学的发展划分为三个阶段:第一阶段是1965~1975年,戈尔丁认为这是激动人心的10年,其研究成果不仅让人感到新鲜而且具有独创性,这一阶段的新经济史学推翻了诸多已写进中学和大学历史教科书的历史结论，例如铁路和运河的经济影响、奴隶制的营利性、南北战争后南方经济落后的原因等。第二阶段是 1975～1985 年，这一时期新经济史学的研究题材并没有大的变动，只是主要针对内部已有的结论进行讨论，并且许多新经济史学家也意识到，虽然新经济史学发展的前 20 年研究题材很吸引人，然而反复去考察这些历史定论会使经济史研究与当前经济问题脱钩。因此，自 20 世纪 80 年代中期开始，当前的经济问题逐步成为新经济史学关注的焦点，新经济史学转入了发展的第三阶段。截至目前，新经济史学的研究题材已经涵盖了人口老龄化、妇女的劳动参与率、不平等状况的加剧、生产率增长的放缓、社会计划的起源、外来移民、宏观经济政策的有效性以及政府的成长等诸多与现实密切相关的问题。

（二）从诺斯和福格尔的研究轨迹看新经济史学的发展

尽管同为新经济史学的先驱，福格尔和诺斯早期的研究方法与题材具有一定的共同点，但两人的具体研究却各有侧重，这种不同随着各自研究的深入而逐渐明显。在早期研究中，福格尔和诺斯在方法论和研究题材上都继承了"国民经济研究局"数量研究的传统。他们都研究运输，也都研究美国南部的奴隶制，并引入数量分析，用新颖的研究成果推翻了传统观点，使得新经济史学声名鹊起。福格尔的成名作《铁路与美国经济增长》（1964 年）运用反事实度量法得出铁路不是 19 世纪美国经济增长的主要推动力的结论；而 1968 年诺斯在对 1600～1860 年间海运费用下降的著名研究中，运用间接度量法得出了这一时期技术进步对生产率增加所起的作用微乎其微的结论。但相较而言，福格尔更侧重借助主流经济学和历史计量方法重新考察人类过去的经济发展史，采用的是经验主义者的研究方法，其研究题材随时代而变，如目前正在调查营养状况、健康状况和生产率之间的关系。诺斯则将制度作为其经济史的研究中心，注重从理论角度深入研究经济史与组织理论的关系，研究制度和组织在经济增长中的作用。诺斯在晚年的著作《理解经济变迁的过程》中，将认知科学、演化心理学、统计物理学以及与社会演化理论相关的各种理论十几载的成果进行了融会贯通，通过阐明信念及其演化方式，终于与其三大理论基石中的意识形态理论暂时作了了结，从而完善了其理论体系。简而言之，福格尔和诺斯的研究分别典型地代表了新经济史学的两种发展趋势：计量经济史学和经济变迁过程。

三、新经济史学的未来

从方法论层面看，新经济史学强调经济史研究在经济学发展中的地位，促进了经济学研究历史视野的回归。与此同时，新经济史学把制度作为经济增长的内生变量加以考察，阐明了制度变迁与经济增长的关系，从而弥补了主流经济学在经济增长问题研究中忽视制度因素的片面性。但是新经济史作为一门新学科，形成时间毕竟尚短。诺斯曾坦言其理论还存在部分缺陷，如没有关于人口统计变化和军事技术发展的理论、国家模型还存在缺陷等；而正是人口统计、社会所拥有的知识存量以及制度框架这三者间的相互作用形成了不同的经济绩效，但关于这三者间具体如何作用新经济史学研究甚少。此外，新经济史学家们所写的大部分文章仍局限在新古典经济学的框架内。但令人鼓舞的是，经济学的研究范围在不断扩大，正统经济学对新经济史学的接受和认可程度逐渐变深，而且新经济史学家已开始思考经济变化过程中的一些基本问题。不过正如格雷夫（1997 年）所正确指出的，新经济史学的变化也给新经济史学自身带来了新的方法论上的挑战，新的方法论需使新经济史学能保持其"本色"，即将经济理论、经验研究和历史研究这三者结合起来，即使不断出现新的理论框架，在研究过程中也需保持其经验研究的传统。

第三节　实验经济学：实验室里能出经济学吗

实验经济学是对某一经济现象通过控制实验条件、观察实验者的行为得到实验数据，并对得到的实验数据分析、整理、加工，用以检验、比较和完善已有的经济理论及其前提假设，或者为一些决策提供理论依据的一门学科。值得注意的是，实验经济学与其他经济学流派不同，其不以相对独立的理论体系为特征，而以研究方法来定位，并以推广和运用实验研究工具为目标。简而言之，实验经济学是对经济学研究范式的一次革命。

一、经济学需要实验

实验方法并不是哪一门科学所特有的方法，也不是哪一门科学一开始就有的方法，当一门学科发展到一定程度时，当原有的理论无法说明实际存在的事实时，实验方法的引入就成为必然。当前主流新古典经济理论的核心由四个理论因素组成：其一是建立在各个假定的效用函数基础上的无差异曲线，它描述了经济主体的偏好；其二是建立在各个假定的生产函数基础上的等产量曲线；其三是不同厂商与行业的正斜率的供给曲线；其四是生产过程中的边际产量曲线。新古典综合理论则在上述理论之外再增添了希克斯－汉森的 IS-LM 模型和菲利普斯曲线。上述理论因素虽未得到经验的验证，但一般默认这些理论假定是"合理的"，很少有人质疑在此基础上建立起来的原理和命题。但事实上，当代经济学中有许多很重要的假定是需要实验验证和修正的。例如，关于"理性人"的假定将所有的经济主体都看作是利己的，然而研究表明，人不仅有利己性，也有利他性。心理学家的研究结果也指出，在实际生活中存在着纯粹的利他行为，即不期待他人的回报而将他人的利益作为自己行为本身的目的。其次，它将人看作是有完全理性的"经济动物"，然而这一切并没有得到事实的支持。唯有通过实验才能验证一些假说的真伪，这也使得在经济学中引入实验方法成为必然。

二、实验经济学的产生和发展

在亚当·斯密的《国富论》发表后的两百年间，经济学家们长期固守着作为历史学科和社会学科的经济理论无法进行客观观察和精确实验的思维定式，这也使得经济学长期被认为不是一门科学。一般认为爱德华·张伯伦 1948 年在哈佛大学课堂上进行的有关供给和需求的实验正式揭开了实验经济学的序幕，然而他并没有想将实验作为经济学研究的新方法来加以开发。由于实验未达到预期效果，不久之后他就放弃了这项工作。而作为哈佛大学研究生的弗农·史密斯（Vernon Smith）当时参加了张伯伦组织的实验，并对其产生了浓厚的兴趣。他敏锐地觉察到实验对经济理论的作用，并首次付之于实践。1956 年开始，他在 11 个班级进行了长达 6 年的实验，验证了竞争均衡理论。1962 年史密斯根据这项实验所撰写的"竞争市场行为的实验研究"一文在《政治经济学杂志》的发表,被认为标志着实验方法已在主流经济学中确立了自己的地位,也为以后实验经济学的发展奠定了基础。

在史密斯等人的影响下,自 20 世纪 60 年代以来,大量优秀的经济学家开始投身于实验经济学的研究之中,通过史密斯(Smith)、普罗特(Plott)、罗斯(Roth)、宾莫尔(Binmore)等一批实验经济学家的不懈努力,实验经济学不仅在理论上取得了丰富的成果,例如赫伯特·西蒙根据博弈实验结果分析了实质理性(Substantive Rationality)和程序理性(Procedural Rationality)的区别;还解决了不少实际问题,例如史密斯的"口头双向拍卖市场实验"提出了市场参数完全有可能影响均衡产出收敛性的结论。总体来看,20 世纪 60 年代的实验经济学主要局限在市场理论和博弈理论领域。

20 世纪 90 年代以来,伴随着计算机的广泛运用,复杂经济现象的实验成为可能。实验方法被越来越广泛地应用于公共经济学、信息经济学、产业组织理论等诸多经济领域。这一时期实验经济学的专刊、专著和论文集大量出现,实验经济学的研究团体和实验室如雨后春笋般地涌现,著名实验有查尔斯·普洛特和玻特(1982 年)做的比较区分四种公共物品提供机制的实验和查尔斯·普洛特与弗农·史密斯(1978 年)做的标签价格机制实验等。

近些年来,实验经济学迅速发展,并逐渐科学化和规范化,成为一个独立的经济学分支。实验经济学的影响日益广泛,其基本方法已被管理学家、政治学家、法学家及其他社会科学学者借鉴。例如,政治学家已广泛使用实验手段研究国家关系、竞选与选举、委员会和投票、公共政策,以及法律和规则等。在研究方法上,实验经济学也呈现出多样化的趋势,经济学家们开始越来越多地在经济学实验中引入心理学的研究方法,运用行为心理学已有的研究结论和研究方法对经济研究中所涉及的个人行为、个人行为动机及其激励因素进行解析。

三、对实验经济学的评价

一直以来经济学家就肩负着双重任务,即解释经济如何运行和判断经济运行效果。前者属于实证经济学,后者属于规范经济学。然而在现实中,无论是解释经济的运行还是判断经济运行效果都非常困难。各派经济学家都有理论和数据来证明自己的观点是正确的,从而总是各执己见,争论不休。缺乏明确答案的一个重要原因是,经济学家一般无法对经济做周密控制的实验。实验经济学的出现解决了这一难题。通过将实验方法引入经济学,借助可控实验对经济学的理论假设进行验证,并对经济政策实施效果进行检验,实验经济学协助越来越多的经济学家通过实验,模拟经济环境得到相关数据,一方面解释经济运行,另一方面对经济运行效果做出相应判断,从而完成了实证经济学和规范经济学赋予的任务。

(一)实验经济学的产生拓展了传统经济解释的方法

自经济学方法论被明确为一个问题起,经济学就坚持以经验学科自居,强调理论的可检验性。传统上对经济理论的检验主要依赖计量方法,但这一方法所使用的天然数据具有的不可重复和整体性(即同时包含特定理论假说的环境特征和其他干扰变量的结论特征)缺陷,在一定程度上削弱了其检验能力并限制了其检验范围。实验方法的引进延续了经济学的实证主义传统,不仅其产生的数据所具备重复特性和控制特性弥补了传统检验方法的缺陷,而且使得通过实验控制进行大量观察成为可能，从而拓展了原有的逻辑推理和计量方法，成为发展新理论的主要方法之一。

（二）实验经济学突破了传统经济学无法逾越的理论界阈

伴随着主流经济理论框架的完善，围绕着理论模型在非理想的现实环境下的解释力，一些难以逾越的理论界阈出现了，而传统检验方法的局限性使其对此无能为力。洞察到这些问题的实验经济学的先行者们率先展开了研究，其实验最初集中于市场均衡、博弈均衡结果和个人选择模型的验证，如弗农·史密斯的"口头双向拍卖市场实验"以及后续各种拍卖实验对市场理论进行了检验，实验经济学还在将博弈论中的规则转换为环境和制度后，通过观察参与人的行为来检验博弈论均衡预期的正确性等。实验结果对原有理论及其结论的验证（如无差异曲线）乃至背离（如理性人假设），不仅对经济理论的发展具有重大意义，而且由此导致的理论修正和寻求新的解释大大增强了经济理论的适用性。此外，实验经济学还在公共经济学、信息经济学、产业组织理论、政治科学等诸多领域做出了理论和政策贡献。

背景链接 23-1　最后通牒博弈——挑战"理性经济人"的经济学实验

A、B 两人分一笔钱，假定为 100 元。具体规则如下：A 提出方案，B 表决。如果 B 同意，则按照方案分；如果 B 反对，则两人都一无所有。根据"理性人"假定，A 无论提出什么方案，除了将 100 元完全据为己有这种极端的情况以外，B 都将选择接受，因为如果 B 否决，B 将一无所有，当然此时 A 也将一无所获。此时"理性"的人应尽可能少地分钱给 B，如 1 分钱；而"理性"的 B 只有选择接受。这是根据"理性人"假定得出的结论，但实际结果却大大偏离了这一预想。英国博弈论专家宾谟进行了上述实验发现，提方案者倾向于提出对半分的方案；至于接受者，如果给其的数额少于 30%，则其将拒绝，且只有在高于这一比例时才会选择接受。

第四节　新经济地理学：经济学家对空间的思考

20 世纪 80 年代以来，西方社会科学进入了一个相互交叉与互动的新时期，各学科在理论互动中对区域与空间产生了浓厚兴趣。特别是 20 世纪 90 年代以来，经济地理学[①]与经济学研究领域的交织更加明显，以保罗·克鲁格曼（Paul Krugman）等为代表的主流经济学家重新审视了空间因素，以全新的视角，把以空间经济现象作为研究对象的区域经济学、城市经济学等传统经济学科统一起来，构建了"新经济地理学"。克鲁格曼认为，"经济地理学可能是德国几何学、社会物理学、循环累积关系、当地外部经济和地租以及土地利用五大传统的某种组合"，[②]而新经济地理学的本质在于将空间经济研究纳入到主流经济学中，其研究一

---

① 经济地理学系地理学的一个分支，主要研究经济问题的地理现象。
② 保罗·克鲁格曼. 发展、地理学与经济理论 [M]. 蔡荣, 译. 北京：北京大学出版社, 中国人民大学出版社, 2000：58.

方面是要建立主流经济理论与现实的联系，另一方面则旨在通过运用主流经济学的工具建立起精美正式的能为后者所承认的模型，从而将空间作为一个核心要素引入主流经济学框架。新经济地理学"可看作是规模收益递增－不完全竞争革命的第四波"。⊖

一、新经济地理学的形成

即便在与经济问题相关的领域内，空间概念也不是新经济地理学的独特发现，在其之前经济地理学、区位经济学、区域经济学、区域科学等一系列学科早已置身于这个迷人的领域。就这几门学科间的关系来看，区域科学是根植于古老的区位理论并集众多学科之长、多角度分析空间问题的一个综合学科，涵盖了关于空间经济学的所有研究；而经济地理学、区位经济学和区域经济学的工作均属于空间经济分析。新经济地理学的本质已经揭示了其工具属性，即提供了一个用于区域差距或差异的分析工具，它更多的是分析或范式而不是思想上的创新，所以其只是对经济地理学的局部发展，是一种狭义的空间经济学，而非前述广义的空间经济学的全部。

从关于空间经济问题的研究历史来看，经济地理学产生于地理大发现对资源、交通运输、商业等的分布及其原因进行研究的现实需求，彼时主要是对空间经济问题进行记述和解释说明，故传统地讲，经济地理学重点关注"什么地方有什么"以及"为什么"。其后产业革命导致的新产业以及原有产业的分化提出了产业布局问题，于是区位理论如冯·屠能的农业圈理论（1826 年）、韦伯的工业区位论（1909 年）、克里斯塔勒的中心地理论（1933 年）等应运而生。在 20 世纪 50 年代区域差距开始扩大与政府干预的需求、实际推动的背景下，区域经济学以及旨在提高区域经济分析水平的综合学科——区域科学诞生了。可以说空间问题分析焦点的转变主要是由与其密切相关的现实以及理论需求驱动的，新经济地理学的产生在一定程度上响应了这种需求。

近些年来，鉴于新增长理论与新贸易理论不能将运输成本内生化，加之经济全球化的迅猛发展及由此引发的一些投资、贸易、要素流动和区域政策问题，主流经济学家将研究的视野扩展到了经济地理学和区域科学领域，以期获得新的启示。不过，同区域科学相似，新经济地理学的出现还有方法驱动的原因，其目标不是单纯的复兴，而是要用正式的模型改造区域科学和传统的经济地理学，并将其融入主流经济学。毕竟，主流经济学对空间因素的忽视很大程度上归于其难以模型化。然而，1978 年迪克西特—斯蒂格利兹垄断竞争模型的提出，让克鲁格曼敏锐地意识到其对于空间分析的重要性，并在两年后发文从理论上指出了空间结构（运输成本）、产品差异化、贸易和规模经济之间存在的关系；而克鲁格曼于 1991 年在"收益递增和经济地理"一文中提出的"核心－外围"模型通过阐明规模报酬、运输成本和要素流动的相互作用如何导致空间经济结构的形成与演变，奠定了对经济活动进行空间分析的微观理论基础。至此，新经济地理学的核心框架，被正式构建起来，即迪克西特—斯蒂格利兹垄断竞争模型加入运输成本和要素流动。

克鲁格曼（1953 年）的"收益递增和经济地理"和藤田（1988 年）在《区域科学和城市经济学》上发表的"空间集聚的垄断竞争模型：细分产品方法"，共同被视为新经济地理学研究的开山之作。

⊖ 前三波分别为产业组织理论、新增长理论和新贸易理论。这四项理论成果均建立在迪克西特－斯蒂格利兹垄断竞争模型提供的数学工具之上。

二、新经济地理学的研究主题

不同于传统经济地理学从地区特有的、偶发因素的角度分析空间问题及其对实际规律总结的强调,新经济地理学试图分析不同集聚背后的一般机制,注重普适性空间规律的研究。所以,新经济地理学的研究主题主要集中在两方面:经济活动的空间集聚和区域增长集聚的动力。

(一) 经济活动的空间集聚

经济活动空间聚集的核心内容主要集中于下述三个方面。

首先是**报酬递增**。当经济学家把报酬递增和空间地理位置联系起来后,报酬递增就有了新含义。克鲁格曼认为报酬递增本质上是一个区域和地方现象,在贸易和专业化方面,报酬递增、规模经济和不完全竞争,要比报酬不变、完全竞争和比较优势重要得多;而支持报酬递增的市场、技术和其他外部性的因素主要来源于区域和地方经济集聚。因此,新经济地理学的报酬递增是指经济上互相联系的产业和经济活动因为在空间位置上的相互接近而带来的成本节约,或由于规模经济带来的产业成本节约。

其次是**空间集聚**。空间集聚主要指产业或经济活动由于集聚所带来的成本节约而使产业或经济活动区域集中的现象。区域一体化和大都市圈以及大都市带的发展是空间集聚的典型现象。空间集聚是城市不断扩张和区域中心地形成的主要因素,新经济地理学认为空间集聚具有自我强化的特性,并以此阐明了产业或经济活动集聚的本质机理。

最后是**路径依赖**。新经济地理学中的路径依赖最初由保罗·大卫于 1985 年提出,后由克鲁格曼发展完善。路径依赖指的是在某个历史偶然因素下,某一区位在产业聚集方面获得一定的先发优势,这将形成某种经济活动的长期集聚过程;而这个最开始由历史偶然因素所确立的区域和城市模式将有可能通过在报酬递增基础上的集聚过程进一步强化而变得"锁定"(Locked-in)。另一位新经济地理学家藤田则对路径依赖有着新的看法:在特定活动发生的地方存在着大量的不确定性和灵活性,而一旦空间差异定性,它们就变得具有刚性。路径依赖主要被用来解释国家与地区之间的专业化和贸易活动。

(二) 区域增长集聚的动力

发展中国家具有较低的人均资本存量,却有较高的资本边际生产率和资本报酬率,新古典增长模型因此预言,较贫穷的国家增长较快,最终能赶上较富裕国家。但现实的情况和新古典经济增长模型有很大差别。新经济地理学从区域经济一体化角度对这个问题做出了解释,认为一体化经济对区域经济活动和财富的空间分布的影响将取决于市场规模效应的相对大小、运输成本的降低以及区域间劳动流动性的增强,如果区域一体化能够让劳动流动性增强、货币外部性增长,则区域经济活动将会在更大空间范围内产生聚集,核心区和边缘区的差距将会拉大。

三、新经济地理学的展望

作为一门刚刚繁荣几十年的新兴学科,新经济地理学所提出的复杂而一致的模型不仅兼容了区位理论,还通过纳入历史和偶然因素解释了早期不能解释的现象,如产业聚集为何会在地理条件没有任何优势的地方出现,从而迅速走向成熟。然而,与这种光鲜相伴的还有自其诞生起就不曾间断的指责之声,尤其是有地理学背景的学者,他们对新经济地理学模糊的空间概念、抽象的数理模型、忽视地理学等过度经济化的做法表示不满,认为按其准确来讲应该是地理经济学(Geographical Economics),而不是研究经济问题的经济地理学。与此同时,随着学科自身的发展,新经济地理学也逐渐开始在经济理论构建与知识扩展乃至自身方法论讨论方面面临着进一步突破的要求。正是通过学科内外的反思与批评,新经济地理学寻求着发展的突破口。

(一)扩展理论研究范围

新经济地理学所受的批评之一即是对集聚的向心力和离心力的因素考虑过于简单,所以今后不仅要研究关联效应,还要对市场、知识溢出和纯外部经济性加以研究,但前提条件是必须要建立一个基于商品和服务的生产、贸易联系效应的更一般的垄断竞争模型。新经济地理学的进一步发展在很大程度上取决于这种基于空间因素的垄断竞争市场的一般均衡模型的构建。

(二)加强实证研究和探讨政策含义

新经济地理学经常被批评过于注重数学模型而缺乏定量的实证研究,这是因为存在规模报酬递增和不完全竞争的经济模型具有很强的非线性,很难用于实证研究。另外,如果为了建立理论上容易处理的数学模型,前提假设的一般设置必须得很严格,而用现实世界中的数据做实证研究,却又需要修正这些假设。

不过,新增长理论模型和新贸易理论模型的实证研究表明:经验研究有助于对一些似是而非的观点提供一些典型事实和约束条件,从而可以用来判断在哪些因素之间存在真正的关系,同时也可以用来指出模型在哪些方面还需要进一步拓展。正如新增长理论在 20 世纪 80 年代后半期经过理论发展之后,实证研究越来越得到重视一样,加强实证研究也是新经济地理学未来的研究方向之一,实证研究的增多将会使新经济地理学的政策问题得到更多的关注,而探讨福利和政策含义也将是经济地理学新的研究趋向。

问题讨论

1. 如何看待经济学发展的多元化趋势?
2. 经济史的研究对于经济思想、理论有何帮助?
3. 你认为实验在经济学中应该扮演什么角色?

本章推荐

[1] 张仲礼,朱根.当代经济学新视野:国外经济学新学科思潮流派[M].上海:上海社会科学院出版社,2006.
[2] 王健.当代西方经济学流派概览[M].北京:国家行政学院出版社,1998.
[3] 黄志贤,郭其友.当代西方经济学流派的演化[M].厦门:厦门大学出版社,2006.
[4] 徐颖莉.20世纪70年代以来西方经济学的多元演变研究[D].昆明:云南大学,2012.

[5] 刘茜.现代西方主要经济学流派观点及政策主张比较[J].当代经济,2009(13):158-159.

[6] 道格拉斯·诺斯,罗伯斯·托马斯.西方世界的兴起[M].厉以平,等译.北京:华夏出版社,2009.

[7] 道格拉斯C诺斯.经济史中的结构与变迁[M].陈郁,等译.上海:上海三联书店,上海人民出版社,1994.

[8] 丹尼尔·卡尼曼.思考,快与慢[M].胡晓姣,李爱民,何梦莹,译.北京:中信出版社,2011.

参考文献

[1] 周志太.外国经济学说史[M].合肥:中国科学技术大学出版社,2009.

[2] 杨建飞.西方经济学前沿进展中的后现代思想倾向[M].北京:社会科学文献出版社,2011.

[3] 刘凤良,周业安,陈彦斌,等.行为经济学理论与扩展[M].北京:中国经济出版社,2008.

[4] 姚开建.经济学说史[M].北京:中国人民大学出版社,2011.

[5] 张林.经济思想史[M].北京:科学出版社,2008.

[6] 董志勇.行为经济学原理[M].北京:北京大学出版社,2006.

[7] 董志勇.生活中的行为经济学[M].北京:北京大学出版社,2010.

[8] 吴宇晖.当代西方经济学流派[M].北京:科学出版社,2011.

[9] 托德·布赫霍尔茨.经济学大师们[M].黄延峰,译.北京:中信出版社,2012.

[10] 吴易风.当代西方经济学流派与思潮[M].北京:首都经济贸易大学出版社,2005.

[11] 徐颖莉.20世纪70年代以来西方经济学的多元演变研究[D].昆明:云南大学,2012.

[12] 刘茜.现代西方主要经济学流派观点及政策主张比较[J].当代经济,2009(13):158-159.

[13] 郑贵斌.经济学学科演变与发展的几个问题[J].经济研究参考,1992(23):1138-1153.

[14] 刘宏谊.西方经济史学发展和美国新经济史学:从福格尔、诺思获诺贝尔经济学奖谈起[J].世界经济文汇,1994(1):39-45.

[15] 郭艳茹,孙涛.经济学家和史学家应该互相学习什么:论新经济史学与中国传统经济史学的范式冲突与协调[J].学术月刊,2008(3):77-82.

[16] 郑备军.新经济史学方法论述评[J].史学理论研究,1995(1):101-104.

[17] 厉以平.新经济史学的启示[J].中国经济史研究,1995(2):18-20.

[18] 丹尼尔·豪瑟,罗卫东,范良聪,等.实验经济学的兴起、发展及其在中国的应用前景[J].浙江大学学报(人文社会科学版),2012,42(4):37-46.

[19] 高鸿桢.实验经济学的理论与方法[J].厦门大学学报(哲学社会科学版),2003(1):5-14.

[20] 张淑敏.实验经济学的发展与经济学方法论的创新[J].财经问题研究,2004(2):80-86.

[21] 唐雪峰.实验经济学研究方法探新[J].经济评论,2006(4):23-27.

[22] 李彬.实验经济学研究综述[J].经济学动态,2002(9):77-82.

[23] 胡志丁,葛岳静.理解新经济地理学[J].地理研究,2013,32(4):731-743.

[24] 贺灿飞,郭琪,马妍,等.西方经济地理学研究进展[J].地理学报,2014,69(8):1207-1223.

[25] 关爱萍.新经济地理学及其展望[J].地域研究与开发,2007,26(6):1-5.

[26] 顾朝林,石爱华,王恩儒."新经济地理学"与"地理经济学":兼论西方经济学与地理学融合的新趋向[J].地理科学,2002,22(2):129-136.

[27] 张可云.区域科学的兴衰、新经济地理学争论与区域经济学的未来方向[J].经济学动态,2013(3):9-22.

第二十四章 经济学方法论的演进与发展

> 经济学与其说是一种学说,不如说是一种方法、一种思维工具、一种构想技术。
>
> ——约翰·梅纳德·凯恩斯

本章大纲

第一节 经济思想史是一部经济学方法史
第二节 经济学方法论的演变历程
一、前古典时期的方法论
二、古典时期的方法论
三、新古典时期的方法论
四、现代经济学的方法论
第三节 经济学方法论的争论
一、演绎法与归纳法
二、个体主义与整体主义
三、证实法与证伪法
四、实证分析与规范分析
五、定性分析与定量分析
六、均衡分析与非均衡分析
第四节 经济学方法论的演化趋势与展望

思维导图

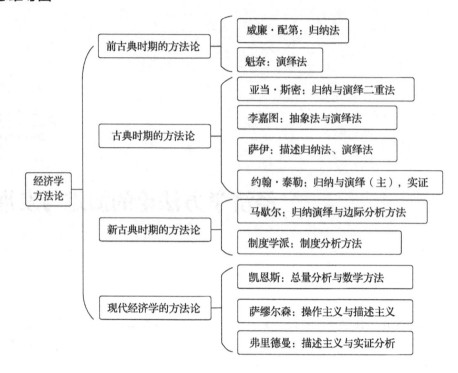

第一节 经济思想史是一部经济学方法史

经过前面章节的学习,我们已经对经济思想史的发展历程,以及各个阶段不同流派、不同人物的理论主张,有了一个全面的认识与了解。在前面的介绍中,我们的线索主要是经济思想的演进变化。但在经济思想演变的背后,还隐藏着另一个重要的线索——经济学方法的演变,接下来我们将聚焦于此。

首先需要区别一下经济学方法与经济学方法论。所谓经济学方法,即人们为了解决经济学中的问题所采取的手段、方式、技术。其实在学习经济学的过程中,我们已经接触了大量的方法,包括强调逻辑推理的演绎法与强调资料搜集整理的归纳法、以个人为基础的个体主义与以社会为基础的整体主义、研究"是什么"的实证分析与研究"应该是什么"的规范分析、重视静态的均衡分析与重视动态的非均衡分析等。这些大家应该已经比较熟悉,还有一对概念可能相对陌生一些——证实法与证伪法,前者主张理论通过证实而被认可,后者则主张理论通过证伪而被不断完善。在随后的介绍中,我们会看到这些方法如同舞台上的角色,在经济学发展的大戏中纷纷登台亮相,推动情节发展,制造矛盾冲突。

经济学方法论,是指对经济学所采用的方法进行的理论探讨,可以理解为对方法进行的评价与反思,对"方法的根据是什么,方法的合理性是什么,方法有什么局限性"①的回答,属于经济学与哲学的交叉学科。可以看出,经济学方法论的探讨离不开经济学方法,后者是前者的基础,而前者是后者的提炼、反思、升华。

如果把经济学思想史比作是各派思想较量决斗的战场,那经济学方法便是战争中使用的

---

① 朱成全.经济学方法论[M].大连:东北财经大学出版社,2003:3.

各种武器、谋略，而经济学方法论则是基于此的战术思想。正如现实的战争形态经历了巨大的变革，在经济思想演变的过程中，经济学方法与方法论也在不断地改变与发展。

下面我们将回顾本书之前的篇章结构，以此为线索梳理经济学方法论的变化历程。在第一篇前古典时期，虽然经济学的思想理论散布于哲学、农学、宗教著作之中，不成体系，理论框架尚未成型，但以归纳和演绎法分析经济的方法已经初见雏形。

在第二篇古典时期中，亚当·斯密继承了早期古典学派先驱者所使用的研究方法，通过将其系统化，形成了抽象法（演绎法）与现象描述法（归纳法）并重的双重方法论，并以此为基础创立了经济学的大厦，也奠定了经济学方法论个体主义的传统。在后来的继承者中，李嘉图发扬了抽象法的使用，以假设前提出发，构建模型，推演出了有关价值、地租、工资等的理论。但关于他对抽象法的过度使用，也存在批评的声音。作为古典经济学集大成者的穆勒，也像斯密一样综合使用了这两种方法，但演绎法的应用更为突出，具有代表性的就是提出了"经济人"假设。

在第三篇新古典时期中，边际学派第一次将数学方法引入了经济学的分析框架，从此以边际增量为代表的数学方法彻底融入了经济学的方法论之中。德国历史学派则独树一帜，强调经济学不存在普遍的规律，否定演绎法的使用，强调历史归纳法才是经济学应该采用的方法。同时反对古典经济学的个体主义，主张整体主义。其代表人物之一穆勒与边际学派的门格尔曾展开了一场著名的方法论论战。随后，马歇尔综合了归纳法与演绎法的使用，但更重视演绎法。除此之外，马歇尔坚持从心理学的角度去探讨经济学问题，强调经济学的心理学基础，并完善了边际分析方法的使用。

以1936年凯恩斯的《通论》的出版为标志，经济思想史进入了第四篇——现代经济学时期。回顾凯恩斯的理论体系，我们可以发现其方法论的几个特点：一是以心理法则作为其方法论的出发点和主要根据；二是以总量分析为中心；三是重视非均衡分析。随后由于众多经济问题的出现，各种流派呈现"百花齐放"的状况，经济学方法论也可以说迎来了大发展的时期。自20世纪五六十年代至今，证伪主义的影响、数学模型与定量计算的重要性日益加强、交叉学科的合作、规范分析的介入等都成为这一新时期的特点。发展到今天，人们愈发地认识到，要想解决当今经济学所遇到的问题，就离不开经济学方法论的完善与创新。

通过对以上发展历程的回顾，我们可以清晰地勾勒出伴随经济思想变化的经济学方法论发展轨迹。回顾经济学的发展，这段历史不仅是一部经济学思想史，也是一部经济学方法论的演化历史。经济学方法论与经济学理论、思想可以说"相伴相生、互相成长"。经济学思想的不断创新，让经济学方法论有了更多的思考与灵感；而经济学方法论的不断发展，也促进了经济学思想的不断向前发展。

第二节　经济学方法论的演变历程

经济学的发展主要经历了前古典时期、古典时期、新古典时期与现代经济学时期四个阶段，与之相伴的经济学方法论也在不断更新和完善。每个时期不同经济学家的理论常常采用不同的方法论，不同的方法论也会催生出不同的经济学理论。本节我们将追随经济学家与经济学流派的脚步，去探寻经济学方法论的成长足迹。

一、前古典时期的方法论

在前古典时期，经济学尚处于萌芽阶段，理论体系还未建立。因而这一时期的经济学理论多数采用经验式的理论归纳法，比较粗糙，且不成体系。关于这一点，最早可以追溯到古希腊色诺芬、柏拉图、亚里士多德等人的思想。发展至近代，重商主义与重农学派两派的产生，是这一时期方法论的成熟阶段，下面我们将对其代表人物威廉·配第与魁奈的方法论加以介绍。

（一）威廉·配第的方法论

配第生活于17世纪中期的英国，受到当时培根及其弟子等人思想的影响，他十分崇尚培根"归纳逻辑"的主张。因此，配第在研究经济学的过程中，将归纳逻辑作为了他研究的方法论基础。

在配第主要的著作中，如《赋税论》《献给英明人士》《政治算术》等，都进行了大量的经济资料搜集，考察了过往的种种经济政策及其效果。配第希望通过这种方式把握现实的经济、社会动态，从而寻找一般性的规律。

例如在对价值的论述中，配第通过对大量材料的归纳，总结出土地是财富之母，而劳动是财富之父，劳动是其中的能动因素，又因为土地的价值最终仍然取决于劳动，因此劳动是决定价值的最终要素，从而首先提出了劳动价值论。配第对于价值的认识，是将农业劳动这种最能"诉诸人们感官"的劳动，与等量的运输白银的劳动相比，通过两种劳动产品（谷物、白银）的对比，表示了谷物的价值为多少。这种方法清晰明了，易于理解。

配第除了运用归纳法以外，还进行了数学方法的尝试。配第希望能模仿自然科学的方法来研究经济学，因而其在著作中常常使用数学形式、统计数字来阐明问题。虽然这种研究方法还很不成熟，但这显然不失为一种有益的尝试。

（二）魁奈的方法论

自然秩序理论是魁奈经济学思想的哲学基础，包括自然秩序、自然法则、自然权利三个方面。魁奈认为世界存在一种支配万事万物、至善至美的理想秩序，即自然秩序，它不以人的意志为转移。对自然秩序的推崇构成了魁奈经济学的基础。

与主要使用归纳法的威廉·配第不同，崇尚自然秩序的魁奈主要使用的是理性的演绎法。魁奈认为，人只有依靠自己的理性，才能够认识自然的规律，获取所需的知识来指导行动。同样，对于国家来说，也只有靠理性的思考与决策，才能够遵循规律，实现国家经济的发展。因为对于人理性的强调，魁奈自然也就选择了演绎法来构建自己的理论体系。这一点集中体现在《经济表》中。魁奈在书中通过划分社会上的三个阶级及其关系，分析财富在其中的运动过程，阐明了"一个国家（实际上就是法国）每年的全部生产物，怎样流通于这三个阶级之间，怎样使每年的再生产能够进行"。⊖

魁奈在《经济表》中对演绎方法的发扬，为日后经济学的发展做了良好的榜样。马克思曾将《经济表》称为"一切思想中最有天才的思想"。但批评者也指出魁奈过分注重分析、

⊖ 恩格斯. 反杜林论 [M]. 中共中央马克思恩格斯列宁斯大林著作编译局，译. 北京：人民出版社 1970，313.

推论，而忽略了对于材料的归纳整理。他对农业的过分重视与对工业的忽略与此有很大的关系。

二、古典时期的方法论

古典经济学的方法论继承了前古典时期的成果，主要包括重商学派成熟的经验归纳法以及重农学派崇尚理性分析的演绎法，这分别源于英国培根的经验主义与法国笛卡尔的理性主义。在亚当·斯密的理论中，二者得到了完美的融合，但在斯密之后却引发了争论，李嘉图和萨伊分别主要发扬了演绎法与归纳法。穆勒则又将二者进行了整合，并修正了斯密和李嘉图的方法论体系，将初期纯推理模式的方法论纳入到了实证分析的体系中，使古典经济学达到了最后的高峰。最后，德国历史学派一反古典经济学的传统，提出了自己独特的整体主义方法论。

（一）亚当·斯密的方法论

斯密的方法论总的来说表现为归纳与演绎的二重法，即内在的科学抽象法与外在的现象描述法。这两种方法在斯密理论的阐述中交替使用，同时存在。其中，抽象法体现在：首先，关注现实的经济问题，在兼顾经济系统性的同时以重大问题为中心；其次，进行大量的材料收集工作，通过比较与归纳对资料进行分析；最后，通过演绎的方法建立论述体系，在建立体系的过程中，斯密十分注重历史与逻辑的统一，从中亦可窥见其二重法的影子。

现象描述法则是指仅仅描述经济现象之间的表面联系，而不进行更深入的本质分析。斯密通过这种方式来寻求各种现象之间的联系，反映了归纳法通过对历史资料与实际现象的观察分析，得出基本原理的主张。但斯密的工作只停留于表面的联系，没能在描述现象的基础上更进一步，这是他的不足之处。

值得一提的是，亚当·斯密的二重法在马克思看来正是其理论体系不可调和的矛盾所在。一方面，斯密通过科学抽象法从劳动价值论对财富、利润、工资、地租等进行解释；另一方面，又通过现象描述法从三种收入价值论（工资、利润、地租）出发进行另一套的解释。这种矛盾正是以后经济学分化的根本原因之所在。

（二）李嘉图的方法论

作为继亚当·斯密之后的另一位古典经济学大师，李嘉图抛弃了斯密的现象描述法，坚持使用抽象法，建立起的是一套公理性的、不借助经验的理论体系。

在对价值概念的规定上，李嘉图使用了相对劳动量——生产商品所耗费的劳动量来作为衡量价值的唯一源泉，并指出商品的交换价值取决于两个因素：稀少性和获取所必需的劳动量。在对工资的分析中，李嘉图认为工资是工人所创造价值的一部分。在对利润的分析中，李嘉图将商品的全部价值分为利润与工资两个部分，并将利润与工资紧密联系。在地租的分析中，通过对极差地租第一形态和第二形态的详细分析，李嘉图解释了地租形成与变动的原因。

可以看出，李嘉图运用抽象法分析了当时经济世界的各个范畴，通过演绎法构建了一套完整的学说体系。但这种方法并不为所有人认同，在当时，他曾与马尔萨斯就经济学应该使用演绎法还是归纳法展开了一场激烈的论战。而且这种通过大量高度抽象模型来说明问题、脱离现实的方法，被后来的熊彼特称为"李嘉图恶习"。但不可否认，在当时，李嘉图对这种方法的使用无疑具有积极的意义。

（三）萨伊的方法论

萨伊虽然与李嘉图同为斯密的追随者，但他反对李嘉图对于抽象演绎方法的过度使用，坚持描述归纳的方法。萨伊认为经济学的研究应当通过观察事物来认识事物的本质。因此，萨伊区分了"个别事实"与"一般事实"，"一般事实是以个别事实的观察为根据，但必须是根据那些从最仔细观察、最确定并由我们自己目击的个别事实中选择出来的个别事实。当这些事实的结果都相同，它们所以相同的原因已经令人满意地指出来，而证明其他原则的它们的例外也很好确定之后，我们就可把它们看作最后的一般事实，满怀信心地把它们提供给所有有资格的研究者去研究，而他们也许要再把它们实验一下"。①萨伊认为可以通过对个别事实的归纳，来发现一般事实，这也是萨伊归纳法思想的集中体现。同时他强调经济学理论的构建必须建立于对一般事实阐述的基础之上，只有如此才是科学。"正如严正科学一样，政治经济学是由几个基本原则，和由这几个基本原则所演绎出来的许多系统或结论组成的。所以，为使这门科学有所进展，那就必须严格地根据观察推断这些原则，至于由这些原则所演绎出来的结论的数目，可由研究者按照他所拟定的研究目的酌量增减。"②从中我们可以窥见萨伊并不完全排斥演绎法，但认为归纳法是这一切的基础与重点。

萨伊在其著作中也谈到了他对数学在经济学中作用的看法，他说："如果认为，通过使用数学来解决这一门科学上的问题，会使这一门科学的研究更正确或使这一门科学的研究有更可靠的指导，那是没有根据的。"③

（四）约翰·穆勒的方法论

约翰·穆勒是一位在多个领域都具有卓越成就的思想界集大成者，他的经济学方法论基础是实证主义哲学。穆勒是早期实证主义的代表人物之一，实证主义认为：任何理论都必须局限在感觉与经验的范围之内，否则，这种理论就是没有意义的。因此，穆勒认为归纳法是认识事物主要的办法，无论是自然科学还是社会科学都是如此。但是，仅凭感觉与经验，人们只能认识现象之间的表面联系，无法认识现象内部的本质。穆勒提出了逻辑学上著名的"归纳五法"，又称"穆勒五法"，即求同法、求异法、求同求异并用法、共变法、剩余法。

但在《逻辑学体系》一书中，穆勒也强调了演绎法对社会科学的重要性。穆勒认为归纳法与演绎法对自然科学与社会科学的作用是不同的。作为实验科学的自然科学中，演绎法作用有限，归纳法是更为有效的方法。相反，在社会科学中，演绎法才是应该被重视的方法。

因此可以看出，事实上，穆勒承袭了斯密《国富论》中的归纳与演绎二重的方法论，但

---

① 让·巴蒂斯特·萨伊. 政治经济学概论[M]. 陈福生，等译. 北京：商务印书馆，1997：20.
②③ 让·巴蒂斯特·萨伊. 政治经济学概论[M]. 陈福生，等译. 北京：商务印书馆，1997：26.

更偏重演绎法。例如，穆勒通过"经济人"的假设，运用演绎方法，得出了经济学从根本上是一门抽象科学的结论。

此外，由于"经济人"的局限性，穆勒还提出了著名的"趋势法则"。穆勒认为，经济学理论总是建立在一定的理论前提、假设之上的，但由于现实世界中各种干扰因素的存在，加上经济理论本身的不完善，经济学所做出的预测往往无法达到很高的精确性，而只能按照一定的方向指出发展的趋势。这种认识事实上在相当长的时间里影响了穆勒及其之后的经济学家。

（五）德国历史学派的方法论

德国历史学派诞生于19世纪40年代，是在德国特殊的历史背景之下产生的。其方法论主要有以下几个特点。

第一，历史学派认为社会是一个不可分割的整体，他们反对古典经济学的个体主义方法论，强调人的社会、文化属性。历史学派认为研究经济，就必须要研究特定区域或国家的社会、宗教、文化、艺术等方面，反对古典经济学将人仅视作"经济人"的主张。

第二，历史学派否认适用于所有国家的经济理论或经济规律的存在。认为不同国家在不同的发展阶段，拥有不同的国情，因此应该采取的经济政策、发展路线也是不一样的。例如其开创者李斯特就反对不加区别的自由贸易政策，认为政府应该实施一定条件下的保护贸易政策，以保护本国的幼稚工业。

第三，历史学派强调归纳的、历史的方法，反对演绎法的使用。早期的旧历史学派认为历史的方法是经济学研究所应该采用的唯一方法，演绎法脱离实际，无法解释复杂的现实世界。以施穆勒为代表的新历史学派虽然不像旧历史学派一样对演绎法持彻底否定的态度，而是认为应该采取结合的态度，但同样坚持应该以历史归纳法为主，演绎只是表达归纳出的结论的手段而已。

三、新古典时期的方法论

经历了古典时期的繁荣，新古典时期的方法论呈现出一定的差异和分歧。虽然以马歇尔为首的剑桥学派始终占据了经济学的主流，但在分析方法上却产生了众多持不同意见的学派，如边际效用学派、数理经济学派、制度学派等。各学派在演绎法与归纳法、个体主义与整体主义、实证分析与规范分析等问题上分别持有不同的观点。各种不同流派的分化、融合极大地促进了经济学方法论的发展，总体上这一时期是实证主义走向完善的阶段。

（一）马歇尔的方法论

作为一位伟大的理论综合者，马歇尔在他的经济学方法论中，事实上也体现出强烈的折衷主义。

首先，马歇尔坚持从心理学的角度讨论经济学的相关问题。马歇尔认为："经济学是一门研究在日常生活事务中，活动和思考的人们的学问。但它主要是研究在人的日常生活事务方面最有力、最坚决地影响人类行为的那些动机。"①马歇尔将人类行为的动机分为两种,即避免牺牲和追求满足,并认为两者的"均衡"是绝大多数经济领域和经济规律的基础。例如在价格决定的问题上,马歇尔不仅认为需求方面的效用要从心理学的角度分析,在供给方面也是如此。并认为所谓"规律",实际上也是人们心理进行的一种选择,是一种心理感受。

其次,马歇尔继承和发扬了亚当·斯密归纳与演绎并重的二重方法论。在两者的关系上,他总结道:"归纳法借助于分析和演绎,汇集有关各类材料,整理它们,并从中推出一般原理或规律,然后演绎法一时又起着主要的作用。它把这些原理彼此联系起来,从中暂时求出新的更广泛的原理或规律,然后再叫归纳法主要分担搜集、选择和整理这些材料的工作,以便核验和'证实'这个新规律。"②总的来说,马歇尔的经济分析还是以演绎法为主,对历史的归纳只起到了辅助性的作用。

最后,马歇尔继承完善了边际学派的边际分析方法。例如在其需求与供给的均衡理论中,马歇尔以边际效用、边际收益和边际生产费用作为其理论的基础,并提出了需求弹性、供给弹性等一系列概念。这种方法事实上是假定其他因素不变,仅让一个因素发生极为微小的变化,来观察这一变化对结果有何影响,最终得出自变量与因变量之间的对应关系。这类方法的使用,事实上是马歇尔认为数学方法在经济学研究中占有十分重要的位置这一观念的体现。但马歇尔并没有过分地推崇数学方法,因为他同时认识到了数学方法的局限性,反对过分的数学化倾向。

(二) 制度学派的方法论

制度学派由德国历史学派发展而来,主要经历了旧制度学派、过渡时期与新制度学派三个阶段,由于其方法论上具有连贯性,因此在这里一并介绍。

第一,重视对非经济因素的分析。制度学派对于制度的解释是十分宽泛的,既包括正式制度,也包括非正式制度。后者主要指社会文化、宗教、人们的思维习惯等。可见制度学派十分重视对非经济因素的研究分析。

第二,整体主义的制度分析方法。制度学派反对将人从其所处的历史、社会中抽象出来,通过孤立的个体行为来研究整体的方法,认为经济学研究应该首先对整体进行把握,然后再从整体出发去把握个体。如缪尔达尔使用整体主义的分析方法,提出了"循环积累因果原理",指出一国的政治、经济、社会等因素是相互影响、相互联系的。

第三,演进的制度分析方法。制度学派事实上吸收了生物学进化论的思想,凡勃伦用物竞天择、适者生存的规律来说明社会制度的发展演变,将其理论命名为"进化的"经济学。总体上,制度学派反对传统经济学所使用的静止的均衡分析方法,主张使用动态的演进方法研究经济学。

第四,制度结构的分析方法。制度学派将制度结构的分析方法主要概括为权力分析、利益集团分析、规范分析三个方面。凡勃伦及加尔布雷斯等人都通过对制度结构不同层面的分析,阐述了各自的经济理论。

---

① 马歇尔.经济学原理(上册)[M].宋志泰,陈良璧,译.北京:商务印书馆,1964:34.
② 马歇尔.经济学原理(下册)[M].宋志泰,陈良璧,译.北京:商务印书馆,1965:424.

第五，规范的制度分析方法。制度学派主张经济学的研究应该包括规范分析，并认为价值的概念不仅应该包括经济价值，还应包括社会公正平等、尊严、生态环境等方面。主张不能因为追求经济价值而忽视了其他的价值。凡勃伦提出的建立以技术为基础的社会主义体制，正是为了解决这一问题。类似地，加尔布雷斯也提出过以改革二元体系为目标的"新社会主义"。

四、现代经济学的方法论

相较于以往，现代经济学在方法论上有两个最显著的特点：一是现代宏观经济学的创立、发展，使得经济学的研究由静态的均衡分析走向动态的非均衡分析，由只注重个量分析走向个量与总量并重；二是证伪主义的引入，证伪主义是波普尔的科学哲学理论，但诞生后很快就对经济学方法论产生了深远的影响。此外在使用的分析方法上，数学方法成为主流，其重要性也越来越高。

(一) 凯恩斯的方法论

凯恩斯的理论是对过去新古典经济学的批判和修正，否定了自由放任的政策，提出国家应对经济活动进行干预的主张。在方法论上，凯恩斯主要有以下几个特点。

第一，凯恩斯将心理原则作为其宏观经济理论构建的出发点和主要依据。在凯恩斯的理论中，有效需求不足是极为重要的概念。在他看来，其原因就在于三个基本的心理法则，即边际消费倾向递减、资本边际效率递减和流动性偏好理论，可以说，这三大心理法则构成了凯恩斯理论的核心。凯恩斯对心理的分析还具有以下两个特点，一是认为大众的心理具有非理性的特点；二是认为未来具有极大的不确定性。显然，这两种认识是与新古典经济学完全相反的。

第二，凯恩斯主要采用总量分析方法。在凯恩斯之前，以古典和新古典为代表的经济学一直采用个量分析方法，即主要以个体为单位研究经济问题，如单个的家庭、企业、市场等，并认为社会整体只是个人的简单加总。凯恩斯十分反对这种研究方法，主张以整个社会为单位考察经济的运行规律，将视角主要放在总供给、总需求、总生产、总收入、总消费、总投资等方面。他认为社会所有的经济部门之间有着内在的联系，因而应该将其作为一个整体去进行研究。总量分析方法如果进行进一步分类，还可分为流量分析方法和存量分析方法、静态分析方法和动态（移动）分析方法，在凯恩斯的理论中都有不同程度的涉及。需要强调的是，凯恩斯在总量分析方法中重点使用了非均衡的分析方法。凯恩斯之前的经济学重点研究在市场完善的前提假定条件之下，各种经济力量达到均衡状态的理论。非均衡分析则与此相对，重点研究在市场机制不完善，价格不能调整供求以自动达到均衡的前提下，各种经济力量如何能够被调整到均衡位置，事实上这种方法体现在了凯恩斯理论的方方面面。

第三，大量数学方法的引入。无论是凯恩斯的有效需求理论，还是货币理论、就业理论，都运用了大量的数理经济学的方法，如弹性分析、边际分析、乘数分析以及经济模型等。但凯恩斯同马歇尔一样，怀疑数学方法是否真的对经济学发展有益。他认为数学化的语言并不适合表达经济学家的思想主张，而且数理经济学的假设前提与推导过程也并不严谨，过度数学化很可能会使经济学家忘记了现实世界的复杂性。

第四，这一点虽然并不属于凯恩斯方法论的主要特点，但同样需要指出的是，尽管以实证分析为主，但凯恩斯也采用了规范分析的方法。凯恩斯指出了自由放任的经济政策可能导致的不良后果，如失业问题与收入分配不公问题。因此主张通过政府的介入干预，通过税收减小贫富差距，增大政府开支等举措增加社会的有效需求，改善就业状况，实现经济的稳定发展。

（二）萨缪尔森的方法论

萨缪尔森将自己所倡导的经济理论命名为新古典综合派，事实上是新古典经济学与凯恩斯主义的结合。作为经济学历史上的又一位集大成者，萨缪尔森在经济学方法论上做出了卓越的贡献。其中，他所倡导的操作主义与描述主义最为人所熟知。

萨缪尔森认为经济学的发展应与社会实验紧密地联系在一起，经济学可以通过社会实验不断地发现理论中存在的问题，通过不断地修正来完善自身的理论框架。他认为经济学的定理是否具有操作意义取决于这项定理能否被反驳，这与波普尔的证伪主义有很高的相似度。此后，萨缪尔森由操作主义转向了更趋保守的描述主义，有人认为这跟他与弗里德曼在经济学方法论上的争论有很大关系。

关于描述主义，萨缪尔森自己解释道："当代政治经济学的首要任务在于对生产、失业、价格等类似现象加以描述、分析、解释并把这些现象联系起来。重要的是，描述不能仅仅是一系列互不连贯的报道，它们必须符合一种系统的形式——这就是说，构成真正的分析。"⊖ 这种描述主义主要由"观察—分析—方法—检验—客观"五个主要内容组成。首先，由于人类社会不同于自然，不可能达到如自然科学一样的精确度，因此经济学描述分析的起点在于观察。其次，由于现实材料的庞杂，经济学家必须进行抽象分析，才能够掌握足够的有效信息和不同现象之间的联系；再次，萨缪尔森谈道："经验表明，如果我们没有掌握有系统的分析方法，我们便不能理解现在和将来的经济情况，"⊜他同时认为经济学应该广泛吸收其他学科优秀的分析方法。再次，萨缪尔森认为经济理论必须具有现实意义。理论的正确与否取决于其是否能够准确地说明现实，是否能够为现实提供行之有效的建议。最后，经济学家必须秉持客观中立的研究态度。虽然在研究中不可避免地会掺入主观情感的影响，但是我们应当尽力去克服。

在对数学方法的态度上，萨缪尔森与凯恩斯一样，一方面大量运用了数学工具与数学方法，但另一方面也认为数学的应用应该被控制在一定的限度之内，不能滥用。

（三）弗里德曼的方法论

弗里德曼是芝加哥经济学派中货币主义学派的代表人物，以经济自由主义闻名于世。他所主张的经济学方法论思想集中体现在《实证经济学方法论》之中。

弗里德曼认为，无论是自然科学的研究还是社会科学的研究，都应该将实证研究作为其方法论的基础。萨缪尔森的描述主义强调经济学应该对经济现象进行描述，并通过理论是否能对现实现象做出准确的描述，来判断理论是否有意义。与萨缪尔森不同，弗里德曼强调

⊖ 萨缪尔森.经济学（上册）[M].高鸿业，译.北京：商务印书馆，1979：10.
⊜ 萨缪尔森.经济学（中册）[M].高鸿业，译.北京：商务印书馆，1981：4.

经济理论的预测功能。弗里德曼认为经济理论的作用不仅仅在于对观察到的经济现象做出解释，更重要的是提供一种对尚未观察到的现象做出预测的能力。因此，评价一个经济理论是否正确，就应该看它所预言的经济现象与现实是否相符，预言是否准确。如果不相符，那么该理论就被证明是错误的；如果相符，那么该理论就得以暂时被保留下来。如果一个理论能够经受多次检验而不被抛弃，就证明该理论的可信度很高。但这种检验永远无法彻底证明一个理论的正确性，只能因为暂时无法推翻而得以接受。这一点上，弗里德曼和萨缪尔森一样，与波普尔证伪主义的主张十分相似。

弗里德曼还认为，对理论前提是否符合现实的检验是没有必要的，只有实际证据才能够说明该理论是否错误。他甚至认为，理论前提与现实存在背离不仅不是实证经济学的缺点，反而是一大优点。因为在弗里德曼看来，现实世界是复杂的，在建构理论的抽象过程中，不可能考虑所有相关的变量，所以必须进行一定的舍弃，因而不可能完全符合现实。而且，这种虚假性可以使理论得到更广泛程度的应用，从而在更广泛的程度上接受检验。

除了这些具有代表性的主张之外，弗里德曼在研究中还使用了一些具体的分析方法，如货币数量论分析方法、心理预期分析方法和比较分析方法等，这里不一一介绍。

介绍了经济学方法论的发展历程之后，我们有必要进行一番回顾与整理。目前，国内学界对于西方经济学方法论如何划分阶段尚无一致的看法。我们这里选取傅耀教授的"四阶段假说"来加以介绍。经济学方法论从终极意义上，仍归属于哲学范畴，经济学方法论受哲学方法论，尤其科学哲学的影响十分强烈。科学方法论发展到今天，共经历了实证主义阶段、证伪主义阶段、历史主义阶段。经济学方法论事实上也呈现类似的阶段，故可将之划分为前实证主义阶段、实证主义阶段、证伪主义阶段、历史主义阶段。大体上，前实证主义和前古典时期与古典时期前期对应，实证主义阶段和古典时期后期与新古典时期对应，证伪主义阶段和现代经济学时期对应，而历史主义则包括新旧历史学派及新旧制度学派。

通过将发展划分为四阶段，傅耀分析了经济学方法论演变的内在逻辑。在前实证主义阶段，重商主义就包含着以"经验总结法"为特点的方法论思想，经过配第的加工已经接近于归纳法。而中世纪高度发达的经院哲学则孕育了演绎法，重农学派将之继承。亚当·斯密进行了一场伟大的革命，将两种方法结合。但其中的不足之处引发了斯密继承者们的争论。当时的经济学家们相信经济学也像物理学一样，存在普遍的真理，而经济学家的任务就是将它找出。

进入到实证主义阶段，经济学方法论更加注重经济理论能否被经验证实，并开始对经济学科的性质进行反思。这一时期形成了西尼尔－穆勒－凯恩斯传统，其共同特点是相信经验事实能够证实某一理论。但到实证主义后期，从罗宾斯开始，出现了对实证主义的反思，这是证伪主义兴起的萌芽。

随着实证主义发展后期遇到了一些难以克服的问题，"证伪"的方法开始受到经济学家的青睐，经济学方法论进入到了证伪主义阶段。虽然如此，证伪主义却并没有从根本上解决实证主义内在的矛盾，只是将经验能够证实某一理论，改为经验不能证实只能证伪某一理论。这种方式并不能解决根本矛盾，只是相当于证伪主义对实证主义做了弱化。历史主义的出现就可以看作是对这种方法论发起的攻击，但目前尚未纳入主流。历史主义方法论一方面继承了主流经济学的成果，另一方面放弃主流经济学不符现实的前提假定，将社会、历史、心理等长期受到忽视的因素纳入其中，使其方法论的前几个阶段存在内在的逻辑关系。傅耀认为历史主义方法论代表了未来经济学方法论的方向。

第三节　经济学方法论的争论

在经济学思想的发展历程中，不同的经济学家与不同的流派往往采用不同的方法论。因而在各派因各自的理论针锋相对之时，常常也伴随着方法论的争论。关于经济学方法论的争论，主要集中在以下几对方法如何选择的问题上：演绎法与归纳法、个体主义与整体主义、证实法与证伪法、实证分析与规范分析、定性分析与定量分析、均衡分析与非均衡分析，下面我们将分别加以介绍。

一、演绎法与归纳法

（一）科学哲学中的演绎法与归纳法

归纳主义盛行于 17 世纪的英国，以弗朗西斯·培根为主要的代表人物。古典归纳主义者认为，科学的产生源于对事物的观察、实验、搜集材料等方式，获取知识和建立理论的基础只能是经验。归纳法是寻找事物规律时应该使用的基本方法。总的来说，他们认为："科学知识是已证明了的知识。科学理论是从观察和实验得来的经验事实中严格推导出来的。而科学以我们能看到、听到、触到的东西为基础。个人的意见或爱好和思辨的想象在科学中没有地位，科学是客观的。科学知识是可靠的知识，因为它是在客观上被证明了的知识。""科学是从经验事实中推导出来的知识，这些事实被假定为一些关于世界的主张，它们可以通过仔细和无偏见地运用感官直接证实。科学是以我们所能看到、听到和触摸到的东西为基础，而不是以个人的观点或推测性的想象为基础。如果对世界的观察是仔细的和无偏见的，那么，以这种方式确定的事实将为科学构建一个可靠且客观的基础。如果再进一步，推理使我们从这些事实基础到达构成科学知识的定律和理论，而且这种推理是完备的，那么，由此产生的知识本身就可以看作是得到了可靠证实并且是客观的。"⊖

演绎法主要是受到了唯理主义的影响。唯理主义认为，人的感觉与经验是不可靠的，科学的来源必须是理性的判断与逻辑推理。因此，演绎法的基本思想就是从若干不证自明的公理出发，通过一系列的逻辑推导得出最终的结论。

现代的科学哲学认为，归纳法与演绎法各有其优势与局限性，应该进行综合运用。

（二）经济学发展史中的演绎法与归纳法

在经济学理论的发展过程中，演绎法与归纳法都起到了极为重要的作用，关于两种方法的不同看法，也引发了不同经济学家与不同经济学流派长时间的方法论论战。

古典经济学的创始人亚当·斯密采用的是归纳与演绎并重的二重方法论，但他并没有对两种方法进行比较分析，也没有划清两者的使用范围，这事实上为经济学后来关于二者的争论埋下了伏笔。在其继承者中，马尔萨斯、萨伊等人坚持归纳法的使用，而李嘉图则广泛运用了演绎法。后来施穆勒虽然同时运用二者，但更为强调演绎法的使用。在这一时期，不同

⊖ A. F. 查尔默斯：《科学究竟是什么？》（原引文）查汝强等译，北京：商务印书馆，1982，（新引文）鲁旭东译，北京：商务印书馆，2007，13-14 页。

经济学家关于归纳法与演绎法的分歧已经初见端倪。

其后，边际学派的门格尔与德国历史学派的施穆勒之间，展开了一场争论，其核心就是演绎法与归纳法（或者称逻辑抽象法与历史描述法）之间孰优孰劣的问题。门格尔坚持认为，演绎法应该是经济学研究中采用的唯一方法。他否认归纳法的作用，认为归纳法具有局限性，无法全面地反映事物之间的规律。经济学的研究应该从一般的前提假定出发，通过严密的逻辑分析得出结论。而以李斯特为代表的德国历史学派则认为经济学根本不存在普世的规律，他们强调经济学的国家属性，强调人的"社会人"特征，所以否定演绎法的作用。施穆勒虽然认为归纳法与演绎法在经济学中都是必要的，不应该有所偏废，但他认为演绎法的前提假设不应该靠研究者脑中的自我想象，而应该从历史资料的搜集总结中提炼。而且施穆勒同样认为经济学不存在放之四海而皆准的规律，因此研究经济学必须重视对制度、文化、社会等方面的研究。

门格尔与施穆勒的争论虽然并无结果，但这促使后来的经济学家们逐渐意识到：在经济学的研究中，演绎法与归纳法并不是互相排斥的，应该同时运用。这种思想主张体现在了马歇尔和凯恩斯等人的相关著作中，他们认为，归纳法是一切科学的基础，其作用在于收集资料、提出假设，然后演绎法在此基础上推出一般性的原理、模型，最后再通过归纳法对演绎法得出的理论进行检验。自20世纪以来，关于两种方法的争论仍然发生过多次，也存在如制度主义经济学极端的归纳主义与新奥地利学派极端的演绎主义的主张，但争辩双方最终都无法彻底驳倒对方。今天的经济学家们已经大体形成共识，即归纳法与演绎法各有其优点，也各有其缺点。事实上，两者是相互联系、密不可分的。归纳法的使用中总是需要预先设立一定的标准，要以一定的理论作为指导，这就需要演绎法的参与。而演绎法所需要的理论前提也要通过归纳法提供，因此也离不开归纳法。只有两者共同运用，才能够产生现代的经济理论。

二、个体主义与整体主义

（一）科学哲学中的个体主义与整体主义

早在古希腊时期，以原子论为代表的个体主义思想就已经开始出现。个体主义在分析思考问题的时候，以个人作为出发点和最基本的单位，从个人的角度观察和理解社会。事实上这种思考问题的方式有着深厚的哲学基础，因为在现实世界中，个体是真实而具体的存在着的，而社会作为整体，只是人们所想象的共同体，是作为个体的次生产物。个体主义者认为人无法直接观察和感知社会，对社会整体的认识只能建立在对个体的认知之上。

整体主义的出现较个体主义则要晚得多，是到近代科学取得长足的进步发展之后，在对个体主义反思的基础之上，才得以产生。整体主义认为事物并不是由各孤立的个体拼接而成，而是一个互相联系的有机整体。因此无法通过对单个个体的研究，来了解整体的规律，必须将整体作为研究的基本单位才能够实现。整体主义同时强调联系、变化的思维方式。

（二）经济学发展史中的个体主义与整体主义

应该说，个体主义一直是西方经济学主流的方法论原则。无论是斯密的古典经济学还是马歇尔的新古典经济学,其理论前提"经济人"事实上都采用了隔离法,即将人从纷繁复杂的社会中剥离出来,用"经济人"的假设前提概括人的行为特征。斯密更明确地认为社会整体是个体的简单加总,因此社会利益也只是个人利益的简单加总,这是典型的个体主义方法论。其后的发展中虽然用"理性人"替代了"经济人",后又提出"有限理性"的概念,增加更多的约束条件,但个人主义方法论的色彩丝毫没有减少,从根本上仍然是通过个人的经济行为理解社会整体的经济行为。奥地利学派与新奥地利学派也是如此,将研究的视角放置于单个个人的欲望与满足身上。

但在经济学的发展史中,也不时有学者对个体主义的方法论提出质疑。德国历史学派首先对这种个体主义提出批判,提出以"文化人"取代"经济人"的主张。认为"经济人"并不能概括人的所有特征,人总是生活在一定的社会、文化、制度条件之下的,提出应该通过历史的分析方法来研究经济学。制度学派同样对个体主义提出了严厉的抨击,新制度主义认为人首先是"组织人"和"社会人",其次才是"经济人"。

随着凯恩斯宏观经济学的建立,整体主义的方法论逐渐开始为主流经济学所接受。经济学家的研究视角开始从个体效用的满足、个体企业的生产销售等个量问题转向了宏观的总需求、总供给、总收入等总量问题,并开始详细地分析各种经济变量之间的内在联系,打破了之前单独、静止地研究经济的方法局限。

回顾经济学的历程,可以看到个体主义一直仍是经济学的主流方法论,但是整体主义通过不断地冲击已经完全融入了经济学的体系,特别是宏观经济学之中。经过不断的冲击,个体主义吸收了整体主义联系、变化的思维方式;整体主义也吸收了个体主义以个体为基础研究总体的方法。可以预见,个体主义与整体主义互相融合将是未来发展的趋势。

三、证实法与证伪法

(一) 科学哲学中的证实法与证伪法

证实法的提倡来源于19世纪三四十年代产生的实证主义,又称实证哲学,代表人物是孔德。实证主义的中心论点是人必须通过观察或感觉经验,来认识外在事物与客观环境。而在其后续的发展过程中,影响最大的是逻辑实证主义。逻辑实证主义强调经验主义与逻辑分析方法的结合,认为理论需要具备可证实性、可检验性和可确认性的原则。

证伪法来源于英国哲学家波普尔所倡导的证伪主义。证伪主义对证实法进行了批判,认为证实法所依赖的基础——归纳法是无法完全证实一个结论的。波普尔认为归纳法只能为一个理论提供一定程度的证实,即"弱证实"。就像我们不能够通过直接测量一个或多个平面三角形的内角和为180度,就认定所有平面三角形的内角和都是180度一样。类似地,我们无法通过经验的归纳,来证实"所有天鹅都是白的"这一结论。归纳法是从有限推广到无限,但显然有限是无法证明无限的。同时,归纳法又是在用过去证明未来,显然过去也是无法证明未来的。由此,以归纳法为基础的证实法也是不可靠的——证实法所倡导的实证,本质上就是在用归纳法来证明某一理论。波普尔认为,理论不能证实,只能证伪。由此主张试错法,即如果能够找到一项经验事实与提出的理论猜想相矛盾,则证明该猜想是错误的,从而证伪该理论。在不断地证伪中,理论得以不断地修补、完善,从而越来越接近于真理。虽然绝对真理不存在,但通过证伪法人们可以逐步接近真理。

虽然证伪法对证实法的批判得到了人们的广泛认可，但证伪法本身也是复杂的。因为理论的构建总是以一定的假定为前提的，在这种情况下，当该理论的推断被证伪时，并不能证明理论本身就是错的，问题很可能存在于前提假定中。总而言之，我们可以看到，无论是证实法还是证伪法，都不是最终的、完整的，应该将两者结合，忽视任何一方的做法都是错误的。

（二）经济学发展史中的证实法与证伪法

约翰·穆勒在阐述如何验证经济理论的问题时，曾提出了"趋势法则"的概念。穆勒认为，由于现实当中存在着种种的干扰因素，以及理论本身的不完善，经济学理论达不到自然科学理论一样的精确性，而往往只能够提供一种趋势的判断。因此，在验证经济理论的时候，只有在排除了各种干扰因素之后，才能够证实该理论。这体现了穆勒作为早期实证主义者，其实证主义思想在经济学领域的阐述。其后实证主义的主张在很多经济学家的方法论中都有所体现。如罗宾斯在《论经济科学的性质与意义》中，提出了将理论的正确性与实用性区别开来的主张。他认为经济学理论的正确性是关于根据前提假定所进行的逻辑推理问题，而实用性则要看经济学理论在实际中与各种环境因素相互作用的结果。他指出："经济学命题是得自于一些简单假设的推论，这些假设反映的是非常基本的一般经验事实。如果前提与现实相关联，那么得自于前提的推论也就必然与相同的现实相关联。"⊖罗宾斯被认为是经济学实证主义方法论的最后代表。

1938年由哈奇森出版的《经济理论的意义和基本原理》，是第一本将波普尔证伪主义带入经济学领域的著作。从此之后，波普尔证伪主义的思想影响了一大批经济学者。从上面的介绍中我们可以看到，虽然萨缪尔森和弗里德曼两人在经济学方法论上展开过争论，但两人的方法论主张中都明显带有证伪主义的色彩。

自20世纪50年代以后，经济学界逐渐出现了反对波普尔证伪主义的思想主张。罗宾逊夫人、舍弗勒、帕潘德雷欧等人都提出过不同于证伪主义的理论。但总体上，证伪主义已经深深地影响了现代经济学。马克·布劳格曾指出："证伪主义在现代经济学的战斗中已经获胜。"⊜但到目前为止，经济学家们常常只是将证伪主义作为宣扬的口号，而在真正的研究中，仍然使用证实法作为其思考问题的主要方式。这显然是因为证伪法在实际的应用中十分复杂，存在诸多问题。可以说，未来证实法和证伪法的争论还将长期存在，而现阶段理论的创新与发展中，应该兼顾二者的使用，各取所长。

四、实证分析与规范分析

（一）科学哲学中的实证分析与规范分析

实证分析的思想来源于实证主义，实证主义强调经验感觉，反对形而上学的哲学派别。其创始人孔德认为任何希望通过逻辑推理和抽象思考得到知识的方法都是错误的，知识的获取必须且只能来自经验判断。可以看出，孔德的主张是十分极端的，他彻底否定了逻辑演绎

⊖ 莱昂内尔·罗宾斯. 经济科学的性质和意义 [M]. 朱泱，译. 北京：商务印书馆，2000：87.
⊜ 马克·布劳格. 经济学方法论 [M]. 黎明星，等译. 北京：北京大学出版社，1990：276.

在知识中的作用。他的实证哲学可以被认为是科学哲学的最初界定，也为实证方法划定了边界。之后科学哲学经历了逻辑实证主义和历史主义等阶段。

以托马斯·库恩为代表的历史主义学派和以劳丹为代表的新历史主义哲学，反对实证主义排斥形而上学的主张，认为包含在形而上学中的价值观在科学理论中起着十分重要的作用。在库恩的"科学革命"理论中，更是强调了价值观对科学发展的影响。从孔德到库恩的转变可以看出，科学研究中价值观的作用是不可忽视的。

（二）经济学发展史中的实证分析与规范分析

在经济学中，实证分析是指回答"是什么"的问题，旨在反应客观世界中经济运行的过程、方向与结果，是陈述性的表达；规范分析是指回答"应该是什么"的问题，旨在以一定的价值判断为基础进行价值分析，提出处理问题的标准与政策依据等，是判断性的表达。

大卫·休谟最早在《人性论》中提出了他对于实证分析与规范分析两者关系的看法。休谟认为人们不能通过"是"推断出"应该是"，他的这一论断被称为"休谟的铡刀"，将实证分析与规范分析彻底地割裂了开来。

随后的西尼尔与穆勒主张用"科学"和"艺术"来区别实证经济学与规范经济学，并区分了"是然"与"应然"。由于认为规范经济学超出了经济学研究的范畴，进入了伦理学的领域，因此他们主张实证经济学，反对规范经济学。帕累托和瓦尔拉斯等人也同样认同经济学的研究领域不应该包括规范问题的看法，帕累托也将自己的"帕累托最优"理论看作是实证经济学的代表。但在后来的经济研究中，关于帕累托最优到底属于实证经济学的范畴还是规范经济学的范畴，不同的经济学家则持有不同的观点。

同时，也有很多的经济学家主张将规范经济学纳入经济学的研究范围。例如英国新剑桥学派的罗宾逊夫人就认为，经济学的研究会不可避免地涉及人的价值判断，因此指望经济学成为一门纯粹的科学是不可能的，应该将实证分析与规范分析相结合。瑞典学派的缪尔达尔主张先明确价值判断，之后再进行实证分析。萨缪尔森、海尔布罗纳等人也同样认为规范分析不可缺少。

其实如果我们详细地考察规范分析与实证分析，可以发现两者实际上是密不可分的。在规范分析中，实证分析是其基础。在实证分析中，规范分析是其前提。在如今的经济学中，虽然仍以实证分析为主流，但规范分析也得到了多数经济学家的认可，因为，如果脱离了规范分析，实证分析所得到的无非是一堆空洞的理论而已，缺乏实际意义。而经济学是一门社会科学，只有二者并行，才能够有效地反映经济问题、提供政策建议。

五、定性分析与定量分析

（一）定性分析与定量分析的关系

定性分析与定量分析分别指对事物进行本质与数量的分析。所谓质，是指事物所具有的区别于其他事物的内部规定性；而所谓量，是指事物的程度、规模、组分、速度等。任何事物的存在状态都包括有质与量两个层面，因此要想认识事物，就必须要进行定性、定量两方面的分析。可以这样说，定性分析是认识事物的起点，是基础；定量分析则是深化，是对事物认识的进一步精确化。由于要想进行定量分析，就离不开数学方法的应用。因此定量分析往往与数学方法相联系。

（二）经济学发展史中对数学方法的争论

在经济学中，定性分析与定量分析的争论往往集中在经济学数学化的利与弊上。与其他社会学科相比，高度数学化已经成为现代经济学的一个鲜明特点。尽管西方主流经济学家始终对数学方法的使用倍加推崇，但这一现象在学界始终存在着广泛的批评与质疑。

经济学数学化并非一朝形成，而是长期历史演进的结果。19世纪30年代以前，经济学很少使用数学，魁奈的《经济表》中只是运用了简单的表述方法。威廉·配第在《政治算数》中运用了统计分析方法，约翰·格朗特在《对死亡表的自然观察和政治观察》中第一次用大数定律经验地说明了，社会经济现象在平均意义上具有规律性。威廉·配第和约翰·格朗特被看作"西方经济学史上应用数学工具作为分析手段的第一个里程碑"。而古诺于1838年出版的《财富理论的数学原理的研究》则被认为是经济学数学化的开端，首次缔造了经济现象的数学模型。19世纪70年代，杰文斯、门格尔和瓦尔拉斯三人同时发起的边际革命，开辟了经济学运用数学化的全新路径。之后，数学成为经济学的主要分析工具。马歇尔在边际革命的基础上进行综合建立起新古典经济学，从使用数学的角度开创了一种新的方法——图表表述方法。但事实上马歇尔在使用数学上一直很审慎。20世纪30年代，凯恩斯以充分就业作为目标建立起宏观经济学，将概率论中的不确定性引入到经济分析中。杰拉德·德布鲁运用拓扑学使均衡理论更加精致化，他给出了自由经济中多市场一般均衡存在性的证明。萨缪尔森把分析数学引入经济学，实现了数学对经济学的又一个突破。计量经济学从1930年计量经济学学会创立后开始盛行并得到了长足的发展。斯蒂格勒曾做过一个统计："20世纪20年代前，90%以上的文章用文字表述。20世纪90年代初，90%以上的文章使用代数、积分或者是关于计量经济学内容。"[一]由此可以看出，数学对于经济学的介入已经相当彻底。

经济学中大规模使用数学至今不过100多年，而恰恰在这100多年里经济学发展迅速，其重大突破都和数学的应用紧密相关。经济学数学化的好处体现在以下几个方面：其一，它加深了人们对经济现象的认识，数学给出的简化分析可以使得理论本身更加明晰和严格，避免逻辑错误。其二，它便于经济理论的检验。孔德就认为数学是科学和哲学的形式基础，用数据检验理论就导致把原理转变为数学表达形式。哈奇森说："波普尔也曾视经济学的数学化为经济学中的'牛顿革命'。"[二] 其三，它不断拓宽经济学的研究领域，边际革命后经济学的重大突破在上面已经做过表述。

然而，如果经济学数学化只有好处，那么学界对其争论也就不会那样激烈了。首先，经济学数学化的倾向导致了经济学家对经济模型的盲目追求。奥地利学派经济学家从门格尔就开始拒斥数学源于他们认为经济学研究的是人的行动，经济现象是复杂的现象，是一个受制于外部力量冲击的开放系统，而数学形式主义构造的模型是一个封闭系统，不能说明现实经济的完全开放性特征。其次，经济学数学化的倾向使经济学日益远离现实。科斯如是批评主流经济学："被研究的东西是经济学家心目中的，而不是现实中的体系。我曾称之为'黑板

[一] George J Stigler, Stephen M Stigler, Claire Friedland. The Journals of Economics [J]. Journal of Political Economy, 1995, 103（2）: 331-359.
[二] 谢拉 C 道. 经济学方法论 [M]. 杨培雷，译. 上海：上海财经大学出版社，2005：89.

经济学'。"具有讽刺意味的是，一个英国歌舞剧的名字就叫"请莫言真实，我们是经济学家"。奥地利学派同样反对自然科学方法在社会科学中的运用，如哈耶克所指的唯科学主义就是指社会科学对自然科学方法和语言（尤其是物理学和数学）奴性十足的模仿。

更多的学者则对经济学数学化采取比较审慎的态度。他们普遍认为，数学对于经济学应该是一种好的手段，而非目的。正如马歇尔在他的《经济学原理》一书中把数学公式和图表大都放在脚注和附录中，以避免数学损害他的经济学。而面对纷繁经济生活中的问题，涉及太多的不确定性因素，学者们多数不排斥数学在经济学中的应用，但反对其在经济学中的泛滥。威廉·鲍摩尔曾说过："经济学方法中没有点金石——没有任何一种方法是绝对成功的或者有效到能取代所有其他方法。"总体来看，数学只有通过同其他方法相结合才能构成完整观点，唯有坚持经济分析方法的多元化才能使经济学得到持续进步。

六、均衡分析与非均衡分析

（一）静态分析与动态分析

经济学方法论中的均衡分析与非均衡分析，一般意义上与更为广泛的静态分析与动态分析相联系。其共同的哲学基础是静止与运动的关系。运动与静止是对立统一的，一方面运动是绝对的，在客观世界中万事万物都时时刻刻处在运动之中，而静止只是相对的，是相对于一定的参考系而言的，因此两者是对立的；另一方面两者也是统一的，没有静止，就无法定义运动，而没有绝对的运动，相对的静止也无法存在。

与运动和静止对立统一的关系相同，基于此的静态分析与动态分析也是互为前提、互为补充的。所谓静态分析，是指将事物放置在相对静止的状态观察认识，掌握其规律。而动态分析则是指从历史发展与运动的角度认识事物。二者的区别主要在于动态分析加入了时间的因素，而静态分析则暂时忽略了时间，仅考察事物在某一时点上的状态。

（二）经济学发展史中的均衡分析与非均衡分析

经济均衡的概念是指在经济体系中，各个参与主体的供求达到平衡时的状态。具体来说，均衡分析又可分为局部均衡分析与一般均衡分析。局部均衡分析所研究的是在一定的条件下，单个或部分市场上的商品或要素供求变化的情况与其均衡状态，不考虑其他因素的影响。一般均衡分析则是研究整个经济体系中，所有商品或要素的供求关系与均衡。相对应地，非均衡分析则侧重于非均衡价格下的经济活动分析，或者当某类经济要素因冲击而发生变动，而市场尚未完全做出调整的情况下的分析。

"均衡"概念的最早提出者是马歇尔，他在《经济学原理》一书中借用经典力学的概念，解释了经济均衡的概念、形成与变化。但实际上自亚当·斯密以来，经济学界就一直在进行着均衡分析的研究，均衡分析的方法也一直统治着经济学家们的思维，只是在马歇尔之前，均衡的概念并没有被明确提出而已。由于古典与新古典经济学个体主义的传统，古典与新古

---

① Coase.The nature of the firm: Origins, Evolution and Development [M]. Oxford: Oxford University Press, 1993: 229.

② Baumol W J: Toward a newer economics: the future lies ahead[J]. Economic Journal, 2002, 101 (404): 1-8.

典经济学家的均衡分析主要是局部均衡分析。首先提出一般均衡理论的是洛桑学派的创始人里昂·瓦尔拉斯，所以一般均衡又被称为"瓦尔拉斯均衡"。在瓦尔拉斯的理论中，当整个经济系统处于均衡状态时，所有商品与要素的供给与需求，以及他们的价格水平都有确定的值，且总需求总是等于总供给，总价格也总是等于总成本。

瓦尔拉斯的一般均衡理论是新古典均衡观的代表，这种均衡观是建立在"萨伊定理"的基础上的，即认为供给能够自动创造需求。由此瓦尔拉斯推演出市场具有自动调节、达到均衡状态的功能。但是20世纪30年代的大萧条，使得这种理论被人们广泛质疑。从此，非均衡分析开始出现并流行。

凯恩斯是最早提倡非均衡分析的经济学家，他质疑、否定了均衡分析的基础——"萨伊定理"。凯恩斯指出现实中有大量的证据表明，供给与需求并不总是相等的。在他的货币、就业等理论中，我们可以明显地感受到大量的动态、非均衡分析方法的运用。凯恩斯之后，对其理论的发展完善形成了凯恩斯主义的非均衡学派，代表人物有帕廷金、克洛尔、莱荣霍夫德等。

总体而言，非均衡分析的主张有：反对均衡分析中的完全竞争市场假设，认为现实中存在大量的垄断现象；认为在非均衡的市场环境中，除价格信号外还有数量信号，而且短期来看数量信号往往更为重要；提出了"预期"的概念等。

自大萧条以来，经济学家普遍认识到了仅对经济做静态的均衡分析是不够的，必须结合动态的非均衡分析，才能够认识经济运行变化的内在规律。在现代经济学的研究中，尤其像经济增长与发展的领域，非均衡分析正在占据越来越重要的位置。

背景链接24-1　经济学方法论史上的三次大论战

在经济学方法论的发展史中，出现过三次较为著名的大论战，分别是李嘉图与马尔萨斯的论战、门格尔与施穆勒的论战、萨缪尔森与弗里德曼的论战。这三次论战在之前的介绍中都已有所涉及，这里让我们回顾一下。

李嘉图与马尔萨斯争论的焦点在于经济学的研究应该坚持现象描述的归纳法还是前提推理的演绎法，马尔萨斯选择前者，而李嘉图则选择后者，门格尔与施穆勒争论的焦点在于是否存在放之四海而皆准的经济学公理，以及经济学的基本前提假设从何而来。门格尔认为前者存在，后者多是不证自明的；而施穆勒认为前者多数情况是不存在的，后者需要从大量历史事实与资料的搜集整理中得出，萨缪尔森与弗里德曼争论的焦点则在于经验检验是假说的前提还是其预言，以及经济学方法论是演绎的科学方法还是描述的科学方法。萨缪尔森认为经验检验的应当是前提、经济学方法论是描述的科学方法，而弗里德曼则相反。西方经济学界将萨缪尔森的主张称为操作主义，将弗里德曼的主张称为工具主义。

这三次大论战都具有重要的历史意义，通过论战，无论是经济学方法论还是经济学理论本身都得到了极大的完善与发展，结果不同的方法与理论之间的冲突不仅没有加深，反而形成了互相融合、综合运用的新局面。

第四节　经济学方法论的演化趋势与展望

回顾我们对经济学方法论的介绍，可以看出经济学方法在发展的过程中经历了一个从定性到定量、从抽象演绎到历史归纳、从数理到计量等的发展过程，这个发展过程与多数科学的发展相一致，并内在地包含着科学哲学的影响。发展过程中，不同的方法并没有因对抗而消失，反而因对抗而相互融合，形成了今天经济学较为成熟的方法论体系。经济学方法论自身也摆脱了以往内含于经济学各具体学科的命运，逐渐独立了出来。

事实上，在 20 世纪 70 年代之前，关于经济学方法论的文献是很少的，多只见于经济学大师们的著作。20 世纪 70 年代之后，方法论方面的文章开始增多，众多专门从事方法论研究的专家的著作开始出现，如罗森伯格、斯图尔特、克兰特、豪斯曼、霍利斯、考德威尔等。应该说从这一时期，尤其是 20 世纪 80 年代起，随着科学哲学的不断引入，经济学方法论才算真正完全地成熟起来。马克·布劳格 1980 年出版的《经济学方法论》是一本十分重要的著作，这本书确定了 20 世纪 80 年代及之后大部分的方法论研究的话题。马克·布劳格在这本书中将证伪主义作为整本书的中心议题，也将波普尔推到了方法论争论的中心，成为学者们日后评论的对象。在书末，布劳格就方法论的作用给出了一番对我们颇有启发意义的回答："方法论的作用在于，它为我们是接受还是拒绝一个研究纲领提供了标准，也帮助我们在区分精华与糟粕时有章可循。我们已经看到，这些标准，就它们为经济学家的研究提出了切实的建议这点来看，它们是层次分明的、相对的、动态的，并且绝没有含糊其辞。但是，在任何研究纲领中，我们要而且必将提出的问题是由波普尔提出的熟悉的问题：什么情况（如果它们出现了）会使我们推翻一个纲领——一种无法解决问题且不满足获得科学知识最高标准的研究纲领？"（"方法论能够做的是，提供接受或反对某种研究框架的准绳，制定帮助我们区分鱼目和珍珠的标准。我们已经看到，从它们给经济学家指点实践的速率角度看，这些标准是有层次的、相对的、动态的，而且是决非明确的。无论如何，我们对任何研究框架能够、事实上也必须提出的终极问题，是波普尔提出的众多熟知的问题：什么事件，如果它们具体化的话说，会导致我们反对那个框架？"）⊖

之后经济学方法论所出现的新论点与新趋势虽然数量众多，但集中于寻找替代证伪主义、弥补其缺陷的理论。在《经济学方法论的新趋势》一书中，马克·布劳格将这一趋势分为两条线索："一是由对证伪主义的哲学批判组成，认为证伪主义缺乏说服力；另一条试图'复兴实践'——意思是说，方法论家在提出批判之前，他们必须明白经济学家实际上在做的是什么这一问题。"⊖在第一条线索上的主要学者及理论包括考德威尔于《超越实证主义》中提出的多元论，麦克洛斯基提出的建构主义，以及豪斯曼、罗森伯格、温特劳布等人提出的相关理论。在第二条线索上，麦克洛斯基和克莱默两人的研究关注经济学的修辞与话语分析，认为经济学话语的分析可以帮助他们理解经济学家在做什么而不必做出他们自己的主观判断，有学者将这一方法论转变称为"文化转向"。另一部分学者提出"科学知识的社会学"，认为科学中的社会活动与科学知识本身的内容有密切关系，科学知识是创造它的社会体系的产物。以梅基、希尔斯、德·马奇等人为代表，从实在主义与实用主义等哲学对经济学方法论提供了新的思想。由于这一部分的专业性与哲学色彩较浓，我们不进行更多的介绍，感兴趣的读者可以在本章推荐及参考文献中找寻相关书目进行进一步的了解。

另外值得介绍的是，为了应对现代经济学发展中遇到的困难，近些年来经济学家对经济学的研究方法和研究范式进行了大胆的创新，其中最突出的就是与不同学科相互融合借鉴的

⊖ 马克·布劳格.经济学方法论[M].石士钧,译.北京：商务印书馆,1992：280.

⊖ 马克·布劳格.经济学方法论的新趋势[M].李大保,李刚,韩振明,译.北京：经济科学出版社,2000：6.

多元化趋势。

经济学作为一个研究社会经济活动的学科，其涉及的范围是极为广阔的，影响经济的因素也涉及社会生活的方方面面。因此，想要更深入地研究经济理论，就不可避免地要与其他交叉学科相互沟通，吸收其优秀的成果与方法思想。应该说，这种借鉴与融合已经取得了十分瞩目的成就，一大批交叉学科，如经济地理学、行为经济学、演化经济学、法律经济学、经济社会学、信息经济学、博弈论等如雨后春笋一般"破土而出"，反映了经济学与众多相关学科融合发展的成果，使现代经济学的发展呈现社会学化、政治学化、心理学化、数学计量化、伦理规范化等特点。虽然这些成果仍有待时间的考验，但这种尝试无疑将为经济学铺开一条崭新的道路。

可以预见，当前经济学所面临的难题，正是经济学方法及方法论成长的催化剂。"沧海横流，方显英雄本色"，我们有理由相信，经济学方法论在未来将会有更长足的进步，并引领经济学走进一个崭新的天地。

问题讨论

1. 应该用何种标准对不同的经济学理论进行评价取舍？
2. 当经济理论的前提假定与现实不符，该理论还是否具有意义？
3. 应该如何科学地抽象出经济学的假设？
4. 你认为经济学是否存在"放之四海而皆准"的规律？
5. 谈一谈学习经济学方法论对于你学习经济学的影响与帮助。

本章推荐

[1] 约翰·穆勒.政治经济学原理及其在社会哲学上的若干应用[M].赵荣潜，桑炳彦，朱泱，译.北京：商务印书馆，1991.

[2] 卡尔·门格尔.经济学方法论探究[M].姚中秋，译.北京：新星出版社，2007.

[3] 约翰·内维尔·凯恩斯.政治经济学的范围与方法[M].党国贵，刘惠，译.北京：华夏出版社，2001.

[4] 莱昂内尔·罗宾斯.经济科学的性质和意义[M].朱泱，译.北京：商务印书馆，2000.

[5] 约瑟夫·熊彼特.经济分析史（第一卷）[M].朱泱，孙鸿敞，李宏，等译.北京：商务印书馆，1991.

[6] 路德维希·冯·米塞斯.经济学的认识论问题[M].梁小民，译.北京：经济科学出版社，2001.

[7] 哈耶克.科学的反革命：理性滥用之研究[M].冯克利，译.南京：译林出版社，2003.

[8] 托马斯·库恩.科学革命的结构[M].金吾伦，胡新，译.北京：北京大学出版社，2003.

[9] 冈纳·米尔达尔.反潮流：经济学批判论文集[M].陈羽纶，许约翰，译.北京：商务印书馆，1992.

[10] 米尔顿·弗里德曼：《实证经济学的方法论》，收于《弗里德曼文萃》，中译本，北京经济学院出版社，1991年版.

[11] 戴维·米勒.开放的思想和社会：波普尔思想精粹[M].张之沧，译.南京：江苏人民出版社，2000.

［12］马克·布劳格.经济学方法论［M］.石士钧,译.北京：商务印书馆,1992.
［13］马克·布劳格.经济学方法论的新趋势［M］.李大保,李刚,韩振明,译.北京：经济科学出版社,2000.
［14］托马斯A博伊兰、帕斯卡尔F奥戈尔曼.经济学方法论新论［M］.夏业良,译.北京：经济科学出版社,2002.
［15］劳伦斯A博兰.批判的经济学方法论［M］.王铁生,等译.北京：经济科学出版社,2000.
［16］阿马蒂亚·森.经济学与伦理学［M］.王宇,等译.北京：商务印书馆,2000.
［17］韦德·汉兹.开放的经济学方法论［M］.段文辉,译.武汉：武汉大学出版社,2009.
［18］朱成全.经济学方法论［M］.大连：东北财经大学出版社,2003.
［19］林毅夫.论经济学方法［M］.北京：北京大学出版社,2005.
［20］林毅夫.本体与常无：经济学方法论对话［M］.北京：北京大学出版社,2012.
［21］李伯重.理论、方法与发展趋势：中国经济史研究方法论［M］.北京：清华大学出版社,2002.
［22］曹均伟,李凌.经济学方法论［M］.北京：高等教育出版社,2007.
［23］王小卫,宋澄宇.经济学方法：十一位经济学家的观点［M］.上海：复旦大学出版社,2006.
［24］王曙光.理性与信仰：经济学反思札记［M］.北京：新世界出版社,2002.

参考文献

［1］朱成全.经济学方法论［M］.大连：东北财经大学出版社,2003.
［2］杨建飞.科学哲学对西方经济学思想演化发展的影响［M］.北京：商务印书馆,2004.
［3］马克·布劳格.经济学方法论的新趋势［M］.李大保,李刚,韩振明,译.北京：经济科学出版社,2000.
［4］董瑞华,傅尔基.经济学说方法论［M］.北京：中国经济出版社,2001.
［5］贺允.经济学方法论的发展历程及其趋势研究［D］.延安：延安大学,2011.
［6］崔婧.经济学方法论的演进特征：浅析德国历史学派和奥地利学派的"方法论之争"［J］.山西高等学校社会科学学报,2005,7（6）：24-26.
［7］方琳.试析弗里德曼与萨缪尔森的经济学方法论之争［J］.商业时代,2010（21）：10.
［8］杨玉成."穆勒问题"和经济学方法论的新趋势［J］.中共福建省委党校学报,2001（9）：69-72.
［9］颜鹏飞,傅耀.西方经济学方法论的过去、现在和未来［J］.海派经济学,2003（2）：71-85.
［10］桂起权.经济学方法论的多元化发展趋势：评《开放的经济学方法论》［J］.经济评论,2009（6）：153-157.
［11］傅耀.试析经济学方法论演进的四阶段及其内在逻辑［J］.当代财经,2002（5）：10-13.
［12］桂起权.当代西方经济学方法论之走向［J］.经济评论,2002（2）：63-66.
［13］杨渝玲.经济学方法论研究的文化转向［J］.江汉论坛,2011（5）：54-60.
［14］赵华,李建珊.经济学方法论的科学哲学化［J］.科学技术哲学研究,2008,25（5）：32-37.
［15］傅耀.经济学方法论史上的三次大争论及其启示［J］.社会科学,2002（7）：12-17.
［16］于冠华.西方经济学方法论的逻辑演进［J］.理论与现代化,2002（5）：76-79.
［17］许纯祯.试析西方经济学发展的趋势［J］.吉林大学社会科学学报,1995（5）：39-46.

摩天大楼与主题公园的故事

> 人的一生都要面临经济问题。挣钱需要经济学知识，作为消费者花钱同样需要经济学知识。经济学不能保证一个人事事成功，但不懂经济学，你可能常常倒霉……没有接受过经济学系统训练的人，甚至没有能力理解并处理政治经济事务，就像一个聋子，给他配上一个助听器，可能依然无法欣赏音乐的美妙……我们不是为学经济学而学经济学，而是为了它所闪烁的智慧之光。
>
> ——保罗·萨缪尔森

本书力图向读者全面而清晰地展示几千年经济思想演化过程中"所闪烁的智慧之光"。本书在对不同时期的经济思想进行呈现、梳理与凝练时，既注重各篇、章之间经济思想演化的纵向发展和流派传承，便于读者尽观经济思想发展和演变的全景图，又注重经济思想演化过程中的横向对比，力求能使各时期主流学派之间的纷争与分化、赞同与反对、质疑与批判跃然纸上，使读者对经济思想的演化逻辑有更深层次的了解。

如果我们将经济思想的成长比作宏伟大厦的筑成，那么可以用 20 个字高度浓缩它的智慧之旅（见表 1）。

表 1　经济思想史 20 字

章	总结
前古典时期：第一章至第三章	备料
古典时期：亚当·斯密等，第四章和第五章	搭建
古典时期：第六章至第八章	补建
古典时期：马克思，第九章	拆除
古典时期：德国历史学派，第十章	重建
新古典时期：边际学派，第十一章至第十三章	装修
新古典时期：马歇尔等，第十四章至第十六章	加固
新古典时期：制度学派，第十七章	攻击
现代经济学：凯恩斯等，第十八章和第十九章	扩建
现代经济学：新自由主义，第二十章至第二十二章	翻修

首先是**备料期（前古典时期：第一章至第三章）**，虽然公元 1500 年以前的经济思想是零碎而模糊的，然而人类的生存体验、散落的财富感悟、大量的经济实践却是切切实实存在，并不断积累、传递的。在古希腊和古罗马时期，商品交换不成规模，当时的思想家都对商业持有怀疑态度，公正与商业道德这两个主题主宰了经济问题的讨论过程。到了中世纪的封建式庄园经济和领地经济时期，经院学者们试图为他们的道德判断找到理性的论点，关于商品的价值、"公平价格"、货币的本质、利息支付的合理性的研究和论述陆续出现。

在公元 1500 年以后，经济学开始愈发清晰，逐渐形成流派。重商主义适应了这一时期商业资产阶级的经济利益应运而生，主张国家干预经济生活的重商主义学说大为盛行，而在 17 世纪末 18 世纪初封建社会的生产关系仍占统治地位的法国，产生了反对重商主义的重农学派，将财富的来源仅限于农业生产领域，也开始从分工的角度来分析经济理论。

到了**搭建期（古典时期：亚当·斯密等，第四章和第五章）**，亚当·斯密将零星的经济思想汇集、提炼，形成了完整的理论体系，经济学真正自立门户。一方面他批判重商主义的"国家干预"观点，提出"看不见的手"市场调节机制理论；另一方面他扩展了重农主义学派研究领域，认为一切生产部门的劳动者都是国民财富的源泉。

在**补建期（古典时期：第六章至第八章）**，在斯密范式的影响下，李嘉图把研究领域扩展到收入分配、级差地租、国际贸易等问题，进一步发展了古典经济学派的思想。他推崇的抽象演绎的研究方法对日后经济学的数学化和模型化奠定了基础。萨伊、西尼尔、小穆勒也从各自的角度对经济学大厦进行了修补和完善。

接下来到了**拆除期（古典时期：马克思，第九章）**，工业革命粉碎了传统的农业－乡村－手工经济的稳定状态，随着社会财富的不断增加，民众却似乎变得越来越贫困。古典经济学受到了社会主义批评家的猛烈批判，马克思揭示了资本主义的内在矛盾，并预言了其最终消亡的命运。他的劳动价值论在为经济学创建一个合适的价值理论的努力中起到了重要作用。

在**重建期（古典时期：德国历史学派，第十章）**，威廉·罗雪尔领导了"旧历史学派"，其目的在于补充古典经济理论，而由古斯塔夫·施穆勒领导的"新历史学派"显得较为激进，它把今天被称为经济社会学的内容都囊括了进来，希望用历史研究和政策考虑完全替代古典经济学。

在**装修期（新古典时期：边际学派，第十一章至第十三章）**，边际学派持续对居于主流的古典学派进行挑战，从主观角度提出效用价值论来解释消费者行为；在方法上用边际分析法取代了古典时期的抽象演绎法，大大降低了经济学家研究的交易成本；也使经济学成为一门更加精确的社会科学。从 19 世纪 70 年代的"边际革命"后，边际学派实现了古典分析范式（即客观价值理论、自然秩序理论或市场自由、抽象演绎法）向新古典范式的转变，其关注重点和研究方法被主流接纳。

在**加固期（新古典时期：马歇尔等，第十四章至十六章）**，马歇尔这位经济思想的集大成者将强调生产成本（供给）的古典学派与注重需求的边际学派完美地结合起来，从而成为现代经济学中微观经济学的构建者。马歇尔的均衡价值论使得供给和需求、客观和主观两种力量获得均衡，把原本完全对立地看待世界的基本立足点、思考方式以及价值观念合理地统一起来，把经济学理论重新团结在斯密"看不见的手"的旗帜下。

在**攻击期（新古典时期：制度学派，第十七章）**，美国 19 世纪后期的政治和经济环境导致许多经济学家怀疑新古典学派的许多假设与结论，最小政府干预产生最大社会福利的学说变得越来越站不住脚。制度主义者对经济思想中严格的正统学说的发展提出了挑战，他们强调经济必须作为一个整体演进过程中的一部分来考察,并且他们还强调制度在经济生活中的作用。

新制度经济学的代表人物道格拉斯·诺斯对新古典经济学也进行了批评,因为新古典经济学家没有认识到制度约束在经济决策中的重要性,没有能够解释在世界范围内多种不同经济制度的持久性。而他将传统的新古典经济分析与制度分析结合起来,解释了制度如何影响经济决策,而经济决策又如何逐渐改变着制度。

到了**扩建期**(现代经济学:凯恩斯等,第十八章和第十九章),20世纪30年代的大萧条,在以"市场能够自动调节平衡"为理论支柱的新古典经济学一筹莫展之际,一方面,凯恩斯将注意力从单个的理性经济人转移到宏观总量分析,引入了大量的不确定性;另一方面,他的理论学说中充满了全新的辅助假说,诸如消费函数、储蓄函数、投资性货币需求对长期利率的稳定性所起的作用等。由此他构建了宏观经济学,并且引发了经济学中的"凯恩斯革命"。

最后就是**翻修期**(现代经济学:新自由主义,第二十章至第二十二章),1960年后期"停滞膨胀"的出现标志着凯恩斯主义的失灵,随之产生了与凯恩斯主义相抗衡的各种新自由主义流派(包括以弗里德曼为代表的货币主义、以卢卡斯为代表的理性预期学派、以拉弗为代表的供给学派、以哈耶克为代表的新自由主义体系、以科斯等人为代表的新制度经济学等)。

如果把今天的经济学视为一个游人如织的主题公园,沿着经济思想的演化脉络,我们可以从四个方面游览这座公园并对其未来进行展望(见表2)。

表2 经济思想简史表

阶段	前古典时期	古典时期	新古典时期	现代经济学时期	未来经济学
核心主题	零星分散地涉及财富、分工、价值与价格、货币与利息	财富总量增长、财富分配矛盾	财富;分析方法和工具的变革;经济学的精确化和科学化;注重微观领域的决策和均衡	保持财富的稳定增长和经济的长期繁荣;强调和依靠政府的作用;经济学量化分析工具的延续和继承	注重物质财富与精神财富、小系统与大系统、生产与结构、方法与目的协调和统一
学科地位	寄人篱下,尚未独立	自立门户	自成一体	显学、经济学帝国主义	在交叉融合中完善
研究者	哲学家、农学家、神学家	各行各业的爱好者	专业化、理科化	专业化、多元化、美国化	专业化、多元化、大国化
解决之道	限供降需(古代、中世纪)——提需增供(重商、重农)	供需双增(认可、鼓励利己性、扩大财富的生产)	供需升级(达到均衡,实现个体利益最大化)	供需再升级(市场与政府博弈,强化政府的力量)	适度调整,理性供需(在关注结构、质量、协调中达到均衡)

(1)**核心主题**:从古希腊的色诺芬到中世纪的阿奎纳,从崇尚自由的斯密到主张政府干预的凯恩斯,从经济思想的孕育期到当代经济学的繁荣期,每一位经济学家和经济学流派的研究核心都是财富以及与财富有关的话题。虽然不同时期的经济学家各有侧重和关注,但是财富的界定、财富的生产、财富的实现、财富的分配、财富的消费甚至是财富的超越构成了经济学研究的核心主题。

不同的时期围绕着财富核心,自然涉及、延伸和分化出了相关的主题或次主题,供给(价值、生产、成本、价格)与需求(利己、消费、效用、收入),市场与政府,效率与公平,经济增长与经济发展等,都成为经济思想演化中的重要主题,它们如同一片片砖瓦和一根根横梁,最终搭建起了这座财富公园。

（2）**学科地位**：今天的经济学已经成为一门显学，不仅地位显赫，引人注目，而且兼具实用和时髦，"经济学帝国主义"的称号更让它透射出一股霸气和骄傲，谁曾想到当年它也曾寄人篱下，蛰伏于哲学的羽翼之下，寄宿于神学家的神学著作，蜗居于湖阴斗室，千年风雨，历经坎坷，最终从"阴郁的科学"成为"社会科学的皇冠"。

（3）**研究者**：在经济学没有独立之前，以经济学为生的专业研究者是难以出现的。今天，经济学的研究者大多是来自高等院校、科研机构的专业人士，但是历史上经济学的研究者则来自不同的国家和地区，兴趣爱好广泛，职业五花八门。早期的经济学家更多的是出于热爱和兴趣而研究经济学，在经济学成为一门专业学科独立以后，也出现了一些为了生计和体面而研究经济学的人。

从古希腊、古罗马时期到古典时期，经济学的研究者从哲学家、神学家逐渐扩展到各行各业。到了新古典时期，随着经济学对数学的运用越来越依赖，专业化、理科化的研究者也越来越多，这种趋势一直持续到了现代经济学。未来，随着一些后发国家综合实力的提高以及对经济学研究投入的增加，优秀的经济学研究者会逐渐向大国或强国流动，而研究者本身也会顺应跨学科、多领域研究工作的需求，更加专业化、多元化。

（4）**解决之道**：源于人性的欲望是把双刃剑，它是人类进步发展之源，也是人类矛盾烦恼之根。如何在资源的稀缺性（供给）与欲望的无穷性（需求）之间实现有限均衡？这一研究主题将经济学定义为一门选择的学问（当然选择的根源还是来源于财富这个研究主题）。虽然这个经典永恒的两难命题是在经济学成熟之后才正式被提出的，但是回顾历史，我们会惊讶地发现，不同时期的经济思想对于这个现代经济学的范式问题竟然都有着不同层面和方向的解答，不同时期、不同流派的解决之道形成了一条清晰而又富有逻辑的发展主线（见图1）。

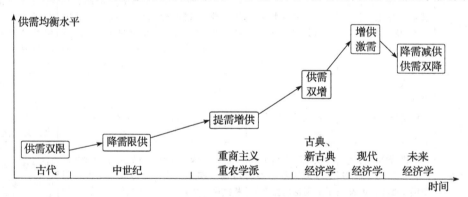

图1　供需均衡点的演化图

"青山依旧在，几度夕阳红"，本书旨在带领每一个对经济学感兴趣的人畅游经济学的历史长河，重温经济思想的成长历程，回顾经济学大厦的构建，展望经济学大树的葱郁。经济思想成长的过程就是经济学孕育、萌芽、构建、形成、发展、创新的过程，正如马克·布劳格所说："经济思想史并非经济学内的特殊专业，它本身就是经济学，所不同的是它的手法：从时间的横轴纵切下去，进行深入的研究。"⊖

⊖ Mark Blaug.No History of Ideas, Please, We're Economists [J]. Journal of Economic Perpectives, 2011 (15): 145-164.

附 录

《经济思想史》期末考试题

一、阅读下面这则报道,然后回答问题。(共 30 分)

机器人革命威胁中国

在全球很多地方看来,过去十年中国已经向各行各业输送着仿佛无穷无尽的廉价工人。但现实是,中国目前正在将自己的用工需求转向机器人。这一转变将对中国以及全球的经济产生重大影响。

2014 年,在全球工业机器人大军中,中国工厂里的机器人占了大约 1/4,同比增加 54%。

在高度工业化的广东,知名家电制造商美的计划在 2014 年年底之前,用自动化取代其家用空调部门的 6 000 名员工,这大约是其员工总数的 1/5。为苹果(Apple)和其他公司生产电子消费产品的富士康(Foxconn)计划在三年内让工厂里大约 70% 的工作实现自动化。此外,该公司位于成都的一家工厂已经实现了全部工作由机器人操作。

因此,中国工厂里的工作岗位消失的速度,可能将比美国和其他发达国家还要快。这可能会大大增加中国应对其首要经济挑战之一的难度。这个挑战就是,中国需要实现经济的再平衡,这样国内消费才能发挥出远比当前更大的作用。中国经济增长的动力不仅是制造业出口,还有房地产、工厂和基础设施领域的固定投资。事实上,近年来这些投资在其国内生产总值中所占的比例已接近一半。与此同时,国内消费支出仅占中国经济这个蛋糕的约 1/3,大致相当于美国的一半。

这显然是不可持续的。毕竟,所有这些投资最后都得有回报。工厂得生产出能卖出去并且能获利的商品,房子得有人住,房租得有人付。要实现这些回报就要求中国家庭发挥出更大的作用:他们得大大增加支出,不仅是购买中国工厂生产的商品,而且要越来越多地在服务业消费。

要实现这一点将是一项艰巨的挑战。事实上中国领导层已经讨论了多年,但几乎未取得任何进展。其中一个问题是,即便经历了最近的涨薪,相对于中国的经济规模,普通中国家庭的收入也还是太少。

另一个问题是，中国民众有着非比寻常的储蓄倾向。据估计，普通家庭存款占其收入的比例高达40%。这可能部分是因为他们需要为退休，以及抵抗失业和疾病等危险的自保考虑。

关键是，任何旨在平衡经济增长的政策，都得在增加家庭收入的同时降低储蓄率。这在任何情况下都是一项艰巨的挑战，但技术的进步几乎必然会让其难度大大增加。

发达国家采取的传统途径是，先增加收入，并以制造业为基础构建稳定的中产阶级，然后再向服务型经济过渡。美国以及后来的日本和韩国等国，都有幸在科技远没有现在这么发达的时候完成了这个过程。中国则正面临着在机器人时代进行类似的过渡。

自动化已经对中国工厂里的就业岗位产生了巨大的影响：从1995年到2002年，约有1600万个工厂工作岗位消失，大约占中国制造业岗位总数的15%。这一趋势还将加剧。

如果中国经济能为受教育更多的人创造大量对技能要求更高的岗位，这或许就不是问题了。那么解决办法不过是向被取代了的蓝领工人提供更多的培训和教育。

但现实是，中国已无力为人数飙升的高校毕业生创造足够的白领岗位。2013年中期，中国政府透露，只有大约一半应届高校毕业生能找到工作，而上一年的毕业生中超过20%的人依然处于待业状态。

一项分析显示，已有足足43%的中国员工认为，自己的教育程度高于当前职位所需。随着软件自动化和人工智能对以知识为基础的岗位，特别是入门岗位产生越来越大的影响，中国经济会更难吸纳那些希望提升技能的员工。

什么政策可以帮助中国成功地实现向消费型经济的转型，即便此时机器人革命正在上演？加强医疗卫生、退休和失业保险制度，从而提升员工的安全感，这可能在一定程度上有助于降低储蓄率。

资料来源：纽约时报中文网，马丁·福特，2015年6月15日。

1. 以上这篇报道中的内容让你联想到哪些经济学家或经济流派的经济理论？（分别列出名字或流派、理论及其与文中的相关部分，3～4项，20分）

2. 除了文中最后一段提到的政策，你认为还有什么制度可以帮助中国实现向消费型经济的转型？（2～4项，共10分）

二、请选取一位本学期这门课程中出现过的经济学家，发挥想象并运用所学的相关知识，就下面的问题，写一段你和他（她）之间的对话录。

读了《机器人革命威胁中国》这篇报道后，你是否同意文中的第一段所言"但现实是，中国目前正在将自己的用工需求转向机器人。这一转变将对中国以及全球的经济产生重大影响"？如果同意，请你在对话中分析探讨一下为什么会出现这种"转变"。如果不同意，请你在对话中给出理由。（也可选择部分同意，字数要求不少于200字，突出你的观点，对话流畅，共40分。）

三、2012年诺贝尔经济学奖的获得者埃尔文·罗斯（Alvin Roth）曾经说过："有人说经济学有完备的工具与技巧，但缺少有趣的问题；而我环顾世界，看到很多有趣的重要问题，需要我们用这些工具去解决。"请你列出两个你认为有趣的重要问题，并且请分别提出解决的基本思路或方案。（共30分）

学生来信

魏老师：

你好！（鉴于师生的关系，本来想用"您"这个字眼，然而这样的话，下面的话就要用庄重、严肃的语气进行，内容不免空洞乏味，故用轻松的"你"的称呼方式，希望不会很冒昧。）

据我的不完全回忆，昨天的课上有一段小小的插曲：你说给非本专业的学生上课有些郁闷。事后我推想你可能是对那时的天气表示不满，不可否认当时炎热的天气的确令人难免心生郁闷。希望我的猜测不至于太离谱。

你曾用边际效用递减的理论来分析我们对这门课的兴趣会随新鲜感的降低而减弱，对于这一点我深有同感，也对权威经济学家的经典理论深信不疑。试想相处越久，对一个人、一门课的新鲜感自然不如以往。但我不得不感到遗憾，尽管边际效用理论能对经济行为剖析得头头是道，但一旦推及人性时，经济学的范式对人性的解读难免要陷于模型般的呆板和片面中。人情感的易变性使其不像规律性的经济行为那样，能被公式和定理剖析得淋漓尽致。正像历史学家对历史怀有的厚重感，不曾因历史事件的烦冗枯燥而有所减少，反而日益加深。

同理，你幽默风趣的谈吐，对人生阅历和文本内容的侃侃而谈，以及生动诙谐的面部语言，正以一种独特的风格展露出来，恰似久藏的佳酿因岁月的积淀而弥加芬芳。比之于情感，我们对你以及这门课的支持一如既往，如我在上课时所言，确切来说是与日俱增的。希望你对我们的情感也一样，如果这不是我的奢望的话。

可能有些同学令人很无奈，然而相对于睡觉的同学的乌黑亮发，认真听课的同学会心的笑靥应被给予更多的关注。哪怕只有几个人在听讲，而你授课的内容使得这几个人获益良多乃至受用一生，岂非人生之一大乐？

如果这些话有些冒昧，我想伏尔泰的话很能给我安慰："虽然我不赞同你的话，但我绝不剥夺你说话的权利。"

希望我们历史院的学生能继续欣赏到你的风采，只要你还执鞭讲坛。

2004级世界史专业　吴琴峰
2007年5月17日

学习经济思想史有什么用[一]

你好！你的来信围绕着经济思想史问了好几个层面的问题，我总结为以下几方面，希望我的回答能对你有点价值和帮助。

对于一名本科生而言，这门课程的重要性和价值是不言自明的，就如同我在前言中讲的一样，也如在前言结束后推荐你们看的熊彼特和赖建诚的相关著作中所提及的一样。这门课程功利的作用我还没有想过，但是对你们来说，我想最重要的是学习之后能有助于你们选择未来考研的专业。其次就是你在信中所说的，如果能认真完成推荐的阅读部分，你们的经济学和人文功底将会有极大的提高，而不论你们将来从事什么职业、选择何种行业，这些积累都会成为你们的比较优势甚至是绝对优势，只是这种感受和体会现在的你们可能难以认同，五年以后你们会赞同的，而且越往以后，越发认同。

你如果将来不想从事学术研究，也不想从事经济思想史方面的研究，还不想在硕士毕业之后读博，那我就不建议你选择经济思想史专业。在硕士阶段选择这个专业，至少你要符合以下条件中的一个：要么将来一定会读博士，走学术研究之路；要么就是喜欢得要命，不在意未来。必须得承认，研究经济思想史的确没有什么特别能看得见的用处：虽然能解释世界，但是难以改变世界。但是这并不妨碍你在本科阶段学好这门课程。你的迷惑或纠结可能很大程度上来自你将经济思想史这门课程的学习与经济思想史专业的研究混在一起了，将你当下的课程学习与未来的考研目标放在一起考虑了。

在我眼中，一个合格的经济思想史研究者，除了常人都知道的博学之外，首先和永恒的就是具有兴趣与好奇带来的喜欢、热爱。马克·布劳格青灯古卷式的生活在他心中必是最大的幸福，因为喜欢，就没有什么功利，没有什么欲求，就会全身心投入、积累，有一天可能功利也就不请自来、顺理成章了。

最后我想说一下，对于这门课程而言，虽然我很重视和用心设计了整个课程体系，每次上课也都不敢怠慢，坚持备课，但越是学习越是惶恐，惶恐于这门课程的博大精深，惶恐

[一] 节选自本人博客 http://blog.sina.com.cn/lilylzu。

于自己的积累、沉淀难以胜任……除了惶恐,还有挥之不去的遗憾:我更希望"功夫在诗外",更希望同学们除了课堂上的有限学习之外,在课外将我提到、推荐到的所有书籍、视频等材料都能主动了解、深入学习,这些东西都是我精心选择过的,也许对考试本身没有什么直接的用处,但是对于提高大家的经济学整体素养、理论功底、人文修养、写作功底都是大有益处的,只是大多数学生只在课堂上学习,课后对这门课程引发的延伸学习非常有限和被动,最多只限于完成我要求提交或提问的部分。一句话,我希望你们是火把,我是燃灯者。通过上课,我点燃的是一个个能自我燃烧的火把,而不是仅仅填充了一个个盛放知识的容器。也许太过理想,也许苛于完美,也许自作多情,但是我会坚持,因为许多年来,正是像你这样的学生给了我信心和坚持的力量,让这种坚持成为惯性和信仰。

再次感谢你的来信,祝一切都好,开心生活!

2015 年 3 月 24 日